COMENTÁRIO BÍBLICO SWINDOLL

ATOS

CHARLES R. SWINDOLL

COMENTÁRIO BÍBLICO SWINDOLL

ATOS

hagnos

Publicado em associação com Yates & Yates, LLP (www.yates2.com)

Publicado sob licença da Tyndale House Publisher, Inc.

1ª edição: junho de 2024

TRADUÇÃO
Emirson Justino

REVISÃO
Luiz Werneck Maia

CAPA
Julio Carvalho

DIAGRAMAÇÃO
Aldair Dutra de Assis

EDITOR
Aldo Menezes

COORDENADOR DE PRODUÇÃO
Mauro Terrengui

IMPRESSÃO E ACABAMENTO
Imprensa da Fé

EDITORA HAGNOS LTDA.
Rua Geraldo Flausino Gomes, 42, conj. 41
CEP 04575-060 — São Paulo, SP
Tel.: (11) 5990-3308

E-mail: hagnos@hagnos.com.br
Home page: www.hagnos.com.br

Editora associada à

abdr
Associação Brasileira de Direitos Reprográficos

Dados Internacionais de Catalogação na Publicação (CIP)
Angélica Ilacqua CRB-8/7057

Swindoll, Charles R.
Comentário bíblico Swindoll: Atos dos Apóstolos / Charles R. Swindoll; tradução de Emirson Justino. — São Paulo: Hagnos, 2024.

ISBN 978-85-7742-510-5
Título original: Swindoll's Living Insights New Testament Commentary # Acts

1. Bíblia NT Atos – Comentários I. Título II. Justino, Emirson

24-0507 CDD-226.6

Índice para catálogo sistemático:

1. Bíblia NT Atos – Comentários

SUMÁRIO

PREFÁCIO DO AUTOR

Faz mais de sessenta anos que eu amo a Bíblia. Esse amor pelas Escrituras, junto com um chamado inequívoco ao ministério evangelístico durante meu serviço militar nos Fuzileiros Navais, resultou em minha ida para o Seminário Teológico de Dallas com o objetivo de me preparar para o pastorado. Durante aqueles quatro anos maravilhosos tive o privilégio de estudar sob a orientação de homens de Deus admiráveis que também amavam a Palavra. Eles não apenas respeitavam profundamente a Palavra inerrante de Deus, mas também a ensinavam com cuidado, pregavam-na com fervor e a seguiam de forma sistemática. Não se passa uma semana sem que eu agradeça a Deus por essa grande herança que recebi! Sempre terei uma dívida de gratidão com aqueles grandes teólogos e mentores que cultivaram em minha vida um profundo compromisso com a interpretação, exposição e aplicação da verdade de Deus.

É exatamente isso que faço há mais de cinquenta anos — e adoro fazer isso! Confesso sem medo de errar que sou apaixonado por estudar e proclamar as Escrituras. Por isso, os livros têm desempenhado um importante papel em minha vida desde que entrei para o ministério — principalmente aqueles que explicam as verdades e aperfeiçoam minha compreensão do que Deus ditou. Ao longo de todos esses anos, formei uma grande biblioteca para uso pessoal, e ela tem se mostrado de valor inestimável à medida que procuro me manter fiel como estudioso da Bíblia. Até o fim de meus dias, meu principal objetivo de vida será comunicar a Palavra com exatidão, discernimento, clareza e praticidade. Se eu não tivesse acesso a livros confiáveis e ricos de informação, eu teria "secado" décadas atrás.

Entre meus livros prediletos e mais usados encontram-se os que me dão capacidade para entender melhor o texto bíblico. A exemplo da maioria dos expositores, estou sempre procurando recursos literários para aperfeiçoar meus dons e aprimorar minhas competências. Para mim, isso significa encontrar ferramentas que simplifiquem e facilitem o que é complicado, ofereçam bons comentários e ilustrações que me ajudem a entender a importância das verdades sagradas sob a perspectiva da realidade no século 21 e as façam falar ao meu coração de um modo que as torne praticamente inesquecíveis. Quando esses livros cruzam o meu caminho, eu os saboreio e depois os coloco de volta em minha biblioteca para consultas futuras. E, podem acreditar, eu sempre volto a eles. É um alívio contar com esses recursos quando estou sem ideias novas, quando preciso de uma história ou ilustração ou quando me perco no meio de um texto e não consigo achar saída. Uma biblioteca é indispensável para qualquer expositor que leve seu trabalho a sério. Certa vez, um dos meus mentores me disse: "Onde mais você teria acesso direto e instantâneo a milhares de professores?".

Nos últimos anos, percebi que não existem recursos suficientes como os que descrevi anteriormente, e isso me motivou a pensar que eu poderia fazer parte da solução em vez de ficar me lamentando diante do problema. Mas a solução resultaria em uma empreitada gigantesca. Um projeto editorial que abrangesse todos os livros e todas as cartas do Novo Testamento me parecia árduo e assustador. Fiquei aliviado quando me dei conta de que, nos últimos cinquenta anos ou mais, eu havia ensinado e pregado sobre a maioria das passagens do Novo Testamento. Em meus arquivos havia pastas cheias de anotações que eu havia feito para aquelas mensagens. Eu precisava resgatá-las, fazer alguns retoques importantes por causa das necessidades dos dias atuais e aplicá-las à vida de homens e mulheres que ansiavam por uma nova mensagem do Senhor. E foi assim que aconteceu! Comecei a trabalhar para transformar todas aquelas anotações neste comentário do Novo Testamento.

Gostaria de expressar minha gratidão a Mark Gaither e Mike Svigel por terem participado ativa e diariamente como editores, executando um trabalho incansável e dedicado. Eles prestaram um serviço de primeira qualidade na viagem que fizemos pelos capítulos e versículos dos 27 livros do Novo Testamento. Foi com prazer que os vi pegarem meus originais e me ajudarem a chegar a um estilo que mantinha fidelidade ao texto das Escrituras sem deixar de ser interessante e criativo, ao mesmo tempo que meus pensamentos eram expressos com naturalidade e facilidade para leitura.

Desejo também estender minha palavra de gratidão às igrejas dos Estados Unidos nas quais trabalhei por mais de cinco décadas. Tive a felicidade de sempre receber dessas igrejas amor, apoio, ânimo, paciência e palavras de incentivo à medida que, anos após ano, eu exercia meu ministério de pregação da mensagem de Deus. As ovelhas daqueles rebanhos se afeiçoaram a este pastor de uma forma que não consigo expressar com palavras, e isso se aplica especialmente àquelas a quem tenho o prazer de pastorear na igreja Stonebriar Community Church em Frisco, no estado do Texas.

Por fim, quero agradecer à minha esposa Cynthia, por compreender minha paixão por estudar, pregar e escrever. Ela nunca deixou de me incentivar a fazer o que faço, e também nunca deixou de recomendar que eu procurasse dar o máximo de mim. Pelo contrário, seu apoio pessoal e carinhoso e seu compromisso com a excelência nesta série de comentários, por mais de três décadas e meia, fizeram com que eu me mantivesse fiel ao meu chamado "a tempo e fora de tempo". Sem sua dedicação e sem nossa parceria ao longo de toda uma vida de ministério, esta série jamais se concretizaria.

Alegra-me saber que este livro chegou às suas mãos e ocupará um lugar nas prateleiras de sua biblioteca. Oro sempre com a esperança de que você veja a utilidade desses livros para seus estudos pessoais e para aplicar a Bíblia em sua vida. Que eles possam ajudá-lo a perceber, assim como me ajudaram ao longo de tantos anos, que a Palavra de Deus não é só verdadeira, mas também eterna.

> Seca-se a relva e cai a sua flor,
> mas a palavra de nosso Deus
> permanece para sempre (Is 40:8).

Chuck Swindoll
Frisco, Texas

O SISTEMA NUMÉRICO DE STRONG

O *Comentário Bíblico Swindoll do Novo Testamento* emprega o sistema numérico de Strong para disponibilizar aos que estudam a Bíblia, tanto principiantes quanto mais experientes, um acesso mais rápido e direto aos recursos das línguas originais (por exemplo, concordâncias, léxicos e dicionários teológicos). O sistema de numeração de Strong, popularizado pela *Strong's Exhaustive Concordance of the Bible*, é empregado pela maioria das obras de referência de grego e hebraico bíblicos. Os que não têm muito conhecimento dos alfabetos hebraico, aramaico e grego conseguem facilmente encontrar as informações de determinada palavra, consultando o número do índice. Os estudantes de nível mais avançado reconhecerão a utilidade do sistema, pois ele lhes permitirá achar rapidamente as formas lexicais de conjugações e flexões menos conhecidas.

Toda vez que uma palavra em grego é mencionada no texto, o número de Strong aparece logo em seguida dentro de colchetes. Assim, no exemplo do vocábulo grego *agapē* [26], "amor", o número remete aos recursos da língua grega indexados ao sistema de Strong.

Algumas vezes cito uma palavra em hebraico. Os números do hebraico na concordância de Strong estão separados dos números do grego e são precedidos pela letra "H". Assim, por exemplo, a palavra hebraica *kapporet* [H3727], "propiciatório", é derivada de *kopher* [H3722], "resgatar", "garantir um favor por meio de um presente".

PERCEPÇÕES SOBRE ATOS DOS APÓSTOLOS

Ao longo desta narrativa, Lucas mostra a Igreja desafiada, a Igreja guiada pelo Espírito Santo e a Igreja triunfante. Portanto, eu declararia o propósito de Lucas da seguinte maneira: demonstrar, a partir dos fatos históricos, que a Igreja se tornou um instrumento de Deus para a administração da Nova Aliança, que a Igreja é guiada pelo Espírito Santo e que nada pode impedir Cristo de edificá-la. O livro de Atos começa com uma pergunta sobre o Reino de Deus e o comissionamento e capacitação de Cristo para a Igreja, e se encerra com a garantia de que, mesmo preso em Roma, Paulo "pregava o Reino de Deus [...] sem impedimento algum" (28:31).

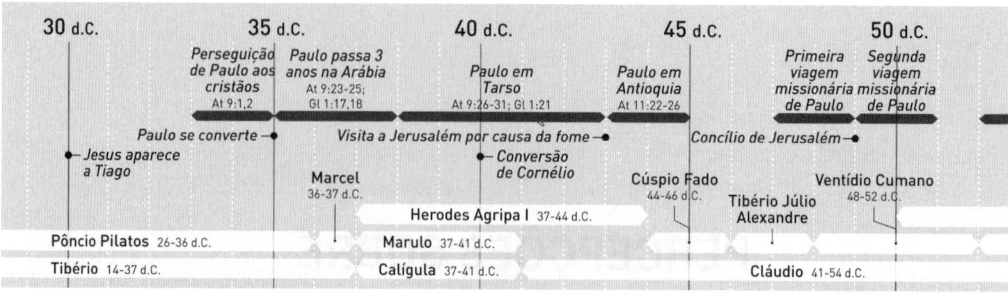

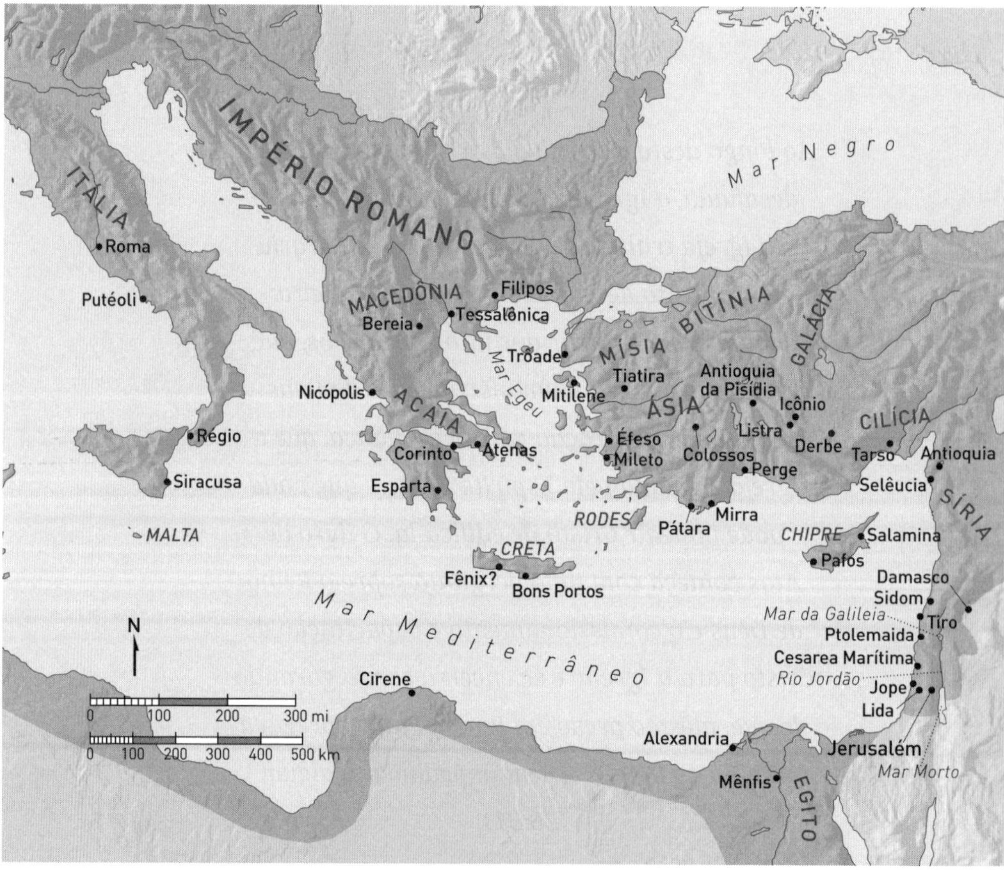

O mundo romano no tempo dos apóstolos. O Império Romano se espalhou por todo o mundo mediterrâneo, da Síria à Espanha e do Egito à Macedônia. Atos nos conta a história de como, após o dia de Pentecoste (2:1-47), os apóstolos e seus colaboradores levaram as boas-novas de salvação pela graça por meio da fé em Jesus para todo o mundo romano.

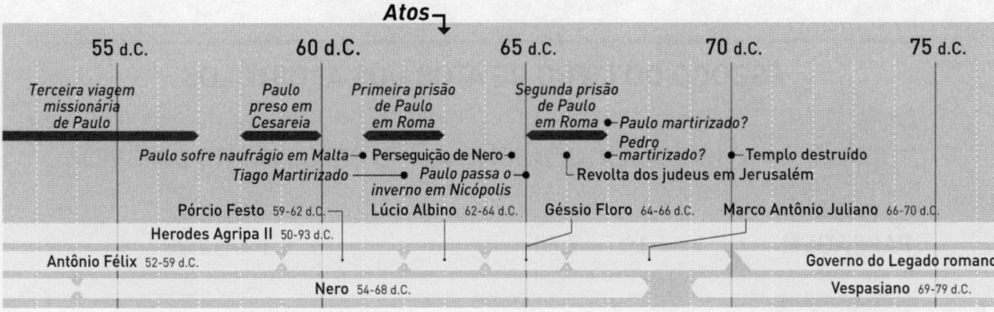

ATOS DOS APÓSTOLOS

INTRODUÇÃO

"Sem impedimento algum." Estas são as derradeiras palavras do livro de Atos. "Sem impedimento algum" são palavras finais apropriadas porque descreve perfeitamente o tema central do relato histórico de Lucas sobre a Igreja do primeiro século. Isso não quer dizer que o movimento estabelecido por Jesus Cristo e levado adiante por seus seguidores não tenha enfrentado oposição. Ao contrário, Atos descreve uma oposição tão feroz e tão mortal que levaria qualquer outra organização a desistir imediatamente. "Sem impedimento algum" não sugere que os primeiros crentes não tenham experimentado desafios. Eles enfrentaram, de fato, desafios tão insidiosos, tão singulares e tão frequentes que se tivessem seguido a sabedoria convencional teriam antecipado sua sina. "Sem impedimento algum" simplesmente indica que nada teria impedido a Igreja de cumprir o propósito divino.

Ao mesmo tempo em que Lucas fornece um relato preciso e detalhado da Igreja do primeiro século e de sua expansão por grande parte do mundo conhecido, seu livro não se concentra realmente em ideias ou eventos e nem mesmo em pessoas que tenham servido e liderado a Igreja. De fato, o título comum, *Atos dos Apóstolos*, pode ser enganoso aos leitores; o livro basicamente relata as ações de dois apóstolos principais — Pedro e Paulo —, muito embora os dois estivessem sempre em cooperação muito próxima com diversos colaboradores e auxiliares de ministério bastante capazes. Talvez um título mais adequado seria "Atos do Espírito Santo". Um desses colaboradores ministeriais cheios do Espírito Santo, o médico Lucas, montou um grande mosaico usando fatos como pedaços coloridos de cerâmica quebrada para mostrar a obra de Deus à medida que Ele coloca em prática seu plano de redimir e transformar o mundo.

ESBOÇO DO LIVRO DE ATOS DOS APÓSTOLOS

SEÇÃO	O NASCIMENTO DA IGREJA	O CRESCIMENTO DA IGREJA
PASSAGEM	1:1 — 7:60	8:1 — 12:25
TEMAS	A igreja é: Criada Provada Purificada Fortalecida Capacitada	O Evangelho: É espalhado É multiplicado Transforma vidas Rompe tradições
TERMOS- -CHAVE	Apóstolo Maravilhado Testemunho Sinal Maravilha	Pregar / Proclamar Evangelizar Discipular Arrepender Circuncisão

Pelo fato de Atos contar parte da história sobre Deus e seu relacionamento com o mundo, é muito proveitoso vermos onde este livro se encaixa no grande esquema da história da redenção. O falecido Evangelista Billy Sunday descreveu sua experiência com as Escrituras em uma tocante imagem escrita em primeira pessoa:

> Há 22 anos, tendo o Espírito Santo como meu guia, entrei no maravilhoso templo do cristianismo. Entrei pelo pórtico de Gênesis, caminhei pelas galerias de arte do Antigo Testamento, onde os retratos de Noé, Abraão, Moisés, José, Isaque, Jacó e Daniel estavam pendurados na parede.
>
> Passei pela sala de música dos Salmos, onde o Espírito tocou as teclas da natureza, até parecer que cada tubo do grande órgão de Deus respondia à melodiosa harpa de Davi, o mavioso cantor de Israel. Entrei pela câmara de Eclesiastes, onde a voz do pregador foi ouvida, e na estufa de Sarom, e os doces perfumes do lírio dos vales encheram e perfumaram minha vida. Entrei no escritório de Provérbios e depois no observatório dos Profetas, onde vi telescópios de vários tamanhos, apontados para eventos de futuros remotos, mas todos concentrados

SEÇÃO	A EXPANSÃO DA IGREJA	OS DESAFIOS DA IGREJA
PASSAGEM	13:1 — 20:2	20:3 — 28:31
TEMAS	O Testemunho: É estendido É recebido e rejeitado Transforma vidas Unifica judeus e gentios	O Movimento é: Testado Perseguido Defendido Desimpedido
TERMOS- -CHAVE	Arrazoar / discutir Tornar amplamente conhecido / Proclamar Exortar / Encorajar De repente / primeira vez Fé	Perseguir Testemunhar solenemente Imediatamente Acusar Ordenar

na brilhante Estrela da Manhã, que se levantaria acima das colinas enluaradas da Judeia para nossa salvação.

Entrei na sala de audiência do Rei dos reis e tive uma visão de sua glória, do ponto de vista de Mateus, Marcos, Lucas e João; passei pelos Atos dos Apóstolos, onde o Espírito Santo estava fazendo sua obra na formação da Igreja infante. Então fui à sala de correspondências, onde se sentavam Paulo, Pedro, Tiago e João, escrevendo suas Epístolas. Adentrei na sala do trono do Apocalipse, onde montanhas brilhantes reluziam, e tive uma visão do Rei sentado sobre o trono, em toda a sua glória; e então clamei:

> Saudai o nome de Jesus!
> Arcanjos, vos prostrai!
> O Filho do glorioso Deus
> Com glória coroai![1]

Atos é um livro fundamental na grande narrativa do plano redentor de Deus. O Antigo Testamento apresenta Deus à humanidade e estabelece suas alianças com Israel, tudo na expectativa de Jesus Cristo. Os

Evangelhos — Mateus, Marcos, Lucas e João — contam a história de como o Deus-homem, Jesus, veio para cumprir as alianças do Antigo Testamento e estabelecer uma nova aliança com a humanidade. Deus resumiu essa nova aliança por meio do profeta Jeremias:

> "Estão chegando os dias", declara o SENHOR, "quando farei uma nova aliança com a comunidade de Israel e com a comunidade de Judá. Não será como a aliança que fiz com os seus antepassados quando os tomei pela mão para tirá-los do Egito; porque quebraram a minha aliança, apesar de eu ser o Senhor deles", diz o SENHOR. "Esta é a aliança que farei com a comunidade de Israel depois daqueles dias", declara o SENHOR: "Porei a minha lei no íntimo deles e a escreverei nos seus corações. Serei o Deus deles, e eles serão o meu povo. Ninguém mais ensinará ao seu próximo nem ao seu irmão, dizendo: 'Conheça ao SENHOR', porque todos eles me conhecerão, desde o menor até o maior", diz o SENHOR. "Porque eu lhes perdoarei a maldade e não me lembrarei mais dos seus pecados." (Jr 31:31-34)

Atos documenta o lançamento da nova aliança e registra o crescimento fenomenal da comunidade da nova aliança nas primeiras três décadas após a morte e ressurreição de Jesus.

O lugar de Atos na Bíblia

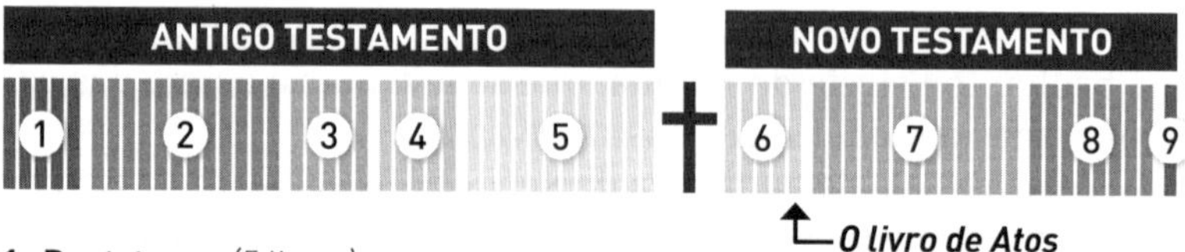

1. Pentateuco *(5 livros)*
2. Históricos *(12 livros)*
3. Poéticos *(5 livros)*
4. Profetas maiores *(5 livros)*
5. Profetas menores *(12 livros)*

39 livros no Antigo Testamento

6. Históricos *(5 livros)*
7. Cartas Paulinas *(13 livros)*
8. Cartas Gerais *(8 livros)*
9. Porfético *(1 livro)*

27 livros no Novo Testamento

PROPÓSITO DE ATOS

Hoje, os livros do Novo Testamento aparecem em uma ordem padronizada — Mateus, Marcos, Lucas, João, Atos, Romanos e assim por diante — que separa Lucas e Atos. Mas nunca houve a intenção de que o livro de Atos fosse lido como um documento independente; pelo contrário, ele é o segundo volume da obra de dois volumes de Lucas, que começou com seu relato histórico da vida de Cristo, o Evangelho de Lucas.

O posicionamento do livro de Atos depois dos Evangelhos, no entanto, é adequado. É um livro de transições que documenta o período posterior ao ministério terreno de Jesus, quando a Igreja começou a receber os tesouros escritos dos apóstolos. Consequentemente, ele surge depois dos Evangelhos e antes das Cartas no Novo Testamento. O segundo volume de Lucas narra uma era como nenhuma outra na história, uma época em que Deus tinha muito a dizer, mas falava menos por meio de profetas individuais e mais por meio de uma comunidade em crescimento e cheia do Espírito.

Assim como no primeiro volume de sua obra, Lucas dedicou o segundo volume a "Teófilo", cuja identidade permanece um mistério (Lc 1:3; At 1:1). O nome significa "aquele que ama a Deus", que poderia ser o apelido do patrono de Lucas. Nos tempos antigos, era comum as pessoas ricas encomendarem livros de histórias, geralmente por razões interesseiras. O chefe de uma família talvez quisesse estabelecer uma linhagem familiar crível para reivindicar um título ou dar ao nome da família uma posição mais elevada. Ou ele poderia encomendar uma história para justificar as ações de seus antepassados ou glorificar as conquistas de sua família. Em outras palavras, o patrono teria uma razão específica para pagar a um historiador para compilar uma história que outros leriam. No caso do primeiro volume, Lucas afirma seu propósito, que provavelmente reflete o de seu patrono: "Para que tenhas a certeza das coisas que te foram ensinadas [a respeito de Jesus]" (Lc 1:4). Podemos, portanto, dizer com razoável certeza que Teófilo encarregou Lucas de pesquisar a vida de Jesus e de estabelecer meticulosamente os fatos para sustentar a fé da Igreja.

O objetivo do segundo volume provavelmente segue o do primeiro, com uma pequena variação na ênfase. Talvez motivado pelos desafios recentes que a Igreja estava enfrentando, Teófilo pode ter encomendado a Lucas a narrativa do desenvolvimento e da expansão do corpo de Cristo, concentrando-se em um tema recorrente: o crescimento "sem impedimento algum", apesar da oposição esmagadora, com ênfase especial dada ao papel do Espírito Santo.

Vários bons expositores ofereceram sugestões confiáveis sobre o propósito de Atos. Por um lado, F. F. Bruce vê Lucas como um apologista pioneiro, defendendo os cristãos contra a desinformação e o mal-entendido espalhados por seus críticos incrédulos.[2] Ele chega a essa opinião porque grande parte de Atos retrata a igreja acusada e tratada de forma injusta, e as aparições de Paulo perante as autoridades seculares recebem atenção especial. Por outro lado, William Barclay afirma que "o grande objetivo de Lucas foi mostrar a expansão do cristianismo, destacar como aquela religião que começou em um cantinho da Palestina chegou a Roma em pouco mais de 30 anos".[3] Alguns comentaristas apontam para o propósito declarado de Lucas para seu Evangelho, dizendo que muitos na Igreja tiveram sua fé abalada e que o livro de Atos lhes assegurou que Cristo não deixaria sua Igreja fracassar.

Tenho dificuldade com essas sugestões, porque elas dão muita atenção à questão da perseguição, apenas uma das muitas provações que ameaçaram a igreja do primeiro século. Por toda esta narrativa, Lucas mostra a igreja desafiada, a igreja guiada pelo Espírito Santo e a igreja triunfante. Portanto, eu declararia o propósito de Lucas da seguinte maneira: demonstrar, a partir dos fatos históricos, que a igreja se tornou um instrumento de Deus para a administração da Nova Aliança, que a igreja é guiada pelo Espírito Santo e que nada pode impedir Cristo de edificar a sua igreja. O livro de Atos começa com uma pergunta sobre o Reino de Deus e o comissionamento e a capacitação de Cristo para a igreja, e se encerra com a garantia de que, mesmo preso em Roma, Paulo "pregava o Reino de Deus [...] sem impedimento algum" (28:31).

O AUTOR DE ATOS

Lucas é uma figura pequena no relato sobre a igreja primitiva, mas ele se destaca em sua história.[4] Alguns o identificam como Lúcio de Cirene (13:1), um dos principais líderes em Antioquia da Síria que comissionaram Paulo e Barnabé para a primeira viagem missionária. Algumas tradições da igreja colocam Lucas em Antioquia durante esses primeiros dias da igreja, mas temos poucas evidências concretas para apoiar a teoria. Se tomarmos o livro de Atos literalmente, Lucas parece ter sido adicionado tardiamente à equipe evangelística de Paulo, em vez de ser uma voz de autoridade influente da igreja gentia naquela época. (Para uma discussão extensa sobre a identidade de Lucas, veja minha introdução ao *Comentário de Lucas*.[5])

LUCAS NO NOVO TESTAMENTO
Atos 16:10-17[6]
Atos 20:5—21:18
Atos 27:1—28:16
Colossenses 4:14
2Timóteo 4:11
Filemom 1:24

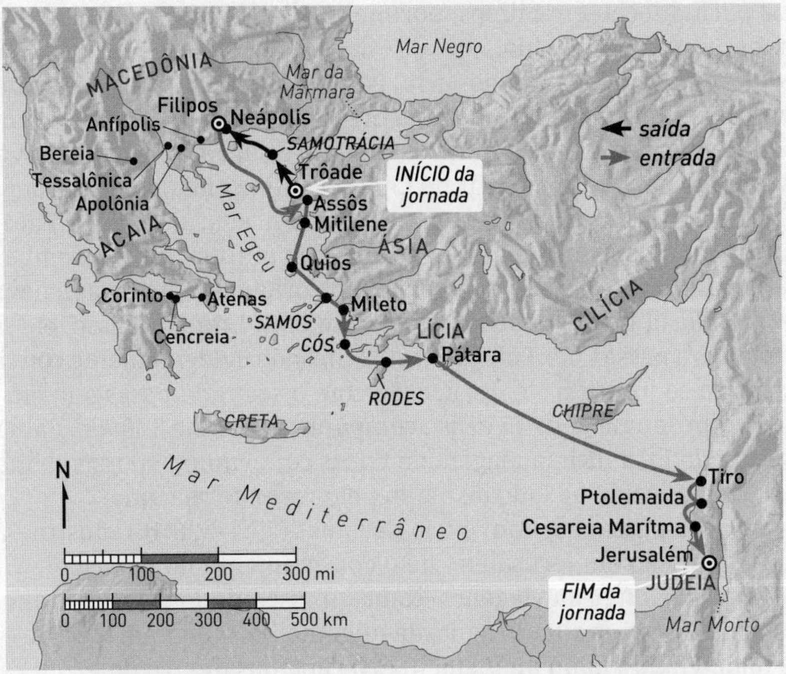

Viagens de Lucas com Paulo. Lucas encontrou-se com Paulo no decorrer da segunda viagem missionaria do apóstolo, que deixou-o para trabalhar em Filipos e, depois, o evangelista juntou-se a ele para a jornada de volta a Jerusalém.

Lucas usa o pronome "nós" em três passagens extensas de Atos. Presume-se que, ao usar "eles", o autor quer dizer que não estava pessoalmente presente no momento. Com base nessa suposição, descobrimos que Lucas encontrou Paulo por um período durante a primeira viagem missionária, mas não o encontrou novamente até o final da terceira viagem missionária. Mais tarde, Lucas viajou com Paulo de Jerusalém para Roma.

O evangelista aparentemente conheceu Paulo e sua comitiva durante a segunda viagem missionária, enquanto os homens permaneciam em Trôade. Quando o Espírito Santo os impediu de penetrar nas províncias romanas da Bitínia, Ásia e Mísia com o evangelho, a equipe permaneceu nesta cidade portuária por um longo tempo, ponderando seu próximo movimento (16:6-8). Lucas talvez já fosse um crente quando encontrou Paulo, ou talvez Paulo o tenha levado à fé enquanto estava em Trôade. Ele não diz. Sabemos apenas que, quando Paulo e os membros de sua equipe decidiram alterar seu curso para Macedônia e Grécia, Lucas viajou com eles na primeira etapa da viagem, de Trôade a Filipos. Ele testemunhou o espancamento e a prisão de Paulo e Silas (16:22-40) e, como médico (Cl 4:14), sem dúvida assumiu a liderança no tratamento das feridas dos homens. Quando a equipe seguiu para Tessalônica e depois para a Grécia,

Lucas permaneceu em Filipos, porque é possível que ele tivesse vivido lá antes de conhecer Paulo.

Na terceira viagem missionária, Paulo e sua comitiva passaram por Filipos a caminho da Grécia, novamente sem acrescentar Lucas ao grupo. Depois de vários meses de ministério na Grécia, Paulo pretendia voltar diretamente para casa a partir de Cencreia, uma cidade portuária perto de Corinto, mas um plano para matá-lo mudou suas intenções. Para distrair qualquer aspirante a assassino, ele instruiu sua equipe a embarcar em um navio em Cencreia, como planejado originalmente, mas a navegar para Trôade, onde ele se encontraria com eles. Enquanto isso, ele refez sua rota para passar por Filipos (At 20:2-5), onde evidentemente convidou Lucas para se juntar a ele. De acordo com a segunda passagem em que é usado o pronome "nós", Lucas acompanhou Paulo a Trôade. Sabemos que esta não foi a última viagem de Lucas com Paulo. É possível que ele tenha permanecido ao lado de Paulo pelo resto de sua vida.

A terceira passagem com o uso de "nós" (27:1—28:16) mostra Paulo desde sua prisão em Jerusalém até o confinamento no palácio de Herodes Agripa, ao longo da viagem a Roma, prosseguindo pelos dois anos de prisão domiciliar enquanto aguarda julgamento. Ninguém sabe ao certo para onde Paulo viajou após sua libertação, mas dentro de alguns anos ele estaria de volta a Roma e novamente na prisão. Ao escrever sua carta final a Timóteo e preparar-se para o fim, o apóstolo menciona que apenas Lucas permaneceu ao seu lado (2Tm 4:11).

A ESTRUTURA DE ATOS

O Evangelho de Lucas seguiu o ministério terreno de Jesus em círculos cada vez mais estreitos, de Nazaré e Galileia (Lc 4:14—9:50), passando por Samaria e Judeia (Lc 9:51—19:27) e, finalmente, até Jerusalém (Lc 19:28—24:12). O livro de Atos, no entanto, irradia de Jerusalém para fora, em círculos em constante expansão. Quando o Senhor ressuscitado se encontrou com seus discípulos pela última vez, eles perguntaram: "Senhor, é neste tempo que vais restaurar o reino a Israel?" (At 1:6). Eles ainda esperavam que Jesus tomasse as rédeas do poder religioso e político e se tornasse o líder de um império judaico mundial, através do qual Deus governaria a terra. Mas Jesus corrigiu a compreensão que eles tinham do plano. Ele disse: "Não compete a vocês saber os tempos ou as datas que o Pai estabeleceu pela sua própria autoridade. Mas receberão poder quando o Espírito Santo descer sobre vocês, e serão minhas testemunhas em Jerusalém, em toda a Judeia e Samaria, e até os confins da terra" (1:7,8).

Observe a ênfase geográfica: "[...] Jerusalém, em toda a Judeia e Samaria, e até os confins da terra". Isso se torna um "esboço inspirado" para o livro de Atos: "Jerusalém" (At 1—7), "toda a Judeia e Samaria" (At 8—12) e "os confins da terra" (At 13—28).

A HISTÓRIA INACABADA

Em sua última aparição no Evangelho de Lucas, Jesus resumiu seu ministério terreno usando as Escrituras do Antigo Testamento como guia (Lc 24:44-49). Ele demonstrou pelas Escrituras que o plano de Deus sempre foi que o Messias sofresse em favor de seu povo e vencesse a morte no terceiro dia. Seu plano sempre foi chamar as nações ao arrependimento do pecado, a fim de que recebessem seu perdão e confiassem que sua graça é suficiente para salvar. O Senhor sempre pretendeu que a cidade de Jerusalém fosse uma luz em um monte (ver Sl 43:3; Mt 5:14), a qual, finalmente, se tornaria o ponto de partida do evangelismo mundial (Is 43:10; 44:8; At 1:8).

A proclamação final do Senhor (Lc 24:36-49), densamente recheada de termos e expressões significativas, prenuncia muitos dos principais temas e eventos do livro de Atos. Por exemplo, o termo para "testemunhas" (*martys* [3144], Lc 24:48; At 1:8; 2:32) é o termo do qual derivamos a palavra "mártir". Acima de tudo, os apóstolos foram testemunhas da ressurreição do Senhor (1:22). O significado em português da palavra "mártir" desenvolveu-se a partir do fato de que algumas das testemunhas da morte e ressurreição de Jesus estavam dispostas a morrer prontamente em vez de renegar a mensagem do evangelho (7:59-60; 12:1,2).

O verbo que significa "enviar" (*apostellō* [649], Lc 24:49; At 3:20, 26) está relacionado ao termo do qual obtemos "apóstolo". Jesus tinha sido enviado por Deus, e Ele tinha enviado o Espírito Santo (Lc 24:49) para que os apóstolos pudessem ser enviados até mesmo para os gentios (At 26:17; 28:28).

A "promessa de meu Pai" (Lc 24:49; cf. At 1:4,5,8) é uma referência ao Espírito Santo, que logo os revestiria de "poder". Esta imagem em palavras é tirada da cerimônia de comissionamento de um funcionário do governo. A expressão "do alto" declara a fonte de seu comissionamento e poder, o próprio Deus (cf. 4:13-20).

Já na abertura do livro de Atos, o poder do Espírito Santo cai como um raio sobre as testemunhas recém-comissionadas, que começam a ensinar e pregar as boas-novas com ousadia no templo. O movimento de Jesus então emana de Jerusalém para o território circundante, depois para a vizinha Samaria, até as terras gentias ao norte da Galileia, e de lá para todo o Império Romano do Oriente.

Não encontramos uma conclusão agradável e arrumada no final do segundo volume de Lucas; em vez disso, as últimas linhas descrevem os dois anos de prisão domiciliar do apóstolo Paulo em Roma, onde, contra todas as probabilidades, ele "pregava o Reino de Deus e ensinava a respeito do Senhor Jesus Cristo, abertamente, sem impedimento algum" (28:31). Isso parece muito com o final suave do volume um, após o qual Lucas claramente pretendia continuar a história. Não sabemos se ele pretendia escrever um terceiro volume. Paulo esperava dizer um último adeus à sua missão a leste de Roma e depois embarcar para a fronteira ocidental até a Espanha (Rm 15:23-28). Lucas, sem dúvida, esperava acompanhá-lo e documentar cada passo. Mas isso não viria a acontecer.

Independentemente dos planos literários de Lucas, o Espírito Santo pretendia que a narrativa terminasse com o segundo volume. Não vejo essa conclusão aberta como um acidente. Lucas não previu a perseguição de Nero, que levou à segunda prisão e à execução de Paulo, mas Deus não ficou surpreso com isso. É possível pensar que o Senhor tenha deixado a narrativa aberta intencionalmente para que outros a completassem — não por escrito, mas dando continuidade à comissão que Jesus deu às suas primeiras cem testemunhas em Jerusalém? Se pensarmos bem, não há um bom lugar para concluir a história da igreja. Por dois milênios, cada geração de crentes enfrentou desafios, respondeu por meio do poder do Espírito Santo e perpetuou o evangelho. Eles continuaram a "escrever" a história da igreja — e, agora, esse dever cabe a nós. Ao longo dos vinte séculos de narrativa da igreja, nada conseguiu impedir sua inevitável expansão, que continua até hoje — sem impedimento algum.

O NASCIMENTO DA IGREJA (ATOS 1:1—7:60)

O livro de Atos documenta um período de tempo diferente de qualquer outra época da história. Como o Êxodo dos hebreus do Egito — com suas pragas, a abertura do mar Vermelho, colunas de *shekinah* brilhantes e maná do céu —, os primeiros dias da igreja testemunharam eventos sobrenaturais que nunca mais se repetirão. Na abertura do segundo volume de Lucas, a igreja não existe; o Espírito Santo ainda não veio residir nos seguidores de Cristo; os apóstolos não possuem poder, coragem, autoridade, direção. No entanto, no período do último versículo, a igreja já se estendeu pelo Império Romano, de Jerusalém a Roma. Nos primeiros meses da história da igreja, registrados em Atos 1:1—7:60, uma gloriosa explosão de poder divino energizou um grupo de homens e mulheres comuns para realizar uma missão do tamanho de Deus, usando habilidades sobrenaturais.

Assim como Jesus dissera (Lc 24:47; At 1:8), os discípulos começariam sua missão em Jerusalém, proclamando a mensagem da nova aliança de redenção na presença dos próprios líderes religiosos e autoridades do templo que haviam entregado Jesus a Pilatos. Nesta primeira etapa do plano divino para o crescimento da igreja (1:8), os crentes aprenderiam a confiar no plano e no poder de Deus para superar todos os obstáculos, incluindo perseguição externa (4:1-31), falhas e tensões internas (5:1-11; 6:1), e até mesmo a perda de líderes importantes para o martírio (6:8—7:60). O poder e a mensagem milagrosos de Jesus se manifestariam através do sofrimento de seus seguidores.

Poucos dias após ascensão do Senhor, os crentes receberam a primeira parte de sua promessa: o Espírito Santo encheu cada crente, concedendo a cada um o poder de cumprir seu papel no plano redentor de Deus. No Pentecoste, os primeiros crentes surpreenderam seus pares com habilidades sobrenaturais e milagrosas, levando milhares de judeus a abraçar Jesus como seu Messias. Eles, por sua vez, também receberam poder do Espírito Santo para serem testemunhas, pregando no templo e evangelizando Jerusalém. Com o tempo, a igreja de Jerusalém tornou-se forte e vibrante, enquanto Pedro e João forneceram uma liderança sólida, guiando a congregação apesar da pressão constante do Sinédrio. Mesmo a perseguição de Saulo pouco fez para conter o crescimento da igreja — até que o martírio de Estêvão impôs sobre a comunidade de crentes seu primeiro golpe significativo.

TERMOS-CHAVE EM ATOS 1:1—7:60

■ ***apostolos*** (*ἀπόστολος*) [652] "apóstolo", "enviado", "emissário oficial", "comissário"

A forma nominal do verbo *apostellō* [649] ("enviar", "enviar com uma comissão ou com autoridade") descrevia um enviado oficial do governo, que poderia levar notícias oficiais ou ler proclamações publicamente em todo o império. A religião e a filosofia gregas mais tarde usaram o termo para se referir aos professores divinamente enviados. No cristianismo, chegou a descrever tanto a função quanto a capacidade oficial de certos homens; para ser chamado de "apóstolo", era preciso ter encontrado pessoalmente Jesus Cristo após sua ressurreição e recebido seu comissionamento para levar as boas-novas aos outros.

■ ***existēmi*** (*ἐξίστημι*) [1839] "maravilhar-se", "ser separado de algo", "estar ao lado de si mesmo", "estar fora de sentidos"

Literalmente, essa palavra significa "ser deslocado". Figurativamente, refere-se a um estado psicológico em que a pessoa não tem mais controle sobre si mesma. Na época de Jesus, isso havia se tornado hipérbole, da mesma forma que poderíamos dizer que alguém "perdeu a cabeça" de tanto entusiasmo. Outro termo mais brando, usado frequentemente por Lucas, é *thaumazō* [2296], que significa simplesmente "atônito" ou "cheio de maravilha". *Existēmi* é notadamente mais enfático, usado para caracterizar alguém admirado em seu espanto.

■ ***thaumazō*** (*θαυμάζω*) [2296] "admirar-se", "maravilhar-se"

Este termo descreve o ato de estar extraordinariamente impressionado, atônito ou mesmo perturbado por algo, especialmente quando confrontado com alguma forma de revelação divina. Na Septuaginta, indica adoração, honra e admiração, geralmente referindo-se à "experiência religiosa face a face com o que transcende as possibilidades humanas".[7]

■ ***martyria*** (*μαρτυρία*) [3141] "testemunha", "testemunho", "evidência"

Este termo refere-se à "confirmação ou atestado com base em conhecimento ou crença pessoal"[8] e era comumente usado em conexão com processos judiciais. Nos tribunais antigos, o depoimento de testemunhas independentes era considerado praticamente irrefutável.

■ ***sēmeion*** (*σημεῖον*) [4592] "sinal", "marca de autenticação", "prova", "milagre"

O significado mais básico desta palavra é "algo que dá uma indicação verdadeira de outra coisa". Uma placa de trânsito indica com precisão para o viajante o que está por vir. Os gregos davam ao termo atenção especial como uma indicação física da vontade divina ou de presságios sobrenaturais. O relâmpago, por exemplo, indicava a vontade de Zeus, e o trovão era considerado um prenúncio de que ele estava prestes a falar através de um sinal. Para os judeus, um "sinal" fornecia confirmação visual de que um profeta era autenticamente de Deus ou era uma manifestação física da glória de Deus.

■ ***teras*** (*τέρας*) [5059] "maravilha", "prodígio", "presságio", "milagre"

Nunca usada sozinha e frequentemente aparecendo em conjunto com *sēmeion*, esta palavra refere-se a algo que surpreende ou faz com que as pessoas façam questionamentos. O termo geralmente denota um evento extraordinário que sugere que algo muito profundo ou importante ocorreu ou ocorrerá em breve. Augusto, por exemplo, afirmou que a maravilha de um cometa brilhante era, na verdade, o espírito de seu pai adotivo, Júlio César, entrando no céu.

Operação Revolução

LEIA ATOS 1:1-14

Nosso mundo está em constante movimento — alta velocidade, progresso perpétuo, mudança ininterrupta. Centenas de anos costumavam separar revoluções científicas; agora, nós as esperamos a cada duas décadas. A maioria nem chega a ser notícia; elas simplesmente mudam nossos paradigmas científicos — e nos deslocam junto com eles. Algumas décadas atrás, um bom avanço tecnológico era suficiente para impulsionar uma nova empresa diretamente ao *status* de pertencente ao *Fortune 500*. Agora, se sua empresa rever sua atividade a cada dois anos, você não terá uma empresa por muito tempo.

Dada a nossa cultura de mudança rápida, sou encorajado a ver a igreja não apenas sobrevivendo, mas prosperando! Este incrível empreendimento goza de um forte apego à tradição, mas continua a afetar todas as culturas que toca. Além disso, a igreja continua relevante apesar de dois mil anos de evolução cultural. O falecido Steve Jobs disse certa vez: "A inovação distingue um líder de um seguidor".[9] Temos o Líder mais criativo, inovador e progressista que o mundo já conheceu, e Ele está na organização desde o início. Na verdade, Ele iniciou este empreendimento global e serviu como seu Líder através de inúmeros desafios e mudanças.

1:1,2

Lucas começa com uma rápida retrospectiva do relato que fez em seu Evangelho. Isso indica uma ruptura clara em sua narrativa, mas não tão grande a ponto de ter que superar um abismo. Ele assume que a vida de Jesus continua fresca na mente do leitor. Afinal, Lucas não mediu esforços para mostrar que o homem Jesus não é apenas o Messias, mas que Ele veio à Terra como Deus em carne humana. Deus enviou sua mensagem à humanidade envolta em sangue, ossos, tendões e músculos de alguém como nós. Ele andou entre as pessoas por mais de trinta anos, pregando, ensinando, curando, expulsando demônios e ressuscitando os mortos. Finalmente, Ele foi crucificado, sepultado e, em seguida, ressuscitado para um novo tipo de vida. Isso é o que Lucas quer dizer com a expressão "tudo o que Jesus começou a fazer e a ensinar" (1:1).

Tome nota da palavra "começou". O trabalho não terminou. Há mais o que fazer. No entanto, a frase seguinte nos diz que Jesus foi elevado aos céus. Não veremos Jesus face a face até que morramos ou que Ele retorne da mesma forma que partiu — nos céus (1:11). Então, como Jesus completaria a obra que Ele "começou"? A resposta é prenunciada na frase "depois de ter dado instruções por meio do Espírito Santo aos apóstolos que havia escolhido" (1:2).

1:3-5

Depois de ressuscitar dos mortos, Jesus passou quarenta dias consolando seus seguidores, os quais haviam passado por uma provação dolorosa. Nas horas escuras que antecederam a crucificação de Jesus, eles o abandonaram (Mc 14:50). Então, assistiram horrorizados à ocorrência impensável: o Messias — seu Mestre e Senhor — morreu! Ao retornar do túmulo, Ele primeiro teve que provar a autenticidade de sua ressurreição. O mito e o folclore ensinaram-nos a acreditar em fantasmas. Pontos de vista comuns da ressurreição entre os fariseus doutrinariamente influentes os ensinaram a crer em uma futura ressurreição em massa tanto dos justos quanto dos ímpios. Mas uma ressurreição milagrosa do Messias antes da ressurreição do resto da humanidade? Isso exigiu uma reformulação de sua compreensão dos eventos do fim dos tempos.

Aceitar o fato da milagrosa ressurreição corporal de Cristo, no entanto, seria apenas a primeira de *muitas* mudanças significativas de paradigma.

BATISMO

ATOS 1:5

Uma tradução literal da promessa do Senhor em Atos 1:5 diz: "Vocês serão batizados *no* Espírito Santo". Povos de culturas antigas entendiam o significado desse rito simbólico do batismo; precisamos da ajuda de algum contexto cultural e histórico.

O ritual do batismo nas culturas antigas simbolizava identificação. Uma organização ou sociedade iniciava um novo membro mergulhando-o em algum tipo de líquido — geralmente água ou, no caso de muitos rituais pagãos, sangue de animais sacrificados.[10] Assim, quando alguém era "batizado" em uma comunidade, tornava-se um com ela e, portanto, identificava-se com ela. Depois que um iniciado era imerso em algo e cercado por aquilo, a pessoa emergia da piscina encharcada e pingando — coberta, por assim dizer, da mesma substância que todos os outros membros. Após ser "batizado" em uma sociedade, o iniciado era considerado membro e representante das crenças da comunidade. Uma pessoa "batizada" em uma sociedade, portanto, recebia tudo o que acompanhava a filiação: direitos, benefícios, poderes e responsabilidades.

No judaísmo, um novo convertido era cerimonialmente imerso em água pura depois de assistir às aulas para aprender a língua hebraica, estudar a história e a cultura hebraica e, o mais importante, aprender a Lei de Moisés. Depois de passar por um exame, os machos eram circuncidados e todos os convertidos eram batizados. O símbolo do batismo tornou-se uma purificação figurativa do pecado antes de entrar na comunidade da aliança hebraica. Ser "batizado" no judaísmo era tornar-se um "filho da aliança" junto com os judeus naturais.[11]

João, o Batizador, deu então ao rito do batismo gentio uma nova aplicação. Ele chamou os judeus para um batismo de arrependimento, dizendo, com efeito, "por causa de seu pecado, vocês estão fora da aliança de Abraão com Deus — *imundos*! Vocês devem arrepender-se como um gentio e vir a Deus como se fosse a primeira vez". De acordo com Jesus, o batismo na água administrado por João seria seguido por um batismo sobrenatural do alto. Os discípulos entendiam o conceito de "batismo no" Espírito Santo, mas não podiam ter entendido todas as suas implicações. Pelo menos não naquele momento. Ser "batizado no Espírito de Deus" significa tornar-se membro da sociedade sobrenatural de Deus e assumir todos os direitos, benefícios, poderes e responsabilidades compartilhados dentro da Trindade.

Jesus passou aqueles quarenta dias reunindo-se com seus seguidores, desconstruindo suas falsas noções sobre o Reino de Deus e, em seguida, colocando-os no caminho certo. Quando Ele subiu ao céu, os discípulos estavam bem providos da verdade. Infelizmente, eles não tinham poder. E a verdade sem poder pouco realiza em um mundo dominado pelo mal. Acontece que o Senhor nunca teve a intenção de enviá-los impotentes. Portanto, Ele lhes disse para esperar por um evento especial, descrevendo-o em termos que devem ter surpreendido e maravilhado os discípulos. O Evangelho de Lucas mencionou muitas vezes a promessa feita pelo Pai (At 1:4):

- João, o Batizador, disse que Jesus os batizaria "com o Espírito Santo e com fogo" (Lc 3:16).
- Ao falar sobre as coisas boas que os pais humanos gostam de dar aos seus filhos, Jesus perguntou: "Se vocês, apesar de serem maus, sabem dar boas coisas aos seus filhos, quanto mais o Pai que está nos céus dará o Espírito Santo a quem o pedir!" (Lc 11:13).
- Jesus garantiu aos seus discípulos que eles sofreriam perseguição, mas também fez uma promessa: "Quando vocês forem levados às sinagogas e diante dos governantes e das autoridades, não se preocupem com a forma pela qual se defenderão, ou com o que dirão, pois naquela hora o Espírito Santo ensinará o que deverão dizer" (Lc 12:11-12; cf. Lc 21:15).

"Dentro de poucos dias" (At 1:5) os discípulos receberiam o cumprimento da promessa de Deus.

1:6

Quando estudei no Seminário Teológico de Dallas, uma disciplina ministrada pelo dr. Howard Hendricks chamada "Métodos de estudo bíblico" mudou minha vida para sempre. Em uma dessas aulas inesquecíveis, ele nos desafiou a examinar Atos 1:8 e a registrar cinquenta observações. Muitas turmas de alunos antes de mim haviam completado essa tarefa, assim como todos os graduados daquele seminário desde então. Fiquei olhando para aquele versículo por horas. Então, vi um detalhe que eu havia negligenciado por anos: a minúscula e incrivelmente significativa palavra de três letras "mas". Lá estava ela, sentada no começo do versículo, implorando que eu descobrisse qual contraste essa conjunção indicava.

Fiz o caminho de volta do fluxo de pensamento de Lucas até sua fonte e encontrei uma pergunta: "Senhor, é neste tempo que vais restaurar o reino a Israel?" (At 1:6).

Todos os seguidores do Senhor, até mesmo o círculo interno de discípulos que Ele havia treinado para a liderança, lutaram para entender sua agenda. Durante toda a vida, eles foram ensinados que o Reino de Deus era Israel. Eles haviam sido ensinados a esperar um Messias que reviveria a nação destruída dos hebreus — agora reduzida à tribo de Judá — e a devolveria ao tipo de glória que eles não conheciam desde Davi e Salomão. Aguardavam um líder religioso e político que usaria tanto a coroa do rei quanto o manto do sumo sacerdote.

Deus não terminou de lidar com Israel. Jesus irá, é claro, cumprir todas essas promessas do Antigo Testamento. Ele possui a coroa do rei *e* as vestes sacerdotais, e as usará — literalmente, não apenas figurativamente — no futuro. Mas Ele não planejou construir o Reino de Deus no tempo ou da maneira que qualquer um esperava. Quando Deus cumpre suas promessas, Ele sempre excede nossas expectativas.

1:7,8

Jesus respondeu à pergunta dos discípulos (1:6) com uma admoestação mansa para que fossem pacientes. Ele disse, com efeito: "Relaxem. O plano de Deus se desdobrará de acordo com a agenda dele, e nada poderá detê-lo". Note que Ele não refutou ou corrigiu seu entendimento do reino vindouro, apenas seu tempo e método. Não, Ele não reuniria um exército para uma marcha sobre Jerusalém — pelo menos, ainda não (ver Ap 19:11-21; 20:4). Ele não assumiria o controle da nação por meio de diplomacia ou intriga. Ele não expandiria seu reino à maneira de Nabucodonosor, Alexandre ou Augusto. "Mas..."

O Messias está destinado a receber o poder e a autoridade para governar o mundo inteiro (Dn 7:13,14; Ap 11:15), "mas", disse Ele, "*[vocês]* receberão poder quando o Espírito Santo descer sobre vocês" (At 1:8, ênfase minha).

No Antigo Testamento, o poder do Espírito Santo era reservado a reis e profetas, e ocasionalmente a pessoas comuns quando o Senhor queria realizar algo extraordinário. O enchimento do Espírito Santo era um dom raro e quase sempre temporário. Ele enchia e capacitava certos indivíduos por um breve período de tempo para um propósito específico e depois partia. Excepcionalmente, poucas pessoas receberam a presença residente do Espírito Santo por toda a vida, entre elas João, o Batizador (Lc 1:15). Assim, o anúncio de que o Espírito de Deus habitaria cada crente parecia impensável — uma extravagância inacreditável que os seguidores de Jesus mal podiam compreender.

O enchimento e o fortalecimento do Espírito Santo para cada crente não era um conceito totalmente novo. Centenas de anos antes, Deus havia revelado que um novo tipo de reino emergiria da nova aliança, que exigia que todo cidadão tivesse a mente de Deus (Jr 31:31-34; Ez 37:14; Jl 2:28-32). Desde o início dos tempos, Ele planejou dar a seu povo o poder de cumprir seus mandamentos como cidadãos de seu reino.

Note-se, no entanto, que Ele lhes concedeu poder. Ele não traçou um programa. Ele não deu uma estratégia detalhada. Tal coisa não resistiria ao teste do tempo, como observamos no mundo dos negócios. Em vez de estabelecer um modelo de negócio específico, Deus deu a cada membro da organização, por assim dizer, a mente de um CEO. Em vez de traçar um plano de batalha concreto, o Senhor deu a cada soldado um cérebro capaz de pensar em sincronia com a missão e os valores do General. Tendo batizado indivíduos em seu reino, Deus dá poder a cada cidadão.

O termo grego para "poder" (*dynamis* [1411]) refere-se à capacidade ou habilidade de alguém; sugere "ser capaz" ou "ter a habilidade de" fazer algo. A capacidade ou habilidade específica em questão depende do contexto. Se a tarefa é levantar um grande peso, a "capacidade" é a força física. Se a tarefa é derrotar um exército, a "habilidade" é a de um general experiente. A promessa do Senhor deixa o *dynamis* indefinido. Em outras palavras, independentemente do que for necessário, receberemos o poder de fazer o que Deus pedir.

Este *dynamis* produz resultados. Em Mateus 28:19,20, o Senhor emitiu uma ordem, dizendo "vão e façam discípulos de todas as nações". Mas isso foi outro dia e outro pronunciamento no topo da montanha. Aqui, no Monte das Oliveiras, local de seu derradeiro retorno, Jesus fez uma previsão: "[vocês] serão minhas testemunhas" (At 1:8). O termo para "testemunha" é *martys* [3144], do qual derivamos o termo "mártir", embora naquela época não tivesse uma forte conotação religiosa. Os escritores gregos do primeiro século entendiam *martys* como um termo legal que descreve alguém que testemunhou no tribunal sobre algo que alguém tinha visto pessoalmente.

Como observado anteriormente, a previsão de Jesus prenuncia o desenrolar da história da igreja. Lucas chama atenção especial para a promessa do Senhor porque o restante desta narrativa é o testemunho de seu cumprimento: "Jerusalém" (At 1—7), "toda a Judeia e Samaria" (At 8—12), "os confins da terra" (At 13—28).

O primeiro volume da obra de Lucas explica como a verdade de Deus se fez carne, como as boas-novas se encarnaram. O volume dois demonstra como, depois que Jesus partiu fisicamente da Terra, a verdade de Deus permaneceu entre a carne. Ele enviou seu Espírito para habitar seu povo. As boas-novas do "Deus conosco" continuam com as pessoas que encarnam sua mensagem e são capacitadas por seu poder.

1:9-11

Esses versículos se sobrepõem à descrição de Lucas dos momentos finais do Senhor antes de subir ao céu no final do primeiro volume. Ele levou seus seguidores a um local no Monte das Oliveiras, provavelmente sobre o ponto mais alto de Jerusalém, em algum lugar abaixo da encosta oriental. É um lugar profundamente significativo no Antigo Testamento. Quando a luz da presença de Deus partiu do templo abandonado, para nunca mais ser vista ali, "a glória do SENHOR se levantou da cidade e parou sobre o monte que fica a leste dela" (Ez 11:23). De acordo com o profeta Zacarias, o Senhor virá a este monte antes de assumir o controle de Jerusalém. Somente o todo-poderoso Rei não precisará subir a montanha para depois descê-la; o monte milagrosamente se afastará de seu caminho, separando-se como uma cortina diante dele (Zc 14:4).

Trata-se do mesmo monte em que Jesus ascendeu. Ele ascendeu através das nuvens e depois passou de nossa dimensão terrena para o reino celestial. Dois anjos anunciaram que Jesus — o Salvador do mundo e seu futuro Rei — voltará desta mesma maneira. Ele não voltará a nascer como um bebê. Ele não aparecerá de outra forma ou assumirá outra identidade. Ele não será reencarnado nem canalizará sua personalidade através de outro indivíduo. Ele não voltará em forma de espírito — Ele já está aqui na pessoa do Espírito Santo! Ele descerá através das nuvens em seu próprio corpo humano. Fisicamente. Literalmente. Dramaticamente. Inequivocamente.

1:12-14

Os seguidores do Senhor fizeram exatamente o que Ele ordenara; eles caminharam a curta distância de volta pelo Vale do Cedrom até Jerusalém, provavelmente até a mesma sala onde haviam se escondido anteriormente (Lc 24:33-36; Jo 20:19). E esperaram. Embora não soubessem exatamente quando o Espírito chegaria, Deus sabia que "dentro de poucos dias" (At 1:5) aconteceria a Festa das Semanas (Pentecoste) — cinquenta dias a partir do final da Páscoa e, portanto, dez dias da ascensão de Cristo. Durante este feriado, judeus de todo o mundo se reuniam em Jerusalém para fazer uma oferta a Deus durante o tempo de colheita dos primeiros frutos (Êx 34:22; Dt 16:9-12). Convenientemente, Deus estava prestes a oferecer seus próprios "primeiros frutos" do Espírito pelo fato de um remanescente fiel de judeus terem se tornado os primeiros iniciados da nova comunidade do Espírito: a igreja.

Enquanto isso, aqueles discípulos dedicados mantiveram um tempo de oração constante. Como o falecido expositor bíblico Harry Ironside afirmou certa vez:

> Quando Deus está prestes a fazer alguma coisa grande, Ele move o coração das pessoas a orar. Ele as instiga a orar em vista do que está prestes a fazer, de modo que estejam preparadas para isso. Os discípulos precisavam do autoexame que vem através da oração e da súplica para que pudessem estar prontos para o tremendo evento que estava prestes a acontecer: a vinda de Deus à Terra, o Espírito Santo, para habitar os crentes e capacitá-los a testemunhar por Ele.[12]

Lucas faz uma menção especial às pessoas presentes. Durante seu ministério terreno, Jesus havia escolhido doze homens para receber instrução espiritual concentrada e treinamento de liderança. Judas Iscariotes havia entregado Jesus aos oficiais do templo em troca de dinheiro e depois, sem arrependimento, enforcou-se. Os onze restantes se uniram. Várias mulheres haviam atendido fielmente às necessidades práticas do ministério e eram consideradas aprendizes devotadas do Mestre. Juntamente com Maria, a mãe de Jesus, juntaram-se aos onze em oração. E, surpreendentemente, os meios-irmãos do Senhor os acompanharam. Inicialmente hostis ao ensino de Jesus (Mc 3:21), eles foram afetados por sua crucificação e, em seguida, convencidos por sua ressurreição.

Lucas cita especificamente esses nomes, mas esses não foram os únicos discípulos envolvidos nesta temporada de oração contínua. No silêncio entre a promessa do Espírito Santo e seu cumprimento, 120 crentes se uniram expectantes em espírito de oração. Esse bando de homens e mulheres comuns se tornaria o núcleo em torno do qual cresceria o reino de Deus mundial, multicultural e multiétnico do século XXI. Seu mundo estava prestes a mudar, e eles estavam prestes a se tornar os agentes dessa mudança.

APLICAÇÃO

Atos 1:1-14

SEU PLANO, SEU POVO, SEU PODER

Deus tem um plano para redimir o mundo. Não é um plano novo; ele existia na mente do Criador antes que os primeiros humanos cometessem o primeiro pecado. Nada do que está acontecendo o surpreende. Ele estabeleceu uma aliança com Abraão e seus descendentes, os hebreus, chamando-os para ensinar as Escrituras, servir de modelo da obediência à Lei e tornar-se um exemplo de fé viva em Deus. Ele colocou estrategicamente a nação de Israel em uma estreita ponte terrestre, por onde as grandes civilizações da região tinham que passar ao realizar comércio ou fazer guerra umas com as outras, para que todos pudessem ver o *shalom* (paz e bem-estar) de Israel e aprender de seu Deus. O plano de Deus *sempre* foi enviar seu Filho, que teria sucesso onde Israel havia falhado, sofreria em favor de seu povo e venceria a morte no terceiro dia. Lembre-se, Deus *sempre* chamou as pessoas para se arrependerem do pecado, receberem seu perdão e confiarem que sua graça é suficiente para salvar. A cidade de Jerusalém *sempre* foi a luz pretendida pelo Senhor sobre um monte (ver Sl 43:3; Mt 5:14), e nos dias dos apóstolos, finalmente se tornaria o ponto de partida do evangelismo mundial (Is 43:10; 44:8; At 1:8).

Agora, somos parte do plano divino. Nós, tal como os discípulos, não sabemos quando o reino virá (1:6-8). No momento atual, sabemos apenas que Deus nos chamou para nos juntarmos a Ele para recuperar a criação do mal por meio de nosso testemunho do Messias ressuscitado. Ele nos deu uma participação genuína no cumprimento do plano, e não há um "plano B". Ao considerar o que o Senhor está fazendo e como Ele nos envolveu, tenho duas observações.

Primeiro, *para executar o plano, as pessoas devem ser infundidas*. Você nunca promoverá o poder de cura do cristianismo em um mundo doente e moribundo se ficar longe daqueles infectados pelo pecado e pelo erro. Cristo fez contato consistente com seus discípulos, esses discípulos fizeram contato consistente com sua geração, e o mundo foi infundido com o antídoto para o pecado e a morte. Para implementar um plano eficaz, devemos infundir às pessoas a cura do evangelho. Lembre-se, trata-se da verdade encarnada, da verdade divina em carne humana. Não é a verdade teórica que flutua nas páginas dos livros que salva as pessoas. É uma vida afetando a outra.

Em segundo lugar, *para impactar um mundo em rápida mudança, o poder do Espírito Santo deve ser liberado*. Fico impressionado com o inexpressivo número de cristãos que realmente conhece a dinâmica do Espírito Santo. Realmente espantado. Todo o poder necessário para ressuscitar Cristo dentre os mortos — não poder barulhento, mas poder silencioso, eficaz e dinâmico — nos foi dado. Mas sabemos muito pouco sobre a energia potencial de ter a presença de Deus dentro de nós, como deixá-lo nos encher e controlar, e como transformar esse poder em mudança positiva no mundo.

Há muitos anos preguei a mensagem de encerramento numa conferência. Assim que as últimas palavras da minha oração saíram da minha boca e tivemos um pouco de música, um casal veio logo à frente. "Você falou sobre o Espírito do Senhor", disseram. (Eles usaram a expressão incomum "Espírito do Senhor", o que me deixou curioso.)

"Sim", eu disse. "Eu falei sobre o Espírito."

"Lemos isso na Bíblia e não sabemos disso. Como é?"

Isso me apontou imediatamente que eles nunca tinham sido ensinados sobre o Espírito Santo. Então dei uma lição improvisada que levou cerca de vinte minutos, e suas bocas literalmente permaneceram abertas quando ouviram pela primeira vez a verdade sobre como o poder de Deus, no controle do Espírito Santo, pode literalmente conduzi-los pela vida. Eles nunca tinham ouvido isso, mas eram cristãos havia muitos anos.

Infelizmente, a maioria dos crentes não sabe muito mais que aquele casal — temos boa teologia, mas nenhuma sabedoria prática. Se prestarmos atenção, o livro de Atos preencherá algumas lacunas profundas em nossa compreensão do Espírito Santo. Exorto você a fazer do Espírito Santo um objeto de intenso estudo, não só para adquirir conhecimento teológico, mas para descobrir como liberar o incrível poder de Deus que reside em você.

Dados na reunião de oração

LEIA ATOS 1:15-26

Sou casado com Cynthia há muito tempo. No momento em que escrevo, estou casado com ela duas vezes mais tempo do que vivi solteiro. Ela tem sido minha amante, amiga, confidente, companheira, conselheira, consoladora e parceira durante uma parte tão grande da minha vida que tenho dificuldade em lembrar como era a vida sem ela. Pensar em grandes decisões com ela é tão natural quanto respirar; não consigo imaginar não discutir assuntos importantes com ela.

A igreja deveria ser assim. Mal podemos imaginar a igreja funcionando separada do Espírito Santo. Por mais de dois mil anos, a reunião do povo de Deus teve o Espírito Santo como guia. Isso porque cada pessoa que confia em Jesus Cristo para a redenção das consequências eternas do pecado recebe o Espírito Santo como um dom. A própria presença de Deus imediatamente se instala naquele indivíduo, e uma transformação sobrenatural começa. Agora, em vez de pensar de maneira espiritualmente obscura — tomando decisões interesseiras como escravo do pecado —, o novo crente tem a mente de Deus para o guiar, ensinar, convencer, consolar e encorajar. Como a igreja é composta por crentes reunidos, a igreja tem desfrutado da liderança do Espírito Santo desde o início.

Na verdade, para ser mais preciso, devo dizer quase desde o início. Como afirmei anteriormente, o livro de Atos é um livro de transições. E a primeira transição descrita por Lucas é, sem dúvida, a mais dramática que o mundo já conheceu. Atos 1:12-26 pinta um quadro curioso da comunhão dos crentes antes de a igreja ser inaugurada — uma imagem quase esquecida da congregação acovardada antes da chegada do Espírito Santo. Lucas oferece uma representação tímida, temerosa, quase patética, de crentes incertos tateando em busca de orientação apenas alguns dias antes de o Espírito Santo assumir o controle. Os apóstolos permaneceram amontoados em uma sala, esperando ordens de marcha do Senhor, incapazes de tomar uma decisão sem indicadores físicos específicos de sua vontade. Então, os eventos de Atos 2:1-4 mudam tudo — literalmente *tudo*. Eles vão de fazer sorteio para discernir a vontade de Deus (1:26) para "declarar as maravilhas de Deus" pelo poder do Espírito que neles habita (2:11) — de ter dificuldade em ouvir a palavra de Deus para proclamá-la com poder e sem hesitação!

1:15-17

Quando o Evangelho de Lucas se encerra e o livro de Atos retoma a história, encontramos 120 seguidores do Senhor esperando em Jerusalém, assim como Ele havia ordenado (1:13-15; ver Lc 24:49; At 1:4). Tendemos a enxergá-los como heróis da história maiores do que qualquer outra coisa, figuras de mármore idealizadas, sem mácula ou defeito... mas ninguém naquela cena tem uma auréola sobre a cabeça. Lucas cita Pedro, que negou conhecer Jesus três vezes, invocando maldições para que suas mentiras soassem mais críveis. Vemos entre eles João e Tiago, os tempestuosos "filhos do trovão" (Mc 3:17). Filipe, o discípulo dos dados e números (Mc 6:37; Jo 6:7), podia olhar do outro lado da sala para Tomé, o melancólico homem do "mostre-me" (Jo 11:16; 20:25). Também entre eles estão a mãe e os meios-irmãos de Jesus, que uma vez acreditaram que o Senhor havia perdido a cabeça e, portanto, queriam impedir seu ministério (Mc 3:21). Evidentemente, a crucificação e ressurreição de Cristo mudaram suas mentes. Os discípulos fugiram quando o Senhor foi preso, julgado e crucificado. Os outros não conseguiram ficar ao lado de Jesus durante toda a sua provação. Consequentemente, todos eles foram restaurados de algum tipo de fracasso após a ressurreição do Senhor.

Eles se reuniram para orar e esperar que a promessa do Senhor fosse cumprida. Liderando a reunião de oração estavam os onze discípulos que o Senhor havia treinado pessoalmente. Onze. Mas Jesus não tinha feito uma promessa sobre doze? Não tinha ele dito "por ocasião da regeneração de todas as coisas, quando o Filho do homem se assentar em seu trono glorioso, vocês que me seguiram também se assentarão em doze tronos, para julgar as doze tribos de Israel" (Mt 19:28)?

Doze tribos, doze tronos... onze discípulos. Talvez Pedro tenha decidido agir porque fez as contas e enxergou o problema. Ele se levantou e lembrou aos outros seguidores que o Antigo Testamento havia previsto o destino de Judas (Sl 69:25; 109:8), mas que o Senhor contava com doze apóstolos.

1:18-19

Neste ponto, parece que Lucas inseriu uma nota histórica entre parênteses sobre o destino de Judas no meio do discurso de Pedro. Muitos comentaristas notaram que os fatos de Lucas e aqueles oferecidos por Mateus 27:3-10 implicam uma aparente contradição. No entanto, uma explicação razoável surge quando combinamos os fatos de Lucas com o relato de Mateus. Juntando todas as informações, sugiro a seguinte sequência de eventos.

Em seu ataque de remorso, Judas lançou as trinta peças de prata no chão do templo e depois se enforcou em um campo remoto. Ninguém o encontrou até que seu corpo tivesse se deteriorado, ficado inchado, caído do laço, pousado de bruços e estourado, e seus órgãos tivessem derramado-se no chão. A palavra grega traduzida como "de cabeça" é *prēnēs* [4248], que não tem o significado de "cabeça para baixo" em outras literaturas gregas, mas simplesmente "na horizontal", "prostrado" ou "de bruços".[13]

Os povos antigos consideravam essa cena horrível o modo mais vergonhoso de morrer e uma maneira impensável de um corpo se decompor. Na mente judaica, um enforcado era "amaldiçoado por Deus" e, se o cadáver não fosse enterrado no mesmo dia, a terra era considerada contaminada (Dt 21:23). Além disso, os judeus evitavam cadáveres e sangue a todo custo. Aquele era um terreno amaldiçoado.

Os sacerdotes não queriam o dinheiro e ninguém queria a terra, de modo que o proprietário foi indenizado por sua perda e o campo foi infamado como o "Campo de Sangue".

1:20-22

A narrativa de Lucas retoma o discurso de Pedro, no qual ele citou dois salmos reais, canções de Davi que prenunciam o Messias. Nesses poemas antigos, os inimigos de Davi prefiguram os inimigos do Messias; neste caso, os salmos preveem a morte de um em particular. Com doze tronos, doze tribos, Judas morto e onze apóstolos restantes, Pedro raciocinou a partir das Escrituras que eles precisavam de um substituto. Mas não um homem qualquer — apenas um homem com as qualificações certas poderia ostentar o título de "apóstolo".

Pedro estabeleceu dois critérios principais para possíveis substitutos: como os onze, o candidato deveria ter sido um seguidor de Jesus desde o início e ter interagido pessoalmente com o Senhor ressuscitado. Pedro tinha boas razões para essas duas exigências. Primeiro, os principais meios de ensinar e liderar o crescente número de crentes seriam verbais e pessoais; os apóstolos serviriam como fonte da verdade teológica da igreja nas décadas seguintes (2Pe 3:2). Hoje, temos o Novo Testamento para ensinar, repreender, corrigir e instruir (2Tm 3:16), mas os crentes do primeiro século dependiam da autoridade dos apóstolos. Portanto, esses homens tinham que ter sido treinados pessoalmente pelo Filho de Deus — verdade divina em carne humana.

Lembre-se, este foi um momento de transição; nem sempre seria assim. Quando os apóstolos finalmente morreram, eles não entregaram sua autoridade a outra geração de apóstolos em uma política que alguns chamam de sucessão apostólica. Quando todos os apóstolos originais morreram, o Novo Testamento já havia sido concluído e estava circulando — escritos que Pedro reconheceu como a Palavra autorizada de Deus (2Pe 1:20,21), entre os quais as cartas de Paulo (2Pe 3:15,16).

Uma segunda razão para as exigências de Pedro era que, se os homens não tivessem sido testemunhas oculares da ressurreição, então seu testemunho não teria sido admissível no tribunal, o padrão mínimo de credibilidade na cultura romana.

Em terceiro lugar, sem o treinamento pessoal do Senhor e a certeza de ter visto Jesus ressuscitado os próprios olhos, os apóstolos que não eram testemunhas oculares teriam sido mais facilmente tentados a recuar em sua confissão em meio à pressão. A tortura é um poderoso instrumento de controle da mente; sabe-se que as pessoas negam seus próprios nomes sob intensa pressão. Os apóstolos estavam prestes a enfrentar os mesmos homens que provocaram as autoridades romanas a torturar e crucificar Jesus, e aqueles líderes corruptos do templo precisavam que os seguidores de Jesus se retratassem, não apenas que ficassem calados. A convicção dos apóstolos sobre a verdade tinha que ser inatacável — algo que só a garantia de testemunhas oculares poderia fornecer (sem mencionar o Espírito Santo, é claro).

1:23-26

Os apóstolos "indicaram dois nomes" que atendiam aos dois critérios (1:23). Podemos supor que, se outros homens se qualificassem, eles teriam sido incluídos. José também usava o apelido de Barsabás, que significa "filho do sábado". Não se sabe o significado disso. O nome do segundo homem era Matias, uma versão abreviada de Matatias. Todos conheciam um Matatias anterior, o sacerdote heroico que desencadeou a Revolta dos Macabeus, que levou à independência da Judeia.[14] Até hoje, os judeus celebram sua vitória e a provisão de Deus com a Chanucá (ou Hanucá), a Festa das Luzes/Dedicação (cf. Jo 10:22).

Tendo identificado os indivíduos com as qualificações necessárias, a congregação de crentes orou, buscando a mente de Deus sobre o assunto. Nesta curta passagem, Lucas oferece um vislumbre da liderança da igreja diante dos crentes cheios do Espírito Santo. O povo de Deus não tinha discernimento divino vivendo em seu interior; eles tinham que usar um método do Antigo Testamento consagrado pelo tempo para determinar a vontade de Deus. Acreditando no poder da oração e rejeitando a noção de acaso aleatório, eles "tiraram sortes" — um método não muito diferente de tirar no palitinho ou jogar dados — na esperança de que Deus dirigisse o resultado (Pv 16:33; ver Lv 16:8; Js 14:2; 1Sm 14:41-42; Ne 10:34; 11:1).

Foi uma aposta segura, de certa forma. Esse método de discernir a vontade de Deus pode nos parecer estranho. Poucos cristãos maduros considerariam tomar decisões importantes — especialmente decisões de liderança da igreja — jogando dados. Mas os apóstolos já haviam usado seu melhor raciocínio "santificado" para reduzir os candidatos a dois, de modo que não estavam escolhendo entre o certo e o errado. Ambos eram de excelente caráter e eminentemente qualificados para o papel. Assim, sendo todas as coisas iguais, os discípulos confiaram na soberania de Deus, e a sorte coube a Matias, que se tornou um dos "Doze".

À medida que este capítulo se encerra, a igreja parece pronta para a ação. O povo está pronto. Os melhores homens disponíveis ocupam cargos de liderança. Nada resta a fazer. E, assim, esperam, antecipando o dia em que seu Líder celestial encarnar novamente a verdade divina. Eles não têm ideia do que estão prestes a testemunhar e experimentar!

APLICAÇÃO

Atos 1:15-26

EU TENTO, EU FALHO; EU CONFIO, ELE É BEM-SUCEDIDO

Em seu penetrante livro *Your Churning Place*, Robert Wise conta a história de como Burt Lancaster, uma das maiores estrelas de Hollywood de outrora, entrou no *show business*. A maioria das pessoas não sabe que ele começou como artista de circo.

> [Em um teste de elenco] ele foi convidado a se apresentar nas barras paralelas e, assim, pulou nas barras e começou seu

número. Como estava nervoso, seu timing estava errado, e ele girou sobre a barra, caindo de bruços sobre seu rosto cerca de três metros abaixo. Ele se sentiu tão humilhado que imediatamente pulou de volta na barra. Ao girar novamente no mesmo ponto, ele capotou e bateu no chão mais uma vez!

As meias-calças de Burt estavam rasgadas, tinha cortes e sangrava, e estava ferozmente chateado! Pulou para trás novamente, mas a terceira tentativa foi ainda pior, pois desta vez ele caiu de costas. O agente aproximou-se, segurou-o e disse: "Filho, se você não fizer isso de novo, você tem o emprego!".[15]

Acho que é exatamente assim que abordamos a vida cristã. Começamos determinados a agir, mesmo que isso nos mate. Continuamos tentando e tentando com base em nossas próprias forças, nos jogando na tarefa com entrega implacável, muitas vezes caindo de costas repetidas vezes. Nós tentamos, nós falhamos.

Talvez seja você. Você deu o seu melhor vez após outra, e continua voltando ensanguentado, rasgado, machucado e quebrado.

Você pode se sentir encorajado ao saber que as pessoas descritas no primeiro capítulo de Atos tinham um histórico péssimo: pessoas quebradas, pessoas imperfeitas, machucadas, fracassadas, malsucedidas, fracas, medrosas, homens e mulheres inseguros secretamente encolhidos em um cenáculo na esperança de passarem despercebidos por seus inimigos. Eles tinham feito seu número, e então Deus disse: "Vocês, fiquem bem ali. Não façam mais isso. Parem de tentar. Comecem a confiar". Enquanto continuavam a confiar e esperar, Deus faria algo maravilhoso: Ele enviaria seu Espírito para morar dentro deles.

Permitam-me extrair dois princípios deste retrato de crentes indefesos.

Primeiro, *as pessoas que Deus escolhe para capacitar não são artistas perfeitos, mas seguidores dependentes*. Não é um alívio? Se você aprender alguma coisa com esta passagem, espero que descubra que Deus não está procurando artistas perfeitos para executar números impecáveis com base em suas próprias forças. Esses homens e mulheres tinham histórico defeituoso e desgastado.

Nosso mundo, no entanto, quer que você acredite que é errado estar errado e que é indesculpável falhar. Estamos vivendo sob um padrão não crível feito pelo homem chamado "perfeição"! Embora digamos que abraçamos a graça, na prática realmente defendemos um padrão de valor baseado no desempenho na vida cristã. O fato é que, no entanto, nem sempre é preciso ter razão. Você não precisa ser um "tentador"; você precisa ser um "confiador".

Em segundo lugar, *o plano que Deus honra não é complicado, mas simples*. Em essência, Ele ordenou a seus seguidores: "Vão para Jerusalém e esperem". Foram a Jerusalém e esperaram. E Ele basicamente lhes assegurou: "Confiem que Eu enviarei o poder". Eles confiaram nele para enviar o poder. E Ele fez exatamente isso! Mas não gostamos de planos que exigem que renunciemos ao controle. Não funcionamos assim.

Perguntamos: "Deus, qual é o seu plano para mim?"

Deus diz: "Plano A". E Ele desvenda um caminho que requer confiança e obediência.

Nós dizemos: "O Senhor tem um plano B?".

Por quê? Porque o Plano A nos lembra que estamos desamparados. O Plano A requer confiança em Deus e, convenhamos, nem sempre queremos confiar em Deus!

Então, qual é a solução? Trata-se de uma decisão baseada na percepção de que quando eu tento, eu falho, mas quando eu confio, Ele é bem-sucedido. A solução é simples — nada fácil, mas descomplicada: pare de tentar; comece a confiar.

Nascimento sobrenatural da Igreja

LEIA ATOS 2:1-13

Nos anos 1970, eu assistia ao noticiário das onze horas quando as câmeras passaram a transmitir a cena de um banquete. Um governador levantou-se para se dirigir à plateia e, em vez de ter aparência calma e marcante, parecia atrapalhado e desgrenhado. Começou com um pedido de desculpas: "Tenho algo que gostaria de dizer que pode custar-me votos nos próximos meses. Mas ainda assim devo dizer a verdade sobre o motivo pelo qual me atrasei. Minha esposa e eu fomos atrasados por um OVNI que parou nosso carro no caminho para o banquete. Não sei explicar totalmente o que aconteceu, mas foi... foi sobrenatural".

Ele não teve sucesso em sua candidatura à eleição.

Não acho exagero dizer que as experiências de Atos 2 teriam sido algo como relatar um contato imediato com um OVNI. Nada parecido com esse evento havia ocorrido. Quem não estava presente naquela sala tinha muita dificuldade em acreditar que havia acontecido. As pessoas que vivenciaram os eventos foram pressionadas a explicar o que viram, ouviram e sentiram durante esse fenômeno sobrenatural, e aqueles que tentaram foram descartados e considerados malucos.

Por mais inacreditável que pareça, porém, João, o Batizador, disse-ra-lhes: "Eu os batizo com água. Mas virá alguém mais poderoso do que eu, tanto que não sou digno nem de desamarrar as correias das suas sandálias. Ele os batizará com o Espírito Santo e com fogo" (Lc 3:16; cf. Mt 3:11; Mc 1:8; Jo 1:33). Jesus também disse a seus discípulos o que esperar (Jo 14:16-17, 26; 15:26; 16:7; At 1:5). Mas, convenhamos, ninguém poderia ter antecipado o que ocorreu naquele dia em particular, conhecido para sempre como *o* "dia de Pentecoste" (ver 2:1).

A palavra "Pentecoste" é uma transliteração da palavra grega *pentēkostē* [4005], que significa "quinquagésimo". Os judeus helenistas usavam esse nome para designar a Festa das Semanas judaica (Shavuot), também chamada de Festa da Colheita, que começa cinquenta dias após a refeição da Páscoa (Lv 23:15-16; Dt 16:9-10). Durante séculos, este tempo entre as duas festas tem sido um período de grande expectativa para os judeus devotos, que marcam o tempo pela "Contagem do Ômer". As Escrituras ordenaram que, no dia seguinte à Páscoa, um feixe do primeiro cereal deveria ser colhido e levado ao templo como oferta (ver Lv 23:10-11). Gerações posteriores determinaram que um feixe de cereal equivalia a um ômer, uma medida seca de cerca de dois litros. As famílias, então, começam a contar os dias desde o primeiro grão até o Pentecoste, que inicia a Festa da Colheita. Durante a Contagem do Ômer, eles mantêm um leve estado de luto, evitando casamentos, banquetes e festas.

Claramente, o Senhor aproveitou ao máximo o simbolismo em torno da Páscoa, da Contagem do Ômer, do Pentecoste e da celebração da colheita de uma semana. Jesus Cristo é as primícias entre os que dormiram (At 26:23; 1Co 15:20-23), tendo sido o primeiro a ressuscitar dentre os mortos. Ele passou quarenta dias na terra (At 1:3) e depois ascendeu. No quinquagésimo dia, o Pentecoste, o Espírito de Deus veio exatamente como Jesus havia previsto, coincidindo com a grande celebração da colheita nacional.

Naquele dia, cerca de 120 crentes haviam se reunido em um só lugar. Lucas não diz onde, mas provavelmente não era o cenáculo onde eles estavam orando, pois eles podiam ser vistos por um número muito grande de judeus devotos que viviam em Jerusalém (2:5). Talvez tivessem decidido comemorar juntos no pátio de uma casa particular perto do centro da cidade.

2:1-3

De repente, de forma inesperada, abruptamente — não como uma enchente, onde o rio sobe e lentamente deixa suas margens; não como um furacão construindo força sobre as águas; mas como um terremoto repentino e estremecedor — um barulho sacudiu a casa. Era como "um vento muito forte" (2:2), um som que poderíamos comparar com estar ao lado de um 747 na decolagem. Lucas não diz que "um vento soprou"; ele descreve um ruído. As cortinas não esvoaçaram. Eles não sentiam corrente ou movimento de ar. No ambiente comum de uma casa, um rugido ensurdecedor veio de cima. Lucas identifica a fonte como o céu.

Uma visão surpreendente acompanhou o som: "línguas de fogo" se separaram para formar fitas individuais... do quê? Chamas, talvez? Quem sabe? Lucas já tinha visto relâmpagos antes, então ele poderia ter se referido a isso (*astrapē* [796], cf. Lc 10:18; 17:24), mas ele escolheu "fogo" (*pyr* [4442]) em vez disso. Talvez parecesse a luz etérea da glória ardente de Deus, que mais tarde o judaísmo passou a chamar de shekinah. Esse "fogo" sempre aparecia quando Deus queria que sua presença fosse conhecida. Ele fez com que um arbusto no deserto de Midiã explodisse em chamas, mas o fogo não o consumiu como um incêndio normal teria feito (Êx 3:1-3). Esse brilho ardente guiou os israelitas como uma coluna (Êx 13:21-22). A shekinah cobriu o cume do Monte Sinai diante do povo de Israel (Êx 19:18; 24:17). E, por trás da grossa divisória de tapeçaria no templo, esse "fogo" residia acima da arca da aliança no lugar santíssimo (Êx 25:22; Lv 16:2). Os judeus familiarizados com as Escrituras teriam identificado o "fogo" como a santa luz da presença de Deus.

Lucas descreve a energia como proveniente de "línguas" (plural) como fogo, uma substância ardente que se divide e se distribui em um fluxo por indivíduo. Ao contrário de um raio, as chamas pousaram sobre cada pessoa. Suponho que a imagem tenha permanecido no lugar por tempo suficiente para que cada pessoa olhasse ao redor e visse que *todos* no grupo receberam o mesmo poder flamejante, o mesmo dom do Espírito Santo. Cada um recebeu o mesmo empoderamento. Ninguém ficou de fora.

2:4

Os crentes reunidos *ouviram* algo, *viram* algo e — agora o fenômeno mais familiar e incompreendido — *disseram* algo. Assim como fora prometido por João, o Batizador, seu batismo na água foi seguido pelo batismo deles "com o Espírito Santo e com fogo" (Mt 3:11; Lc 3:16). Eles receberam o poder divino, e esse poder realizou o impossível. Os crentes haviam sido informados de que "[receberiam] poder quando o Espírito Santo [descesse]" sobre eles, resultando em que se tornariam testemunhas de Jesus (At 1:8). Eles começaram a falar em outras línguas à medida que o Espírito lhes dava habilidade.

A tradução da NVI para esse texto é "começaram a falar noutras línguas, conforme o Espírito os capacitava", o que precisamos analisar em detalhes.

"Começaram a falar" indica que os crentes receberam uma habilidade que continuaria após esse evento. Lucas usa essa frase da mesma forma que poderíamos dizer que uma criança pequena "começou a andar": não só naquele momento, mas a partir daí.

"Noutras línguas" refere-se a outros idiomas. Alguns afirmam que esses seguidores falavam em uma "linguagem celestial" conhecida apenas por Deus e os anjos, um tipo de comunicação sobrenatural que soa como bobagem aos ouvidos humanos, mas que tem significado no reino espiritual. Grupos carismáticos praticam isso hoje e chamam a prática de "falar em línguas". Vários fatores do texto, no entanto, não apontam para uma "linguagem celestial", mas sim para idiomas humanos.

Primeiro, as palavras gregas para "outros" e "línguas" são plurais. Além disso, o termo "outro" ("noutras") é *heteros* [2087], indicando que as línguas eram diferentes umas das outras. A palavra "várias" seria apropriada. A frase indica que o povo falava em mais de uma língua real, não em uma "língua celestial". E, convenhamos: a ideia de o céu ter mais de uma língua simplesmente não faz sentido. Muito antes disso, Deus havia confundido a comunicação humana na Terra (Gn 11:7), não entre os anjos no reino espiritual.

Em segundo lugar, a prática de uma fala extática incompreensível conhecida hoje como "falar em línguas" tem uma longa história na religião pagã. Várias seitas e cultos praticaram uma forma de "expressão extática" durante séculos, tanto como uma expressão emocional frenética quanto como uma forma aparentemente racional de comunicação. Se esses cristãos tivessem "falado em línguas" da maneira extática vista hoje, seu comportamento não teria sido considerado pelos espectadores como um dom especial, único e milagroso de Deus.

Em terceiro lugar, os versículos a seguir indicam claramente a capacidade dos espectadores de ouvir suas línguas nativas faladas. O termo traduzido como "língua" em Atos 2:6 é *dialektos* [1258], do qual derivamos nosso termo "dialeto".

"Conforme o Espírito os capacitava" indica que os discípulos não adquiriram instantaneamente outra língua, tornando-se subitamente bilíngues. Essa foi uma habilidade sobrenatural dada pelo Espírito, presumivelmente para capacitar os crentes a cumprir a promessa do Senhor de que seriam suas testemunhas (1:8). O termo grego traduzido como "capacitava" (*apoftengomai* [669]) significa "falar em alto e bom som, ou com ênfase (de filósofos, extáticos... cantores e profetas)".[16] Isso sugere fortemente que cada pessoa foi capaz não apenas de falar em outro idioma, mas também recebeu os pensamentos para expressar a mensagem de forma eloquente.

2:5-6

Pentecoste era o segundo de três festivais que exigiam que os homens judeus visitassem Jerusalém por pelo menos uma semana (Êx 23:14, 17; 34:23; Dt 16:16). Assim, homens "devotos a Deus" de todo o Império Romano e além convergiram para a cidade (At 2:5). Jerusalém, é claro, também tinha uma população permanente de judeus devotos e não devotos. O som muito forte (2:2) chamou a atenção desse grupo misto, e o som das pessoas falando em vários dialetos os atraiu para um olhar mais atento. Os seguidores reunidos de Cristo, agora cheios do Espírito Santo e capacitados para testemunhar, não falaram para serem notados; eles estavam declarando "as maravilhas de Deus" (2:11). Os judeus de fora da cidade, no entanto, podiam ouvir suas próprias línguas sendo faladas pelas testemunhas. O resultado é que ficaram "atônitos" (*syncheō* [4797]), expressão que também pode ser traduzida como "consternados", "perturbados", "confusos" ou "agitados".

2:7-11

Dois termos familiares do Evangelho de Lucas aparecem novamente em Atos. Ao longo do relato de Lucas sobre o ministério de Jesus de curar e expulsar demônios, as pessoas continuamente se sentiam "atônitas" e "maravilhadas". Agora, os discípulos haviam sido capacitados para maravilhar e surpreender.

O notável feito linguístico dos discípulos surpreendeu a multidão por mais de um motivo. Os desavisados não só eram capazes de ouvir suas próprias línguas faladas, mas as palavras vinham dos *galileus*! Isso não significa nada para nós, mas significou muito naquele dia. A maioria dos judeus na Palestina do século I vivia em uma de duas partes. A parte norte, a Galileia, era o que poderíamos chamar de a parte interiorana, o lar dos caipiras. Apesar de sua taxa de alfabetização relativamente significativa, os galileus eram considerados incultos por seus primos mais cosmopolitas ao sul, na Judeia. De acordo com um expositor, "os galileus tinham dificuldade em pronunciar sons guturais e tinham o hábito de comer sílabas ao falar; por isso, eram desprezados pelo povo de Jerusalém como sendo provincianos".[17]

Embora os judeus galileus tenham sido educados nas sinagogas, seu treinamento não se comparava ao dos judeus bem instruídos. Os que estavam em Jerusalém falavam aramaico e grego koiné (o grego comum do império), e talvez alguns tivessem recebido treinamento em grego clássico e latim. Os judeus de outras partes do mundo sentiram-se atordoados ao ouvir galileus incultos falando tantas línguas com tanta eloquência.

Os judeus que viviam em outras partes do mundo eram conhecidos como a diáspora, isto é, "os dispersos" ou "os peregrinos dispersos" (cf. Tg 1:1; 1Pe 1:1). Lucas nomeia quinze dos lugares de onde os visitantes haviam viajado, que cobriam grande parte do mundo conhecido, incluindo terras fora do controle romano. Os lugares não representavam tanto a distância física quanto a variação de idioma, um obstáculo muito mais difícil para o evangelismo. Neste dia, no entanto, o Espírito Santo provou sua capacidade e intenção de superar qualquer obstáculo para comunicar a verdade de Deus e realizar o plano divino de redenção.

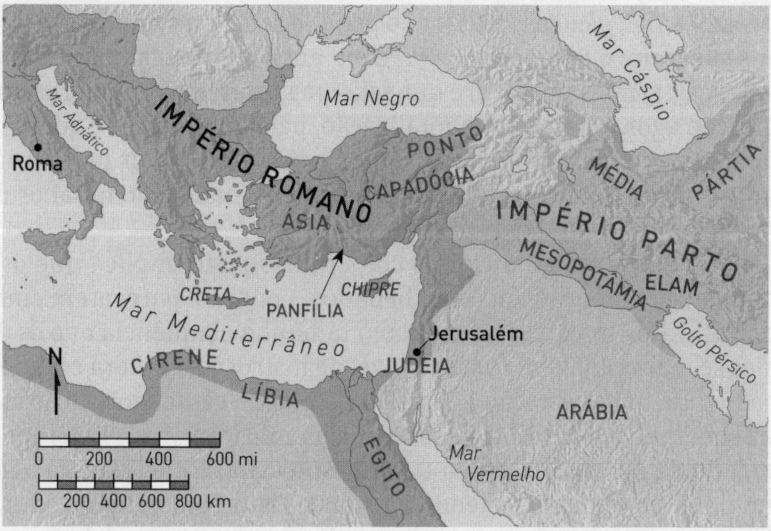

A Diáspora judaica no Pentecoste (Atos 2:9-11)

2:12-13

O sujeito oculto em 2:12 ("eles") refere-se às mesmas pessoas que em 2:7 exclamaram "acaso não são galileus todos estes homens que estão falando?". O termo "atônitos" aqui é uma forma de *existēmi* [1839], que traz à mente uma imagem vívida de uma pessoa "fora de seus sentidos" em razão da surpresa. "Perplexos" (*diaporeō* [1280]) também pode ser traduzido como "perdidos". Os espectadores não tinham uma explicação natural para o que testemunharam; era claramente sobrenatural, algo que eles teriam de explicar para as pessoas de seu convívio quando regressassem.

Eles não conseguiam explicar como aquelas pessoas comuns poderiam fazer algo tão extraordinário, então pararam para considerar as implicações. "Que significa isto?" (2:12) foi mais do que uma pergunta retórica; muitos dos espectadores tiveram perspicácia suficiente para ver que algo de grande significado estava acontecendo. "Que significa isto?" olhava para o futuro.

Vários outros "zombavam" (*diachleuazō* [1315b]). O mesmo termo também é traduzido como "rir em desprezo" ou "ridicularizar" em outras literaturas gregas. Claramente incapazes de ver — ou não querendo entender — o significado de os discípulos falarem sobre as maravilhas de Deus em outras línguas, eles descartaram o evento fazendo um comentário bastante rude, sugerindo que os seguidores de Cristo estavam bêbados porque "eles beberam vinho demais" (2:13, NVI) ou "estão cheios de mosto" (ARC).

"Mosto" (ARC, *gleukos* [1098]) não pode se referir a "vinho novo", como alguns sugerem; o Pentecoste ocorre em abril ou maio, muito cedo para uvas frescas. O mais provável é que seja uma referência a um processo de vinificação agora chamado chaptalização, pelo qual açúcar é adicionado ao sumo de uva não fermentado, o que produz um maior teor alcoólico durante o processo de fermentação. O produto final não tem sabor doce, mas com certeza tem um impacto maior!

Não devemos imaginar que o comentário rude implica que os 120 discípulos se comportaram como bêbados. Longe de parecerem embriagados, falavam em outras línguas com tamanha eloquência que os desavisados se maravilhavam com seu nível de instrução. Embora certamente tenha havido uma comoção após o som como de vento violento, o clarão da luz shekinah e o barulho de pessoas gritando louvores a Deus em uma infinidade de idiomas, isso não foi um espetáculo frenético. Era o início de um novo movimento — tendo o próprio Deus como organizador.

Embora as pessoas de hoje tenham dificuldades com a ideia de encontros com OVNIs e contatos alienígenas, os cristãos do primeiro século não tiveram problemas em contar sua história sobrenatural. Algumas pessoas zombaram. Muitas outras a rejeitaram. Mas muitos pessoas acreditaram, receberam o Espírito Santo pessoalmente e, em seguida, desempenharam papéis significativos no nascimento sobrenatural da igreja. O escárnio das pessoas não incomodou Pedro; ele simplesmente usou o ceticismo delas como uma oportunidade para proferir o primeiro sermão já pregado na igreja. E puxa, que diferença o Espírito Santo fez!

APLICAÇÃO

Atos 2:1-13

QUE O ESPÍRITO SANTO FALE

Muitas igrejas colocam um grande fardo em seus membros para que repitam a experiência de Pentecoste, pelo menos em parte.

De acordo com alguns líderes em certos círculos, a capacidade de falar em línguas é uma indicação necessária de que alguém é um seguidor genuíno de Cristo. Muitos entendem corretamente que o Espírito Santo imediatamente passa a residir em um crente no momento exato da salvação, mas pensam que isso acontece apenas em uma base temporária. Tomando Atos 2 como exemplo, eles concluem que falar em línguas é um sinal externo necessário da presença do Espírito Santo. Portanto, não falar em línguas significa nenhum Espírito Santo no interior, e nenhum Espírito Santo dentro significa nenhuma salvação.

Outros chamam o Espírito Santo de "segunda bênção", observando que Atos relata pelo menos um caso em que as pessoas receberam a salvação e depois receberam o Espírito Santo algum tempo depois (8:14-17).[18] Eles concluem que o Espírito Santo e seus dons são uma bênção adicional pela qual se deve orar fervorosamente. De acordo com essa visão, falar em línguas não indica salvação tanto quanto mede a piedade. Consequentemente, os crentes genuínos que não falam em línguas são considerados subdesenvolvidos ou incompletos como cristãos.

Ambas as visões têm falhas bíblicas e teológicas significativas.

O fato é que *nunca* nos é ordenado que experimentemos o Pentecoste ou nem mesmo que o busquemos. *Não podemos!* É como dizer a alguém para experimentar a abertura do Mar Vermelho ou a alimentação dos cinco mil. Essas foram obras únicas de Deus, feitas por Ele por iniciativa própria em um ponto específico da história para ensinar aos espectadores incrédulos algo sobre si mesmo. Ele usava os crentes como instrumentos para realizar um propósito específico; portanto, esperar que uma pessoa repita a experiência de Pentecoste seria como pedir a uma chave de fenda para ser pega por seu dono.

Além disso, esses eventos milagrosos trouxeram glória somente a Deus. A concessão do Espírito Santo em Atos 2 foi um evento único, marcando o início de uma nova era. Não trouxe glória ao povo; a vinda do Espírito Santo e seu subsequente falar em outras línguas colocam o Senhor no centro do palco. Seu falar em línguas não provou sua incrível piedade como cristãos, porque nenhum deles tinha grande maturidade cristã!

Finalmente, devemos lembrar, o "falar em línguas" descrito em Atos 2 produziu uma série de línguas humanas que poderiam ser compreendidas por pessoas de outras nações; era uma ferramenta evangelística eficaz, não uma espécie de linguagem celestial ininteligível na terra. Portanto, se quisermos usar o falar em línguas como um indicador de salvação ou uma medida de piedade, ninguém hoje passaria no teste!

Nunca somos ordenados a ser *batizados* no Espírito ou a produzir provas sobrenaturais do Espírito. Deus dá seu Espírito imediatamente, de forma plena e permanente aos crentes quando recebemos seu dom de salvação. E qualquer coisa que Ele faça — milagrosa ou não — é sua prerrogativa, sujeita à sua autoridade soberana, independentemente do que qualquer outra pessoa faça, deseje ou espere. W. E. Vine escreve:

> Não há evidência da continuação deste dom após os tempos apostólicos, nem mesmo nos tempos posteriores dos próprios apóstolos; isto confirma o cumprimento, desta maneira, de 1Coríntios 13:8, de que esse dom cessaria nas igrejas, assim como "profecias" e "conhecimento" no sentido do conhecimento recebido pelo poder sobrenatural imediato (cf. 1Co 14:6). A conclusão do cânon das Escrituras Sagradas forneceu às igrejas tudo o que é necessário para orientação, instrução e edificação individual e coletiva.[19]

Ao considerar a questão do falar em línguas enquanto reflito sobre essa passagem em Atos 2, duas verdades emergem, as quais ajudam a me guiar por essas águas turbulentas.

Primeiro, *quando Deus faz uma obra, ninguém pode duplicá-la ou ignorá-la*. Quando Deus faz algo milagroso, é obviamente de Deus, e sem dúvida permanece. As pessoas podem rejeitá-lo — pense nos escarnecedores que acusaram os crentes de embriaguez — mas não podem negar a mão inconfundível de Deus. "Sobrenatural", por definição, refere-se a algo que só Deus pode fazer. Quando as pessoas tentam, a resposta é dúvida, ceticismo, questionamento. As pessoas analisam o fato como uma ilusão de mágico. Mas quando Deus faz algo verdadeiramente milagroso, ninguém pode duplicá-lo ou ignorá-lo.

Em segundo lugar, *quando o Espírito dá poder, é Deus quem recebe o crédito, não as pessoas*. Quando um cirurgião realiza um procedimento que salva vidas na sala de cirurgia, ninguém elogia o bisturi. Ele não fez nada sozinho. Da mesma forma, somos incapazes de atividade sobrenatural — por conta própria. Além disso, o cirurgião não escolheu aquele bisturi em particular porque ele havia se tornado útil para o trabalho; o instrumento foi feito por alguém, afiado por alguém, esterilizado por alguém e, finalmente, colocado em uso por alguém. Não somos diferentes. As pessoas não podem se tornar capazes ou dignas de poder sobrenatural.

Quando Deus age sobrenaturalmente, qualquer pensamento de reconhecimento humano é absurdo, especialmente para as pessoas envolvidas.

Da próxima vez que você vir algo que afirma ser a obra sobrenatural de Deus, faça a si mesmo duas perguntas, nesta ordem:

Se isso é genuíno, por quem sinto admiração agora? (Se for alguém que não Deus, cuidado.)

É possível duplicar essa façanha ou realizar a aparência dela por meios humanos? (Se sim, cuidado.)

O primeiro (e melhor) sermão de Pedro

LEIA ATOS 2:14-36

Se você quiser constranger um pregador, pergunte-lhe sobre seu primeiro sermão. A maioria de nós não quer se lembrar da primeira vez que estivemos diante de uma congregação, e o mesmo grupo espera que ninguém mais possa se lembrar daquele momento embaraçoso!

Um dos meus professores no seminário contou a história de seu primeiro sermão, que ele pregou em uma igreja bem no interior do país. Ao se levantar para pregar, ele abriu sua Bíblia e, naquele exato momento, a porta dos fundos da igreja se abriu. Entrou um rebanho de cabras. Ele contou: “Eu tentei continuar. E elas estavam se agitando e se aglomerando, pulando sobre os pequenos bancos de madeira. Por fim, terminei saindo do púlpito, arregacei as mangas e, junto com uns vinte outros sertanejos, agarrei aquelas cabras e as empurrei de volta para fora do salão”. No meio da confusão, uma delas deu uma chifrada no nariz dele. Ele passou o resto do sermão limpando o sangue de seu rosto.

Outro amigo disse que estava com tanto enquanto se preparava para seu primeiro sermão, que decidiu digitar página após página de anotações, quatorze ou quinze ao todo. Ele as empilhou em ordem e colocou-as em sua Bíblia exatamente na passagem onde planejava pregar. Durante o seminário, foi-lhe ensinado que o contato visual imediato com o público é crucial; não olhe para suas anotações, olhe para as pessoas. Levantou-se da cadeira na plataforma, caminhou até o púlpito e, no caminho, deixou cair sua pilha de notas. Mas ele não percebeu, porque estava olhando para as pessoas. Quando terminou sua introdução, olhou para baixo e encontrou suas anotações espalhadas por toda a plataforma — fora de ordem, é claro. Para piorar, havia se esquecido de numerar as páginas. Ele passou os minutos seguintes pegando-os e colocando-os de volta na ordem correta.

No dia de Pentecoste, o Espírito Santo desceu com o som estridente de um vento violento e o clarão da luz shekinah e deu ao hesitante Pedro uma habilidade milagrosa para comunicar o evangelho. Espectadores incrédulos maravilharam-se com o que viram. Alguns rejeitaram o evento das línguas e ridicularizaram esses seguidores de Cristo, chamando-os de bêbados (2:13, 15). Outros não podiam ignorar o que tinham visto, mas também não conseguiam entender as implicações. Profundamente perturbados, eles perguntaram: "Que significa isto?" (2:12).

Uma nova era havia começado, e o mundo precisava saber. Pedro se levantou para pregar seu primeiro sermão em público.

2:14

O verbo "levantou-se" é a tradução do verbo em forma passiva que significa "ficar de pé", o que poderia sugerir a tradução "ser colocado à frente". A frase ligada ao verbo — "com os Onze" — torna possível entender que eles olharam uns para os outros e concordaram que Pedro era o homem para a ocasião. Como escreve Henry Jacobsen, "ele não trazia consigo um esboço escrito de sermão, mas tinha duas coisas que eram infinitamente mais importantes. Pedro tinha algo a dizer, e tinha o poder do Espírito".[20] Mesmo sem anotações ou o benefício da preparação, o sermão de Pedro parece muito bem organizado; foi descomplicado, direto, bíblico e centrado em Cristo — o que eu esperaria que pudesse ser dito de cada sermão, especialmente o meu.

Ele dividiu sua mensagem em duas partes, que precedem seu chamado ao arrependimento em 2:38. Cada parte é prefaciada com um discurso direto ("homens da Judeia" e " israelitas", respectivamente). Aqui está um esboço:

A. Uma explicação do fenômeno (2:15-21)
   1. Não estão bêbados (2:15)
   2. Cumprimento da profecia (2:16-21)

B. Uma declaração sobre Jesus Cristo (2:22-35)
   1. Aprovado (2:22)
   2. Crucificado (2:23)
   3. Ressuscitado (2:24-32)
   4. Exaltado (2:33-34)
   5. Glorificado (2:35)

As duas seções correspondem aproximadamente às duas afirmações proferidas pela multidão: "Eles beberam vinho demais" e "que significa isto?". A primeira seção responde à falsa acusação dos escarnecedores enquanto prepara os "judeus devotos" para a segunda seção, que proclama Jesus Cristo como o Messias há muito esperado.

Pedro dirigiu-se aos espectadores como "homens da Judeia" e "todos os que vivem em Jerusalém", descrições que correspondem aos dois grupos presentes: os residentes permanentes da Judeia e os alojados em Jerusalém para a Festa da Colheita (ou Festa das Semanas). Esta era uma mensagem evangelística muito judaica. Ele estava prestes a apelar para o Antigo Testamento como base de seu argumento, que os gentios incrédulos não teriam achado convincente. A frase grega traduzida como "ouçam com atenção" é usada apenas aqui em todo o Novo Testamento, mas aparece trinta e duas vezes na Septuaginta (a tradução grega do Antigo Testamento), geralmente introduzindo algo de grande importância. O profeta Joel, por exemplo, abriu seu oráculo dessa maneira: "Ouçam isto, anciãos; escutem, todos os habitantes do país" (Jl 1:2).

2:15-16

Pedro respondeu à falsa acusação de que os discípulos "beberam vinho demais". Ele observou o horário como "nove horas da manhã" (NVI), ou "a terceira hora do dia" (ARC, ARA, A21), quando considerado o método judaico de medição do tempo. De acordo com um historiador, "os judeus escrupulosos bebiam vinho apenas com carne e, sob a autoridade de [Êxodo 16:8], comiam pão pela manhã e carne apenas à noite. Por isso, o vinho só podia ser bebido à noite".[21] A acusação de embriaguez não era leve; trazia implicações de completa negligência moral. Pedro respondeu, com efeito: "Somos tão devotos quanto qualquer judeu em Jerusalém".

O grego coiné tem duas conjunções contrastantes que apresentamos como "mas". A primeira é um contraste pequeno, quase casual. Contudo, o que se segue à negação da embriaguez feita por Pedro é *alla* [235], o que indica uma distinção nítida. Assim, a declaração de Pedro poderia ser traduzida como "*muito pelo contrário*, isto é o que foi predito pelo profeta Joel". Pedro derrubou a acusação de impiedade e afirmou, em vez disso, que o evento incomum foi obra de Deus.

2:17-21

Pedro citou Joel 2:28-32 de memória (At 2:17-21). Naquela profecia do Antigo Testamento, Deus prometeu derramar seu Espírito "sobre todos os povos" (Jl 2:28; cf. At 2:17). "Todos os povos" — isto é, toda pessoa viva

— serão cheios do Espírito Santo *somente* quando o Reino de Deus vier à Terra em sua forma literal e física. Para que a profecia de Joel seja completamente cumprida, todos os incrédulos devem ser salvos — ou *eliminados*! Os judeus entendiam corretamente que o cumprimento de Joel 2:28-29 marcaria o início do fim do mundo e o estabelecimento do Reino de Deus, descrito em Joel 2:30-31. Mas eles esperavam que o derramamento do Espírito Santo fosse um *evento* do fim dos tempos, não um *processo* que levasse ao "dia do Senhor" (Jl 2:31). De acordo com seu entendimento,

Período do Antigo Testamento	→ ESPÍRITO SANTO	**Reino de Deus** Joel 2:28-31

Pedro apresentou uma ideia nova — nova pelo menos para a teologia judaica da época. De acordo com seu sermão,

Período do Antigo Testamento	→	**Período Intermediário** Joel 2:28-29 ESPÍRITO SANTO	→	**Reino de Deus** Joel 2:30-31

É importante notar que, no Pentecoste, apenas cerca de 120 pessoas receberam inicialmente o Espírito Santo, quantidade muito longe de "todos os povos". Pedro apontou para o *início* de um derramamento, não para a sua conclusão. Pedro afirmou que este Pentecoste em particular marcou o início de uma nova era que, *por fim*, levaria todas as pessoas vivas a receberem o Espírito Santo.

Ele concluiu sua citação da profecia de Joel com a frase tranquilizadora: "Todo aquele que invocar o nome do Senhor será salvo!" (At 2:21; Jl 2:32). Isso lhe deu a oportunidade de fazer a transição para a segunda parte de seu sermão e explicar como qualquer um pode ser salvo. Entre o Pentecoste e o dia do Senhor existe uma era de graça possibilitada pelo Messias.

2:22-23

Pedro se dirigiu ao público como "israelitas", relembrando a identidade nacional deles como povo da aliança de Deus, povo que Ele havia prometido transformar no Reino de Deus. Pedro declarou Jesus de Nazaré como o Rei daquele reino, o Messias. Seu sermão, então, abordou cinco pontos:

1. Aprovado (2:22)

Deus aprovou Jesus como único do alto, tendo a capacidade de fazer o que nenhum outro ser humano jamais havia feito ou jamais poderia fazer sem o poder divino. A palavra grega traduzida como "aprovado" significa literalmente "apresentar para reconhecimento ou nomeação pública" ou "mostrar a qualidade" (*apodeiknymi* [584]). A Septuaginta, por exemplo, usa o termo para descrever a promoção de Daniel à posição de governante provincial da Babilônia (Dn 2:48). No caso de Jesus, seus "milagres" (*dynamis* [1411], "obras de poder"), "maravilhas" (*teras* [5059]) e "sinais" (*sēmeion* [4592]) o validaram como enviado do céu.

"Maravilhas" é o termo que descreve atos ou eventos que têm implicações sobrenaturais mais profundas. Uma cura, por exemplo, era mais do que a reversão de uma lesão ou doença; a cura contava às testemunhas algo sobre quem promoveu a cura, a pessoa que está sendo curada e o que Deus pensa sobre o assunto.

"Sinais" servem como indicativos da veracidade de outra coisa, uma indicação física da vontade divina ou atividade sobrenatural. Para os judeus, um "sinal" era uma confirmação visual de que um profeta era autenticamente de Deus.

Pedro lembrou ao seu público que Jesus havia realizado esses milagres, maravilhas e sinais na presença de muitas testemunhas.

2. Crucificado (2:23)

A essa altura, as pessoas, sem dúvida, estavam acenando com a cabeça e dizendo umas às outras: "Sim, eu me lembro disso. Você se lembra de quando Jesus...?". Então Pedro trouxe à tona uma lembrança dolorosa, ainda fresca na mente de todos, depois de apenas cinquenta dias. Eles seguiram a liderança do Sinédrio ao matar Jesus. Alguns dos homens presentes tinham feito mais do que dar sua aprovação silenciosa; haviam participado da crucificação. Muitos — se não a maioria — exigiram sua execução no pátio de Pilatos (Lc 23:18).

Pedro reconheceu que, embora Jesus tivesse vindo autenticamente de Deus, seu destino divino o havia levado à cruz. A expressão "propósito determinado" não captura a natureza pessoal da palavra grega (*horizō* [3724]), que significa "nomeado" ou "designado". Jesus não estava apenas fadado a ser crucificado; Deus o designou, atribuiu a seu Filho a missão. Durante seu ministério terreno, Jesus disse: "O Filho do homem vai [para a cruz], como foi determinado; mas ai daquele que o trair!" (Lc 22:22).

Enquanto o público se contorcia diante da lembrança de sua traição, Pedro colocou o dedo sobre a ferida. Ele empilhou palavras de acusação de ponta a ponta: "entregue", "[pregado] na cruz", "com a ajuda de homens perversos", "o mataram" — por *vocês*. Ele não segurou nada. Na mente hebraica, ser "perverso" (*anomos* [459]) era estar sem a Lei (*a* + *nomos* [3551]), fora da aliança, pagão, afastado de Deus. Essa acusação ligava seu público aos homens *anomos* que crucificaram Jesus.

2:24-32

O texto grego não tem interrupção entre 2:23 e 2:24. Enquanto muitas versões modernas começam uma nova frase com "mas", o texto grego tem o pronome relativo "quem", referindo-se a Jesus: "a quem Deus ressuscitou".

3. Ressuscitado (2:24-32)

A declaração de Pedro coloca Deus no papel ativo. Deus previu e designou Jesus para morrer na cruz, e Deus o ressuscitou, "rompendo os laços da morte" — ou, literalmente, "destruindo as dores de parto da morte" (2:24). É claro que ninguém poderia imaginar uma experiência mais dolorosa do que dar à luz — ou uma mais impossível de evitar. Pedro deu a Deus o crédito por realizar a Ressurreição, mas ligou o poder do Pai ao poder de Jesus. A tradução da conjunção grega (*kathoti* [2530]) como "porque" ou "em vista do fato" é a correta. Deus ressuscitou Jesus tendo em vista que nada era capaz de detê-lo (2:24).

Isso é importante porque estabelece um elo entre o poder de Deus e o poder do homem Jesus. Esses poderes funcionam em conjunto *porque são o mesmo poder*. Imagine-me dizendo: "Deus me capacitou para escalar a montanha porque nada poderia me impedir de chegar ao topo". Essa é uma afirmação ousada para alguém que não é Deus! Essa afirmação essencialmente me coloca em pé de igualdade com Deus. Sacrilégio de Chuck, uma declaração de fato para Jesus.

Pedro sustentou essa afirmação ousada citando — novamente de memória e sem preparação — Salmos 16:8-11. É uma canção escrita por Davi sobre sua própria morte e sua esperança de ressurreição através de "o teu santo" (um título do Antigo Testamento para o Messias), que não se decomporia em uma sepultura. Em outras palavras, Davi fixou sua esperança de ressurreição na ressurreição do Messias. Davi não poderia estar falando de si mesmo como "teu santo" porque morreu e foi sepultado; os contemporâneos de Pedro podiam ir ao cemitério visitar seus restos mortais (At 2:29).

O sermão também lembra a predição de Deus de que o Messias viria da linhagem de Davi (Sl 89:3-4; 132:11; 2Sm 7:12-13). Jesus poderia traçar sua linhagem até Davi através de sua mãe natural, Maria (afirmando um direito genético ao trono), e de seu pai adotivo, José (afirmando um direito legal ao trono). Ninguém teria contestado a linhagem de Jesus; acompanhar a genealogia era um dever sagrado de todo judeu.

Com base nesses fatos, Pedro raciocinou que, se o Messias deveria ressuscitar, então um homem ressuscitado deveria ser o Messias.[22] Ele declarou que Jesus havia ressuscitado dos mortos, e pelo menos 120 testemunhas oculares (*martys* [3144]) poderiam comprovar esse fato. Assim como Jesus havia previsto, os discípulos receberam poder para serem suas testemunhas (At 1:8).

2:33-35

O sermão de Pedro não parou na ressurreição. Ele afirmou ter confirmações adicionais da identidade de Jesus como o Messias.

4. Exaltado (2:33-34)

Pedro e os outros seguidores de Jesus tinham visto pessoalmente Jesus se colocar em sua presença. Ouviram-no falar. Viram-no comer. Eles tocaram seu corpo físico. Por mais de um mês, foram ensinados por Ele. E, então, o viram fazer o que só o Filho do homem (Dn 7:13-14) poderia fazer: Ele subiu ao céu. Durante seu julgamento diante do Sinédrio, Jesus disse que subiria e estaria "assentado à direita do Deus todo-poderoso", uma clara imagem messiânica (Lc 22:67-70). O Sinédrio sentiu-se justificado em matar Jesus por causa dessa afirmação (Lc 22:71). Mas se Ele ressuscitou dentre os mortos, então não havia razão para duvidar de sua previsão.

Pedro novamente apelou para as profecias de Davi, desta vez em Salmos 110:1, a mesma passagem que Jesus citou em seu diálogo com os mestres da lei (Lc 20:41-44). Pedro fez o mesmo que Jesus: Davi não poderia estar falando de si mesmo sentado à direita do Pai, já que seu túmulo ainda estava ocupado.

5. Glorificado (2:35)

Na narrativa de João, Jesus falou de uma "hora" vindoura em que o Filho de Deus seria "glorificado" (Jo 12:23). Jesus falou repetidamente sobre esse evento usando o termo grego *doxazō* [1392], que significa "ter grandeza esplêndida", "ser revestido de esplendor" ou "ser glorificado". Ser glorificado significava receber suprema vindicação aos olhos de todas as testemunhas. Para Jesus, isso significava que a verdade que Ele vinha ensinando e a verdade de sua identidade seriam justificadas aos olhos de toda a humanidade por uma estupenda demonstração de sua grandeza. Sua identidade como o Messias seria confirmada por sua ressurreição dos mortos e ascensão ao céu.

O fato de Ele estar sentado à direita do Pai justifica todas as afirmações de Jesus. Como o Pai prometeu, todos aqueles que negassem o Messias, rejeitassem o Messias, depreciassem o Messias e tentassem destruir o Messias seriam transformados em "estrado para os [seus] pés", uma imagem bem clara de servidão involuntária.

2:36

Pedro resumiu seu discurso com um apelo a "todo o Israel", isto é, todos os descendentes de Abraão, Isaque e Jacó — cujo nome Deus havia mudado para "Israel". Com base nas provas das Escrituras e nos testemunhos oculares da ressurreição de Jesus, eles deveriam estar prontos para aceitar o fato de sua identidade. Ele é "Senhor" (*kyrios* [2962]), um título que combina as ideias de poder e autoridade — a própria autoridade de Deus. Muito provavelmente é uma referência direta ao título hebraico *adonai*, o título de Deus. Ele é o *christos* [5547] (Cristo), o termo grego que traduziu o título messiânico hebraico *mashiyach* [H4899], que se referia ao "Ungido" ou "Messias".

Com um ornamento final, Pedro acusou seu público de crucificar seu próprio Messias.

Incrível, não é mesmo? Apenas algumas semanas antes, Pedro havia negado ser um dos Doze e renegado Jesus com maldições. Sua negação o teria expulsado completamente do ministério se Jesus não tivesse intervindo para restaurá-lo. Dias antes, ele se acovardara em uma sala escura, temendo o poder das autoridades religiosas do templo. Agora que o Espírito Santo chegou, veja o efeito!

Pedro testemunhou com notável poder. Ele havia se tornado um homem transformado.

APLICAÇÃO

Atos 2:14-36

CURSO BÁSICO DE PREGAÇÃO

Como pregador, não consigo ouvir ou ler um sermão sem algum grau de análise. Não é crítica, mas *análise*. Agora, faz parte da minha natureza considerar o que faz um sermão acertar o alvo ou desviar-se. Aprendo com outros oradores e pregadores talentosos, e escrutino minha própria pregação para determinar como posso fazer a conexão entre as Escrituras e as pessoas. Ao analisar o sermão de Pedro, encontro três qualidades essenciais que o tornaram grande.

Qualidade número 1: *Foi simples*. Peter falou em termos simples e compreensíveis que as pessoas em sua audiência, que compartilhavam sua cultura e seu idioma, poderiam entender sem ter que gastar tempo em contemplação. Elas não precisavam adivinhar o significado do que era dito. Se você está engajado como comunicador — se você dá uma aula bíblica ou pastoreia uma igreja, se você está no rádio ou produz um podcast, se você escreve livros —, seja qual for a sua forma de comunicação, simplifique. Simplicidade é trabalho árduo. Alguns confundem uma entrega confusa com profundidade. Às vezes, um orador se comunica mal e depois convence o público de que a culpa foi *das pessoas* por não entender o que estava dizendo. Quando você se comunica, os adolescentes devem ser capazes de entendê-lo sem dificuldade.

Qualidade número 2: *Foi bíblico*. Pedro citou as Escrituras e aludiu a passagens ao longo de sua mensagem. Ele habilmente teceu seus pontos em torno da Palavra de Deus. Ele não confiava em seus próprios insights, em suas conclusões doutrinárias ou em suas próprias perspectivas humanas. Ele estava na autoridade da verdade divina revelada a todos e disponível a todos para inspeção.

Se você quiser ter uma mensagem que Deus usará para impactar a vida das pessoas, simplesmente diga a elas o que a Bíblia diz. Deus honrará sua Palavra. Se você for se comunicar, mostre como os princípios das Escrituras se aplicam. As pessoas estão famintas por uma apresentação clara da relevância das Escrituras. Eles amarão seu sermão, amarão você por abrir a Palavra e amarão mais seu Senhor. Ainda não falei com um público que não me agradeça por ajudá-los a entender as Escrituras com maior clareza

Qualidade número 3: *Foi centrado em Cristo*. Pedro repetidamente virou todos os pontos de seu sermão de volta para Cristo. Consequentemente, o povo respondeu como se o Senhor Jesus crucificado e ressuscitado estivesse diante deles: "Quando ouviram isso, ficaram aflitos em seu coração e perguntaram a Pedro e aos outros apóstolos: 'Irmãos, que faremos?'" (2:37).

Pedro deve ter se sentido dominado pela afirmação. Que encorajamento para este pregador de primeira viagem do evangelho! Recém-saído do fracasso, pregando de todo seu coração, apenas para ser interrompido por três mil pessoas perguntando: "que faremos [em resposta a esta verdade]?". Eles começaram perguntando "que significa isto?" e a mensagem centrada em Cristo de Pedro suscitou uma pergunta melhor: "Que faremos?"

Essa não é uma maneira ruim de estruturar uma lição bíblica. Comece perguntando: "O que isso significa? O que Deus está dizendo?". Comece onde eles estão e ajude-os a entender o significado. Então, quando eles entenderem, certifique-se de que saibam o que fazer em relação à mensagem de Deus.

Independentemente disso, nunca se esqueça de que Deus usará fielmente seu melhor esforço, mesmo que sua habilidade empalideça comparada à de outros comunicadores mais experientes. Por favor, não pense que você tem que ser um profissional para fazer o trabalho! Os profissionais nunca conseguem entrar onde você trabalha e mora. Você já está lá. Você já tem uma audiência. Apenas dê a verdade a eles como você a conhece. Caminhe aos tropeções se for preciso, mas proclame-a. Em seguida, seja um modelo daquilo em que você acredita. Torne-se um exemplo da mensagem.

Nascimento de três mil "bebês"

LEIA ATOS 2:37-47

A Bíblia foi escrita para ser uma bênção. Infelizmente, as pessoas frequentemente transformam as Escrituras em um campo de batalha. Atos 2 é, por assim dizer, uma das escaramuças mais quentes. Posso pensar em pelo menos quatro grandes denominações que encontram sua distinção teológica nesta passagem. São grandes segmentos da igreja protestante; além disso, inúmeras facções dissidentes têm interpretações únicas, e nem todas são sólidas. Algumas de suas interpretações são tão complicadas que as pessoas pertencentes a esses grupos nem sequer entendem sua própria teologia. Outros simplificam demais o texto e tiram conclusões ridículas, quase cômicas.

Neste capítulo, devemos chegar a um acordo sobre três questões principais: (1) os teólogos pentecostais encontram aqui uma base para falar em línguas (que discuti nos comentários sobre Atos 2:1-13), o dom de profecia e outros determinados dons sobrenaturais do Espírito. (2) Então, há toda a questão de como o Pentecoste, o Reino de Deus e o fim dos tempos estão relacionados. (Espero que minha posição sobre esta última questão esteja clara pelo que disse na seção anterior.) (3) Finalmente, a denominação Igreja de Cristo e algumas denominações batistas encontram justificativa para uma doutrina chamada regeneração batismal, que toca em outras questões, como o papel da fé, graça, salvação e perseverança — para começar! Nos comentários desta seção, abordarei essa importante questão.

Depois que o Espírito Santo encheu os crentes em Pentecoste, Pedro se levantou para pregar em resposta a duas declarações: uma pergunta e um insulto (2:12-14). Em resposta à cena em que viram o Espírito Santo encher os seguidores de Cristo e os ouviram falar em várias línguas e dialetos de todo o mundo, alguns perguntaram: "Que significa isto?". Outros zombaram, dizendo: "Eles beberam vinho demais". O sermão de Pedro silenciou os cínicos e chamou a atenção dos "judeus devotos" que vieram a Jerusalém para a Festa da Colheita.

Ao final do sermão de Pedro, um número significativo de pessoas na plateia passou da apatia para a ansiedade (2:37). Ele havia demonstrado com sucesso que eles haviam matado seu Messias e que, agora, o Messias havia ressuscitado dos mortos e estabeleceria seu reino. A gravidade de sua escolha anterior de entregar Jesus para a crucificação foi uma decisão trágica e errônea — um pecado grave pelo qual eles seriam responsabilizados.

2:37

Em resposta ao sermão de Pedro, muitos dos ouvintes "ficaram aflitos em seu coração". Essa expressão descreve o que pode ser chamado de convicção, ou culpa dada por Deus. A palavra grega para isso (*katanyssomai* [2660]) significa "ser perfurado ou esfaqueado" e, por extensão, "sentir dor aguda". Como uma lâmina bem afiada, essa verdade de Deus penetrou em todas as suas camadas protetoras e trouxe dor emocional aos seus corações. Isso motivou sua pergunta, que era lamentável, mas que seria encorajadora para qualquer evangelista: "Irmãos, que faremos?". É a mesma pergunta feita pelo carcereiro de Filipos (16:30) e por Paulo quando confrontado por Jesus no caminho de Damasco (22:10).

2:38-39

Pedro respondeu à pergunta desesperada deles com uma resposta direta e descomplicada. De alguma forma, nos últimos vinte séculos, no entanto, conseguimos dar a Atos 2:38 mais reviravoltas do que uma montanha-russa. Ao examinarmos o versículo de perto, tentarei seguir uma regra comum de interpretação bíblica: "Se o sentido puro faz sentido, então não busque outro sentido".

Não usamos muito a palavra "arrepender-se" hoje. A ideia do Novo Testamento reflete o chamado profético do Antigo Testamento para "dar a volta por cima" — presumivelmente para ir na direção oposta. Essa mesma descrição também foi aplicada à conversão pelos rabinos antigos.[23] O arrependimento requer uma mudança de mentalidade e um afastamento de tudo o que Deus declarou ser errado; significa inverter o curso e buscar a ajuda de Deus para fazer o que Ele diz ser certo.

O arrependimento não é mero remorso, um *sentimento* de forte lamento que pode ou não levar à decisão necessária de mudar de direção. Judas sentiu profundo remorso por trair Jesus, mas, em vez de buscar o perdão de Deus, enforcou-se.

O uso que Pedro faz de "cada um de vocês" enfatiza a natureza individual da salvação. Todos nós estamos individualmente diante de Deus para dar uma resposta por nós mesmos. Um pai não pode salvar outros membros de sua família arrependendo-se e submetendo-se ao batismo. Não se pode ser salvo por estar em uma família salva nem herdar a salvação de uma geração anterior.

A palavra "batizar" é uma transliteração da palavra grega *baptizō* [907], que significa "mergulhar", "imergir", "afundar", "banhar" ou "lavar". A imersão ritual foi usada por várias sociedades — incluindo comunidades religiosas pagãs — para simbolizar a identificação de um novo membro com o grupo. Ser "batizado" em uma comunidade era identificar-se com o grupo coletivo, compartilhar os benefícios da membresia e ajudar a assumir suas responsabilidades.

Na época de Jesus, os judeus usavam a imersão ritual para acolher os conversos gentios na aliança de Deus com Abraão. Após um estudo rigoroso e um exame minucioso para que demonstrassem competência na Lei de Moisés, além da circuncisão para os homens, os convertidos eram batizados, tornando-se assim "filhos da aliança" junto com os judeus natos. Seu batismo também representava a limpeza completa da impureza moral.

João, o Batizador, deu ao ritual judaico uma reviravolta profética, chamando os judeus naturais para um "batismo de arrependimento", deixando implícito que sua linhagem não tinha poder para salvá-los. Em vez disso, eles deveriam reconhecer que o pecado havia quebrado seu relacionamento com Deus, que Israel havia quebrado todas as suas alianças com Deus e que todos os judeus deveriam se aproximar dele como se fosse a primeira vez, assim como os convertidos gentios.

Como um ritual ligado à nova aliança, com o Reino de Deus sob Cristo, Pedro pediu o batismo na água pelas mesmas razões que João, o Batizador. Para João, o batismo era um símbolo exterior de uma mudança interior. O batismo no Novo Testamento é o mesmo — e muito mais. Condicionado ao arrependimento, é também uma iniciação na nova aliança, no Reino de Deus — o que torna a próxima frase crucial.

"Em nome de Jesus Cristo" significa "sob a autoridade de Jesus Cristo" ou "pela autorização de Jesus Cristo". Imagine que um de seus amigos permita que você assista a um show usando os ingressos de temporada que ele comprou. Os ingressos estão no nome dele, mas ele pode atribuir seus privilégios a você. Ele apenas informa à bilheteria que você tem sua autorização para participar, e você receberá todos os privilégios de um titular de ingresso de temporada.

A sua admissão não se baseia na sua autoridade, mas sim na dos titulares dos bilhetes. Como uma iniciação na nova aliança, um símbolo de sua admissão ao Reino de Deus, o batismo não é validado por sua autoridade, mas pela autoridade do Titular do Bilhete! Você só pode entrar se Ele tiver atribuído seus privilégios a você. Qualquer batismo que não seja sob sua autoridade — isto é, não "em nome de Jesus Cristo" — não representa nada.

"Para perdão dos seus pecados" é uma frase notoriamente difícil. A palavra-chave é a minúscula preposição grega *eis* [1519], traduzida como "para". Em contextos gramaticais semelhantes, o *eis* tem oito usos básicos na literatura grega,[24] dos quais apenas três são relevantes para o nosso versículo. Pode indicar qualquer um destes:

Finalidade: "para", "a fim de", "por"
Resultado: "para que", " resultando que"
Respeito/Referência: "com relação a", "com referência a"

Anteriormente, afirmei que seguiríamos o lema do intérprete da Bíblia: "Se o sentido puro faz sentido, então não busque outro sentido". Esta é uma boa oportunidade para introduzir mais duas orientações interpretativas. Primeiro, *sempre interprete passagens pouco claras à luz de passagens compreendidas com clareza*. E, segundo, *nunca baseie sua doutrina em passagens pouco claras*. Neste caso, a interpretação "ser batizado *para* receber o perdão" contradiz *tudo* o que o Novo Testamento ensina sobre a salvação somente pela graça através da fé somente em Cristo. Como escreve A. T. Robertson,

> Minha opinião é decididamente contra a ideia de que Pedro, Paulo ou qualquer pessoa no Novo Testamento ensinou o batismo como essencial para a remissão dos pecados ou como meio de garantir tal remissão. Assim, entendo que Pedro está exortando o batismo a cada um deles que já haviam se voltado (arrependido) e que ele seja feito em nome de Jesus Cristo com base no perdão dos pecados que eles já haviam recebido.[25]

Embora possamos discordar sobre o significado exato dessa frase, sabemos o que ela *não pode* ser. Não pode ser a opção 1, "finalidade". Também é muito duvidoso que a opção 2, "resultado", esteja correta. Isso também contradiria o evangelho da graça ensinado em todo o Novo Testamento. A opção três é a melhor; *eis* frequentemente significa "com relação a" ou "com referência a". Neste caso, eu parafrasearia o versículo desta maneira: "Arrependam-se, e cada um de vocês seja batizado em nome de Jesus Cristo *tendo em vista o* perdão dos seus pecados".

Pedro então afirma o resultado do arrependimento: "Receberão o dom do Espírito Santo". Esta é outra maneira de dizer: "Você receberá o Espírito Santo como um dom". Isso representou esperança para o público ansioso. A promessa do Espírito Santo ao arrepender-se foi uma ótima notícia!

Não devemos ver neste versículo um padrão estabelecido exigido na salvação. Neste caso, a ordem é arrependimento, batismo, Espírito Santo. Em outros lugares, como 10:44-48, a ordem é arrependimento, Espírito Santo, batismo. Em 8:38, há arrependimento e batismo, mas nenhuma menção ao Espírito Santo. Em 8:12-17, há um atraso significativo entre o batismo e o Espírito Santo. E em 19:5-6, as pessoas haviam sido batizadas por João antes de ouvir a história completa da morte expiatória de Jesus. Elas foram então rebatizadas e, naquele momento, receberam o Espírito Santo.

Devemos ter cuidado para não ver a narrativa de Atos como normativa. Em outras palavras, só porque algo aconteceu de uma certa maneira em Atos não significa que deva ocorrer dessa forma para todos. Lembre-se sempre disto: Atos descreve um *período de transição* da antiga aliança para a nova aliança.

Dito isso, no entanto, o sermão de Pedro definitivamente estabeleceu uma ligação necessária entre arrependimento e batismo. Para Pedro, os apóstolos e a igreja primitiva, o batismo não tinha nenhum significado além da decisão de um novo crente de se afastar do pecado e começar a seguir a Cristo. Infelizmente, algumas denominações aplicam esse rito sagrado da igreja a crianças, as quais não têm a capacidade cognitiva de escolher, crer ou se arrepender

Pelos seus cálculos, o batismo infantil serve a um propósito semelhante ao rito de circuncisão do Antigo Testamento, que ocorria no oitavo dia de vida para os meninos hebreus. Como os judeus bíblicos entendiam a circuncisão, o ritual comprometia a comunidade de fé a ensinar o menino a se tornar um homem "circuncidado no coração" (ver Dt 30:6; Rm 2:29), ou seja, um verdadeiro seguidor de Deus, um participante voluntário da aliança de Deus com Abraão, não apenas por etnia, mas por escolha. A analogia entre circuncisão e batismo, no entanto, se divide em dois pontos. Primeiro, Deus estabeleceu a antiga aliança — e o símbolo correspondente da circuncisão — com um grupo étnico específico, independentemente da escolha pessoal de qualquer indivíduo. A igreja primitiva, por outro lado, reservava o batismo para aqueles que se arrependiam e criam em Cristo, independentemente de qualquer outro fator. Em segundo lugar, a antiga aliança não era um meio de salvação espiritual; Abraão, como todos os que são salvos do pecado, foi declarado justo pela graça através da fé (Gn 15:6; Rm 4:3, 9, 22). A igreja primitiva via o batismo como um símbolo de fato da salvação espiritual com fortes implicações sobre o destino eterno de uma pessoa.

2:40-41

Não sabemos quanto tempo durou o sermão de Pedro — certamente mais do que os três minutos necessários para lê-lo. Por todo seu relato no Evangelho, Lucas resumiu os discursos à sua essência e ocasionalmente sintetizou os eventos de vários meses em uma única frase. Depois de completar seu primeiro sermão, Pedro continuou "com muitas outras palavras" enquanto "os advertia" (*diamartyromai* [1263]), uma expressão para exortar, encorajar ou dar uma advertência sincera. Ele também "insistia com eles" (*parakaleō* [3870]), uma palavra para emitir um forte apelo ou encorajamento (2:40). Nesse caso, Pedro os estava advertindo e exortando a aceitar o dom da salvação do Senhor.

Sua pregação produziu resultados surpreendentes. No final do dia, a igreja tinha crescido de cerca de 120 para três mil pessoas. Como qualquer ministro do evangelho lhe dirá, no entanto, o trabalho de fazer discípulos não termina com a conversão; é aí que começa o verdadeiro trabalho.

Pense nisso: três mil novos bebês nasceram naquele dia marcante de Pentecoste — três mil crentes não treinados, não ensinados, ignorantes, novos, sem manual da igreja, sem diretrizes e sem prédio para se encontrar. Adicione a isso uma sociedade hostil que tomou parte ativa na crucificação de Cristo e você terá a realização de uma tarefa sobre-humana. Quando Jesus ascendeu, deixou a Pedro e aos seus dez companheiros esse trabalho exigente e exaustivo de cuidado espiritual infantil (Mt 28:19-20; Jo 21:15-17).

A primeira responsabilidade? Batizá-los. Os três mil foram imersos na água. Lucas não nos diz como, onde ou por quem. Os detalhes não são importantes. Ele oferece apenas três fatos relevantes. Primeiro, tinham "[aceitado] a mensagem"; isto é, eles aceitaram a pregação de Pedro como verdade, creram no que ele dissera, ouviram sua admoestação de arrependimento e começaram a seguir o Messias. Em segundo lugar, eles "foram batizados". Isso os identificou publicamente como seguidores de Jesus Cristo e lhes deu um forte senso de pertencimento. E terceiro, eles "foram [acrescentados]". Em um único dia, o movimento cresceu em três mil almas.

2:42

A próxima linha de Lucas começa com "eles", e é um encorajador e emocionante "eles". "*Eles*", não apenas os 120 originais. Não só as três mil novas pessoas. "Eles" refere-se a um corpo sem distinções entre o antigo e o novo.

De forma bastante literal, Lucas diz: "Eles estavam em um estado de constante envolvimento com o ensino dos apóstolos...". Este é o primeiro exemplo em Atos do hábito de Lucas de resumir um período de tempo. Ao longo de seu Evangelho, ele usa o tempo verbal imperfeito para descrever atividades contínuas, recorrentes ou habituais durante um período de semanas ou meses. Como ele os mistura tão suavemente com eventos discretos, podemos facilmente confundir essas passagens resumidas com eventos isolados.

Durante um longo período, todos eles se dedicaram a quatro prioridades: *ensino*, *comunhão*, *adoração* e *oração*.

Ensino. O texto afirma claramente que os apóstolos ensinavam. Esses doze homens foram treinados por Jesus desde o início (1:21-22) e interagiram pessoalmente com o Salvador ressuscitado. Claro, eles não tinham um prédio exclusivo onde se encontrar. Ninguém tinha uma casa grande o suficiente para três mil pessoas! Mais tarde, descobriremos que eles se dividiam em grupos menores para se reunir em várias casas ao longo da semana e, em seguida, se encontravam como um corpo em uma área pública do templo.

Eles ainda não tinham o Novo Testamento completo. A instrução era baseada no Antigo Testamento e no ensinamento de Jesus colhido e lembrado pelos apóstolos durante seu tempo com Ele. Em vez de escrever uma obra, Jesus derramou seu conhecimento divino nessas pessoas e, em seguida, deu-lhes seu Espírito Santo para guiar sua interpretação das Escrituras do Antigo Testamento para mantê-las corretas e verdadeiras em seus ensinamentos.

Comunhão. O termo grego é *koinōnia* [2842], referindo-se a "uma estreita associação envolvendo interesses mútuos e partilha".[26] Os escritores gregos seculares usaram o termo para descrever o vínculo único compartilhado por marido e mulher. Em referência a um grupo, a palavra denota um investimento pessoal mútuo dos membros uns com os outros.

Anne Ortlund, em seu delicioso livro *Up with Worship*, compara dois tipos de comunidades comumente encontradas em igrejas. Uma delas é descrita como um saco de bolinhas de gude. As pessoas se reúnem para comunhão, fazem bastante barulho, brilham e jogam luz lindamente e roçam umas nas outras. Elas se conectam, mas não se misturam. Isso não é *koinōnia*. O outro tipo de comunidade é descrito por ela como um saco de uvas. Agite um pouco o saco e ele começa a pingar. Ao olhar para dentro, a visão não é bonita, mas elas estão se misturando. Cada vida sangra nas outras. Isso é *koinōnia*. Essa é uma comunhão autêntica e fortalecida pelo Espírito.

Adoração. A frase é "partir do pão", que originalmente misturava as ideias de *koinōnia* e a cerimônia de comunhão (cf. 2:46-47; 20:7; 1Co 10:16-17; Jd 1:12). O costume da "Ceia do Senhor" vem do momento em que Jesus compartilhou uma refeição reverente de Páscoa com seus discípulos, ocasião em que Ele reformulou a imagem do tradicional cálice e pão de modo a representar seu sangue e seu corpo (Mt 26:26-29; Mc 14:22-25; Lc 22:17-20). Os primeiros crentes deram continuidade a essa prática, tornando a comunhão parte do que veio a ser conhecido como "festa do amor". Eles se reuniam em casas para desfrutar de um banquete, cantar hinos, ler as Escrituras e ouvir ensinamentos. Mais tarde, Paulo admoestaria alguns por permitirem que a refeição ofuscasse a comunhão (1Co 11:17-22).

A frase "partir do pão" tem em mente "uma refeição que tinha o duplo propósito de saciar a fome e a sede e dar expressão ao sentido da fraternidade cristã. No final dessa festa, pão e vinho eram tomados de acordo com a ordem do Senhor e, depois de darem graças a Deus, eram comidos e bebidos em memória de Cristo e como um meio especial de comunhão com o próprio Senhor e, por meio dele, uns com os outros".[27]

Oração. Essas pequenas células que começaram a se reunir na cidade de Jerusalém começaram a crescer e se inflamar com agitação e entusiasmo. Na maioria das vezes, eles se reuniam em casas ao redor da cidade com o propósito de orar.

A observação dessas prioridades levou a alguns grandes resultados (At 2:47). Os próximos versículos parecem coincidir com as quatro prioridades listadas em 2:42: ensino (2:43), comunhão (2:44-45), adoração (2:46) e oração (2:47).

2:43

Os novos crentes estavam recebendo instruções de homens qualificados e confiáveis que tinham habilidade sobrenatural e poder divino para dar apoio a seus ensinamentos por meio de "muitas maravilhas e sinais". Como resultado deste ensinamento, "todos estavam cheios de temor" (*fobos* [5401]) — não um tipo de temor pela vida, mas um assombro reverencial (Cf. Mc 4:41; Lc 7:16; 1Pe 1:17).

2:44-45

A notável comunhão dos seguidores de Cristo era tal que eles perderam o senso de direito pessoal; a riqueza e os bens tornaram-se um meio de atender às necessidades dos irmãos crentes. Isso não significa que eles viviam juntos em um complexo como uma grande casa. Significa que sua comunhão única produziu unidade e generosidade extraordinárias. Para eles, as pessoas haviam se tornado mais importantes do que as coisas ou o seu próprio conforto.

2:46

Este versículo amplifica a frase "partir do pão" ao descrever a adoração. Os primeiros crentes eram, como Jesus, judeus, de modo que continuaram a participar do culto sacrificial do templo prescrito pelo Antigo Testamento. Nunca perderam o sentido de judaísmo. E por que deveriam? O ensino de Jesus era e é inteiramente compatível com a teologia hebraica bíblica. Eles adoravam o único Deus verdadeiro que fez uma aliança com Abraão e seus descendentes, que os transformou em uma nação e que lhes prometeu um Messias. O cristianismo, portanto, tornou-se o cumprimento do verdadeiro culto e prática hebraicos.

Esses seguidores do Messias adoravam na casa de Deus, bem como em suas casas com adoração sincera em *koinōnia* [2842]. Lucas caracteriza sua adoração por meio de duas palavras gregas que significam "alegria" (*agalliasis* [20]) e "sinceridade de coração" (*aphelotēs* [858]).

2:47

Seguindo o padrão de expansão desses versículos em 2:42, as palavras de 2:47 podem ser entendidas como amplificadoras da "oração". A alegria, a sinceridade de coração e a oração produziram um povo com uma relação vertical satisfatória e grandes relações horizontais — como todo grupo de crentes deveria ser. Seguidores autênticos e bem instruídos de Jesus louvam a Deus e encorajam as pessoas. E eles buscam o Senhor em oração para aumentar seu número. O Senhor trabalhou e, à medida que seus amigos e colegas examinavam seu modo de vida, a primeira comunidade de crentes crescia exponencialmente.

APLICAÇÃO

Atos 2:37-47

A BOA ESPOSA

Como cristãos, temos um compromisso uns com os outros, independentemente de nossas posições, nossos níveis de maturidade ou nosso tempo de vida cristã. Estamos mutuamente vinculados pelo dever de ajudar uns aos outros a crescer em direção a uma maior maturidade. A igreja — não o prédio, mas a comunidade — é a maneira como fazemos isso. Toda congregação deve se comprometer com prioridades piedosas que promovam esse propósito, assim como o primeiro corpo de seguidores de Cristo. Acima, vimos como Lucas descreveu as prioridades da igreja primitiva (2:42-47).

A igreja é chamada de "noiva" de Cristo (Ap 19:7; cf. Ef. 5:23. Gostaria de apresentar as quatro responsabilidades essenciais dessa que é a boa esposa de Cristo.

Adoração

Os seguidores de Cristo do primeiro século continuaram a se reunir no templo, não apenas porque ele fornecia um local amplo para abrigar o número crescente de cristãos, mas porque parecia um local de encontro natural. Como bons judeus, eles continuaram a participar do culto no templo. Eles também se reuniam em casas, onde cantavam juntos e observavam a comunhão.

O propósito da salvação é levar um corpo de adoradores à presença de Deus. Em Efésios, Paulo diz que Deus nos predestinou "para o louvor da sua gloriosa graça" (Ef 1:6). Em Filipenses, ele diz que Jesus veio à terra e sofreu como sofreu e ressuscitou "para que ao nome de Jesus se dobre todo joelho, nos céus, na terra e debaixo da terra, e toda língua confesse que Jesus Cristo é o Senhor" (Fp 2:10-11). Fomos criados para a adoração, fomos redimidos para a adoração e desfrutaremos da adoração por toda a eternidade. Portanto, uma igreja deve fazer da adoração uma prioridade.

Instrução

Os primeiros cristãos não se cansavam do ensino. Como descobriremos mais adiante em Atos, eles se reuniam no templo para instrução. Também se encontravam em casas onde ocorria o ensino. Eles queriam saber tudo o que Jesus havia ensinado aos apóstolos. Permaneceram famintos por alimento espiritual.

Paulo diz que a transformação começa com a mente (Rm 12:2). Embora não devamos confundir conhecimento bíblico e teológico com maturidade, o crescimento não pode ocorrer sem ele. A instrução dá à mente o material de construção com o qual o Espírito Santo transforma a antiga pessoa em uma nova pessoa semelhante a Cristo. Se os novos cristãos são como bebês famintos que precisam de alimento, então uma igreja deve fornecer ensino bíblico e teológico de qualidade, ou permanecerá para sempre um berçário.

Comunhão

Examinei as quatro prioridades em Atos 2:42-47 como elementos individuais, mas na igreja primitiva elas estavam interligadas. O povo reunia-se para adoração. A instrução fazia parte de suas festas de amor. O batismo deu-lhes um senso de identidade uns com os outros. Eles oravam individual e comunitariamente. A partilha do pão e do cálice da comunhão recordava-lhes a sua interligação, o que os levou a se tornarem extraordinariamente generosos uns com os outros. Como brasas em uma fogueira, as pessoas esfriam e morrem quando ficam separadas; no entanto, produzem luz e calor quando conectadas, compartilhando alegre e generosamente uns com os outros.

Expressão

Atos 2:42 lista especificamente a oração como a força motriz por trás de tudo o que a igreja faz: adoração satisfatória, instrução nutritiva, comunhão que sustenta a vida, alcance significativo dos incrédulos e evangelismo eficaz. É por isso que Lucas amplifica a ideia de oração na frase "louvando a Deus e tendo a simpatia de todo o povo". Qual foi o resultado? "O Senhor lhes acrescentava diariamente os que iam sendo salvos" (2:47).

As igrejas podem se tornar excessivamente voltadas para dentro, adotando uma mentalidade do tipo "nós e os nossos". Adoração, instrução e comunhão servem às necessidades do corpo, enquanto os visitantes se sentem como estranhos olhando para dentro. Enquanto isso, ninguém pensa em impactar a cultura e a comunidade além das quatro linhas do terreno da igreja. A expressão no sentido bíblico não pode ser contida; ela afeta naturalmente todos aqueles que os membros encontram, onde quer que estejam.

As igrejas também podem se tornar excessivamente voltadas para fora, de modo que cada função da igreja se torna evangelística. Embora o evangelismo seja uma função essencial da igreja, ele não deve vir às custas de outras prioridades: adoração, instrução e comunhão. Se todas as quatro prioridades forem sustentadas com oração e mantidas em equilíbrio, o evangelismo ocorre naturalmente. As pessoas não precisam ser persuadidas ou coagidas a contar aos outros sobre Cristo; seu crescimento espiritual se tornará um tópico fácil da maioria das conversas. À medida que os primeiros cristãos se dedicavam à adoração, instrução, comunhão e oração, eles se tornaram testemunhas corajosas do evangelho para o mundo de fora. Como afirma Millard Erickson,

> Nos tempos bíblicos a igreja se reunia para adoração e instrução. *Depois*, saíram para evangelizar. Na adoração, os membros da igreja se concentram em Deus; na instrução e na comunhão, eles se concentram em si mesmos e nos irmãos cristãos; no evangelismo, eles voltam sua atenção para os não-cristãos. É bom que a igreja mantenha alguma separação entre essas várias atividades. Se isso não for feito, uma ou mais atividades podem ser excluídas... Por exemplo, a adoração a

Deus sofrerá se a reunião do corpo se orientar principalmente para a interação entre os cristãos, ou se o serviço for voltado exclusivamente para evangelizar os incrédulos que por acaso estiverem presentes. Este não era o padrão da igreja no Livro de Atos. Em vez disso, os crentes se reuniam para louvar a Deus e ser edificados; depois saíram para alcançar os perdidos no mundo exterior.[28]

Sua igreja é uma saudável noiva de Cristo?

O mendigo que dançou na igreja

LEIA ATOS 3:1-26

Todos já enfrentaram adversidades, uns mais do que outros; todos nós encontramos dificuldades que desafiaram nossa fé e testaram nossos limites. Podemos superar algumas adversidades e desvantagens com muito trabalho; cavamos fundo e encontramos uma força que não sabíamos que tínhamos. Algumas lutas exigem criatividade, forçando uma mudança de perspectiva que nos ajuda a sobreviver às adversidades e até prosperar como nunca. Há, no entanto, algumas adversidades que nenhum trabalho ou criatividade conseguem superar; nada menos que um ato de Deus será suficiente.

Atos 3 é uma história sobre adversidades. Ou, mais precisamente, sobre o poder de Deus para transformar a adversidade em oportunidade. Lucas escolheu avançar várias semanas ou meses pela história da igreja para se concentrar em um incidente notável no templo, não apenas por causa dos eventos extraordinários em si, mas para introduzir um tema importante nesta seção de Atos (1:1—7:60). Os próximos meses cruciais colocariam os líderes da igreja em crescimento frente a frente com dificuldades intransponíveis, desafios para os quais nenhuma quantidade de trabalho, criatividade, dinheiro ou fortaleza poderia ser suficiente. Começando com esta história de um homem incapacitado desde o nascimento, Lucas revela o poder de Deus para superar qualquer adversidade e, mais importante, como cada dificuldade, quando entregue a Deus, torna-se o meio divino de realizar a vontade soberana e plano perfeito de Deus.

À medida que o poder de Deus se torna evidente no enfrentamento das adversidades na vida dos crentes, as pessoas próximas têm uma nova oportunidade de se voltarem para Deus também. Na presente passagem, veremos isso enquanto Pedro prega na esteira da cura realizada por Deus do homem deficiente.

3:1-2

A "nona hora" (3:1, ARC, ARA) refere-se à nona hora de luz do dia. Isso teria sido por volta das "três horas da tarde" (NVI), pelo nosso método de contagem de tempo, e marcava um horário que os judeus haviam reservado como um dos três horários para a oração no templo: 9h00, 12h00 e 15h00 (cf. 10:9, 30; Sl 55:17; Dn 6:10; 9:21). Pedro e João, dois dos Doze, foram ao templo para se juntar a outros judeus devotos em oração. No caminho, encontraram um homem deficiente desde o nascimento. Mais tarde, descobriremos que o problema existia em seus pés e tornozelos (At 3:7), que aparentemente não haviam se desenvolvido de forma adequada. A todos os lugares aonde o homem ia, alguém tinha que carregá-lo. Ele nunca conheceu a alegria de ficar ereto, sem falar sobre caminhar ou correr, habilidades que a maioria de nós considera como coisas naturais. Nunca conheceu um dia saudável. Ele nunca viveu um dia em que suas pernas não estivessem tão moles quanto um trapo — nenhuma sensação, nenhum movimento, nada além da perspectiva de outro dia implorando por esmola.

Ele "estava sendo levado" (3:2), o que sugere que seus amigos estavam se movendo em direção ao templo junto com Pedro, João e muitos outros judeus devotos. Lucas descreve o homem como alguém que "ali era colocado todos os dias", muito provavelmente porque muitos cristãos judeus do primeiro século se lembravam do homem. Desde os primeiro registros históricos até hoje, tem sido costume das pessoas com deficiência se colocarem à beira de caminhos que levam a um templo ou

Pátios do Templo de Jerusalém

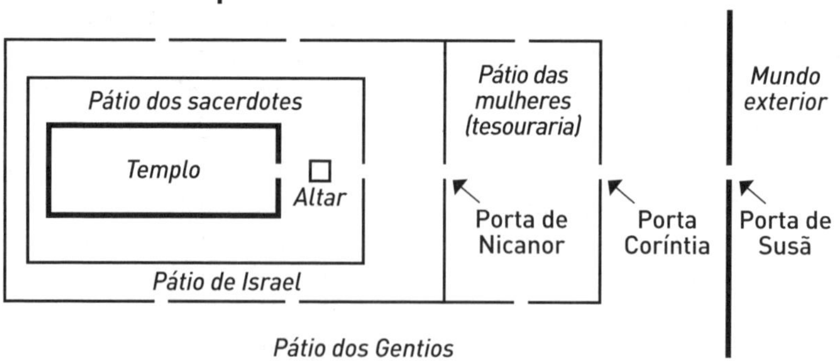

Pátios do Templo de Jerusalém. Além do portão oriental, outros dois portões se mostram como fortes possibilidades para o local da cura do aleijado: a Porta Coríntia, pela qual apenas homens e mulheres judeus podiam passar, e a Porta de Nicanor, pela qual apenas homens judeus podiam entrar. Josefo afirmou que a porta que separava os judeus dos gentios "era de bronze coríntio, e sobressaía muito em relação àquelas que eram cobertas apenas por prata e ouro".[246] Sem dúvida, o aleijado tinha a melhor oportunidade de receber esmolas do maior número de judeus ao sentar-se junto à Porta Coríntia.

santuário na esperança de receber compaixão na forma de dinheiro. Há quanto tempo aquele homem ocupava seu lugar habitual junto à "porta do templo chamada Formosa"? Seus amigos o colocavam lá diariamente, mas não sabemos por quanto tempo aquele foi seu local regular. Se estava lá havia um ano, Jesus deve tê-lo visto em mais de uma ocasião.

"Porta Formosa" era um nome coloquial, não oficial, de modo que não podemos determinar exatamente qual entrada Lucas tinha em mente. O templo era um complexo enorme, cobrindo mais de 14 hectares [cerca de 140 mil metros quadrados] de acordo com alguns cálculos,[29] e organizado em uma série de pátios aninhados, cada um cercada por um muro e acessado através de portões ou portas. Qualquer pessoa, judeu ou gentio, poderia visitar as áreas públicas do templo, entrando no complexo por qualquer uma das várias portas.

3:3-5

Independentemente de onde ele *normalmente* se sentasse, a partir da narrativa percebe-se que o deficiente e os apóstolos se encontraram fora do complexo do templo, em meio à multidão de pessoas que vinham para a oração da noite. Lucas apresenta a cena com um sutil indício de casualidade, como se o encontro deles tivesse ocorrido ao acaso. É claro que sua ironia literária aponta para a verdade maior de que Deus havia preparado o encontro deles.

O homem pediu dinheiro a Pedro e João, talvez enquanto avaliava outras possibilidades em meio à multidão. Quem anda regularmente pelo centro de uma grande cidade sabe que o contato visual com um pedinte equivale a um convite para mendigar, de modo que a maioria das pessoas desvia o olhar. Pedro, no entanto, enxergou oportunidade em potencial, e não um incômodo. Ele olhou diretamente para o homem e ordenou toda a sua atenção.

3:6-7

O homem com deficiência esperava uma resposta tangível e sensível à sua necessidade mais imediata: dinheiro para comida, roupas e abrigo. De forma compreensível, ele não esperava uma solução para seu problema mais profundo, a incapacidade de usar os pés. Pedro falou por João e por si mesmo, dizendo o que o homem ouvia dezenas de vezes todos os dias: "Não temos dinheiro...".

Que declaração cruel — exceto pelo restante da frase! A declaração de Pedro ilustra a mentalidade da igreja e deve servir de guia para todo serviço cristão. Você não pode dar o que não tem, mas você tem alguma coisa — então dê isso! Nesse caso, Pedro e João sabiam que haviam recebido poder sobrenatural por meio do Espírito Santo e, guiados pelo Espírito, sentiram-se impelidos a curar o homem. Não por seu próprio poder, mas pelo poder de Jesus Cristo, ele tomou o homem por sua mão mendicante e o colocou sobre seus pés (3:7).

Os detalhes da descrição de Lucas são importantes. Pedro segurou-o "pela mão direita", a mão estendida para a esmola. Ele "ajudou-o a levantar-se", puxando o homem para cima. "Imediatamente", não ao longo do tempo, não gradualmente — sem necessidade de sessões de fisioterapia — imediatamente, uma onda de vida encheu uma parte do corpo anteriormente morta. Seus pés e tornozelos se tornaram normais. A frase "ficaram firmes" implica que Deus realizou o milagre — bem a tempo de suportar o peso corporal do homem.

3:8-10

Mais adiante ficamos sabendo que o homem "tinha mais de quarenta anos de idade" (4:22). Quando criança, ele só podia ver seus amigos correrem, pularem e brincarem. Como judeu, ele teria sido estigmatizado como destinatário de castigo divino no ventre de sua mãe por seus erros ou como retribuição pelo pecado de seus pais (cf. Sl 51:5; Lc 13:2; Jo 9:2). Como um homem aleijado, ele estava afastado dos pátios internos, onde outros homens judeus encontravam uma recepção calorosa, e ele não tinha a oportunidade de trabalhar,[30] um fator-chave de identidade para os homens.

Portanto, não nos deve surpreender que, quando de repente ele se viu de pé sobre seus próprios pés, tenha feito pela primeira vez o que nunca conseguira fazer antes. Andou, saltou e, sem dúvida, correu!

À frase "entrou com eles no pátio do templo" (At 3:8), Lucas acrescenta que o homem não se limitou a entrar; ele estava andando, saltando e louvando a Deus, e chamou a atenção de "todo o povo", ou seja, todos que chegavam para orar. Eles imediatamente o reconheceram como um elemento de presença constante no templo, o mendigo que todos conheciam. Segundo Lucas, eles estavam perplexos (*thambos* [2285]) e admirados (*ekstasis* [1611]). Hoje, poderíamos dizer que eles ficaram "de queixo caído".

3:11-12

O "Pórtico de Salomão" (3:11) era uma longa área com colunatas que percorria o comprimento do lado oriental do complexo do templo. Coberto por um telhado, tornou-se um lugar comum para as congregações ouvirem ensinamentos (Jo 10:23; At 5:12). Quando Pedro, João e o mendigo extasiado entraram pelo portão leste, as pessoas que já estavam dentro do templo correram para ver o que havia acontecido. Ver o deficiente completamente curado e dançando ao redor do pátio fez com que o povo ficasse "maravilhado".

Pedro reconheceu isso como mais uma oportunidade de pregar. Na verdade, essa pode ter sido sua intenção desde o início. Independentemente disso, era claramente o plano de Deus transformar a deficiência do homem em uma oportunidade para suas testemunhas cumprirem seu mandato. Pedro começou a sua mensagem da mesma forma que no dia de Pentecoste, dirigindo-se aos "israelitas (3:12; cf. 2:22). Ele não pretendia omitir as mulheres, como outras versões bíblicas dão a entender com o uso da expressão "varões israelitas", mas, sim, estabelecer-se como um de seus compatriotas. E antes de prosseguir, ele desviou o crédito pela cura de si mesmo e de João, dando a Deus toda a glória pela cura do mendigo: "Por que vocês estão olhando para nós, como se tivéssemos feito este homem andar por nosso próprio poder ou piedade?" (3:12).

3:13-15

Pedro continuou seu sermão interpretando o sinal milagroso para todos os presentes. Pedro citou "o Deus de Abraão, de Isaque e de Jacó" para distingui-lo como o Deus das Escrituras hebraicas e Deus de sua aliança, e passou a declarar o poder em ação nessa cura milagrosa: Deus "glorificou seu servo Jesus" — isto é, o vindicou como o Messias através da ressurreição. Pedro corajosamente lembrou ao povo no

commons.wikimedia.org

Um modelo do **Complexo do Templo de Herodes** em Jerusalém, visto do canto nordeste, olhando para o sudoeste. O Pórtico de Salomão aparece no canto superior esquerdo desta foto.

templo que eles haviam participado do assassinato de seu Messias, pedindo por Barrabás quando Pilatos lhes deu a oportunidade de libertar Jesus (3:13; ver Mt 27:20; Mc 15:11; Lc 23:18). Para esclarecer esse ponto, Pedro se referiu a Jesus por meio de três títulos diferentes que o identificam como o Messias e Deus:

1. A expressão "seu servo" relembra o título dado ao Messias em vários cânticos de Isaías sobre o "Servo Sofredor", que morre em favor do povo de Deus (At 3:13; ver Is 42:1-9; 49:1-13; 50:1-11; 52:13—53:12).
2. "O Santo e Justo" aponta para o Messias (At 3:14; ver Sl 16:10; Mc 1:24; Lc 1:35; 4:34; Jo 6:69) e, no Antigo Testamento, era usado apenas em relação a Deus (2Rs 19:22; Jó 6:10; Sl 71:22; Is 1:4; 60:9, 14; Jr 51:5; Ez 39:7; Os 11:9, 12; Hc 1:12; 3:3) ou a suas criaturas sobrenaturais (Dt 33:3; Jó 5:1; 15:15; Sl 89:5; Dn 4:17, 23).
3. A expressão "autor da vida" (At 3:15; "Príncipe da vida", ARC) é a tradução do termo *archēgos* [747], que se referia ao herói de uma cidade, ou seja, seu fundador e governante. Também carregava a ideia de um originador. As cidades-estado gregas originais não tinham reis como outras civilizações; eles emergiam da obscuridade quando um líder com uma visão originava uma nova ideia administrativa e, em seguida, reunia pessoas para apoiá-lo. Ele era, portanto, o fundador e o primeiro exemplo de seu novo caminho. O "*archēgos* da vida" estabeleceu uma nova cidade chamada vida e reina como seu rei.

Assim como fez em seu sermão no Pentecoste, Pedro acusa o povo de assassinar seu Messias e, em seguida, declara a ressurreição dele. Isso, sem dúvida, assustaria aqueles que acreditavam na mensagem de Pedro.

3:16-21

O chamado de Pedro ao arrependimento é muito semelhante ao sermão de Pentecoste, o que não deve nos surpreender. Tudo ocorreu pela presciência e plano de Deus. O Messias teve que sofrer em cumprimento das Escrituras do Antigo Testamento. Ele ressuscitou dentre os mortos e oferece perdão aos que se arrependem. No entanto, vemos uma diferença interessante em um ponto. Embora ele tenha declarado que Jesus fora "exaltado à direita de Deus" no sermão anterior (2:33), desta vez Pedro enfatiza seu retorno ao tempo do fim, deixando implícito que Jesus está sentado à direita do Pai agora, mas retornará à Terra no futuro para cumprir todas as promessas do Antigo Testamento relativas ao Reino de Deus na terra (3:19-21).

Pedro pede arrependimento, não apenas para a salvação pessoal do povo, mas para apressar a volta de Cristo. Observe como ele caracteriza o desdobramento do plano de Deus: "Arrependam-se, pois, e voltem-se para Deus, para que os seus pecados sejam cancelados, para que": (1) "venham tempos de descanso da parte do Senhor" e (2) Deus "mande o Cristo, o qual lhes foi designado, Jesus" (3:19-20).

Além disso, "é necessário que [Cristo] permaneça no céu até que chegue o tempo em que Deus restaurará todas as coisas" (3:21). Isso se refere ao tempo em que Cristo restaurará o mundo à ordem que Deus criou pela primeira vez em Gênesis (Rm 8:20-21), um mundo sem pecado, doença, deficiências, sofrimento, desastres ou morte. Refere-se ao reinado físico do Messias na Terra, o estabelecimento literal de seu reino.

3:22-26

Pedro lembrou brevemente o público de sua herança profética, a começar por seu fundador humano, Moisés. Todos os profetas apontaram para o mesmo Messias e declararam a penalidade por rejeitar ou desobedecer a este Profeta-Rei (3:22-25a). Pedro também os lembrou que Deus os havia escolhido para herdar a aliança que Ele havia estabelecido com Abraão e que, por meio do arrependimento, o Messias — Jesus — os tornaria dignos das bênçãos que Deus havia prometido a seu patriarca (3:25b-26).

Pedro pregou este sermão a todas as pessoas no templo, mas não nos esqueçamos do homem mais impactado naquele dia, o homem que havia sido curado. Depois de receber o uso de seus pés pela primeira vez, ele ouviu sobre a graça de Deus, a misericórdia oferecida a ele por meio da expiação de Jesus Cristo e o perdão dos pecados tornado possível por meio do arrependimento.

Quem sabe o que aconteceu com aquele ex-deficiente? As Escrituras não dizem mais nada sobre ele. Ele pode ter se tornado uma figura proeminente na crescente igreja de Jerusalém. Sabemos que Deus usou a adversidade do homem para promover sua agenda — um padrão que se repetirá várias vezes nos próximos capítulos, começando em Atos 4:1.

APLICAÇÃO

Atos 3:1-26

HORA DE DANÇAR

Fico intrigado diante da constatação de que o mendigo deficiente estivesse deitado junto à porta chamada Formosa tempo suficiente para que todos o conhecessem, provavelmente tempo suficiente para ter estado lá durante o ministério de Jesus na terra. Não sabemos ao certo se o homem estava por perto quando Jesus visitou o templo, mas, para mim, essa parece ser uma forte possibilidade. No entanto, Jesus nunca o curou. Parece que, como o cego de João 9:1-3, a cura do homem aguardava um tempo preordenado em que a obra de Deus se manifestaria de uma nova maneira.

Quando Pedro e João curaram o homem, iniciou-se uma notável cadeia de eventos, começando com o segundo grande sermão de Pedro. Como descobriremos nos próximos capítulos, essa cura se tornou um momento crucial na história da igreja, desencadeando eventos que não teriam ocorrido de outra forma. Assim, o deficiente jazia na intersecção da aflição do mundo e do desígnio de Deus para o futuro, esperando que Pedro e João transformassem sua adversidade em ocasião de regozijo; ele ficou esperando o momento preordenado em que os apóstolos "passariam" e então fariam o que lhes fora ordenado: fazer discípulos.

Vejo dois princípios em ação nesta passagem, cada um com uma resposta implícita.

Primeiro, *sua impossibilidade é a oportunidade de Deus; volte-se para Ele*. O mendigo deficiente não conseguia trabalhar para vencer suas adversidades, e a criatividade não ajudaria em nada. Ele precisava de ajuda além do âmbito da capacidade humana. Ele precisava que Deus fizesse o que ninguém mais poderia fazer. Ele não tinha como saber o que seu dia traria no início de sua peregrinação naquela manhã, quando o sol nasceu e os amigos o levaram ao templo. Ele não buscava nada mais do que algumas moedas para mantê-lo alimentado, vestido e protegido. Mas Deus tinha algo sobrenatural — algo pessoalmente maravilhoso — planejado.

As circunstâncias impossíveis do homem sempre foram a oportunidade de Deus realizar seu plano. Embora não saibamos a causa precisa da deficiência do homem, sabemos que o Senhor deu à aflição do homem um propósito divino antes que qualquer coisa tivesse sido criada. O mesmo vale para as adversidades que você enfrenta.

Não estou sugerindo que você vai conseguir o que quer ou que vai receber uma reversão milagrosa do seu infortúnio como aquele homem. Conheço muitas pessoas maravilhosas que ficaram carecas em razão da quimioterapia, que passam a vida com desafios físicos ou que estão confinadas a cadeiras de rodas. Não me atrevo a presumir o desígnio soberano de Deus e fazer promessas que não tenho que fazer. Mas posso dizer que Deus não vai ignorar você. Em vez disso, Ele fará o que for melhor para você e para todos conectados com você. Portanto, volte-se para Ele. Diga a Ele o que deseja, mas deixe para trás suas expectativas. Entregue-se à vontade dele, aceite o caminho dele e confie no tempo dele.

Ele ouvirá, e responderá como quiser; esse é o direito soberano dele.

Em segundo lugar, *a misericórdia de Deus é a sua oportunidade; volte-se para Ele.* O Senhor usou a cura do homem deficiente e sua dança alegre pelo templo para dar a Pedro a oportunidade de pregar. Pedro então proclamou uma mensagem para os judeus do primeiro século — e para pessoas de todas as raças em todos os tempos. É uma mensagem de misericórdia, convidando todos os que pecaram a se arrependerem, voltarem-se para Deus e receberem perdão.

Aproveite esta oportunidade se ainda não o fez. Quando o fizer, será a sua vez de dançar.

Religião *versus* Cristianismo

LEIA ATOS 4:1-22

No início dos anos 1960, uma obra transformadora de Deus ocorreu na Greenville Avenue, em Dallas, Texas. Aconteceu em uma igreja que nunca tinha experimentado nada parecido. Eles não tinham pastor na época e estavam com dificuldades para sobreviver. Havia apenas uma classe de adultos; eram quatro pessoas, em média — cinco quando todos apareciam. Essas quatro ou cinco pessoas se reuniram e pensaram: “Deve haver algo melhor do que isso”.

Foram atrás dos alunos de um seminário evangélico não muito longe dali e encontraram um jovem estudante do primeiro ano chamado Harold. Nunca o tinham visto antes. Embora tenha tido dificuldades em grego, hebraico, teologia e história da igreja, ele concordou em dar aulas aos domingos. Usou a Bíblia como seu único texto, abriu-a e começou a ensinar — capítulo por capítulo, versículo por versículo — através de um livro inteiro da Bíblia, algo que nunca havia sido feito naquela igreja antes. Aquelas pessoas eram extremamente religiosas, mas a maioria não tinha nascido de novo. Como eles amavam descobrir o que Deus tinha a dizer através daquele jovem professor!

Aos poucos, a classe dobrou. E depois, dobrou de novo — e depois, mais uma vez.

Quando o ano letivo chegou ao fim, aquele aluno do primeiro ano decidiu que deveria procurar o ministério da Cruzada Estudantil para Cristo, o que exigiu fazer um treinamento em San Bernardino, Califórnia, naquele verão. O jovem perguntou a outro rapaz se daria aula em seu lugar. Ele topou. Durante o verão, a classe cresceu ainda mais — cinquenta, sessenta... setenta. Na verdade, a sala acomodava apenas cerca de sessenta e cinco pessoas, desconfortavelmente, de modo que as pessoas ficavam em pé junto às paredes traseiras e laterais dessa classe de adultos. Enquanto isso, as buscas por um pastor continuavam.

Chegou o outono e o inverno, e a turma se aproximou dos cem participantes. Naquele momento, eles já haviam passado por vários livros da Bíblia e estavam estudando o livro de Jonas. Os membros começaram a aprender a estudar a Bíblia por conta própria, a ver a verdade de Deus por si mesmos e toda a relevância do cristianismo autêntico. Um grande número de pessoas conheceram a Cristo.

Em pouco tempo, a igreja chamou um pastor, que disse ao jovem seminarista que ele não poderia mais ficar e dar aulas. O novo ministro (liberal) reclamou que as pessoas estavam se tornando muito sérias em relação à Bíblia, falando muito sobre Jesus em vez de discutir como fazer a igreja crescer.

No lugar do seminarista, a esposa do pastor começou a ensinar. Ela começou com uma série sobre grandes americanos. Em questão de semanas, a turma diminuiu novamente para cinco pessoas.

Meu amigo Harold foi o primeiro professor; eu fui o segundo. E esse foi meu primeiro encontro contundente com a religião e seu poder destrutivo. Nunca me esqueci dessa experiência; na verdade, fiz questão de manter essas memórias vivas. Não por amargura, mas porque assim permaneceria para sempre em alerta contra sua intrusão, tanto em minha própria vida quanto em qualquer ministério em que servisse.

Karl Marx escreveu certa vez: "A religião é o suspiro da criatura oprimida, o coração de um mundo sem coração e a alma de condições sem alma. É o ópio do povo".[31] Não o cristianismo — que era o que ele pensava que queria dizer. *Religião*. A religião tem um efeito mortífero e embotador. A religião coloca a estrutura no lugar do Salvador. A religião diz ao indivíduo que a denominação detém as respostas para as grandes questões da vida e que mais envolvimento religioso alimentará uma alma faminta. A religião diz: "Encaixe-se no sistema em vez de entregar sua vida a Cristo". A religião diz: "Trabalhe duro, apazigue a ira de Deus, ganhe seu favor e, assim, Deus ficará impressionado com você e, um dia, permitirá que você entre no céu". Mas essa é uma mentira mortal. O cristianismo bíblico significa que Deus está nos encontrando e atendendo às nossas necessidades, cientes de que nunca poderíamos satisfazer nossas necessidades sozinhos.

Depois que Deus curou o deficiente, Pedro e João aproveitaram a oportunidade para pregar. O sermão de Pedro afetou muitos que ouviram (4:4) e chamou a atenção das autoridades religiosas no templo. No confronto que se seguiu, a igreja enfrentou seu primeiro grande desafio: a religião.

4:1-3

Enquanto Pedro e João se dirigiam à multidão reunida no Pórtico de Salomão, homens representando três grupos se aproximaram.

- *Sacerdotes*: Os sacerdotes eram encarregados de observar a Lei de Moisés no templo, oficiando os cultos e realizando os ritos ordenados pelo Pentateuco. Eles tinham muito pouco poder político, mas mantinham imensa influência entre os judeus.
- A *Guarda do Templo*: O templo tinha tesouros para proteger e a ordem para manter. Esses guardas armados impediam que os gentios passassem pela Porta Coríntia. Também estavam entre aqueles que tomaram Jesus no Getsêmani e o mantiveram sob vigilância entre as provações. O capitão da guarda acompanhava os sacerdotes e os saduceus. Sua presença era como a do chefe de polícia que aparece com um mandado.
- *Saduceus*: Em sua maioria aristocratas e ocupando posições de poder político, que incluíam autoridade sobre o magnífico templo de Herodes, esses homens eram os deístas de sua época — veementemente céticos em relação a qualquer coisa sobrenatural e fatalistas até o âmago. Embora os saduceus controlassem o templo, eles o faziam apenas para agradar Roma.

As autoridades religiosas tiveram três problemas com Pedro e João. Primeiro, esses seguidores do homem que haviam matado ensinavam o povo. Em segundo lugar, eles estavam ensinando em nome desse mesmo homem. Em terceiro lugar, eles alegavam que aquele homem assassinado havia ressuscitado dos mortos e que as pessoas que cressem nele também poderiam ressuscitar.

Eles teriam questionado Pedro e João, mas já estava anoitecendo, e os julgamentos noturnos violavam sua lei. Claro, isso não impediu que eles julgassem Jesus à noite; neste caso, porém, o tempo estava do lado deles. Pensaram que uma noite na prisão poderia abalar os dois apóstolos, tornando-os mais maleáveis quando fossem interrogados pela manhã. A Fortaleza Antônia teria sido o lugar mais lógico para abrigar os dois homens. Tanto as forças judaicas quanto as romanas vigiavam a área do templo a partir desta guarnição que ficava adjacente a ele; nenhum lugar em Jerusalém teria sido mais seguro.

Sem dúvida, os dois apóstolos tiveram uma noite difícil, pelo menos fisicamente. Na manhã seguinte, o Sinédrio aprenderia uma lição importante sobre o evangelho: você pode trancar os mensageiros, mas não pode conter ou restringir a mensagem.

OS SADUCEUS

ATOS 4:1

Os saduceus eram uma raça peculiar. Embora o sangue hebreu corresse em suas veias, eles viviam e se comportavam como gregos. Ricos, aristocratas e politicamente ambiciosos, esses homens escolheram uma perspectiva teológica que melhor servia às suas motivações terrenas. Adotaram uma postura teologicamente conservadora, não aceitando nenhum ensinamento ou tradição além do que poderia ser encontrado no Pentateuco, o conjunto dos cinco primeiros livros do Antigo Testamento. Aceitar apenas os escritos de Moisés poderia parecer nobre à primeira vista, mas, na verdade, era a doutrina mais conveniente para seus objetivos pessoais. Os profetas haviam condenado a cooperação de Israel com potências estrangeiras e, por isso, os saduceus desacreditaram esses escritos considerando-os tradição posterior.

Com base em sua leitura do Pentateuco, os saduceus rejeitavam todas as noções de vida após a morte, ressurreição, anjos e punição ou recompensa eterna. Eles acreditavam que Deus era totalmente distante, deixando cada pessoa livre para criar seu próprio destino — uma espécie de política não intervencionista divina. Os saduceus assemelhavam-se aos deístas do século XVIII, rejeitando veementemente a possibilidade de atividade sobrenatural e, portanto, sendo fatalistas até o âmago. Eles acreditavam que cada pessoa tinha livre arbítrio e, portanto, era responsável pelos eventos de sua vida, incluindo doenças, pobreza, infortúnio e até mesmo a morte. Além disso, eles pensavam que a punição pelo pecado era uma tarefa das pessoas e deveria ser impiedosa e severa.[32]

Com Deus não envolvido nos assuntos humanos e as pessoas no comando do mundo, os saduceus consideravam o poder religioso e político como seu direito de nascença, encontrando toda a justificativa teológica de que precisavam para ter o poder supremo de Deus entre os homens.

4:4-6

As autoridades do templo, sem dúvida, sabiam que tinham um sério problema de relações públicas para administrar. Elas tinham que reprimir esses mestres desonestos, mas a pregação deles já havia conquistado pelo menos cinco mil convertidos — “chegando o número dos homens que creram a perto de cinco mil", sem incluir suas famílias (4:4)! Esses cinco mil homens representavam uma força política significativa ao lado de Pedro e João. Portanto, simplesmente matar os apóstolos só causaria mais problemas; a elite do templo precisava que eles se retratassem para que seus seguidores se separassem. Pessoas religiosas são facilmente ameaçadas.

"As autoridades, os líderes religiosos e os mestres da lei" (4:5) é uma referência aos membros constituintes do Sinédrio. Esse corpo governante de setenta estadistas judeus era, para Israel, o equivalente a um parlamento e uma suprema corte combinados em uma única instituição. Um ancião presidente, chamado *nasi*, trabalhava em estreita colaboração com o sumo sacerdote para definir a agenda do conselho, que incluía fazer leis, definir o calendário ritual judaico oficial, decidir a política nacional, regular o templo e decidir sobre casos judiciais graves. De acordo com a tradição judaica, o *nasi* durante este tempo era Gamaliel, neto do grande rabino Hillel e professor de um jovem fariseu chamado Saulo de Tarso (22:3).

No dia seguinte, quando o Sinédrio se reuniu para a audiência, quatro homens, que na maioria das vezes não estariam presentes, juntaram-se ao processo.

- *Anás*: Embora Caifás ocupasse oficialmente o cargo de sumo sacerdote, muitos reconheciam seu sogro, Anás, como o verdadeiro poder que governava o templo. Anás foi originalmente nomeado sumo sacerdote em 6 d.C. por Quirino, mas posteriormente foi deposto por Valério Grato (em 15 d.C.). No entanto, ele continuou a ser o chefe de um vasto império de corrupção organizada em Jerusalém. Um escritor observa: "Ele e sua família eram proverbiais por sua rapacidade e ganância".[33] Depois de sua destituição, exerceu o poder por meio de seu filho Eleazar e, em seguida, de seu genro, Caifás. Quer uma boa imagem mental de Anás? Pense nele como o "padrinho" de seu grupo religioso.
- *Caifás*: Este genro de Anás ocupou o cargo de sumo sacerdote de 18 a 36 d.C., ocasião em que Vitélio o depôs. Embora fosse apenas um fantoche de Anás, foi sua a ideia de matar Jesus como um meio de resolver o dilema político que ele colocava. Normalmente, o sumo sacerdote não compareceria às audiências, deixando a administração do Sinédrio nas mãos dos *nasi*.
- *João*: Muito provavelmente o filho de Anás e futuro sumo sacerdote (36—37 d.C. e 44). Ele aparentemente foi preparado para o cargo junto com outros três irmãos e um neto de Anás.
- *Alexandre*: Este homem era parente de Anás, embora não como filho ou neto. Não há dúvidas de que Lucas o menciona por ser conhecido de seus leitores. A partir de então, ele foi coberto pela poeira da história.

Lucas menciona Anás e sua família porque sua presença adiciona um elemento sinistro a uma cena já sombria. O Sinédrio exercia o poder visível de Jerusalém; Anás controlava os elementos invisíveis, o mundo sombrio do crime organizado revestido de trajes religiosos. Em termos contemporâneos, Pedro e João tinham sido levados a uma sessão conjunta do Congresso e da Máfia.

Esta é uma demonstração notável de como o poder opera na ausência da verdade. As pessoas no poder (especialmente o poder religioso) que não têm preocupação com a verdade seguirão um padrão previsível quando desafiadas por seus eleitores:

- *Intimidação*: Usar a autoridade para gerar medo nos corações daqueles que têm pontos de vista opostos (4:1-6).
- *Tradição*: Invocar a longa história de acreditar em algo e fazer algo de uma determinada maneira. Não conduza uma investigação genuína e recuse-se a ouvir argumentos de oposição (4:7).
- *Coerção*: Manipular o comportamento dos oponentes usando todos os meios necessários: ameaças, subornos, chantagens, bajulações... e, se necessário, elimine-os completamente (4:13-18).

Algumas coisas nunca mudam.

4:7

O Sinédrio reunia-se em uma área do templo onde os anciãos podiam decidir sobre os casos e tomar decisões relativas à comunidade. O peticionário ou o acusado, dependendo do caso, ficava no centro, cercado pelos membros do conselho. Para apreciar a pressão que Pedro e João enfrentaram, imagine dois jovens bem comuns, com ensino médio, da classe trabalhadora, levados perante uma sessão conjunta do Congresso e do Supremo Tribunal Federal sem o benefício de representação legal. Tenha em mente que este é o lugar onde Jesus esteve, não muito antes, para enfrentar um julgamento simulado, tendo seu destino já decidido por dois julgamentos noturnos presididos por Anás e Caifás em diferentes áreas de sua grande casa. (Acredito que eles compartilhavam o mesmo grande palácio.)

A religião encontra segurança nos números, no formalismo, na hierarquia, no protocolo, no status, na classe, no que é "adequado". A religião não pensa criativamente; ela enfatiza o precedente. E os religiosos usam tudo isso para intimidar.

Vale ressaltar que a primeira pergunta que o conselho fez não sondou os homens em busca da verdade, mas questionou a autoridade deles. Eles não pediram a Pedro e João que oferecessem uma defesa para seus pontos de vista, para apoiar sua pregação por meio das Escrituras ou de evidências factuais; eles pediram seus currículos e credenciais. Tenha em mente que Pedro e João haviam curado um homem paralisado desde o nascimento, um milagre *inegável* testemunhado por literalmente centenas de pessoas! Apesar dessa prova irrefutável do poder do nome de Jesus, as autoridades religiosas e políticas de Israel estavam determinadas a silenciar os homens.

Model by Alec Garrard; photo © Leen Ritmeyer

No extremo leste do Pórtico Real, no templo, setenta e um anciãos sentavam-se em fileiras semicirculares ao redor de uma área semelhante a uma eira. O Sinédrio reunia-se oficialmente aqui para definir a política nacional e religiosa e para decidir sobre casos cíveis e criminais. Todas as suas deliberações e decisões eram abertas ao público.

4:8

Quando Pedro se levantou e respondeu, ele não precisou confiar em sua própria sabedoria e coragem; ele estava "cheio do Espírito Santo". A palavra "cheio" aqui é outro exemplo de um passivo divino, indicando que Deus fez o preenchimento. Pedro simplesmente cedeu ao Espírito, e o Espírito capacitou Pedro, guiando suas decisões e palavras.

A defesa de Pedro aborda dois pontos-chave: autoridade (4:9-10) e verdade (4:11-12).

4:9-10

Pedro entendeu, é claro, que a questão da autoridade não era uma questão genuína, mas uma acusação: *você não tem autoridade para pregar ou ensinar porque nós não o autorizamos*. O apóstolo lembrou os líderes da cura milagrosa do homem. Se o Sinédrio estivesse genuinamente preocupado com a questão da autoridade, bastaria considerar o fato de que um homem de quarenta anos, deficiente desde o nascimento, estava agora dançando em algum lugar de Jerusalém enquanto Pedro e João definhavam em uma cela de prisão. Sua autoridade vinha diretamente do Messias ressuscitado, a quem o Sinédrio deveria ter prestado completa submissão e obediência.

4:11-12

De forma corajosa e astuta, Pedro virou a acusação de insurreição dos saduceus para mostrar que eles — não ele e João — eram os traidores. Sua referência enigmática à "pedra rejeitada" remete às palavras de Jesus quando esses mesmos homens desafiaram a autoridade de Jesus:

> Jesus entrou no templo e, enquanto ensinava, aproximaram-se dele os chefes dos sacerdotes e os líderes religiosos do povo e perguntaram: "Com que autoridade estás fazendo estas coisas? E quem te deu tal autoridade?" [...]
>
> Jesus lhes disse: "Vocês nunca leram isto nas Escrituras?
> 'A pedra que os construtores rejeitaram
> tornou-se a pedra angular;
> isso vem do Senhor,
> e é algo maravilhoso para nós'.
>
> "Portanto, eu digo que o Reino de Deus será tirado de vocês e será dado a um povo que dê os frutos do Reino. Aquele que cair sobre esta pedra será despedaçado, e aquele sobre quem ela cair será reduzido a pó".

> Quando os chefes dos sacerdotes e os fariseus ouviram as parábolas de Jesus, compreenderam que ele falava a respeito deles. E procuravam um meio de prendê-lo; mas tinham medo das multidões, pois elas o consideravam profeta. (Mt 21:23, 42-46)

Em sua resposta às autoridades religiosas, o Senhor se baseou em uma metáfora presente em Salmos 118:22 para se declarar o Messias. Os estudiosos judeus entenderam sua afirmação. O Messias é a principal pedra angular do edifício chamado Reino de Deus. Mas esses mesmos homens haviam planejado prender Jesus, julgá-lo ilegalmente e entregá-lo aos romanos para execução para que pudessem manter o poder político e religioso para si mesmos. Ao matar seu Messias, o Sinédrio subverteu o governo legítimo do Reino de Deus.

Longe de recuar por causa da intimidação, Pedro e João usaram essa memória anterior para reverter a acusação de sedição. Então, Pedro deixou explícito o ponto final em sua contra-acusação, dizendo, com efeito: "O Rei que vocês mataram está vivo novamente, Ele é Deus, e vocês devem ir a Ele — e a nenhum outro — para obter salvação". Pedro falava com uma confiança invencível.

4:13-16

A reação do Sinédrio seria cômica se esta fosse uma obra de ficção. Ficaram surpresos ao descobrir que a intimidação não surtiu efeito sobre os dois homens. A maioria deles provavelmente estava acostumada a ver resultados do bom e velho *bullying*. Afinal, eles eram o *Sinédrio*! Mas eles tinham acabado de bater de frente — setenta e quatro contra dois — com pescadores, "homens comuns e sem instrução" da Galileia rural (4:13) — e *perderam*.

Pedro e João não eram "sem instrução" no mesmo sentido que a maioria dos gentios daquela época; como judeus, eles aprenderam a ler e escrever hebraico nas sinagogas, memorizaram as Escrituras e conheciam a história de Israel tão bem quanto qualquer pessoa. Mas eles não foram formalmente treinados no ensino superior para debater teologia e discutir filosofia, como os saduceus, escribas e gentios ricos. Eles não podiam citar o rabino Fulano para defender seu ponto de vista. Os apóstolos estavam sob a autoridade de Cristo, não a deles próprios.

Outro fator importante na derrota do Sinédrio: "E, como podiam ver ali com eles o homem que fora curado, nada podiam dizer contra eles" (4:14). Ah, mas eles não estavam dispostos a deixar que um simples e inegável milagre atrapalhasse seu caminho. A palavra traduzida como "milagre" (*sēmeion* [4592]) também poderia significar "sinal". Lucas destaca isso para deixar claro que o Sinédrio não rejeitou o testemunho de Pedro e João porque eles não *podiam* acreditar, mas porque não *queriam* acreditar. Sua resposta foi uma questão de vontade, não de intelecto ou evidência. Eles agiram para preservar seu poder independentemente da verdade. As autoridades religiosas operam da mesma forma até hoje.

4:17-22

O concílio pediu que os dois homens saíssem para que pudessem discutir a questão. Não para determinar a verdade, mas para sufocar os dois homens e, assim, preservar seu domínio sobre o poder religioso e político — a capacidade de controlar o povo de Israel. Quando a intimidação não funcionou e seu apelo à tradição falhou, o conselho recorreu à coerção. Mas não foram capazes de entender os adversários. Pedro e João não sucumbiriam às ameaças do poder ou à supressão da verdade porque os apóstolos tinham ambos: a verdade de Cristo e o poder do Espírito Santo!

Os dois "homens comuns e sem instrução" (4:13) poderiam ter permanecido quietos durante o julgamento, deixado a câmara e simplesmente retomado sua pregação. Em vez disso, eles rejeitaram abertamente a ordem de mordaça do Sinédrio, declarando sua intenção de continuar proclamando Jesus ressuscitado como o Messias. Não detecto nenhum indício de arrogância ou insolência, apenas a declaração humilde de dois homens confiantes que tinham notícias boas demais para ficarem calados.

Por fim, o Sinédrio recuou por medo do povo — o poder da opinião pública. Mas foi apenas um recuo tático. A campanha para esmagar a igreja tinha apenas começado.

APLICAÇÃO

Atos 4:1-22

TRÊS QUALIDADES DE CORAGEM PIEDOSA

O exame cuidadoso dessa passagem revela nada menos que três qualidades que distinguem uma pessoa piedosa que corajosamente escolhe fazer o que é certo. Cada qualidade aponta para um princípio que pode nos ajudar a imitar Pedro e João diante da intimidação e da coerção.

Primeiro, observe a *confiança* de Pedro e João. Isso não é arrogância. Quando o Espírito Santo enche alguém, a humildade substitui a arrogância. A arrogância vem da insegurança; esses dois homens falaram com confiança porque encontraram segurança no Senhor, não em si mesmos.

Em segundo lugar, considere a *autoridade* de Pedro e João. Eles nunca receberam treinamento formal para debater teologia e filosofia como os poderosos e inteligentes líderes do templo. Eles tinham apenas a educação básica dada a todas as crianças judias na Galileia. Os apóstolos estavam sob a autoridade de Cristo, não a deles. Eles possuíam uma linha direta para a verdade absoluta: Jesus Cristo, a Palavra viva de Deus.

Em terceiro lugar, veja a *eficácia* de Pedro e João. Ao ceder ao controle do Espírito Santo, os homens tornaram-se instrumentos da vontade de Deus. Fazer o que é certo diante da intimidação e da coerção produz resultados. O preço pode ser alto, até mesmo o sacrifício da própria vida. Mas o Senhor honrará a obediência. O efeito inegável da obediência dos apóstolos estava ao lado deles — um homem anteriormente paralisado restaurado à saúde perfeita.

Quando escolhe fazer o que é certo, você pode andar e falar com confiança segura e humilde. Seus pensamentos e ações procedem de uma compreensão clara da verdade. Embora talvez incompreendido, difamado ou mesmo perseguido, você ainda pode caminhar com paz firme no seu interior, ciente de que o Senhor compreende, aprova e recompensa aqueles que permanecem fiéis.

Cristãos pioneiros

LEIA ATOS 4:23-37

Há algo de incomparável em um pioneiro. Sem ter o percurso traçado, sem o benefício de um antecessor, um pioneiro avança e abre uma nova trilha, preparado para o perigo, mas com pouco conhecimento de quais obstáculos ou desafios estão por vir. Sem se intimidar com as dificuldades, o pioneiro segue em frente para alcançar o objetivo. Se você já teve a oportunidade de conhecer um autêntico pioneiro, é como se o tempo parasse enquanto todo o sistema de valores da sua vida passa por um realinhamento. Você não pode deixar de reavaliar seu estilo de vida, sua agenda, suas metas, seus gastos e suas prioridades.

Meu avô materno foi pioneiro no sentido literal do termo. L. O. Lundy viajou para as planícies do Texas em uma carroça coberta. Ele se estabeleceu lá, conheceu e se casou com minha avó, e os dois criaram uma família de quatro pessoas em uma pequena cidade no sul do Texas. Até o dia de sua morte, vovô Lundy era respeitado por sua força de caráter, sua integridade infalível, sua mente aguçada e, mais do que qualquer outra qualidade, seu coração sensível a Deus.

Os missionários pioneiros são pessoas do mesmo tipo. Eles vão aonde os outros nunca foram ou jamais iriam. Enfrentam dificuldades que fariam com que a maioria das pessoas fizesse as malas de volta para casa no final da primeira semana. Realizam tarefas sem o benefício de precursores porque eles são os precursores.

Se eu fosse identificar as qualidades distintivas de um cristão pioneiro, duas me vêm à mente. Primeiro, eles *são durões por fora*. São pessoas resilientes, determinadas, disciplinadas, mentalmente robustas que não conhecem a palavra "desistir". Não se intimidam. Perseguem o alvo e executam, independentemente dos elementos ou obstáculos que os empurram para trás.

Em segundo lugar, eles *são ternos por dentro*. Eles ouvem quando Deus fala. São sensíveis à sua voz. Dão imenso valor a estar no centro do plano divino.

Se de alguma forma pudéssemos entrar em uma máquina do tempo e viajar vinte séculos para o passado, nós nos veríamos cercados por pioneiros: os primeiros cristãos. Eram durões, mas ternos, cuja visão vinha diretamente de Jesus Cristo, cuja direção vinha do Espírito Santo dentro de si, e que suportavam desafios, obstáculos e inimigos que mal podemos imaginar. Johannes Weiss descreve as cinco características simples desses cristãos pioneiros: Eles tinham "um entusiasmo tempestuoso, uma intensidade avassaladora de sentimentos, uma consciência imediata da presença de Deus, um senso de poder incomparável e um controle irresistível sobre a vontade e o espírito interior e até mesmo a condição física de outros homens — essas são as características indissociáveis do quadro histórico do cristianismo primitivo".[34]

Isso se torna proeminente no quarto capítulo de Atos, onde aprendemos sobre a primeira perseguição organizada à igreja, quando Pedro e João foram presos durante a noite e depois levados ao tribunal. Foi quando os primeiros seguidores de Jesus Cristo começaram a mostrar do que eram feitos.

4:23

O Sinédrio havia libertado Pedro e João da prisão com uma forte advertência: "Ordenaram-lhes que não falassem nem ensinassem em nome de Jesus" (ver 4:18). O respeito dos apóstolos pelos líderes religiosos não os cegou para seu dever diante do Senhor, de modo que humildemente prometeram fazer exatamente o contrário (4:19-20). O Sinédrio temia represálias públicas e, por isso, tiveram que deixar os homens ir — naquele momento (4:21-22).

Imediatamente após sua libertação, Pedro e João "foram para os seus" (4:23, tradução literal). Foram para o seu próprio povo, sua própria espécie, aqueles com um espírito semelhante que ouviriam e procurariam entender. Pedro e João foram pioneiros, mas não eram soldados solitários. Não negaram sua necessidade de comunhão. Reconheceram a razão pela qual Deus dera pessoas umas às outras, e foram direto aos seus irmãos e irmãs em Cristo.

4:24-28

Quando a comunidade de crentes ouviu o relato dos apóstolos, todos irromperam em oração espontânea. Ninguém anunciou: "Ok, vamos nos dividir em pequenos grupos e passar os próximos doze minutos orando por Pedro e João. Depois disso, vamos nos reunir no Centro de Vida Familiar para alguns petiscos". De forma imediata e espontânea, eles se engajaram numa oração intensa. Sua oração tem duas seções principais:

- Celebrar a soberania de Deus (4:24-28)
- Pedir o encorajamento de Deus (4:29-30)

Sua celebração da soberania de Deus começa ao dirigirem-se a Ele como "Soberano" (4:24). Neste caso, a palavra grega não é *kyrios* [2962], mas *despotēs* [1203]. Derivamos desse termo a nossa palavra "déspota", mas a tradução adequada é "proprietário" ou "senhor", aquele que possui uma propriedade por herança ou por compra e, portanto, tem o direito de fazer o que quiser com aquela terra ou qualquer coisa que existir nela. Pedro e João usaram a linguagem dos servos. A oração continua com uma citação de Salmos 146:6. Declarar Deus como Criador traz consigo um reconhecimento de sua autoridade suprema para governar sua criação e seu poder supremo para controlar o que Ele fez. Em seguida, citam um conhecido texto messiânico, Salmos 2:1-2. Nesta provocação, o compositor repreende os inimigos de Deus por suas vãs tentativas de derrotar o "Ungido" do Senhor (4:26; *mashiyach* [H4899]), o Messias.

A igreja encontrou naqueles eventos recentes um paralelo com o Salmo 2. Os poderes da terra pensaram em vão que poderiam destruir o Messias, rebelar-se contra Deus e manter a soberania para si mesmos. Não se esqueça: o Sinédrio não podia negar a autenticidade do milagre; eles simplesmente não tinham como suprimir a notícia ou desconsiderar sua relevância. No entanto, eles não conseguiram superar o plano predeterminado de Deus, que move os maiores poderes da terra como peões.

4:29-35

Tendo declarado o controle soberano do Senhor sobre os desafios fora de sua comunidade, eles reconheceram seu próprio medo. Adoro o fato de não terem pedido desculpas por sentirem medo; eles simplesmente admitiram sua fraqueza e pediram ajuda ao seu Mestre: "Capacita os teus servos para anunciarem a tua palavra corajosamente" (ver 4:29). Eles poderiam facilmente ter orado: "Tira-nos daqui" ou "Mata o Sinédrio". Em vez disso, disseram, na verdade, "Dá continuidade a isso. Não pares, Senhor. E, quando isso acontecer novamente, que voltemos a falar sem reservas".

Sua oração continuou com uma declaração de fé: "Estende a tua mão para curar e realizar sinais e maravilhas por meio do nome do teu santo servo Jesus" (4:30). Eles tinham como certo que o Senhor cumpriria o que dissera — nenhuma dúvida sobre isso. Assim, sua segurança pessoal ficou em segundo plano em relação ao cumprimento do plano divino. Eles disseram, por assim dizer: "Enquanto fizeres o trabalho, Senhor, queremos fazer parte do que estás fazendo".

Lucas encerra este episódio na história da igreja com uma descrição da resposta de Deus à sua oração. Eles experimentaram eventos semelhantes ao Pentecoste, mas com algumas diferenças significativas. Quando aqueles crentes terminaram sua oração, "tremeu o lugar em que estavam reunidos" (4:31). No Pentecoste, você pode se lembrar, o poder de Deus desceu manifesto como luz e fluiu em cada crente. Mas, neste caso, o edifício tremeu com o poder de Deus enquanto fluía *para fora* de suas orações e para o mundo. Eles haviam pedido seu poder — cura, sinais e maravilhas — para criar oportunidades para que eles testemunhassem. A resposta à sua petição saiu daquele lugar e chegou ao mundo para prepará-lo para a proclamação confiante do evangelho.

Lucas também diz que "todos ficaram cheios do Espírito Santo" (4:31). Eles já haviam recebido o *dom* do Espírito Santo (2:1-4), sua presença residente. Ele não saiu e depois voltou. Isso é diferente. Ser "preenchido" com algo significa ser tomado e então controlado por aquilo. Você pode ser "preenchido" de emoção, o que significa o exercício de uma influência forte, quase avassaladora. Você pode ser preenchido com conhecimento, que orienta suas decisões. Paulo advertiu os crentes a não se encherem de álcool, que toma o controle da mente, roubando-lhe o julgamento. Em vez disso, Ele pediu que fôssemos cheios do Espírito Santo — isto é, controlados pelo Espírito Santo de uma maneira especialmente profunda. Fazemos isso submetendo-nos à sua influência, cedendo o controle a Ele. Como? Esses crentes foram preenchidos como resultado de sua oração.

Dois resultados fluíram de sua oração espontânea e seu subsequente preenchimento. Primeiro, eles "anunciavam corajosamente a palavra de Deus" (4:31) e "continuavam a testemunhar da ressurreição do Senhor Jesus" (4:33). Obviamente, Lucas quis dizer que eles tiveram ousadia nos dias e semanas que se seguiram, não apenas lá na sala juntos. É fácil falar com ousadia entre espíritos afins; isso não requer coragem. Atos 4:31 cria uma transição de um evento discreto para uma das muitas passagens sumárias de Lucas. O edifício roncou com o poder crescente de Deus, e o povo foi mudado por dentro. O impacto dessa mudança transformadora continuou, fazendo com que os crentes fossem ousados e sem hesitação em suas pregações.

Em segundo lugar, a igreja tornou-se extraordinariamente generosa. Como vimos em 2:43-45, os indivíduos tornaram-se altruístas e compartilharam sua abundância com a igreja para que ninguém de sua comunidade ficasse sem aquilo que é necessário para a vida. Nenhum dos membros reivindicou a propriedade de seus bens; estes pertenciam ao Senhor e, portanto, uns aos outros (4:32). A igreja seguiu em ação; fizeram de sua prática vender sua abundância e depois compartilhá-la com a comunidade (4:34-35).

Tudo isso aconteceu durante um período estendido de tempo, talvez por meses.

4:36-37

Lucas faz a transição da passagem sumária (4:31b-35) para introduzir um homem fundamental na história da igreja. Um homem chamado José era um levita, descendente do patriarca Levi, cuja família Deus havia designado para servir no templo (Nm 8:24-26). Eles cumpriam os deveres rotineiros do templo como clérigos pagos, assim como os ministros são apoiados nos tempos modernos. Os levitas não deveriam possuir propriedades (Nm 18:20, 24), mas essa regra se aplicava apenas à terra em Israel. José veio da ilha de Chipre, onde possuía propriedades.

Os apóstolos deram a José o apelido de Barnabé, que significa "encorajador" (4:36).[35] A razão da mudança de seu nome ficará mais clara à medida que a história de Atos se desenrolar. Por enquanto, Lucas nos dá um vislumbre de seu personagem. Ele foi um dos que vendeu sua propriedade e trouxe a renda para os apóstolos para usar no ministério da igreja.

Alguns hoje apontam para a igreja descrita em Atos como o modelo ideal de como uma igreja deve existir. Eu sou um deles. Esse é o objetivo. Independentemente da estrutura organizacional e dos programas que uma igreja adote, é isso que esperamos ver. No entanto, mesmo os membros corajosos e generosos da primeira igreja lutaram contra o pecado. O exemplo dado por Lucas da generosidade de Barnabé introduz um episódio sombrio na vida da igreja. Enquanto o Espírito Santo encheu e transformou a grande maioria dos crentes, alguns em seu meio se recusaram a ceder.

APLICAÇÃO

Atos 4:23-37

COMO SER UM PIONEIRO ESPIRITUAL

Nem todo mundo é capaz de ser um pioneiro. Pouquíssimos são chamados a ser missionários pioneiros. Mas nada impede que você adote uma mentalidade cristã pioneira. Encontro em Atos 4:23-37 três qualidades dignas de todo crente e disponíveis para serem pedidas. Como os primeiros cristãos pediram confiança diante da perseguição, você pode pedir ao Senhor que essas qualidades pioneiras sejam mais eficazes em quaisquer circunstâncias que enfrentar.

Primeiro, peça *compaixão*. Não quero dizer compaixão por si mesmo. Peça ao Senhor que lhe dê compaixão pelos outros. A Bíblia faz distinção entre as emoções da compaixão e de ter pena. Ter pena é sentir dó de alguém menos afortunado, mas permanecer passivo. Com o tempo e a distância, a pena desaparece. A compaixão, por outro lado, permanece insatisfeita até que você responda com ajuda tangível.

O que você fez por outra pessoa na última semana? O que você fez com o simples propósito de ajudar outra pessoa, movido por nada além de compaixão? O que você deu? Se tiver dificuldade para responder, ore pedindo compaixão. No entanto, vou avisá-lo. Quando você pede compaixão, você está pedindo uma coceira que não é fácil de coçar. Mas não consigo pensar em melhor maneira de tornar sua fé real. Tiago escreve palavras de sondagem e convencimento:

> Se um irmão ou irmã estiver necessitando de roupas e do alimento de cada dia e um de vocês lhe disser: "Vá em paz, aqueça-se e alimente-se até satisfazer-se", sem porém lhe dar nada, de que adianta isso? Assim também a fé, por si só, se não for acompanhada de obras, está morta. (Tg 2:15-17)

Em segundo lugar, peça *iniciativa*. Os pioneiros não ficam sentados em um lugar esperando que as oportunidades cheguem até eles; eles vão aonde as oportunidades existem. Se você deseja contar aos incrédulos sobre Cristo, você deve ir aonde os incrédulos vivem. Isso exige iniciativa, disposição para sair da zona de conforto e inserir-se onde você talvez não seja esperado. Não é confortável. Não é conveniente. Os riscos podem parecer avassaladores. Mas essa é a fronteira da fé. Iniciativa é o "querer" que supera a inércia e coloca a fé em ação.

Terceiro, peça *vulnerabilidade*. Peça coragem para admitir suas próprias inadequações e necessidades ao buscar ajuda de outras pessoas. Para fazer qualquer coisa no Reino de Deus, toda pessoa precisa da ajuda de outras pessoas dentro da comunidade de Cristo. Reconhecer nossa necessidade não é suficiente; temos de nos tornar suficientemente vulneráveis para procurar ajuda e depois aceitá-la.

Quando junta essas três qualidades — quando as integra e as vive — você é um cristão pioneiro. Independentemente do seu local de serviço ou de suas circunstâncias, vocês se tornarão como membros da primeira igreja: durões por fora e ternos por dentro.

Uma fraude mortal

LEIA ATOS 5:1-11

De vez em quando, precisamos de um choque de realidade. Quando as coisas estão indo bem, é fácil seguir em frente sem se preocupar, pois a boa sorte cria uma falsa sensação de segurança. Se não tivermos cuidado, podemos desviar do rumo ou deixar de ver os sinais de alerta de desastre à frente.

No outono de 1973, recebi um choque desses. Por volta das sete horas de uma manhã de muito nevoeiro, cheguei ao meu gabinete na igreja com os braços cheios de livros e a mente cheia de detalhes rotineiros. Destranquei a porta, abri-a, fechei-a com o calcanhar, coloquei os livros na minha mesa, virei-me e fiquei cara a cara com um caixão, coberto com um ramo de flores murchas e uma tampa com uma grande foto minha!

Verifiquei o ponteiro de segundos do meu relógio. (Ainda em movimento.)

Verifiquei meu pulso. (Forte e rápido.)

Dei uma baforada em minhas mãos. (Algo saiu.)

Tranquilizado de que estava sendo vítima de uma pegadinha e de que estava muito vivo, louvei a Deus e depois planejei minha vingança! Nos momentos de silêncio após aquele choque inicial, no entanto, vi-me recebendo um presente único. Pouquíssimas pessoas conseguem ver uma prévia de seu próprio funeral. Meu vislumbre do futuro me fez fazer um balanço de minha vida — minhas prioridades, minha direção, meus pontos fortes, meus pontos fracos e perigos potenciais.

Enquanto a incipiente igreja em Jerusalém superava seu primeiro grande desafio — a prisão, o julgamento e a tentativa de intimidação pelo Sinédrio — as pessoas respondiam em massa ao testemunho dos apóstolos. O primeiro sermão de Pedro trouxe três mil novos crentes ao reino; seu segundo sermão trouxe mais cinco mil. Esses novos cristãos estavam cheios do Espírito Santo, eram ousados em seu anúncio de Jesus Cristo e sobrenaturalmente generosos com sua riqueza material. A igreja tornara-se um pequeno sabor do céu na terra. Então, algo chocou todos os membros do movimento, levando-os de volta à realidade.

5:1-2

Esta parte da narrativa começa, conforme várias versões da Bíblia, com a sinistra palavra "mas". Por que o contraste? Uma rápida olhada em apenas alguns versículos nos lembra dos dias de glória de *koinōnia* [2842]. Os membros da igreja de Jerusalém estavam cheios do Espírito de Deus, não cabendo em si mesmos em razão das boas-novas, adorando juntos, comendo juntos, aprendendo juntos, crescendo juntos e compartilhando seus bens materiais. Na verdade, tornou-se comum que os proprietários de terras vendessem suas propriedades e doassem todo o produto para a igreja (4:34-35).

Lucas cita nominalmente um desses cristãos extraordinários (4:36-37), provavelmente por duas razões. Primeiro, para apresentar o homem notável chamado José, um levita de Chipre. Apelidado de Barnabé, "encorajador", tornou-se conhecido pela graça que demonstrava para com os outros. Segundo, para fornecer um pano de fundo adequado para a história de Ananias e Safira. Em Atos 5:1, a história passa de uma generosidade simples e transparente para uma hipocrisia sombria e enganosa.

O marido e sua mulher realizaram o mesmo ato que Barnabé. Venderam um pedaço de terra e trouxeram o dinheiro para os apóstolos para ajudar a atender às necessidades das pessoas menos afortunadas da igreja. Isso, por si só, foi um maravilhoso ato de generosidade. Eles teriam recebido os agradecimentos por sua demonstração de graça — exceto pelo fato de que mentiram (5:2-4).

5:3-4

O marido e sua mulher não chegaram juntos. Ananias chegou primeiro com o dinheiro. A acusação de Pedro destaca um contraste importante. Enquanto o Espírito Santo enchia Barnabé e os outros crentes, Satanás enchia os corações de Ananias e Safira (5:3). Em vez de a sabedoria conduzir suas ações, a tolice lhes disse que poderiam mentir para um Deus onisciente. O apóstolo esclareceu dois pontos de equívoco.

Primeiro, *Ananias e Safira não eram obrigados a fazer nada* (5:4). Eles poderiam ter mantido a terra para produzir mais riqueza para si mesmos. Poderiam ter investido os recursos em outro empreendimento. Poderiam ter gastado o dinheiro em algo bom para sua família ou usado para pagar umas férias luxuosas. Nada no ensinamento de Cristo declara a riqueza material como pecaminosa. Além disso, Ele não ordena uma quantidade específica de doações de caridade. Em vez de exigir sacrifícios, em vez de exigir ofertas em um templo, longe de exigir um imposto de 10% (um dízimo), Deus enche seu povo com seu Espírito e transforma seus corações. Como resultado desse encher, seu povo responde com generosidade espontânea (4:32-35).

Sua doação espontânea de dinheiro para a igreja teria sido recebida com gratidão se eles não tivessem mentido. O homem e sua esposa apresentaram uma quantia parcial de dinheiro aos apóstolos, alegando que representava todo o produto (cf. 5:8). Eles poderiam ter dito: "Irmãos, vendemos um pedaço de propriedade, e trouxemos uma parte do produto para vocês hoje; temos necessidade da outra parte". Nada de errado com isso. Mas fingiam que estavam sacrificando como Barnabé, movidos pelo Espírito para dar tudo.

Em segundo lugar, *os cristãos não são moralmente responsáveis perante apóstolos, líderes da igreja ou quaisquer outros seres humanos*. Como nossas ações afetam uns aos outros, somos mutuamente responsáveis. Porque os líderes da igreja devem agir no melhor interesse da igreja, eles devem confrontar o pecado impenitente. Mas respondemos diretamente a Deus por nossas ações. Ananias e Safira achavam que agradar os apóstolos contava para alguma coisa, mas Pedro os corrigiu. Ele disse, com efeito: "Vocês não ganham nada em termos espirituais ao nos enganar".

5:5-6

Não nos é dito exatamente o que causou a morte do homem. Infarto? Aneurisma cerebral? Derrame? A gramática de Lucas implica fortemente a atividade divina sem dizê-lo abertamente. Independentemente disso, vemos uma relação de causa e efeito bem definida entre a fraude do homem e sua morte súbita.

A Lei Judaica exigia o manuseio rápido de cadáveres. Se uma morte ocorresse perto do pôr-do-sol, o corpo teria sido enrolado às pressas em tiras de linho embebidas com especiarias e resina e depois colocado em uma caverna. A preparação para o sepultamento definitivo seria concluída no dia seguinte, seguida de um longo período de luto pela família.

5:7-10

Três horas depois, a esposa de Ananias, Safira, foi até os apóstolos. Por qual razão, só podemos supor. Talvez ela esperasse receber os mesmos elogios que Barnabé. Ao chegar, Pedro questionou a mulher, dando-lhe ampla oportunidade de ser honesta. Ele não poderia ter sido mais direto em sua pergunta: "Diga-me, foi esse o preço que vocês conseguiram pela propriedade?" (5:8). Tragicamente, ela também mentiu: "Sim, foi esse mesmo" (5:8)

O indiciamento de Pedro contra a mulher é paralelo ao do marido. "Mentir ao Espírito Santo" (5:3) é "tentar o Espírito do Senhor" (5:9). A palavra grega para este último, *peirazō* [3985], descreve o processo de descobrir a verdadeira natureza de algo por meio de experimentos. Pense em um homem mordendo uma moeda de ouro para ver se ela é genuína, e você terá a ideia certa. O termo também carrega a ideia de aprisionamento: "Seduzir para comportamentos impróprios".

Ananias e Safira não se propuseram a testar o caráter de Deus ou atraí-lo para o pecado; no entanto, esse teria sido o resultado se Deus não tivesse respondido da maneira que Ele respondeu. Pedro insinuou que as ações deles encurralaram Deus em um canto, de modo que permitir que eles se safassem de sua fraude o tornaria um cúmplice silencioso.

Em instantes, a mulher se juntou ao marido na eternidade (5:9-10). Antes de o sol se pôr, seu corpo jazia ao lado do marido no jazigo familiar. Que tragédia para a família! Que dia triste para a igreja! A hipocrisia levou duas vidas ao fim.

5:11

Atos 5:11 repete a última metade de 5:5. Um temor respeitoso pela santidade e poder de Deus encheu a igreja. Este terrível incidente serviu como um alerta para a igreja, um choque sóbrio de retorno à realidade. Tudo dentro da igreja estava indo bem — quase idealmente, na verdade. O pecado de Ananias e Safira lembrou à igreja que os cristãos não são imunes ao pecado. As pessoas podem receber o Espírito Santo na salvação sem ceder ao seu poder na santificação. Eles podem parecer de uma maneira por fora, enquanto abrigam o pecado por dentro. A igreja também aprendeu que a graça de Deus não o torna brando com o pecado. Ele ainda é o Deus santo e justo que lida duramente com a rebelião.

APLICAÇÃO

Atos 5:1-11

RESPONSABILIDADES CRISTÃS

Ao refletir sobre o pecado de Ananias e Safira, duas observações emergem. Primeiro, *o ato foi premeditado*. Não foi um erro.

Não foi simplesmente um relatório contábil ruim da transação. Eles conspiraram para perpetrar uma fraude em nome do Espírito Santo.

Em segundo lugar, *seu pecado foi motivado pelo orgulho*. Direto e reto. Eles queriam parecer generosos como seus pares. Não estavam dispostos a dizer: "Pedro, ao trazermos essa quantia, nós a trazemos para a glória de Deus, apenas para seu propósito. Queremos que saibam que recebemos mais do que isso, mas mantivemos o resto para nossas próprias necessidades. Não queremos dar a impressão de que estamos de alguma forma no mesmo campeonato que Barnabé. Mas aqui está uma parte do dinheiro; use como quiser". Isso é honestidade. Isso é humildade.

Tenha em mente que isso está no contexto de uma igreja conduzida à generosidade pelo Espírito Santo. Isso seria o equivalente a algumas pessoas no dia de Pentecoste falando em uma língua estrangeira falsa para parecer estarem cheias do Espírito como o restante. Como verdadeiros representantes do Espírito Santo, temos três responsabilidades significativas.

Em primeiro lugar, *temos a responsabilidade de manter a integridade pessoal*. Devemos fazer da verdade uma prioridade em todos os aspectos da vida. Devemos cultivar um estilo de vida de transparência e autenticidade — o oposto da hipocrisia. Ananias e Safira falharam aqui. Somos responsáveis por examinar nossas motivações e, se não gostarmos do que virmos, apresentá-las ao Senhor. Como Davi escreveu,

> Sonda-me, ó Deus, e conhece o meu coração;
> prova-me e conhece as minhas inquietações.
>
> Vê se em minha conduta algo te ofende
> e dirige-me pelo caminho eterno. (Sl 139:23-24)

e

> Cria em mim um coração puro, ó Deus,
> e renova dentro de mim um espírito estável. (Sl 51:10)

Durante todos os meus quatro anos no seminário, um pequeno letreiro pintado à mão estava pendurado à minha frente na mesa onde me sentava. Toda vez que eu levantava os olhos acima dos meus estudos, eu me deparava com as palavras: "Qual é a sua motivação?". Hoje, mais de cinquenta anos depois, quando levanto o olhar sentado à mesa de estudo na minha casa, essas palavras pairam diante de mim nos olhos da minha mente.

Qual é a sua motivação? Por que você faz o que faz?

Em segundo lugar, *temos a responsabilidade de manter a consciência limpa.* No Salmo 32, Davi reflete sobre a armadilha do engano:

> Como é feliz aquele a quem o SENHOR não atribui culpa
> e em quem não há hipocrisia!
> Enquanto eu mantinha escondidos os meus pecados,
> o meu corpo definhava de tanto gemer.
> Pois dia e noite a tua mão pesava sobre mim;
> minhas forças foram-se esgotando como em tempo de seca.
> (Sl 32:2-4)

A consciência torturada do rei o deixou fisicamente doente. O Senhor exigia dele a manutenção da consciência limpa, não apenas como homem de Deus, mas em seu papel de juiz. Com seu pecado não confessado, ele não poderia ser um juiz justo e imparcial do certo e do errado nos casos que lhe eram apresentados. Finalmente, quando Natã penetrou seu véu de segredo, apontou o dedo e disse "você é esse homem!", o rei admitiu sua culpa — e encontrou alívio (2Sm 12:1-14). Só então ele poderia cumprir seus deveres como representante de Deus, a personificação do Senhor do certo em um mundo que deu errado.

Essa é a nossa responsabilidade também. Como portadores do Espírito de Deus, temos o dever de representar a voz do correto em um mundo dominado pelo mal.

Em terceiro lugar, *temos a responsabilidade de ser autênticos.* Ananias e Safira poderiam ter se beneficiado das palavras que Paulo escreveria algumas décadas depois: "Pois nenhum de nós vive apenas para si, e nenhum de nós morre apenas para si" (Rm 14:7). (Eu acrescentaria: "Nenhum de nós peca apenas para si".) Mas Ananias e Safira deveriam ter sido mais inteligentes, mesmo sem as palavras de Paulo diante deles. O pecado da hipocrisia sempre envolve outra pessoa; na verdade, é um pecado cometido contra todos. O Senhor nos coloca em uma comunidade para que possamos encorajar uns aos outros. Isso exige honestidade!

Fico animado quando outro crente admite ter dificuldades. Sinto-me menos sozinho. Isso me dá a oportunidade de compartilhar minhas próprias lutas. Aprendo a enfrentar minhas tentações e fraquezas quando vejo alguém enfrentar dificuldades semelhantes e superá-las. Deus projetou esta comunidade chamada igreja para ser um sistema de apoio mútuo. Então, quando alguém decide colocar uma máscara e finge ter tudo no lugar, todos nós sofremos.

Somos mais do que vencedores

LEIA ATOS 5:12-42

Em Romanos 8, Paulo oferece uma imagem impressionante dos cristãos que vivem em um mundo hostil: "'Somos considerados como ovelhas destinadas ao matadouro'. Mas em todas estas coisas somos mais que vencedores, por meio daquele que nos amou" (Rm 8:36-37). Acho essa imagem ao mesmo tempo aterrorizante e reconfortante. Somos impotentes, mas não podemos ser derrotados. Enfrentamos uma oposição temível, mas não devemos temer. Poderíamos ter ido para o "matadouro", mas vencemos de forma esmagadora. Se essa tensão parece impossível de manter, é porque é! Pelo menos no que diz respeito à capacidade humana.

O Senhor não exige que tenhamos força sobre-humana, inteligência de nível genial ou bravura heroica. Ele apenas nos chama a ser fiéis e obedientes e a deixar o negócio de vencer para Ele. Essa foi a lição que Deus ensinou aos primeiros cristãos ao enfrentarem seu próximo grande desafio.

5:12-16

Este segmento da narrativa de Lucas começa com uma passagem sumária descrevendo a ascensão da igreja durante um período de várias semanas ou meses. Através do poder do Espírito Santo e desafiando a advertência do Sinédrio, os apóstolos continuaram a curar os doentes e a proclamar a ressurreição de Jesus. Esses primeiros cristãos eram judeus, é claro, de modo que continuaram a se encontrar no templo. Na verdade, criaram o hábito de usar o Pórtico de Salomão, aonde Pedro e João haviam sido anteriormente levados sob custódia.

Os crentes haviam orado pedindo confiança (4:29); está bem claro que o Senhor atendeu ao seu pedido!

Como os judeus iam e vinham, não podiam deixar de notar as grandes reuniões que aconteciam no pátio principal. Muitos judeus viviam em Jerusalém e arredores, mas muitos outros viajavam de terras distantes para oferecer sacrifícios e adorar. Antes de partir, no entanto, ouviram sobre Jesus, as provas do Antigo Testamento sobre Ele ser o Messias e o testemunho ocular de sua ressurreição dos mortos. O número de cristãos crescia constantemente à medida que as pessoas respondiam crendo. Ainda assim, um grande número temia o poder dos oficiais religiosos e mantinha distância. Mas ninguém poderia ignorar o movimento de Deus no templo.

Nem todos entenderam o que viram. A superstição e o boato levaram as pessoas a fazer fila nas ruas levando seus parentes enfermos na espera de que a sombra de Pedro pudesse trazer cura. Lucas não diz que a sombra de Pedro curou alguém, apenas que as pessoas achavam isso possível. Aquelas pessoas poderiam ter se aproximado de qualquer um dos apóstolos no pátio do templo, mas temiam represálias. O Sinédrio não aprovava essa crescente seita de seguidores de Jesus.

5:17-18

O ensino dos apóstolos desafiava não apenas o poder religioso do Sinédrio — o movimento crescente também ameaçava perturbar o frágil equilíbrio político que os líderes religiosos estavam lutando para manter. Durante décadas, saduceus e fariseus mantiveram com sucesso um delicado equilíbrio de poder entre judeus nacionalistas e Roma. Eles usavam a ameaça da crueldade romana para desencorajar a insurreição entre os plebeus, e convenceram Roma de que manter sua distância minimizaria a possibilidade de revolução. Esse arranjo deu aos governantes do templo um poder incrível e uma riqueza extrema. À medida que a popularidade da igreja continuava a crescer, no entanto, os funcionários do templo não podiam fazer nada além de assistir impotentes enquanto seu poder político gradualmente se esvaía a cada novo convertido.

A tentativa dos líderes religiosos de derrubar Pedro e João (4:3-22) não conseguiu realizar nada. Na verdade, os dois homens viram o acréscimo de mais dez, e as reuniões evangelísticas continuaram exatamente no local da prisão dos homens. Então, o sumo sacerdote decidiu aumentar a pressão, prendendo todos os doze apóstolos e mantendo-os em uma "prisão pública" durante a noite anterior ao interrogatório (5:18). O adjetivo grego traduzido como "público" (*dēmosios* [1219]) tem dois significados principais: "pertencer ao Estado" e "aberto ou visível ao público". Todas as cadeias pertenciam ao Estado; portanto, esta deve ter sido uma cadeia onde os prisioneiros foram colocados em exibição como um aviso para os outros. O sumo sacerdote esperava que uma noite na prisão fizesse com que pelo menos alguns enfraquecessem ou talvez até que o grupo se dividisse em facções. Assim, uma audiência na manhã seguinte poderia capitalizar em cima de sua solidariedade fracassada.

No passado, a tática provavelmente funcionou bem para o sumo sacerdote. Quem sabe quantos arrivistas e encrenqueiros ele silenciou? Só que, desta vez, ele não levou em conta um fator crítico: o poder de Deus.

A POLÍTICA DA RELIGIÃO

ATOS 5:17, 34

A religião sempre foi uma ferramenta favorita de reis e governos. Tudo o que você precisa é de uma instituição visível para incorporar as crenças das pessoas que você quer controlar e a credibilidade para determinar quem pode estar dentro e quem deve permanecer fora. Se as pessoas acreditam que você tem o destino eterno delas em suas mãos, você pode fazê-las acreditar em quase tudo, querer quase qualquer coisa e, o mais importante, *fazer* quase tudo. Alguns dos maiores males do mundo foram perpetrados por pessoas que acreditavam que suas ações — por mais horríveis ou desumanas que fossem — eram boas e corretas por causa de sua religião. Um exemplo clássico é o 11 de setembro de 2001.

Em Israel do século I, dois grupos primários disputavam o controle religioso, o que os mantinha presos em uma relação simbiótica de amor e ódio um com o outro. Os saduceus aristocráticos ocupavam as posições oficiais de poder, que incluíam autoridade sobre o magnífico templo de Herodes, a instituição mais visível de Israel. Mas sua colaboração aberta com Roma os tornou muito impopulares entre a população judaica, que queria nada menos do que uma nação livre. Os fariseus nacionalistas mantiveram o controle sobre as massas judaicas, tornando-se exageradamente judeus. E se a obediência à Lei de Moisés tornava alguém judeu, eles defenderiam sua posição a qualquer custo.

Os saduceus controlavam o templo apenas para agradar Roma, e precisavam da influência religiosa dos fariseus para controlar o povo judeu. Embora os fariseus exercessem forte influência sobre o povo, sua atitude combativa em relação a Roma e a falta de militares os impediria de fazer praticamente qualquer coisa além de entoar slogans. Roma precisava dos saduceus para manter a interferência romana ao mínimo. Das duas coisas necessárias para manipular pessoas — uma instituição religiosa e uma autoridade religiosa — nenhuma das partes tinha ambas. Assim, guardavam com excesso de zelo aquilo que controlavam.[36]

5:19-20

Durante a noite, o Senhor sabotou os líderes do templo. Eles estavam planejando humilhar os apóstolos colocando-os em uma prisão pública e, por isso, o Senhor libertou os homens em uma declaração pública de seu apoio. Ele enviou um anjo para milagrosamente abrir as portas e portões trancados e levá-los para além dos guardas e para a rua sem serem notados. Não havia uma maneira natural de escapar sem que fossem detectados.

Perceba, no entanto, que, em vez de fugir da cidade, eles voltaram ao templo para continuar pregando sobre a ressurreição de Cristo. Uma fuga simples da prisão não teria provado nada. Como fugitivos, os homens atrairiam dissidentes ao mesmo tempo em que comprometeriam sua posição entre os judeus devotos. Ao retomar suas atividades com a bênção de Deus, eles enviaram uma mensagem completamente diferente para os crentes em potencial.

Os apóstolos voltaram ao mesmo local de sua prisão anterior e retomaram seu ministério de pregação, ensino e cura.

5:21-25

Quando o conselho se reuniu no final da manhã, mandaram buscar os prisioneiros. Mais uma vez, esperavam intimidar os apóstolos porque precisavam que eles se retratassem de seu testemunho. A essa altura, muitos milhares de pessoas já os tinham ouvido falar sobre Jesus ressuscitado. O Sinédrio já havia matado Jesus; agora, tinha um inimigo que não podia destruir — a não ser desacreditando as testemunhas de Deus.

Quando chegou a informação de que os apóstolos haviam desaparecido de sua cela, os líderes do templo ficaram "muito perplexos" (5:24; *diaporeō* [1280]). A palavra também poderia ser traduzida como "perdidos", não apenas para compreender ou explicar o que havia ocorrido, mas também sobre o que poderia acontecer a seguir. Quando souberam da notícia, esperavam que os homens tivessem desaparecido há muito tempo, o que criaria dois possíveis resultados. Primeiro, os homens poderiam iniciar um movimento clandestino contra eles, não muito diferente das campanhas secretas dos zelotes. Em segundo lugar, os homens poderiam fugir para a Galileia ou mais ao norte e retomar seu ministério lá. Independentemente do que acontecesse, o Sinédrio teria que responder da mesma forma: desacreditar os apóstolos como inimigos fugitivos do templo de Deus.

É claro que as autoridades religiosas não esperavam que esses homens estivessem ensinando abertamente no Pórtico de Salomão, exatamente onde haviam sido levados sob custódia!

5:26-32

O capitão da guarda do templo e um contingente de soldados pediram educadamente aos apóstolos que se juntassem ao Sinédrio para uma reunião. A multidão, sem dúvida, sabia o que havia ocorrido no dia anterior; afinal, os apóstolos haviam sido jogados em uma prisão pública. A guarda do templo, encarregada de manter a paz nos recintos do templo, temia a reação potencial da multidão reunida para ouvir os apóstolos (5:26).

Quando Caifás, o sumo sacerdote, acusou os apóstolos, ele cuidadosamente evitou falar o nome de Jesus. Em vez disso, ele usou "neste nome" e "desse homem" (5:28). (Ainda hoje, o nome de Jesus deixa as pessoas desconfortáveis.) Mesmo assim, todos sabiam quem ele tinha em mente.

A expressão "tornar[-nos] culpados do sangue desse homem" refere-se à culpa imputada (5:28). O concílio sem dúvida racionalizou sua conspiração contra Jesus, talvez convencendo-se de que as próprias palavras de Jesus o condenavam ou que Pilatos era o culpado. Independentemente disso, tinham receio de que o público os culpasse pela execução de um homem inocente — até mesmo justo. Eles temiam a perda de poder, não a culpa moral ou o que poderia ser a verdade.

Os apóstolos responderam com palavras que todos faríamos bem em memorizar: "É preciso obedecer antes a Deus do que aos homens!" (5:29). Pedro não evitou os problemas que causavam desconforto ao Sinédrio. Ele deu mais peso à acusação com uma contra-acusação repleta de linguagem messiânica. Ele disse, com efeito: "Vocês estão preocupados em serem acusados de crucificar o Messias porque vocês são, de fato, *culpados* de crucificar o Messias!". Mas esse mesmo Jesus, Pedro testificou, havia sido ressuscitado dos mortos pelo poder de Deus e recebera todo o poder e autoridade prometidos ao Messias nas Escrituras (5:30-31).

Pedro não ofereceu nenhum raciocínio teológico; não precisava. Os teólogos profissionais entenderam as implicações melhor do que ninguém. Pedro e os apóstolos apresentaram como prova sua experiência pessoal, o que haviam testemunhado em primeira mão. Jesus lhes dissera que seria preso, torturado e sacrificado pelos pecados de seu povo, e previu sua ressurreição. Jesus então cumpriu tudo o que prometeu (5:32). É evidente que os homens não recuariam.

5:33-39

Os líderes do templo quase decidiram se desfazer dos crentes como haviam feito com Jesus, mas um professor altamente respeitado chamado Gamaliel interveio. Começando com uma breve história de outros movimentos fracassados, ele lembrou aos homens que sua política de não interferência lhes servira bem no passado. À medida que cada movimento messiânico ou populista surgiu, o Sinédrio havia se recusado a dar seu apoio por medo da ira de Roma. Mas eles também evitaram tomar partido junto de Roma para evitar irritar o povo. Em todos os casos, o líder enganador foi morto, seu movimento desmoronou e a crise passou sem o envolvimento do Sinédrio (5:35-37). Gamaliel ponderou, portanto, que se esse movimento não tivesse Deus por trás, a crise se resolveria. Se, por outro lado, esses seguidores de Jesus tivessem Deus ao seu lado, o conselho seria sábio em ficar fora do caminho do Senhor (5:38-39).

Embora Gamaliel tenha agido no interesse da autopreservação comunitária, ele pronunciou mais verdade do que imaginava. Como líder de Israel, estava admitindo que apenas o poder divino poderia ajudar um grupo de civis simples, sem instrução e desarmados a se expandir sob o domínio sufocante de Roma. Como o concílio queria permanecer livre do domínio romano tanto quanto qualquer um, não viam razão para anular qualquer movimento que pudesse ser bem-sucedido — isto é, desde que Roma não culpasse o Sinédrio por não manter a paz. Até agora, esse movimento problemático havia permanecido politicamente pacífico.

5:40-42

O conselho aceitou o raciocínio de Gamaliel. Além disso, o assassinato de Jesus não apenas não conseguiu destruir seus seguidores, mas também alimentou uma devoção mais profunda e um crescimento acelerado. Eles não podiam imaginar o que *doze* assassinatos fariam. Então, eles açoitaram os apóstolos e os soltaram com outra advertência para parar de ensinar em nome de Jesus (5:40).

A palavra traduzida como "açoitar" (*derō* [1194]) significa literalmente "pelar", mas é um termo geral para golpear, bater ou chicotear. Poderia ter sido tão simples quanto um castigo simbólico, como algumas chibatadas com um chicote de couro, ou tão severo quanto o flagelo que Jesus recebeu antes da crucificação. Muitas referências na literatura grega clássica transmitem a ideia de esfolar ou separar a pele. Levando todas as coisas em consideração, os apóstolos provavelmente foram chicoteados até sangrar, mas não foram submetidos ao flagelo que Jesus suportou no meio do caminho até a morte. A punição, sem dúvida, deixou cicatrizes permanentes.

Ao deixar as câmaras do conselho, os líderes da igreja se *alegraram* (5:41)! Eles consideraram sua provação um cumprimento das muitas previsões do Senhor durante seu ministério terreno (Mt 10:17, 22; 23:34; 24:9; Mc 13:9-13; Lc 12:11; 21:12, 17; Jo 15:19-21). E o que fizeram a seguir? Eles voltaram aos pátios do templo — provavelmente ao Pórtico de Salomão, onde haviam sido presos duas vezes antes — e continuaram seu ministério de cura e proclamação da ressurreição do Messias, Jesus.

Ao examinarmos a história da igreja, é fácil pensar nos primeiros cristãos como pessoas memoráveis, até mesmo sobre-humanos, especialmente quando se considera as desvantagens que eles enfrentaram em comparação com nossas circunstâncias no ocidente hoje. Eles não tinham prédio para se encontrar. Não dispunham de proteção governamental. Na verdade, seus governos queriam muito vê-los mortos. Não tinham nenhuma garantia de privacidade, nenhuma liberdade de expressão, nenhuma garantia do devido processo legal ou audiências justas. Eles tinham poucos recursos tangíveis. Sem poder político. Nenhuma educação impressionante. Nem mesmo uma Bíblia completa — nenhum livro do Novo Testamento havia sido escrito ainda.

Eles tinham muito mais coisas trabalhando contra eles do que nós hoje — mas eles literalmente mudaram o mundo. Ainda assim, não esqueçamos que eram homens e mulheres comuns, não muito diferentes de nós. Esses primeiros cristãos não estariam à altura dos desafios que enfrentaram se não fosse pelo Espírito Santo. Eles venceram porque contaram com o mesmo poder que Deus nos deu hoje.

APLICAÇÃO

Atos 5:12-42

ATENÇÃO, SOLDADOS DA CRUZ!

Jesus não se encaixava no molde teológico do Messias no Israel do século I. Os antigos especialistas em profecias do Antigo Testamento esperavam um magnata político exuberante, um comandante militar musculoso, guru econômico, sábio profético e campeão moral, tudo reunido em um pacote magnífico. Esperavam que esse homem voltasse a tornar a vida boa, que restaurasse o poder militar, a prosperidade econômica e a ordem religiosa de Israel. Assim, quando um carpinteiro pacífico da roça da Galileia se apresentou como o tão esperado Rei e anunciando um tipo muito diferente de agenda, os líderes religiosos de Israel franziram a testa, zombaram e o rejeitaram.

Mesmo aqueles que o aceitaram como o Messias não entenderam sua missão, independentemente de quantas vezes Jesus tenha prometido exatamente o oposto de saúde e riqueza, conforto e calmaria. Mesmo depois de sua ressurreição, eles se perguntaram: "Senhor, é neste tempo que vais restaurar o reino a Israel?" (1:6).

Depois de receber o Espírito Santo, com seu poder e sabedoria, os seguidores de Jesus ganharam uma visão muito diferente do Messias e de sua missão. Eles agora tinham a mente transformadora de Deus. Consequentemente, ao observar Atos 5:12-42, vejo doze homens emergindo da perseguição carregando as cicatrizes da injustiça não com maldições ou perguntas, mas com *regozijo*. Eles consideravam seu calvário uma indicação do favor de Deus! Isso sugere dois princípios para todos aqueles que sofrem pela causa de Cristo hoje. Primeiro, *a oposição pode significar que você está na vontade de Deus, não fora dela*. Em segundo lugar, *a vontade de Deus pode colocá-lo contra a opinião popular, não a favor dela*.

Por mais difícil que seja entender, Jesus nunca prometeu a seus seguidores — então ou agora — que viver em um mundo caído seria fácil ou traria popularidade. No entanto, por alguma razão, pensamos que a boa sorte indica o prazer de Deus ou confirma que estamos em sua vontade. E continuamos a suspeitar que circunstâncias dolorosas indicam o desprazer de Deus ou que nos desviamos de seu desígnio soberano. O fato é que Deus pode querer que seu povo viva tão pobre quanto a sujeira, sofra rejeição e tristeza, sofra injustiças ultrajantes e depois morra dolorosamente — assim como seu próprio Filho e os apóstolos que o seguiram. Isaac Watts expressou bem isso em um de seus grandes hinos, publicado pela primeira vez há cerca de três séculos.

> Deveria eu, um soldado da cruz,
> Um seguidor do Cordeiro,
> Ter medo de falar de Jesus
> E de anunciá-lo ao mundo inteiro?
>
> Deveria eu ser levado aos céus
> Em carruagem florida e bela,
> Enquanto outros sofrem labéus
> E lutam em sangrenta guerra? . . .
>
> Certamente lutar é o meu dever;
> Aumenta a minha coragem, Senhor!
> Em tua Palavra e sob teu querer
> Irei à guerra e suportarei a dor.

Mantenha-se fiel a tempo e fora de tempo. Não se esqueça que, em última análise, venceremos de forma esmagadora.

Dores do crescimento

LEIA ATOS 6:1-7

Durante a década de 1970, testemunhei uma espécie de renascimento. As duas décadas anteriores haviam sido um período sombrio para a igreja nos Estados Unidos, já que todos os especialistas e radicais criticavam o que chamavam de o "povo congelado de Deus", que permanecia imóvel em seu "cativeiro suburbano". Então, algo curioso aconteceu. Um período de afirmação, experimentação e revitalização tomou conta de algumas congregações, enquanto a maioria das denominações principais continuou a sofrer um declínio constante. À medida que essas grandes organizações tradicionais perdiam presença e recursos financeiros, muitos outros santuários estavam explodindo pelas costuras.

Livros e seminários tentaram explicar por que algumas igrejas floresceram enquanto outras murcharam: ministérios em ônibus, pregação expositiva, adoração contemporânea, evangelismo agressivo, ação social, consciência comunitária. Muitos tinham coisas boas a dizer. Mas, ao testemunhar um crescimento tão rápido na igreja onde servi como pastor sênior e em outras próximas, observei um denominador comum não mencionado na maioria dos livros. Vi igrejas crescerem rapidamente, por um motivo ou outro, que terminaram fracassando ou quebrando com a mesma rapidez. As igrejas que continuaram a crescer foram aquelas que tinham líderes sábios e adaptáveis que foram guiados pela tradição, não constrangidos pela tradição.

Nos primeiros meses após o Pentecoste, a igreja em Jerusalém enfrentou uma série de desafios. O povo enfrentou o desafio do desprezo público com uma pregação sadia. Eles enfrentaram o desafio da intimidação com orações por ousadia. Enfrentaram o desafio da hipocrisia com integridade intransigente. Eles enfrentaram o desafio da perseguição com regozijo e fidelidade contínua. Depois que três mil membros se juntaram aos discípulos no Pentecoste e outros cinco mil abraçaram Jesus como o Messias no templo — junto com um número desconhecido que entrou na família de Deus diariamente ao longo desse tempo — os apóstolos enfrentaram um dos maiores desafios de todos: o sucesso.

Elton Trueblood chama essa igreja primitiva de "comunidade incendiária".[37] F.F. Bruce a apelidou de "chama que se espalha".[38] Esse fenômeno do primeiro século não tinha constituição, não tinha plano organizacional — nada além da presença do Espírito Santo para mantê-la coesa e na direção certa. Embora a igreja permanecesse relativamente pequena, isso funcionou muito bem. No final, porém, a igreja de Jerusalém encontrou os perigos que acompanham o rápido crescimento.

6:1

O termo "discípulos" refere-se a toda a assembleia local em Jerusalém — todos os cristãos, independentemente da cultura, língua, origem ou de quando se juntaram à congregação. Embora Jesus tenha chamado doze homens para fazer parte de um círculo interno de alunos em função do treinamento em liderança, Ele teve muitos seguidores — centenas e, às vezes, milhares — durante seu ministério terreno. Lucas chama todos os seguidores de Cristo de "discípulos".

Naquela época, todo o corpo de crentes era judeu, mas eles representavam dois grupos, de duas origens muito diferentes. A NVI usa as expressões "judeus de fala grega" e "judeus de fala hebraica". De forma resumida, poderíamos chamá-los de "helenistas" e "hebreus", como aparece na ARA, termos que têm significados coloquiais.

Os "helenistas" não eram menos hebreus do que os "hebreus", pelo menos por nascimento e linhagem. Embora judeus de nascimento, eles adotaram muitos costumes de seus vizinhos gentios e assimilaram suas comunidades locais de muitas maneiras. Muitos helenistas rejeitavam as religiões pagãs, adoravam a Deus de forma exclusiva, vinham ao templo para sacrifícios e festivais, e geralmente obedeciam à Lei de Moisés. Mesmo assim, eles se vestiam como gentios, socializavam com gentios e abraçavam o governo romano como seu. Eles eram conhecidos como helenistas porque, como grande parte do mundo romano, adotaram o grego como sua língua primária.

Os "hebreus", por outro lado, eram mais tradicionalmente judeus em seu modo de vida, vestimenta e costumes. Eles obedeciam à Lei de Moisés no Pentateuco e seguiam as tradições dos rabinos. Esta última consistia no rigoroso código de conduta farisaico que ditava todos os aspectos da vida: como se vestiam, como se lavavam, o que comiam, como conduziam os negócios, o que tocavam e com quem se socializavam. Enquanto a maioria dos helenistas tentava acomodar a cultura grega sem abandonar completamente sua identidade judaica, os hebreus se isolavam de forma rigorosa de qualquer coisa gentia. Eles também tendiam a ser muito nacionalistas. Consequentemente, falavam hebraico coloquial ou aramaico tanto quanto possível e grego apenas quando necessário.

Esses dois grupos muito diferentes encheram a igreja em Jerusalém e se misturaram muito bem por causa de seu vínculo comum em Jesus Cristo e seu enchimento mútuo do Espírito Santo. Ainda assim, de uma perspectiva puramente humana, o atrito era inevitável.

Naqueles dias, muitas pessoas carentes se juntaram à igreja. Para cuidar de suas necessidades básicas, a igreja, através da generosidade de homens como Barnabé (4:36-37), comprava alimentos, preparava-os e servia-os em cestas ou em mesas aos necessitados. E ninguém precisava de mais ajuda do que as viúvas. A ideia central por trás da palavra grega para viúva (*chēra* [5503]) é "abandonada". Infelizmente, durante grande parte da história, uma mulher deixada sem um homem não poderia esperar sobreviver por muito tempo; na verdade, muitas morriam de fome, falta de abrigo ou agressão. Muitas culturas antigas valorizavam as pessoas na medida em que serviam à comunidade. As mulheres idosas não podiam ter filhos nem suportar trabalhos forçados; consequentemente, a vida tornava-se uma existência sombria para as mulheres idosas sem família. (Podemos ser lembrados da situação de Noemi no livro de Rute.)

As viúvas se saíam muito melhor na cultura hebraica, que valorizava a bondade para com as viúvas e órfãos como honra a Deus; naturalmente, a igreja deu continuidade a essa tradição judaica. Alguns helenistas, no entanto, reclamaram que as viúvas helenísticas haviam sido negligenciadas na distribuição de alimentos, sugerindo sutilmente que o viés cultural era o culpado.

6:2-4

Os apóstolos não podiam estar em todos os lugares ao mesmo tempo. Além disso, Deus havia chamado os doze homens para ensinar, pregar e liderar, não para ministrar a cada necessidade individual pessoalmente. Eles rapidamente reconheceram a necessidade de uma estrutura organizacional. Precisavam de pessoas de caráter piedoso para atender às necessidades legítimas dos indivíduos para que a igreja não perdesse o foco. A igreja tinha que cuidar de seus membros sem falhar em sua missão principal: ser testemunha de Jesus "em Jerusalém, em toda a Judeia e Samaria, e até os confins da terra" (1:8). Seus membros ainda não haviam estendido o ministério além dos muros de Jerusalém; eles não podiam se dar ao luxo de ficar atolados em detalhes — até mesmo o detalhe importante de cuidar de viúvas.

Para acomodar seu crescimento e manter seu foco no mandato do Senhor, os apóstolos encarregaram a congregação da tarefa de selecionar sete homens para supervisionar a distribuição de alimentos às viúvas (6:3). A palavra traduzida como "escolher" aqui (*episkeptomai* [1980a]) significa "observar por inspeção e exame". Esses indivíduos selecionados para o serviço não deveriam ser os sete primeiros que manifestassem interesse ou que tivessem tempo livre. A igreja deveria olhar para as responsabilidades exigidas e, em seguida, encontrar homens capaciados que pudessem dar conta dessas responsabilidades.

Os apóstolos inicialmente citaram apenas dois critérios para selecionar esses homens. Eles deveriam ter uma boa reputação e ter provas

Do meu diário

Os perigos do sucesso

ATOS 6:1

A igreja de Jerusalém encontrou os perigos que acompanham o crescimento rápido. Consigo identificar quatro deles.

Um primeiro grande perigo em uma igreja em rápido crescimento é um propósito incerto. O que era muito claro nos primeiros dias torna-se menos claro à medida que o crescimento rápido entra em alta velocidade. O crescimento rápido tem a tendência de apagar memórias. Em pouco tempo, os princípios e prioridades que outrora davam à igreja propósito e direção são esquecidos.

De acordo com Howard Ball, fundador da Churches Alive, os líderes da maioria das igrejas nos Estados Unidos (incluindo pastores) não conseguem responder às perguntas "para onde vocês estão indo como igreja?" e "como chegarão lá?". Essa é uma acusação e tanto. Há um propósito ausente, uma falta de definição, quando os líderes da igreja não conseguem articular a direção e o propósito de seu ministério. Isso é parte das consequências de uma assembleia em rápido crescimento.

Em segundo lugar, prioridades vagas. Algo muito importante ontem pode perder significado amanhã em uma igreja em rápido crescimento. A tirania do imediato pode tomar conta quando as instalações precisam ser expandidas, o estacionamento transborda, os voluntários da creche se sentem sobrecarregados e os vários cultos começam a cobrar um preço. Nesse tipo de caos, as prioridades que deram sucesso inicial à igreja tornam-se vítimas do ditado "Quem não faz barulho não chama a atenção.".

Terceiro, o profissionalismo, onde contratamos pessoas para carregar fardos que a congregação deve voluntariamente suportar junta. Não me refiro a coisas como trabalho de zeladoria e manutenção de terrenos. Refiro-me a ministérios como missões, evangelismo, trabalho social e cuidados. Uma atitude de profissionalismo prefere enviar dinheiro em vez de pessoas para o campo missionário. É mais fácil contratar um pastor evangelizador e depois esperar que ele faça toda a evangelização. Se alguém é contratado para fazer parte da equipe, deve ser para equipar e liderar voluntários no trabalho do ministério.

Quarto, diminuição da significância individual. Em uma grande igreja, as pessoas podem começar a perder importância como indivíduos. Como uma entre milhares, uma pessoa pode pensar: "Quem realmente se importa se meu filho fugiu? Quem realmente se importa se meu cônjuge me deixou? Quem naquela grande igreja lá embaixo me conhece bem o suficiente para perceber que estou morrendo por dentro? Quem vai me ajudar agora que perdi o emprego e não tenho o que comer? Alguém se importa? Talvez eles simplesmente não queiram que eu chacoalhe a canoa".

Se uma igreja em rápido crescimento não observar esses quatro perigos do sucesso e agir, ela pode se tornar como a máquina de uma piada que ouvi uma vez. Um homem sentou-se no escritório de um advogado de patentes brincando com sua invenção. Ele apertou um botão e ela ganhou vida. Luzes piscavam, engrenagens mexiam, polias giravam e correias rolavam enquanto uma pequena sinfonia de fascinantes ruídos mecânicos chamava a atenção de todos. A pessoa ao lado dele disse: "Puxa, isso é impressionante! O que isso faz?". O inventor respondeu: "O que faz? Não faz nada. Mas não funciona lindamente?".

Uma igreja grande pode funcionar lindamente, mas realizar muito pouco.

de serem cheios do Espírito Santo. Os apóstolos queriam homens em quem pudessem confiar para fazer o trabalho com a mesma integridade que fariam.

Que plano engenhoso! Os apóstolos não nomearam os diáconos; eles mandaram a congregação fazer as escolhas. Embora o voto popular não seja geralmente a melhor política nas igrejas, foi a melhor maneira de os Doze lidarem com a implicação suspeita do favoritismo. A queixa dos helenistas sugeria que os "hebreus" faziam discriminação ao distribuir alimentos às viúvas. Todos os doze apóstolos pertenciam à facção suspeita. Ter a congregação determinando quem os servia impediu qualquer acusação futura.

6:5-6

A congregação escolheu sete homens, todos com nomes gregos, sugerindo uma orientação grega (6:5). Nicolau nem sequer era judeu de nascimento; ele havia se tornado judeu por conversão (*prosēlytos* [4339]) antes de responder ao evangelho. Estêvão logo se tornaria uma figura-chave na narrativa de Lucas, assim como Filipe, mas as Escrituras não dizem mais nada sobre os outros cinco.

Então a congregação levou aqueles que haviam escolhido aos apóstolos, que "lhes impuseram as mãos" (6:6). A prática da "imposição de mãos" remonta aos primórdios do povo hebreu. O gesto simboliza a passagem de algo intangível de uma pessoa para outra, como bênção (Gn 48:14; Mt 19:14-15), culpa (Êx 29:10), julgamento (Lv 24:14), autoridade (Nm 27:18-20) ou o Espírito Santo (At 8:17-20). A igreja do Novo Testamento adotou a prática como um meio de comissionar alguém para a realização de uma tarefa específica (9:17; 13:3).

Por fim, esses homens viriam a ser conhecidos como os primeiros "diáconos" (*diakonos* [1249]), um título baseado no verbo traduzido "servir às mesas" em 6:2. Em seu sentido mais literal, o termo *diakonos* significa "aquele que serve à mesa". Por extensão, carrega a ideia de servir de forma obediente e voluntária, oferecendo serviço com uma atitude submissa. Embora as funções de diácono tenham sido ampliadas posteriormente, as pessoas que serviam nessa função nunca deveriam esquecer suas raízes como servidores de mesa.

6:7

A passagem sumária de Lucas aqui[39] confirma que os apóstolos tomaram a decisão certa. Eles enfrentaram o desafio do sucesso com sabedoria. A igreja continuou a atender às necessidades da membresia atual sem negligenciar seu ministério para as pessoas fora da congregação.

O comentário adicional de que "um grande número de sacerdotes obedecia à fé" pode ser significativo porque essa decisão administrativa apelou para os sacerdotes que trabalhavam no templo. Esses sacerdotes eram social e economicamente diferentes do sumo sacerdote e dos principais sacerdotes, que eram saduceus em sua política e teologia. Esses homens eram de classe média e devotos, e geralmente carregavam a responsabilidade do cuidado prático no templo. Para eles, a mensagem do evangelho tornou-se convincente quando a igreja lhe deu relevância prática.

APLICAÇÃO

Atos 6:1-7

PRINCÍPIOS PARA O CRESCIMENTO

Os desafios enfrentados pela igreja em rápido crescimento em Jerusalém sugerem quatro princípios que se aplicam ainda hoje.

Primeiro, *uma liderança forte não garante a ausência de problemas*. Você pode ter líderes fortes e capazes que são cheios e liderados pelo Espírito Santo, mas, em uma igreja em crescimento, você ainda terá alguns problemas. Lembram-se daqueles que lideraram a igreja de Jerusalém naqueles primeiros dias? Doze apóstolos treinados por Jesus durante anos, onze deles sob a supervisão íntima e pessoal do Messias! No entanto, os problemas ainda assim desafiaram a igreja.

Não culpe os líderes quando surgirem dificuldades. Culpar é mais fácil do que participar da solução, mas não faz nada para eliminar o problema.

Em segundo lugar, o *crescimento rápido não é desculpa para que as necessidades não sejam atendidas*. Ora, essa é uma lição para a liderança de hoje lembrar. Aqueles homens na liderança ouviram uma queixa legítima e depois fizeram algo a respeito. Eles não se defenderam da acusação de favorecimento. Não ignoraram o problema como algo abaixo de seu nível de preocupação. Não descartaram ou minimizaram a necessidade, e certamente não desacreditaram as pessoas que reclamavam. Eles ouviram as críticas e depois as viram como uma oportunidade de abordar uma necessidade não atendida.

Em terceiro lugar, *o envolvimento atencioso não requer a perda de prioridades*. Os apóstolos encontraram uma maneira de atender às necessidades da congregação e resolver o problema sem sacrificar suas prioridades principais. Esse é um equilíbrio difícil de manter! É preciso pensamento criativo, disposição para ser flexível, coragem para delegar e sabedoria para correr o risco de fracassar. Bem-vindo ao Curso Básico de Liderança!

Quarto, *uma igreja grande pode ter um ministério eficiente*. De fato, igrejas menores não podem gerenciar alguns ministérios. Não estou dizendo que uma é melhor que a outra. Simplesmente sustento que tanto as pequenas quanto as grandes igrejas têm suas vantagens. As igrejas menores não lutam com muitos dos perigos que afetam as igrejas maiores (ver "Do meu diário — Os perigos do sucesso" nas páginas 115-116). No entanto, se os líderes de uma grande igreja puderem contornar esses perigos, poderão ministrar a pessoas que, de outra forma, não teriam o que precisam. Uma grande igreja pode ministrar a crianças com necessidades especiais, veteranos com lesões cerebrais e pessoas surdas, cegas ou deficientes usando recursos indisponíveis para igrejas com um orçamento pequeno.

Quando Deus dá crescimento a uma congregação, Ele não a deixa sem direção. Se a liderança da igreja, por meio da oração e da sensibilidade ao Espírito Santo, cuidar para evitar os perigos do sucesso e aplicar diligentemente esses princípios, seus líderes poderão manter a igreja forte *e* manter um padrão de crescimento.

A última defesa do primeiro mártir

LEIA ATOS 6:8—7:60

Ler este segmento das Escrituras é como estar em solo sagrado diante do monumento de um herói caído. Ao ler sobre a última defesa do primeiro mártir, posso ver toda a cena trágica com os olhos da minha mente. Vejo um homem encarando a morte, mas humildemente submetido a verdades que ele se recusa a negar. Ouço os gritos de líderes religiosos enfurecidos contra o raciocínio calmo de um homem constrangido e sustentado pela verdade. Sinto o estrondo do orgulho reprimido e do ódio pronto para rolar sobre um homem simplesmente por se defender em um debate.

No entanto, não se trata de uma inquisição qualquer, de qualquer tribunal. A história registra as palavras finais de muitas almas corajosas que enfrentam a morte certa por suas convicções. Lucas inclui esse julgamento em seu registro da história da igreja porque este momento marcará um ponto de virada. Perpetrada por homens maus, mas preordenada por Deus, essa tragédia estabeleceu um padrão que definiria o crescimento da igreja nos séculos vindouros.

6:8-10

Ao ler toda a história de Estêvão, que começa em Atos 6:5, você pensaria que ele veio de uma longa linhagem de grandes pregadores. Na verdade, não sabemos muito sobre seu passado. Mas sabemos que ele fez parte do grupo de sete homens escolhidos para servir aos crentes para que os apóstolos pudessem se concentrar no ensino. Com fé, Estêvão submeteu-se à direção do Espírito Santo e trabalhou para servir à igreja. Este é exatamente o tipo de cristão fiel que Deus ama usar para fazer grandes coisas. Estêvão levou sua fé a sério e cedeu ao controle do Espírito Santo. Isso é o que significa estar "cheio" dessa maneira. Consequentemente, ele foi capaz de realizar feitos sobrenaturais — "maravilhas e sinais" (*teras* [5059] e *sēmeion* [4592]) — para validar sua pregação como sendo autenticamente de Deus (6:8).

De acordo com o Talmud de Jerusalém, existiam 480 sinagogas dentro e ao redor de Jerusalém antes de serem destruídas por Vespasiano, juntamente com o templo, no século I.[40] É claro que esse número poderia ser um exagero.[41] De qualquer forma, entre as várias sinagogas que havia em Jerusalém estava uma chamada "sinagoga dos Libertos", cujos membros começaram a se opor a Estêvão (6:9). "Libertos" (*Libertinos* [3032]) eram ex-escravos que haviam comprado sua liberdade ou foram libertados. O general romano Pompeu havia tomado muitos judeus como prisioneiros de guerra e os transformado em escravos, vindo, porém, a libertá-los mais tarde. Eles podem ter retornado à Judeia e estabelecido uma sinagoga com fins de apoio mútuo.[42] Segundo Lucas, os "libertos" vieram de três partes muito diferentes do império, ao longo do arco do Mediterrâneo. Cirene e Alexandria estavam na costa mediterrânea do norte da África; a Cilícia ficava ao norte da Antioquia da Síria; e, movendo-se para oeste a partir daí, a província da Ásia ficava entre os mares Mediterrâneo, Egeu e Negro (ver 6:9).

As sinagogas não apenas realizavam cultos para adoração e ensino, mas também serviam como centros comunitários onde as pessoas se encontravam socialmente.[43] Isso as tornava locais ideais para discutir teologia. Estêvão e os outros crentes frequentavam regularmente as sinagogas, procurando oportunidades para testificar sobre Jesus, o Messias, e sua ressurreição dentre os mortos. Estêvão rapidamente demonstrou uma notável capacidade de debate, o que enfureceu esses libertos (6:10).

6:11-15

Incapazes de refutar a sabedoria de Estêvão em um debate teológico, os libertos judeus exortaram seus pares a quebrar o nono mandamento: "Não darás falso testemunho contra o teu próximo" (Êx 20:16). O termo grego "subornar" (At 6:11; *hypoballō* [5260]) aparece apenas aqui no Novo Testamento. A expressão implica uma coerção que ocorre por meio de dinheiro ou favores. Podemos dizer: "Eles pagaram alguns caras para falsificar seu testemunho".

Estêvão foi acusado de blasfêmia (6:11; *blasphēmos* [989]), um termo que significa "xingar", "caluniar" ou "tratar alguém com desprezo". Blasfêmia é qualquer forma de discurso que desconsidere ou desrespeite o valor de alguém. Anteriormente, os líderes religiosos usaram a mesma alegação para acusar Jesus (Mt 26:59-65; Mc 14:55-64). No final, porém, eles não conseguiram prender Jesus com mentiras; acabaram por condená-lo com a verdade: Ele afirmou ser o Filho de Deus (Mt 26:63-65; Mc 14:61-64). Esse padrão estava prestes a se repetir.

Os inimigos de Estêvão se envolveram em uma campanha deliberada e contínua de calúnia, trabalhando da base da hierarquia religiosa para cima (At 6:12): "O povo, os líderes religiosos e os mestres da lei" (isto é, o Sinédrio). A acusação específica dizia que Estêvão falava contra o templo ("este lugar santo"), a mesma acusação inicial feita contra Jesus. Além disso, os oponentes de Estêvão se fixaram em uma acusação de blasfêmia contra a Lei de Moisés (At 6:11). No julgamento de Jesus, o testemunho sobre o templo era uma meia-verdade, que deliberadamente distorceu o contexto de uma lição que Jesus pregara no templo após um de seus muitos confrontos diante da extorsão ilegal de Anás envolvendo os cambistas (Lc 19:45-47). As autoridades religiosas — marionetes do poderoso chefão de Jerusalém — desafiaram Jesus, perguntando: "Que sinal milagroso o senhor pode mostrar-nos como prova da sua autoridade para fazer tudo isso?" (Jo 2:18). Em outras palavras, "nós temos a autoridade do sumo sacerdote; quem autoriza suas ações?". Jesus respondeu à pergunta com uma profecia que reivindicava autoridade e superioridade sobre o templo.

> Jesus lhes respondeu: "Destruam este templo, e eu o levantarei em três dias". Os judeus responderam: "Este templo levou quarenta e seis anos para ser edificado, e o senhor vai levantá-lo em três dias?" Mas o templo do qual ele falava era o seu corpo. (Jo 2:19-21)

Aparentemente, essa mesma questão surgiu durante uma das muitas discussões de Estêvão na sinagoga. Assim como antes, os inimigos de Cristo distorceram um testemunho para apoiar uma acusação de blasfêmia. Aninhado em sua teia de mentiras, no entanto, havia um elemento de verdade. Jesus de fato veio para "[mudar] os costumes que Moisés nos deixou" (At 6:14). Isso era verdade — mas não da maneira como esses homens caracterizavam sua missão.

Lucas descreve o rosto de Estêvão como "o rosto de um anjo" (6:15). Infelizmente, não temos como saber o que isso significa. A frase pode descrever algo sobrenaturalmente literal, como o brilho impressionante que Moisés usou após seu encontro com Deus (Êx 34:29-35). Ou talvez Lucas quisesse dizer que Estêvão tinha um olhar de confiança serena. Descrições semelhantes aparecem nos relatos de mártires notáveis, como a história de Policarpo: "Ele foi inspirado com coragem e alegria, e seu rosto estava cheio de graça, de modo que não só não desabou de medo com as coisas que lhe foram ditas, mas, ao contrário, o procônsul ficou atônito".[44] Independentemente disso, Estêvão não demonstrava ansiedade ou culpa, algo que os líderes religiosos normalmente viam nos rostos dos homens indiciados.

7:1

O sumo sacerdote era Caifás, genro de Anás. Sua pergunta — "são verdadeiras estas acusações?" — poderia ser vista como imprópria; as regras estabeleciam claramente que nenhum réu poderia ser compelido a testemunhar contra si mesmo[45] e que ele tinha direito a representação.[46] De fato, a pergunta teria sido inútil se eles tivessem seguido as regras do testemunho, que exigiam que o depoimento de duas ou três testemunhas estivesse em perfeito alinhamento (Dt 17:6; 19:15). Além disso, as testemunhas da acusação deveriam ser examinadas e interrogadas extensivamente (Dt 19:16-20; cf. Mishná *Sinédrio* 4:1), não deixando margem para dúvidas.

Por outro lado, o sumo sacerdote pode simplesmente ter usado a pergunta para dar a Estêvão a oportunidade de falar em seu próprio nome.

Imagine-se diante das autoridades mais poderosas e influentes do governo do seu país. Foram apresentadas provas que o fazem parecer culpado de um crime capital, pelo qual a sentença de morte será executada antes do pôr-do-sol. Esses funcionários têm o poder de decidir se você vive ou morre e, se você deve morrer, quão rápida ou quão dolorosa será sua morte. Suas próximas palavras determinarão o que acontecerá a seguir. Você sente a pressão da situação de Estêvão?

Estêvão olhou para suas circunstâncias e, em vez de sentir a pressão para salvar sua própria vida, enxergou a oportunidade única de uma vida. Por alguns momentos preciosos, ele recebeu a atenção exclusiva dos homens mais poderosos e influentes de Jerusalém. Em vez de desperdiçar aqueles momentos críticos implorando por sua vida ou refutando os falsos testemunhos dos inimigos de Cristo, ele escolheu dizer o que os líderes de Israel precisavam ouvir. Ele pregou um sermão que estabeleceu três pontos simultaneamente:

- O ápice do plano progressista de Deus não é o templo; Cristo e seu reino são.
- Deus abençoou Israel ao longo de sua história, independentemente de haver um templo.

- Israel tem uma longa história de tentativa de frustrar o plano de Deus e *sempre* consistiu em dois grupos: os justos e os rebeldes.

Tenha esses pontos em mente enquanto Estêvão traça a história de Israel desde Abraão até o momento em que proferiu seu sermão.

7:2-8

Abraão

Embora Estêvão fosse helenista — judeu de nascimento, mas grego por cultura — ele se dirigiu ao Sinédrio tratando-os como "irmãos e pais" (7:2). Ele então começou a recontar sua história compartilhada, chamando repetidamente os patriarcas bíblicos de "nossos pais". Na verdade, ele usou uma versão dessa frase pouco menos de uma dúzia de vezes.[47] Em sua acusação aos líderes, porém, ele chamaria os homens apóstatas da história de "seus antepassados" (7:52).

Nesta primeira seção (7:2-8), Estêvão demonstra que Deus iniciou o relacionamento com Israel quando escolheu Abraão. Ele disse a este patriarca que deixasse seu país e seus parentes para ir a uma terra ainda a ser revelada (7:3; cf. Gn 12:1). Abraão inicialmente viajou apenas até Harã, uma cidade no extremo norte de seu país, levando seu pai junto com ele. Também sabemos que ele levou seu sobrinho Ló. Por fim, no entanto, Abraão chegou a Canaã, que Deus revelou como a "terra prometida" (Hb 11:9). O Senhor não deu a terra a Abraão imediatamente; essa promessa seria cumprida no devido tempo, para ser recebida por seus descendentes. Enquanto isso, como um sinal da aliança, o Senhor instituiu o rito da circuncisão — um símbolo exterior de sua aliança com Abraão.

Abraão foi pai de Isaque. Isaque foi pai de Jacó, que passou a se chamar Israel. Jacó teve doze filhos, que se tornariam os antepassados das doze tribos de Israel.

7:9-16

José

Dez dos patriarcas venderam seu irmão como escravo, de modo que assim foi levado para o Egito e esquecido, difamado e maltratado. Mas José esperou que Deus o libertasse e, no final, Deus usou as más intenções dos irmãos de José para cumprir seu próprio plano para Israel. Deus protegeu os antepassados da nação hebraica, elevando José à posição de primeiro-ministro no Egito, logo abaixo do faraó, para que ele pudesse fornecer abrigo para seu povo durante uma grave fome. Nos quatrocentos anos seguintes, a nação de Israel cresceu em uma região protegida e fértil do Egito.

Observe a graça soberana de Deus para cumprir sua aliança com Abraão, apesar da rebelião da maioria.

7:17-35

Moisés

O Senhor deu tanta prosperidade e proteção aos israelitas no Egito que os egípcios começaram a ter medo deles e de que seus exércitos se tornassem seus captores. Mas Deus levantou um libertador chamado Moisés e usou os egípcios para equipar o menino para a liderança. Em outras palavras, o Senhor usou os egípcios para preparar o homem que acabaria confrontando o pecado deles, advertindo-os sobre a ira de Deus, exortando-os a obedecer e, em seguida, libertar o povo de Deus. Mas Moisés só obedeceu em parte; ele tentou se tornar o libertador de Israel à parte do poder ou da direção de Deus. Enquanto isso, o povo de Israel rejeitou seu salvador.

Observe a obediência parcial, a obstinação do povo e o cumprimento progressivo do plano de Deus.

7:36-45

Êxodo

Depois de quarenta anos, o Senhor encarregou Moisés de libertar o povo de Israel de seus captores e conduzi-lo à terra que Ele havia prometido a Abraão. Mas os israelitas deixaram o cativeiro arrastando os pés, carregando consigo os ídolos que adoravam no Egito, brigando com seu salvador, Moisés, e até construindo novos ídolos pelo caminho. Mesmo assim, o Senhor continuou a proteger e prover para seu povo, levando-o à terra que Ele havia prometido originalmente a Abraão. Por fim, Deus levou os israelitas a Canaã, deu-lhes a capacidade de conquistar os habitantes daquela terra e os ajudou a se estabelecerem. Isso incluiu dar-lhes instruções específicas sobre como construir o tabernáculo para adorar o verdadeiro Deus que os havia livrado do Egito. Durante esse tempo, Moisés prometeu a Israel um profeta (Dt 18:15), um homem entre eles que seria porta-voz e representante de Deus — o Messias.

Observe a obediência parcial, a rebelião da maioria, a graça de Deus apesar do pecado dos israelitas e o cumprimento progressivo de sua aliança com Abraão.

7:46-50

Davi e Salomão

Embora nunca tenham possuído totalmente a terra que Deus prometera a Abraão, a glória de Israel atingiu o auge com o rei Davi e seu filho Salomão. Até o reinado de Salomão, Israel adorava no tabernáculo. Agora, graças à grandeza e prosperidade do reino de Salomão, um templo permanente foi estabelecido em Jerusalém. No entanto, após uma divisão entre o reino do norte (Israel) e o reino do sul (Judá), a desobediência levou à destruição do templo de Salomão.

Os hebreus sobreviveram ao exílio sem um templo, e o templo construído após seu retorno sofreu profanação, pilhagem e abuso da guerra durante os quatrocentos anos seguintes. O magnífico templo que Herodes havia construído tinha menos de cinquenta anos na época do sermão de Estêvão.

Mesmo que a história de Estêvão mal cite o templo de Salomão, o Sinédrio deve ter se lembrado da história do monte do templo e a razão pela qual dois edifícios anteriores haviam sofrido tão terrivelmente — a rebelião de Israel. Sua citação de Isaías 66:1-2 em Atos 7:49-50 demonstra que a reverência do Sinédrio por um mero edifício estava dramaticamente fora de sintonia com as prioridades históricas de Deus e os fez se rebelar contra a liderança de Deus, encarnada em Jesus, o Messias. Deus se preocupa menos com onde seu povo adora do que com a forma como as pessoas adoram — "em espírito e em verdade" (Jo 4:23).

7:51-53

Acusação

Por fim, o sermão de Estêvão chega ao verdadeiro problema. As linhas seguintes do oráculo de Isaías diziam: "A este eu estimo: ao humilde e contrito de espírito, que treme diante da minha palavra" (Is 66:2). Os líderes religiosos haviam elevado o edifício do templo ao status de quase ídolo, mas continuaram a se rebelar contra o Deus que diziam adorar. A descrição de Estêvão — "povo rebelde, obstinado de coração e de ouvidos!" (At 7:51) — usou imagens familiares para invalidar sua identidade como judeus.[48] Ele declarou que sua religião externa era uma forma sinistra de rebelião que os alinhava com as facções rebeldes que se opuseram ao plano de Deus ao longo da história de Israel.

Perceba a mudança de Estêvão de "nossos antepassados" até aqui para "seus antepassados" (7:51).[49] Ao mencionar o Messias, ele não os identificou mais como irmãos. Mataram o Messias para preservar o templo, do qual derivavam seu poder. Estêvão e os outros crentes, por outro lado, abraçaram Jesus como seu Messias e derivavam seu poder do Espírito Santo, não de um edifício temporal ou de uma instituição corrupta.

7:54

Quando confrontados com o pecado, os culpados às vezes se arrependem. Mais frequentemente, no entanto, respondem com raiva. E, se você quiser enfurecer o coração de uma pessoa religiosa, fale sobre seu pecado.

"Ter os sentimentos feridos gravemente" representa um termo grego que significa literalmente "enxergar" (*diapriō* [1282]). Figurativamente, isso se refere à fúria visceral ao receber um corte no coração, enfatizando a profundidade de sua raiva. De fato, os oponentes de Estêvão ficaram tão furiosos que rangeram os dentes por causa dele.

7:55-56

Pela quarta vez, Lucas descreve Estêvão como estando completamente entregue ao controle do Espírito de Deus (cf. 6:3, 5, 8). Em resposta à fúria fervilhante do Sinédrio, Estêvão calmamente se concentra em seu Salvador e narra a visão que testemunhou. Sua afirmação sobre ver Jesus "em pé, à direita de Deus" relembra Salmos 110:1: "O Senhor disse ao meu Senhor: 'Senta-te à minha direita até que eu faça dos teus inimigos um estrado para os teus pés'". Caifás e seus comparsas teriam reconhecido a frase não apenas como um salmo messiânico, mas isso pode até ter reacendido em suas mentes as palavras semelhantes que Jesus havia citado em seu próprio julgamento diante do mesmo Sinédrio:

> O sumo sacerdote lhe disse: "Exijo que você jure pelo Deus vivo: se você é o Cristo, o Filho de Deus, diga-nos". "Tu mesmo o disseste", respondeu Jesus. "Mas eu digo a todos vós: Chegará o dia em que vereis o Filho do homem assentado à direita do Poderoso e vindo sobre as nuvens do céu."
>
> Foi quando o sumo sacerdote rasgou as próprias vestes e disse: "Blasfemou! Por que precisamos de mais testemunhas? Vocês acabaram de ouvir a blasfêmia. O que acham?" "É réu de morte!", responderam eles. (Mt 26:63-66; cf. Dn 7:13-14)

7:57-58

Quando o perigo se levanta contra a justiça, o Senhor oferece coragem, não necessariamente fuga. O Sinédrio já havia quebrado várias de suas regras de jurisprudência (de acordo com o Mishná *Sinédrio* 4.1-2):[50]

- Os casos capitais deveriam seguir uma ordem rigorosa, com argumentos da defesa seguidos por argumentos para a condenação.
- Todos os juízes do Sinédrio poderiam argumentar pela absolvição, mas nem todos poderiam argumentar pela condenação.
- A votação pela condenação e condenação em um caso capital deveria ser conduzida individualmente, começando pelos mais jovens, de modo que os membros mais jovens não fossem influenciados pelo voto dos membros mais velhos.
- Os membros do Sinédrio deveriam se reunir em duplas durante toda a noite, discutir o caso e se reunir novamente com o objetivo de confirmar o veredicto final e impor a sentença.
- A condenação em caso capital só ocorreria no dia seguinte.

A augusta assembleia das melhores mentes e dos mais respeitados estadistas de Israel transformou-se numa multidão disposta ao linchamento. Eles se lançaram sobre Estêvão, o arrastaram para os arredores da cidade — em estrita conformidade com a lei judaica, é claro (Lv 24:14-16) — e o executaram como herege.

Neste ponto, Lucas introduz um novo personagem à narrativa: Saulo, um fariseu de Tarso, o pupilo estrela de Gamaliel e, possivelmente, até mesmo o instigador clandestino do julgamento. Isso é apenas uma teoria, mas acho que é mais do que plausível. A narrativa de Lucas implica que Saulo liderou uma conspiração nas sombras, agindo em nome do sumo sacerdote, que por sua vez respondia a Anás, o poderoso chefão de Jerusalém. Os funcionários corruptos do templo e os religiosos linha-dura compartilhavam um inimigo comum: a igreja. Quando não puderam intimidar os apóstolos, partiram para desacreditar os seguidores de Jesus como inimigos do judaísmo. Saulo não desempenhou um papel oficial no caso — nem como promotor, nem como testemunha — mas Lucas ressalta a presença do jovem fariseu durante os eventos. De acordo com a lei judaica, as testemunhas contrárias ao acusado deveriam atirar as primeiras pedras (Dt 17:7). Antes de pegar suas pedras, essas testemunhas colocaram suas vestes exteriores aos pés de Saulo (At 7:58).

7:59-60

O apedrejamento era a forma tradicional de execução em Israel. O apedrejamento é, por sua própria natureza, uma forma comunitária de pena capital, porque a ninguém pode ser atribuída culpa ou crédito por desferir o golpe mortal. É também uma forma lenta de morte. Durante seus agonizantes últimos momentos, Estêvão respondeu a seus algozes como

Jesus fez na cruz (Lc 23:34, 46): pediu ao Senhor que recebesse seu espírito e perdoou seus algozes. O texto fala com os olhos postos na ressurreição quando diz que Estêvão "adormeceu" (At 7:60). Uma vez separado da vida na terra, o cristão recebe um acolhimento imediato no céu.

Tertuliano, um teólogo da igreja primitiva, disse que o sangue dos mártires é a semente da igreja.[51] A tentativa do Sinédrio de acabar com a igreja não conseguiu fazer nada além de espalhar o evangelho para mais longe. Como o vento carregando sementes, a fúria do Sinédrio dispersou os discípulos do Messias ressuscitado. Longe de exterminar o cristianismo, o concílio apenas estimulou o cumprimento do que fora previsto por Cristo. Jesus havia prometido a seus seguidores: "Serão minhas testemunhas em Jerusalém [estágio 1], em toda a Judeia e Samaria [estágio 2], e até os confins da terra [estágio 3]" (1:8).

O apedrejamento de Estêvão tornou-se o momento decisivo na igreja em que a segunda etapa do plano do Senhor entrou em vigor.

APLICAÇÃO

Atos 6:8—7:60

O PIEDOSO SOB PRESSÃO

Atos 7 registra para a posteridade o testemunho do primeiro mártir cristão. Estêvão pode ter sido o primeiro caso documentado de um crente morrendo por sua total devoção a Cristo, mas ele não seria o último. Desde então, a história foi pontuada por períodos de perseguição em que homens e mulheres deram suas vidas por causa de sua fé. O exemplo de Estêvão de um homem piedoso sob extrema pressão das autoridades me leva a alguns lembretes práticos para os momentos em que enfrentamos nossas próprias pressões para viver vidas piedosas em um mundo cada vez mais hostil aos padrões de verdade e justiça de Deus.

Primeiro, *quando você anda com Cristo, o mundo geralmente se ressente disso, não o apoia.* Temos expectativas irreais se pensarmos que a escola ou a faculdade secular que frequentamos vai se alegrar por estarmos andando com o Senhor. E aqueles em seu local de trabalho, família ou círculo de amigos que se sentem ofendidos pelas posições que você toma em questões de fé ou moralidade muitas vezes se opõem a você, não discordam educadamente de você.

Perceba que, quando confrontado com a realidade de sua pecaminosidade ao vê-la no espelho de um testemunho de justiça, o mundo ficará enfurecido, não receptivo. Atos 7:54 diz: "Ouvindo isso, [os líderes judeus] ficaram furiosos e rangeram os dentes contra ele". Estavam repletos de convicção. A reação deles foi visceral e audível — eles começaram a ranger os dentes contra ele!

Por que tantas vezes esperamos ser aplaudidos, respeitados ou, pelo menos, ouvir uma discordância educada quando se trata de nossas convicções cristãs contraculturais? Deixe que a advertência de Cristo o prepare para perseverar sob a pressão crescente do mundo ao seu redor: "Se o mundo os odeia, tenham em mente que antes me odiou. Se vocês pertencessem ao mundo, ele os amaria como se fossem dele. Todavia, vocês não são do mundo, mas eu os escolhi, tirando-os do mundo; por isso o mundo os odeia" (Jo 15:18-19).

Segundo, *quando você responde com verdade, a pressão vai aumentar, não diminuir*. Depois que o Sinédrio rangeu os dentes contra Estêvão, nosso herói da fé não buscou a melhor representação legal para defender seus direitos religiosos pessoais, não lutou com armas físicas ou retóricas, nem recuou de suas convicções para manter a paz. Em vez disso, ele provou ser pessoalmente capacitado e dedicado ao Deus trino: "Mas Estêvão, cheio do Espírito Santo, levantou os olhos para o céu e viu a glória de Deus, e Jesus em pé, à direita de Deus, e disse: 'Vejo os céus abertos e o Filho do homem em pé, à direita de Deus'" (At 7:55-56).

Como os governantes reagiram? Eles gritaram, taparam os ouvidos e correram para cima de Estêvão com a intenção de matá-lo (7:57). Na verdade, eles o arrastaram para fora da cidade e passaram a apedrejá-lo. Pense nisso! Aqueles carrascos eram pessoas aparentemente boas e justas, mas, mesmo assim, pegaram pedras para apedrejá-lo. Eles o arrastaram para fora da cidade e começaram a golpear seu corpo com pedras. E esses eram os líderes religiosos... aqueles que ouviram desde cedo: "Não matarás!". Se aqueles que se diziam devotados a Deus estavam tratando suas testemunhas dessa maneira, imagine o que os inimigos de Deus e de tudo o que é bom farão.

Na verdade, não precisamos imaginar. Temos inúmeros exemplos ao longo da história dos piedosos sendo colocados sob pressão e mantendo a fé.

Portanto, prepare-se! Devemos estar sempre prontos para responder com piedade aos ímpios, mesmo quando isso significa perder conforto, reputação, amigos, família, liberdade ou até mesmo nossas próprias vidas!

O CRESCIMENTO DA IGREJA (ATOS 8:1—12:25)

A natureza humana abomina a mudança, mas não podemos viver sem ela. O fato é que nosso corpo e nosso cérebro precisam de uma certa quantidade de estresse para nos manter em movimento, crescendo e nos adaptando. Sem algo para inspirar a criatividade e desafiar nossos instintos de sobrevivência, nossos músculos se atrofiariam e nosso cérebro se transformaria num cogumelo. Felizmente, a única constante em nosso mundo é a mudança. A tensão criada entre a turbulência e a nossa necessidade desesperada de restaurar o equilíbrio nos força a nos tornarmos mais fortes e sábios. E, às vezes, lidar com a mudança requer uma revisão completa de nossa visão de mundo, a troca dramática de uma perspectiva por outra.

No início dos anos 1960, Thomas Kuhn deu um nome a essa mudança drástica de perspectiva. Hoje, nós a chamamos de "mudança de paradigma".[52] Isso ocorre quando um cientista ou pesquisador não consegue entender os dados ao usar perspectivas convencionais. Quando os cientistas finalmente se cansam de usar os velhos modelos para se adequarem à nova forma de informação, uma nova maneira de pensar nasce e a humanidade dá um salto adiante. Mas as mudanças de paradigma são dolorosas — como todas as mudanças significativas. Aqueles que recebem o dom de uma nova visão de mundo experimentam profunda angústia e, muitas vezes, dolorosa dúvida sobre si mesmos: "Sou louco por pensar assim?". Essas pessoas frequentemente suportam a rejeição ferina dos pares enquanto dão seus primeiros passos em direção a uma nova fronteira de pensamento. Vivem em um mundo de incompreensões até que outras mentes se tornem receptivas e uma nova geração comece a abraçar o novo paradigma.

O livro de Atos documenta as mudanças dramáticas que os primeiros cristãos enfrentaram. Esta seção em particular representa algumas das mudanças mais difíceis e dolorosas de todas. O martírio de Estêvão tornou-se um divisor de águas na vida da igreja — e na progressão do plano de Deus.

Em vez de sufocar a mensagem de salvação, a perseguição dispersou as boas-novas como pólen ao vento. À medida que os crentes se espalhavam a partir de Jerusalém, o plano do Senhor (1:8) entrava em seu segundo estágio, no qual samaritanos (8:15) e gentios (10:44-48) receberam o Espírito Santo. Diante disso, Pedro passou a abraçar o novo paradigma (11:1-18). Enquanto isso, Saulo, que havia aprovado a execução de Estêvão, foi convertido e encarregado de proclamar Cristo aos gentios (9:1-31), juntando-se aos cristãos em Antioquia, por um tempo, que também começaram a contar aos gregos a mensagem do evangelho (11:19-26).

Até então, todos os seguidores de Jesus — na casa de dezenas de milhares — eram judeus, e o epicentro do cristianismo era o templo. Esses crentes haviam herdado uma aliança, por meio da qual Deus escolheu Abraão, deu a ele e a seus descendentes um pedaço de terra, abençoou-os e prometeu fazer deles uma grande nação. Ele estabeleceu Israel naquela parte do mundo para ser uma luz para outras nações, uma teocracia situada na encruzilhada da civilização, ordenada como uma nação sacerdotal cujo propósito era colocar o mundo sob o domínio de Deus como Rei. Além disso, Deus prometeu ao povo hebreu um Messias, um Rei sobrenatural que estabeleceria um reino que cresceria para dominar todo o planeta, à medida que nação após nação dobrasse os joelhos perante este Rei e assumisse a cidadania dele. Os crentes judeus em Jerusalém haviam abraçado Jesus como este monarca tão celebrado.

Enquanto esperavam compartilhar a comunhão do Espírito Santo com os gentios, esses hebreus seguidores de Jesus pensavam que entendiam o processo de expansão. Em suas mentes, os gentios entrariam na igreja do Messias pela porta do judaísmo. Como o prosélito gentio Nicolau (6:5), todos os indivíduos não judeus abraçariam a Lei de Moisés, participariam dos ritos do templo, submeter-se-iam ao batismo e à circuncisão para se tornarem "filhos da aliança", aceitariam Jesus como seu Messias e receberiam o Espírito Santo. Foi assim que todos até então haviam entrado na comunhão dos santos. Os próximos meses, no entanto, os forçariam a ver as coisas de forma diferente. A morte de Estêvão colocou a igreja no caminho para uma mudança de paradigma, liderada pelo judeu mais devoto da igreja: Pedro.

Os outros primeiros cristãos eram judeus e não podiam imaginar como pessoas ignorantes, impuras e idólatras seriam capazes de se tornar cidadãos do reino de Deus sem que fosse por sua aliança com Abraão. Além das questões teológicas, os judeus cultivaram por gerações uma repulsa a todas as coisas gentias: como comiam, em que tocavam, quem contatavam, onde trabalhavam — todos os aspectos da vida não-judaica provocavam aversão. Então, Pedro tornou-se o projeto antipreconceito do Senhor.

Depois de uma visão perturbadora, Pedro foi enviado para pregar em um lar essencialmente "imundo" para que pudesse observar pessoalmente a aceitação do Senhor aos crentes gentios. Ele viu uma repetição de Pentecoste em Cesareia. A promessa do Espírito Santo no Antigo

Testamento foi cumprida em pessoas que os judeus consideravam forasteiros. Agora, porém, Deus havia falado; seu Espírito encheu *kosher* e "imundo", igualmente e sem preconceitos. Ninguém poderia negar a aceitação dos gentios no reino de Deus.

TERMOS-CHAVE EM ATOS 8:1—12:25

■ ***kēryssō*** (κηρύσσω) [2784] "pregar", "proclamar", "ser um arauto"

Esta palavra geralmente descreve proclamações oficiais e públicas, como aquelas que anunciam decretos reais, festas públicas e jejuns, bem como ações militares. Tais usos aparecem na Septuaginta (p. ex. Êx 32:5; 36:6; 2Cr 20:3), juntamente com usos menos frequentes em proclamações de julgamento (p. ex. Jn 3:2) e para o chamado da sabedoria personificada (Pv 1:21; 8:1; 9:3). Assim, no Novo Testamento, encontramos frequentemente mensageiros comissionados proclamando as boas-novas do reino do Messias.

■ ***euangelizō*** (εὐαγγελίζω) [2097] "evangelizar", "contar boas notícias", "anunciar", "proclamar"

Na esfera secular, este verbo era usado para a ação de um mensageiro oficial que trazia boas notícias, como uma atualização sobre o progresso da batalha, o nascimento de um membro da realeza ou a chegada iminente do rei. O Novo Testamento carrega as ideias de libertação e vitória, aplicando esta palavra especificamente para a ação de pregar a salvação em Jesus Cristo. Das cinquenta e quatro vezes que esse verbo aparece no Novo Testamento, quase metade ocorre em Lucas e Atos (10 vezes em Lucas e 15 em Atos). A maioria dos outros exemplos pode ser encontrada nas cartas do mentor de Lucas, Paulo (21 vezes).

■ ***mathētēs*** (μαθητής) [3101] "discípulo", "aluno", "seguidor"

Um *mathētēs* é alguém que se submete a um processo de familiarização, experimentação, aprendizado ou orientação sobre algo. Isso geralmente implicava a ajuda de outra pessoa e, à medida que o termo se desenvolvia completamente, tornava-se inconcebível que alguém fosse um aprendiz sem um guia ou um mestre. O termo é usado para se referir aos discípulos de rabinos e de João, o Batizador, dos fariseus e de Moisés (p. ex. Mc 2:18; Jo 9:28). Ao longo de Atos, Lucas usa o termo para se referir àqueles que seguem Jesus como seu Mestre (p. ex. At 6:1), embora nem todos ainda tivessem ouvido o evangelho completo (19:1-5).

■ ***metanoeō*** (μετανοέω) [3340] "arrepender-se", "mudar a mente ou o propósito de alguém", "sentir arrependimento", "converter-se"

Uma palavra com um significado geral bem conhecido pode assumir um significado técnico muito específico dentro de uma comunidade particular. Em grego secular, este verbo significa "mudar o pensamento", "arrepender-se" ou "ter remorso". Nos Evangelhos, no entanto, carrega quase que exclusivamente a ideia de se reconciliar com Deus depois de ter se afastar do pecado.[53] Portanto, em Lucas e Atos, quando alguém se arrepende, é salvo, convertido e adicionado às fileiras de crentes genuínos. Em Atos, a forma nominal relacionada *metanoia* [3341] geralmente descreve um estado mental contínuo e indica que alguém está em um relacionamento correto com Deus.

■ ***peritomē*** (περιτομή) [4061] "circuncisão", "homem circuncidado", "um entre os circuncidados"

Este substantivo grego deriva do verbo que significa "cortar" e descreve o rito hebraico no qual o prepúcio de um macho é cortado. Conforme instituído por Deus (Gn 17:10), esse ritual identificava o homem como participante da aliança de Deus com Abraão. Com o tempo, esse traço distintivo tornou-se simbólico do povo, da aliança e da cultura. Por fim, muitos judeus começaram a pensar que o próprio estado de circuncidado dava direito a bênçãos de Deus e à salvação do julgamento divino (At 15:1). Em Atos, o lugar desse sinal de aliança na igreja torna-se um ponto de tensão à medida que os gentios incircuncisos chegam à fé no Messias (11:1-18; 15:1-35).

O verdadeiro e o falso

LEIA ATOS 8:1-24

Traçar a história da igreja no livro de Atos é como seguir um cervo ferido através da neve recém-caída; poças de sangue marcam a trilha que vai do Sinédrio, em Jerusalém, até Nero, em Roma. Ao final da seção anterior, testemunhamos o martírio de Estêvão, cujas palavras finais — "Senhor, não os consideres culpados deste pecado" (7:60) — foram esmagadas e sufocadas sob uma pilha de pedras. Quando os inimigos de Deus se afastaram do horrível memorial de um homem fiel, a igreja perdeu um grande diácono, os santos perderam um irmão amado e o céu recebeu um herói genuíno.

Pouco depois do martírio deste crente autêntico e cheio do Espírito, o evangelho desceu da cidade montanhosa de Jerusalém para os vales circundantes da Judeia e, em seguida, para o norte, rumo a Samaria. Embora muitos tenham ouvido as boas-novas do Messias ressuscitado e respondido com crença genuína, nem todos abraçaram o evangelho com boas intenções. Neste próximo trecho, Lucas nos coloca frente a frente com uma farsa. O contraste de Simão, o mago, com Estêvão não poderia ser mais gritante.

8:1-4

A declaração "Saulo estava ali, consentindo na morte de Estêvão" (8:1) é uma frase fundamental. Forma um ponto de mudança entre a história da expansão da igreja em Jerusalém e a expansão da igreja para além das muralhas da cidade. Lucas também aproveita essa oportunidade para apresentar um homem que desempenharia um papel essencial nessa expansão. Seu comentário "as testemunhas deixaram os mantos deles aos pés de um jovem chamado Saulo" (7:58) poderia passar como um detalhe curioso. Em vez disso, o nome Saulo é a manchete da declaração tão grave: "Naquela ocasião desencadeou-se grande perseguição contra a igreja em Jerusalém".

Este "Saulo de Tarso" é mais conhecido por nós hoje como "Paulo, o apóstolo". Neste ponto da história, no entanto, ele era para os cristãos o que Adolf Eichmann se tornaria para os judeus da Alemanha dos anos 1930 — o arquiteto de um holocausto. Movido pelo zelo religioso, Saulo resolveu exterminar os seguidores de Jesus.

Poucas pessoas no Ocidente do século XXI já sofreram perseguição religiosa. Podemos sofrer um pouco de zombaria na escola, um comentário sarcástico no escritório, algumas controvérsias com os vizinhos, mas muito pouco além disso. Seria extremamente revelador se a perseguição colocasse à prova nossas igrejas modernas. Pergunta-se quantos desertariam rapidamente. Embora os primeiros crentes tenham fugido, eles não desertaram.

A passagem sumária de Lucas (8:1-4) tranquiliza o leitor, informando que a campanha de Saulo fracassou. Em vez de acabar com a igreja, seus esforços facilitaram o plano de Deus. A primeira etapa do plano de Deus compreendeu a chegada do Espírito Santo e a evangelização de Jerusalém; os crentes haviam se tornado suas testemunhas (2:1—7:60). A perseguição tornou-se o catalisador da segunda fase: "Judeia e Samaria" (cf. 1:8). À medida que os soldados cristãos se espalhavam pela região circundante, chamada de Judeia pelos romanos, e se infiltravam na região chamada Samaria, eles continuavam a proclamar Jesus ressuscitado como o Messias de Israel.

UMA BREVE HISTÓRIA DE SAMARIA

ATOS 8:5

Originalmente, a nação hebraica estabeleceu-se na Terra Prometida e prosperou por vários séculos como doze tribos unidas pela adoração em um tabernáculo, localizado em Siló, a cerca de 15 quilômetros do Monte Gerizim. Por fim, Salomão, o terceiro rei de Israel, construiu um templo permanente em Jerusalém.

Pouco depois da morte de Salomão, as dez tribos do norte rejeitaram o legítimo sucessor ao trono, escolheram um general rebelde idólatra para liderá-las, formaram uma nação separada e reivindicaram o nome de Israel para si. As tribos do sul, Benjamim e Judá, permaneceram leais ao filho de Salomão e ficaram conhecidas como Judá. Norte e Sul lutaram de maneira intermitente pelos duzentos anos seguintes, até que Israel foi distraído por repetidos ataques dos reis assírios Pul (2Rs 15:19,20; 1Cr 5:26) e Tiglate-Pileser (2Rs 15:29; Is 9:1). Finalmente, Salmaneser (2Rs 17:3-6) e seu sucessor, Sargom, acabaram com Israel, deportando as tribos do norte e promovendo casamentos inter-raciais com outras nações conquistadas, praticamente acabando com sua existência. Depois de 721 a.C., apenas um pequeno remanescente das tribos israelitas permaneceu no território do norte, e a maioria daquelas pessoas começou a se casar com gentios.

O povo de Judá foi exilado na Babilônia (606-587 a.C.) e, mais tarde, regressou sob a liderança de Esdras e Neemias, encontrando, porém, a região norte habitada por samaritanos, pessoas de herança mista, hebraica e gentia. O povo de Judá que retornava àquela altura já era conhecido como os judeus. As tensões aumentaram quando os samaritanos se opuseram à reconstrução de Jerusalém e do templo, e a ruptura final ocorreu quando construíram seu próprio templo no monte Gerizim, reivindicando-o, e não a Jerusalém, para ser o autêntico local de culto. Esse templo foi destruído pelo sumo sacerdote judeu João Hircano em 128 a.C.,[54] e sua localização foi, como a do templo de Jerusalém, profanada pela construção de santuários pagãos pelo imperador Adriano no século II d.C.

8:5

A passagem sumária de Lucas 8:4 introduz uma série de exemplos notáveis que compõem a segunda grande seção de sua narrativa:

- Filipe dá testemunho em Samaria (8:5-24)
- Um enviado etíope torna-se crente (8:25-40)
- Saulo é convertido por Cristo (9:1-19)
- Saulo começa a pregar Cristo (9:20-31)
- Pedro ministra em toda a Judeia (9:32-43)
- Pedro prega aos gentios (10:1-48)
- Os apóstolos aceitam os cristãos gentios como irmãos e irmãs (11:1-18)
- Cristãos gentios de Antioquia da Síria formam uma igreja (11:19-30)
- Deus confirma o ministério de Pedro entre os gentios (12:1-25)

Este primeiro episódio envolve um dos sete diáconos originais (6:5), um homem chamado Filipe, que escapa da perseguição em Jerusalém (onde os apóstolos permaneceram; 8:1) e depois começa a pregar o evangelho na região chamada Samaria. Lucas refere-se especificamente "à cidade de Samaria", a antiga capital do reino do norte (1Rs 16:24) e um lugar há muito associado à complacência religiosa e a amargas disputas com Jerusalém. Não seria exagero dizer que os judeus odiavam os samaritanos, considerando-os mestiços idólatras — etnicamente contaminados, religiosamente confusos e moralmente corrompidos. Esse preconceito era profundo. Durante um período particularmente sombrio da história de Israel (cujos vislumbres são vistos em Esdras 4), os habitantes hebreus desta região se casaram com gentios e estabeleceram seu próprio templo no Monte Gerizim para rivalizar com o de Jerusalém (cf. Jo 4:20). Este templo foi destruído pelo sumo sacerdote judeu João Hircano em 128 a.C.[55] A maioria dos judeus não arriscaria contaminar-se ao pisar em solo samaritano e não esperaria uma recepção calorosa lá.

Nada disso dissuadiu Filipe. Deus tem um coração missionário que bate pelo mundo inteiro. Ele não vê mestiços. Ele não vê gentios. Ele vê pessoas perdidas precisando de resgate. Infelizmente, nenhum dos primeiros crentes entrou em Samaria com o evangelho antes de a perseguição ter forçado a igreja a sair de sua zona de conforto. Independentemente disso, Filipe decidiu anunciar Cristo ao povo mais desprezado por quem vivia em Jerusalém.

8:6-8

O tema central do verdadeiro evangelismo é a mensagem de Jesus Cristo. Um ministério autenticamente cristão deve ter Cristo como único objeto de adoração e devoção. Filipe não falou sobre o passado, não discutiu sobre a localização do templo (cf. Jo 4:20) e não defendeu a superioridade da teologia judaica. Ele pregou Cristo e ministrou ao povo. Sua mensagem era acompanhada de "sinais" (evidência milagrosa de ensinamento divino autêntico) e lembrava o ministério terreno de Jesus, porque os enfermos eram curados e os demônios eram expulsos (At 8:7). Muitos dos samaritanos devem ter se lembrado do ministério de Jesus (cf. Jo 4:39-42); seja qual for o caso, eles responderam ao ministério de Filipe com grande alegria (At 8:8).

8:9-11

Tal como a tecnologia nos dias de hoje, "a prática da magia era onipresente na antiguidade clássica".[56] E, tal como nossa quase dependência da conveniência de smartphones e tablets, dispositivos wi-fi e *laptops*, a dependência de magos e de seus adereços mágicos no primeiro século foi epidêmica. De maldições supersticiosas a curas sobrenaturais, pessoas de todas as classes sociais eram expostas às artes mágicas. Um historiador resume o que a maioria dos pagãos acreditava sobre esses praticantes: "Os magos tinham uma ligação direta com o mundo divino, e a magia era vista como um presente dos deuses".[57] Era comum que esses vendedores de falsidade angariassem medo, respeito, admiração e dinheiro por meio de suas artimanhas e ilusões enganosas.

Simão, o Samaritano, muitas vezes chamado pelos historiadores cristãos na igreja antiga de Simão Mago ou Simão, o mago, tornara-se um especialista em artes mágicas. É possível que tenha comprado segredos e realizado truques que poderiam facilmente ter sido repetidos por um ilusionista moderno. No entanto, dado o contexto de Atos e a prevalência do conflito com espíritos de maldade, é igualmente possível que Simão estivesse "impressionando" as pessoas com poder sobrenatural (8:9,11) — não o poder de Deus, mas o poder dos demônios. Em ambos os casos, Simão não deu crédito a Deus pelos milagres; ele reivindicou isso para si mesmo, permitindo que as pessoas o chamassem de "o Grande Poder de Deus" (8:10). Essa curiosa frase essencialmente chama Simão de uma manifestação visível de Deus, ou pelo menos de um semideus. Independentemente disso, ele sem dúvida pareceu humilde e magnânimo quando saudado como algo mais do que mero humano, mas você pode ter certeza de que ele não se opôs — ao contrário de Paulo e Barnabé (cf. 14:11-15).

8:12,13

Quando Filipe chegou, com a capacidade deixar o povo "maravilhado" com o poder do Deus verdadeiro — não para criar medo e respeito por si mesmo, mas para demonstrar que Deus validou seus ensinamentos —, as pessoas responderam em massa. Ele pregou o evangelho e elas creram;

apontou-as para Jesus ressuscitado e elas o abraçaram como o Messias. Como um símbolo exterior de sua crença, o povo se submeteu ao batismo na água.

Lucas diz claramente: "O próprio Simão também creu" (8:13). Ele espera que tomemos essa afirmação sem mais explicações; afinal, Filipe não duvidava da sinceridade do homem. Simão foi batizado na água e depois seguiu Filipe como um discípulo, observando o ministério do diácono de pregar, curar e expulsar demônios. Lucas descreve Simão como estando completamente "maravilhado", o tempo imperfeito de *existēmi* [1839] — ele estava "fora de seus sentidos".

Deve-se notar que Lucas não menciona o Espírito Santo juntamente com nenhuma das conversões em Samaria. Em si, isso não é significativo; Lucas às vezes omite qualquer menção ao Espírito Santo (2:37-41; 4:4; 5:14), mesmo quando o contexto implica que os crentes foram enchidos por Ele. Neste caso, os crentes não receberam o Espírito Santo imediatamente (8:15,16), por razões que se tornarão claras em breve.

8:14-19

Os apóstolos em Jerusalém não estavam presentes no momento da conversão dos samaritanos, de modo que enviaram Pedro e João para se juntarem a Filipe. Ao chegarem, oraram e impuseram as mãos sobre os novos crentes, ocasião em que receberam o Espírito Santo (8:14-17). Lucas retrata Simão como um observador, não como um participante — o que é notável —, e descreve a perspectiva do mago. Para Simão, parecia que Pedro e João haviam lhes concedido o Espírito Santo, um grave mal-entendido.[58] Deus não trouxe os apóstolos a Samaria para *conceder* o Espírito Santo, mas para *testemunhar* os samaritanos recebendo o Espírito Santo. O Senhor atrasou a descida do Espírito Santo para o benefício dos apóstolos, para assegurar-lhes que Ele havia aceitado a crença dos samaritanos e os tornara irmãos e irmãs com pleno direito no reino.

Por fim, vemos que Simão não recebeu o Espírito Santo porque não acreditou genuinamente. Isso se torna evidente em sua visão do poder do Espírito Santo da mesma forma que ele usava a magia — real ou ilusória — para ganho egoísta. Na verdade, sua compreensão do evangelho estava tão equivocada que ele pediu para comprar o poder do Espírito Santo!

8:20-23

A resposta de Pedro a Simão parece muito mais dura no grego original. A palavra para "perecer" (8:20) refere-se à destruição total de algo, sua ruína total. Ele disse, com efeito: "Que seu dinheiro o siga para o inferno, porque é para onde você está indo!". Mas Pedro não condenou Simão ao inferno nem desejou sua destruição. Ele apenas expressou seu desprezo pela oferta de Simão, enquanto advertia o homem de que a destruição eterna estava em seu futuro. O apóstolo exortou Simão a arrepender-se para que "talvez" fosse perdoado (8:22).

A frase grega para "talvez" é *ei ara* [1488, 686], que é menos hesitante do que a tradução deixa implícito. "Talvez" implica menos de cinquenta por cento de probabilidades, enquanto *ei ara* implica quase certeza se um esforço for feito. Desse modo, em Atos 17:27, Paulo disse aos atenienses que Deus criou pessoas para se relacionarem com Ele, de modo que "*talvez*, tateando, pudessem encontrá-lo, embora não esteja longe de cada um de nós" (grifo meu). A frase aqui implica que buscar a Deus quase certamente resulta em encontrá-lo.

A advertência de Pedro afasta a possibilidade de que o desejo de Simão por Deus possa ter sido sufocado por sua própria inveja e orgulho. Estar "cheio de amargura" (8:23) é uma metáfora vívida para alguém que é "profundamente invejoso ou ressentido de alguém". Estar "preso pelo pecado" poderia ser parafraseado como "algemado ao malfeito", implicando que a capacidade de livre escolha de Simão havia sido tão comprometida por sua dependência do mal que ele não poderia escapar sem ajuda. Em outras palavras, se alguém busca o arrependimento, Deus certamente o concederá; a questão é se Simão realmente queria se arrepender.

8:24

A resposta de Simão parece genuína, pelo menos na superfície. Pedro instou para que Simão se arrependesse. Simão pediu a intercessão de Pedro diante de Deus em seu favor, mas ele ainda não havia "entendido". Ninguém pode se arrepender por nós. Devemos nos arrepender sozinhos. Nossos entes queridos podem orar por nós, mas não podem nos arrancar de nosso destino com suas orações. Cada um de nós será responsável diante de Deus por nossa própria decisão em resposta ao seu chamado de arrependimento.

De acordo com Irineu (c. 180 d.C.), Simão tornou-se o pai de "toda sorte de heresias",[59] entre as quais está uma espécie de protognosticismo. De acordo com Irineu e outros, ele também lançou as bases intelectuais para os falsos ensinamentos de Cerdo e Marcião.[60] Seu papel preciso na formação de falsos ensinamentos posteriores é discutível, mas um fato parece certo: ele não se tornou um crente genuíno no Senhor Jesus Cristo.

Do meu diário

Fé que salva

ATOS 8:13

Simão, o mago, acreditou e foi batizado, mas suas atitudes e ações demonstram que ele claramente não nasceu de novo. Obviamente, Deus espera algo mais do que mero assentimento intelectual na conversão. Então, que tipo de fé é a "fé salvadora"?

A fé salvadora — o tipo de crença que Deus aceita como genuína e pela qual Ele concede o dom de seu Espírito — é mais do que aceitar como fato o personagem histórico de Cristo. Aceitar o fato de que um homem chamado Jesus viveu em algum momento no tempo e depois morreu em uma cruz é apenas um ponto de partida. Além disso, a crença genuína deve fazer mais do que admirar Jesus, imitá-lo ou seguir seus ensinamentos. Não basta nem mesmo venerar Jesus como mais do que humano.

Esse tipo de crença é um bom começo. Mas o tipo de crença a que fomos chamados abrange muito mais. Primeiro, o termo grego pisteuō *[4100] significa "crer", isto é, reconhecer a veracidade de uma afirmação — aceitar que ela corresponde à realidade. Quando digo que acredito no livro de Lucas, quero dizer que aceito seu conteúdo como verdade. Crer em Cristo é, primeiro, aceitar o que Ele diz como verdade. Em segundo lugar, e mais importante,* pisteuō *significa "confiar", "contar com" ou "depositar confiança em" algo ou alguém. Quando digo que creio em Jesus Cristo, declaro que confio nele, confio nele, depositei minha total confiança nele; tudo o que sei sobre esta vida e o que quer que ocorra após a morte depende de suas afirmações sobre si mesmo e de minha resposta positiva à sua oferta de graça.*

Isso é o que Deus aceita como fé genuína — aquela que concede a uma pessoa a vida eterna, a enche com o Espírito Santo e dá início a uma transformação interna.

APLICAÇÃO

Atos 8:1-24

COMO IDENTIFICAR UMA FALSIFICAÇÃO

A crônica de Lucas sobre a igreja primitiva nos deu muitos exemplos de como é o ministério cristão genuíno. Neste trecho de sua narrativa, temos a oportunidade de comparar e contrastar ministérios autênticos e golpes religiosos cheios de falsidade.

No ministério de Filipe é possível identificar três qualidades de um ministério genuíno fluindo do poder do Espírito Santo.

Primeiro, vemos *a centralidade de Jesus Cristo na mensagem* (8:4,5). Não se trata de qualquer outro líder. Não se trata de um sistema filosófico ou um regime de atividades. Nem mesmo uma doutrina específica, por mais importante ou válido que seja o ensinamento. O foco central de toda adoração, instrução, comunhão e expressão deve ser nosso Líder e Senhor que vive, Jesus Cristo. Se o ministério continuamente aponta os seguidores para Cristo, dando a Ele toda a glória, você pode ter certeza de que é de Deus.

Segundo, *uma dinâmica de poder libertador* (8:6,7). As pessoas encontram liberdade de sua escravidão ao pecado. Filipe curou e expulsou demônios com o poder de Deus, não para criar medo no povo ou para se estabelecer como xamã da aldeia, mas para conceder liberdade. Seu poder autenticou sua mensagem como sendo de origem divina e apontou as pessoas para Deus, não para si mesmo. À medida que o povo ficava livre de suas doenças, elas aceitavam a mensagem de libertação da escravidão do pecado. Ministérios cristãos genuínos criam e encorajam a liberdade para os seguidores de Cristo.

Finalmente, *uma alegria contagiante* (8:8). A cidade se alegrou como resultado da pregação e do ensino de Filipe e da cura promovida por ele. Eles não estavam sobrecarregados com uma lista de responsabilidades ou de deveres a cumprir. Os novos crentes não se tornaram cativos azedos, sombrios e mal-humorados de um sistema rígido de pensamento e comportamento. Regozijavam-se com sua liberdade; experimentaram uma felicidade e contentamento como nunca antes.

A atividade de Simão, o mago, por outro lado, ilustra várias características de um falso ministério. Vejo pelo menos quatro.

1. *O ministério exalta uma pessoa em vez de Cristo*. Você tem problemas quando está em um sistema (ou uma igreja) que exalta uma pessoa que não seja Cristo. Simão entrou em cena e fez

reivindicações exclusivas para inspirar devoção a si mesmo. Espíritas, magos e feiticeiros fazem isso há milênios, criando medo na comunidade para se estabelecerem como os únicos intermediários entre os reinos espiritual e físico. Ainda hoje, vejo homens e mulheres fazendo "shows mágicos de cura" modernos e, enquanto fingem dar a Deus a glória, eles inteligentemente se estabelecem como as "pessoas a quem procurar" para cura e instrução.

2. *O ministério atrai seguidores com promessas de resolver problemas temporais.* Cuidado com qualquer ministério que prometa resolver seus problemas financeiros, físicos, relacionais e emocionais. O cristianismo autêntico certamente pode tornar a vida melhor em todos os aspectos; a obediência ao Senhor e ao seu Espírito Santo transformador podem fazer maravilhas incríveis. Mas nenhum ministério em particular pode reivindicar para si a capacidade de fazer isso. Deus concede cura e bênçãos, sabedoria e liberdade diretamente. Você tem uma linha direta com Ele através da oração, e Ele tratará com você pessoalmente. Você não precisa enviar dinheiro. Você não precisa comprar um pano, óleo, água, livros ou qualquer outro símbolo. E você certamente não precisa de alguma pessoa em particular reivindicando grande poder para orar por você.

3. *O ministério exerce um poder falso.* Cuidado com os shows de magia de alguns televangelistas; eles vendem seu poder falsificado em troca de doações. As exibições "sobrenaturais" de curandeiros da fé não convencem ninguém além dos ingênuos. Eles realizam suas ilusões em ambientes muito controlados, e suas "curas" são limitadas a melhorias leves ou eles alegam resultados difíceis de verificar.

Os milagres da Bíblia, como a cura do mendigo em Atos 3, tiveram um impacto imediato e visível; ninguém poderia negar sua verdade. Os sinais e maravilhas descritos nas Escrituras não deixavam margem para dúvidas até mesmo entre os céticos mais fervorosos da época. Nada do que vemos hoje se encaixa nessa categoria de atividade milagrosa genuína.

4. *O ministério demonstra uma preocupação com o material e não com o espiritual.* Em ministérios falsos, você ouvirá falar bastante sobre dinheiro, riqueza material, edifícios, aviões particulares e equipamentos especiais, mas muito pouco sobre a quais propósitos eles servem. Todos os ministérios precisam de certas coisas para cumprir suas missões, mas os ministérios cristãos autênticos mantêm as questões espirituais em primeiro lugar; para eles, as coisas físicas servem a propósitos espirituais. Por exemplo, um ministério pode querer arrecadar dinheiro para comprar um prédio. Se for

um ministério genuíno, os principais beneficiários do edifício serão as pessoas às quais o ministério serve.

Ouça atentamente o líder do ministério. Preste atenção no que é dito — e deixado por dizer. Se a maioria de sua instrução diz respeito a questões físicas, como saúde e dinheiro, cuidado!

Um encontro marcado por Deus

LEIA ATOS 8:25-40

Ser uma testemunha eficaz de Cristo não é fácil nem natural. Deus sabe disso. Ele entendia tão bem o problema que instruiu os seguidores de Cristo a permanecerem quietos até receberem o poder divino para ajudá-los a alcançar o que era difícil e realizar o sobrenatural. Só então eles poderiam se tornar suas testemunhas em casa, do outro lado da cidade e ao redor do mundo (1:8).

A maioria de nós enfrenta dificuldades diante de nossa responsabilidade de sermos testemunhas eficazes de Cristo. Somos impedidos pelo medo, principalmente do desconhecido. Ficamos desanimados diante da ignorância, preocupados com a ideia de que os outros façam perguntas que não podemos responder ou que não "acertemos". E, convenhamos, somos refreados pela indiferença; simplesmente não nos importamos o suficiente com os outros para lhes contar as notícias mais importantes que eles já ouviram. Assim, aliviamos nossas consciências culpadas usando todo tipo de artifício inteligente, evitando o mandamento mais direto do Senhor: sejam "minhas testemunhas" (1:8).

Filipe, o diácono, talvez seja o melhor exemplo de evangelismo pessoal e individual que temos no livro de Atos. Podemos aprender muito com seu encontro com um viajante sincero em uma estrada solitária.

8:25,26

Após o terrível encontro com o impostor Simão, o mago, Pedro e João voltaram para Jerusalém. No caminho, os apóstolos separaram um tempo, parando para pregar e ensinar nas aldeias samaritanas. Enquanto isso, um anjo apareceu a Filipe em Samaria e o enviou para uma estrada que levava de Jerusalém (760 metros acima do nível do mar) até o porto mediterrâneo de Gaza — uma rota que provavelmente seguia para o sul de Jerusalém um pouco antes de descer ao longo de uma cordilheira em direção ao vale de Elá, na região montanhosa da Judeia. Lucas insere um parêntese onde informa que se tratava de uma "estrada deserta" (8:26), ou seja, não frequentada pelas pessoas.

Tenha em mente que o anjo não disse a Filipe por quê. Além disso, Filipe não sabia com quem iria se encontrar. Do ponto de vista humano, as novas ordens não faziam sentido. Ele foi instruído a deixar seu ministério extremamente bem-sucedido entre as muitas aldeias povoadas de Samaria para ir a uma estrada solitária na remota região montanhosa do país, uma viagem de dois dias para o sul.

8:27,28

A linguagem simples e direta de Lucas reflete a resposta de Filipe: ele obedeceu imediatamente. Em algum lugar ao longo da estrada remota, ele viu um "eunuco etíope" (8:27) do país da antiga Núbia, que também era chamado de Cuxe, ao norte da atual Etiópia. O povo "etíope" ocupava a região entre o Nilo e o mar Vermelho, de Assuã, no sul do Egito, a Cartum, no atual Sudão.

Um eunuco era um homem castrado cirurgicamente. Em algumas civilizações orientais antigas, um homem podia se voluntariar para o serviço no palácio com a condição de abdicar da totalidade ou de parte dos seus órgãos genitais. Às vezes, o procedimento era bastante brutal, e um número significativo de voluntários não sobrevivia ao trauma. Além de demonstrar lealdade, a castração também servia a um propósito prático: a cirurgia praticamente eliminava os motivos mais comuns de traição. Consequentemente, os eunucos tornaram-se servidores altamente confiáveis da corte. Neste caso, o eunuco administrava o tesouro de sua nação.

Ministério de Filipe. Deus chamou Filipe de seu ministério em Samaria para que fosse a uma estrada que corria a sudoeste de Jerusalém, onde evangelizou e batizou um oficial etíope, provavelmente antes de chegar a Gaza. Filipe foi então "arrebatado" para continuar pregando em Azoto, ao norte.

Candace não é necessariamente um nome pessoal; talvez fosse um título, como Faraó, Delfim ou Xá. De acordo com alguns historiadores, os núbios "consideravam o sol como o pai de seus reis, e deram o título de Candace à

EXCURSO: POSSO TESTEMUNHAR?

ATOS 8:35

Já vi muitos métodos de evangelismo usados em meus mais de cinquenta anos de ministério. Alguns são melhores do que outros. Não acho que haja um método único de compartilhar o evangelho que funcione para todas as pessoas em todos os momentos, mas há pelo menos três modelos que todos devem *evitar*.

O CAÇADOR DE RECOMPENSAS

O caçador de recompensas acorda de manhã todo animado para explicar o básico do cristianismo para toda e qualquer pessoa, independentemente das circunstâncias ou do nível de interesse delas. Ele fala a todo mundo que encontra: o cara no posto de gasolina, a mulher no supermercado, o contínuo no escritório, o amigo de um amigo, a pessoa na mesa ao lado no restaurante ou sentada ao lado dele no avião. Pronto ou não, lá vem ele!

Olhando pelo lado positivo, o caçador de recompensas definitivamente obtém resultados. Por pura força dos números, uma porcentagem ouve o evangelho e responde. Pelo lado negativo, quantos são afastados e se tornam mais resistentes ao evangelho como resultado de sua abordagem? Isso não importa para o caçador de recompensas. Ele sente que o fim justifica os meios e sente-se aliviado de qualquer culpa. Na verdade, muitos caçadores de recompensas descartam qualquer preocupação quanto a serem ofensivos. Eles racionalizam que "a mensagem de Cristo é ofensiva a um mundo maligno", sem parar para pensar que *eles* podem ser o elemento ofensivo, não o evangelho.

Meu amigo Bob me disse que a primeira pessoa que ele viu testemunhando foi uma garota que ele conheceu no ensino médio. Ela usava roupas ultrapassadas — vestidos escuros e compridos, meias grossas e um pequeno chapéu — e carregava "uma Bíblia de 4 toneladas". Ela costumava se esconder atrás dos armários do corredor e, sempre que alguém passava, ela pulava, enfiava um panfleto em suas mãos e dizia: "Não culpe Jesus se você for para o inferno!".

Bob disse: "Eu pensei: *Tudo bem, não vou culpá-lo!*"

Os caçadores de recompensas se preocupam mais com decisões e números do que com vidas e relacionamentos transformados.

O INTELECTUAL

Os intelectuais gostam do que eu chamo de "abordagem da Ivy League".[1] Um intelectual é o oposto do caçador de recompensas na maioria dos aspectos. Em vez de parecer ansioso demais ou excessivamente zeloso, a testemunha intelectual diz: "Vamos discutir as religiões do mundo". O intelectual é um especialista em apologética, mas nunca chega ao ponto final: a decisão de confiar em Cristo.

A abordagem da Ivy League tem algumas vantagens. Esse método reconhece o amplo espectro das opiniões humanas, busca compreender outros pontos de vista e se preocupa em comunicar o seu ponto por meio do diálogo. É educativo. É até estimulante descobrir como uma religião difere da outra e como elas são semelhantes. Os intelectuais sempre encontram mais informações para colocar em suas cabeças já lotadas.

A desvantagem: é centrado na razão e raramente funciona. De modo geral, as pessoas não vão a Cristo porque perderam um debate. O problema do pecado não é um problema intelectual; é o resultado da rebelião contra Deus. Uma decisão em favor de Cristo é uma crise da vontade. Isso não quer dizer que a apologética não tenha seu lugar no evangelismo. O uso eficaz da razão ajuda a demonstrar que o cristianismo é uma fé razoável.

Isso ajuda a manter a entrada desimpedida. Então, uma vez que o coração de uma pessoa se torna receptivo ao evangelho, a apologética pode ajudar a eliminar obstruções intelectuais do caminho para Cristo.

O AGENTE SECRETO

Verdade seja dita, nós, em grande parte, somos cristãos agentes secretos. Esses crentes racionalizam sua falta de iniciativa declarando-se "testemunhas silenciosas de Deus". Esperam que seu estilo de vida fale por eles. Estão esperando que alguém se levante e diga: "Amigo, estive observando sua vida. E estou interessado em saber como receber Cristo como meu Salvador pessoal. Eu o recebo pela fé?". Quando isso acontecer, o agente secreto contará ao

[1] A Ivy League é uma conferência esportiva composta por oito prestigiadas instituições de ensino superior nos Estados Unidos, a saber: Brown University, Columbia University, Cornell University, Dartmouth College, Harvard University, University of Pennsylvania, Princeton University e Yale University. O termo também é usado para se referir a essas oito universidades de elite, conhecidas por sua excelência acadêmica e tradição. Embora o termo "Ivy League" tenha origem na competição esportiva entre essas universidades, hoje em dia é mais comumente usado para descrever o prestígio acadêmico e a seletividade de admissão dessas instituições. [Nota do revisor.]

indivíduo tudo sobre Cristo e como conhecê-lo pessoalmente. O problema é que isso nunca acontece.

Já ouvi pessoas dizerem: "Espere — o que é mais importante para Deus, sua vida ou sua mensagem?". É como perguntar a um piloto: "Qual asa é mais importante, a esquerda ou a direita?". Um avião deve ter as duas, ou nunca sairá do chão.

A vantagem de ser um agente secreto é que você nunca ofende. Esse método também leva você a sempre manter uma vida de autenticidade, integridade, bondade e generosidade. Mas esta abordagem tem uma desvantagem terrível: é um meio egocêntrico de aliviar sua consciência enquanto se esquiva de uma responsabilidade solene dada por Cristo.

Está bem claro que a melhor abordagem reúne os elementos mais eficazes de todos os três. Seja transparente sobre seu relacionamento com Jesus Cristo e fale abertamente sobre seu crescimento espiritual. Estude outras religiões e envolva as pessoas em conversas atenciosas, respeitosas e calmas, tendo o cuidado de ouvir e oferecer respostas racionais às perguntas. Seja como for, deixe que sua vida fale, mas não que fale *tudo*! Em algum momento, uma vez que você ganhou confiança e conquistou uma audiência equilibrada, chegue ao ponto em questão: a necessidade de se arrepender do pecado e aceitar o dom de Cristo da vida eterna.

mãe".[61] Sua autoridade era quase absoluta, muitas vezes maior do que a do rei. Até onde se sabe, seu nome pode ter sido Amanitere, embora as datas exatas de seu reinado estejam em disputa.

Embora a religião dos núbios fosse tão pagã quanto a de seus vizinhos egípcios, este eunuco acabara de adorar em Jerusalém. A lei judaica impedia que os eunucos entrassem "na assembleia do Senhor" (cf. Dt 23:1); no entanto, este era evidentemente bastante comprometido e até possuía uma cópia das Escrituras. Pergaminhos copiados à mão, meticulosamente produzidos por um escriba judeu, custavam uma fortuna. Tudo sobre o homem diz que ele era um adorador devoto do Deus hebreu, bem como um homem com instrução e recursos financeiros.

Enquanto descia pela região montanhosa em sua carruagem, ele lia Isaías 53. (O termo grego *harma* [716] indica um veículo de duas rodas puxado por cavalos, que possuía duas variedades: a carruagem militar e a carruagem de um viajante.) Outras pessoas podiam estar caminhando ao lado da carruagem, talvez ouvindo, quando Filipe correu para alcançá-lo.

8:29-31

Não foi mero acaso que o eunuco estivesse lá; o Espírito Santo havia marcado uma reunião. Lucas não nos diz como o Espírito Santo falou com Filipe, mas sou inclinado a crer que Ele falou-lhe audivelmente, e não apenas por meio de um pensamento em sua mente. Anteriormente, um anjo havia instruído Filipe (8:26). Além disso, os eventos antes e depois do encontro exibem um caráter nitidamente sobrenatural. Independentemente disso, o Espírito orientou Filipe a aproximar-se da carruagem. O eunuco estava lendo em voz alta, como era costume; então, o diácono aproveitou para puxar conversa.

8:32-34

A porção de Isaías lida pelo eunuco vem do último dos quatro "cânticos do servo" (Is 42:1-4; 49:1-6; 50:4-9; 52:13—53:12), no qual um servo anônimo de Javé age em nome do povo de Deus. Neste último cântico, o servo sofre punição pelos pecados de seu povo, apesar de sua inocência pessoal. O cântico sugere a ressurreição dos mortos como recompensa por seu sacrifício altruísta. O eunuco se concentra no clímax do terrível sofrimento do servo:

> Ele foi oprimido e afligido;
> contudo, não abriu a boca;
> como cordeiro, foi levado para o matadouro;
> como uma ovelha fica muda diante dos seus tosquiadores,
> não abriu a boca.
> Com julgamento opressivo, ele foi levado.
> E quem da sua geração se importou?
> Pois ele foi eliminado da terra dos viventes;
> por causa da transgressão do meu povo, ele foi golpeado. (Is 53:7,8)

O homem fez uma pergunta muito perspicaz: "De quem o profeta está falando?" (At 8:34). Teólogos judeus vinham lutando com o mesmo mistério há muito tempo. Os judeus da época de Jesus pensavam no Messias como um rei-guerreiro que venceria os inimigos de Israel, que os levaria à prosperidade e governaria do trono de Davi para sempre. Assim, eles descartaram qualquer pensamento de que o Messias fosse esse Servo Sofredor; afinal, como um morto poderia vencer qualquer inimigo ou governar de qualquer trono? Ninguém na época de Jesus havia considerado a possibilidade de que o Messias pudesse morrer para salvar seu povo e depois ressuscitar dos mortos, além da ressurreição geral dos justos, para se tornar seu Rei eterno.

8:35-37

Anteriormente, Jesus havia identificado o Servo Sofredor como o Messias e, em seguida, afirmou ser o cumprimento desse cântico profético (Lc 22:37; cf. Is 53:12). Como Pedro, Filipe pregou "as boas-novas de Jesus" (At 8:35; cf. 5:42). Se ele seguisse o padrão de Pedro, mostraria que Jesus é o Cristo, que Ele sofreu a penalidade do pecado no lugar do mundo, que Ele ressuscitou dos mortos e que Ele oferece perdão a qualquer um que confie nele.

O manuscrito original de Lucas muito provavelmente omite os detalhes da conversão do homem. Atos 8:37 não aparece em nenhum dos manuscritos mais antigos; aparece apenas na família "ocidental" de manuscritos, assim chamada porque eles se originaram no Império Romano do Ocidente. Em algum momento, um escriba provavelmente inseriu o texto porque parecia estranho que o eunuco tenha sido batizado sem que se mencionasse sua conversão.[62] Embora não seja original do texto de Lucas, o versículo oferece um vislumbre do que a igreja primitiva a oeste de Roma pensava sobre a conversão. Eles entendiam claramente o batismo como um rito apenas para os crentes.[63] E o conteúdo da crença era relativamente simples: que Jesus é o Cristo, o Filho de Deus.

8:38

Filipe, evidentemente, aceitou a crença do eunuco como ela se apresentou. Enquanto seguiam, o eunuco viu água e uma oportunidade para o batismo na água, e o diácono não viu nenhuma objeção. A descrição de Lucas apoia fortemente o batismo por imersão de acordo com a tradição judaica; caso contrário, não haveria necessidade de *ambos* entrarem na água. Alguns sugerem que os homens poderiam ter entrado na água e, ali, Filipe poderia ter derramado ou aspergido água sobre o eunuco, mas ambos estavam familiarizados com o batismo judaico de novos convertidos, que exigia imersão total.

8:39,40

Quando os homens emergiram da água, o Espírito Santo "arrebatou" o diácono (8:39). O termo usado aqui, *harpazō* [726], significa "levar algo à força".[64] Lucas deixa pouco espaço para que isso seja visto de qualquer outra maneira que não a literal. Por razões conhecidas apenas pelo Espírito Santo, Filipe desapareceu de um lugar e depois apareceu em outro. A escolha das palavras de Lucas implica que a remoção repentina de Filipe

EXCURSO: CRÍTICA TEXTUAL E CONFIABILIDADE DAS ESCRITURAS

ATOS 8:37

Nunca gostei do termo “crítica textual”. Ele sugere que os especialistas na área dedicaram suas vidas a esmiuçar a Bíblia até que o texto das Escrituras ficasse sem sentido ou não fosse confiável. Sem dúvida, alguns estudiosos tentaram fazer exatamente isso. Mas muitos homens e mulheres de bem perseguem a verdadeira intenção da crítica textual, que visa verificar qual dos milhares de manuscritos antigos contém as palavras originais que os escritores da Bíblia escreveram cuidadosamente sob a inspiração do Espírito Santo.

Como escreveram Paulo, Lucas, Tiago, Pedro, João e outros homens do cristianismo do primeiro século, o Espírito Santo os levou a incluir todas as informações de que precisaríamos para crer e obedecer a Deus, e Ele os preservou do erro enquanto escreviam. O que emergiu foi a verdade divina, preservada em tinta sobre papiro. E como essas palavras dos apóstolos e profetas da igreja foram reconhecidas como verdade profética e autorizada, os copistas faziam duplicatas à mão para que fossem distribuídas a outras igrejas. Em seguida, cópias foram feitas dessas cópias, e mais cópias foram produzidas mais tarde a partir dessas cópias. Em pouco tempo, centenas de exemplares circulavam entre as igrejas. Enquanto isso, o papiro dos textos originais se deteriorava.

Os pergaminhos originais já se foram há muito tempo e, infelizmente, o processo de cópia não foi perfeito. Uma palavra ou frase adicionada aqui, uma palavra solta ali, algumas letras confundidas com outras. Então, esses pequenos erros em um manuscrito se tornaram parte de cada cópia criada a partir dele. Ocasionalmente, um escriba inadvertidamente criava um erro ao tentar corrigir um erro anterior — ou o que ele *pensava* ser um erro —, propagando assim outra “variante”. Muitos séculos depois, descobrimos mais de cinco mil manuscritos ou fragmentos de manuscritos, todos contendo alguma parte das palavras originais do Novo Testamento.

Um bom exemplo desse fenômeno apareceu recentemente em fóruns pelos Estados Unidos. Anos atrás, alguém copiou o que eu havia escrito em um texto que intitulei “Atitudes”. Ele foi datilografado em uma folha de papel para que se produzisse um cartaz rudimentar. Outra pessoa gostou e copiou para um casal de amigos, que o exibiu em seus quadros de avisos. Mais tarde, cópias dessas cópias foram manuscritas e/ou enviadas por fax e copiadas novamente. Em pouco tempo, meu texto original havia sido copiado e enviado por fax tantas vezes a ponto de mal se conseguir lê-lo — as letras estavam manchadas, marcadas e desbotadas. No entanto, pouquíssimas pessoas tiveram dificuldade em ler a citação, mesmo com letras e palavras faltando.

Embora não houvesse, é claro, fotocopiadoras, os manuscritos originais passaram por um processo semelhante e foram tratados com o maior cuidado. Os escribas eram notoriamente diligentes; no entanto, após centenas de cópias, alguns erros surgiram. Embora esse sistema de cópia manual não fosse perfeito, ele ainda assim preservou a verdade divina ao longo de cerca de dois mil anos. A maioria dos erros é pequena e conhecida, de modo que o significado do texto original não foi afetado. Nos casos em que os significados foram afetados, o grande número de manuscritos torna relativamente fácil identificar um erro e corrigi-lo. E, como a maioria das variantes envolve adições ao texto original, a redação original, de modo geral, é de fácil determinação.

Felizmente, temos a dedicação e a perícia dos críticos textuais para analisar e comparar milhares de cópias antigas, a fim de recuperar o texto original das Escrituras. As bíblias que temos hoje são cópias extremamente confiáveis dos textos originais — tão próximas da precisão quanto as que qualquer igreja teria naquela época —, e tudo graças aos esforços de estudiosos diligentes e piedosos.

foi uma surpresa para ele; depois de se orientar, percebeu que tinha sido levado por mais de 30 quilômetros, até Azoto.

Do ponto de vista do eunuco, Filipe simplesmente desapareceu assim que eles emergiram da água (8:39). Mesmo assim, voltou para casa "cheio de alegria", ou seja, em estado de felicidade e bem-estar.

APLICAÇÃO

Atos 8:25-40

DIRETRIZES PARA SER UMA TESTEMUNHA VENCEDORA

O exemplo de Filipe oferece várias diretrizes sobre como evitar se tornar uma testemunha desagradável, uma testemunha ineficaz ou uma testemunha apática (o caçador de recompensas, o intelectual e o agente secreto mencionados nas páginas 153-154). Vejo cinco instruções úteis no encontro divinamente planejado do diácono com um estrangeiro.

Primeira instrução: seja sensível.

Coloque-se no lugar de Filipe. Aqui está ele, no meio de um ministério super emocionante em Samaria, desfrutando de um sucesso incrível. Vidas estão sendo mudadas, famílias reunidas, doenças curadas e aldeias inteiras decididas a seguir Jesus Cristo. De repente, o Senhor diz: "Deixe tudo isso e vá para uma estrada solitária no meio do nada". Filipe não discutiu nem resistiu. Ele obedeceu.

Uma testemunha eficaz mantém um coração sensível, pronto e disposto a seguir a inspiração do Senhor. Testemunhas eficazes não chegam ao local de repente; elas são guiadas pelo Espírito Santo, o mesmo Senhor que coloca aquela outra pessoa ao lado e cria uma oportunidade que leva a um encontro.

Segunda instrução: esteja disponível.

A *sensibilidade* tem uma irmã gêmea chamada *disponibilidade*. Elas andam sempre juntas. Não é possível ter uma sem a outra. Se você for sensível à condução do Espírito, então estará disponível para obedecer à sua inspiração. Filipe não questionou a decisão do Senhor de movê-lo de grandes populações e grandes atividades para uma estrada remota; ele simplesmente obedeceu. Ele reconheceu que a edificação do reino é o empreendimento de Deus; ele era apenas um trabalhador. Se ele trabalhasse em Samaria, Gaza, Azoto ou Cesareia, não importava. Ele estava disponível.

Terceira instrução: seja proativo.

É preciso iniciativa para quebrar a barreira do silêncio. Não queremos ser desagradáveis, mas nem sempre podemos ficar sentados e esperar que as pessoas nos peçam ajuda. Elas não sabem o que não sabem! A maioria fica confusa com todo o assunto da religião e, portanto, tenta iniciar uma conversa. Então, conecte-se em um nível pessoal, procurando oportunidades para atender a uma necessidade que elas possam ter. Responda a perguntas ou esclareça mal-entendidos, mantendo-se transparente sobre suas crenças.

Filipe viu uma oportunidade no material de leitura do homem. Ele fez uma pergunta simples, discreta e não ameaçadora: "O senhor entende o que está lendo?" (8:30).

Quarta instrução: tenha bom senso.

D. James Kennedy ilustra o valor do bom senso desta forma:

> Certa vez, ouvi um homem se aproximar de uma mulher e dizer: "Como estão seus rins hoje?". Isso é verdade! De fato, ouvi

> o homem fazer essa pergunta. Qual foi a resposta dela? Ela bateu nele com a bolsa? Não, ela disse o seguinte: "Ah, eles estão muito melhores hoje, obrigado, doutor". Ouvi aquelas palavras em um quarto de hospital. O médico ganhou o direito de fazer essa pergunta pessoal. Se duvida disso, pare a próxima [mulher] que você encontrar na rua e faça a mesma pergunta, e veja o que acontece.
>
> Ou seja, precisamos ganhar o direito de fazer perguntas pessoais. Podemos fazer isso tornando-nos amigos, conhecendo as pessoas, ouvindo o que elas têm a dizer, demonstrando interesse, ouvindo-as quando falam.[65]

Não culpe a pessoa perdida por ficar ofendida se você for ofensivo. Ela tem todas as razões do mundo para se sentir ofendida. Ganhar o direito de fazer perguntas pessoais — e as perguntas espirituais estão entre as mais pessoais e sensíveis de todas — é a definição de bom senso.

Quinta instrução: seja preciso.

"Começando com aquela passagem da Escritura", Filipe "anunciou-lhe as boas-novas de Jesus" (8:35). Não é ótimo? Ele não falou sobre religião comparada ou evidências do *design* inteligente. Não discutiu questões teológicas ou males sociais. Há um tempo e um lugar para essas discussões, mas elas são tangenciais ao que é primário: Jesus Cristo, e como devemos responder a Ele. Embora devamos ter bom senso e responder a questões ou objeções, não devemos nos desviar da questão central.

Um perseguidor se torna pregador

LEIA ATOS 9:1-22

Não há ninguém mais persistente do que Deus quando Ele decide salvar alguém. E poucos podem apreciar a persistência e a busca do amor de Deus mais do que Francis Thompson. Por quase qualquer medida de sucesso, Thompson foi um fracasso. Ele não conseguiu se tornar um padre católico romano. Não conseguiu ser médico. Durou apenas duas semanas como fabricante de instrumentos cirúrgicos e dois meses como vendedor de enciclopédias — período em que leu toda a obra e não vendeu nada. Ele durou pouco tempo no exército antes de ser reprovado no exame físico, provavelmente devido ao seu grave vício em ópio.

Por fim, ele saiu de casa para viver sua própria vida em Londres, na esperança de se tornar um escritor de sucesso. Mas, como disse um biógrafo, "era seu hábito obedecer ao comando da droga de descartar seus livros e instrumentos médicos".[66] Em pouco tempo, ele estava desamparado, vagando pelas ruas de Londres em trapos imundos e sapatos rotos, incapaz de manter um emprego quando tinha a sorte de encontrar um, e, então, limitado a vender fósforos para não morrer de fome. Mas dentro daquele andarilho trajando farrapos batia um coração que Deus havia reivindicado para si mesmo.

Depois de ler a poesia de Thompson, Wilfrid e Alice Meynell, editores da revista *Merrie England*, resgataram-no das ruas. Deram-lhe um lugar para viver e intermediaram seu primeiro trabalho editorial, o que o tornou uma celebridade instantânea. Mais tarde, ele escreveu — nas palavras de muitos críticos — a maior ode inglesa já publicada: "The Hound of Heaven" [O cão de caça do céu], um poema místico sobre a busca implacável de Deus por seus amados.

> Fugi dele, pelas noites e pelos dias;
> Fugi dele, pelos arcos dos anos;
> Fugi dele, pelos caminhos labirínticos
> Da minha própria mente e, na névoa das lágrimas,
> Escondi-me Dele, sob gargalhadas constantes.
> Diante de esperanças vistas eu corri;
> E destruído, precipitado,
> Sob melancolias titânicas de medos de abismo,
> Daqueles pés fortes que seguiram, e continuaram a seguir;
> Mas com perseguição sem pressa,
> Em ritmo imperturbável,
> Velocidade deliberada, urgência majestosa,
> Eles bateram — e uma voz bateu
> Mais instantânea que os pés —
> "Todas as coisas traem a ti, que me traíste."[67]

Muitas pessoas se identificam com a história de Francis Thompson porque ela espelha seus próprios voos desesperados em fuga da graça de Deus. Graças ao amor persistente e perseguidor do Senhor — e apesar de seus próprios esforços para rejeitar o gracioso dom divino de liberdade — elas agora desfrutam do tipo de vida que ninguém poderia imaginar.

Dezessete séculos antes de Thompson, outro homem fugiu de Deus. Ele não era um vagabundo, mas um estudioso. Não era viciado em drogas, mas um dos homens mais religiosos e devotos de seu tempo. Não foi um fracassado, mas uma das mentes mais perspicazes de todo o Oriente Médio — brilhante, persuasivo, dogmático, odioso — imensamente bem-sucedido por todos os padrões pelos quais seus pares pudessem avaliar o sucesso. Mesmo assim, ele estava correndo. Enquanto Thompson conscientemente fugia do Senhor, esse judeu zeloso corria conscientemente em direção a Deus. Pelo menos ele *pensava* isso.

Saulo de Tarso tornou-se um exército de um homem só contra o que ele considerava ser a heresia mais perigosa de sua época: o cristianismo.

9:1,2

A descrição que Lucas faz do ódio de Saulo pelos cristãos transborda de pressentimento. Anteriormente, a narrativa indica que Saulo havia apoiado o complô para prender, condenar e apedrejar Estêvão (7:58; 8:1). Saulo, então, instaurou um regime de terror em Jerusalém, uma vez que "devastava a igreja. Indo de casa em casa, arrastava tanto homens como mulheres e lançava-os na prisão" (8:3). A perseguição de Saulo pode ter durado até três anos. Mas, em vez de destruir a igreja, seus esforços enviaram o evangelho mais longe, mais rápido.

Alguns cristãos que fugiam de Jerusalém encontraram refúgio nas aldeias desertas a leste e ao sul da cidade. Outros se mudaram para cidades ao norte da Galileia, na Síria, longe da influência política judaica. Damasco teria sido um local popular porque oferecia a proteção e as conveniências de uma cidade de tamanho considerável — isso sem mencionar as muitas oportunidades de espalhar o evangelho em uma grande área metropolitana e seus arredores. Além de tudo isso, os cristãos refugiados estariam protegidos das chamas da perseguição em Jerusalém... ou assim pensavam.

Quando Saulo descobriu a comunidade de cristãos amontoados em Damasco, planejou expandir sua perseguição, mas, por causa do clima político, precisou de ajuda do templo. O sumo sacerdote escreveu cartas aos líderes judeus em Damasco encorajando-os a apoiar Saulo em sua busca. Ele planejava extraditar esses seguidores judeus de Jesus para que enfrentassem julgamento perante o Sinédrio. Lucas usou o termo "o Caminho" para descrever aqueles que creram em Cristo, provavelmente porque Jesus se intitulava "o caminho, a verdade e a vida" (Jo 14:6).

9:3,4

Damasco ficava a 225 quilômetros a nordeste de Jerusalém, o que era uma viagem de pelo menos seis dias a pé. O contexto da história sugere que Saulo e seu contingente da guarda do templo estavam a não mais do que a um dia de Damasco quando uma luz brilhou ao redor deles (26:13). O advérbio "de repente" (9:3) indica que o evento veio sobre eles de forma rápida e inesperada. A preposição "do" é *ek* [1537], que geralmente tem um aspecto espacial quando se refere a algo visível. Em outras palavras, *ek* indica origem e direção; a luz aparecia como um feixe ou coluna "que vinha" do céu. O verbo traduzido "brilhou" sugere a ideia de relâmpago; a intensidade ofuscou o sol, iluminando tudo naquela área. De acordo com o relato posterior de Saulo, isso ocorreu "por volta do meio-dia" (22:6).

A luz que acompanhou a aparição de Jesus a Saulo é um exemplo de teofania, uma manifestação visível de Deus. Ao longo do Antigo Testamento, o Senhor indicou sua presença na forma de uma luz sobrenatural, mais tarde chamada de *shekinah*. Essa luz apareceu em uma sarça para Moisés (Êx 3:1-3), conduziu os israelitas pelo deserto em uma coluna (Êx 13:21,22) e se estabeleceu no monte Sinai na frente dos israelitas (Êx 19:18; 24:17). Quando o tabernáculo — e mais tarde o templo — foi construído, a *shekinah* pairou sobre a arca da aliança atrás de um véu espesso no lugar santíssimo (Êx 25:22; 40:35; Lv 16:2). O Senhor fez isso em benefício de seu povo, para afirmar sua presença entre eles como seu único Deus. Aqui, Saulo se beneficia dessa revelação.

Saulo caiu por terra e ouviu uma voz acusando-o: "Por que você me persegue? (At 9:4) — não "eles" ou "a igreja" ou mesmo "minha igreja", mas "me persegue". Uma escolha tão estranha de pronome pode ter confundido Saulo. Ele havia seguido fervorosamente um curso que julgava justo — ele queria acabar com uma heresia. Alguns de seus irmãos judeus estavam chamando um morto de Messias, o que violava tudo o que ele sabia sobre as Escrituras hebraicas.

Do ponto de vista de Cristo, "o Caminho" não era uma perspectiva teológica, mas uma parte viva de si mesmo. A igreja é, para Cristo, seu próprio corpo. E quanto às pessoas que Saulo vinha espancando e matando? O Espírito Santo as batizara em Cristo, tornando-as uma unidade com Ele, assim como Cristo é um com o Pai e o Espírito (Jo 17:18-21). Coletivamente, nós, a igreja, somos a representação visível de Jesus Cristo no mundo! Perseguir a igreja é agredir o Filho de Deus.

9:5,6

A pergunta de Saulo "Quem és tu, Senhor?" (9:5) não implica que ele considerasse a voz que ouvia como pertencente a Deus ou a Jesus. (A maiusculização do termo "Senhor" reflete o ponto de vista do leitor, não o de Paulo.) Seu uso de "senhor" era demonstração de respeito (p. ex. Gn 18:12; 19:2; Mt 13:27; 27:63; Jo 4:11; At 10:4). No entanto, dado o aspecto sobrenatural do evento, parece evidente que Saulo pensou que a voz pertencia a Deus ou a um de seus anjos. Imagine o seu espanto quando a voz se identificou como "Jesus, a quem você persegue" (9:5).

O termo grego para "perseguir" (*diōkō* [1377]) carrega a ideia de "forçar", "pressionar", "impulsionar", "perseguir" ou "engajar zelosamente", geralmente em prol de uma causa específica. Esta palavra grega (e a palavra hebraica ou aramaica que a representa) tem conotações que muitas vezes correspondem a "buscar vigorosamente" e não são estritamente negativas. Por exemplo, encontramos a palavra grega *diōkō* traduzindo o hebraico *radap* [H7291] na admoestação de Salmos 34:14 a que se "*busque* a paz com perseverança". E Saulo escreveria mais tarde: "*Prossigo* para alcançá-lo, pois para isso também fui alcançado por Cristo Jesus" (Fp 3:12).

A referência de Jesus à "perseguição" em sua interação com Saulo, portanto, não foi uma condenação inequívoca e sem reservas. Embora a busca vigorosa de Saulo pelos cristãos fosse claramente errada aos olhos de Deus, ele, no entanto, defendia sua causa por motivos que considerava corretos, embora "sendo ignorante, agi em incredulidade" (1Tm 1:13). Saulo se opôs fervorosamente aos cristãos porque pensava honestamente que eles se opunham a Deus. Consequentemente, ele declara que "Deus, porém, foi misericordioso [com ele]" (1Tm 1:13) em resposta ao seu pecado. Em vez de matar Saulo ou permitir que seu próprio pecado o consumisse, Cristo ressuscitado *perseguiu* o perseguidor injusto e confrontou seu pecado.

Jesus instruiu Saulo a continuar sua viagem a Damasco, mas com uma agenda diferente, que seria divulgada mais tarde. Muitos anos depois, ao recordar esse encontro diante de Agripa (At 26:12-21), ele comprimiria os acontecimentos dos dias seguintes para resumir tudo o que ouvira do Senhor.

9:7-9

Os homens que viajavam com Saulo não viram ninguém, mas viram a luz e ouviram o som da voz sem compreender a interação (9:7; 22:9). Saulo, por outro lado, compreendeu claramente a mensagem do Cristo ressuscitado. Durante o encontro, ele foi literalmente cegado pela luz, de modo que seus companheiros o levaram enquanto ele seguia para Damasco, onde permaneceu em sua própria escuridão pessoal por três dias, jejuando e recusando água (9:8,9).

De acordo com a lembrança de Saulo de todo esse episódio perante Agripa, ele passou aqueles três dias em comunicação com o Senhor. Saulo resumiu o que ouviu durante aqueles três dias em Atos 26:16-18 (ver quadro na página ao lado). Durante esse tempo, ele também recebeu uma visão, tranquilizando-o de que recuperaria sua visão através do ministério de um cristão em Damasco (9:12).

ENCONTRO DE PAULO COM O CRISTO RESSURRETO NO CAMINHO DE DAMASCO

CONFORME RELATO DE LUCAS EM ATOS	DEFESA DE PAULO PERANTE OS JUDEUS NO TEMPLO, DE ACORDO COM ATOS	JULGAMENTO DE PAULO PERANTE AGRIPA II EM CESAREIA, DE ACORDO COM ATOS
Na sua viagem, quando se aproximava de Damasco, de repente brilhou ao redor dele uma luz que vinha do céu. Ele caiu por terra e ouviu uma voz que lhe dizia: "Saulo, Saulo, por que você me persegue?" (9:3,4)	"Por volta do meio-dia, eu me aproximava de Damasco, quando, de repente, uma forte luz vinda do céu brilhou ao meu redor. Caí por terra e ouvi uma voz que me dizia: 'Saulo, Saulo, por que você me persegue?'". (22:6,7)	"Em uma dessas viagens, ia rumo a Damasco, com autorização e permissão dos chefes dos sacerdotes. Por volta do meio-dia, ó rei, estando eu a caminho, vi uma luz do céu, mais resplandecente que o sol, brilhando ao meu redor e ao redor dos que iam comigo. Todos caímos por terra. Então, ouvi uma voz que me dizia em língua hebraica: 'Saulo, Saulo, por que você me persegue? Resistir ao aguilhão só trará dor a você!'" (26:12-14)
Saulo perguntou: "Quem és tu, Senhor? Ele respondeu: "Eu sou Jesus, a quem você persegue". (9:5)	"Então, perguntei: 'Quem és tu, Senhor?'. Ele respondeu: 'Eu sou Jesus, o Nazareno, a quem você persegue'." (22:8)	"Então, perguntei: 'Quem és tu, Senhor?'. O Senhor respondeu: 'Eu sou Jesus, a quem você persegue'". (26:15)
Levante-se e entre na cidade; alguém lhe dirá o que você deve fazer. (9:6)	"Assim, perguntei: 'Que devo fazer, Senhor?'. O Senhor disse: 'Levante-se e entre em Damasco, onde será dito o que você deve fazer'". (22:10)	"'Agora, levante-se fique em pé. Eu apareci para constituí-lo servo e testemunha do que viu a meu respeito e do que mostrarei a você. Eu o livrarei do seu próprio povo e dos gentios, aos quais eu o envio para abrir--lhes os olhos e convertê-los das trevas para a luz e do poder de Satanás para Deus, a fim de que recebam o perdão dos pecados e herança entre os que são santificados pela fé em mim'". (26:16-18)
Os homens que viajavam com Saulo pararam emudecidos; ouviam a voz, mas não viam ninguém. (9:7)	"Os que me acompanhavam viram a luz, mas não entenderam a voz daquele que falava comigo." (22:9)	
Saulo levantou-se do chão e, abrindo os olhos, não conseguia ver nada, de modo que os homens o levaram pela mão até Damasco. (9:8)	"Os que estavam comigo me levaram pela mão até Damasco, porque o resplendor da luz havia me deixado cego." (22:11)	

9:10-16

Enquanto isso, do outro lado da cidade, o Senhor preparou "um discípulo chamado Ananias" que era "fiel seguidor da lei e muito respeitado por todos os judeus que ali viviam" (9:10; 22:12). O Senhor deu a Ananias o nome e o endereço da casa onde Saulo esperava (9:11) e assegurou-lhe que ele sabia que viria (9:12). A Ananias só restava seguir a ordem: "Vá" (9:11).

É claro que Ananias manifestou preocupação, não só com a própria segurança, mas também no interesse da justiça. O Senhor não revelou todo o seu plano ou mesmo que Saulo poderia estar à beira da conversão; Ele apenas disse ao homem para procurar Saulo e impor as mãos sobre ele. Provavelmente pareceu a Ananias que um Saulo cego seria benéfico à igreja. Devolver a visão a um inimigo dos cristãos parecia contraproducente. Era uma preocupação válida. Ananias não se opôs nem se recusou a obedecer; ele simplesmente queria entender.

O Senhor nem sempre se explica, e não tem obrigação de fazê-lo. Ainda assim, Ele honrou a resposta sincera de seu servo. O Senhor revelou a Ananias o que Saulo descobrira durante seu jejum de três dias: que Ele havia perseguido o fariseu orgulhoso, violento e zeloso de Tarso para salvá-lo e dar-lhe um papel fundamental no plano de redenção do mundo (9:15). O Senhor falou em termos que enfatizam sua escolha soberana de Saulo. "Escolhi" significa "[ter feito] uma escolha especial com base em uma preferência significativa, muitas vezes implicando uma atitude fortemente favorável em relação ao que é escolhido".[68] Em outras palavras, não se tratou de uma escolha desapaixonada e pragmática; a escolha de Saulo por Deus foi motivada por amor.

"Instrumento" (*skeuos* [4632]) significa literalmente "vaso". Os vasos são geralmente criados para servir a funções específicas. Um recipiente para armazenar vinho tinha uma aparência muito diferente de um recipiente projetado para conter utensílios domésticos. Deus fizera Saulo de uma certa maneira e tinha direcionado seus passos para um propósito. Saulo era um judeu altamente treinado, com uma educação de primeira classe sob o grande Gamaliel, e foi criado perto da famosa academia grega em Tarso; ele seria, assim, o embaixador ideal de um rei judeu para as culturas gentias. Este estudioso hebraico com cidadania romana poderia falar com autoridade nos dois mundos.

Saulo de Tarso, que se tornaria Paulo, o apóstolo, tinha um destino. Ele se tornaria uma testemunha para os gentios, para os reis e para seus companheiros judeus. Além disso, caso alguém esteja preocupado com a justiça, Saulo sofreria muito por causa do evangelho que ele uma vez tentou exterminar (9:16).

9:17-19

Ananias não perdeu tempo e obedeceu. Saiu de sua residência e entrou na casa de um homem chamado Judas (9:11), onde, cego, Saulo estava. Ele saudou Saulo como "irmão Saulo", não mostrando hesitação em abraçá-lo como um genuíno crente e cooperador na causa de Cristo (9:17). Sua saudação também demonstrou seu completo conhecimento do que Saulo havia experimentado mesmo antes de ouvir dele; o Senhor que aparecera a Saulo no caminho também aparecera a Ananias em Damasco. A declaração de Ananias implica que Saulo recebeu o Espírito Santo quando recuperou a visão (9:17).

Lucas descreve "algo como escamas" que caíram dos olhos de Saulo (9:18). A palavra grega *lepis* [3013] denota algo fino e escamoso, como as escamas de peixes ou cobras. Embora um fenômeno físico tenha acompanhado a restauração da visão de Saulo, esta foi uma cura sobrenatural. Escamas caíram de seus olhos e o Espírito encheu seu corpo; seus olhos voltaram a enxergar e sua alma recebeu visão. Antes mesmo de interromper seu jejum, Saulo se submeteu ao batismo na água (9:18), e então ele comeu (9:19).

9:20-22

Saulo não perdeu tempo; ele "logo" começou a declarar nas sinagogas que "Jesus é o Filho de Deus" (9:20). O Antigo Testamento usa a linguagem da filiação em relação a Israel como nação (Êx 4:22,23; Is 63:16; 64:8; Jr 3:19; 31:9; Os 11:1), ao rei ungido de Israel (2Sm 7:14; 1Cr 22:10; Sl 89:26,27) e ao Messias (Sl 2:7).

Não esqueçamos que Saulo tinha em sua posse cartas do sumo sacerdote aos líderes dessas mesmas sinagogas autorizando a prisão e a extradição de cristãos. Saulo tinha ido a Damasco para capturar qualquer judeu que proclamasse Jesus como o Messias; agora, ele havia se tornado um seguidor entusiasmado de Jesus. Saulo cresceria muito em sua compreensão das implicações do evangelho nos anos seguintes, mas mesmo nesse estágio inicial ele era hábil no debate e possuía um conhecimento incomparável das Escrituras hebraicas. Isso fez dele um formidável defensor de Cristo entre seus irmãos judeus.

APLICAÇÃO

Atos 9:1-22

O CAMINHO A PARTIR DAQUI

A experiência de conversão de Saulo foi como nenhuma outra. A maioria das pessoas não experimenta um encontro sobrenatural e presencial com o Cristo ressuscitado! Mesmo assim, vejo em sua experiência um paradigma que se aplica ao nascimento e ao crescimento de todos os novos cristãos. Tome nota dos acontecimentos que se seguiram à conversão de Saulo.

Um relacionamento

Imediatamente após o encontro de Saulo com Cristo, o Senhor enviou um crente maduro para ministrar a ele. Ananias tornou-se seu amigo, advogado e guia. Paulo tinha dúvidas; Ananias ofereceu respostas. Paulo precisava da companhia de alguém que tivesse experimentado essa transformação; Ananias tornou-se seu primeiro companheiro cristão. É uma experiência agitada, às vezes avassaladora, quando o Espírito Santo assume morada em um novo crente; essa pessoa precisa de alguém para ajudá-la nesses primeiros passos hesitantes, pois a vida começa de uma perspectiva completamente nova.

Uma comunidade

Ananias não assumiu essa responsabilidade sozinho; ele prontamente apresentou Saulo à comunidade de crentes em Damasco. Eles, por sua vez, ajudaram-no a determinar o que ele deveria fazer a seguir. Apoiaram suas convicções, protegeram-no de seus inimigos e nutriram seu crescimento como crente. A igreja ajudou Saulo a começar a reescrever sua teologia, agora que ele havia conhecido o Messias. O apoio da comunidade levou ao próximo estágio da transformação de Paulo.

Uma educação

Embora Paulo tenha dado início ao evangelismo e à pregação imediatamente, sua experiência na estrada de Damasco e seu óbvio chamado ao ministério não significaram que ele pudesse contornar a preparação doutrinária e prática. Embora não saibamos exatamente o que ele fez lá, Paulo deixou Damasco para passar um tempo na Arábia (Gl 1:17). Talvez tenha estudado, meditado e comungado com o Senhor, e até mesmo recebido revelações especiais do Espírito Santo. Depois de um tempo não especificado, ele retornou a Damasco e, em seguida, a Jerusalém (ver Gl 1:17,18). Ainda assim, sua preparação prática para o ministério não estava completa. Muito antes de seu chamado para trabalhar entre os conversos gentios em Antioquia e sua famosa despedida de Barnabé na primeira viagem missionária, Paulo mudou-se para sua cidade natal, Tarso (At 9:29,30), onde passou dez anos estudando e trabalhando no ministério. Somente então, depois de muita preparação doutrinária e prática, Deus lançou Paulo em seu papel de apóstolo.

Uma reprodução

Com seu próprio desenvolvimento espiritual bem encaminhado, Saulo, o fariseu, foi transformado em Paulo, o apóstolo, e começou a se reproduzir como crente. Seu testemunho tornou-se a base de um ministério evangelístico mundial pelo qual sua fé levou outras pessoas à fé em Jesus Cristo. E é isso que Deus pretende para todos que se tornam parte do seu reino: discípulos fazendo discípulos, que fazem mais discípulos.

Um homem que precisa de um novo nome

LEIA ATOS 9:23-31

Estou convencido de que todos os cristãos devem passar por três estágios no caminho para a maturidade espiritual.

Embora todos tenham que passar por cada etapa, ninguém as vivencia da mesma maneira. Alguns passam direto pela primeira e terminam ficando presos na segunda. Outros passam a maior parte de suas vidas atravessando a terceira e nunca chegam à maturidade completa. Independentemente disso, os estágios de crescimento são comuns a todos — incluindo Saulo de Tarso, talvez o cristão mais notável de toda a história. Em Atos 9, vemos uma síntese de seu crescimento espiritual:

Estágios no caminho para a maturidade espiritual

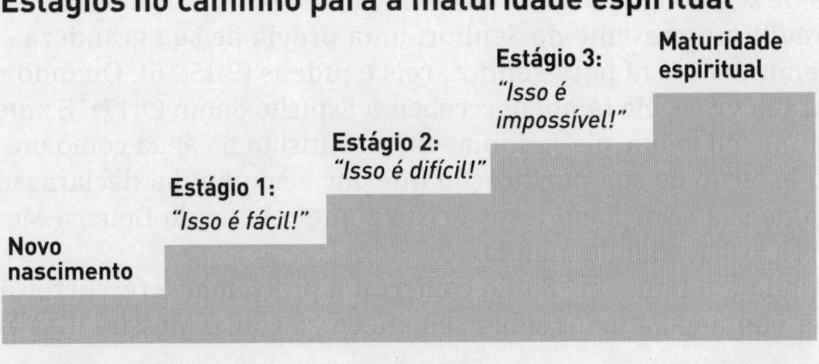

- *"Isso é fácil!"* (9:19-22) — Saulo teve grande sucesso ao debater com seus irmãos judeus nas sinagogas. Suas habilidades naturais, grande intelecto e amplo conhecimento o equiparam para superar as melhores mentes de sua época.
- *"Isso é difícil!"* (9:23-25) — Saulo tornou-se alvo de planos de assassinato e teve que fugir da cidade. Como o dr. Stanley Toussaint escreve, "os planos de Saulo para perseguir os cristãos em Damasco tomaram um rumo estranho; entrara cego na cidade e saíra num cesto! Ironicamente, tornou-se objeto de perseguição".[69]
- *"Isso é impossível!"* (9:26-30) — Saulo retorna a Jerusalém e não encontra lugar entre seus antigos pares no templo e não recebe nenhuma acolhida na comunidade compreensivelmente suspeita de cristãos.

Essa parte da jornada espiritual de Paulo pode ter levado até quatro anos para ser concluída. Ou talvez mais tempo, se incluirmos a década que ele passou em sua cidade natal, Tarso. Por fim, ele atingiu esse marco crítico de maturidade espiritual, no qual um crente não apenas aceita os padrões "impossíveis" da vida cristã, como também aprende a prosperar, estando em seu desamparo, por meio do poder do Espírito Santo. Pode-se dizer que um cristão não começa realmente a experimentar uma nova vida até que ele ou ela comece a viver por essa perspectiva tão importante.

Enquanto Lucas continua sua narrativa da história da igreja, Saulo está apenas no estágio inicial de seu crescimento. Até aqui, a vida cristã tem sido fácil para ele, mas ele tem um longo caminho a percorrer, tanto geográfica quanto espiritualmente.

9:23-25

O encontro de Saulo com o Senhor ressuscitado no caminho de Damasco deixou-o completamente cego, e durante três dias jejuou e orou na casa de seu amigo Judas.[70] Durante esse tempo, ele recebeu um raro e maravilhoso presente do Senhor: uma prévia de sua grandeza como testemunha cristã para gentios, reis e judeus (9:15,16). Quando recobrou sua visão, ele também recebeu o Espírito Santo (9:17). E antes de quebrar seu jejum, ele se submeteu ao batismo na água como um símbolo externo de sua purificação interior e como uma declaração pública de sua crença em Jesus Cristo como o Filho de Deus, o Messias hebreu, o Salvador do mundo.

Ainda em Damasco, Saulo começou a proclamar a ressurreição de Jesus, contando a todos sobre seu encontro com o Messias dias antes.

VIAGENS DE PAULO CITADAS EM ATOS 9

Jerusalém	(At 9:1,2)
Damasco	(At 9:3-22)
Arábia	(Gl 1:17)
Damasco	(At 9:2325; Gl 1:17; 2Co 11:32,33)
Jerusalém	(At 9:26-29; Gl 1:18-20)
Cesareia	(At 9:30)
Tarso	(At 9:30; Gl 1:21-24)

No início, o ministério era exercido com facilidade. Afinal, ele era uma pessoa daquele local! Havia estudado a Escritura e teologia a maior parte de sua vida, de modo que, quando finalmente conheceu o Messias — para quem todo o Antigo Testamento aponta —, tudo se encaixou. Ele possuía uma incrível capacidade de liderança e excelentes habilidades de oratória. Era um fariseu altamente respeitado pela elite do templo. Sem dúvida, tinha numerosos contatos no governo romano; como cidadão romano nato (22:28) de uma cidade importante (21:39), ele desfrutava de uma posição rara e altamente valorizada na sociedade. Se Deus quisesse recrutar um indivíduo do tipo CEO para assumir o comando da igreja em crescimento, ninguém tinha um currículo melhor do que Saulo de Tarso.

Como Saulo logo aprenderia, Deus não recruta líderes à maneira de um caçador de talentos corporativo. Um currículo sólido é apenas um bom começo. A preparação para o serviço no reino de Deus requer a revisão do caráter: uma desconstrução seguida de um período de pausa nas atividades e, depois, com o tempo, uma reconstrução.

“Passados muitos dias”, depois de Saulo ter tentando ministrar em Damasco, os líderes da sinagoga “decidiram de comum acordo matá-lo” (9:23). Isso pode ter sido um complô para prender Saulo e devolvê-lo a Jerusalém para ser julgado ou para simplesmente matá-lo. Incapaz de localizá-lo dentro da cidade, eles colocaram espiões nos portões, na esperança de prendê-lo enquanto entrasse ou saísse (9:24). “Os seus discípulos” refere-se aos homens e mulheres que Saulo ganhou para Cristo ou aos quais começou a ensinar enquanto esteve em Damasco. Estes o ajudaram a escapar “por uma abertura no muro” (9:25).

Muitas cidades antigas eram cercadas por duas muralhas separadas por um vão de aproximadamente 4,5 metros. O fundo era cheio de pedras e escombros para dificultar a passagem dos inimigos pelas defesas da cidade. Mais acima, no entanto, vigas de madeira atravessavam o espaço entre as paredes internas e as externas para dar sustentação para o piso de aposentos. Saulo muito provavelmente escapou pela janela de um aposento voltada para a parte externa da muralha. Seus discípulos o baixaram em um cesto, permitindo que ele saísse da cidade sem ser visto.

De acordo com sua carta aos crentes da Galácia, escrita anos depois, Saulo menciona um tempo de retiro na Arábia após sua conversão:

> [...] não consultei ninguém. Tampouco subi a Jerusalém para ver os que já eram apóstolos antes de mim, mas de imediato fui para a Arábia e voltei outra vez a Damasco.
>
> Depois de três anos, subi a Jerusalém para visitar Cefas e estive com ele quinze dias. (Gl 1:16-18)

Quando essa passagem é colocada ao lado de Atos 9, não fica totalmente claro quanto tempo ele passou na Arábia, em que ponto ele partiu, ou a que período específico "três anos" se refere. Juntando as pistas de Atos 9 e Gálatas 1 e organizando os eventos em ordem cronológica, temos duas opções principais.

Cronologia de Atos 9: Opção 1

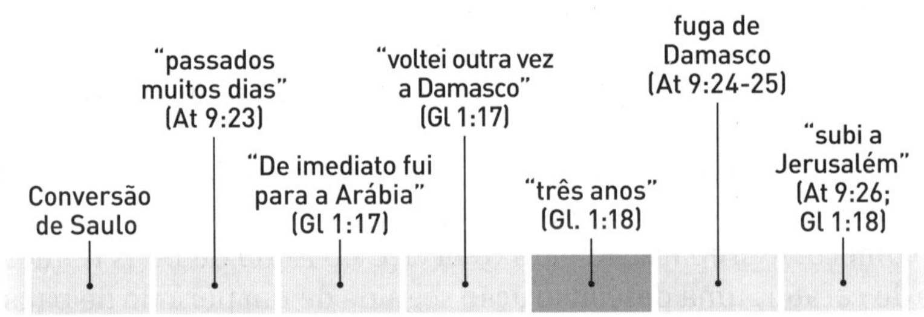

Uma opção é que Saulo ministrou em Damasco por "muitos dias" (9:23) antes de partir para a Arábia, talvez para leitura, estudo e treinamento. Ele retornou e ministrou em Damasco por três anos, durante os quais um complô para matá-lo forçou sua fuga. Ao deixar Damasco, subiu para Jerusalém.

Isso é certamente possível e, aparentemente, o advérbio "depois", em português, parece fazer sentido em Gálatas 1:18. Após um olhar mais atento sobre como o advérbio grego é usado, no entanto, não tenho tanta certeza. À medida que reúno todos os fatos, estou mais inclinado a aceitar a segunda opção.

De acordo com essa cronologia, Saulo passou "muitos dias" ministrando em Damasco até se desgastar nas sinagogas. Ele então se mudou para a Arábia, passando dois anos se preparando melhor para o ministério. Depois que retornou a Damasco e retomou seu ministério lá, os líderes da sinagoga "decidiram de comum acordo matá-lo" (At 9:23), provocando sua fuga noturna. Ele então viajou para Jerusalém.

Cronologia de Atos 9: Opção 2

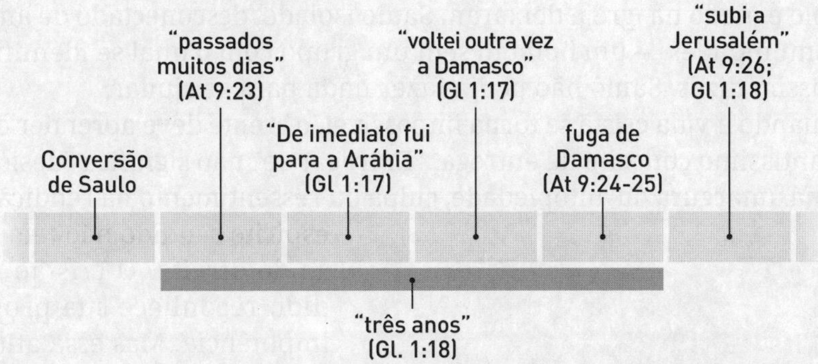

Nesse arranjo, um total de três anos separaram sua conversão da viagem a Jerusalém. Em outras palavras, três anos depois de sua conversão, não depois de seu retorno a Damasco, Saulo visitou Pedro em Jerusalém. Como explica Kenneth Wuest, "as palavras *depois de três anos* não se referem apenas a um lapso de tempo. São argumentativas. [Ou seja, elas constroem um argumento.] Paulo está mostrando, por toda esta seção, toda a sua independência dos apóstolos de Jerusalém. Portanto, os três anos se referem não ao tempo após seu retorno da Arábia, mas ao período de tempo após sua conversão".[71]

Saulo havia percorrido um longo caminho em sua jornada espiritual. Após sua conversão, ele permaneceu na pequena incubadora chamada Damasco, nutrido e aceito, encorajado e orientado, fortalecido e protegido por um pequeno grupo de discípulos que haviam testemunhado sua conversão. Eles tinham visto o Espírito Santo cair sobre ele e assistiram como o Espírito transformou seu caráter. Ele desfrutava de uma comunidade unida e ministrava regularmente nas sinagogas. Para Saulo, essa parte da vida cristã era *fácil*!

Os anos seguintes, no entanto, foram *difíceis*. Rejeitado pelos líderes da sinagoga, ele se exilou no deserto para se orientar. Depois, voltou para um clima ainda mais hostil. Embora seus inimigos conspirassem contra ele, pelo menos ele tinha a comunhão dos crentes em Damasco. Em Jerusalém, a vida seria *impossível*.

9:26,27

Saulo havia passado por períodos de facilidade e dificuldade em sua vida cristã. Agora, em Jerusalém, a vida tornara-se *impossível*. Por qualquer um dos cálculos (ver gráficos nas páginas 174 e 175), Saulo tinha estado ausente havia vários anos — tempo suficiente para diminuir sua influência entre seus colegas judeus, mas não o suficiente para apagar as memórias de seus primeiros anos de perseguição (9:26). Inimigos no templo e medo na igreja deixaram Saulo isolado, desconectado de ambas as comunidades — um homem sem um grupo com o qual se identificar, por assim dizer. Saulo não podia fazer nada para se ajudar.

Quando a vida cristã se torna impossível, o crente deve aprender o importantíssimo conceito de entrega. "Entregar-se" não significa "desistir". Não há amargura ou autopiedade, culpa ou ressentimento na rendição. O espírito rendido não tem senso de direito. O cristão rendido reconhece sua própria impotência. Mas essa atitude é difícil de assumir para aqueles que tiveram grande sucesso no passado e para aqueles que naturalmente possuem um imenso potencial.

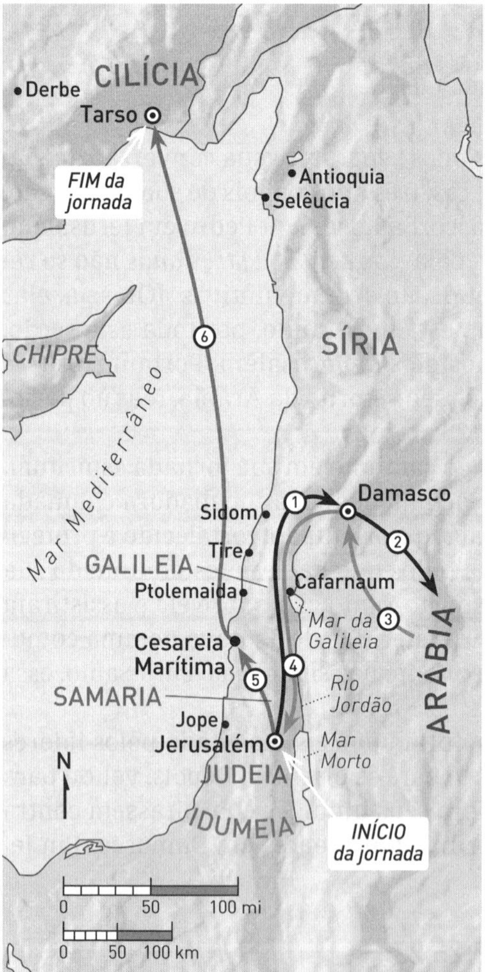

Primeiras viagens de Saulo (Paulo). Em uma busca zelosa para perseguir os cristãos, Saulo viajou de Jerusalém para Damasco. Depois de converter-se ao cristianismo, suas primeiras viagens incluíram Arábia, Jerusalém, Cesareia Marítima e Tarso.

Saulo começou sua jornada espiritual como um líder religioso autossuficiente, zeloso, motivado, altamente capaz e com um claro senso de direção. Seu encontro com o Senhor ressuscitado colocou-o então num caminho inteiramente novo na vida. Sem dúvida, sua conversão motivou os cristãos mais perspicazes; um homem com potencial óbvio para o reino acabara de abraçar o Messias. Eles não faziam ideia do que o grande Saulo de Tarso poderia realizar quando estivesse cheio do Espírito Santo! Mas esse homem de Deus tinha um longo caminho a percorrer antes de alcançar seu potencial para o Senhor.

A. W. Tozer escreveu certa vez: "É improvável que Deus possa abençoar grandemente um homem antes que o tenha ferido profundamente".[72] Alan Redpath disse algo semelhante: "Quando Deus quer fazer uma tarefa impossível, Ele pega um homem impossível e o esmaga".[73] Isso não quer dizer que Deus se deleita em ferir as pessoas; é apenas para dizer que uma recuperação dolorosa geralmente se segue a uma cirurgia espiritual. Para pessoas como Saulo, a reabilitação terapêutica de uma vontade resoluta pode levar muito tempo — no seu caso particular, quase quinze anos! Quando, finalmente, uma vontade resoluta se rende — quando o indivíduo finalmente chega a um acordo com a verdade de seu próprio desamparo — Deus está esperando por perto, pronto para oferecer ajuda.

Apenas três anos após sua jornada, Saulo passou o início de seu tempo em Jerusalém por conta própria, sendo evitado pelos crentes (9:26).

Saulo não tinha identidade, comunidade, direção, esperança. Ele não podia fazer nada por si mesmo para mudar as coisas. Como a vida se tornara impossível, a entrega era essencial. Foi quando Barnabé veio em seu socorro (9:27; cf. 4:36). Antes, Ananias havia feito amizade com Saulo em Damasco; agora, Barnabé torna-se seu defensor em Jerusalém. Não sabemos como Barnabé soube dos detalhes da jornada espiritual de Saulo; seria perfeitamente coerente com a sua natureza aceitar Saulo pelo que ele dizia. Independentemente disso, Barnabé reuniu Saulo com "os apóstolos", que acolheram esse antigo inimigo na comunhão dos crentes.

Embora Lucas escreva que Saulo foi "aos apóstolos", Gálatas 1:18,19 indica que os únicos apóstolos que ele viu foram Pedro e Tiago. Tiago, o irmão de Jesus, não era um dos Doze, embora a igreja em Jerusalém aparentemente o reconhecesse como apóstolo (Gl 1:18; At 12:17; 15:13; 21:18). Portanto, Lucas provavelmente usa o termo "apóstolos" no sentido amplo de "líderes", aqueles que proviam liderança funcional à igreja sob a orientação dos Doze.

9:28-30

Mais uma vez, não podemos determinar conclusivamente quanto tempo Saulo viveu em Jerusalém. De acordo com sua lembrança posterior, ele visitou Pedro por quinze dias (Gl 1:18), mas pode ter estado na cidade várias semanas antes de Barnabé intervir em seu favor. Sem dúvida, ele passou mais tempo ativamente engajado no ministério depois de seu tempo com Pedro. Assim como fez em Damasco, Saulo discutiu com os "judeus de fala grega" (At 9:29; *Hellēnistēs* [1675]) em Jerusalém; ironicamente, este foi o mesmo grupo que instigou a campanha de calúnia contra Estêvão — um complô que Lucas sutilmente atribui a Saulo (7:58; 8:1). Como resultado de sua interação, esse grupo tentou matar Saulo. Na época, alguns provavelmente consideraram isso um golpe de justiça cósmica: Saulo estava colhendo os frutos das sementes que um dia semeara contra Estêvão. E, de fato, Saulo havia ajudado a nutrir a atitude anticristã que voltou-se para mordê-lo. Mas a graça é sempre abundante! Saulo havia sido perdoado de seus pecados, independentemente das consequências temporais que restaram.

Quando os irmãos e irmãs espirituais de Saulo souberam desse último plano para matá-lo, organizaram sua fuga para Cesareia Marítima, onde ele pegaria um navio para sua cidade natal, Tarso. Passaria a década seguinte aprendendo, crescendo e se aperfeiçoando para a liderança na igreja. Deus havia marcado esse fariseu brilhante para o ministério entre os gentios, mas a igreja ainda não estava pronta para ele. Enquanto Deus preparava Saulo de Tarso para se tornar Paulo, o apóstolo, Ele também preparava a igreja judaica em Jerusalém para acolher os gentios como irmãos e irmãs.

9:31

Com uma breve passagem sumária, Lucas transita da história da conversão de Saulo para uma descrição do ministério contínuo de Pedro. A palavra "assim" (ARC, A21)

é uma conjunção grega (*oun* [3767]) que tem diferentes funções a depender do contexto. Quando usada em uma narrativa, ela simplesmente retoma a história após uma interrupção. Nesse caso, podemos inserir a palavra "enquanto isso". A narrativa de Lucas fez um breve desvio para apresentar os principais eventos em torno da conversão de Paulo; enquanto isso, a igreja continuava sua própria jornada espiritual. O ministério de Pedro levaria tanto ele como a congregação que ele liderava para águas desconhecidas.

APLICAÇÃO

Atos 9:23-31

LIÇÕES SOBRE RENDIÇÃO

Ao examinar os primeiros dias da jornada espiritual de Paulo como cristão, duas lições importantes tomam forma.

A lição número um é esta: *Em nosso crescimento em Cristo, Deus faz todo o possível para neutralizar a carne.* O que quero dizer com "a carne" é o que Paulo descreve em Romanos 7 como o elemento da natureza do cristão que foi "vendido como escravo ao pecado" (Rm 7:14). Representa a parte do crente que continua a tomar decisões e a realizar ações consistentes com seu antigo modo de pensar, habitualmente pecaminoso. Quando "a carne" conduz as decisões, isso leva a atitudes autossuficientes, de justiça própria, egoístas e a resultados de interesse próprio. O crescimento espiritual requer o triunfo do Espírito de Deus dentro do crente sobre essa perspectiva antiga, pecaminosa e guiada por si própria.

No entanto, alguns de nós são teimosos. Aprendemos devagar. Porque somos pessoas instruídas, experientes, enérgicas e motivadas que já sobreviveram a dificuldades antes, acreditamos sinceramente que podemos realizar qualquer coisa; tudo de que precisamos é de uma pequena ajuda de Deus. Enquanto isso, o Espírito Santo trabalha para matar essa perspectiva para que possamos realmente experimentar seu poder. Ele não assume morada nos crentes para nos ajudar a realizar nossas agendas; Ele vem para nos tornar parte do plano do Senhor. Enquanto mantemos um controle apreensivo sobre o que queremos, o Espírito gradualmente — e às vezes dolorosamente — movimenta cada dedo para que Ele possa substituir o que *queremos* pelo que *precisamos*.

Quando isso acontece, quando o Espírito neutraliza a carne, um sentimento de incerteza pode tomar conta. Parece que o mundo virou as costas. Você foi tão eficaz em um momento, mas não o é mais. Isso parece terrível — mas, na verdade, é um ótimo sinal de progresso. Seu Pai Celestial, seu Senhor, sabe exatamente o que é preciso para tirar a força da carne a fim de que você confie, receptivamente, em seu poder.

Aqui está a segunda lição: *A obra do ministério requer santos rendidos*. Os crentes rendidos recebem suas ordens do mesmo Espírito, de modo que assim realizem a obra do ministério como se tivessem uma só mente. Você pode imaginar o que aconteceria se cada cristão fizesse suas próprias coisas com poder sobrenatural? A igreja se tornaria uma bagunça superdimensionada! O ministério deve cumprir a agenda de Deus. Esta é a obra *do Senhor*. Portanto, todos os servos de Deus devem entregar suas vontades e aceitar a realidade de sua própria impotência para permitir que a vontade e o poder de Deus fluam desimpedidos.

Há muitos anos, um poeta anônimo descreveu assim a transformação de uma alma pelo Senhor:

Quando Deus quer treinar um homem,
E animar um homem,
E habilitar um homem
Quando Deus quer moldar um homem
Para desempenhar o papel mais nobre;

Quando Ele anseia de todo o seu coração
Criar um homem tão grande e ousado
De modo que todo o mundo se surpreenda,
Analise os métodos dele, analise os seus caminhos!

Como Ele impiedosamente aperfeiçoa
Quem Ele elege com realeza!
Como Ele o martela e o machuca,
E, com golpes poderosos, o converte

Em formas experimentais de argila
Que só Deus entende;
Enquanto o coração torturado do homem chora
E levanta as mãos suplicantes!

Como Ele se dobra, mas nunca quebra
Quando o seu bem Ele empreende;
Como Ele usa quem Ele escolhe,
E que todo propósito o funde;
Por cada ato o induz
Para provar o seu esplendor —

Deus sabe do que se trata.

Deus sabe do que se trata. Nunca se esqueça disso! Ele será fiel para fazer a sua parte. Nossa parte é entregar nossas vontades à sua vontade, abandonar nossos caminhos em favor do seu caminho.

Manifestações sobrenaturais

LEIA ATOS 9:32-43

Pedro proclamou a graça de Deus efetivamente porque precisava da graça mais do que a maioria. Nascido em uma família devota de classe média, Pedro cresceu puxando redes no mar da Galileia, casou-se e talvez tenha criado uma pequena família na vila de pescadores de Betsaida. Então, ele conheceu Jesus. Pouco tempo depois, abriu mão de sua participação naquilo que poderia ter sido uma empresa de pesca de grande sucesso para seguir o Messias e se tornar um de seus discípulos mais desafiadores. Pedro compartilhava certa afinidade com o mar da Galileia, com sua natureza tempestuosa e imprevisível. Falava sem muita reflexão, agia sem pensar, empenhava-se de maneira impulsiva e liderava com orgulho inabalável.

Na véspera de sua prisão, Jesus preparou seus discípulos para as horas difíceis que se seguiriam. Ele disse: "Ainda esta noite, todos vocês me abandonarão, pois está escrito: 'Ferirei o pastor, e as ovelhas do rebanho serão dispersas'. Mas, depois de ressuscitar, irei adiante de vocês para a Galileia" (Mt 26:31,32). Mas Pedro não ouviu nada disso. "Ainda que todos te abandonem, eu nunca te abandonarei! [...] Mesmo que seja preciso que eu morra contigo, nunca te negarei" (Mt 26:33, 35).

Mas Pedro negou seu Senhor — três vezes. Ele negou conhecer Jesus, jurando e invocando maldições divinas sobre si mesmo, a fim de convencer os outros de sua mentira. Com o cantar do galo e a luz do dia veio a percepção de que ele não apenas havia abandonado seu Senhor, mas buscado a aprovação daqueles que queriam Jesus morto. A lembrança das palavras de Jesus e de sua resposta caíram como um dilúvio sobre Pedro, limpando-o de qualquer orgulho.

Por muitos dias, as lágrimas foram suas únicas companheiras, até que o Senhor ressuscitado o chamou de lado para uma conversa muito importante. Tendo sondado o coração de Pedro em busca de quaisquer vestígios remanescentes de orgulho e não encontrando nenhum, Jesus ordenou ao discípulo caído: "Pastoreie as minhas ovelhas" (Jo 21:16). E ele as pastoreou! Foi Pedro quem primeiro pregou nas ruas de Jerusalém, transformando três mil escarnecedores em discípulos. Foi Pedro quem primeiro sofreu perseguição por sua fé; espancado com João no templo, tornou-se um dos primeiros a sentir o flagelo nas costas. Foi Pedro quem deixou o local do castigo para pregar novamente nos recintos do templo e conquistar mais cinco mil seguidores para a causa de Cristo. Foi Pedro quem repreendeu a dissimulação de Ananias e Safira e, mais tarde, de Simão, o Mago. A graça de Jesus Cristo elevou Pedro do mais baixo dos baixos para dar-lhe a mais alta posição de autoridade na igreja de Jerusalém. Embora Pedro já tivesse querido retirar-se para as sombras envergonhado, Cristo o transformou no porta-voz mais proeminente entre os primeiros cristãos. Pedro também se tornou um homem através do qual Deus operou alguns dos maiores milagres da era apostólica. Assim como na conversão de Saulo, a graça foi abundante.

9:32,33

À medida que Lucas retoma sua narrativa da igreja de Jerusalém, descobrimos que Pedro havia expandido sua missão pessoal para incluir toda a Judeia. Durante suas viagens, ele chegou à cidade de Lida, que era chamada de Lode no Antigo Testamento (1Cr 8:12; Ed 2:33; Ne 7:37; 11:35). Originalmente fundada por um hebreu benjamita durante a conquista de Israel, a cidade tinha autoridade sobre o cruzamento da estrada

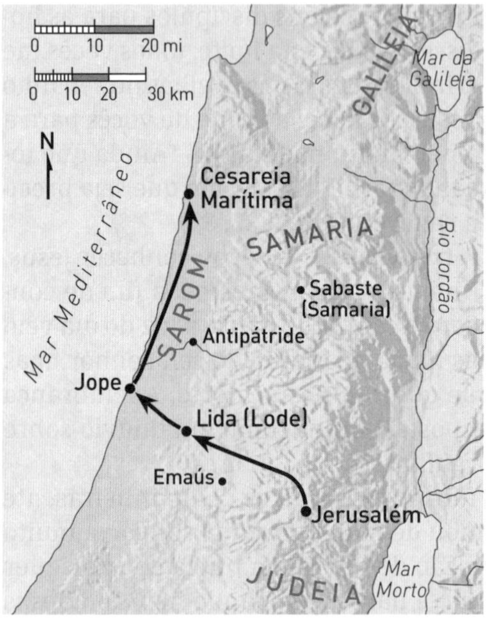

Ministério de Pedro. Pedro expandiu seu ministério para além da igreja em Jerusalém, viajando por toda a Judeia, fazendo paradas em Lida, Jope e Cesareia Marítima. Quando voltou, trouxe a notícia de que o Espírito Santo havia descido sobre os gentios.

entre a Babilônia e o Egito e a estrada principal que ligava Jerusalém a Jope. Era, portanto, um grande centro militar e comercial, famoso pelos têxteis e pela cerâmica. Hoje, é onde se localiza o aeroporto Ben Gurion, perto de Tel Aviv.

Enquanto estava em Lida, Pedro encontrou um homem chamado Eneias, que estava paralisado havia oito anos. Ele enfrentava a mesma perspectiva sombria dia após dia. Alguém tinha que vesti-lo. Alguém tinha que sentá-lo. Alguém tinha que alimentá-lo e ajudá-lo com a higiene. Alguém tinha que movê-lo de um lugar para outro. Todos os dias, durante oito longos anos.

9:34,35

O apóstolo pretendia usar o milagre para atrair a atenção — não para si mesmo, mas para a mensagem que ele trazia. Portanto, Pedro não transformou sua atividade em um grande espetáculo; ele simplesmente disse: "Jesus Cristo vai curar você!" (9:34) e instruiu o homem lidar com seu leito como uma pessoa capaz faria. A moléstia do homem obrigou-o a deitar-se na cama durante todo o dia; agora, ele deve se levantar e enrolar sua cama como todos os outros.

Lucas usa a palavra "imediatamente" (*eutheōs* [2112]) para destacar o resultado milagroso. O homem não viveu uma reviravolta e depois ficou mais forte com a fisioterapia. Deus o restaurou instantaneamente à saúde completa.

O milagre cumpriu seu propósito. Lida, como mencionei, é a cidade. Sarom é a planície costeira em que a cidade está situada; tem aproximadamente 15 quilômetros de largura e 80 quilômetros de comprimento. A maioria das pessoas em Lida e arredores aceitou a pregação de Pedro como divinamente autenticada. Lucas usa a frase "se converteram ao Senhor" no sentido de que elas se tornaram seguidoras de Jesus (9:35; 11:21; 15:19), o que significaria crer, ser batizado e receber o Espírito Santo.

A NATUREZA DOS MILAGRES

ATOS 9:32-35

Milagres não acontecem todos os dias. "Se fosse assim", observou certa vez um colega meu, "nós os chamaríamos de 'regularidades'". Embora pareçam comuns na Bíblia, os milagres são, de fato, extremamente raros na história. Deus geralmente os reserva para breves e notáveis momentos pouco antes de Ele fazer uma grande mudança no modo como Ele interage com sua criação. Na verdade, *a maioria* dos milagres — embora certamente não todos os milagres — na Bíblia são limitados a três eras relativamente curtas e extremamente notáveis:

1. O Êxodo, as peregrinações e a conquista

   Depois de quatrocentos anos de silêncio, Deus surpreendeu os egípcios e os hebreus com uma série de eventos milagrosos ao libertar seu povo da aliança da escravidão no Egito e depois fixá-lo na Terra Prometida.

2. Os ministérios proféticos de Elias e Eliseu

   Nos dias dos reis, depois de muitas décadas de repetidas advertências, Deus enviou esses dois profetas para afastar Israel da idolatria. Ele então usou milagres para validar a mensagem deles como divina.

3. Os ministérios fundacionais de Cristo e dos apóstolos

   Depois de quatrocentos anos de silêncio, Deus enviou seu Filho com a capacidade de realizar feitos milagrosos que rivalizavam com os períodos milagrosos do Antigo Testamento. Ele então produziu milagres através dos apóstolos para validar a mensagem de Jesus Cristo como enviado do céu.

Milagres são raros, tendo ocorrido com pouca frequência ao longo da história; no entanto, Deus sempre esteve sobrenaturalmente em ação no mundo. Mas há uma diferença entre "sobrenatural" e "milagroso".

Quando Deus criou todas as coisas do nada, Ele também criou leis da natureza, como as leis da gravidade e da termodinâmica, para dar ordem a tudo no universo. Na maior parte do tempo, Ele permite que o cosmos trabalhe de acordo com essas leis da natureza e, quando dá passos para cumprir seu plano, Ele geralmente trabalha *através* das leis da natureza, não *contra* elas. Em outras palavras, quando interage com sua criação para realizar sua vontade, Deus nem sempre faz uma demonstração disso. Ele muitas vezes dirige a história e molda os eventos sem que as pessoas envolvidas saibam que estão sendo dirigidas. Por exemplo, Pedro disse à multidão em Pentecoste: "Este homem [Jesus] foi entregue por propósito determinado e presciência de Deus; e vocês, com a ajuda de homens transgressores da lei, o mataram, pregando-o na cruz" (2:23). O Senhor moldou a história e orientou os acontecimentos para que o Filho de Deus morresse em nome de seu povo, assim como a profecia havia predito.

O Criador interage com sua criação de fora da natureza — "sobrenaturalmente" — de todas as maneiras. Ele cria o que parecem ser circunstâncias coincidentes, altera padrões normais de eventos, capacita as pessoas a realizarem o que de outra forma não poderiam, cura as pessoas de maneiras que desafiam o tratamento médico ou a razão. Todas essas são atividades sobrenaturais de Deus.

Os milagres, por outro lado, são uma marca especial de atividade sobrenatural. Um milagre ocorre quando Deus faz uma demonstração óbvia de atividade sobrenatural, geralmente para demonstrar um ponto de vista. Ele desafia dramaticamente as leis da natureza para validar um evento como divinamente ordenado. O propósito do milagre é fazer uma demonstração inegável do poder divino para chamar a atenção de todos e autenticar a atividade ou a mensagem como sendo de Deus. Ele separa as águas de um mar para fazer um caminho seco de um lado para o outro (Êx 14:22). Ele faz com que uma jumenta fale como um humano (Nm 22:28). Ele faz com que o ferro de um machado flutue (2Rs 6:6). Ele permite que três rapazes entrem em uma fornalha ardente e saiam sem que um fio de cabelo esteja chamuscado (Dn 3:23-27).

Esses são milagres autênticos — atos dramáticos e inegáveis de Deus em que Ele contraria as leis da natureza. Eles geralmente remediam problemas que seriam impossíveis dentro do quadro normal da vida.

O Senhor nunca deixa de operar sobrenaturalmente, mas *milagres* são extremamente raros.

9:36-38

Outra parada no ministério itinerante de Pedro incluiu Jope, a cidade portuária para a qual Jonas havia fugido muitos séculos antes (Jn 1:3). Ao longo de sua história, Jope ficou sob a posse de um conquistador após outro até que César finalmente a concedeu a Herodes. Infelizmente, Herodes odiava o povo de Jope e, assim, ele construiu um moderno porto marítimo cerca de 50 quilômetros ao norte e o chamou de Cesareia Marítima. Consequentemente, Jope realizava algum comércio marítimo, mas nada comparável ao seu rival mais recente. Ainda assim, quando as pessoas vinham visitar Jerusalém pelo mar, usavam frequentemente o porto de Jope.

Uma seguidora de Cristo vivia ma cidade, uma mulher que Lucas descreve como uma “discípula” que estava “cheia de boas obras e doações de caridade” (traduzindo literalmente), observando que este era seu estilo de vida habitual (At 9:36). Seu nome aramaico, Tabita, e seu nome grego, Dorcas, significam “gazela”. Lucas traduziu seu nome em favor de seus leitores gregos, mas podemos supor que ela era judia de nascimento. Enquanto Pedro ministrava na cidade de Lida, a apenas 12 quilômetros da estrada principal que leva a Jerusalém, a mulher morreu em decorrência de uma doença.

Em vez de enterrá-la imediatamente, a ação normal de acordo com o costume judaico, seus amigos limparam seu cadáver e o colocaram no quarto acima dos aposentos principais (9:37). Isso foi altamente incomum por algumas razões. Primeiro, eles não tinham meios de preservar o corpo da decomposição; então, o procedimento normal os teria orientado a aplicar um revestimento inicial de resina com especiarias no corpo e, em seguida, colocá-lo em uma caverna funerária. Cerca de um dia depois, eles completariam o enterro envolvendo o corpo em tiras de linho embebidas em até 100 quilos de resina com especiarias para conter o cheiro durante a decomposição. Mas eles nem sequer completaram a primeira etapa de preparação do sepultamento; em vez disso, apenas lavaram o corpo. Em segundo lugar, eles colocaram o corpo em um espaço normalmente reservado para refeições ou para abrigar convidados especiais. Simplesmente não se colocava deliberadamente um cadáver onde as pessoas dormem ou comem!

Se estivéssemos contando essa história hoje, esperaríamos que os amigos de Tabita seguissem o protocolo normal após uma morte. Eles ligariam para um número de emergência para informar a morte. Permitiriam que um legista ou uma funerária retirasse o corpo, o colocasse em um depósito refrigerado, o preparasse para ser visto, realizasse um velório e, em seguida, enterrasse ou cremasse o corpo. Em vez disso, seus amigos banharam o corpo, vestiram-no e colocaram-no no quarto de hóspedes.

A narrativa de Lucas, portanto, envia um sinal ao leitor antigo. Os amigos de Tabita *não* fizeram nada do que as pessoas normalmente fazem na iminência de um funeral. Em vez disso, parecem estar preparando a mulher para a ressurreição.[74] Isso é notável, porque a narrativa de Lucas não dá nenhuma indicação de que alguém tenha sido ressuscitado dos mortos desde Jesus. Até onde sabemos, esses amigos não tinham precedentes para pensar que Pedro poderia fazer qualquer coisa além de oficiar um memorial para Tabita. No entanto, enviaram um mensageiro quase 20 quilômetros acima da estrada de Jope a Jerusalém para invocar o apóstolo. Eles imploraram para que ele viesse sem demora (9:38).

9:39-41

Quando Pedro chegou, uma cena inusitada o saudou: um corpo não preparado para o enterro, deitado nos aposentos, cercado por viúvas em luto. Estas eram, sem dúvida, mulheres que Tabita havia ajudado através de seu ministério de costura. Enquanto Pedro estava naquele quarto superior, olhando para um corpo sem vida na cama, imagino que ele achou toda a cena estranhamente familiar, quase uma recriação de pelo menos dois outros episódios da história bíblica, um antigo e outro mais recente.[75]

Em 1Reis 17:17-24, Elias carregou o cadáver do filho de uma viúva para o cenáculo onde estava hospedado, deitou-o na cama e depois orou.

> Então, clamou ao SENHOR: "Ó SENHOR, meu Deus, trouxeste também desgraça sobre esta viúva, em cuja casa estou hospedado, fazendo morrer o filho dela?" Então, ele se deitou sobre o menino três vezes e clamou ao SENHOR: "Ó SENHOR, meu Deus, faz voltar a vida a este menino!" O SENHOR ouviu o clamor de Elias, e a vida voltou ao menino, e ele reviveu. Então, Elias pegou o menino e o levou para a parte de baixo da casa. Entregou-o à sua mãe e disse: "Veja! O seu filho está vivo!" (1Rs 17:20-23)

Durante o ministério de Jesus, o Senhor e seus discípulos se depararam com um funeral em Naim. O morto era o único filho de uma viúva.

> Ao vê-la, o Senhor se compadeceu dela e disse: "Não chore". Então, aproximou-se e tocou no caixão, e os que o carregavam pararam. Jesus disse: "Jovem, eu ordeno a você que se levante!" O jovem sentou-se e começou a falar, e Jesus o entregou à sua mãe. (Lc 7:13-15)

Pedro mandou as viúvas enlutadas saírem, provavelmente sem lhes dizer suas intenções (At 9:40). Em vez de reivindicar qualquer conhecimento da vontade de Deus sobre o assunto ou presumir o poder do Espírito Santo ou fazer uma grande demonstração de poder, ele orou silenciosamente em particular. A ordem que deu lembra o episódio da ressurreição da filha de Jairo por Jesus. O Senhor dera a ordem: "Menina, [...]: Levante-se!" (ver Mc 5:41; cf. Lc 8:51-56), e a ordem de Pedro foi: "Tabita, levante-se".

Em resposta à ordem de Pedro e pelo poder do Espírito Santo, a mulher reviveu instantaneamente. Pedro então a apresentou ao povo que a esperava do lado de fora (9:41).

9:42

As testemunhas do milagre e a cidade de Jope em geral responderam com fé, assim como aqueles que viram o poder de Deus em Elias e Jesus. No caso de Elias, a mulher disse: "Agora sei que tu és um homem de Deus e que a palavra do Senhor que vem da tua boca é verdade" (1Rs 17:24). Depois do milagre de Jesus em Naim, "todos ficaram cheios de temor e louvavam a Deus". Diziam: "Um grande profeta se levantou entre nós" e "Deus interveio em favor do seu povo". E Lucas complementa: "Essas notícias sobre Jesus espalharam-se por toda a Judeia e regiões circunvizinhas" (Lc 7:16,17). Assim foi com o milagre de Pedro em Jope. A notícia rapidamente se espalhou e "muitos creram no Senhor" (At 9:42).

Durante o que chamamos de era apostólica — o tempo entre a ascensão do Senhor e a morte de João, o último dos doze apóstolos —, o Espírito Santo deu habilidades milagrosas aos pregadores e mestres. O propósito era validar a mensagem do evangelho como vinda autenticamente de Deus. Como afirmei antes, o livro de Atos documenta um momento incomum de transição na história. A nova aliança (Jr 31:31-34) viera em poder súbito e dramático, e Deus falou por meio dos apóstolos. Mas esse tempo de transição chegou ao fim. Como John Walvoord escreve em seu útil livro *The Holy Spirit* (O Espírito Santo),

> Com a conclusão do Novo Testamento, e sua aceitação quase universal por aqueles que são fiéis a Deus, a necessidade de mais exibição incomum de obras milagrosas cessou. O pregador de hoje não precisa da evidência externa da capacidade de curar ou falar em línguas para fundamentar a validade de seu evangelho. Em vez disso, a Palavra escrita fala por si mesma e é acompanhada pelo poder de convencimento do Espírito.[76]

9:43

Lucas encerra o episódio com uma declaração que costura essa história com a próxima. Pedro permaneceu em Jope para a colheita de novos crentes como resultado do milagre. Ele provavelmente pretendia seguir para o sul ou leste para continuar seu ministério na Judeia, mas, como é frequente, o Senhor tinha outros planos.

Muitos séculos antes, o profeta Jonas foi a Jope para fugir da missão que Deus havia preparado para ele. Em vez de viajar para o norte, rumo a Nínive, em obediência à ordem do Senhor, ele se retirou para Jope e pegou um navio com destino a Társis, na costa da atual Espanha, o mais longe que um navio fenício o levaria.

Ainda em Jope, Pedro logo receberia sua própria ordem desafiadora do Senhor. Qual seria a resposta dele?

APLICAÇÃO

Atos 9:32-43

OBRA MILAGROSA

A Bíblia diz que devemos esperar outra temporada de milagres. Em algum momento no futuro, demonstrações dramáticas de atividade sobrenatural — eventos milagrosos — sinalizarão o início do fim, os eventos descritos em Apocalipse. Isso sugere que a era atual, o tempo depois dos apóstolos e antes da Grande Tribulação, verá poucos milagres, se é que haverá algum. Ainda assim, não descarto a possibilidade de que Deus possa escolher contrariar as leis da natureza em uma grande demonstração de seu poder e que Ele possa realizar isso por meio de uma pessoa. Se assim for, procurarei pelo menos quatro indícios de uma obra autêntica e milagrosa, todos refletidos nos relatos milagrosos envolvendo Pedro que acabamos de analisar.

Número um: *Somente o Senhor é glorificado, nunca um homem ou uma mulher*. Se a atividade sobrenatural exalta uma pessoa de alguma forma, pode ter certeza que não é de Deus! Meu conselho? Caia fora. Fuja. Qualquer atividade que não glorifique a Deus, por mais impressionante que seja, não faz bem ao povo de Deus.

Número dois: *Não há exibicionismo*. Na Bíblia, os milagres raramente têm um grande público, e a demonstração do poder divino é tranquila, serena, digna e pessoal. Nenhum dos profetas do Antigo Testamento, nenhum dos apóstolos e nem mesmo o próprio Jesus jamais usaram milagres para impressionar, entreter, deslumbrar ou atrair uma multidão.

Número três: *Os incrédulos são levados a crer*. Por toda as Escrituras, a atividade milagrosa de Deus deu às pessoas a oportunidade de crer. Muitos responderam com fé; outros não podiam negar a atividade divina, mas rejeitaram Deus deliberadamente.

Independentemente disso, os milagres revelam a bondade e o poder de Deus para que aqueles que estão longe se aproximem dele.

Número quatro: *A verdade bíblica é validada.* Quando Deus opera um milagre, você não precisa esconder sua Bíblia atrás de si ou se defender contra os críticos. Os milagres criam a oportunidade de proclamar as verdades de Deus com ousadia. Os milagres removem a dúvida e criam uma crise da vontade. Portanto, se alguém testemunha um milagre genuíno e depois rejeita Cristo, o problema não está na cabeça, mas no coração.

Enfrentando a síndrome do preconceito

LEIA ATOS 10:1-23

Apesar de todas as nossas muitas diferenças, como raça, credo, cultura, gênero e nacionalidade, as pessoas em todo o mundo têm pelo menos uma coisa em comum: o preconceito. É uma erva daninha teimosa e espinhosa que cresce em cada coração e se alimenta do composto apodrecido de nossa natureza caída e pecaminosa. Corte-o até o chão, envenene suas folhas ou retire-o pelas raízes... e estará de volta antes que você perceba.

A infestação rasteira do preconceito pode acontecer de forma tão lenta que passa despercebida. E ele se instala de maneiras inesperadas. Estamos familiarizados com a variedade mais comum, o preconceito racial. Alguns nutrem uma intolerância secreta contra pessoas com certas cores de pele, nacionalidades específicas, culturas diferentes ou até mesmo sotaques particulares. Outros tipos de preconceito assumem formas mais sutis: filiação política, estrato econômico, estado civil, origem religiosa, tatuagens, estilo de roupas ou cabelos, ou mesmo o uso de cosméticos. É um problema universal. O seu preconceito pode não ser o meu preconceito, mas alguma forma dele tenta crescer em cada coração. Mesmo assim, algumas pessoas fazem um trabalho de capinação melhor do que outras.

Pedro, o herói da congregação de Jerusalém e indiscutivelmente o cristão mais corajoso nas duas primeiras décadas da igreja, lutou contra o preconceito. Felizmente para Pedro e para a igreja, o Senhor não deixaria que essa atitude pecaminosa permanecesse; Ele logo a arrancaria.

10:1,2

Quando se inicia o capítulo 10 de Atos, a igreja tem talvez cinco ou seis anos. O evangelho havia varrido a Judeia, atraindo muitos judeus convertidos para a igreja. Filipe havia conduzido um ministério extremamente eficaz entre os samaritanos e, para seu crédito, Pedro havia abraçado como irmãos e irmãs pessoas que ele e seus companheiros judeus consideravam religiosos mestiços condescendentes. Tendo viajado para a cidade portuária de Jope, ele aceitou a hospitalidade de um curtidor chamado Simão (9:43). Isso também é mérito de Pedro — os judeus consideravam os curtidores impuros porque seu comércio exigia que eles manuseassem peles de animais mortos. Mesmo assim, apesar da atitude impressionantemente aberta de Pedro em relação aos samaritanos e judeus "imundos", ele nunca teria considerado uma visita a Cesareia Marítima, a pouco menos de 50 quilômetros ao norte. A curiosidade do leitor é, portanto, despertada quando Lucas agora apresenta Cornélio, um oficial romano que vive em Cesareia.

Todo judeu fiel olhava para Cesareia com desdém religioso e nacional. Herodes, o Grande, havia reconstruído este entreposto comercial em ruínas, transformando-o em um novo porto marítimo completamente moderno, além de batizá-lo em homenagem a César Augusto. Era uma maravilha da engenharia e rapidamente se tornou o porto preferido para navios mercantes e militares.[77] Os gentios amavam Cesareia pelas mesmas razões que os judeus a odiavam. Herodes a havia construído para rivalizar com as cidades gregas, com palácios elaborados, edifícios públicos, um grande anfiteatro, um templo dedicado a César e Roma, e estátuas do imperador ao redor da entrada do porto. Consequentemente, Cesareia Marítima tornara-se a capital da ocupação romana em Israel, onde procuradores e governadores mantinham sua residência durante todo o ano e onde os gentios se reuniam.

Para um judeu fiel, a cidade representava tudo o que havia de errado com Israel — dominação romana e ocupação gentia promovida por judeus helenísticos condescendentes.

Cornélio era um nome romano muito comum. Este homem é descrito como um centurião da coorte italiana. Uma coorte romana era uma unidade militar composta por pelo menos seiscentos homens combatentes, além de pessoal de apoio. Coortes auxiliares às vezes adicionavam 240 soldados da cavalaria. Um centurião comandava cem desses homens.[78] O nome "coorte italiana" provavelmente indicava que os soldados originais desse contingente auxiliar eram de tropas de origem romana, não recrutas de territórios ocupados.[79] Juntando todas as pistas de Lucas, fica claro que Cornélio era tão romano quanto um homem poderia ser fora de Roma. Mesmo assim, esse comandante romano adorava a Deus e doava generosamente ao povo judeu. Durante o ministério do Senhor na Galileia, Pedro provavelmente conheceu um homem muito parecido com ele (Lc 7:1-10).

O termo que Lucas usa para dizer que o centurião "orava" (*deomai* [1189]) é uma palavra incomum que significa "implorar",

Barry Beitzel

As ruínas do porto construído por Herodes, o Grande. A antiga cidade de Cesareia Marítima rodeava o porto. As ruínas do anfiteatro e do hipódromo ainda estão em pé.

"suplicar fervorosamente" ou "pedir". O homem "continuamente" buscava algo específico de Deus, mas não nos é dito o quê (At 10:2).

10:3-8

A "nona hora" (10:3, ARA, ARC, A21), ou "três horas da tarde" (NVI, NVT, NTLH) era o momento reservado para a oração da tarde no templo (cf. 3:1). Lucas está sugerindo que Cornélio estava seguindo essa observância na privacidade de seus aposentos quando um anjo interrompeu suas orações. O comandante se dirigiu ao mensageiro celestial como "Senhor", mas ele emprega o termo no mesmo sentido que se diria "senhor" — como um termo que demonstra respeito. O anjo assegurou ao soldado que suas ações haviam sido recebidas por Deus com a mesma consideração que os sacrifícios dos adoradores hebreus; a imagem criada pelo termo "subiram" sugere fumaça se erguendo de um altar (10:4; cf. Gn 8:21; Êx 29:18, 25; Lv 8:28).

O anjo deu ordens ao centurião com precisão militar, dizendo-lhe o nome e a localização do homem que ele deveria buscar (At 10:5,6). E Cornélio imediatamente obedeceu a ordem à risca, enviando dois empregados domésticos e um membro de seu grupo que era de confiança e temente a Deus (10:7,8).

10:9

Os mensageiros de Cornélio fizeram um bom tempo, completando a jornada de quase 50 quilômetros em menos tempo do que o dia e meio que normalmente se levaria; eles haviam saído na noite anterior e estavam se aproximando de Jope por volta da hora sexta, ou meio-dia pelo nosso cômputo de tempo. Ou Cornélio lhes forneceu cavalos ou eles saíram imediatamente e prosseguiram durante a noite. De qualquer forma, era um assunto urgente para o comandante romano.

Enquanto isso, o Senhor preparou Pedro para uma visita inesperada. Um gentio ocidental do século XXI dificilmente consegue apreciar a dificuldade da tarefa do Senhor em preparar Pedro, um judeu devoto. Quando Deus escolheu Abraão, e através dele seus descendentes hebreus, Ele colocou seu coração na nação de Israel. Não porque fossem em maior número do que qualquer outra nação, não porque fossem mais justos, não porque merecessem seu amor, mas — novamente — por causa de sua graça. Em um ato de escolha soberana, Ele decidiu fazer do povo hebreu seu instrumento único para levar o mundo a um relacionamento consigo mesmo.

Desta forma, a nação de Israel tornou-se a raça escolhida por Deus. No primeiro século, no entanto, o orgulho havia convencido muitos judeus de que, por serem uma nação escolhida, eram superiores a todas as outras nações. Talvez eles tenham começado a acreditar que haviam sido escolhidos porque nenhum outro grupo de pessoas poderia ter carregado o fardo de seguir a Lei de Deus. Com o passar do tempo e depois de tradição construída sobre tradição, o preconceito se enraizou no coração judaico. Os judeus começaram a pensar nos gentios como cães imundos, e os judeus piedosos evitavam qualquer contato com os gentios, assim como nós manteríamos distância de uma matilha de cães vadios na rua. Tenha tudo isso em mente enquanto o Senhor faz uma obra no coração de Pedro.

"Por volta do meio-dia" — à hora sexta —, um dia após a visão de Cornélio, Pedro afastou-se de todos os outros para orar em solidão.

10:10-14

Pedro estava faminto, e o Senhor usou isso como uma oportunidade para mudar sua perspectiva teológica. Enquanto orava, ele entrou em um estado mental alterado (*ekstasis* [1611]), que o Senhor usou como tela para uma ilustração vívida. Em êxtase, Pedro viu um "vaso como um pano de linho gigante" (tradução literal) descer de além do céu. Em termos de imagens, ele entendia que a fonte era o céu e que Deus havia enviado o objeto para a terra. Esse objeto parecia ser um microcosmo do mundo animal, contendo representantes de muitas espécies, incluindo répteis e aves (10:10-12).

Uma voz de origem celestial — seja a de Deus ou a de um anjo — convidou Pedro a fazer algo completamente repulsivo a um judeu devoto:

"Mate e coma" esses animais impuros (10:13). Deus havia proibido os israelitas de comer tais animais sob a antiga aliança (Lv 11). Mas durante o ministério terreno de Jesus, Ele havia declarado todos os alimentos "puros". A proibição do Antigo Testamento em relação a certos alimentos tinha servido ao seu propósito cerimonial e educacional, e não era mais necessária (Mc 7:14-19; Lc 11:39-41; cf. Rm 14:14). Ainda assim, por uma questão de preferência profundamente enraizada em sua educação judaica, Pedro resistiu nos termos mais fortes.

Embora a graça seja abundante, o preconceito é duro de matar.

Para ser justo, isso seria como pedir a um abstêmio sincero e vitalício para tomar uma cerveja. Sem surpresa, a objeção de Pedro vai além da preferência pessoal para sugerir que sua escolha tinha valor moral. Ele disse, com efeito: "Não, senhor! Continuo a manter o alto padrão moral estabelecido por Moisés para todos os hebreus! Não tocarei em nada 'impuro ou imundo'" (At 10:14, *koinos* [2839] e *akathartos* [169]). Os legalistas sempre parecem se orgulhar dos negativos, das coisas que *nunca* fariam. Alexander Whyte nos apresenta uma análise penetrante do preconceito de Pedro — e do nosso próprio.

> Toda a humanidade, de fato, exceto Pedro e alguns de seus amigos, estava junta em um pacote abominável. E Pedro estava de pé acima deles, vasculhando e cuspindo em todos eles. Todos tão parecidos com nós mesmos. Pois, como é comum reunirmos nações inteiras de homens e os jogarmos todos nesse mesmo lençol imundo. Igrejas inteiras sobre as quais não sabemos nada além dos nomes ruins que lhes damos, também estão em nossa folha de excomunhão. Todas as outras denominações de cristãos em nossa terra são comuns e impuras para nós. Cada partido fora do nosso partido político também. Não temos uma linguagem desdenhosa o suficiente para descrever seus maus caminhos e seus esquemas egoístas. São bestas de quatro patas e coisas rasteiras. De fato, há muito poucos homens vivos, e especialmente aqueles que vivem perto de nós, que eventualmente não estão no lençol de nosso desprezo; a não ser que seja um aqui e outro ali da nossa própria família, ou escola, ou partido. E eles também ficam sob nosso desprezo e nossa crítica no momento em que têm uma mente própria, e interesses próprios, e afetos e ambições próprios.[80]

10:15,16

A voz celestial instruiu Pedro de que as opiniões ou preferências das pessoas nunca podem substituir a declaração de Deus (10:15).[81] A voz ordenou-lhe: "Não chame impuro [*koinos* (2839)] ao que Deus purificou [*katharizō* (2511)]". *Koinos* é um adjetivo para coisas comuns, profanas ou contaminadas. No sentido cerimonial, essa palavra descreve algo que é o oposto de puro, sagrado e santo. Com o tempo, a igreja passaria a amar o substantivo relacionado *koinōnia* [2842], que descrevia seu vínculo único em Cristo em termos de fraternidade, associação próxima, comunhão e compartilhamento mútuo. Este seria o início da comunhão entre judeus e crentes gentios. Nas palavras de um expositor, "seria um pequeno passo entre reconhecer que a comida dos gentios era limpa e perceber que os próprios gentios também eram 'limpos'".[82]

A lição, porém, não foi fácil. A voz teve que ordenar a Pedro três vezes! É de se destacar que Pedro nunca "matou e comeu" no sonho — embora tenha respondido obedientemente ao propósito do sonho (10:23).

10:17-20

Pedro entendeu as palavras ditas pela voz, mas não compreendeu seu significado ou aplicação. E se ele preferisse comida *kosher*? Enquanto ponderava sobre o significado, a resposta à sua pergunta chegou ao portão (10:17,18). O Espírito Santo falou a Pedro, de forma audível ou em seu interior, para ajudá-lo a fazer a conexão entre a visão e os mensageiros de Cesareia. Ele ordenou ao apóstolo que seguisse esses homens gentios sem pensar duas vezes ou vacilar. Ele deveria fazer o que eles pediram, com determinação confiante e sem hesitações relacionadas a tornar-se cerimonialmente impuro (10:19,20).

10:21,22

Tudo nos mensageiros comunica humildade e respeito. Eles sabiam que os judeus consideravam os gentios imundos, de modo que chamaram do portão. Claramente, Simão, o curtidor, não os convidou para entrar. Os três homens não sabiam que o Senhor havia preparado Pedro para sua chegada e, então, prefaciaram seu pedido com uma longa introdução elogiando a dignidade do centurião gentio (10:22). A frase "justo e temente a Deus" o diferenciava da maioria dos romanos. Isso fez com que Pedro soubesse que não seria menosprezado por seus pares judeus por aceitar o convite. E deixaram claro que o convite para pregar não veio simplesmente de Cornélio, mas sob a direção de Deus.

10:23

A viagem exigiria dois dias de caminhada. Os mensageiros estavam sem dúvida cansados, e era final da tarde; assim, Pedro decidiu partir na manhã seguinte. Normalmente, os judeus não alimentavam e nem hospedavam gentios, mas a ilustração vívida e a ordem direta do Senhor tiveram seu efeito sobre o apóstolo. Ele estendeu a mesma hospitalidade que teria oferecido a um colega judeu. Mas só se pode imaginar o quão difícil foi para ele. Uma vida inteira de preconceito não desaparece em uma única tarde.

Ao final da escrita deste trecho, Lucas havia cumprido vários objetivos. Primeiro, reconheceu os difíceis ajustes culturais feitos pelos primeiros cristãos quando começaram a aceitar os crentes gentios. Em segundo lugar, ele havia estabelecido o propósito divino do Senhor como a causa da conversão gentia, de modo que a igreja não poderia considerar os gentios como um tipo inferior de cristão. Em terceiro lugar, ele mostra que, mesmo antes de Paulo começar a evangelizar o mundo gentio, a igreja já havia abraçado o evangelismo gentio como a vontade de Deus.

APLICAÇÃO

Atos 10:1-23

ARRANCANDO A ERVA DANINHA

Assim como todo jardim tem ervas daninhas, todo coração abriga preconceitos de um tipo ou de outro. Portanto, não é uma questão de você lutar contra o preconceito, mas de como você escolhe lidar com ele. Como um jardineiro deve diligentemente arrancar ervas daninhas para se antecipar à infestação, devemos procurar e eliminar toda forma de intolerância e xenofobia.

Para eliminar o preconceito, primeiro é preciso saber o que estamos procurando. Defino “preconceito” como qualquer julgamento preconcebido ou atitude irracional de hostilidade dirigida contra qualquer indivíduo ou grupo. Preconceito é simplesmente fazer julgamentos sobre alguém antecipadamente, formando opiniões estritamente com base em ideias e suposições preconcebidas. Assim, ao observar a luta de Pedro contra o preconceito e periodicamente examinar meu próprio coração, observo três princípios em ação.

Princípio 1: *A raiz do preconceito é o orgulho*. O orgulho não pode ser satisfeito com uma avaliação honesta de si mesmo; o orgulho prospera nas comparações. Está profundamente enraizado na natureza humana encontrar um bode expiatório em vez de aceitar a responsabilidade por nossos próprios fracassos. Também nos deleitamos em encontrar alguém mais patético do que nós mesmos quando nos sentimos desconfortáveis com nossos próprios defeitos. Quando essas duas estratégias falham, podemos alimentar nosso orgulho associando-nos a um grupo — literalmente ou através do poder da imaginação — enquanto menosprezamos outro como inferior.

O orgulho é chamado de “pecado mortal” porque gera muitos outros. O preconceito nasce do orgulho.

Princípio 2: *A racionalização do preconceito é tradição.* O preconceito prospera na tradição. Na verdade, a maioria das pessoas herda suas atitudes preconceituosas de gerações de orgulho institucionalizado. As pessoas comportam-se de certas formas e têm certas atitudes porque “sempre foi assim”.

Quando eu era um garoto que crescia na zona rural do Texas, na década de 1930, lembro que meu avô materno, o juiz Lundy, não se importava muito com “o jeito que sempre foi”. Em uma época em que o desemprego para homens brancos chegava a 25%, meu avô contratou um homem negro chamado Coats e o manteve empregado por muitos anos. Quando chegou a hora de a esposa do homem dar à luz um filho, meu avô usou sua influência para garantir que o parto acontecesse no hospital — provavelmente os primeiros pacientes negros naquela maternidade e, sem dúvida, os últimos por algum tempo. A partir de seu exemplo, aprendi a honrar a autoridade, mas a questionar a tradição. Como se constatou, a maioria dos funcionários do hospital não tinha problema com pessoas negras; elas simplesmente nunca tinham pensado em mudar o modo como as coisas sempre foram.

Mesmo quando as pessoas querem deixar de lado o preconceito, muitas vezes têm que lutar contra sua própria cultura e a inércia da tradição. É uma batalha árdua. Nada vai facilitar. Então, nós simplesmente temos que fazer o que é difícil com o objetivo de realizar o que é certo.

Princípio 3: *A reabilitação do preconceito é dolorosa.* O autoexame honesto é um processo desconfortável. Não há como contorná-lo. Reconhecer o pecado é doloroso porque não há ninguém para culpar além de nós mesmos. Enfrentar o pecado do preconceito, portanto, pode parecer francamente agonizante. No momento em que descobre o preconceito em sua própria vida, você percebe que ele faz parte do seu pensamento desde que você consegue se lembrar. Os sentimentos de vergonha podem ser avassaladores à medida que você relembra sua própria história de chauvinismo e encontra seus tentáculos envoltos em muitas decisões e ações.

A verdade dói, mas Jesus prometeu que a verdade leva à liberdade. Cada mudança que tive que enfrentar na minha vida foi dolorosa. Sem exageros, todas elas. E quanto mais velho fico, mais difícil se torna a mudança. Ainda assim, eu não trocaria nada pela liberdade de que desfruto quando escolho lutar contra a dor e fazer o que é certo.

Deus não é tendencioso

LEIA ATOS 10:24-48

Nos anos 1970, Ronald Sider escreveu um livro que me incomodou da primeira à última página — por todas as razões certas. Muitos consideram *Rich Christians in an Age of Hunger* (publicado no Brasil com o título "Cristãos ricos em tempos de fome") um dos livros mais influentes já escritos até então sobre o tema da responsabilidade cristã. Chorei em algumas partes e rangi os dentes em outras. Eu me contorci enquanto ele investigava a questão do preconceito e expunha exemplos de flagrante parcialidade. No final, tive que enfrentar os fatos e aceitar minha responsabilidade como cristão — de classe média para os padrões americanos, mas rico em relação a um mundo em que mais de um bilhão de pessoas continuam passando fome.

No início do terceiro capítulo, Sider faz uma pergunta penetrante: "Deus é tendencioso?". Abraçamos uma teologia bíblica que diz que Ele não é. Nosso comportamento, por outro lado, sugere que acreditamos no contrário. Aquilo em que afirmamos acreditar importa menos do que o que declaramos através de nossas ações.

O Senhor enfrentou o preconceito de Pedro de maneira semelhante — exceto que, no caso dele, foi através de uma visão perturbadora que deixou o apóstolo "duvidando entre si acerca do que seria aquela visão que tinha visto" (10:17, ARC). A. T. Robertson parafraseou a frase grega como "estar completamente perdido a ponto de não saber que caminho seguir".[83] Pedro não teve muito tempo para ponderar. Dentro de uma ou duas horas, três gentios estavam no portão com um convite para visitar Cornélio em Cesareia Marítima e pregar o evangelho em sua casa. Que grande oportunidade para o evangelho! Ainda assim, o pedido desafiou tudo o que Pedro entendia sobre judeus, gentios e como o Messias estabeleceria o reino de Deus na terra. Com base em sua compreensão incompleta, os gentios entrariam no reino, primeiro, pela porta de um judaísmo reformado e revitalizado e, em seguida, abraçariam Jesus como Sumo Sacerdote e Rei. Em outras palavras, provavelmente teria parecido impensável que os gentios se unissem à comunidade da nova aliança do Messias judeu sem antes se converterem ao judaísmo!

Com três gentios parados à porta da casa de Simão, o curtidor, Pedro tinha uma decisão a tomar. Qual visão do reino ele seguiria? A do Senhor ou a própria? Ele não conseguiria superar uma vida inteira de preconceito em questão de horas; então, quando colocado à prova, o que ele faria?

Para a mente hebraica, o que uma pessoa *faz* revela suas verdadeiras crenças, independentemente das emoções envolvidas. De acordo com 10:23, Pedro respondeu cometendo duas grandes transgressões culturais: estendeu a hospitalidade aos gentios e concordou em aceitar a hospitalidade destes na desprezada cidade de Cesareia.

10:24,25

A distância de quase 50 quilômetros exigiu de Pedro e seus irmãos judeus pelo menos um dia e meio de viagem a pé. Como a maioria das pessoas, eles poderiam cobrir de 25 a 30 quilômetros durante o dia. O grupo deixou Jope na manhã seguinte; depois, em algum momento da tarde do dia seguinte, entrou em Cesareia Marítima, a sede da ocupação romana em Israel.

Da perspectiva de um judeu devoto, Pedro havia entrado em território inimigo para associar-se com o inimigo. Do ponto de vista de Cornélio, Deus havia concordado em abençoar sua família depois de anos de súplica. Assim, quando o principal representante de Deus entrou em sua casa, o comandante prostrou-se e adorou Pedro (10:25). O termo grego traduzido como "adorando-o" (*proskyneō* [4352]) não tem a pretensão de dizer o que está no coração da pessoa que adora; apenas descreve sua postura. Significa "prostrar-se" ou "curvar-se". Nas religiões pagãs, um homem ou uma mulher representando uma divindade era venerado como semidivino, ainda mais se pudesse operar milagres (14:11; 28:6).[84] Os adoradores pagãos ofereciam reverência aos deuses prostrando-se aos pés de seus sacerdotes. Embora Cornélio e sua família fossem "tementes a Deus", dessem "muitas esmolas ao povo" e orassem "continuamente a Deus" (10:2), eram, no entanto, ignorantes. Na presença de alguém que ele considerava um homem santo, o romano se comportou como lhe fora ensinado desde a infância.

10:26,27

O gesto, sem dúvida, envergonhou Pedro. Os judeus devotos evitavam escrupulosamente dar ou receber de alguém a veneração que só Deus merece. Eles não cunhavam moedas com a imagem de ninguém, não erguiam estátuas, pintavam retratos nem faziam qualquer comemoração especial a um ser humano; eles queriam evitar qualquer coisa remotamente próxima da adoração ao homem. Assim, quando Pedro viu Cornélio prostrado diante dele, provavelmente estremeceu diante do desafio de evangelizar os gentios. Com hebreus e até mesmo samaritanos, o evangelho estava

Do meu diário

Aja de forma mediana

ATOS 10:26

Quando Pedro viu o centurião curvando-se e adorando-o, disse: "Levante-se; eu sou apenas um homem como você". Não foi uma bela resposta? Ele não disse: "Aqui, meu filho, beije o anel do grande pescador".

Como criaturas caídas, tendemos a adorar as pessoas que respeitamos muito. Se você ocupa uma posição de autoridade ou respeito, então tem o dever de desencorajar a admiração desmedida e qualquer forma de reverência exagerada. Faça tudo o que puder para evitar que as pessoas o coloquem em um pedestal. É uma posição precária para você e proporciona uma longa queda se você eventualmente tombar. Você não quer impedir que as pessoas vejam Deus, e também não quer que elas se desiludam com Ele quando finalmente virem que você tem pés de barro.

Se Deus o usa significativamente em uma esfera particular de influência, é sua responsabilidade manter os olhos do povo no Senhor. Enquanto isso, deixe que as pessoas vejam as rachaduras que você tem em sua própria vida. Deixe que saibam que você é um com elas, que luta com muitos dos mesmos problemas que elas e que você não tem o monopólio sobre a verdade espiritual.

Seja como as crianças que construíram um clube de verão no quintal e estabeleceram três regras de conduta:

Primeira: Ninguém se faz de grande.

Segunda: Ninguém se faz de pequeno.

Terceira: Todos agem de forma mediana.

sendo construído sobre uma base relativamente sólida de conhecimento bíblico e teológico. Não era assim com os não-judeus. Lição número 1: Adore somente a Deus.

Quando Pedro ergueu o centurião prostrado aos seus pés, viu um amontoado de gentios — ignorantes, mas ansiosos para ouvir falar de Jesus, o Filho de Deus.

10:28,29

Sempre gostei da transparência de Pedro. Ele entrou na casa de um gentio, o que foi bastante difícil. Teve de impedir o homem de adorá-lo, o que parecia estranho, para dizer o mínimo. Então, ficou diante de uma multidão reunida de gentios que queriam saber como o Deus hebreu poderia salvá-los. Em vez de ignorar a grande divisão cultural e teológica que havia entre eles, Pedro a reconheceu. Todos ali sabiam que os judeus não deveriam se associar aos gentios.

O termo traduzido como "contra a nossa lei" (10:28; *athemitos* [111]) é mais bem traduzido como "impedido" ou "ilícito". A Lei do Antigo Testamento não proibia os hebreus de se associarem aos gentios. Eles não deveriam se casar fora da comunidade da aliança, mas os gentios que se convertiam eram aceitáveis como pares. O povo de Israel foi encorajado a acolher estrangeiros viajantes em suas casas e a socializar livremente com os gentios, desde que eles não comprometessem seus padrões morais no processo. Depois de voltar do exílio, os rabinos tornaram-se cada vez mais xenófobos em sua interpretação da Lei.

Pedro reconheceu que sua chegada a Cesareia violava a sensibilidade de seus companheiros judeus, mas que era, na verdade, um ato de obediência a Deus (10:28). Ao contrário de alguns judeus do primeiro século, Deus não considera — e nunca considerou — os gentios indignos de salvação. Desde o início, a intenção do Senhor era que Israel fosse seu instrumento para trazer todas as nações a um relacionamento consigo mesmo (Is 43:10; 44:8). Onde os hebreus tivessem falhado, Jesus seria bem-sucedido. Onde Israel tivesse abdicado de seu papel como nação sacerdotal de Deus (Êx 19:6; Is 61:6), a igreja cumpriria sua missão. Pedro, como o líder visível da igreja em visita à casa de Cornélio, representava a obediência eclesiástica ao chamado de Deus para seus membros serem suas testemunhas para todos no mundo (At 1:8).

Tendo reconhecido a grande divisão cultural e o abismo teológico que os separavam, Pedro pediu aos gentios reunidos que explicassem por que haviam mandado buscá-lo (10:29). Ele, é claro, já sabia a resposta (10:22). Essa foi uma maneira cortês de perguntar: "Como posso servi-los agora que estou aqui?"

10:30-33

Cornélio observou que Pedro estava em sua casa exatamente quatro dias após a hora em que recebeu sua visão (10:30; cf. 10:9). (As culturas orientais consideram o passar dos dias de forma diferente da maneira como fazemos no Ocidente. Elas incluem o dia atual no total, enquanto começamos a contar a partir do dia anterior. Algumas versões bíblicas dizem "três dias" e outras "quatro dias", em função dessa diferença de contagem.) Ele relatou brevemente a mensagem do anjo e sua obediência imediata, e reconheceu a chegada de Pedro em obediência às suas instruções. Seu breve discurso destaca o papel central do Senhor na reunião de todos.

10:34-36

A mensagem de Pedro pode ser dividida em duas partes:

1. Deus é o Deus de todas as nações (10:34-36).
2. Jesus Cristo oferece salvação para todas as pessoas (10:37-43).

A linha inicial de Pedro reconhece uma verdade que ele mesmo não apreciou plenamente até que o Senhor interveio. A palavra "agora" (10:34) não está no texto grego, ainda que sua presença possa se justificar pelo contexto. Ainda assim, parece melhor deixá-la de fora. Pedro, sem dúvida, aceitava a doutrina bíblica de que Deus não mostra parcialidade (ver Dt 10:17; 2Cr 19:7), mas apenas em teoria; apenas poucos dias atrás ele havia levado a doutrina a sério o suficiente para agir de acordo com ela. De qualquer forma, é uma admissão transparente. Ele estava ali na casa dos gentios porque ele mesmo havia mudado.

As frases "aquele que o teme" e "faz o que é justo" (At 10:35) não sugerem que as pessoas possam ser boas o suficiente para ganhar o favor de Deus ou para obter a salvação por si mesmas. Pedro apenas reconhece que Deus acolhe todos os que querem um relacionamento com Ele. "Aquele que o teme" descreve uma atitude de crença; "faz o que é justo" refere-se à evidência exterior da fé genuína.

Jesus é de fato o Messias judeu enviado a Israel, mas Ele veio para redimir o mundo inteiro para que todos tivessem "paz com Deus" (Rm 5:1). O título "Senhor de todos" (At 10:36) era significativo para todos naquele ambiente, mas por razões diferentes. Os romanos às vezes conferiam divindade a seus imperadores, que eram vistos como governantes do mundo mesmo além de suas fronteiras. Os adoradores pagãos usavam o título em referência aos seus deuses míticos. E Pedro passou a ter um novo apreço pelo título "Senhor de todos" — não apenas o Senhor dos judeus — como resultado de sua experiência recente.

10:37-43

Deus é o Deus de todos, e Jesus Cristo é o Salvador de todos. Para sustentar sua afirmação, Pedro relatou vários fatos sobre Jesus que eram de conhecimento comum na região. A sinopse de Lucas sobre a vida de Jesus segue aproximadamente o esboço apresentado por Marcos em seu Evangelho:

- Batismo por João (10:37)
- Ministério na Galileia (10:37-38)
- Ministério na Judeia (10:39)
- Ministério em Jerusalém (10:39)
- Crucificação (10:39)
- Ressurreição (10:40-41)
- Comissionamento dos discípulos (10:42)

Pedro declarou a si mesmo e aos outros apóstolos como testemunhas oculares desses fatos e, em seguida, enfatizou a natureza universal da obra de Cristo. O ministério de Jesus afeta o mundo inteiro, levando todas as pessoas a um dos dois destinos: julgamento (10:42) ou perdão dos pecados (10:43). Os profetas do Antigo Testamento não prometeram salvação somente a Israel, mas ao mundo inteiro, a "todo aquele que nele crê" (10:43).

10:44-46

Como muitos pregadores, Pedro nunca terminou de fato seu sermão. "Enquanto Pedro ainda falava estas palavras", e antes mesmo de ter a chance de exortar seu público a depositar sua confiança em Jesus Cristo, eles creram (10:44)! Eles não tinham o conhecimento bíblico e teológico da maioria dos judeus em Israel, mas acreditavam com todo o seu ser. Isso foi suficiente para Deus, que conhece perfeitamente o coração. Em resposta à sua crença, eles imediatamente receberam o dom do Espírito Santo. Como resultado, esses crentes gentios se comportaram exatamente como os seguidores judeus originais de Jesus no dia de Pentecoste, que haviam louvado a Deus em línguas que não as suas (2:4, 11).

Lucas não se refere a Pedro e seus companheiros em termos de etnia; nem todos eram hebreus. Em vez disso, ele os chama de "crentes que eram da circuncisão" (10:45), isto é, cristãos que entraram no reino de Deus tornando-se judeus primeiro. Os hebreus eram "filhos da aliança" nascidos naturalmente, circuncidados no oitavo dia e criados no templo. Os conversos gentios tornaram-se "tementes a Deus", estudaram o hebraico e a Lei, passaram por um exame, submeteram-se ao batismo na água, foram circuncidados e, em seguida, receberam a designação de "filhos da aliança".

Ao enviar seu Espírito sobre os novos crentes gentios — embora fossem ignorantes e incircuncisos — e dar-lhes poder idêntico ao dos primeiros cristãos em Pentecoste, Deus enviou uma mensagem clara a todos os que testemunharam o evento: a salvação é somente pela graça através da fé somente em Cristo. Nada além de uma crença completa e autêntica é necessário. O conhecimento da Lei é bom, mas não necessário. A circuncisão é boa, mas não necessária. O conhecimento bíblico e teológico é bom, mas não essencial. Somente confiar em Cristo traz o perdão dos pecados.

10:47,48

Pedro entendeu o ponto. Ele reconheceu o óbvio. O poder do Espírito Santo fluiu através desses crentes gentios, validando-os como iguais aos crentes judeus, de modo que ele os declarou como irmãos e irmãs em Cristo. Ele os batizou na água imediatamente e permaneceu com eles vários dias, sem dúvida para responder às suas perguntas, ensinar-lhes o básico sobre viver na graça e encorajá-los a se tornarem testemunhas. Que experiência memorável para Pedro!

APLICAÇÃO

Atos 10:24-48

TEOLOGIA EM AÇÃO

O Senhor não culpou Pedro por sua teologia defeituosa ou pela atitude de preconceito que sua teologia encorajava. O pescador judeu superou honestamente sua intolerância, herdada de uma longa tradição nacionalista de seus pais e de gerações de rabinos que pensavam errado. Como o líder mais visível da igreja, no entanto, Pedro não poderia permanecer como era; ele precisava de uma radical cirurgia cardíaca espiritual.

Em Atos 10:1-23, o Senhor preparou o coração de Pedro corrigindo sua teologia. As leis dietéticas que Deus dera a Moisés e aos israelitas serviram ao seu propósito. As restrições ensinaram aos hebreus que eles são uma raça santificada, uma nação sacerdotal, designada por Deus para ser sua representante para todas as nações. Mas havia chegado a hora da mudança. Uma nova era havia amanhecido, uma nova dispensação — a era da igreja. Os crentes, sejam judeus ou gentios, não precisam mais ir ao templo para encontrar Deus; eles agora têm Cristo. Os crentes não precisam mais expressar sua fé por meio de sacrifícios com a ajuda de um sacerdote; eles agora têm acesso direto ao Sumo Sacerdote supremo, o Filho de Deus. Para serem salvas, todas as pessoas devem crer em Cristo de todo o coração, e Deus, que conhece cada coração, responderá.

Pedro entendeu teologicamente a mensagem do Senhor, mas não conseguiu ver como ela se aplicava ao processo de conversão. Foi quando Deus deu a Pedro a oportunidade de agir de acordo com o que havia aprendido. Ele obedeceu ao mandamento do Senhor de ir ter com os gentios e pregar o evangelho entre eles e, no processo, ganhou uma compreensão mais completa. Em outras palavras, Deus mudou a mente de Pedro em uma visão no telhado e, em seguida, mudou o coração de Pedro através de sua obediência na casa de Cornélio. Tudo isso sugere um princípio e um imperativo.

O princípio: *O que você faz é mais importante do que a maneira como você se sente.* O Senhor é tão gracioso. Ele sabe como é difícil para nós mudar, mas Ele não pode permitir que permaneçamos como somos, sobrecarregados com maneiras prejudiciais de pensar e acorrentados ao pecado habitual. O preconceito é apenas um dos nossos muitos problemas! Então, Ele nos mostra a verdade e depois nos desafia a aplicar o que ensinou. Seria bom se Ele nos desse tempo para nos ajustarmos a essa nova maneira celestial de pensar e nos comportar, mas Ele não o faz. Ele espera obediência. Ele espera uma resposta de fé aos seus mandamentos. Parece apressado. Desconfortável. Às vezes até impossível. Mas o Senhor não está preocupado com o que sentimos em relação a seus mandamentos, apenas que ajamos de acordo com eles.

O imperativo: *Faça o que é certo e deixe Deus mudar seu coração.* Pedro sabia o que fazer, e é difícil acreditar que sua obediência tenha feito com que se sentisse confortável, mas ele fez o que era certo. No final, o apóstolo cresceu, os gentios receberam a salvação e a igreja começou um novo capítulo de expansão. O fato é que a obediência de Pedro preparou o terreno para o futuro ministério de Paulo.

Nosso Criador sabe que nosso desconforto é apenas temporário. Quando deixamos de lado nosso desconforto para fazer o que Ele ordenou, Ele sabe que a experiência cumprirá sua tarefa e seremos transformados. Se você sabe que deve fazer algo porque Deus diz que é certo, não espere que seus sentimentos lhe deem o sinal verde. Confie nele. Responda com fé. Faça o que é certo e deixe que seus sentimentos sigam sua obediência.

Não lute contra os propósitos de Deus

LEIA ATOS 11:1-18

Um bom líder precisa saber quando é hora de fazer mudanças e quando deve manter o curso. Ele ou ela deve então se comunicar com os outros e convencê-los a seguir. Esses são os princípios do curso básico da Liderança e são válidos seja qual for o tipo de organização que você lidera. A liderança espiritual, no entanto, requer pelo menos uma habilidade adicional: saber quando está indo de encontro ao caminho de Deus, ou seja, lutando contra seus propósitos.

Todo líder espiritual deve aceitar o fato de que a igreja, a organização que lidera, é *de Deus*. É fácil esquecer isso. Em nosso desejo de manter a igreja no curso em meio a correntes oscilantes e ventos predominantes, tendemos a considerar toda mudança como desfavorável. Pastores, professores, presbíteros e líderes devem permanecer firmes contra a pressão constante do mundo para comprometer a verdade divina em favor da opinião popular. Assim, quando o Senhor quer alterar o curso ou adaptar sua igreja para enfrentar novos desafios, muitas vezes somos os últimos a perceber.

Isso é lamentável. Como líderes espirituais, devemos ser os primeiros a sentir sua direção e estar prontos para mudar quando nos sentirmos confiantes em sua liderança. Afinal, servimos a um Deus contemporâneo! Ele nunca é surpreendido pelo futuro, nunca está desatualizado e nunca é ameaçado pelo avanço tecnológico ou pela evolução das culturas. Nossa mensagem nunca muda, mas nossos métodos muitas vezes mudam. Consequentemente, Ele manteve a igreja na vanguarda e relevante por mais de dois mil anos. Ele não fez isso mantendo as coisas perpetuamente iguais. Por mais difícil que isso possa ser para alguns acreditarem, a mudança sempre fez parte de sua estratégia ministerial.

Pedro logo descobriria isso por si mesmo. Quando subiu ao telhado para orar na casa de seu amigo em Jope, ele não tinha ideia de que as coisas estavam prestes a mudar tão drasticamente. Até aquele ponto, a igreja vinha crescendo de forma constante como resultado do evangelho sendo pregado às comunidades de judeus. O evangelismo bem-sucedido entre os samaritanos exigia que os líderes da igreja ampliassem um pouco sua visão do ministério — a maioria dos judeus achava os samaritanos desagradáveis —, mas eles adoravam o mesmo Deus, estudavam e acreditavam na mesma Lei e aguardavam o mesmo Messias (ver Jo 4:25) e, portanto, compartilhavam muita coisa. Apesar de vários desafios significativos, tudo caminhava confortavelmente — isto é, até que o encontro do Senhor com o preconceito de Pedro sinalizou uma grande mudança.

A boa notícia: Pedro entendeu o recado e obedeceu. Esse é um primeiro passo importante para um líder, espiritual ou não. Depois, veio a tarefa maior da liderança. Coube a ele comunicar a nova direção e convencer os outros a seguirem. Felizmente, o Senhor armou o apóstolo com tudo o que ele precisava para transmitir uma mensagem simples e clara: *Não lute contra os propósitos de Deus!*

11:1-3

As notícias sobre a conversão de Cornélio e sua família se espalharam rapidamente por toda a região da Judeia. Isso não é surpreendente, considerando a importância de Cesareia para o governo e o comércio, bem como o conteúdo controverso da notícia. Assim, quando Pedro chegou a Jerusalém — talvez com seu primeiro hálito de presunto ou marisco ainda na boca —, alguns de seus colegas não estavam ansiosos para comemorar. Lucas identifica os críticos como "os que eram da circuncisão" (11:2; ver 10:45). Ele usa essa expressão por duas razões: primeiro, para designar ambos os tipos de crentes judeus — hebreus natos e gentios convertidos ao judaísmo antes de confiar em Cristo. Em segundo lugar, para manter em mente a base de sua objeção. Os judeus normalmente olhavam para os gentios como impuros e ignorantes, mas também acreditavam que eles poderiam ser aceitos se fossem ensinados a seguir a Lei. O rito da circuncisão validava um homem como aquele que conhecia e seguia os estatutos do Antigo Testamento.

A frase traduzida como "o criticavam" (11:2) parece fraca em nossa língua. O verbo grego usado é *diakrinō* [1252], que literalmente significa "separar" e é mais frequentemente traduzido como "julgar" ou "decidir". Seguido de "com ele" ou "contra ele",[85] indica que discutiram seriamente com ele. Para contextualizar: eles mantinham as próprias dúvidas que Pedro acabara de superar (cf. *diakrinō* em 10:20; 11:12). Eles disseram: "Você entrou na casa e ficou na companhia de homens incircuncisos, e comeu com eles" (11:3, tradução minha). No grego, lê-se literalmente "você *entrou para*", que significa "você se associou a" ou "você recebeu a hospitalidade de" ou "você teve comunhão com". Isso foi como que uma acusação, não apenas uma declaração de fato. Eles poderiam muito bem ter perguntado: "Como você pôde fazer isso?!".

Muitos comentaristas notaram que os crentes judeus não se opuseram à pregação do evangelho por Pedro ou ao batismo dos gentios, mas apenas ao fato de que ele se misturou com eles e comeu sua comida. Mas isso, penso eu, é um desvio do ponto. Os cristãos circuncidados se opunham a *qualquer coisa* que ele tivesse feito com os gentios, incluindo evangelizá-los. Lembre-se, a compreensão deles do evangelismo do Novo Testamento seguia o padrão do Antigo Testamento, que esperava que os prosélitos buscassem a Deus no templo. Aparentemente, eles não compreenderam toda a extensão do comissionamento do Senhor em 1:8. Além disso, não conseguiam entender como alguém poderia chegar ao Messias sem pelo menos algum treinamento bíblico e teológico.

Para ser justo, o próprio Pedro teria sustentado a mesma opinião poucos dias antes. Os crentes em Jerusalém não receberam uma visão. Eles não ouviram a ordem direta de Deus para visitar Cesareia. Eles não tinham experimentado nada parecido com o que Pedro vivera.

11:4-6

O apóstolo líder reconheceu imediatamente o problema. Ele não repreendeu seus colegas, não desdenhou de sua atitude nem os envergonhou por serem preconceituosos e retrógrados. Encontrou-os onde estavam para poder guiá-los indiretamente pelo processo transformador que havia experimentado. Ele disse, com efeito: "Há pouco tempo, eu via as coisas como vocês. Deixem-me dizer-lhes o que mudou minha opinião".

Quando Deus quer fazer uma mudança dentro da igreja ou de uma organização cristã, Ele raramente a comunica às massas. Mais frequentemente, Ele leva um indivíduo — na maioria das vezes, o líder — a se tornar seu agente de mudança. Dependendo da saúde da organização, esse indivíduo recebe respeito ou ridicularização — raramente algo no meio do caminho. Verdade seja dita, a mudança é sempre desafiadora. Se a visão para a mudança vier de Deus, a proposta não irá contradizer as Escrituras; pelo contrário, a nova direção ajudará a organização a tornar-se mais obediente à Palavra de Deus. Quer outros a reconheçam quer não, o futuro dessa organização dependerá de sua resposta ao agente de mudança do Senhor.

Pedro relatou sua experiência no telhado em Jope "exatamente" (11:4) como ocorreu, e uma comparação entre sua lembrança (11:5-11) e o evento (10:9-20) mostra que ele não deixou nenhum detalhe de fora.

11:7-17

Ao longo de seu relato, Pedro destacou a inspiração do Senhor:

> "Levante-se, Pedro; mate e coma." (11:7)
> "Não chame impuro ao que Deus purificou." (11:9)

"O Espírito me disse que não hesitasse em ir com eles." (11:12)
"O Espírito Santo desceu sobre eles como sobre nós no princípio." (11:15)
"Deus lhes deu o mesmo dom que deu a nós." (11:17)

Pedro acrescentou o detalhe de que, quando viajou para Cesareia, seis dos homens na sala o haviam acompanhado e testemunharam tudo. Pode ter havido outros (10:23), mas esses seis estavam entre o grupo de Jope. Ele, sem dúvida, pediu-lhes que viessem não apenas para obter apoio moral, mas também para testemunhar o que Deus faria entre os gentios. Ele não sabia o que esperar, mas sua visão dava a entender que seria algo grande!

Ele não se preocupou em contar os detalhes de seu sermão; as especificidades de sua eloquência ou raciocínio sensato não eram importantes. Na verdade, ele admitiu que disse relativamente pouco em comparação com tudo o que havia planejado. De acordo com 10:34-43, ele disse muito em um curto espaço, de modo que "quando comecei a falar" (11:15) sugere que ele havia apenas começado um longo sermão antes que o Espírito Santo o interrompesse. Pedro vinculou explicitamente a descida do Espírito Santo em Cesareia aos acontecimentos de Pentecoste. "Quando cremos" aponta para o início da igreja (2:4). Ele também recordou a promessa do Senhor sobre o batismo no Espírito Santo (11:16; cf. 1:5). Foi uma apresentação bem trabalhada.

João, o Batizador, primeiramente anunciou a promessa do batismo no Espírito Santo aos judeus que ele chamava ao arrependimento (Mt 3:11; Mc 1:8; Lc 3:16; Jo 1:33). Naturalmente, eles aplicaram a promessa a si mesmos sem pensar muito em mais ninguém. Jesus afirmou a promessa pouco antes de sua ascensão, e os cerca de 120 discípulos reunidos que aguardavam seu cumprimento (At 1:15) aplicaram as palavras a si mesmos, sem considerar que isso poderia se aplicar a outros além de sua comunidade. Então eles viram o Espírito Santo encher os três mil convertidos após o primeiro sermão de Pedro (2:37-41) e os cinco mil depois do segundo (4:4). Em seguida, vários apóstolos viram o Espírito descer sobre os convertidos samaritanos (8:14-17). Em cada estágio de crescimento, a promessa do Senhor se aplicava a mais e mais pessoas.

Talvez pensando que eles não tivessem entendido o ponto, Pedro o ressaltou para eles (11:17). Quando Deus derramou seu Espírito sobre os gentios, Ele os validou como autenticamente cristãos, assim como todos os outros que haviam crido e sido batizados. Pedro disse: "Se, pois, Deus lhes deu o mesmo dom que deu a nós quando cremos no Senhor Jesus Cristo, quem era eu para pensar que podia me opor a Deus?". Quando Pedro viu o poder do Espírito Santo encher os gentios, considerou que tinha o suficiente para não se opor a Deus.

11:18

Lucas escreve que os críticos "não apresentaram mais objeções", obviamente referindo-se aos seus argumentos. O Senhor tinha falado; o que mais havia a dizer? Quebraram o silêncio apenas para louvar a Deus.

A essa altura da história da igreja, o termo "arrependimento" (*metanoia* [3341]) havia assumido um significado técnico. "Arrependimento" resume a resposta de Cornélio e sua família ao evangelho. A palavra significa literalmente "uma mudança de mente", mas claramente significa mais do que isso quando usada para novos crentes. "Fé" ou "crença" (*pistis* [4102]) descreve a atitude de uma pessoa que confia somente em Cristo para a salvação. "Arrependimento" é o processo de se afastar da própria capacidade de ser bom o suficiente para ganhar a salvação e voltar-se para Cristo em uma atitude de fé. A expressão plena dessa "mudança de pensamento" especial é o arrependimento que resulta em vida.

Esta foi uma ocasião importante no desenvolvimento da igreja. Assim como Pedro não entendia todas as implicações de sua visão em Jope, também esses cristãos judeus não compreendiam tudo o que isso significava para a igreja como movimento ou para eles pessoalmente. Sua aceitação dos convertidos gentios lhes dava maior afinidade com eles — bom para a unidade da igreja —, mas geraria uma barreira permanente entre eles e o templo. Até este ponto, os seguidores de Jesus em Jerusalém eram considerados uma seita peculiar do judaísmo. Abraçar os gentios como irmãos e irmãs poria fim à boa vontade que eles desfrutavam entre os judeus comuns no templo.

APLICAÇÃO

Atos 11:1-18

HORA DE ENCARAR MUDANÇAS

Enquanto Pedro relatava seu encontro com o Senhor em oração, sua obediência ao mandamento do Senhor e sua experiência com os gentios, aqueles que o ouviam devem ter encarado a mudança que era iminente. Eles finalmente reconheceram que essa mudança era de Deus. Por meio desse processo, os líderes da igreja primitiva aprenderam pelo menos três lições que faríamos bem em lembrar.

Primeiro, *algumas mudanças são inevitáveis*. Novamente, isso pode parecer óbvio, especialmente em nossa cultura tecnológica, na qual a mudança é a única constante. O Senhor ensinou a Pedro que a igreja pode mudar juntamente com a cultura sem se contaminar por ela. Por mil gerações o Senhor designou líderes humanos para adaptar sua igreja para atender às inclinações estilísticas de cada região, raça, idioma e filosofia, mas sem alterar a mensagem central do evangelho. Os métodos devem mudar; a mensagem não.

Em segundo lugar, *qualquer mudança requer ajustes*. Por alguma razão, pensamos eternamente que a lição espiritual mais recente que aprendemos foi a última etapa de nossa jornada espiritual — não de maneira consciente, mas apenas quando alguém propõe uma mudança desconfortável. Em seguida, batemos o pé: "Eu finalmente tenho uma compreensão firme de como as coisas devem ser". Então nos tornamos rígidos e resistentes em vez de adaptáveis e acomodáveis. Isso porque não gostamos de grandes mudanças quando o *status quo* atende às nossas necessidades pessoais. Consequentemente, usaremos todos os meios necessários para justificar a manutenção das coisas do jeito que estão — até mesmo o mau uso das Escrituras e uma teologia absurda.

O Senhor continua a mudar sua igreja para nos manter em contato, flexíveis e na vanguarda. Pedro é um modelo maravilhoso de como devemos nos adaptar para nos mantermos em sintonia com o programa de Deus.

Terceiro, *toda mudança deve ser examinada à luz das Escrituras*. Ao avaliar possíveis mudanças, devemos lembrar que algumas coisas são absolutas e outras flexíveis. Isso pode parecer bom senso, mas por algum motivo temos que ser lembrados disso quando possíveis mudanças afetam a igreja. Mesmo os mais bem-sucedidos em assumir riscos nos negócios de repente retornam à tradição e à nostalgia ao tomar decisões sobre como sua irmandade local deve conduzir o ministério. Por outro lado, algumas pessoas respondem impulsivamente às mudanças na sociedade sem considerar o impacto de longo prazo na igreja ou se as verdades das Escrituras serão comprometidas. Assim, é útil para um corpo local definir o que deve permanecer absoluto, como os fundamentos da fé. Para qualquer igreja em que sirvo, essa lista deve incluir estes itens essenciais:

- A inerrância das Escrituras
- A divindade de Jesus Cristo
- Seu nascimento virginal
- Sua ausência de pecado
- Sua expiação na cruz pelo pecado da humanidade
- Sua ressurreição corporal do túmulo

- Seu retorno literal a esta terra
- O cumprimento de suas promessas
- A designação daqueles sem Cristo para o inferno e a designação daqueles em Cristo para o céu.

Esses são fundamentos da fé em que não podemos ceder em nenhuma decisão. Em relação à forma *como* expressamos essas verdades e *como* conduzimos o ministério, por outro lado, temos o dever de ser criativos e permanecer atuais. Perdoe-me se soar heterodoxo, mas acho que se Jesus Cristo tivesse vindo à Terra em nossos dias, sua mensagem não mudaria nem um pouco, mas seu estilo alcançaria as pessoas onde elas estão, da maneira que melhor podem ouvir. Seu povo, portanto, não deve ser menos flexível.

Operação Retorno

LEIA ATOS 11:19-30

Colocado no banco. Na gaveta. Na reserva. Retirado de circulação. Se formos pelo que Lucas revela sobre a atividade de Paulo durante o evangelismo histórico de Pedro entre os gentios em Atos 10, podemos ter a impressão de que Paulo ficou fora de ação por dez anos após sua dramática conversão. A verdade é que Paulo nunca esteve inativo. Ele certamente não estava sob os holofotes ou nos principais eventos, mas estava exercendo seu ministério como a maioria dos servos fiéis de Deus ao longo da história — nos bastidores, na obscuridade. Mas por quê? Por que Deus o enviaria para um ministério "pequeno" em Tarso por dez anos depois de uma conversão tão expressiva?

Pense nisso. Nenhum cristão tinha um currículo mais impressionante para o ministério entre os judeus. No entanto, em sua sábia providência e de acordo com seus próprios propósitos, Deus muitas vezes coloca essas pessoas em ministérios de pequena escala e sem *glamour* por um tempo. Ele aprimora sua teologia, talha seu caráter, reorganiza suas prioridades e ensina-lhes as técnicas de andar no Espírito e não na carne. Não como rejeição, mas como refinamento, Deus deixou Paulo de lado dessa maneira.

Mais uma vez, de uma perspectiva humana, Saulo parecia o candidato ideal para entrar rapidamente no ministério aos seus companheiros hebreus. O Senhor, no entanto, não recruta como um caça talentos corporativo. Ele escolhe as pessoas com base em sua própria visão onisciente e as prepara por meio de sua própria onipotência soberana. Deus escolheu

Saulo para se tornar sua testemunha entre os gentios. Ele deixou isso claro no início, dizendo ao fariseu recém-convertido:

> Eu apareci para constituí-lo servo e testemunha do que viu a meu respeito e do que mostrarei a você. Eu o livrarei do seu próprio povo e dos gentios, aos quais eu o envio para abrir-lhes os olhos e convertê-los das trevas para a luz e do poder de Satanás para Deus, a fim de que recebam o perdão dos pecados e herança entre os que são santificados pela fé em mim. (26:16-18)

A AUTOBIOGRAFIA DE PAULO DE TARSO

ATOS 11:25

Se Paulo escrevesse uma autobiografia, poderia ser mais ou menos assim:

> "Sou judeu, cidadão de Tarso, cidade importante da Cilícia" (At 21:39). "Eu [tenho a cidadania romana] por direito de nascimento" (At 22:28). "Sou israelita, descendente de Abraão" (Rm 11:1), "circuncidado no oitavo dia de vida, pertencente ao povo de Israel, à tribo de Benjamim, hebreu dos hebreus; quanto à lei, fariseu; quanto ao zelo, perseguidor da igreja; quanto à justiça que há na lei, irrepreensível" (Fp 3:5,6). "Sou judeu, nascido em Tarso da Cilícia, mas criado nesta cidade. Fui instruído rigorosamente por Gamaliel na lei dos nossos antepassados, sendo [...] zeloso para com Deus" (At 22:3).

"[Eu] perseguia com violência a igreja de Deus, procurando destruí-la. No judaísmo, eu superava a maioria dos judeus da minha idade, sendo extremamente zeloso das tradições dos meus antepassados. Deus, porém, separou-me desde o ventre da minha mãe e me chamou por sua graça. Quando lhe agradou revelar o seu Filho em mim para que eu o anunciasse entre os gentios, não consultei ninguém. Tampouco subi a Jerusalém para ver os que já eram apóstolos antes de mim, mas de imediato fui para a Arábia e voltei outra vez a Damasco.

Depois de três anos, subi a Jerusalém para visitar Cefas e estive com ele quinze dias. Não vi nenhum dos outros apóstolos, a não ser Tiago, irmão do Senhor. Quanto ao que escrevo a vocês, afirmo diante de Deus que não minto. A seguir, fui para as regiões da Síria e da Cilícia. Eu, porém, não era pessoalmente conhecido pelas igrejas da Judeia que estão em Cristo. Apenas ouviam dizer: 'Aquele que antes nos perseguia agora anuncia a fé que procurava destruir'; e glorificavam a Deus por minha causa" (Gl 1:13-24).

"Dou graças a Cristo Jesus, o nosso Senhor, que me deu forças e me considerou fiel, designando-me ao ministério, a mim que anteriormente fui blasfemo, perseguidor e insolente. Deus, porém, foi misericordioso comigo, pois, sendo ignorante, agi em incredulidade" (1Tm 1:12,13). "Eu sou o menor dos apóstolos e nem sequer mereço ser chamado apóstolo, porque persegui a igreja de Deus. Mas, pela graça de Deus, sou o que sou, e a sua graça para comigo não foi inútil; antes, trabalhei mais do que todos eles; contudo, não eu, mas a graça de Deus comigo" (1Co 15:9,10). "Contudo, quando prego o evangelho, não posso me orgulhar, pois me é imposta a necessidade de pregar. Ai de mim se não pregar o evangelho! Porque, se prego de livre vontade, tenho recompensa; contudo, se prego por obrigação, estou simplesmente cumprindo uma incumbência a mim confiada. Qual é, pois, a minha recompensa? Apenas esta: que, pregando o evangelho, eu o apresente gratuitamente, não usando, assim, dos meus direitos ao pregá-lo" (1Co 9:16-18).

"Porque, embora seja livre de todos, fiz-me escravo de todos, a fim de ganhar o maior número possível de pessoas. Para os judeus, tornei-me judeu, a fim de ganhar os judeus. Para os que estão debaixo da lei, tornei-me alguém como se estivesse sujeito à lei — embora eu mesmo não esteja debaixo da lei —, a fim de ganhar os que estão debaixo da lei. Para os que estão sem lei, tornei-me sem lei — embora não esteja livre da lei de Deus, mas sim sob a lei de Cristo —, a fim de ganhar os que não têm a lei. Para com os fracos, tornei-me fraco, a fim de ganhar os fracos. Tornei-me tudo para com todos, a fim de, por algum meio, salvar alguns. Faço tudo isso por causa do evangelho, para ser coparticipante dele" (1Co 9:19-23). "Sei o que é passar necessidade e sei o que é ter fartura. Aprendi a passar por toda e qualquer situação, seja bem alimentado, seja com fome; tendo muito ou passando necessidade. Tudo posso naquele que me fortalece" (Fp 4:12,13).

"Eu já estou sendo derramado como oferta de bebida, e o tempo da minha partida está próximo. Combati o bom combate, terminei a corrida, guardei a fé. Agora, está reservada para mim a coroa da justiça, que o Senhor, justo juiz, me dará naquele dia; não somente a mim, mas também a todos os que amam a sua vinda" (2Tm 4:6-8). "Mas o Senhor permaneceu ao meu lado e me deu forças, para que por mim a mensagem fosse plenamente proclamada e todos os gentios a ouvissem; fui liberto da boca do leão. O Senhor me livrará de toda obra maligna e me levará a salvo para o seu reino celestial. A ele seja a glória pelos séculos dos séculos. Amém" (2Tm 4:17,18).

TARSO

ATOS 11:25

Saulo, mais tarde conhecido como Paulo, orgulhosamente declarou-se "judeu, cidadão de Tarso, cidade importante da Cilícia" (21:39). Embora ele fosse um produto da educação judaica, tendo sido instruído por Gamaliel em Jerusalém (22:3), sua mente jovem e ansiosa sem dúvida achava Tarso um lugar enriquecedor.

Em seu apogeu, Tarso comandou um ponto estratégico no navegável rio Cidno e estava na rota para as famosas Portas da Cilícia, uma crucial passagem montanhosa projetada.[86] Qualquer pessoa que viajasse por terra entre a Ásia Menor e destinos orientais, incluindo Síria, Mesopotâmia, Judeia e Egito, tinha que usar essa passagem pelos montes Tauro. Consequentemente, essa localização estratégica transformava o lugar em um ponto natural para o comércio de mercadorias e troca de ideias.

Com tanta gente e tanta riqueza de recursos, Tarso se tornou um centro de aprendizado. A academia em Tarso esforçou-se para alcançar a fama das escolas de renome em Atenas e Alexandria.[87] Mas o principal motivo da derrocada da escola foi que "os tarsianos que haviam estudado em sua própria cidade eram conhecidos por completar sua educação no exterior e, em seguida, fixar residência em Roma ou em outro lugar, em vez de retornar a Tarso. Estrabão lista muitos estudiosos notáveis de Tarso".[88] Alguns sugeriram que Saulo foi alguém que estudou localmente e depois se mudou para Jerusalém. No entanto, é mais provável que Saulo tenha deixado Tarso por volta dos doze anos de idade para estudar com Gamaliel.[89]

Durante sua residência de dez anos em Tarso após sua conversão, um estudioso como Saulo sem dúvida teria se valido dos recursos da academia da cidade, o que o prepararia ainda mais para um futuro ministério entre os gentios. De fato, sua citação dos poetas Epimênides de Creta e Arato de Soli (um compatriota cilício) sugere alguma educação grega (Tt 1:12; At 17:28).

Quão apropriado era que Tarso preparasse Saulo para o ministério entre os gentios. Como observou um estudioso, "Tarso foi descrita como 'o coração do mundo greco-romano' e 'um ponto de encontro do Oriente e do Ocidente'. De tal ambiente, um homem como Saulo de Tarso, acostumado com a cultura grega e a romana e educado aos pés de Gamaliel, estava singularmente equipado para levar o evangelho primeiro ao judeu e também ao grego".[90]

Por alguma razão, Saulo não exerceu o ministério entre os gentios imediatamente; dirigiu-se diretamente para as sinagogas. Pouco tempo depois de seu encontro na estrada de Damasco com o Messias ressuscitado, Saulo estava defendendo habilmente a identidade de Jesus como o Messias e demonstrando magistralmente a verdade do evangelho, mas com pouco efeito entre seus companheiros judeus. Depois da tentativa de assassinato em Damasco, Saulo fugiu para Jerusalém, onde viveu como um homem sem pátria até que Barnabé, o "encorajador", se tornou seu defensor. Por insistência de Barnabé, Pedro e os outros líderes da igreja aceitaram Saulo, e ele desfrutou da comunhão dos crentes — por um tempo.

Pedro ainda não tinha visitado a casa de Cornélio. Pergunta-se por que essa não tinha sido a tarefa de Saulo, já que ele deveria ser o apóstolo dos gentios. Do ponto de vista humano, parece um retrocesso, mas sabemos que Deus tinha suas razões. Independentemente disso, Saulo foi direto para as sinagogas novamente, mas com pouco mais sucesso do que em Damasco. Depois de inflamar os líderes religiosos de duas grandes cidades contra ele e sobreviver a dois planos de assassinato, Saulo foi para casa em Tarso. Uma cidade gentia. Uma cidade distante. Convenhamos: com Saulo removido para sua cidade natal, todos estavam mais seguros. Como Lucas registra: "A igreja passava por um período de paz em toda a Judeia, Galileia e Samaria. Ela se edificava e, encorajada pelo Espírito Santo, crescia em número, vivendo no temor do Senhor" (9:31).

Colocado no banco. Na gaveta. Na reserva. Retirado de circulação. Mas não abandonado. Nem de longe. A visão de ministério que Deus dera a Saulo em Damasco não havia sido esquecida. O Senhor sempre quis que o evangelho fosse pregado a todo o mundo, mas a igreja não estava pronta para os convertidos gentios, e Saulo não estava pronto para ser o porta-voz de Deus. Esse judeu meticuloso precisava saber mais sobre a cultura gentia. Ele também precisava aprender a andar no Espírito em vez de conduzir o ministério em seus próprios termos. Dez anos de ministério em pequena escala em Tarso deram-lhe a educação e o tempero espiritual de que precisava.

Quando Lucas retoma sua narrativa, Saulo está escondido na região da Cilícia, longe da ação, esperando o momento certo.

11:19-21

Após o martírio de Estêvão, a perseguição de Saulo à igreja dispersou os crentes em todas as direções. Na maioria das vezes, esses cristãos judeus proclamavam o evangelho apenas para seus parentes hebreus. Alguns, no entanto, não foram tão discriminatórios, compartilhando a notícia com qualquer gentio que quisesse ouvir. Lucas identifica os judeus de mente mais ampla como "cipriotas e cireneus" (11:20). Chipre, a terra natal de Barnabé, é uma ilha considerável no Mediterrâneo ao largo da costa da Síria. Cirene ficava na costa do norte da África, cerca de 800 quilômetros a oeste de Alexandria.

Antioquia da Síria era uma cidade enorme na época, a terceira maior cidade do Império Romano, depois de Roma e Alexandria, e lar de uma comunidade extremamente grande de judeus, gentios convertidos ao judaísmo e gentios "tementes a Deus". Como resultado, o evangelho encontrou um público ansioso lá. Com uma influência judaica tão grande, os gentios já estavam familiarizados com o curioso monoteísmo do povo da Judeia. Em pouco tempo, um grande número de gentios se tornou cristão (11:21).

11:22-24

No momento em que as notícias de conversões gentias chegaram à Judeia e subiram as encostas de Jerusalém, a igreja havia chegado a um acordo com o ministério de Pedro em Cesareia. Em vez de enviar críticos para examinar a obra na Antioquia síria, eles enviaram o "encorajador", Barnabé, o homem perfeito para o trabalho (11:22). Ele era de Chipre, de onde muitos dos evangelistas judeus eram, e seu temperamento o predispôs a acolher os gentios como irmãos. Lucas diz: "Ele era um homem bom, cheio do Espírito Santo e de fé" (11:24). Ao chegar, viu cristãos autênticos muito necessitados de organização e treinamento. Antioquia era, afinal, conhecida por ser um antro de hedonistas por causa do famoso "paraíso de Dafne", a apenas 8 quilômetros de distância,[91] onde os visitantes perseguiam a depravação moral como se fosse uma virtude.

Barnabé regozijou-se ao ver a graça de Deus tomando conta da cidade, e encorajou os novos crentes (11:23). É disso que os novos cristãos precisam: muito incentivo. Ele não escreveu uma lista de coisas proibidas nem marcou num mapa local os lugares a serem evitados ao redor de Antioquia. Sua principal atitude foi "encorajar". O verbo é *parakaleō* [3870], uma palavra multifacetada que carrega a ideia de estar ao lado de alguém para fornecer conselho, coragem, conforto, esperança e perspectiva positiva. Como um treinador de atletismo, um incentivador desafia sem condenar, instrui sem dar aulas, inspira sem condescender e ajuda o outro a caminhar em direção à excelência. Como um treinador encorajando e desafiando um atleta a alcançar um objetivo específico, Barnabé exortou os novos crentes em Antioquia a crescerem em graça, permanecendo fiéis ao seu Salvador.

11:25,26

Barnabé era maduro e experiente, mais do que capaz por si mesmo; no entanto, ele também sabia que precisava de ajuda. A última parte de Atos 11:24 se conecta com 11:25 para fornecer uma explicação. Eu traduziria a frase desta maneira: "E multidões foram adicionadas ao Senhor. Então ele foi a Tarso procurar Saulo". Barnabé era humilde e sábio: humilde o suficiente para reconhecer suas limitações e sábio o suficiente para buscar o melhor homem para ajudá-lo nessas responsabilidades. Note que ele não foi a Jerusalém em busca de estudiosos hebreus; ele viajou 150 quilômetros na direção oposta até o homem que Deus havia reservado para um ministério aos gentios. Saulo concordou em vir.

Os dois homens ministraram harmoniosamente juntos em Antioquia com grande sucesso, não apenas evangelizando, mas estabelecendo os crentes como uma igreja (11:26). Foi aqui que Saulo aprendeu os fundamentos da formação, organização e estabilização da igreja. Eles tinham como objetivo uma comunidade independente, liderada por presbíteros locais, sustentada sem ajuda externa e perpetuada por seus próprios esforços evangelísticos. Se uma igreja é um organismo vivo, Barnabé e Saulo queriam que a congregação em Antioquia respirasse, se alimentasse, crescesse e vivesse por conta própria.

Lucas acrescenta a nota lateral de que a Antioquia síria foi o berço do termo "cristãos" (*Christianos* [5546]). Claro, a ideia central é "Cristo". O sufixo *-ianos* denota partidarismo ou identidade com o líder de um movimento ou comunidade. Por exemplo, os escritores do Evangelho usaram "herodiano" para designar alguém que apoiava ou trabalhava para a dinastia de Herodes, o Grande (p. ex. Mt 22:16).

11:27,28

"Naqueles dias" (11:27) é literalmente "nestes dias". Em algum momento durante o ministério de um ano de Barnabé e Saulo, "profetas" visitaram Jerusalém. (O verbo "desceram" refere-se à mudança na elevação; os povos antigos não pensavam em norte e sul em termos de "para cima" e "para baixo".) Essas pessoas tinham um dom sobrenatural e milagroso de discurso profético. Assim como os profetas do Antigo Testamento, eles eram porta-vozes humanos de Deus que anunciavam revelações novas (1Co 12:10, 28; 14:3). Deus lhes dizia o que dizer, e eles diziam. Durante a era apostólica, antes do Novo Testamento ter sido escrito, a igreja precisava ouvir diretamente de Deus por meio de profetas.

Um dos profetas, chamado Ágabo (ver At 21:10,11), previu que "uma grande fome" afligiria o mundo (11:28). A frase "a todo o mundo romano" não significa necessariamente "em todos os locais", mas sim "em muitos lugares significativos". Lucas, como outros escritores gregos, usou o termo "mundo" (*oikoumenē* [3625]) para significar o mundo conhecido do Império Romano. Lucas afirma que a previsão de Ágabo ocorreu durante o reinado de Cláudio, que governou como imperador por quase quatorze anos (41-54 d.C.), [92] depois de Calígula e antes de Nero. Historiadores seculares notam que ele teve que lidar com pelo menos duas severas carências de grãos em Roma devido à fome em várias partes do império.[93]

11:29,30

Essa escassez de grãos afetou Roma nos anos 42 e 51. De acordo com indícios de registros egípcios da época e das *Antiguidades* de Josefo, a Judeia sentiu os efeitos por volta de 46.[94] Naquele ano, a igreja em Antioquia da Síria levantou uma oferta e a enviou a Jerusalém aos cuidados de Barnabé e Saulo. Isso é digno de nota por alguns motivos. Em primeiro lugar, o corpo autônomo dos crentes em Antioquia via-se como parte de um todo maior e, portanto, responsável por cuidar dos seus irmãos e irmãs necessitados em Jerusalém (cf. 4:34-37). Em segundo lugar, a igreja de Antioquia havia se fortalecido o suficiente para enviar ajuda tangível a Jerusalém em vez de precisar de assistência. Isso sinalizou uma mudança sutil. A igreja de Jerusalém se tornaria menos vital, enquanto Antioquia se tornaria mais importante.

Eles enviaram essa oferta "aos presbíteros" em Jerusalém (11:30). Esta, aliás, é a primeira vez que Lucas usa o termo "presbítero" (*presbíteros* [4245]) em referência à igreja. Os apóstolos não permaneceram em Jerusalém. De acordo com a tradição — não autoritativa como as Escrituras, mas útil para fornecer pistas históricas —, a maioria dos Doze viajou para diferentes partes do mundo para serem "testemunhas". Para preencher o vácuo de liderança, a igreja de Jerusalém nomeou "presbíteros". O termo grego significa literalmente "mais velho", mas é usado no sentido técnico de um cargo. A igreja de Jerusalém seguiu o padrão das sinagogas, que selecionaram vários homens maduros para fornecer liderança espiritual e prática à congregação local.

Neste ponto, Saulo de Tarso tinha mais a aprender antes de se tornar o Paulo que conhecemos por suas cartas, mas já estava bem encaminhado. Ele estava fora do banco e de volta ao jogo; no entanto, seu treinamento continuaria. Algumas lições importantes ainda a serem aprendidas o equipariam para a tarefa que Deus havia proposto para ele.

APLICAÇÃO

Atos 11:19-30

SEPARADO PARA BOAS OBRAS

Ninguém gosta de se sentir deixado de lado. Após a conversão dramática de Saulo no caminho para Damasco e, em seguida, sua "licença" no ministério de Tarso, ele sem dúvida se sentiu desnorteado e desiludido durante aqueles anos "silenciosos" em sua cidade natal. Felizmente, ele se submeteu a uma década humilhante de preparação para moldar a alma nas sombras da igreja. Sua paciência permitiu que ele emergisse mais tarde como o homem mais influente na história da era do Novo Testamento.

Ao observar a preparação do Senhor para Saulo, dois princípios emergem.

Primeiro, *somente o Senhor pode preparar uma pessoa para o ministério*. Depois que o Senhor confrontou Saulo pessoalmente (9:4-6) e, mais tarde, revelou seu futuro papel no ministério (26:15-18), ele começou a trabalhar imediatamente, confrontando seus compatriotas judeus nas sinagogas. Vendo que isso não deu certo, ele sabiamente se retirou para a Arábia por quase três anos. Talvez pensando que sua experiência o havia preparado suficientemente e sentindo-se pronto para se engajar no ministério novamente, ele retornou a Damasco — para resultados desastrosos lá e novamente em Jerusalém. Claramente, ele não estava pronto. Dez anos se passaram, com o grande Saulo de Tarso empurrado para escanteio em uma cidade universitária pagã, longe da ação em Jerusalém, uma cidade em que ele já havia sido bastante influente. Então, quando chegou o momento adequado para Saulo e quando Saulo estava adequado para o momento, o Senhor permitiu que esse fariseu humilde entrasse no centro das atenções. Ele reentrou, na condição de um homem mais sábio com uma compreensão mais clara da obra do Espírito em sua vida e seu ministério.

Quase todos os ministros experientes podem se identificar. Depois que recebi meu chamado para o ministério, soube imediatamente que precisava me preparar. Mas quando me matriculei no programa de quatro anos no Seminário Teológico de Dallas, eu não tinha ideia de que uma grande porcentagem da minha preparação ocorreria fora da sala de aula! Certamente, os professores me deram conhecimento e discernimento cruciais, mas foi o Senhor quem *me* preparou. Durante esse tempo, Ele talhou, limou e desbastou meu caráter para me moldar em um vaso adequado. Então, depois de minha educação formal, passei mais dois anos ajudando um pastor mais velho e outros dois anos lutando em um ministério não adequado ao meu estilo pessoal e inclinação. Ao olhar para trás, percebo que nada poderia ter me preparado para meu futuro papel no ministério como o toque pessoal do Senhor durante aqueles anos difíceis fora dos holofotes. Na época, não estava claro o que o Senhor estava fazendo. Olhando para trás, tudo faz sentido.

Em segundo lugar, *o Senhor deve preparar o ministério para a pessoa*. Durante seu encontro face a face com o Senhor e seu jejum de três dias, Saulo aprendeu que ministraria aos gentios. O Senhor lhe disse:

> Eu apareci para constituí-lo servo e testemunha do que viu a meu respeito e do que mostrarei a você. Eu o livrarei do seu próprio povo e dos gentios, aos quais eu o envio para abrir-lhes os olhos e convertê-los das trevas para a luz e do poder de Satanás para Deus, a fim de que recebam o perdão dos pecados e herança entre os que são santificados pela fé em mim. (26:16-18)

Na época, porém, Pedro ainda não havia visitado Cornélio. Os gentios estavam apenas começando a considerar esse estranho ensinamento judaico de Jerusalém, e os líderes da igreja nem sequer haviam considerado o evangelismo fora da comunidade judaica. Simplificando, o mundo ainda não estava pronto para o ministério de Saulo com uma ênfase tão marcante na graça.

Enquanto o Senhor preparava Saulo para o evangelismo e o plantio de igrejas entre os gentios, Ele também preparava os gentios e a igreja para ele. No ministério, como muitas coisas, o *timing* é tudo.

Mais forte do que as grades da prisão

LEIA ATOS 12:1-17

Todos os seguidores do Messias precisam manter um equilíbrio difícil. Vivemos em um mundo natural, guiado por leis naturais, mas servimos um Deus que pode anular as leis da natureza — e que às vezes o faz. Na maior parte das vezes, temos de aceitar as circunstâncias como elas se apresentam. Pessoas boas adoecem e morrem. Pessoas trabalhadoras vão à falência. Empresas honestas vão por água abaixo. Pessoas inocentes são maltratadas, condenadas e punidas. Em muitas situações, Deus não intervém sobrenaturalmente para evitar o infortúnio, mas não devemos ver a vida estritamente de uma perspectiva humana. Milagres raramente ocorrem. Quer o Senhor escolha ou não intervir milagrosamente, Ele permanece no controle, e prometeu resolver todos os eventos e circunstâncias para o nosso bem e para a sua glória (Rm 8:28).

Em uma época em que milagres são extremamente raros, manter essa perspectiva natural-sobrenatural pode ser um desafio. Alguém poderia ser tentado a pensar que manter uma perspectiva espiritual eterna seria mais fácil se os milagres fossem mais comuns. Como Lucas demonstra neste segmento de sua narrativa, no entanto, as pessoas sempre têm dificuldade em ver além do reino temporal, mesmo quando Deus está mais visivelmente ativo no mundo. Os cristãos em Jerusalém, apesar de verem algumas das mais incríveis demonstrações de poder milagroso do Senhor, também lutaram para sair de sua perspectiva bidimensional. Nesse exemplo notável, eles colocaram limites sobre o que Deus poderia ou faria em seu favor.

12:1,2

Lucas define o tempo como durante a perseguição de "Herodes" — Herodes Agripa I —, que antecede a "visita da fome" de Barnabé e Paulo (11:19-30). Em outras palavras, Lucas voltou o relógio, levando-nos de volta na cronologia ao tempo anterior ao desvio narrativo para Antioquia da Síria, de volta ao tempo logo após a visita de Pedro a Cesareia. Em termos de cronologia, 12:1 se segue a 11:18.[95]

Até então, os principais inimigos da igreja eram o Sinédrio, os pesos-pesados políticos e religiosos associados ao templo — o sumo sacerdote, os aristocratas, os fariseus e o ex-sumo sacerdote e chefe do crime, Anás. Essa perseguição religiosa atingiu seu apogeu com Saulo de Tarso liderando a acusação; mas com Saulo agora seguindo Jesus e vivendo em silêncio, longe de Jerusalém, a pressão do templo diminuiu. Pelo menos por alguns anos. Enquanto isso, a igreja se expandiu dramaticamente, varrendo a Judeia e a Samaria. Sua influência permaneceu religiosa e sectária dentro do judaísmo na maior parte, de modo que poucas pessoas fora das fileiras dos hebreus devotos tomaram conhecimento. Então, Pedro visita Cesareia. É nesse momento que Herodes Agripa I começa a se envolver, por razões políticas.

Nessa época, o nome "Herodes" havia se tornado um título, assim como a designação imperial "César", que mais tarde evoluiu da vida e da influência de Júlio César.[96] Esse Herodes em particular era Agripa I. Ele havia adquirido terras e títulos escolhendo as parcerias políticas certas, no momento certo, prejudicando qualquer um que entrasse em seu caminho, incluindo sua própria família. Ele havia adquirido o controle de toda a terra outrora governada por seus tios, Filipe, o Tetrarca, e Herodes Antipas, e ele claramente tinha planos de eclipsar o poder de seu avô, Herodes, o Grande. Para isso, no entanto, precisaria da Judeia, que Roma governava diretamente por meio de procuradores.[97]

O CAOS DOS HERODIANOS

ATOS 12:1-4

Por muitos anos após a morte de Herodes, o Grande, em 4 a.C., a dinastia herodiana continuou a lançar uma grande sombra sobre Judeia, Samaria, Galileia e regiões além. Seus descendentes dividiram seu reino: Arquelau tomou a Judeia e Samaria, Antipas tomou a Galileia e a Pereia, e Filipe assumiu várias províncias do nordeste e, mais tarde, parte da Síria.[98]

Em poucos anos, Arquelau se autodestruiu. Ele foi responsável pelo assassinato de muitos súditos judeus (Mt 2:20-23), o que provocou uma enorme conspiração para se livrar dele. Delegações representando judeus e samaritanos — geralmente inimigos amargos —, bem como seus irmãos, Antipas e Filipe, todos convergiram para Roma solicitando que ele fosse removido. Augusto atendeu ao coro de vozes contra Arquelau, o depôs, banindo-o para a Gália, na atual França, e colocou suas terras sob controle romano. Depois disso, procuradores e governadores romanos governaram a Judeia.

Antipas provou ser mais bem-sucedido do que Arquelau, embora suas alianças terminassem por destruí-lo. Ele levou sua esposa, filha do rei nabateu Aretas IV, ao exílio para que ele pudesse se casar com sua cunhada/sobrinha, Herodias. Sobreviveu à consequente agitação política e religiosa, fazendo amizade com Tibério e aplacando judeus helenistas ricos. Por fim, no entanto, seus cálculos políticos falharam. Aretas atacou e tomou algumas de suas terras — incluindo a cidade de Damasco (2Co 11:32,33) —, e a morte de Tibério provou ser fatal para o reinado de Antipas. Veja como a seguir.

Após a morte de Herodes, o Grande, Filipe casou-se com sua sobrinha, Salomé, filha de Herodias, cuja dança sensual diante de Antipas levou à execução de João, o Batizador (Mt 14:6-11; Mc 6:21-28). Filipe viveu tranquilamente e manteve laços estreitos com Roma e, após sua morte em 34 d.C., sua terra voltou ao controle sírio. Mas apenas por pouco tempo. Quando Tibério morreu, Calígula tornou-se imperador e deu as terras de Filipe a Agripa I, irmão de Herodias. Ele também deu a Agripa o cobiçado título de rei. Quando Antipas e Herodias foram a Roma buscar a mesma honra, Agripa enviou acusações contra Antipas, resultando em seu banimento para a Gália. Assim, Agripa ganhou a terra antes governada por Antipas.

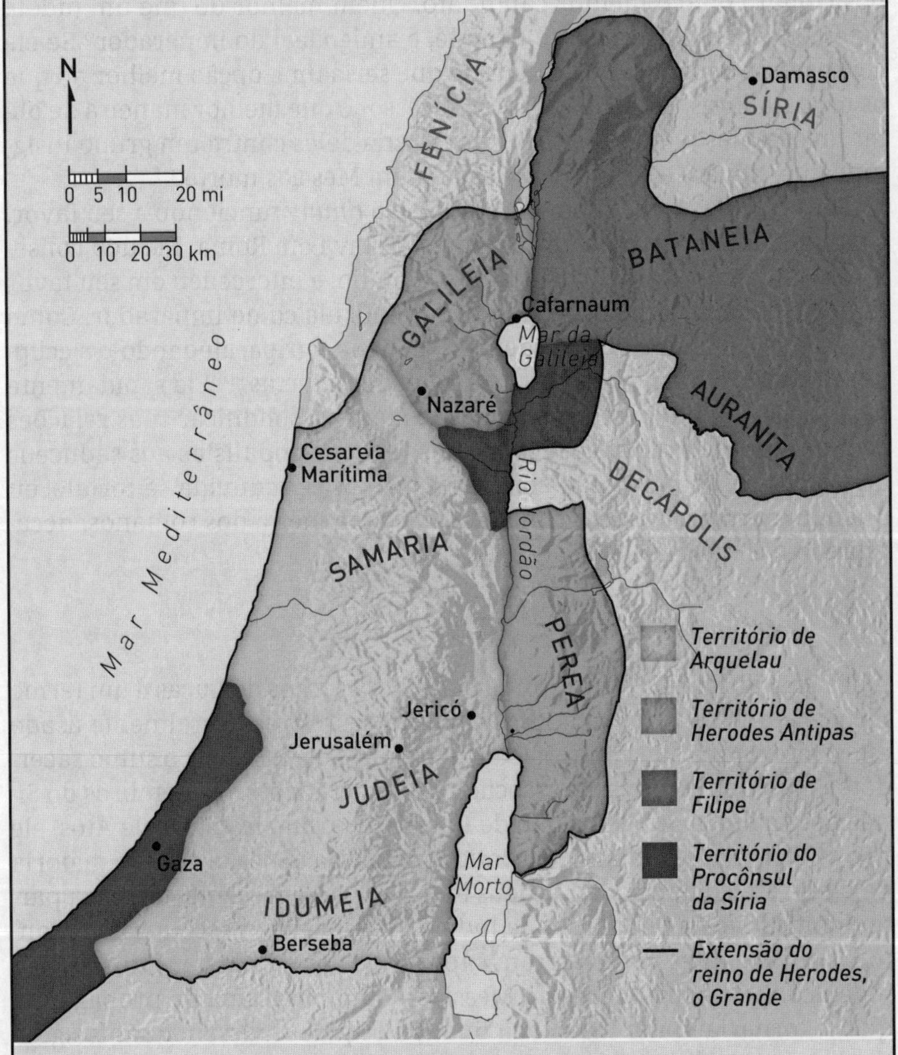

Israel depois de Herodes, o Grande. Após a morte de Herodes, o Grande, sua família dividiu o reino para governar.

Para ganhar a Judeia, ele precisava convencer os poderes de Roma de que seus interesses eram mais bem servidos com ele no controle do que com um de seus procuradores. Os procuradores gentios, afinal, tinham sido uma fonte constante de irritação para os judeus, e a irritação judaica sempre enervava Roma. Os governantes locais tinham duas responsabilidades primárias, todas importantes: impedir que o povo se revoltasse e manter o dinheiro fluindo para Roma. Agripa poderia facilmente se posicionar como o melhor candidato. Quem melhor do que um judeu, [99] descendente de Herodes, o Grande, e amigo leal do imperador? Se ele conseguisse convencer os judeus de que seria uma opção melhor do que os procuradores, então poderia ter sucesso. E que melhor maneira de obter favores dos judeus do que ficar do lado deles contra um grupo insignificante, novato e sectário que seguia um Messias morto?

Seus cálculos foram bem-sucedidos, e o *timing* funcionou a seu favor. Quando Calígula morreu em 41, Agripa estava em Roma. Ele deu conselhos cruciais a seu amigo de infância Cláudio, e intercedeu em seu favor junto ao Senado, ajudando-o a suceder Calígula como imperador. Como recompensa, Cláudio deu a Judeia e Samaria a Agripa, ajudando-o a eclipsar Herodes, o Grande, em termos de poder e terras.[100] Ele rapidamente mudou sua capital para Jerusalém e começou a solidificar suas relações com os judeus em todos os níveis, dos fariseus populistas aos saduceus aristocráticos. Sua relação com esses grupos sem dúvida se fortaleceu quando executou Tiago, o irmão de João, à maneira dos romanos: decapitando-o com uma espada (12:2).

12:3-5

A designação "judeus" em grande parte dos escritos de Lucas é um termo técnico para os líderes religiosos e políticos em Israel, geralmente usado em referências à sua conexão com o templo. Isso incluiria o sumo sacerdote, juntamente com seus associados aristocráticos e os membros do Sinédrio. Ao longo do Evangelho de Lucas e da primeira parte de Atos, ele não se refere aos "judeus" no sentido racial. Na época, a grande maioria da igreja era composta por judeus étnicos, que representavam uma parte significativa da população na Judeia. De maneira crescente, no entanto, os governantes judeus foram capazes de virar cada vez mais o povo judeu contra os seguidores do Messias — um programa de propaganda que se tornaria muito mais fácil quando os judeus vissem quantos gentios estavam se juntando à seita dos cristãos. Portanto, em algum momento podemos supor que o uso do termo "judeus" por Lucas começa a se referir a mais do que apenas um grupo de elite de governantes. Uma gradual separação de caminhos entre o judaísmo e o cristianismo, sinagoga e igreja, como grupos religiosos distintos, estava ocorrendo. Talvez a atividade de Pedro entre os conversos gentios em Cesareia tenha se mostrado excessiva.

Como Agripa governava a Judeia diretamente como representante de Roma, ele tinha o poder de condenar pessoas à morte sem precisar da permissão de ninguém. Ele havia exercido esse poder matando Tiago, e prendeu Pedro, com a intenção de executá-lo também (12:3). Mas, primeiro, ele "pretendia submetê-lo a julgamento público" (12:4). Lucas não revela por que Agripa queria fazer isso, mas o motivo parece óbvio. Como soberano absoluto da Judeia, com as patentes romanas de pretor e cônsul, ele não precisava justificar uma execução. Não era necessário que Pedro fosse julgado e condenado pelo Sinédrio, embora isso não teria sido difícil. Ele "pretendia submetê-lo a julgamento *público*" para galvanizar sua hostilidade contra os cristãos, acusando publicamente Pedro de violar as tradições judaicas. Pedro associou-se entusiasticamente aos gentios, comeu sua comida e ousou chamá-los de seus irmãos.

Agripa colocou Pedro na prisão porque as festas da Páscoa e dos Pães sem Fermento — celebradas por oito dias (Dt 16:1-12) — impediam a realização de julgamentos.[101] Naturalmente, o rei colocou um guarda para impedir a fuga de Pedro. O termo grego para "escolta de quatro soldados" é *tetradion* [5069], que se baseia no número quatro. Normalmente, um *tetradion* seria suficiente para fornecer um soldado para cada "turno" (de três horas) da noite. Mas Agripa quadruplicou a guarda, designando quatro escoltas para guardar Pedro, obviamente preocupado que uma figura tão importante tivesse ampla ajuda para uma tentativa de fuga de presos. Além disso, Pedro já havia se mostrado ser um prisioneiro escorregadio pelo menos uma outra vez (At 5:17-25).

Lucas chama a atenção para as forças opostas envolvidas. De um lado, Agripa tranca Pedro atrás das grades e aciona uma guarda quádrupla (12:4). Por outro lado, a igreja ora fervorosamente em favor do apóstolo (12:5).

12:6-10

Na última noite da Páscoa, Deus interveio (12:7,8). Lucas descreve como o *tetradion* era organizado: um soldado acorrentado ao braço direito de Pedro, um acorrentado à sua esquerda e dois postados na entrada de sua cela (12:6). Se quatro esquadrões o vigiavam o tempo todo, cada um fazia um turno de seis horas antes de ser rendido pelo próximo. Dado esse arranjo, juntamente com a vigilância reforçada, é duvidoso que os guardas tenham dormido durante as seis horas em que permaneceram em serviço. Pedro, por outro lado, dormia como um bebê saudável!

Lucas inclui o detalhe de que Pedro dormia apesar das circunstâncias que manteriam a maioria das pessoas no limite. Pedro já havia passado por situações semelhantes antes (4:1-3, 21; 5:17-25).

A descrição que Lucas faz da libertação de Pedro destaca o elemento sobrenatural e milagroso envolvido. Um anjo apareceu e encheu a cela de Pedro de luz. Isso certamente era mais do que uma visão onírica dentro de sua mente. E, no entanto, os guardas de Pedro, que sem dúvida permaneceram acordados durante seu turno de seis horas, não viram e não ouviram nada. Ainda assim, Pedro não estava ciente da presença do anjo, de modo que o anjo "tocou no lado de Pedro e o acordou" (12:7). Suas correntes caíram, e ele ouviu o anjo falar, o que deveria ter alertado os guardas. Não alertou. Levantou-se, vestiu-se, saiu tranquilamente de sua cela e passou pelos dois guardas externos, pelo portão principal da prisão e chegou à rua (12:8-10). Para Pedro, a experiência parecia irreal, mas lá estava ele do lado de fora, na rua (12:9, 11). Para os guardas, tudo parecia normal. Enquanto Pedro via as coisas como de fato eram, os guardas eram iludidos.

12:11,12

Lucas descreve Pedro como saindo de uma visão para a plena consciência (12:11), mas ele tinha visto as coisas exatamente como eram. Isso porque toda a experiência parecia irreal, talvez por ter sido tão extraordinária. Anteriormente, quando um anjo havia libertado Pedro e João (5:19,20), nenhum guarda foi mencionado, sugerindo que os apóstolos simplesmente saíram por portões abertos de uma prisão relativamente deserta. Esta ocasião foi muito diferente. Estar na via pública confirmou o que parecia surreal.

Então, Pedro partiu para encontrar os crentes, que estavam orando na "casa de Maria, mãe de João, também chamado Marcos" (12:12). Marcos se tornará significativo à medida que a história da igreja se desenrolar. João é um nome hebraico. Marcos é um nome grego. Ele era filho de uma mulher chamada Maria, uma das *muitas* mulheres judias com o nome de Miriã, a irmã de Moisés. Ela talvez fosse uma viúva de posses consideráveis. Nenhum marido é mencionado, mas ela tinha uma casa grande o suficiente para acomodar as reuniões da igreja. João Marcos era primo de Barnabé (Cl 4:10) e, portanto, Maria deve ter sido sua tia.

A comunidade de crentes provavelmente se reunia frequentemente na casa de Maria, já que foi para lá que Pedro seguiu imediatamente.

12:13-15

Casas típicas da época — especialmente casas grandes — eram cercadas por um muro. A "porta do alpendre" (12:13) era uma porta sólida, grande o suficiente para permitir que carroças puxadas por animais entrassem no pátio. Este grande portão também tinha uma porta menor cortada para permitir um acesso mais fácil de pessoas. Como um telefonema às três horas da manhã, uma batida noturna nessa "porta do alpendre" menor raramente trazia boas notícias. Enquanto a congregação orava fervorosamente por Pedro, uma das servas domésticas de Maria, Rode, respondeu à batida. O termo grego traduzido como "menina" na ARC (*paidiskē* [3814]) sugere que ela talvez fosse muito jovem.[102] Assim como hoje, as pessoas normalmente não teriam aberto a porta em resposta a uma batida noturna — não sem grande risco de assalto. Só se abria a porta depois de confirmar a identidade de um amigo. Rode reconheceu a voz de Pedro, mas estando tão entusiasmada, não o deixou entrar! Ela mal podia esperar para compartilhar a notícia. Enquanto isso, Pedro esperou pacientemente.

Não quero criticar a resposta da congregação intercessora de forma muito dura. Eles tinham acabado de chorar a morte de Tiago, a quem Deus não libertara da espada do carrasco. No entanto, não deveriam ter ficado completamente surpresos; esta foi, afinal, a segunda libertação milagrosa de Pedro da prisão.

Mas eles repreenderam a pequena Rode: "Você perdeu o juízo!" (12:15; *mainomai* [3105]) — você está "maluca", "não está mais no controle de seus sentidos", está "fora de contato com a realidade". Toda ocorrência desta palavra no Novo Testamento (cf. Jo 10:20; At 26:24, 25; 1Co 14:23) usa o termo como hipérbole: "Vocês devem estar completamente loucos!". Quando ela insistiu, a congregação tentou argumentar com ela, oferecendo uma explicação mais plausível. A afirmação "deve ser o anjo dele" é problemática para os intérpretes modernos. Os expositores sugerem os seguintes significados possíveis:

- *"É o fantasma dele."*[103] A superstição judaica sustentava que o espírito de uma pessoa espreita por alguns dias após sua morte. Essa interpretação não é provável por dois motivos. Primeiro, eles não esperavam que Pedro fosse executado antes do final da semana da festa. Em segundo lugar, o termo é *angelos* [32], que nunca significa "espírito" ou "fantasma."
- *"É seu anjo da guarda."* [104] Com base em Salmos 91:11 e Daniel 10:21 (juntamente com Tobias 5:4-22 nos Apócrifos), o Talmude[105] ensina que um anjo da guarda assume a aparência da pessoa que ele protege e pode agir em seu nome. Se alguns desses cristãos aceitaram essa tradição extrabíblica, eles podem ter chegado a essa conclusão. Isso é possível, refletindo o estado de negação em que se encontravam.
- "*É o seu mensageiro (humano).*" O termo *angelos* significa literalmente "mensageiro" ou "enviado". A congregação pode ter insistido que Rode tinha ouvido o assistente de Pedro chegar até eles com um comunicado, talvez transmitindo seus desejos póstumos ou instruções de última hora.

Embora qualquer uma das duas últimas opções seja possível, sou a favor da última. Parece-me improvável que aqueles crentes tivessem uma teologia tão pobre, dada a qualidade do ensino que receberam dos apóstolos e a intensa atividade do Espírito Santo. Independentemente disso, duas coisas são claras. Primeiro, eles não podiam acreditar que Pedro estava à porta são e salvo. No grego, os dois verbos traduzidos como "ela insistia" e "disseram" estão no tempo imperfeito, o que descreve uma ação contínua ou repetitiva, retratando Rode e a congregação em um argumento contínuo, de ida e volta. Segundo, ninguém se comportou de maneira racional. Rode deixou Pedro do lado de fora em vez de deixá-lo entrar, a congregação não sugeriu nada de útil e ninguém se apressou em fazer a coisa óbvia: ir até a porta e descobrir!

12:16,17

O pobre Pedro, milagrosamente libertado da prisão e tendo escapado da morte certa, mal podia esperar para ver seus amigos, mas foi deixado no frio — literalmente — batendo repetidamente na porta da frente (12:16). Ele havia saído de um presídio de alta segurança, mas não conseguia passar pelo portão da casa do amigo. Passara despreocupadamente pelos guardas do rei para escapar da execução, mas não conseguia que uma pequena serva o deixasse entrar para participar da reunião de oração realizada em seu favor.

Quando finalmente abriram a porta e viram Pedro, os crentes reunidos ficaram fora de si (*existēmi* [1839]). Finalmente, depois de ter conseguido entrar, relatou a história, dando todo o crédito ao Senhor. Ele então os instruiu a contarem a Tiago, irmão do Senhor, e "aos irmãos", os anciãos da igreja em Jerusalém. Ele então partiu para outro local, ou para visitar outras pessoas reunidas em oração ou para permanecer longe da vista do público.

APLICAÇÃO

Atos 12:1-17

DEUS ESTÁ NO CONTROLE

Gostaria que a aplicação desta passagem fosse simples. Gostaria de poder dizer que a lição duradoura é esta: "O Deus das circunstâncias impossíveis realizará o impossível quando você orar o suficiente". Mas todos sabemos que a realidade é mais complicada do que isso. Mesmo durante esse período notável e incomum, quando os milagres do Espírito Santo aconteciam com frequência, a igreja entendeu que Pedro provavelmente morreria pela espada antes do pôr do sol no dia seguinte. Eles acreditavam em Deus, mas tinham visto seu amigo Estêvão ser apedrejado até a morte, e tinham acabado de perder Tiago, irmão de João, um dos Doze.

Então, o que aprendemos com os crentes incrédulos que oraram e, para seu choque, receberam uma realização milagrosa de seus maiores desejos? Quantas vezes oramos pelo impossível, confiando na capacidade de Deus, apenas para lamentar nossa decepção? Embora vivamos em um tempo diferente e nossas experiências não necessariamente duplicarão as deles, encontro dois imperativos a serem aplicados.

Primeiro, *peça a Deus o que você quer — e seja ousado!* Muitas vezes moderamos nossos pedidos — até mesmo pedidos bons e piedosos, como a cura de um amigo ou a restauração de um casamento fracassado —, talvez para nos proteger da decepção, ou para orar com responsabilidade, ou para evitar presumir sobre Deus, ou para orar dentro dos limites do que imaginamos que a vontade do Senhor possa ser: "Senhor, se for da tua vontade, restaura esse casamento fracassado".

"Se for da tua vontade...?" *É sério?* Ore com ousadia pelo que é bom. Não retenha nada. Não qualifique suas solicitações. A soberania de Deus não é ameaçada e sua bondade não é comprometida se você implorar fervorosamente — suplicar descaradamente — para que o bem prevaleça. Talvez Ele não opte por alterar as circunstâncias. Ele pode permitir que um Estêvão sofra injustamente. Ele pode permitir que uma autoridade perversa prive a igreja de um líder piedoso. No entanto, Ele honrará seus desejos sinceros, se não da maneira que você espera, então de alguma maneira inesperada que você não pode prever.

Em segundo lugar, *confie na soberania e na bondade de Deus para prevalecer*. As pessoas na casa de Maria se reuniram para orar por Pedro. Não sabemos o conteúdo de suas orações, mas alguns devem ter pedido a Deus uma liberação milagrosa, assim como o livramento anterior. Claramente, no entanto, ninguém realmente esperava ver Pedro vivo novamente, ou eles não teriam tido tantas dúvidas quando ele bateu à porta. Ainda assim, eles confiaram em Deus.

Não podemos esperar que o Senhor sempre faça o que pedimos ou nos dê exatamente o que queremos. (Em minhas próprias orações, parei de dizer a Deus como atender aos meus pedidos há muito tempo.) Mesmo assim, podemos ter certeza de que Ele sempre fará o que é certo e sempre agirá no melhor interesse de longo prazo de todos os envolvidos. Seja como for que suas circunstâncias se revelem após uma oração fervorosa, sinta-se seguro com estas palavras — repita-as quantas vezes forem necessárias: *O Senhor está certo em todos os seus caminhos* (ver Dt 32:4 e Dn 4:37).

Desafio... triunfo... expansão

LEIA ATOS 12:18-25

O livro de Atos consiste em um ciclo repetitivo: desafio-triunfo-expansão. No *desafio*, uma dificuldade cria uma crise na igreja, fazendo com que muitos se perguntem: *Será que a igreja vai sobreviver? O reino de Deus vai perdurar? O plano de redenção de Deus será bem-sucedido?* Através do *triunfo*, o Senhor resolve a crise de uma maneira surpreendente para todos, defendendo os justos e, às vezes, julgando os inimigos da igreja. (Digo "às vezes" porque a oferta de graça permanece franqueada a todos e, então, alguns são redimidos.) Na *expansão*, o evangelho se espalha mais e a igreja se fortalece, criando oportunidades que não teriam sido possíveis se a crise não tivesse ocorrido. Por fim, no entanto, uma nova crise desafia a igreja outra vez.

À medida que cada ciclo se desenrola, temos a oportunidade de examinar a vida das pessoas envolvidas e considerar como elas respondem à obra de Deus.

Em Atos 4, Pedro e João foram presos por proclamarem que Jesus, o Messias, havia ressuscitado dentre os mortos. Depois de uma noite na prisão, eles se apresentaram diante do Sinédrio para dar resposta à pergunta "com que poder ou em nome de quem vocês fizeram isso?" (4:7). Tenha em mente que evidências inegáveis do "poder" e do "nome" estavam no meio deles: um homem conhecido por todos como um mendigo deficiente desde o nascimento havia dançado ao redor do templo poucas horas antes (3:8-10). Durante o julgamento, ele se colocou em pé, saudável, na sala de audiências. Em vez de se submeterem à óbvia obra de Deus e em vez de atenderem ao seu chamado ao arrependimento, perguntaram: "Que faremos com estes homens? Todos os que moram em Jerusalém sabem que eles realizaram um milagre notório que não podemos negar. Contudo, para impedir que isso se espalhe ainda mais no meio do povo, precisamos adverti-los de que não falem com mais ninguém sobre esse nome" (4:15-17).

Em Atos 5, Pedro e os outros apóstolos continuaram a proclamar que Jesus, o Messias, havia ressuscitado da sepultura. O milagroso poder curador de Deus continuou a validar o ministério da igreja, "de modo que o povo também levava os doentes às ruas e os colocava em camas e macas para que, ao passar Pedro, pelo menos a sombra dele se projetasse sobre alguns. Afluíam também multidões das cidades próximas a Jerusalém, que levavam os seus doentes e os atormentados por espíritos imundos; todos eram curados" (5:15,16). Como os líderes religiosos de Israel reagiram? Com crença? Eles se submeteram à mensagem de Deus, validada pela obra óbvia e inegável de Deus? Não. "O sumo sacerdote e todos os seus companheiros, membros do partido dos saduceus, ficaram cheios de inveja. Por isso, mandaram prender os apóstolos, colocando-os em uma prisão pública" (5:17,18).

A libertação milagrosa dos apóstolos da prisão (5:19) levou a mais pregações no templo (5:20,21), o que levou a mais um julgamento diante do Sinédrio (5:25-40). Gamaliel, uma voz incrédula mas madura da razão entre os não crentes, esclareceu a questão para os líderes religiosos de Israel: "Deixem esses homens em paz e soltem-nos. Se o propósito ou a atividade deles for de origem humana, fracassará; se proceder de Deus, vocês não serão capazes de impedi-los, pois se acharão lutando contra Deus" (5:38,39). Sábio conselho. Tenha em mente que a evidência esmagadora do poder de Deus, atestada pela grande multidão de milagres que ocorriam em Jerusalém, não deixava espaço para qualquer pessoa razoável questionar "se o propósito ou a atividade deles [era] de origem humana". Os líderes do templo se recusaram a reconhecer a mensagem da igreja, não porque não *pudessem* acreditar, mas porque não se *submeteriam* às verdades que não podiam negar.

Houve mais ameaças, mais pregações, mais perseguições... e mais cristãos entrando na igreja.

O capítulo 12 de Atos documenta a terceira e última rodada de Israel contra a igreja. Nos anos que se passaram entre Atos 5 e 12, muita coisa mudou. A Judeia havia se fortalecido. Tendo Agripa como rei, os governantes do templo agora tinham o apoio de Roma; eles exerciam um poder político praticamente ilimitado para esmagar a igreja. Enquanto isso, a igreja, tendo Pedro como um líder proeminente, havia se expandido além de Jerusalém para alcançar toda a Judeia e Samaria. Além disso, judeus e gentios agora se chamavam irmãos e irmãs porque seguiam o mesmo Rei e juravam fidelidade ao reino de Deus como concidadãos. Em Atos 12, ambos os poderes cresceram a ponto de um confronto se tornar inevitável. A terra dada a Abraão e seus descendentes hebreus não podia mais conter ambos os grupos.

A história de Lucas das três prisões e dos três triunfos de Pedro documenta a defesa do evangelho pelo Senhor e o cuidado com a igreja, mas também devemos ver três tentativas de confrontar os líderes de Israel — três apelos atestados por milagres inegavelmente divinos para que Israel se arrependa, creia, submeta-se e seja salvo. A maneira como os líderes de Israel reagiram a essa terceira e última oportunidade de abraçar seu Messias prepararia o terreno para como o reino de Deus cresceria. Claramente, o Senhor queria que sua nação escolhida, seu amado Israel, fosse o meio pelo qual seu reino dominaria o mundo. Se os líderes religiosos e políticos de Israel não se submetessem, no entanto, Deus completaria seu plano redentor por outros meios.

Desafio: Agripa prendeu Pedro (12:1-6). Triunfo: Deus libertou Pedro de forma miraculosa (12:7-17). O que aconteceria a seguir?

12:18,19

Quando Pedro visitou a igreja após sua libertação milagrosa, ele não disse: "Vocês não vão acreditar na grande sorte que eu tive ontem à noite! Por acaso, as duas correntes estavam soltas, os guardas estavam olhando para o outro lado na hora certa e alguém esqueceu de trancar todas as portas. Assim, consegui sair sorrateiramente daquela prisão de alta segurança sem que ninguém percebesse. Que incrível coincidência!". Não, Pedro deu a Deus todo o crédito por sua libertação. As pessoas tiveram dificuldade para aceitar algo tão incrível no início, mas quando a verdade ficou bem diante delas, não puderam negar o milagre. Nenhuma explicação racional seria suficiente; apenas um ato sobrenatural de Deus fazia sentido. Em resposta, a igreja adorou espontaneamente ao Senhor.

Do outro lado da cidade, no entanto, os líderes de Israel viam a situação em termos puramente materiais. Ao amanhecer, "não foi pequeno o alvoroço entre os soldados" por conta do seu prisioneiro desaparecido (12:18). A palavra grega traduzida como "alvoroço" (*tarachos* [5017]) significa "um estado de angústia aguda, consternação, confusão ou tumulto". Quando aqueles guardas se deram conta, quando a luz da manhã apareceu pela janela e eles viram a cela da prisão vazia, suas mentes colapsaram. Eles não sabiam o que fazer. Com Pedro dado como desaparecido, Herodes iniciou uma caça ao homem.

Vendo que isso não deu certo, não estando disposto a aceitar uma explicação envolvendo o poder milagroso de Deus, o rei procurou uma resposta natural. Ele "fez uma investigação entre os guardas" (12:19). O termo grego para isso é *anakrinō* [350]. A palavra raiz é *krinō* [2919], que carrega a ideia de peneirar e dividir para chegar a uma resposta. *Anakrinō* aplica este processo a uma pessoa ou pessoas. Era um termo judicial que significava "conduzir um inquérito sobre fatos e depoimentos de testemunhas". Herodes não se limitou a questionar os guardas; ele conduziu uma investigação formal usando todos os seus poderes como romano e rei. Sua inquisição levou-o a suspeitar de um jogo sujo por parte dos guardas. Todos os quatro devem ter entrado em conluio para libertar Pedro; era a única explicação natural que fazia sentido. Certamente, a investigação de Herodes teria revelado os registros de prisão de Pedro. Alguém deve ter contado a ele toda a história por trás da libertação anterior de Pedro. Ainda assim, Herodes aceitou a explicação natural. Desse modo, Herodes mandou que os guardas fossem "justiçados" (ARC, ARA), o que quase certamente implica que foram "executados" (NVI). "Justiçados" era uma expressão comum para ser levado a julgamento, prisão ou punição, e a punição padrão para um carcereiro frouxo era a execução. Os guardas das prisões prefeririam matar todos os prisioneiros — ou a si mesmos — a deixar algum escapar (ver 16:27; 27:42).

Depois de concluir as investigações e assegurar-se com uma explicação plausível, o rei foi a Tibério para conversar com seus amigos romanos,[106] e depois a Cesareia para participar de um festival e administrar sua política externa.[107] Correlacionando Atos com a datação de historiadores seculares, sabemos que Herodes visitou Cesareia em 44.

12:20-23

Embora a descrição inspirada de Lucas seja definitiva, as informações fornecidas por Josefo adicionam mais cor a uma história já vívida. De acordo com esse historiador judeu secular, Herodes viajou para assistir a jogos atléticos que ele havia organizado em homenagem a Cláudio. Enquanto estava lá, Lucas observa que recebeu uma delegação de Tiro e Sidom, duas grandes cidades costeiras na província romana da Síria, uma região muito presente na mente do rei. Lemos que Agripa estava "muito irado" contra essas duas cidades, embora Lucas não elabore por quê (12:20). Josefo oferece alguns antecedentes úteis.

Alguns anos antes, o rei tentou reconstruir e fortificar os muros que cercavam Jerusalém. O governador romano da Síria, Cneu Vibius Marcus, se opôs em uma carta ao imperador Cláudio, que instruiu Agripa a parar a construção. Isso se tornou uma fonte de irritação. Então, pouco antes de viajar para Cesareia, Agripa passou um tempo em Tiberíades, uma cidade helenística à beira do mar da Galileia, recebendo vários reis de cidades de dentro e de fora da Síria. Quando Marcus se aproximava da cidade de Tiberíades, Agripa saiu ao seu encontro na companhia de todos esses reis. Naturalmente, Marcus suspeitava do pior: o poderoso rei Agripa, amigo de Cláudio e cônsul de Roma, era conivente com os governantes das cidades sírias. Quando Marcus secretamente pediu a cada rei que voltasse para casa, Agripa ficou furioso e passou a considerar o governador da Síria como seu inimigo.

AGRIPA, A ESPERANÇA MESSIÂNICA DO SINÉDRIO

ATOS 12:22

De certa forma, Agripa parece ter se posicionado para se tornar o messias de Israel. Seu poder e suas terras eclipsaram os de Herodes, o Grande. Na verdade, ele rivalizava com Davi e Salomão em termos de terra e poder. Dada sua rápida ascensão ao poder e seus contatos em Roma, seria possível até mesmo sugerir que ele seria sucessor de Cláudio. Imagine, o "rei dos judeus", governando o Império Romano, que, por sua vez, governava grande parte do mundo conhecido. Agripa era o tipo de messias que muitos judeus tinham sido ensinados a aguardar. Lamentavelmente, acreditou na própria publicidade.

Em 41, a província romana da Judeia foi dada a Agripa, que já detinha a Galileia, a Pereia e Samaria. Isso efetivamente reuniu a terra uma vez dominada por Davi e Salomão sob um único rei pela primeira vez desde que o reino fora dividido mil anos antes. Agripa também detinha o título romano de cônsul e desfrutava de laços estreitos com os imperadores Calígula e Cláudio.[108] Se ele administrasse seus recursos sabiamente e continuasse a construir fortes relações com outros governantes territoriais, poderia um dia se tornar imperador.

Herança racial de Agripa I

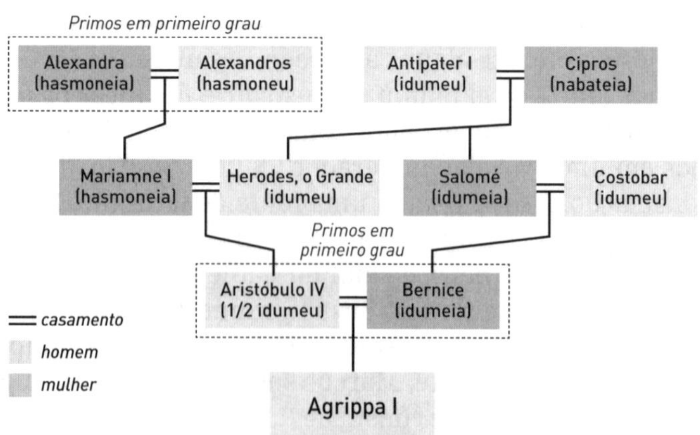

Agripa era um herói para a elite religiosa e política em Jerusalém. Nem os saduceus aristocráticos nem os fariseus populistas pareciam se importar com o fato de que ele não era totalmente judeu. Seu parente hebreu mais próximo era sua avó paterna, Mariamne I, a segunda esposa de Herodes, o Grande. Ele era, na verdade, 3/4 idumeu, uma raça de pessoas descendentes de Esaú. Mesmo assim, quando Agripa mudou sua capital para Jerusalém para governar o reino reunificado, os oficiais do templo estenderam uma grande honra ao homem que chamavam de rei. Na Festa dos Tabernáculos, no Ano do Jubileu, leu a Lei de acordo com as instruções de Moisés:

> Ao final de cada sete anos, no ano do cancelamento das dívidas, durante a Festa das Cabanas, quando todo o Israel vier se apresentar ao Senhor, o seu Deus, no local que ele escolher, vocês lerão esta lei diante deles para que a escutem. Reúnam o povo — homens, mulheres, crianças e os estrangeiros que morarem nas suas cidades — para que ouçam e aprendam a temer ao Senhor, o seu Deus, e obedeçam fielmente a todas as palavras desta lei. Os seus filhos, que não conhecem esta lei, terão que ouvi-la e aprender a temer ao Senhor, o seu Deus, enquanto vocês viverem na terra da qual tomarão posse quando atravessarem o Jordão. (Dt 31:10-13)

Os estudiosos judeus interpretaram esse mandamento como significando que o rei de Israel deveria ler a Lei sob os auspícios do sumo sacerdote. Assim, quando Agripa tomou a coroa, os oficiais do templo tomaram medidas para demonstrar reconheciam Agripa como seu rei legítimo. Eis como o Talmud babilônico recorda a ocasião:

> No final do primeiro dia da festa [dos Tabernáculos] no oitavo, ou seja, no final do sétimo, eles erguem uma marquise de madeira no pátio do templo, sobre o qual ele se senta; como se diz, ao final de cada sete anos, no tempo determinado etc. O atendente da sinagoga pega um rolo da Torá e o entrega ao presidente da sinagoga, e o presidente da sinagoga o entrega ao vice [sumo sacerdote]. Ele a entrega ao sumo sacerdote que a entrega ao rei. O rei levanta-se e recebe-o, mas lê sentado. O rei Agripa levantou-se, recebeu-o e leu de pé, pelo que os sábios o louvaram. Quando ele chegou ao trecho "Não colocarás um estrangeiro sobre ti", seus olhos se encheram de lágrimas.[109]

A passagem que afetou Agripa tão profundamente aparece no meio da leitura:

Quando entrarem na terra que o SENHOR, o seu Deus, dá a vocês, tomarem posse dela e nela tiverem se estabelecido, caso digam: "Queremos um rei que nos governe, como têm todas as nações vizinhas", tenham o cuidado de nomear o rei que o SENHOR, o seu Deus, escolher. Ele deve vir dentre os seus próprios irmãos israelitas. Não ponham um estrangeiro como rei, alguém que não seja israelita. (Dt 17:14,15).

Agripa conhecia sua herança racial. Assim como todos os outros. Ainda assim, as autoridades do templo tranquilizaram o rei: "Não temas, Agripa, tu és nosso irmão, tu és nosso irmão!"[110].

Quando Agripa chegou a Cesareia, delegações de Tiro e Sidom — duas cidades sírias — vieram pedir ajuda para a escassez de alimentos. Aparentemente, Agripa restringiu as exportações de alimentos para as cidades sírias (ver 12:20). No segundo dia da festa, o rei vestiu-se com uma túnica tecida de fios de prata que brilhavam à luz do sol, e sentou-se no trono do julgamento para se dirigir a eles, provavelmente antes de ir aos jogos atléticos (12:21). Lucas afirma que o povo comparou Agripa a um deus e resume sua bajulação: "É voz de um deus, não de homem". Lucas afirma que "eles começaram a gritar", usando o tempo imperfeito, que indica ação contínua ou repetitiva (12:22). Segundo Josefo, isso ocorria por onde Agripa ia, inclusive ao teatro:

> No segundo dia de espetáculos, vestiu uma roupa feita inteiramente de prata, e de uma contextura verdadeiramente maravilhosa, e entrou no teatro de manhã cedo; momento em que a prata de sua veste, iluminando-se pelo reflexo fresco dos raios do sol sobre ela, brilhou de maneira surpreendente, e era tão resplandecente que espalhou horror sobre aqueles que o olhavam atentamente; e agora seus bajuladores clamavam, um de um lugar, e outro de outro (embora não para o seu bem), que ele era um deus; e acrescentaram: "Sê misericordioso conosco; pois, embora até agora te tenhamos reverenciado apenas como homem, doravante te teremos como superior à natureza mortal". Diante disso, o rei não os repreendeu, nem rejeitou sua ímpia bajulação.[111]

Compare essa reação com a resposta de Pedro quando Cornélio se curvou em adoração: "Levante-se; eu sou apenas um homem como você" (10:26).

Quando Agripa aceitou adoração e permitiu que o considerassem um deus, "um anjo do Senhor o feriu" (12:23). A expressão traduzida como "ferir", quando usada dessa forma, é conhecida como hebraísmo. Lucas pretende que o leitor se lembre da maneira do Antigo Testamento de descrever a ira divina que cai sobre os ímpios para proteger os justos (Êx 9:15; 12:12,13; 2Sm 24:16,17; 2Rs 19:35). Um "ferimento" divino é sempre um golpe fatal.

Curiosamente, Josefo afirma que Agripa sabia que estava em apuros: "Quando olhou para cima, viu uma coruja sentada sobre uma certa corda acima de sua cabeça, e imediatamente entendeu que esse pássaro era o mensageiro de más notícias, como um dia fora o mensageiro de boas-novas para ele; e caiu na mais profunda tristeza".[112] É possível que ele tenha visto uma manifestação do anjo do Senhor? Se sim, o aviso não surtiu efeito. Ele ainda teve tempo de se arrepender. Em vez disso, morreu repentina e dolorosamente, "comido por vermes" (At 12:23).

Agripa não adquiriu subitamente os vermes. Ele morreu repentinamente por causa deles. Há quanto tempo esses vermes devoravam o homem por dentro? Desde que agiu com altivez com Tiago antes de sentenciá-lo à morte? Quando ordenou a prisão de Pedro e depois fez o papel de rei piedoso na Páscoa? Quando estabeleceu planos para expandir suas participações na Síria? Não importa. A forma como morreu simplesmente revelou seu modo de viver. Um homem comido por vermes presumia sentar-se em juízo sobre o povo de Deus, e ele caiu tão rapidamente quanto havia subido.

12:24

O comentário de despedida de Lucas sobre o episódio é apropriado: "E ele morreu comido por vermes. Entretanto, a palavra de Deus continuava a crescer e a espalhar-se" (12:23,24). Desde então, a palavra do Senhor continuou a crescer e a multiplicar-se durante dois mil anos. O patético reinado de três anos de Agripa é um fiapo de pano no rolo da história da igreja.

Tragicamente, isso também marcou a última esperança da nação de Israel de participar do plano redentor de Deus — pelo menos por enquanto. Deus não encerrou suas atividades com seu povo da aliança. Ele cumprirá todas as suas promessas do Antigo Testamento literal e completamente no futuro (Rm 9—11). Após a morte de Agripa (44 d.C.), no entanto, a nação ficou ainda mais afastada da nova aliança e cada vez mais hostil à igreja. Então a calamidade destruiu o templo (70 d.C.) e dispersou o povo.

12:25

Atos 11:19-30 volta o relógio narrativo para resumir a parceria de Barnabé e Saulo em Antioquia, mas 12:25 nos leva adiante novamente para nos juntarmos ao seu ministério em andamento. Agripa morreu em 44; a fome ocorreu dois anos depois, em 46 d.C.

Lucas encerra esta seção da narrativa com uma declaração de transição. O foco agora se afastará de Jerusalém para destacar o novo centro do cristianismo em Antioquia. O reino de Deus se expandirá principalmente entre os gentios, não entre os judeus. Mesmo que Pedro continue a ministrar efetivamente por muitos anos, Paulo levará adiante a palavra de Deus ainda mais extensamente. O bastão passou para novas mãos. A segunda etapa do plano, "Judeia e Samaria", dará agora lugar à terceira fase, "os confins da terra" (1:8).

APLICAÇÃO

Atos 12:18-25

VIDAS CONTRASTANTES... UMA LIÇÃO CATIVANTE

A maioria das sinfonias tem uma melodia principal, uma linha familiar que forma o tema principal. Você pode cantarolá-la, ou assobiá-la, ou, no caso da Nona de Beethoven, cantá-la em alemão. É na melodia principal que você pensa quando aquela peça musical vem à sua mente.

Mas, por trás da melodia, há notas que ninguém nunca cantarola.

Lembro-me de tocar na Orquestra Sinfônica Jovem de Houston anos atrás. Eu tocava oboé — o único oboísta do grupo. Estávamos tocando uma peça chamada "O califa de Bagdá". Em determinado momento da peça, há um contraponto do oboé que serve de apoio à melodia. Tenho que admitir que, em uma orquestra de sessenta instrumentos — percussão barulhenta, cordas estridentes, metais ensurdecedores — eu tinha medo de que meu pequeno oboé não fosse ouvido. Mas o maestro me garantiu: "Jovem, simplesmente toque a sua parte com tranquilidade. Aquele oboé é penetrante".

Para provar seu ponto, ele gravou nossa performance. Quando terminamos a peça, ele a reproduziu. Com certeza, por trás da melodia principal estava essa contraparte sutil do oboé, clara como poderia ser... se você prestasse atenção. Não era a linha lírica que todo mundo cantarolava, mas se você soubesse o que ouvir, saberia que era meu oboé.

Assim é Atos 12:24,25. O Espírito onisciente de Deus sabe como organizar as coisas em sua narrativa inspirada para nos ensinar verdades profundas. No final desta seção, Ele moveu Lucas a adicionar dois pequenos versos que parecem se destacar como mulas em um *shopping center*. De uma perspectiva humana, você pode pensar que Lucas não sabia mais onde colocar esses versículos, mas de uma perspectiva divina, vemos uma lição de contrastes.

Ao flexionar seus músculos políticos e ostentar sua eloquência, o rei Agripa I atraiu grandes multidões de devotos. Seu "messias em formação" soava-lhes como um deus! Talvez, pensava ele, o fosse — até que um anjo o afligiu com uma doença absolutamente nojenta. Tenho certeza de que todos na Judeia ficaram perturbados com essa trágica reviravolta.

Mas enquanto o mundo se preocupava com os vermes, Deus se concentrava em sua palavra: "Entretanto, a palavra de Deus continuava a crescer e a espalhar-se" (12:24). E, enquanto o mundo voltava sua atenção para o destino de seu falso messias, Deus chama nossa atenção para seus fiéis missionários: "Tendo terminado a sua missão, Barnabé e Saulo voltaram a Jerusalém, levando consigo João, também chamado Marcos" (12:25).

Que vidas contrastantes... e que prioridades opostas!

No entanto, dessa grande divergência entre o conhecido e o desconhecido emerge uma lição cativante.

Na vida, a melodia principal sempre aparece nas manchetes. É o que todo mundo está cantarolando. E se não tivermos cuidado, aqueles de nós projetados para "tocar oboé" também vão querer desempenhar esse papel. Vamos querer ser notados. Não faça isso! Faça a sua parte, o papel que Deus lhe deu para desempenhar. Pode parecer que você está perdido em segundo plano, mas não se importe com isso. Se Deus fez de você um oboísta, basta tocar o oboé. Você nunca sabe o que Ele pode escolher fazer com sua contribuição tranquila, humilde e quase imperceptível. Através de seus esforços — muitas vezes invisíveis — Deus está fazendo sua obra. Afinal, é a sinfonia dele.

A EXPANSÃO DA IGREJA (ATOS 13:1—20:2)

A seção anterior contou de que maneira a igreja começou a enfrentar o desafio de seu próprio preconceito e a avançar para Samaria e além dela. O apóstolo Pedro viu pessoalmente o Espírito Santo encher os cristãos gentios, e a igreja de Antioquia prontamente começou a compartilhar o evangelho com eles também. Era evidente que mesmo os gentios incircuncisos podiam entrar no reino de Deus através da fé no Messias (11:3, 18).

Durante esse período, Saulo de Tarso foi confrontado pelo Messias ressuscitado; foi repreendido por perseguir judeus cristãos e encarregado de evangelizar os gentios. Mas foi somente após a mudança de atitude da igreja em relação à ideia de conversões gentias que o ministério de Paulo pôde começar de verdade. Barnabé colocou-se ao lado de Paulo e o levou à igreja de Antioquia. Lá, o Espírito Santo orientou a igreja a que enviasse esses dois homens em uma viagem missionária, ainda mais distante de Jerusalém. Outras jornadas semelhantes se seguiram para o apóstolo, e esta seção de Atos fala da expansão notavelmente rápida da igreja através do ministério paulino.

Quando estudamos as viagens de Paulo no livro de Atos, não estamos apenas lendo o diário de viagem de um homem; estamos observando o plano redentor de Deus se desdobrando como Ele prometeu. Através do ministério de Saulo de Tarso, a missão de Deus de recuperar sua criação das garras mortais do mal passaria para seu próximo estágio. O plano dessa missão foi delineado na promessa do Senhor em sua ascensão, onde Ele disse:

> "Mas receberão poder quando o Espírito Santo descer sobre vocês, e serão minhas testemunhas tanto em
>
> Jerusalém (estágio 1; Atos 2—7)
> como em toda a Judeia e Samaria (estágio 2; Atos 8—12)
> e até os confins da terra. (estágio 3; Atos 13—28)" (At 1:8)

Deus não esqueceu nem abandonou seu povo da aliança, os hebreus, e Ele levaria seu plano adiante através do ministério de um judeu separado por misericórdia imerecida e preparado por desígnio soberano. Paulo, um "hebreu dos hebreus" (Fp 3:5), levou o evangelho aos gentios que, por sua vez, se tornaram a pedra e a argamassa do reino por dois mil anos, e serão por ainda mais tempo. Embora o Senhor tenha usado o ministério de Paulo para transformar uma seita local do judaísmo em um fenômeno mundial, o sucesso não veio fácil nem de forma barata. De fato, Deus havia prometido ao perseguidor recém-convertido que ele mesmo suportaria o sofrimento (At 9:16). E o apóstolo, de fato, sofreu toda forma de desconforto imaginável nos dez a quinze anos seguintes ao empurrar os limites do reino através da metade oriental do Império Romano, de Jerusalém a Roma. Essa próxima fase de expansão ocorreu em três viagens sucessivas, consequentemente chamadas pelos estudiosos de "viagens missionárias de Paulo", cada uma levando o apóstolo para longe de casa por períodos mais longos de tempo. Notavelmente, Lucas começa a chamar Saulo de Tarso de "Paulo" no momento da primeira dessas viagens ao mundo gentio (13:9).

Os principais eventos desta seção são a primeira viagem missionária (13:1—14:28), o Concílio de Jerusalém (15:1-35), a segunda (15:36—18:22) e a terceira viagens missionárias (18:23—20:2). Uma visão geral de cada evento é apresentada a seguir.

PRIMEIRA VIAGEM MISSIONÁRIA DE PAULO (13:1—14:28)

Agripa I morreu algum tempo depois da Páscoa em 44 d.C. (ver 12:20-24). Depois disso, Paulo e Barnabé voltaram de Jerusalém para Antioquia (12:25; cf. 11:28-30), passando algum tempo ministrando lá. Depois de algum tempo, o Espírito Santo selecionou Paulo e Barnabé para um trabalho missionário especial, de modo que a dupla partiu de Antioquia da Síria para Chipre (13:2-4), terra natal de Barnabé, cruzou para a província romana de Panfília e, depois, para o norte, para Antioquia da Pisídia (13:13,14; ver mapa na página 256). Eles poderiam ter continuado o circuito viajando para a cidade natal de Paulo, Tarso, e depois de volta para casa, para Antioquia da Síria, exceto por duas questões. Primeiro, o início do inverno teria dificultado a travessia dos montes Tauro. Em segundo lugar, passar o inverno em Derbe não teria sido o melhor uso de seu tempo. Assim, inverteram o curso para fortalecer as comunidades que já haviam visitado. Pegaram um navio em Atália e navegaram direto para Selêucia, a cidade portuária mais próxima de Antioquia (14:25,26).

A primeira viagem missionária completa provavelmente levou dezoito meses para ser concluída — entre a primavera de 47 d.C. e o outono de 48.

O CONCÍLIO DE JERUSALÉM (15:1-35)

À medida que a igreja na Antioquia da Síria florescia e o evangelho continuava a se espalhar entre os gentios, uma controvérsia surgiu sobre a questão da circuncisão. Um grupo de cristãos judeus da igreja de Jerusalém voltou a insistir na seguinte questão: se alguém poderia se tornar cristão sem antes se converter ao judaísmo (15:1, 5; cf. 11:2,3). Afinal, Jesus é o Messias judeu e, por fim, governará o mundo como uma teocracia. Essa tinha sido a visão de Deus para Israel desde o início. Como alguém poderia abraçar Jesus como o Messias sem antes conhecer o Deus dos hebreus, suas Escrituras do Antigo Testamento e pelo menos alguma coisa da teologia judaica? Ao contrário de hoje, em que quase dois terços das pessoas do mundo — judeus, cristãos e muçulmanos — conhecem "Deus" como o Deus de Abraão, os gentios do primeiro século eram praticamente ignorantes em relação a qualquer coisa além de seu panteão pagão de caricaturas míticas.

Do outro lado da questão estavam Pedro, Tiago, Barnabé, Paulo e, claro, todos os crentes gentios. Na mente dessas pessoas, a experiência de Pedro em Cesareia resolvera a questão. Deus concedera seu Espírito aos gentios incircuncisos na casa de Cornélio, o que os apóstolos e presbíteros tomaram como uma declaração divina de que a salvação é somente pela graça através da fé somente em Cristo. Mesmo assim, a polêmica deixou a igreja de Jerusalém desorientada. Tomou-se a decisão de chamar todos os líderes da igreja — apóstolos e presbíteros — para se reunirem, debaterem e, em seguida, emitirem uma declaração da posição oficial da igreja. A maioria dos estudiosos coloca a data por volta dos anos 49 ou 50 d.C.

Segunda viagem missionária de Paulo (15:36—18:22)

Lucas define o tempo para a segunda viagem de Paulo como "algum tempo depois" do Concílio de Jerusalém (15:36). Isso pode representar semanas ou meses, mas provavelmente não mais do que um ano. Barnabé e Paulo originalmente decidiram revisitar as cidades da primeira viagem. Eles não conseguiam concordar, no entanto, em levar João Marcos, que os deixara no meio do caminho daquela primeira expedição. Assim, depois de um forte desentendimento, Barnabé levou João Marcos consigo para Chipre e, sem dúvida, outros destinos, e Paulo escolheu Silas como parceiro e seguiu para o norte, em direção a Tarso, na Cilícia (15:40,41), através de uma passagem pelos montes Tauro, e para o sul da Galácia (16:1,2; ver mapa na página 312). Eles teriam continuado para o oeste na Ásia Menor, mas o Espírito Santo os impediu de fazê-lo (16:6). Em vez disso, voltaram-se para o norte, em direção à Bitínia, mas novamente foram impedidos pelo Espírito (16:7). Voltando para oeste mais uma vez, não encontraram entrada na Mísia, de modo que continuaram até a cidade portuária de Trôade, na costa do mar Egeu (16:8).

Com toda a atual Turquia vedada, permaneceram em Trôade até que Paulo recebeu uma visão noturna de um homem chamando-os para a vasta província da Macedônia (16:9), que fazia fronteira com a costa noroeste e oeste do mar Egeu. A equipe de Paulo visitou cada uma das principais cidades ao longo da costa ao redor do mar (16:10—17:14) e desceu em direção a Atenas, onde o apóstolo pregou às principais mentes da filosofia grega (17:15-34). De lá, Paulo viajou para o oeste até Corinto, onde ministrou por pelo menos dezoito meses (18:1-11). Lá, os judeus se levantaram contra ele e o levaram diante de Gálio para julgamento, mas este apresentou a objeção de que aquela era uma disputa judaica e não uma preocupação romana (18:12-17). A menção a Gálio, o procônsul da Acaia, coloca a última parte do ministério de Paulo ali em 51 d.C., com seu julgamento ocorrendo provavelmente na primavera ou no verão.

Quando chegou a hora de partir, seus novos amigos Áquila e Priscila viajaram com ele (18:2,3,18). Desembarcando em Éfeso, a principal cidade da Ásia Menor, ele pregou na sinagoga para uma plateia tão calorosa a ponto de os líderes lhe pedirem para ficar. Em vez disso, ele deixou o casal judeu que conheceu em Corinto para ministrar em seu lugar, expressando seu desejo de voltar em breve (18:19-21). De lá, navegou para Cesareia e depois voltou para casa, em Antioquia da Síria (18:22).

TERCEIRA VIAGEM MISSIONÁRIA DE PAULO (18:23—20:2)

A narrativa de Lucas sugere que Paulo não permaneceu em Antioquia muito tempo antes de partir novamente para revisitar as igrejas que havia ajudado a estabelecer (ver mapa na página 369). A narrativa menciona "a região da Galácia e da Frígia" (18:23), que incluiria cidades ao longo da rota percorrida na segunda viagem — Derbe, Listra e Icônio — e a parte norte da Ásia, talvez com visitas à Antioquia da Pisídia e à Filadélfia ao longo do caminho. "Regiões altas" (19:1) traduz uma expressão grega que significa "terras altas", provavelmente referindo-se a uma rota sobre as montanhas Tmolus e, em seguida, para o vale do Caístro, que leva a Éfeso. Paulo, sem dúvida, escolheu esta rota para maximizar o número de cidades que poderia visitar em sua segunda viagem para chegar a Éfeso o mais rápido possível.

O apóstolo passou dois anos usando Éfeso como base de operações na Ásia (ver 19:1-41, especialmente 19:10). Seu plano era revisitar as cidades macedônias — Filipos, Tessalônica e Bereia — e depois Corinto, antes de navegar diretamente para visitar Jerusalém. Depois de uma última adoração no templo, ele partiria para Roma (19:21), onde planejava lançar uma expedição para o oeste, em direção à Espanha (Rm 15:24, 28).

Ele visitou a Macedônia e depois a Grécia, onde passou três meses (At 20:1-3). Isso efetivamente encerrou sua terceira viagem missionária como ele havia planejado. Infelizmente, inimigos entre os líderes judeus planejaram matá-lo, de modo que seu retorno para casa seguiu um caminho menos direto. Talvez para se livrar dos assassinos, Paulo instruiu seus companheiros de viagem a navegar da Grécia como planejado, enquanto ele refazia seus passos de volta pela Macedônia até Filipos. Ele se encontrou com a equipe em Trôade logo após a Páscoa, e navegaram de volta para Cesareia, parando em portos ao longo do caminho (20:1-8).

TERMOS-CHAVE EM ATOS 13:1—20:2

■ ***dialegomai*** (*διαλέγομαι*) [1256] "debater", "arrazoar", "discutir"

Os filósofos gregos usavam esse termo em um sentido técnico, acreditando que o uso da lógica e da razão são os meios pelos quais se pode se conectar com o *logos*, a mente divina, o reino da ideia pura. Por exemplo, "em Sócrates, Platão e Aristóteles desenvolve-se a arte da persuasão e da demonstração, seja na forma de pergunta e resposta (Sócrates), pelo estabelecimento da ideia pelo pensamento puro (Platão), ou pela investigação dos fundamentos últimos da demonstração e do conhecimento (Aristóteles)".[113] Os judeus antigos não "arrazoavam" nesse sentido técnico, mas reconheciam a disputa como um método teológico consagrado pelo tempo. No primeiro século, no entanto, a influência grega, sem dúvida, chegou às sinagogas dentro de cidades predominantemente gentias. Atos usa o termo *dialegomai* para a prática de Paulo de envolver os incrédulos em encontros apologéticos e evangelísticos.[114]

■ ***katangellō*** (*καταγγέλλω*) [2605] "proclamar", "anunciar", "tornar amplamente conhecido"

A raiz desse verbo significa simplesmente "anunciar". O prefixo *kata-* [2596] geralmente funciona como um intensificador, adicionando uma ênfase de algum tipo. Fora do Novo Testamento, os escritores usavam o termo em referência à transmissão de relatórios oficiais e ao anúncio de jogos esportivos ou festivais religiosos. Os escritos de Lucas e Paulo usam a palavra com um significado teológico especial, descrevendo o tipo de "proclamação" que elimina desculpas e produz uma transformação. Se há pregação e ensino generalizados, ninguém pode alegar a ignorância como razão para a incredulidade.

■ ***parakaleō*** (*παρακαλέω*) [3870] "exortar", "insistir", "encorajar", "confortar"

A ideia primária desse verbo é "consolar", geralmente em referência aos que sofrem ou morrem. No Novo Testamento, o termo assume um significado especializado, notadamente nos escritos de Lucas e Paulo, para os quais é uma palavra multifacetada que carrega a ideia de estar ao lado de alguém para fornecer conselho, coragem, conforto, esperança e perspectiva positiva. O papel de um treinador esportivo ilustra bem esse significado expandido. Um bom técnico desafia, instrui, inspira e ajuda o outro em direção à excelência no alcance de um objetivo específico.

■ ***parachrēma*** (*παραχρῆμα*) [3916] "repentinamente", "imediatamente", "no mesmo instante"

Exceto por uma notável exceção (Mt 21:19,20), este advérbio aparece apenas em Lucas (dez vezes) e Atos (seis vezes). Lucas usa o termo para estabelecer uma conexão clara de causa e efeito entre um evento e outro, geralmente no contexto de um evento sobrenatural. Jesus, os apóstolos, ou Deus Pai agiram, e "imediatamente" os resultados foram vistos (At 3:7; 12:23).

■ ***pistis*** (*πίστις*) [4102] "fé", "confiança", "confiar", "dependência"

Esta palavra denota certeza na confiabilidade de uma pessoa ou coisa e pode descrever a confiança na palavra de uma pessoa, em um pacto ou tratado, ou em uma divindade (ou divindades). O termo implica conhecimento e ação. Pode-se receber conhecimento de uma certa verdade e até concordar verbalmente com ela, mas não se diz que há "certeza" ou "confiança" até que o comportamento de alguém reflita essa verdade. No período helenístico, essa palavra passou a conotar a convicção de que os deuses existem e estão ativos. Os gregos adoravam e temiam seus deuses, mas não tinham uma relação com eles. Os leitores de Lucas, no entanto, também teriam conhecido a palavra da Septuaginta (a tradução grega do Antigo Testamento), onde ela — e palavras relacionadas, como *pisteuō* [4100], "crer", "aceitar como verdade", "empenhar a própria confiança" — está ligada ao relacionamento com o Deus que guarda a aliança de Israel. Para o judeu e, portanto, para o cristão, *pistis* tornou-se uma descrição do meio pelo qual alguém se relaciona com Deus — tanto que a forma verbal no particípio passou a designar os membros da igreja como "os crentes/os que criam" (por exemplo, 2:44; 4:32; 5:14).

Quando é difícil ir

LEIA ATOS 13:1-13

Manter um equilíbrio entre otimismo e realismo pode ser difícil em qualquer cenário, mas especialmente no ministério. O idealismo não pode sobreviver por muito tempo em um mundo caracterizado por adversidades, dificuldades e decepções — a menos que vivamos em negação. Mas mesmo que seja necessário remover para sempre de nossas mentes a noção de que, uma vez que uma pessoa se torna cristã, os tempos difíceis acabaram, não podemos nos dar ao luxo de viver de acordo com a Lei de Murphy: "Qualquer coisa que possa dar errado, vai dar errado". Os cristãos — especialmente aqueles que estão no serviço vocacional eclesiástico — devem manter o que se poderia chamar de um idealismo saudável.

Idealismo doentio é o que você comumente vê em noivas e noivos antes do dia do casamento. Eles se casam com grandes, altas, belas e idealistas esperanças sobre o matrimônio, seus companheiros e o lar, que derretem no primeiro desafio significativo. Homens que planejam levar famílias grandes em viagens de acampamento tendem a ser idealistas de forma doentia. Recém-formados que descem a plataforma com o diploma na mão e um baú cheio de ambição muitas vezes entram no mercado de trabalho com idealismo doentio e terminam caindo e se ferindo após as primeiras rejeições.

O idealismo saudável, por outro lado, espera atingir seus objetivos mesmo antevendo dificuldades, desafios e contratempos. Não se trata de um otimismo sonhador de Poliana; é uma confiança no poder e soberania de Deus para superar qualquer coisa. Jesus prometeu que o caminho de seus seguidores para a glória seria repleto de mágoa, sofrimento, perseguição e injustiça; consequentemente, o idealismo saudável interpreta a dificuldade como a confirmação de que o caminho atual leva à vitória. Como escreveu o venerável F. B. Meyer:

> Não consideres estranha, filho de Deus, a prova de fogo que te prova, como se alguma coisa estranha tivesse acontecido. Regozija-te! Pois é um sinal seguro de que estás no caminho certo. Se, em um país desconhecido, me é dito que devo passar por um vale onde o sol está oculto, ou por um trecho pedregoso de estrada, para chegar ao meu lugar de permanência, quando chego a ele, cada momento de sombra ou solavanco da carruagem me diz que estou no caminho certo. Assim, quando um filho de Deus passa pela aflição, ele não fica surpreso.[115]

O Senhor não prometeu que não *passaríamos* por sofrimento (Jo 16:33); Ele prometeu nos sustentar *no meio* do sofrimento (Rm 8:28-39), de modo que cada experiência se torne a forma de Deus de criar em nós uma maior capacidade de alegria a cada dia que passa. Se você não descobriu o uso sobrenatural que o Senhor faz do sofrimento, então continuará a lutar contra a desilusão, talvez se perguntando quem é o culpado, você ou Deus.

Saulo, Barnabé e sua equipe tinham pouca ideia do que enfrentariam quando partiram de Antioquia. Sabiam apenas que tinham sido separados para esta obra pelo Espírito Santo. Assim, todos saíram de casa com uma porção generosa de otimismo; a primeira etapa de sua jornada, no entanto, revelaria a todos que tipo de otimismo cada homem possuía.

ANTIOQUIA DA SÍRIA

ATOS 13:1

Antioquia da Síria (não confundir com Antioquia da Pisídia) era a terceira maior cidade do Império Romano, depois de Roma e Alexandria, com cerca de um milhão de habitantes em seu auge. Seleuco I Nicator estabeleceu a cidade por volta de 300 a.C. para servir como a capital ocidental do Império Selêucida.[116] Para atrair colonos, os generais selêucidas concederam terras, títulos e cidadania para compensar os mercenários judeus. Na época de Paulo e Barnabé, Antioquia havia se tornado um importante centro de adoração e cultura judaicas.[117] Como resultado, a grande comunidade de judeus atraiu numerosos gentios convertidos ao judaísmo (conhecidos como prosélitos), incluindo Nicolau (6:5).

Depois que os romanos conquistaram a região, os Césares Augusto e Tibério investiram na cidade, com a ajuda de Herodes, o Grande, para torná-la a capital da recém-criada província da Síria. Como Tarso, tornou-se uma intersecção da civilização oriental e ocidental, mais em termos de comércio do que de educação.[118] Infelizmente, a cidade também se tornou um cruzamento às vezes turbulento de boas e más influências. A alta arte existia ao lado de jogos atléticos brutais; o judaísmo monoteísta competia com numerosas religiões de mistério. A adoração ao Deus hebreu atraía residentes fixos, enquanto os turistas vinham para ritos orgiásticos no atraente subúrbio vizinho de Dafne, sede de um templo de Apolo.[119]

Nessa mistura composta de Oriente e Ocidente, bem e mal, moralidade e depravação, o evangelho germinou, criou raízes e floresceu como uma rosa em um depósito de lixo. Como a nação de Israel abdicou de seu papel privilegiado no plano divino, Antioquia da Síria substituiu Jerusalém como o centro da atividade da igreja. Foi de Antioquia, não de Jerusalém, que Deus levantou missionários para empurrar os limites de seu reino para o oeste através do Império Romano.

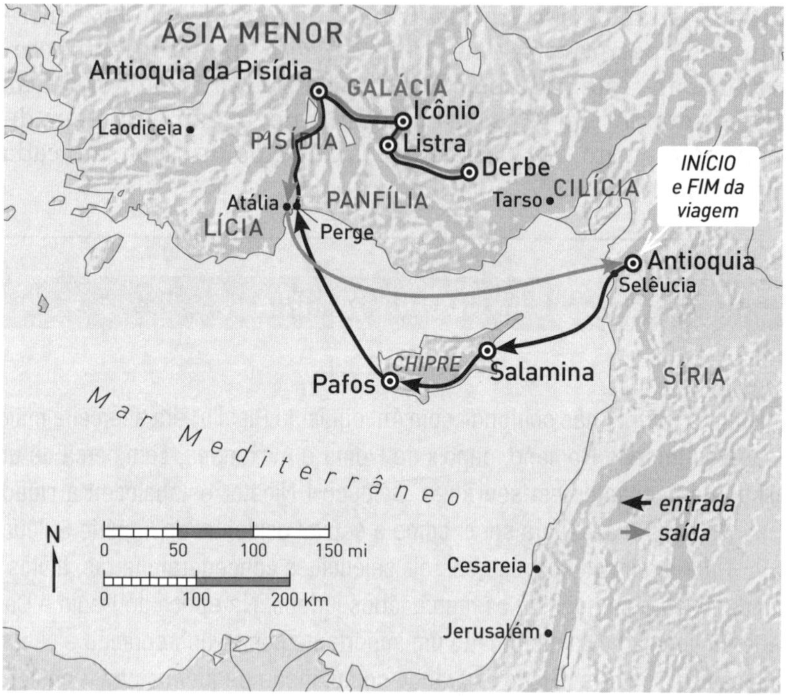

Primeira Viagem Missionária de Paulo. A viagem de Paulo começou em Antioquia, de onde ele e Barnabé partiram para a ilha de Chipre. Eles viajaram pela Galácia passando por Antioquia da Pisídia, Icônio, Listra e Derbe. De Derbe, refizeram seus passos de volta a Antioquia.

13:1-3

Lucas começa esta seção da narrativa chamando a atenção para os líderes da igreja de Antioquia. Embora grandes congregações possam realizar grandes coisas para o Senhor, elas precisam de líderes piedosos para reuni-las e concentrar seus esforços. Lucas nomeia cinco que eram “profetas e mestres” (13:1) — dois dons diferentes, dois ofícios distintos trabalhando juntos em harmonia para levar a palavra de Deus ao povo e, em seguida, instruí-los sobre como aplicá-la. Deus chama os profetas para um ministério de “proclamação”, que no primeiro século, antes que as Escrituras do Novo Testamento fossem escritas e divulgadas, incluía “predição” — fornecer nova revelação divina que incluía previsões do futuro (11:28). Deus chama os mestres para ajudar as pessoas a transformar a verdade em ação.

Estes cinco profetas e mestres ministraram fielmente em Antioquia (13:1):

- Barnabé, um antigo sacerdote do templo que viera de Chipre
- Simeão, um judeu cujo apelido curiosamente significa “preto”

OS COMPANHEIROS DE VIAGEM DE PAULO

ATOS 13:1

Paulo raramente viajava ou ministrava sozinho. Na verdade, ele quase sempre viajava com um colega ministro e alguns ajudantes, homens mais jovens que hoje poderíamos chamar de estagiários. Ele fez isso por duas razões importantes. Primeiro, ninguém viajava sozinho entre as cidades. Os assaltos em rodovias eram tão comuns que até mesmo pequenos grupos de viajantes atrasavam seus itinerários para se juntar a caravanas maiores, o que proporcionava maior segurança contra bandidos. Em segundo lugar, Paulo — como todos os mestres de sua época — selecionou e treinou discípulos para perpetuar seu ministério evangelístico e de ensino.

O estilo narrativo de Lucas em Atos não torna óbvia a presença de companheiros de viagem; ele normalmente menciona nomes específicos apenas quando a narrativa os torna necessários. Por exemplo, em 15:40, ele começa seu relato da segunda viagem missionária do apóstolo afirmando que "Paulo escolheu Silas e partiu". Então, pelo fato de a narrativa se concentrar em Paulo, Lucas se refere a ele na terceira pessoa do singular, como se estivesse sozinho. "Passou [3ª pessoa do singular], então, pela Síria e pela Cilícia, fortalecendo as igrejas" (15:41). Lucas não menciona Silas novamente até que os dois homens sejam presos em Filipos (16:19), embora Silas sem dúvida tenha permanecido com Paulo durante toda a viagem. O mesmo acontece com Timóteo, que se juntou a Paulo na Galácia em sua segunda viagem, mas raramente aparece na narrativa depois disso.

O mais curioso de tudo é o fato de que Tito não aparece em nenhum lugar em Atos, embora esse cristão gentio pareça ter sido um assessor de Paulo desde o início. Depois que voltaram da primeira viagem missionária, Paulo e Barnabé viajaram para o Concílio de Jerusalém "com outros" (15:2), uma delegação que incluía crentes circuncidados e incircuncisos. Ao descrever o Concílio de Jerusalém aos gálatas, Paulo mencionou especificamente Tito (Gl 2:1,3), sugerindo fortemente que eles o conheciam, talvez como um ajudante não citado naquela expedição. Este discípulo também serviu como enviado a Corinto durante a segunda viagem de Paulo. Ele provavelmente saiu de Éfeso (2Co 12:18) quando foi se reconectar com Paulo em algum lugar da Macedônia (2Co 2:13; 7:6,13). A razão pela qual Lucas nunca menciona Tito permanece um mistério.

Independentemente disso, pistas espalhadas por todo o Novo Testamento revelam uma crescente comitiva de discípulos, além de Timóteo e Tito. A súbita aparição de Erasto de Corinto na terceira viagem de Paulo (At 19:22) implica que ele se juntou ao apóstolo em sua segunda viagem e estava com ele desde então. Nessa mesma passagem, Gaio e Aristarco também emergem do coro narrativo para receber breve menção. A frase "companheiros de viagem de Paulo" (19:29) faz alusão a um grupo de homens dedicados a servir como ajudantes. Aparentemente, Paulo recrutou esses dois enquanto passava pela Macedônia em sua segunda viagem e eles lhe serviam desde então. Lucas também nomeia uma considerável comitiva que retornou com Paulo a Jerusalém no final de sua terceira viagem: "[...] sendo acompanhado por Sópatro, filho de Pirro, de Bereia; Aristarco e Secundo, de Tessalônica; Gaio, de Derbe; Timóteo; além de Tíquico e Trófimo, da província da Ásia" (20:4).

Não sabemos quando esses outros homens se juntaram a Paulo. Ele pode tê-los buscado em suas respectivas cidades em sua segunda e terceira viagens. Só sabemos com certeza que eles se tornaram seus companheiros de viagem antes de deixar Corinto, provavelmente recrutados para ajudar a evangelizar a fronteira ocidental até a Espanha (Rm 15:24,28) depois de visitar Jerusalém.

Durante a primeira prisão de Paulo em Roma, ele menciona outros homens que haviam sido seus ajudantes por algum tempo. Estes incluem Epafrodito (Fp 2:25; Cl 4:12; Fm 1:23), João Marcos (Cl 4:10) e Demas (Cl 4:14; 2Tm 4:10; Fm 1:24). É claro que Paulo acrescentou Lucas em seu retorno da terceira viagem missionária, o médico que provavelmente permaneceu ao lado do apóstolo até o fim de sua vida em Roma, cerca de oito ou nove anos depois (At 27:1—28:16; Cl 4:14; 2Tm 4:11; Fm 1:24).

- Lúcio, um prosélito grego de Cirene, uma cidade litorânea do norte da África
- Manaém, um judeu helenista aristocrata (saduceu) que cresceu com Herodes Antipas
- Saulo de Tarso, um fariseu instruído sob os cuidados do grande rabino Gamaliel

Esse grupo diverso, mas unificado, de líderes cristãos iniciou um período de jejum. Durante esse tempo, receberam instruções do Senhor para embarcar em um novo e excitante ministério (13:2). O Espírito Santo foi específico o suficiente a ponto de chamar Barnabé e Saulo, mas a tarefa seria revelada mais tarde. Não muito diferente do chamado do Senhor a Abrão — "Saia da sua terra [...] e vá para a terra que eu lhe mostrarei" (Gn 12:1) —, Ele deu aos homens informações suficientes para dar o primeiro passo. Depois que respondessem em obediência, Deus revelaria as informações de que precisavam no devido tempo.

Os presbíteros desta igreja "impuseram-lhes as mãos" (At 13:3), como a igreja de Jerusalém havia imposto as mãos sobre os sete (6:1-6). Por meio da "imposição de mãos", os líderes disseram, com efeito: "Nós os endossamos e autorizamos a realizar esta missão em nosso nome; vamos com vocês em espírito enquanto oramos por vocês aqui de casa".

13:4,5

Lucas deliberadamente vincula a ação da igreja na cerimônia de imposição de mãos ao comissionamento do Espírito Santo. São, na verdade, atos complementares.

Saulo e Barnabé viajaram 22 quilômetros pelo rio Orontes para pegar um navio de Selêucia a Chipre (13:4). Barnabé, sem dúvida, conhecia sua terra natal como a palma de sua mão. Com plantações exuberantes e rica em minerais e metais preciosos, tornara-se uma parada favorita para navios mercantes que navegavam pelo mar Mediterrâneo. Situada a apenas cerca de 100 quilômetros da costa síria, tornou-se um refúgio para judeus centenas de anos antes do nascimento de Cristo. Os apócrifos observam assentamentos ali durante a Revolta dos Macabeus (1Mac 15:23) e, quando César concedeu minas de cobre a Herodes, o Grande, mais pessoas sem dúvida procuraram trabalho ali.[120] Assim, não é surpresa que várias sinagogas pontilhassem a ilha. Durante a perseguição que se seguiu ao martírio de Estêvão, alguns cristãos se refugiaram em Chipre (At 11:19).

Barnabé e Saulo não viajaram sozinhos; levaram consigo um número desconhecido de assistentes. Como uma espécie de comentário "despretensioso", Lucas afirma que o grupo incluía João Marcos, primo de Barnabé (Cl 4:10) e filho de Maria, em cuja casa a congregação em Jerusalém se reuniu para orar por Pedro (At 12:12).

13:6-8

A equipe viajou de Salamina, uma importante cidade portuária no extremo leste da ilha, até Pafos, no extremo oeste, uma jornada de cerca de 145 quilômetros, encorajando congregações de crentes e pregando em sinagogas ao longo do caminho. Pafos tornou-se famosa quando a mitologia a estabeleceu como a primeira casa de Afrodite, a deusa do amor, depois que ela nasceu da espuma do mar.[121] Quando os romanos anexaram Chipre em 58 a.C. e mais tarde fizeram da ilha sua província, Pafos tornou-se a sede do governo militar.[122] Na época dessa visita de Saul e Barnabé, um procônsul de nome Sérgio Paulo era quem governava (13:7).

Um procônsul geralmente se reportava diretamente aos membros do Senado, que o dotavam de poder militar e judicial absoluto sobre uma província. Os procônsules geralmente cumpriam um mandato limitado como parte de sua ascensão na hierarquia política, cujo próximo nível era o de cônsul.[123] Em outras palavras, Sérgio Paulo era um alto funcionário do governo romano.

Embora o procônsul fosse um "homem inteligente", ele ainda assim mantinha um mago judeu como seu assessor (13:7,8). Ser um "mágico" (*magos* [3097]) não significava necessariamente que alguém se envolvia em bruxaria ou se comunicava com os mortos. O termo grego *magos* é o mesmo que Mateus usa em referência aos homens do oriente que vieram adorar o menino Jesus (Mt 2:1-12) e se referia a uma classe de sacerdotes persas que fizeram da Babilônia seu centro de aprendizado. Sua educação misturava ciência legítima com superstição pagã, de modo que, como especialistas em astronomia, eles praticavam astrologia. Não eram diferentes dos alquimistas medievais.

Ao contrário de Simão de Samaria, que "vinha praticando feitiçaria (*mageuō* [3096]) durante algum tempo naquela cidade, impressionando todo o povo" (At 8:9), Barjesus aparentemente era um homem altamente instruído, bem como um especialista em astrologia, interpretação de sonhos e adivinhação por meio do ocultismo. Mas isso não o difere de Simão, o Mago de Samaria; na verdade, Lucas o chama de falso profeta (*pseudoprophētēs* [5578]), alguém que afirma falar por Deus, mas não tem nenhuma conexão divina.

Seu nome é uma mistura de influências. Barjesus (*Bariēsous* [919]) mistura o prefixo aramaico *bar* [H1247], que significa "filho de", e *Iesus* [2424], a forma grega do nome hebraico Josué [H3091]. A designação Elimas (*Elymas* [1681]) parece ser um título árabe que significa "sábio" ou "vidente". Tudo isso sugere que ele era um homem bastante viajado, tendo dedicado grande parte de sua vida ao estudo do ocultismo.

O procônsul convocara Saul e Barnabé para pregar, sem dúvida sabendo algo sobre sua mensagem. Dada a companhia que mantinha, ele pode ter sido o que hoje chamamos de "buscador", alguém em busca pessoal da verdade espiritual. Quando os dois homens se dirigiram ao procônsul, no entanto, Barjesus argumentou contra seus ensinamentos.

13:9-12

Pela primeira vez nesta narrativa, Lucas chama Saulo de Tarso pelo nome que todos conhecemos: Paulo. O nome grego é *Paulos* [3972], sobrenome romano que basicamente significa "pequeno". A partir deste ponto, Lucas usa o nome Paulo, sugerindo que, nesse confronto com o mal personificado, o apóstolo amadureceu. A cena é uma metáfora apropriada para o ministério de Paulo nos próximos anos: um hebreu de hebreus pregando o evangelho a um gentio por excelência, que queria desesperadamente conhecer a verdade divina — enquanto a voz da falsidade literalmente falava em seu outro ouvido.

Paulo interrompeu a discussão para se dirigir diretamente ao falso profeta (13:10). A palavra traduzida por "engano" vem de um termo grego que descreve o trabalho de um vigarista, alguém que se aproveita dos outros usando esquemas dissimulados. A palavra grega para "maldade" (NVI, NVT; "malícia", ARA, ARC) é, na verdade, menos grave do que o termo em nosso idioma. Nas palavras de um dicionário, a expressão "sugere uma abordagem descontraída das coisas em contraste com a aceitação séria de responsabilidades: 'frivolidade' (a malandragem dos escravos é um tema comum na comédia grega e romana)".[124] Juntando todos esses insultos, vemos que Paulo caracterizou o homem como um canalha bufão de uma comédia ruim. As acusações de "filho do Diabo" e "inimigo de tudo o que é justo", no entanto, são muito mais graves. Barjesus poderia ser traduzido como "filho da salvação", de modo que o epíteto "filho do Diabo" é um ataque profundo e sarcástico à identidade do homem. Em termos de caráter, o homem era uma caricatura patética de um "filho da salvação"; em termos de moralidade, nada poderia ter representado o mal de forma mais completa.

A pergunta de Paulo, "quando vai parar de perverter os retos caminhos do Senhor?", recorre a uma antiga expressão hebraica para indicar um duplo sentido. A ideia de endireitar o caminho do Senhor recorda a exortação de Isaías a dar boas-vindas ao Messias (Is 40:3; cf. Ml 3:1). Era uma imagem cultural que o procônsul teria entendido, embora provavelmente não conhecesse as palavras de Isaías. Nos tempos antigos, uma cidade preparava-se para a chegada de um rei ou dignitário melhorando a estrada que levava a ela. Obstáculos e entulhos eram removidos, buracos eram preenchidos, paisagismo era concluído. Enquanto João, o Batizador, havia profetizado para preparar as pessoas para a chegada do Messias (Lc 3:4), Barjesus criava obstáculos.

A expressão também tinha um elemento figurativo. Os hebreus frequentemente usavam "reto" e "torto" para significar "justo" e "injusto" ou "moral" *versus* "imoral". Deus enviara Paulo e Barnabé para abrir o caminho para que Cristo salvasse os gentios, mas esse falso profeta judeu encheu seu caminho de engano e injustiça.

Tendo indiciado Barjesus, Paulo pronunciou o julgamento de Deus sobre ele. O homem que cegava os outros através de seu engano tornou-se fisicamente cego (At 13:11). Isso, acredite ou não, foi um ato de graça por parte do Senhor em dois aspectos. Primeiro, o falso profeta merecia morrer. Como judeu, ele sabia muito bem disso. Ele teve acesso à verdade divina através das Escrituras, que ele rejeitou pelos mistérios pagãos. Segundo, ele ficou cego apenas "durante algum tempo". Para enfrentar o vidente hebreu rebelde, Deus o atingiu com a mesma aflição que havia tomado Saulo de Tarso no caminho de Damasco. Saulo tornara-se Paulo. Como Barjesus responderia?

Qualquer que tenha sido a resposta do falso profeta, Sérgio Paulo creu! Ver Barjesus cego ajudou a quebrar o impasse em sua mente, e ele abraçou o evangelho. Notavelmente, ele não ficou "profundamente impressionado" com o evento sobrenatural tanto quanto com os ensinamentos que Paulo e Barnabé trouxeram (13:12). Depois deste incidente, não ouvimos mais nada sobre o oficial romano.

13:13

Paulo e a equipe partiram de Pafos para continuar sua jornada. Eles navegaram para o norte até a região costeira conhecida como Panfília, um refúgio tradicional para piratas que atacavam navios mercantes com destino à Síria e à Fenícia.[125] Antes de Pompeu finalmente estabelecer o controle em 67 a.C., a pirataria havia se tornado uma espécie de indústria caseira em Perge, criando um caldeirão de desajustados e canalhas culturais. Embora a Panfília já não representasse uma ameaça significativa à segurança nas águas, as viagens terrestres eram outra questão. Uma orla de montanhas altas separava a planície costeira da Panfília do interior. O plano de Paulo e Barnabé de chegar a Antioquia da Pisídia apresentava o perigo de um assalto ou de um grave acidente no terreno escarpado.[126] Além disso, o clima quente e úmido na Panfília teria sido terrível no início do verão.

Tudo isso para dizer: a lua de mel acabou! A equipe tinha desfrutado de grande sucesso em Chipre, a ilha tão agradável conhecida intimamente por Barnabé. A grande população judaica ofereceu muita hospitalidade ao longo da jornada, que terminou com a dramática conversão de um gentio de alto escalão. De Perge em diante, as coisas ficariam difíceis. Por motivos que Lucas não revela, João Marcos abandonou abruptamente a equipe e partiu para casa (13:13). Talvez a viagem tivesse se mostrado muito difícil ou precária. Talvez ele tenha lidado com algum tipo de doença ou precisasse tratar uma lesão. Ele discordava dos métodos ministeriais de Paulo? Ficou com saudades de casa e queria voltar para Jerusalém? Tentar responder à pergunta sobre por que João Marcos partiu seria pura especulação. De qualquer forma, Lucas não se alonga sobre o assunto. Ele apenas inclui a partida de Marcos antes de descrever o ministério da equipe em Antioquia da Pisídia. Mais adiante na narrativa, a decisão de João Marcos provará ser um evento crucial nos ministérios de Paulo e Barnabé (15:36-40).

APLICAÇÃO

Atos 13:1-13

COMO É DIFÍCIL SEGUIR EM FRENTE

Perdoem o clichê, mas é verdade: "Quando as coisas ficam difíceis, os fortes continuam". Não se trata apenas daquele clássico discurso de incentivo dito no intervalo do jogo; ele descreve a razão pela qual alguns não conseguem sobreviver aos desafios ministeriais, enquanto outros prosperam. Com base em minha observação do ministério de Paulo, juntamente com minha própria experiência nos últimos cinquenta anos de ministério no púlpito, aqui estão dois princípios a serem aplicados.

Primeiro, *não pode haver realização sem determinação*. É um fato da vida — e um fato ainda maior do ministério. Entre você e seus objetivos existe uma cordilheira de obstáculos, dificuldades, perigos e desânimo. Os críticos se escondem nos vãos daquela terra traiçoeira, esperando para roubar seu entusiasmo. O idealismo doentio o levará a uma desilusão total, o que o fará acreditar que a recompensa não vale o risco. O idealismo saudável nunca perde de vista o objetivo, mesmo que ele tenha em conta dificuldades inevitáveis. Para o idealista saudável, o objetivo faz qualquer quantidade de sofrimento valer a pena.

David Livingston, o idealista saudável por excelência, disse uma frase famosa: "Decidi nunca parar até que chegue ao fim e alcance meu propósito".[127]

Em segundo lugar, *não há fardo pesado demais para Cristo carregar*. Isso dá ao cristão uma vantagem que os outros não podem reivindicar. Não carregamos nossos fardos, nem enfrentamos nossas provações nem suportamos nosso sofrimento sozinhos. Temos o Espírito de Deus dentro de nós e o poder sobrenatural de Deus em ação em todas as circunstâncias. Se Deus o chamou para atravessar os picos da Panfília, cujos vales transbordam perigo, não volte atrás. Ele não manda você sozinho. Na véspera de seu próprio sofrimento, Jesus orou por nós, dizendo:

> Agora vou para ti, mas digo estas coisas enquanto ainda estou no mundo, para que eles tenham a plenitude da minha alegria. Dei-lhes a tua palavra, e o mundo os odiou, pois eles não são do mundo, como eu também não sou. Não peço que os tires do mundo, mas que os protejas do Maligno. Eles não são do mundo, como eu também não sou. Santifica-os na verdade; a tua palavra é a verdade. Como me enviaste ao mundo, assim eu os enviei ao mundo. Em favor deles, eu me santifico, para que também eles sejam santificados pela verdade.
>
> A minha oração não é apenas por eles. Peço também por aqueles que crerão em mim, por meio da mensagem deles, para que todos sejam um. Pai, como tu estás em mim e eu estou em ti, que eles também estejam em nós, para que o mundo creia que tu me enviaste. (Jo 17:13-21)

Fome pela verdade

LEIA ATOS 13:14-52

Escondido no Antigo Testamento encontramos o oráculo de um profeta improvável e não convencional chamado Amós. Ele não era um homem sofisticado. Longe disso. Este homem de Deus rude, espancado pelo clima e queimado pelo sol não vinha da realeza nem se beneficiou da educação formal disponível aos aristocratas. Aprendeu a ler e escrever, como todos os meninos hebreus, mas nunca afirmou ser filósofo ou teólogo. De fato, quando desafiado por um sacerdote apóstata com credenciais impressionantes, ele simplesmente disse: "Eu não sou profeta nem pertenço a nenhum grupo de profetas, apenas cuido do gado e faço colheita de figos silvestres. Mas o SENHOR me tirou do serviço junto ao rebanho e me disse: 'Vá, profetize a Israel, o meu povo'" (Am 7:14,15).

Por meio de Amós, o Senhor advertiu Israel sobre a fome:

> "Estão chegando os dias", declara o Soberano SENHOR,
> "em que enviarei fome a toda esta terra;
> não fome de comida nem sede de água,
> mas de ouvir as palavras do SENHOR.
> Os homens vaguearão de um mar a outro,
> do norte ao oriente, buscando a palavra do SENHOR,
> mas não a encontrarão." (Am 8:11-12)

Finalmente, a palavra do Senhor se concretizou, principalmente depois que o profeta pós-exílico Malaquias usou sua pena quatrocentos anos antes do nascimento de Cristo. Então, a Palavra de Deus se fez carne na pessoa de Jesus. Depois de sua ascensão (At 1:9), a Palavra de Deus veio no poder do Espírito Santo (2:4). Mas foi em grande parte, no início, um evento localizado, limitado a Judeia, Samaria e Galileia. Alguns centros urbanos ao redor do império começaram a ouvir o evangelho proclamado por cristãos dispersos que fugiam da perseguição, mas, na maior parte, o mundo fora de Israel permaneceu no escuro. Vastas extensões de território permaneceram sob uma fome severa — "não fome de comida nem sede de água, mas de ouvir as palavras do SENHOR". Quando Paulo, Barnabé e sua pequena equipe de apoio pisaram na terra firme da Panfília e começaram sua jornada pela cordilheira até o interior, comunidades de judeus se reuniram para adorar — todos famintos para ouvir a palavra de Deus. Ao redor dessas sinagogas obscuras, os gentios viviam como ovelhas sem pastor.

13:14,15

Tendo se despedido de João Marcos, que havia embarcado em um navio de volta para casa, Paulo e Barnabé lideraram sua equipe 150 quilômetros ao norte, subindo mil metros sobre o trecho sul dos montes Tauro, e para a região chamada Pisídia, que ficava na acidentada metade sul da província romana da Galácia. A carta posterior de Paulo aos Gálatas indicou que ele não estava bem de saúde (malária?) após a caminhada (Gl 4:13), e a equipe indefesa pode ter sido vítima de bandidos que atacaram viajantes naquela área.

A Antioquia da Pisídia — não confundir com a igreja que enviou Paulo, na Antioquia da Síria — tornou-se uma cidade de tamanho considerável no primeiro século. Para romanizar a área, Augusto estabeleceu várias cidades coloniais e as ligou à via Sebaste, uma rodovia no sentido leste-oeste que saía de Éfeso, estendendo-se pela atual Turquia e pelas Portas da Cilícia, chegando até o Eufrates.[128] Antioquia já existia antes de Augusto, mas tornou-se um local popular para os colonos e rapidamente se transformou na cidade mais importante dessa rota.

De acordo com Josefo, duas mil famílias judias foram realocadas para esta área por volta de 200 a.C., e a existência de uma sinagoga em Antioquia implica que muitas permaneciam ali na época de Paulo. Esses judeus eram helenizados, falavam grego e estavam isolados de Jerusalém tanto pela distância quanto pelo terreno; apenas os judeus mais fervorosos teriam feito a viagem para as festas, e provavelmente não recebiam muitas visitas de rabinos. Mesmo assim, esta área atraia um número significativo de gentios "tementes a Deus".[129]

Quando Paulo, Barnabé e os outros chegaram a Antioquia, visitaram a sinagoga, um lugar lógico para começar. Como judeus, eles encontrariam uma comunidade receptiva na sinagoga, o que lhes dava acesso mais fácil ao restante da sociedade. Além disso, seus primeiros convertidos deveriam estar entre outros judeus que compartilhavam sua visão de mundo monoteísta. Paulo e Barnabé poderiam construir sobre uma compreensão compartilhada de quem Deus é e como o ministério do Messias os afetava pessoalmente.

Começar seu trabalho entre os judeus serviu a outro propósito importante. Sua associação com a sinagoga local identificava os evangelistas como representantes do Deus hebreu em oposição a alguma outra divindade desconhecida. Os pagãos gentios, ainda que adorassem seu panteão, ao se associarem com os judeus tornavam-se conscientes do Deus Único Criador adorado na sinagoga. Paulo e Barnabé queriam que todos soubessem que Jesus Cristo tinha vindo à Terra como esse Deus — o Deus hebreu — em carne humana.

Por todas essas razões, iniciar seu trabalho entre os judeus em qualquer local em particular tornou-se o paradigma para o primeiro contato em uma nova área.

Os homens entraram na sinagoga e sentaram-se na congregação como companheiros de adoração. Eles haviam se apresentado mais cedo e, sem dúvida, explicado sua associação com o templo. Paulo pode ter oferecido seus serviços como um homem instruído pelo grande rabino e fariseu Gamaliel. Assim, após a leitura habitual das Escrituras, os oficiais convidaram-no para pregar à congregação (At 13:15), um grupo misto de judeus naturais, prosélitos e "tementes a Deus", isto é, gentios interessados no pensamento judaico.

13:16-18

Este é um dos vários sermões paulinos descritos por Lucas no livro de Atos (cf. 14:15-17; 17:22-31; 20:18-35). Esta não é uma transcrição do discurso do apóstolo; é um esboço anotado resumindo seus principais pontos. No entanto, esse discurso é o mais detalhado de todos, fornecendo um olhar bastante completo sobre seu método de raciocínio. Ele normalmente começava afirmando pontos de concordância, criando uma relação intelectual e teológica com seu público. Nesse caso, ele aludiu a nada menos que doze livros do Antigo Testamento ao contar a história do relacionamento do Senhor com a nação de Israel, começando pelos patriarcas. Paulo seguiu o costume judaico de se lembrar da fidelidade de Deus a Israel durante os tempos difíceis.

Na primeira seção de seu sermão (13:16-22), ele resumiu a história judaica, reconhecendo pelo menos quatro pontos tipicamente destacados nas confissões judaicas de fé:

- Deus escolheu os antepassados pela graça.
- Deus libertou os israelitas do Egito.
- Deus deu a terra a Israel.
- Deus deu ao povo um rei.

Paulo destacou o fato de que a infidelidade de Israel o levara ao castigo divino. A recusa do povo em entrar em Canaã, alimentada pelo medo dos habitantes e pela falta de confiança nas promessas de Deus, levou a uma estada de quarenta anos no deserto (Nm 14:34). A expressão "e os aturou no deserto" (At 13:18) reflete o lamento de Moisés: "Também no deserto vocês viram como o SENHOR, o seu Deus, os carregou, como um pai carrega o próprio filho, por todo o caminho que percorreram até chegarem a este lugar. Apesar disso, não confiaram no SENHOR, o seu Deus" (Dt 1:31,32).

13:19-22

Paulo, em seguida, resumiu as eras governamentais de Israel desde a conquista de Canaã até o reinado de Davi. Ele deu crédito ao Senhor por destruir seus inimigos na terra. Deus — não Josué ou seu exército — destruiu as sete nações e deu a terra às doze tribos de Israel, como prometera (13:19). A conquista levou ao período dos juízes, um momento especialmente vergonhoso na história hebraica. Durante esse tempo, os israelitas seguiram uma espiral descendente marcada por um padrão repetitivo: a desobediência gerou aflição, a aflição provocou arrependimento, o arrependimento trouxe resgate, o resgate inspirou o avivamento e, em seguida, o avivamento se dissolveu em desobediência mais profunda. Finalmente, a decadência moral tornou-se tão aguda que Deus designou o profeta Samuel para liderar a nação (13:20).

Por fim, o povo rejeitou a administração do Senhor através do profeta, preferindo ser como seus vizinhos que tinham reis. Então, Deus lhes deu Saul (13:21), que começou bem e depois se tornou um megalomaníaco. Depois que seu reinado de quarenta anos terminou em fracasso e suicídio, o Senhor colocou Davi no trono, um homem que o amava e governava em retidão. Para caracterizar o governo de Davi, Paulo observou que ele era um homem segundo o coração de Deus (13:22; cf. Sl 89:20; 1Sm 13:14).

A breve história de Israel contada por Paulo destacou três fatos, cada um com uma implicação importante:

- *Fato 1:* O Senhor foi fiel a Israel, apesar da desobediência do povo.
- *Implicação:* Ele continuaria a ser fiel aos judeus desobedientes.
- *Fato 2:* A forma de governo de Deus sobre Israel evoluiu ao longo do tempo, geralmente em resposta à desobediência da nação.
- *Implicação:* A maneira divina de administrar seu povo continuaria a evoluir, e estava prestes a mudar novamente.
- *Fato 3:* O Senhor havia substituído um mau rei, Saul, por um bom rei, Davi.
- *Implicação:* O Senhor estava novamente prestes a apresentar um novo líder

13:23-25

Paulo imediatamente relembrou o que todo judeu entendia. Mesmo que Davi fosse um bom rei — o melhor que Israel já teve —, ele não era perfeito. Ele ficou aquém de ser o tipo de rei que Deus teria como governante do seu reino, assim como cada um dos descendentes de Davi. Mesmo assim, Deus havia prometido à nação que um rei digno descenderia de Davi e subiria ao trono de Israel (13:23). Os judeus se referiam a esse rei prometido como seu Messias — não apenas *um* ungido, mas *o* Ungido.

Paulo corajosamente proclamou Jesus como esse Messias, o Salvador do mundo. O povo de Antioquia da Pisídia tinha, sem dúvida, ouvido falar de João, o Batizador. A referência de Paulo parece presumir que aquelas pessoas tinham conhecimento de seu ministério (13:24,25). Todos reverenciaram João como um profeta genuíno de Deus, o primeiro desde que Malaquias parara de escrever quatrocentos anos antes. No entanto, Paulo citou a declaração de João de que o Messias vindouro o excederia em muito em todos os aspectos. A afirmação "não sou quem vocês pensam. Mas eis que vem depois de mim aquele cujas sandálias não sou digno de desamarrar" é atestada em todos os quatro Evangelhos (13:25; cf. Mt 3, 11; Mc 1:7; Lc 3:16; e Jo 1:27). Consequentemente, todos conheciam João como o precursor do Cristo.

13:26-31

Por fim, Paulo chegou ao cerne de sua mensagem: a vida, a morte sacrificial e a ressurreição de Jesus. Dirigindo-se ao seu público como "irmãos, filhos de Abraão" (13:26), ele se identificou como um judeu que compartilhava as preocupações deles como judeus. Ele disse, com efeito: "Eu sou um de vocês, e tenho grandes notícias sobre o Messias que todos nós aguardamos". Ele, no entanto, separou-se dos líderes religiosos em Jerusalém, acusando-os de ignorar as próprias Escrituras que a sinagoga acabara de ler em voz alta e de matar seu Messias (13:27,28). Ele observou que suas ações ao matar Jesus cumpriram as previsões a respeito do Messias (13:29), validando ainda mais Jesus como o Cristo. Além disso, fez referência às testemunhas oculares da morte, sepultamento e ressurreição de Jesus, obviamente incluindo a si mesmo (13:30,31).

13:32-37

Paulo validou sua alegação de cumprimento profético citando várias passagens do Antigo Testamento a respeito do Messias:

> Proclamarei o decreto do Senhor.
> "Ele me disse: 'Você é meu filho;
> eu hoje o gerei'." (Sl 2:7; cf. At 13:33)

> "Deem-me ouvidos e venham a mim;
> ouçam-me, para que a sua alma viva.
> Farei uma aliança eterna com vocês,
> conforme a minha fidelidade prometida a Davi."
> (Is 55:3; cf. At 13:34)

> Porque tu não me abandonarás no *sheol*
> nem permitirás que o teu santo sofra decomposição.
> (Sl 16:10; cf. At 13:35)

Aqueles que esperavam que o Cristo fosse um líder político e militar naturalmente acreditavam que a morte invalidava qualquer pretensão de ser o Messias. Paulo argumentou o contrário. Cada profecia messiânica que ele citou encontra cumprimento na ressurreição do Messias. Por essa linha de raciocínio, somente alguém que morreu e ressuscitou do túmulo poderia reivindicar ser o Cristo. Para deixar claro seu ponto, ele comparou o rei Davi com Jesus. O rei Davi, reconhecido por todos como um grande rei, morreu depois de uma longa vida de obediência, e então seu corpo apodreceu em uma sepultura. Claramente, sua morte não invalidou sua vida. Jesus, por outro lado, foi ressuscitado corporal e milagrosamente pelo Pai e continua a viver. Portanto, Ele deve ser maior do que Davi.

Notavelmente, Paulo não afirmou que Jesus governava Israel. Na época, Israel não tinha rei. Os oficiais do templo e os aristocratas judeus que rejeitaram Jesus tinham visto em Herodes Agripa I tudo o que desejavam ver no Messias, mas vermes o comeram por dentro e ele morreu apenas três anos após o início do seu reinado (12:23). No entanto, Jesus não governou como o Rei dos judeus. Sua posição lembra a experiência penosa sofrida por Davi, que suportou um longo período no deserto enquanto Saul, não mais a escolha de Deus, continuava a usurpar o trono. Jesus é o Rei legítimo, mas ainda não governa Israel.

13:38-41

Paulo conclui seu sermão com uma aplicação baseada nos três fatos e implicações que ele havia estabelecido anteriormente (13:19-22).

Primeiro, o Senhor continuaria a ser fiel a Israel a despeito de sua desobediência; Ele enviou o Messias para conceder perdão de pecados. Segundo, a forma de governo de Deus sobre Israel havia evoluído; Jesus havia superado a Lei como a regra de governo de Israel. Terceiro, o Senhor havia substituído um rei ruim, Saul, por um rei bom, Davi; Jesus deveria ser abraçado como o Rei derradeiro. Citando Habacuque, que profetizou durante os últimos dias antes que a Babilônia levasse Israel para o exílio, Paulo advertiu os judeus a não rejeitarem Jesus como o Cristo (13:41, citando Hc 1:5). Ele também os encorajou a encontrar perdão completo de pecados — a justificação — por meio da fé em Jesus, a despeito da incapacidade deles de obedecer plenamente à Lei (At 13:38,39).

13:42,43

O sermão de Paulo foi muito pesado para seus ouvintes. Ele pediu aos judeus de Antioquia da Pisídia que rompessem com os líderes religiosos em Jerusalém e abraçassem a Jesus como Messias. Além disso, ele pregou que a fé no Messias resultaria em perdão de pecados. Mesmo assim, a resposta foi espantosamente positiva; os membros da sinagoga convidaram Paulo e Barnabé para voltar no sábado seguinte (13:42), e alguns membros o seguiram naquele dia para continuar a ouvir mais (13:43).

13:44-47

A declaração de Lucas de que "quase toda a cidade se reuniu" (13:44) é muito provavelmente uma hipérbole, significando que uma grande multidão se reuniu para ouvir Paulo. A população da cidade e de seus arredores naquela época seria de cerca de cinquenta mil pessoas;[130] escavações revelaram um teatro grande o suficiente para abrigar talvez cinco mil pessoas,[131] o que seria uma reunião bastante significativa. Seja como for, uma multidão suficientemente grande se reuniu para a ira dos "judeus" (13:45).

Mais uma vez, Lucas usa a designação "judeus" no sentido técnico para denotar líderes religiosos opostos ao evangelho que Paulo havia declarado. A palavra traduzida como "inveja" conecta o incidente com a "inveja" do sumo sacerdote do Sinédrio depois do sucesso da pregação de Pedro no templo (5:17). Aqueles líderes judaicos locais argumentaram contra o raciocínio de Paulo. Eles "contradiziam" (*antilegō* [483]) Paulo, mas não se tratava de um debate teológico simples; os homens também estavam "blasfemando" (*blasphēmeō* [987]) de Paulo. Costumamos pensar em blasfêmia apenas nos contextos religiosos, mas blasfemar é amaldiçoar, caluniar ou tratar alguém com desprezo. Blasfêmia é qualquer modo de falar que desconsidera ou desrespeita o valor de outra pessoa.

Paulo e Barnabé se recusaram a serem enredados numa longa disputa verbal. Em vez de desperdiçar seu tempo com pessoas que se recusavam a acreditar, eles responderam com uma repreensão severa, comprometendo-se em levar as boas-novas àqueles que estavam ansiosos para crer. Paulo declarou que os judeus de Antioquia "rejeitam" (*apōtheō* [683]) o evangelho, o que descreve uma resposta da vontade; ao fazer isso, eles "não se julgam dignos da vida eterna" (13:46). Embora Deus os considerasse dignos não apenas como "filhos da aliança"; mas também como indivíduos necessitados da graça, eles consideravam a si próprios como fora da salvação.

Quando Paulo e Barnabé declararam que se voltariam "para os gentios" — ou seja, que proclamariam o Messias aos não judeus — citaram Isaías (13:47; cf. Is 42:6; 49:6). Deus sempre desejou que Israel fosse "uma luz para os gentios", de modo que os gentios pudessem ouvir e se voltar para o Senhor. Paulo e Barnabé disseram, com efeito: "Vocês continuam na sua tradição de desobediência infiel; nós, como judeus fiéis, cumpriremos nosso propósito como o povo da aliança de Deus".

13:48

A resposta dos gentios se coloca num profundo contraste com a dos líderes judeus. Eles "alegraram-se e bendisseram a palavra do Senhor"! É como se dois filhos de um rei tivessem ouvido a leitura do testamento de seu pai e o mais velho tivesse recusado seu direito de sucessão, enquanto que o mais jovem se alegrasse em descobrir que seu pai havia pensado que ele era digno de herdar qualquer coisa que fosse. Os gentios estavam famintos por essa palavra vinda do Senhor e se alegraram por recebê-la. A descrição que Lucas faz da resposta dos gentios ao evangelho destaca claramente a eleição de Deus, sua predestinação soberana (ver Rm 8:28-30; Ef 1:4,5,11). O verbo traduzido como "designados" está no tempo presente no grego, que é usado para descrever uma ação que se completou no passado com resultados contínuos. O verbo está na voz passiva, e os estudiosos chamam essa instância de um "passivo divino", indicando que

Deus é o sujeito. Aqueles que foram designados creram. A grande maioria deles era de gentios, o que é irônico. O povo escolhido de Deus, os judeus, cria que eram os eleitos de Deus, destinados por sua herança para a salvação, mas rejeitaram seu Messias. Aqueles que creram — sendo a maioria de gentios — o fizeram porque foram designados de antemão.

13:49-52

Lucas encerra o episódio com outra declaração resumida, descrevendo o ministério de Paulo e Barnabé no território. O evangelho "se espalhava por toda a região" (13:49). Eles concluíram sua tarefa de proclamar Jesus, o Messias, aos gentios, e a resposta positiva levou os líderes religiosos judeus a iniciarem uma campanha de perseguição contra eles. Os líderes judeus "incitaram as mulheres tementes a Deus de elevada posição" — a maioria delas gentias convertidas ao judaísmo — a fazerem um *lobby* junto a seus maridos para que expulsassem Paulo e Barnabé. Para convencerem os líderes da cidade, os judeus teriam que demonstrar que o fato de se livrar dos evangelistas cristãos era lago de acordo com os melhores interesses da cidade. Eles foram bem-sucedidos e "expulsaram da sua região" Barnabé e Paulo (13:50).

Em resposta a isso, Paulo e Barnabé "sacudiram a poeira dos pés" e partiram para Icônio (13:51). O ato de sacudir a poeira dos pés relembra as instruções de Jesus (Lc 9:5), assim como uma tradição entre os judeus devotos, que usavam o gesto para ilustrar sua separação dos descrentes. Muitos faziam isso quando voltavam para a Judeia depois de uma viagem a cidades pagãs. Eles não queriam misturar pó contaminado com o solo do seu próprio lar, nem se arriscar a carregar poeira pagã para dentro do templo. Enquanto isso, de volta a Antioquia da Pisídia, "os discípulos continuavam cheios de alegria e do Espírito Santo" (At 13:52)!

APLICAÇÃO

Atos 13:14-52

COMO FAZER UM BANQUETE NO MEIO DE UMA ESCASSEZ

Quando entraram em Antioquia da Pisídia, Paulo e Barnabé encontraram uma cidade faminta da Palavra de Deus. A cidade tinha pelo menos uma sinagoga e talvez fosse pontuada com várias outras, dada a grande população judaica. Esses lugares de adoração haviam aparentemente atraído um número significativo de prosélitos gentios e de pessoas "tementes a Deus", mas apesar de toda a sua religiosidade, a cidade como um todo carecia daquilo de que mais precisava: perdão de pecados.

Paulo disse às pessoas de Antioquia uma coisa que elas nunca tinham ouvido: "E, de todas as coisas que não podiam ser justificados pela lei de Moisés, por meio [de Jesus Cristo], todo aquele que crê é justificado" (13:38,39). Justificação pela graça por meio da fé não era um ensino novo; essa sempre foi a mensagem da salvação. O profeta Isaías ilustrou o convite do Senhor para receber o perdão de pecados por meio da fé da seguinte maneira:

> Venham, todos vocês que estão com sede,
> venham às águas;
> vocês que não possuem dinheiro algum,
> venham, comprem e comam!
> Venham, comprem vinho e leite
> sem dinheiro e sem custo.
> Por que gastar dinheiro naquilo que não é pão,
> e o seu trabalho árduo naquilo que não satisfaz?
> Escutem, escutemme, e comam o que é bom,
> e a alma de vocês se deliciará com a mais fina refeição. [...]
> Busquem o Senhor enquanto é possível achá-lo;
> clamem por ele enquanto está perto.
> Que o ímpio abandone o seu caminho,
> e o homem mau, os seus pensamentos.
> Volte-se ele para o Senhor, que terá misericórdia dele;
> volte-se para o nosso Deus,
> pois ele dá de bom grado o seu perdão. (Is 55:1,2,6,7)

Para as pessoas famintas de Antioquia, Paulo e Barnabé haviam trazido um banquete! Estranhamente, porém, as pessoas deram uma resposta mista à oferta de comida espiritualmente nutritiva. Alguns se regozijaram e comeram; muitos a rejeitaram e passaram fome. A maneira como os apóstolos responderam sugere dois princípios do evangelismo.

Primeiramente, *quando existe fome na Terra, alimente os famintos e ignore o restante*. Isso pode parecer muito duro, mas quando existe um trabalho a fazer, você deve permanecer focado. Paulo e Barnabé dedicaram seu tempo à pregação àqueles que tinham fome da verdade. Quando os líderes da sinagoga os rejeitaram, eles pregaram aos gentios. Quando a cidade deixou de ser hospitaleira, eles sacudiram a poeira de seus pés e procuraram mais pessoas famintas pelo caminho.

Segundo, *você não pode alimentar pessoas que não querem comer*. Paulo e Barnabé não tentaram convencer os tolos da sua tolice. Eles chamaram a rebelião pelo nome e procuraram pessoas que estavam famintas de sabedoria. Pregaram apenas para aqueles que queriam ouvir a palavra de Deus. Ao alimentar apenas aqueles que queriam comer, eles deram uma oportunidade para que os famintos respondessem ao chamado de Deus.

Ao seguir essas duas orientações simples, Paulo e Barnabé cobriram muito terreno em pouco tempo. Eles assumiram a grande responsabilidade de proclamar o evangelho onde ele não havia sido ouvido, mas não assumiram a responsabilidade pela maneira como as pessoas reagiam. Isso lhes deu coragem diante do desconhecido e resiliência em resposta à oposição.

Operação ioiô

LEIA ATOS 14:1-20

Na década de 1970, o time de futebol americano Washington Redskins tinha um *quarterback* grisalho chamado Sonny Jurgensen — duro como uma bota velha no campo, e fora dele. De fato, ele parecia vicejar quando recebia a pancada das críticas nos momentos em que o time passava por uma fase ruim. Num dado momento, alguém perguntou a Jurgensen se toda a artilharia da imprensa o estava abatendo. Ele deu uma risadinha e respondeu: "Na verdade não. Não quero desistir. Estou neste jogo há tempo suficiente para saber que todo *quarterback*, a cada semana da temporada, passa seu tempo ou na cobertura ou na casinha do cachorro".[132]

Deixe-me dizer-lhe uma coisa como um pastor que está no campo há bastante tempo: o mesmo se aplica a qualquer pessoa envolvida no ministério cristão! Quando estavam em Antioquia da Pisídia, Paulo e Barnabé pregaram no sábado, receberam comentários raivosos e foram convidados com entusiasmo para voltar e contar mais coisas às pessoas. No sábado seguinte, porém, os líderes da sinagoga decidiram colocá-los para correr da cidade. Conforme os dois homens conduziam sua equipe pelo caminho que levava a Icônio e mais adiante, estavam prestes a descobrir que o ciclo de altos e baixos não é simplesmente *comum* no ministério, como também é a *norma*. Em Icônio, um grande número de pessoas creu, enquanto outras juntaram pedras, por fim forçando-os a partir. Em Listra, como antes, os homens seriam erguidos a alturas fenomenais de aclamação e, logo em seguida, cairiam com rapidez e intensidade.

Juntamente com os altos e baixos que resultam da aceitação ou rejeição de uma audiência, Paulo, Barnabé e a equipe também encontrariam as frustrações que surgem de cometer erros enquanto se aprende a lidar com situações novas. Em Listra, eles encontrariam uma população com uma visão de mundo tão estranha ao pensamento judaico que Paulo e Barnabé seriam eles próprios confundidos com deuses. Mesmo assim, descobriram que, em meio a todas essas situações, Deus é fiel. Ele cumprirá suas promessas e realizará seus planos — não importa o que aconteça.

14:1-4

Icônio fica a pouco mais de 120 quilômetros a leste de Antioquia pela via Sebaste, uma impressionante estrada que liga todas as colônias romanas desde Comama, no oeste, até Listra, que ficava ao sul de Icônio. As origens desta cidade se perdem nas névoas da história, tão obscuras que até mesmo os gregos antigos foram incapazes de determinar quem estabelecera o assentamento ou quando isso havia acontecido.[133] No primeiro século depois de Cristo, Icônio era um grande centro agrícola e comercial. Embora a via Sebaste fosse a estrada mais nova, cinco outras estradas convergiam para a cidade de modo a torná-la um elo importante de rotas entre as maiores regiões do Império Romano.[134]

Onde chegavam, Paulo e Barnabé iam direto para a sinagoga, ansiosos para compartilhar as boas-novas do tão esperado Messias entre seus compatriotas e para proclamar os braços abertos da graça divina para os gentios tementes a Deus. Assim como foi em Antioquia, sua mensagem levou um grande número de pessoas a crer, incluindo os gentios tementes a Deus que frequentavam os cultos da sinagoga (14:1). E, assim como foi em Antioquia, os judeus que rejeitaram o evangelho viraram a cidade contra os evangelistas (14:2).

Embora a equipe tenha sofrido oposição, a resposta parece ter sido equilibrada: as pessoas ficaram divididas (14:4). Assim, eles continuaram a pregar como estavam fazendo. Em Antioquia da Pisídia, Lucas não menciona nada sobre milagres; em Icônio, porém, Deus deu aos homens a habilidade de realizar “sinais e maravilhas” (14:3). Como sempre, os milagres serviram para validar sua mensagem como sendo divina. Isso sugere fortemente que os milagres nem sempre foram parte de seu ministério e foram usados apenas quando a rebelião *não* era a razão para a descrença.

14:5-7

Por fim, os líderes descrentes da sinagoga conseguiram reunir oposição suficiente contra Paulo e Barnabé para formar uma multidão de justiceiros. Foi quando a equipe sabiamente decidiu seguir adiante. Se os milagres não persuadiram os descrentes, o martírio não fazia sentido.

Quando o sentimento ficou forte demais contra eles, Paulo e Barnabé viajaram rapidamente um pouco mais de 30 quilômetros para o sul, para a pitoresca cidade de Listra, que ficava em um vale isolado, na convergência de dois cursos d'água. Diferentemente de Antioquia e Icônio, Listra não foi contemplada com qualquer estrada de maior importância antes de Augusto designá-la como uma colônia e povoá-la com veteranos militares. Só então ele redirecionou a via Sebaste para Listra. Mesmo assim, Listra nunca perdeu sua identificação como cidade pequena e remota.[135] Arqueólogos descobriram evidências que sugerem que a cidade venerava Zeus e Hermes como padroeiros: "Uma inscrição registra a dedicação a Zeus em uma estátua de Hermes. Outra registra uma dedicação a 'Zeus perante a cidade'".[136]

14:8-10

Lucas não menciona uma sinagoga, provavelmente porque não havia um número suficiente de judeus para a existência de uma. (A tradição sustentava que pelo menos dez homens judeus eram exigidos para formar uma casa local de oração.) Timóteo era de Listra e sua mãe Eunice e avó Loide eram judias, mas seu pai era gentio (16:1,2; cf. 2Tm 1:5). Quando não havia sinagoga, Paulo normalmente ia para o mercado (*ágora* [58]), onde os gregos se reuniam para se socializar. Era também ali onde filósofos itinerantes e artistas atraíam a atenção para si. Paulo talvez já tivesse começado a falar no mercado quando percebeu a presença de um homem paralítico desde o nascimento.

A condição do homem era notavelmente similar à do mendigo junto ao portão do templo em Atos 3:1-10. Seus pés eram atrofiados, talvez devido a um ferimento no nascimento, e ele nunca andara (14:8). Todo mundo em Listra, sem dúvida, o conhecia. Diferentemente do mendigo do lado de fora do templo, porém, a cura do homem veio depois de sua crença. Enquanto Pedro se dirigiu ao mendigo sem nenhuma outra indicação além da que fora dada pelo Espírito Santo, Paulo viu na face daquele homem evidência de crença e, então, foi tocado a curá-lo (14:9). Lucas sem dúvida deseja que o leitor associe essa cura com a de Pedro; o uso que ele faz de termos, frases e imagens similares torna a ligação indiscutível.

Paulo ordenou ao homem paralítico que se levantasse (14:10). Notavelmente, porém, ele não invocou o nome de Jesus Cristo como Pedro fez (3:6). Fica bem claro que Lucas optou por incluir esse incidente para mostrar que o apostolado de Paulo se igualava ao de Pedro. Mas o fato de Paulo omitir o nome de Cristo na cura dos pés do homem causou problemas que ele não previra. Uma vez que não existia nenhuma sinagoga na cidade, seus cidadãos não identificaram imediatamente os homens como judeus, adoradores monoteístas do Deus de Israel. Paulo não se deu conta da divisão cultural nesse novo contexto missionário.

14:11-13

Como resultado, Paulo e Barnabé se viram empurrados para um mito local envolvendo Zeus e Hermes, os deuses padroeiros de Listra (14:11,12). Os habitantes da cidade podem ter sido influenciados por uma história do folclore antigo que fora preservada na obra *Metamorfoses*, de Ovídio.[137] O mito relata uma época em que Zeus e Hermes (isto é, Júpiter e Mercúrio para os romanos) não encontraram hospitalidade na Frígia até que chegaram à casa de um casal de idosos de nome Filemon e Baucis, que viviam não muito longe de Listra. Em troca de sua generosidade altruísta, o casal pediu apenas dois favores: serem cuidadores do templo e morrerem juntos para que nenhum tivesse que se entristecer pelo outro. Seus desejos foram atendidos, e os dois foram transformados em um par de árvores adornando os degraus do templo.

O povo de Listra queria ser generoso como Filemon e Baucis e, assim, preparou apressadamente um sacrifício em honra de Paulo e Barnabé, os supostos homens-deuses (14:13). Infelizmente, eles falaram em sua língua local, o licaoniano ou língua licaônica, para que nenhum dos dois conseguisse entender o que deixava o povo tão animado. A origem desse idioma é um mistério. Alguns linguistas dizem que o licaoniano evoluiu das línguas anatoliana e hitita, enquanto outros sugerem que era um dialeto especial e regionalizado do grego. Independentemente disso, o povo usou sua língua local para endeusar Paulo e Barnabé, de modo que os dois homens só puderam assistir com espanto confuso enquanto o sacerdote pagão local fazia preparativos para um sacrifício em honra deles.

14:14-18

Como escreve meu colega, dr. Thomas Constable, “se Satanás não pode inviabilizar o testemunho cristão com perseguição, ele tentará o elogio. A perseguição em excesso já destruiu muitos pregadores, e demasiados elogios arruinaram muitos outros. Um dos problemas dos milagres é que eles muitas vezes chamam mais atenção para o milagreiro do que para Deus”. [138]

Paulo e Barnabé, no entanto, ficaram horrorizados quando finalmente entenderam o que estava acontecendo. Eles “rasgaram as roupas e correram para o meio da multidão” (14:14). Aparentemente, não ocorreu a ninguém em Listra que os deuses em seu meio não falavam sua língua nativa! O gesto de rasgar as roupas expressava uma emoção avassaladora, geralmente tristeza e pesar.[139] Paulo havia curado o homem por meio do poder de Cristo para autenticar o evangelho como revelação divina, mas não estava preparado para a profundidade da ignorância em Listra. Portanto, para corrigir o mal-entendido, os homens tiveram que apresentar aos pagãos de Listra o Deus Criador revelado no Antigo Testamento (14:15). Eles começaram separando Deus do rei-divindade, Zeus, e dos supostos criadores da humanidade, Prometeu e Atena.

A fórmula "o céu, a terra, o mar" identificava três reinos do cosmos grego. O universo da mitologia grega pensava na Terra como um plano achatado com ar acima, água ao redor e o Hades abaixo. A afirmação de Paulo vem de um conceito hebreu do universo (cf. 4:24; Sl 146:6). Ele queria que os pagãos entendessem que um só Deus fez todos os reinos do universo e criou todas as criaturas presentes nele, mas ainda assim estava falando a partir de uma visão de mundo estrangeira. Enquanto isso, os sacerdotes continuavam a abater os animais para sacrifício e o povo atiçava o fogo do altar (At 14:18).

Paulo e Barnabé continuaram com uma resposta à pergunta óbvia: "Se este Deus é o único Criador, então por que não ouvimos falar dele antes?". Eles disseram que as nações tinham sido autorizadas a seguir "os seus próprios caminhos", mas que o Deus hebreu havia se revelado por meio da dádiva da natureza (14:16,17).

Finalmente, o povo cancelou o grande sacrifício de bois — o animal mais produtivo que um fazendeiro poderia possuir —, mas parece duvidoso que o curso intensivo de Paulo sobre cosmologia bíblica os tenha convencido. Eles provavelmente interromperam o sacrifício porque "Zeus" e "Hermes" insistiram que parassem.

14:19,20

Em pouco tempo, os líderes da sinagoga de Antioquia e Icônio localizaram Paulo, Barnabé e seus ajudantes. Eles conseguiram influenciar o povo de Listra tanto quanto tinham feito com os líderes de suas próprias cidades. De repente, as mesmas pessoas que haviam adorado Paulo e Barnabé como deuses dias antes se levantaram em raiva para apedrejá-los como hereges (14:19). A execução por apedrejamento era um castigo nitidamente oriental, semita, raramente mencionado na sociedade grega. Está claro que o povo de Listra agiu como uma turba, seguindo a liderança dos instigadores judeus.

Apedrejaram Paulo, deixando Barnabé ileso. Lucas não explica por quê. A multidão pode ter procurado os dois homens e, encontrando Paulo sozinho, o apedrejou no local antes de carregar seu corpo para a periferia da cidade. A menção aos "discípulos" provavelmente se refere aos homens que Paulo e Barnabé haviam levado como ajudantes (14:20; cf. 13:5), embora exista a possibilidade de serem novos crentes em Listra, que Paulo e Barnabé estavam nutrindo, sem dúvida incluindo Timóteo. Em ambos os casos, Lucas escreve que esses "discípulos" testemunharam o apedrejamento, sugerindo que Barnabé não o fez porque estava em outro lugar.

Lucas não afirma que Paulo realmente morreu, apenas que a multidão supôs (*nomizō* [3543]) que ele havia morrido. Independentemente disso, ele milagrosamente se levantou e caminhou de volta para Listra por si só (14:20). A multidão tinha saído em busca de Barnabé, sem dúvida, mas o resto da cidade deve ter visto um Paulo sangrando e machucado voltando dos mortos, por assim dizer. Com o tempo, Paulo voltaria a Listra mais três vezes (14:21; 16:1; 18:23). Sem dúvida, a lembrança de seu calvário ajudou a estabelecer sua autoridade como um apóstolo genuíno entre os crentes.

Este episódio ilustra a capacidade de Deus de cumprir seu plano, apesar das fraquezas de todas as pessoas envolvidas. A população judaica em Listra não se qualificava para uma sinagoga, de modo que esses gentios eram mais ignorantes do que seus pares em cidades maiores. Como resultado, sua superstição era mais profunda do que a de outros gregos mais urbanos, que pelo menos tinham o benefício da educação científica e filosófica. Além disso, o povo de Listra provou ser extremamente maleável, uma característica que causaria a Paulo uma exasperação incalculável no futuro (Gl 3:1-4).

Para ser justo, no entanto, este não foi o melhor momento de Paulo e Barnabé. Embora os homens tenham feito o seu melhor, eles ainda assim não estavam preparados para a extrema superstição e profunda ignorância presentes em Listra. Paulo supôs que o povo atribuiria o milagre de cura ao único Deus Criador e, em seguida, interpretaria o evento como validação de sua mensagem. Ao fazer essa suposição, ele subestimou o poder que a visão de mundo primitiva daquele povo tinha para moldar sua percepção. Ele não voltaria a cometer esse erro.

APLICAÇÃO

Atos 14:1-20

COMO *NÃO* PROCLAMAR O EVANGELHO

Esse segmento da narrativa de Lucas demonstra que nem sempre os melhores ministros acertam. Na verdade, este é um raro caso em que podemos aprender com o exemplo de Paulo o que *não* fazer no ministério. Observo, deste episódio sombrio na primeira viagem do apóstolo pelo campo missionário, duas coisas que não se deve fazer.

Primeiro, *não suponha que seu público sabe muito sobre o Deus da Bíblia.* Paulo e Barnabé entraram em uma cidade pagã que não tinha sinagoga. Sem conhecimento básico do Deus hebreu, o povo supersticioso de Listra tinha todas as razões para entender mal o que viam e ouviam. Os evangelistas deveriam ter começado apresentando ao povo de Listra o Deus único, revelado no Antigo Testamento. Só assim eles entenderiam sua necessidade do que Jesus Cristo oferece. Não suponha que as pessoas conhecem muita coisa da verdade bíblica. Faça perguntas. Ouça atentamente para perceber as lacunas em seu conhecimento e a desinformação que elas possam ter captado. Defina seus termos com cuidado. E acompanhe para ter certeza de que elas entendem o que você diz.

Em segundo lugar, *não subestime a influência da visão de mundo de alguém.* Uma visão de mundo é a maneira como alguém entende o universo — como ele surgiu, como ele opera e que propósito ele tem, se houver. Os gregos primitivos mantinham os velhos mitos de um cosmos que consistia em uma terra plana cercada por água e delimitada pelo céu acima e o Hades abaixo. A explicação de Paulo de que Deus fez "o céu, a terra, o mar" (14:15) poderia ter sido mal interpretada, talvez até sugerindo que o Hades estava fora do controle do Senhor. Além disso, para os gregos politeístas, o termo "Deus" não era um nome, mas um substantivo que poderia se aplicar a dezenas de seres, alguns mais poderosos do que outros.

O mesmo acontece hoje. A palavra "deus" significa coisas diferentes para pessoas diferentes. Um muçulmano pensará em um ser, enquanto um budista terá uma ideia completamente diferente em mente. Um panteísta africano não ouvirá o título "deus" da mesma forma que um judeu monoteísta. Dentro do hinduísmo, existem dezenas de filosofias diferentes associadas ao conceito de divindade. Mesmo dentro dos Estados Unidos, com sua herança judaico-cristã de quatrocentos anos, você encontrará uma população cada vez menor que pensa em Deus da maneira como a Bíblia o descreve. Consequentemente, a afirmação "Deus ama você e tem um plano maravilhoso para sua vida", outrora eficaz, pode representar mais problemas do que soluções.

Aprenda sobre as diferentes visões de mundo que as pessoas têm na região que você planeja evangelizar. Isso vai ajudar você a se comunicar de forma eficaz e diminuir o potencial de mal-entendidos.

Dito isso, não tenha medo de criar uma bagunça grande demais para o Senhor resolver. Apesar da ignorância em Listra, e mesmo com as fraquezas dos apóstolos, muitos creram e se tornaram discípulos fortes. Paulo passou a ter um ministério eficaz na região porque Deus permaneceu no controle. Ele ainda está. Ele usará nossos esforços mais ineptos de boa-fé para realizar seu plano. O importante é ir e testemunhar.

Resumindo uma viagem memorável

LEIA ATOS 14:21-28

Na década de 1940, praticamente todo mundo nos Estados Unidos conhecia o nome Norman Rockwell. As ilustrações que ele desenhou para o *Saturday Evening Post* [Publicação de sábado à noite] refletiram o melhor do espírito americano durante alguns dos anos mais difíceis do país. As palavras "tocante" e "nostálgico" vêm à mente quando você vê seu trabalho. Para a edição de 26 de maio de 1945, ele lançou uma de suas ilustrações mais cativantes: "O soldado volta ao lar" ("Homecoming G.I.", no original). Nesta cena icônica, um soldado vestindo uniforme militar verde desbotado está em frente a um cortiço de tijolos aparentes enquanto familiares e amigos animados vão ao beco para receber seu herói em casa, vindo da guerra. Qualquer pessoa pode se ver em algum lugar nessa pintura: o soldado cansado que retorna; os pais que não cabem em si; os irmãos eufóricos; os vizinhos alegres; a namorada tímida e ansiosa.

Muita emoção acompanha o retorno de um viajante depois de muito tempo longe de casa, especialmente se essa jornada envolveu provações e dificuldades, conflitos e lutas. Paulo e Barnabé haviam deixado suas casas em Antioquia da Síria mais de um ano antes para se envolver em um tipo incomum de guerra. Eles lutaram contra forças sobrenaturais em Chipre e encontraram inimigos espirituais nas sinagogas da Pisídia e da Licaônia. O contato de Paulo com a morte em Listra pode tê-lo deixado com ferimentos que o afetariam pelo resto de sua vida; cada cicatriz teria lembrado a ele e a seus companheiros que tinham ido para a batalha e provavelmente enfrentariam o inimigo novamente. Sem dúvida, o moral de Paulo, Barnabé e sua equipe melhorou enquanto seu itinerário os deixava cada vez mais perto de casa. Ainda assim, eles tinham um extenso terreno a percorrer e muito a realizar ao longo do caminho.

14:21-23

Depois de sobreviver ao ataque da multidão em Listra, a equipe viajou 55 quilômetros para leste até Derbe, uma cidade relativamente obscura que foi posteriormente perdida para a história. Essa pequena cidade não estava conectada a Listra pela pavimentada via Sebaste e, assim, a equipe teria percorrido cerca de 100 quilômetros de estrada acidentada e não pavimentada para chegar a Derbe.[140]

Paulo e Barnabé pregaram lá com grande sucesso, mais do que Lucas revela aqui. Aprendemos mais tarde a partir de Atos que uma comunidade considerável de crentes formou uma igreja estável e, por fim, forneceu a Paulo um ajudante chamado Gaio (20:4).

Depois de completar seu trabalho em Derbe, os homens retornaram no caminho, em vez de tomar uma rota direta através das montanhas para Tarso e, em seguida, para casa. Lucas não explica o raciocínio deles; ele apenas descreve sua atividade no caminho de volta. Parece que o inverno pode ter sido um fator em sua decisão. Se eles saíram de casa no início de março, nove meses de ministério os colocariam em Derbe por volta de novembro. A região é conhecida hoje por seus invernos rigorosos e fortes nevascas, de modo que os homens tinham três opções: arriscar uma caminhada imprudente pelas montanhas, passar o inverno em Derbe antes de cruzar as montanhas ou retornar pelo mesmo caminho que vieram. É claro que essa terceira opção apresentava algumas perspectivas perigosas; eles provavelmente encontrariam as mesmas pessoas que tentaram matá-los anteriormente. Mas, perigos à parte, a rota de retorno lhes deu a oportunidade de equipar ainda mais os novos crentes para sobreviver e prosperar por conta própria.

Depois de completar as tarefas de evangelizar, pregar e fazer discípulos (14:21), Paulo e Barnabé cumpriram os três objetivos principais na plantação de igrejas:

1. "*... fortalecendo os discípulos e encorajando-os a permanecer na fé*" (14:22). Assim que evangelizamos os perdidos e eles creem, temos o dever de equipá-los para esta nova vida. Neste caso, os crentes continuaram a se reunir em circunstâncias difíceis. A hostilidade demonstrada a Paulo e Barnabé teria sido estendida a seus discípulos. Os cristãos perseguidos precisavam de tranquilidade. O apedrejamento de Paulo e a subsequente recusa em desistir teriam inspirado os novos crentes a perseverar. Eles precisavam de treinamento, que — na ausência de um Novo Testamento escrito — dependia de ensino verbal e memorização, bem como orientação pessoal.

Os novos cristãos também precisavam de encorajamento. Muitos tinham sido gentios politeístas. A vida cristã exigia um afastamento radical de seu antigo modo de vida, incluindo a forma como mantinham relações com familiares e amigos pagãos. Suas novas crenças também mudaram sua participação na comunidade. Aprender a estar "no mundo, mas não ser do mundo" era uma ordem inegável, que exigia muito apoio moral.

2. "*Designaram-lhes presbíteros*" (14:23). A prática de selecionar presbíteros vinha de séculos de tradição que remontam claramente aos anos

de Israel no deserto, mas tornou-se especialmente proeminente como estrutura de liderança nas sinagogas judaicas, que foi o pano de fundo imediato para o estabelecimento de presbíteros nas primeiras igrejas. Esses presbíteros eram sempre selecionados a dedo por outros líderes maduros que eram eles próprios qualificados para reconhecer os traços necessários para a liderança. Os líderes deveriam ser homens de maturidade espiritual, caráter forte e boa reputação na comunidade, independentemente de sua idade, riqueza, experiência, poder ou posição. Paulo mais tarde estabeleceu as qualificações exatas dos presbíteros, provavelmente como resultado das duras lições aprendidas nesses primeiros anos (ver Tt 1:5-16).

Um presbítero ocupa um ofício *espiritual*; portanto, deve demonstrar que vive sob o controle do Espírito Santo. Suas qualidades devem incluir a submissão contínua ao Espírito. Ele deve mostrar um exemplo de liderança amorosa em sua própria casa. Deve exibir um coração humilde e contrito que permanece profundamente sensível à presença do pecado ou a qualquer ato de orgulho, teimosia ou egoísmo. Deve estar disposto a confessar seu próprio erro. Deve manter um forte compromisso de conformar seu comportamento à instrução das Escrituras e manter uma vulnerabilidade humilde diante do Senhor.

3. *"[Paulo e Barnabé...] os encomendaram ao Senhor"* (14:23). Esta é talvez a tarefa mais difícil de um ministério de plantação de igrejas. Depois de testemunhar o nascimento de novos crentes, nutri-los desde a infância, ajudá-los a permanecer por conta própria e treiná-los para liderar os outros — ao mesmo tempo em que cultivam relacionamentos pessoais profundos — deve chegar a hora de partir. A palavra traduzida como "encomendar" significa "colocar diante". De forma literal, é usada no sentido de servir comida. Os escritores gregos usam o termo no sentido figurado de ensino, quando um professor apresenta aos alunos um novo conceito para que aprendam ou avaliem. Os sentidos literal e figurativo se unem quando algo é confiado aos cuidados de outro, que é o sentido aqui. Os apóstolos confiaram o povo aos cuidados de Deus.

É claro que Paulo e Barnabé encomendaram formalmente os discípulos a Deus para sua própria paz de espírito, não apontando uma mudança espiritual. Nada mudou no céu. O Senhor não disse: "Ok, obrigado por iniciar essas igrejas. Vou assumir daqui para frente". Ele vinha cuidando dessas pessoas desde antes do início dos tempos!

14:24-26

A equipe evangelística viajou cerca de 150 quilômetros ao sul de Antioquia, através da cordilheira que separa a Pisídia da Panfília, descendo o vale de Cestro e entrando em Perge, onde eles haviam desembarcado originalmente vindo de Chipre (13:13). Proclamaram o evangelho ali, como fizeram em todos os lugares, mas não ficaram muito tempo. Atália era um porto mais movimentado e moderno, transportando a maior parte do comércio entre Éfeso e a Síria. Um navio os levou de volta a Selêucia, onde desembarcaram e caminharam 22 quilômetros até o rio Orontes para chegar em casa novamente, cerca de dezoito meses depois de partirem.

Lucas resume a missão usando dois termos significativos:

1. "Recomendados" (*paradidōmi* [3860]). Aqui, no final da missão, eles se lembraram de como "tinham sido recomendados à graça de Deus" pela igreja em Antioquia da Síria "para a missão que agora haviam completado" (14:26; ver 13:1-4). É o mesmo termo usado por Paulo e Barnabé ao confiar os discípulos ao Senhor.
2. "Realizado" (*plēroō* [4137]). Ao retornarem, haviam "completado" todo o trabalho que lhes fora designado. O termo *plēroō* significa "tornar pleno" ou "cumprir". Se o dossiê da missão fosse um copo, eles o encheram até transbordar.

14:27,28

A igreja delegou uma responsabilidade a Paulo e Barnabé, equipou-os com as provisões necessárias, conferiu-lhes sua autoridade e os enviou. Os missionários precisavam prestar contas à igreja. Chamaram a congregação e fizeram um relato completo de tudo que havia ocorrido (14:27). Embora todos os detalhes interessassem à igreja, o resultado final os emocionou. Eles haviam aberto "a porta da fé aos gentios". Este foi o primeiro esforço coordenado e organizado para pregar o evangelho de Jesus Cristo aos gentios onde nem mesmo existia uma sinagoga. O ministério de Paulo e Barnabé havia lançado luz sobre a vida dos pagãos mais sombrios, e os gentios responderam com crença. Com a porta da fé agora aberta, eles esperavam ver inúmeros gentios entrando na igreja.

Lucas afirma que Paulo e Barnabé passaram "muito tempo" com a igreja que os enviou na Antioquia da Síria (14:28). Este deve ter sido um período de vários meses, talvez as últimas semanas do outono e o inverno de 48-49 d.C. Muitos estudiosos acreditam que Paulo escreveu sua carta aos Gálatas durante esse tempo, pouco antes de participar do Concílio em Jerusalém (15:1-30). Embora a teoria levante algumas questões, é a que faz mais sentido diante dos dados que temos sobre as atividades de Paulo.

APLICAÇÃO

Atos 14:21-28

OLHAR PARA O ALTO!

Quando Paulo e Barnabé deixavam uma localidade, entregavam as assembleias recém-estabelecidas ao Senhor. Eles, é claro, faziam isso para sua própria paz de espírito. Ao entregar formalmente o povo a Deus, conscientemente reconheciam suas próprias limitações. Esse hábito realizava outra coisa igualmente importante: ele ajudava os cristãos em desenvolvimento a olhar para Deus em vez de se voltarem para homens em busca de apoio, conforto, encorajamento e sabedoria.

Descobri que os cristãos em desenvolvimento passam por três estágios muito definidos: primeiro, *olhos nas pessoas*; segundo, *olhos em si mesmos*; e, finalmente, *olhos no Senhor*.

A primeira etapa, *olhos nas pessoas*, é perigosa. A pessoa que o levou a Cristo facilmente se torna seu ídolo, seu modelo. Isso é lamentável. Muitos pastores são modelos ou ídolos de alguém. Em alguns casos, são praticamente um objeto de adoração. Assim, um pastor deve permanecer fiel para ajudar seus admiradores a ver que ele é apenas uma entre várias pessoas que estão sendo usadas por Deus. Ninguém deve permitir que os outros concentrem sua adoração ou seu culto em qualquer pessoa.

Em segundo lugar, *olhos em si mesmos* é o que podemos chamar de uma adolescência cristã, durante a qual sabemos apenas o suficiente para sermos nocivos. Tudo gira em torno de nós. Somos impulsivos, experimentadores, autossuficientes, impulsionados pela vida com uma sensação de invencibilidade. Como resultado, contamos com nossas próprias forças para superar as dificuldades.

É tarefa do ministro levar os cristãos com segurança para a terceira etapa, a de *olhos no Senhor*. Aprecio o fato de que Paulo e Barnabé disseram a essas assembleias, com efeito: “Senhoras e senhores, entregamos seu ministério ao Senhor. Vocês são responsáveis perante Ele. Fixem sua esperança e coração nele, não em nós”. Se você é um líder espiritual servindo em qualquer tipo de ministério cristão, faça o seu melhor para manter o afeto dos crentes fixo em Cristo e os olhos deles voltados para o céu.

Graça na provação

LEIA ATOS 15:1-12

Sempre que pessoas se juntam, a disputa acontece. Até na igreja. Alguns podem até dizer *especialmente* na igreja. Românticos mal-informados gostam de falar sobre os dias de glória da igreja primitiva, como se na era dos apóstolos não acontecessem os mesmos problemas que enfrentamos hoje. Mas um retrato honesto da história da igreja revela muitas feridas. Alguns desses lugares que idealizamos — lugares que visitamos em locais antigos como Antioquia, Corinto, Filipos, Tessalônica e Éfeso — eram, na realidade, focos de controvérsia em seu tempo. A questão não é se uma igreja terá disputas, mas como uma igreja se moverá para resolver conflitos internos.

Paulo e Barnabé tinham acabado de voltar de sua primeira viagem missionária com histórias incríveis para contar sobre os gentios que chegaram à fé em Cristo. Com essa iniciativa ousada, a igreja havia aberto um novo território e estava pronta para se expandir rapidamente. Assim que o ímpeto começou a se estabelecer, no entanto, alguém jogou uma chave inglesa no meio das engrenagens. Uma antiga controvérsia voltou, interrompendo o progresso e ameaçando minar a doutrina mais importante da igreja: a salvação pela graça.

A maneira como essa primeira geração de crentes resolveu o conflito afetaria não apenas gerações de cristãos, mas também abriria o precedente de como os crentes fervorosos resolveriam a disputa dentro de suas próprias comunidades.

15:1,2

Embora a Antioquia da Síria tivesse se tornado cada vez mais importante em termos de expansão cristã, Jerusalém permaneceu sendo o centro da autoridade da igreja. Antes da escrita e distribuição das Escrituras do Novo Testamento, os líderes em Jerusalém eram a principal fonte de revelação divina da igreja e a autoridade máxima no ensino ortodoxo. Consequentemente, um crente vindo da Judeia para ensinar era muito respeitado. As igrejas gentias, em especial, consideravam qualquer pessoa vinda da "sede" como possuidora de autoridade.

Alguns desses professores ensinaram que qualquer um que quisesse ser salvo deveria ser circuncidado (15:1). A questão era mais profunda do que a mera submissão a um procedimento cirúrgico. A maneira como alguém entendia o lugar da circuncisão na igreja definia como a pessoa via Israel e a Lei Mosaica em relação à nova aliança. Afinal, as alianças de Deus com Abraão (Gn 12:1-3; 15:1-21), Israel (Dt 28:1-68) e Davi (2Sm 7:8-16) definiram o significado do "reino de Deus" por geração após geração de hebreus.

A circuncisão identificava um homem como um verdadeiro "filho da aliança", herdeiro das promessas de Deus aos descendentes de Abraão e cidadãos de Israel. Qualquer um que não tivesse nascido judeu nem tivesse sido circuncidado no oitavo dia tinha que aprender história hebraica e tornar-se suficientemente conhecedor da Lei Mosaica. Após um exame minucioso de seus conhecimentos, ele seria batizado e, em seguida, circuncidado.[141] Só então ele seria considerado um verdadeiro "filho da aliança", um verdadeiro cidadão do reino de Deus. Cristãos com essa rica formação hebraica tinham algumas preocupações válidas. Como alguém poderia apreciar o significado da nova aliança sem pelo menos algum conhecimento da antiga? Como alguém poderia se tornar um cidadão do reino de Deus tão facilmente? E essa pessoa seria realmente um bom cidadão sem ao menos *alguma* demonstração de sinceridade? E quanto a Israel? Como os gentios entram no plano de Deus de tantos séculos?

Paulo e Barnabé obviamente discordaram de tal ensinamento (At 15:2). O chamado "grupo da circuncisão" colocava perguntas válidas, mas seu ensino contradizia o ensinamento básico de Jesus Cristo. Além disso, essa questão já não havia sido tratada adequadamente com a conversão de Cornélio e sua família e a aprovação do Espírito Santo alguns anos antes (10:34-48; 11:17,18)? Naquela época, todos em Jerusalém se sentiram satisfeitos. Certamente, Pedro não circuncidou esses gentios.

Em resposta à disputa entre os crentes, os líderes em Antioquia da Síria apelaram para sua única fonte de autoridade divina, os apóstolos em Jerusalém. Eles formaram uma delegação composta por Paulo, Barnabé e os mestres da circuncisão e os enviaram aos apóstolos e presbíteros para uma decisão teológica. Sem ameaças de excomunhão, sem violência ou ameaças de violência, sem movimentos clandestinos para dividir a igreja. Eles foram juntos em busca da verdade. Historiadores e teólogos chamam isso de Concílio de Jerusalém.

15:3-5

A frase "ao passarem pela Fenícia" (15:3) indica que a equipe viajou por terra e não por mar. Naturalmente, um navio teria sido mais rápido e menos árduo. Em vez disso, os homens se deram ao trabalho de viajar por terra através da Fenícia e Samaria. Isso significa que eles provavelmente seguiram ao longo do vale do rio Orontes para o sul através da Fenícia, pegaram a estrada costeira através de Sidom, Tiro e Acre (Akko ou Acco), depois viraram para o interior para pegar a antiga rota comercial conhecida como a Estrada Costeira Internacional ou "grande rota tronco" (às vezes erroneamente rotulada como via Maris), que passava de leste a oeste através do Vale de Jezreel e os levou de volta para o litoral novamente.[142] Essa rodovia cruzava uma estrada importante que levava de Jope a Jerusalém. Foi uma viagem e tanto, de quase 500 quilômetros!

A descrição de Lucas implica que as duas facções da delegação não viajaram juntas, se é que o grupo da circuncisão de fato tenha ido. Independentemente disso, Paulo e Barnabé fizeram um esforço para visitar igrejas — predominantemente gentias — contando a história de seu sucesso entre as igrejas gentias nunca antes alcançadas com o evangelho (15:3). Independentemente de pretenderem ou não que isso fosse uma campanha para criar um movimento de base, eles ganharam um enorme apoio anticircuncisão entre as igrejas fora da Judeia. Quando finalmente chegaram a Jerusalém, "foram bem recebidos" (15:4). Essa expressão significa "bem-vindos". Os apóstolos e presbíteros abraçaram a delegação, estendendo-lhes comunhão e hospitalidade como irmãos.

No concílio, ambos os lados apresentaram seus casos aos apóstolos e presbíteros. A narrativa de Lucas destaca o fato de que igrejas em todos os lugares se alegraram com a notícia de gentios se tornando cristãos. Apenas um número relativamente pequeno de crentes expressou alguma preocupação. Infelizmente, opiniões minoritárias barulhentas podem parecer mais significativas do que realmente são. Lucas descreve a oposição como "alguns do partido religioso dos fariseus que haviam crido" (15:5; cf. Jo 19:38,39), uma frase que indica que eles eram crentes genuínos. Alguns podem dizer que sua teologia defeituosa invalidou sua fé em Cristo porque interpôs as obras como condição de salvação. Essa acusação é intrigante porque supõe que é preciso ter uma boa teologia para ser salvo — exatamente o ponto levantado pelo grupo da circuncisão. Por outro lado, se alguém acredita que as obras contribuem para a salvação, o que isso diz sobre sua compreensão do evangelho e a pureza de sua confiança em Cristo? Embora possa parecer que sua teologia lança dúvidas sobre sua salvação, uma leitura simples de Lucas apoia seu *status* de irmãos em Cristo.

15:6

A disputa teológica foi levada perante "os apóstolos e os presbíteros". A essa altura, muitos dos Doze haviam empreendido suas próprias viagens missionárias. A tradição da igreja, embora não seja precisa em todos os aspectos, provavelmente está correta ao sugerir que a maioria dos Doze partiu para várias partes do mundo e depois morreu servindo nesses locais. Pedro permaneceu em Jerusalém para fornecer orientação teológica,

Do meu diário

Dispositivos de divisão

ATOS 15:5

Quando o status quo atender às nossas necessidades pessoais, faremos qualquer coisa para resistir à mudança. Qualquer coisa.

Um dos meus professores favoritos contou uma história sobre algo que ocorreu havia muitos anos em uma igreja no centro-oeste dos Estados Unidos — uma cultura conhecida por seu amor à tradição — na qual uma professora criativa da escola dominical começou a usar um flanelógrafo para retratar histórias bíblicas. Na época, alguns a consideravam inovadora, outros radical. Naqueles dias, apenas as empresas usavam flanelógrafos como ferramenta de apresentação, geralmente para traçar tendências de lucros e perdas ou para mapear planos futuros. Para muitos, a mulher havia introduzido um dispositivo secular na sagrada casa de Deus. É claro que muitos da minha geração se lembram com carinho do flanelógrafo com uma sensação de nostalgia infantil.

Anos mais tarde, um grande amigo meu me contou sobre um pastor com visão de futuro que montou um retroprojetor ao lado do púlpito. Alguns dos membros estabelecidos da congregação queriam saber: "Por que você não ensina apenas a partir da Bíblia? Por que usar todas essas 'coisas mundanas'?".

Outro amigo lembrou como um pastor favorito da juventude na igreja de sua cidade natal decidiu usar um filme para chamar a atenção dos jovens. Então, ele reuniu os adolescentes uma noite na igreja e exibiu o filme para uma casa lotada. Lembre-se, era um filme cristão, uma história do campo missionário. Ainda assim, os líderes da congregação o chamaram para uma reunião privada para uma confrontação.

"Por que vocês estão chateados? O que há de errado em mostrar um filme cristão?", questionou. "Mostramos slides de missionários o tempo todo. Temos fotos por todas as paredes deste lugar."

Um membro do conselho respondeu: "Se estiver parada, tudo bem. Se mexer, é pecado".

e João, que fora encarregado dos cuidados da mãe de Jesus, pode ter permanecido lá também. Com a saída de muitos dos apóstolos, a responsabilidade pela liderança funcional e pela instrução passou para vários presbíteros liderados por Tiago, meio-irmão do Senhor. Tiago, o apóstolo, irmão de João, já havia sido martirizado nessa época (12:2).

15:7-9

Muito embora a questão já tivesse sido discutida longamente antes e as autoridades da igreja em Jerusalém já tivessem abraçado a conversão de gentios incircuncisos (11:17,18), os apóstolos e presbíteros se comprometeram a reexaminar a questão. Que diferença do Sinédrio! Em vez de tomar uma posição rígida e autoritária — "nós já tomamos nossa decisão, então cale a boca e entre na linha, senão...!" — esses homens de Deus sábios e espiritualmente sensíveis se humilharam o suficiente para reconsiderar sua posição. Eles também deram a seus irmãos cristãos fariseus a dignidade de serem ouvidos. Em vez de dispensar completamente seus colegas fariseus, os apóstolos e presbíteros ouviram atentamente, consideraram seriamente, debateram minuciosamente e, por fim, chegaram a uma conclusão. A maneira como eles lidaram com a questão influenciou Paulo profundamente. Perto do fim de sua vida, ele escreveu a seu companheiro mais novo, Timóteo:

> Ao servo do Senhor não convém brigar, mas sim ser amável para com todos, apto para ensinar, tolerante. Deve corrigir com mansidão os que se opõem a ele, na esperança de que Deus lhes conceda o arrependimento, levando-os ao conhecimento da verdade, para que, assim, voltem à sobriedade e escapem da cilada do Diabo, que os aprisionou para fazerem a vontade dele. (2Tm 2:24-26)

Paulo observou como os apóstolos e presbíteros reagiam a seus irmãos teologicamente rebeldes, e seguiu o exemplo deles em todo o seu próprio ministério.

Perto do final das deliberações, Pedro tomou a palavra para discursar na assembleia. Lucas não revela os pontos teológicos considerados por ambos os lados da questão; nada disso era importante. Lucas relata apenas o discurso de Pedro, que baseou sua defesa em um fator importante em todo o debate: o que Deus diz a respeito dos gentios? Ele fez com que seus pares regressassem vários anos no tempo, até sua experiência em Jope, onde o Senhor falou diretamente com ele, dizendo: "Não chame impuro ao que Deus purificou" (At 10:15). Ele lembrou-lhes que Deus dera àqueles gentios incircuncisos o seu Espírito: "Se, pois, Deus lhes deu o mesmo dom que deu a nós quando cremos no Senhor Jesus Cristo, quem era eu para pensar que podia me opor a Deus?" (11:17). No fim das contas, Deus interveio dando seu Espírito sem exigir circuncisão.

A frase-chave do discurso de Pedro é "purificou-lhes o coração pela fé" (15:9; cf. 10:43). O conceito de salvação pela graça através da fé não era novo. Deus sempre quis que seu povo tivesse "corações circuncidados" (ver Dt 10:16; 30:6), instruindo-os a "[amar] ao SENHOR, o seu Deus, com todo o seu coração, com toda a sua alma e com todas as suas forças" (Dt 6:5). O conceito de salvação pela fé aplicava-se ao seu patriarca, Abraão, de quem as Escrituras dizem: "Abrão creu no SENHOR, e o SENHOR lhe atribuiu isso como justiça" (Gn 15:6). Além disso, o símbolo exterior da circuncisão se aplicava a Abraão e a seus descendentes como parte de um tipo específico de aliança. Esta era uma nova aliança, com termos diferentes e aplicável a um grupo mais amplo de pessoas — sem "distinção" (At 15:9).

15:10,11

Pedro então desafiou o grupo da circuncisão a considerar as implicações de sua demanda. Tal como acontece com a circuncisão dos prosélitos judeus (ver comentários em 15:1,2), o símbolo exterior da circuncisão deveria refletir um compromisso interior de obedecer a todos os pontos da Lei (Gl 5:3) — incluindo ritos de sacrifício e purificação, proibições de alimentos e participação em festas designadas. Qualquer hebreu disposto a ser honesto tinha que admitir que, mesmo com as vantagens do treinamento bíblico, do conhecimento teológico e de uma cultura de apoio, ele não havia mantido esse compromisso — em certo sentido, negando o valor do próprio símbolo (ver Rm 2:25,26). Mais importante, como Pedro apontaria, observar a Lei não é a base da salvação.

Pelo contrário; como Pedro reiterou, a base da salvação é a graça de Deus recebida somente através da fé, tornada possível somente por Jesus Cristo (At 15:11). Graça que requer obras não é graça!

15:12

Lucas observa que, ao final da discussão, "toda a assembleia" estava ouvindo Paulo e Barnabé. A dupla vinha contando essas histórias desde seu retorno, e contaram histórias de gentios salvos nas igrejas entre Antioquia e Jerusalém, e os crentes responderam com regozijo. Agora, no entanto, "toda a assembleia" ouviu. A presença de "sinais e maravilhas" apoiava o que Deus havia declarado anteriormente, dando seu Espírito aos crentes gentios. Portanto, ninguém poderia negar a conclusão: nada, nem mesmo a circuncisão, pode melhorar a graça de Deus; Ele não requer nada mais do que confiar em seu Filho.

APLICAÇÃO

Atos 15:1-12

AS BÊNÇÃOS DOS CONFLITOS

Minha observação desse episódio desagradável na vida da igreja rende três lições duradouras. Examinei essa passagem em profundidade pela primeira vez na década de 1970, logo depois que me tornei pastor sênior em Fullerton, Califórnia, e, ao longo dos anos, essas lições influenciaram minha seleção de colaboradores e orientaram como conduzo as reuniões.

Primeira lição: *O conflito é inevitável; espere por ele*. Questões que já deveriam ter sido resolvidas vão ressurgir. As pessoas que deveriam se dar bem batem cabeça de vez em quando. Pessoas capazes e de bom coração chegarão a conclusões completamente diferentes. Isso não é um sinal de que algo está errado com sua organização; é normal. Seu grupo não deve ser caracterizado por disputa; a harmonia deve ser a regra, não a exceção. Mas se você nunca vê desentendimentos, algo deu errado. A comunicação foi interrompida, as pessoas deixaram de ser honestas ou o conflito ficou encoberto — ou as pessoas pararam de se importar.

Segunda lição: *Nenhum conflito é fácil; suporte-o*. O conflito é sempre desagradável, sempre difícil. A disputa traz à tona o pior de todos. Consequentemente, muitos líderes tentam dar fim a um desacordo por todos os meios possíveis, em vez de deixar o conflito construtivo seguir seu curso. Por mais difícil que seja, mantenha a ordem e todas as disputas dentro dos limites do respeito mútuo e do amor incondicional, mas tenha confiança suficiente nas pessoas para crer que elas vão superar suas dificuldades.

Terceira lição: *Qualquer conflito pode beneficiar as pessoas envolvidas; deixe-o acontecer*. O jornalista Sydney J. Harris, de Chicago, escreveu certa vez: "O acordo nos torna brandos e complacentes; a discordância traz à tona a nossa força. Nossos verdadeiros inimigos são aquelas pessoas que fazem com que nos sintamos tão bem a ponto de sermos lenta e inexoravelmente puxados para a areia movediça da presunção e da autossatisfação". Se você está preenchendo as posições da sua equipe apenas com pessoas que concordam o tempo todo com você, então condenou sua organização ao fracasso e a si mesmo à ignorância perpétua. Você logo se tornará complacente, arrogante e obsoleto. Pessoas que pensam, questionam, desafiam e avaliam são seus benfeitores. Encoraje, elogie, aprecie e recompense sua honestidade respeitosa. Nenhum conflito é fácil. A controvérsia pelos motivos certos exige uma avaliação honesta, que raramente parece boa, mas sempre cria uma oportunidade de melhoria.

Os pontos essenciais

LEIA ATOS 15:13-35

Em 2003, chegou às prateleiras um livro que descrevia uma revolução recente no jogo histórico de beisebol. *Moneyball: The Art of Winning an Unfair Game* (publicado no Brasil como "Moneyball: O homem que mudou o jogo") conta a história do Oakland Athletics e sua abordagem revolucionária para selecionar e colocar jogadores em campo.[143] Enquanto outras equipes avaliavam os jogadores com base em qualidades intangíveis, como confiança, potencial físico, liderança e inteligência, a diretoria da equipe ignorou todos os fatores subjetivos, optando por avaliar os jogadores por suas estatísticas objetivas. As equipes de beisebol vencem fazendo os homens correrem pelas bases e depois voltarem ao ponto inicial. Ao escolherem os jogadores, os recrutadores fizeram a pergunta fundamental: "O jogador alcança as bases?". Focando nessa habilidade essencial, a equipe começou a ganhar jogos. Muitos jogos.

Parece estranho que recrutar jogadores levando em conta apenas sua capacidade de correr as bases seja considerado revolucionário. Depois de mais de cem anos de beisebol profissional, os recrutadores se tornaram tão sofisticados em suas avaliações que perderam de vista o requisito mais básico de sucesso. Mas não devemos ser muito duros com eles. Pode acontecer com qualquer um. Na verdade, isso aconteceu com a igreja antes da primeira geração de líderes ter falecido. O Concílio de Jerusalém, por mais desagradável que tenha sido, deu aos apóstolos e aos presbíteros a oportunidade de reorientar a igreja para o essencial da vida cristã.

Depois de muito debate, Pedro selou a discussão com um lembrete cheio de temperança. A teologia é uma disciplina necessária. Devemos ser bíblicos e lógicos em todas as nossas deliberações espirituais. Quando Deus fala diretamente sobre um assunto, no entanto, toda a discussão cessa. Ao dar seu Espírito aos gentios incircuncisos, autenticando-os como crentes genuínos e cidadãos de seu reino, Deus resolveu a questão. Está completamente claro que a salvação eterna é somente pela graça através da fé somente em Cristo. Com todos em acordo, os líderes precisavam informar as igrejas e responder à pergunta na mente de todos: *O que Deus espera dos cristãos sob a nova aliança?*

15:13

A essa altura, Tiago, o meio-irmão de Jesus, havia se tornado o líder funcional da igreja em Jerusalém (12:17; 21:18; Gl 2:9). As Escrituras o consideram um apóstolo no sentido mais amplo do termo (Gl 1:19; cf. 1Co 15:5-7). De acordo com a tradição da igreja, a maioria dos Doze partiu para levar o evangelho a várias partes do mundo. Pedro viajou pela região, mas não foi muito longe de Jerusalém. Ele (e talvez João) permaneceu próximo a fim de fornecer orientação espiritual e instrução. Ele estava com Jesus desde o início. Recebera instruções personalizadas do Senhor por nada menos que três anos, e havia sido pessoalmente comissionado por Jesus, com as palavras "cuide das minhas ovelhas" (Jo 21:17). Juntamente com os outros apóstolos, Pedro carregou o ensinamento oral do Mestre até que as Escrituras do Novo Testamento fossem concluídas e distribuídas. Tiago parece ter fornecido liderança à igreja em questões práticas.

Ao final da discussão, ele comentou sobre a defesa da graça feita por Pedro em preparação para uma proposta de curso de ação.

COMPARAÇÃO DE AMÓS 9:11,12 EM ATOS 15:16-18

Traduzido do hebraico	Traduzido da Septuaginta (NETS)	Relato de Lucas da citação de Tiago
"Naquele dia,	"Naquele dia,	"Depois disso, voltarei
levantarei a tenda caída de Davi. Consertarei as suas brechas	erguerei a tenda de Davi que está caída	e reconstruirei a tenda caída de Davi.
e reedificarei as suas ruínas. Eu a reerguerei como nos dias antigos,	e reconstruirei suas ruínas e levantarei sua destruição, e a reconstruirei como nos dias do passado	e reconstruirei a tenda caída de Davi. Reedificarei as suas ruínas e a restaurarei,
para que o meu povo conquiste o remanescente de Edom e todas as nações que são chamadas pelo meu nome",	a fim de que os remanescentes dos seres humanos e todas as nações sobre as quais meu nome foi chamado possam me procurar",	para que o restante dos homens busque o Senhor, e todos os gentios sobre os quais tem sido invocado o meu nome,
declara o SENHOR, que realizará essas coisas.	diz o SENHOR que faz essas coisas.[144]	declara o SENHOR, que realizará essas coisas."

15:14-18

Como líder da igreja em assuntos funcionais, Tiago concluiu as deliberações e anunciou a resolução oficial do conselho sobre o assunto. Ele primeiro validou a conclusão de Pedro citando as Escrituras do Antigo Testamento, provando que Deus sempre planejou trazer gentios para seu reino. Seu apoio veio de Amós 9:11,12, mas as palavras reais registradas por Lucas diferem ligeiramente de nossos textos hebraicos desta passagem profética.

Tiago provavelmente falou em hebraico coloquial ou em aramaico no concílio, Lucas traduziu seu discurso para o grego, e temos o relato de Lucas traduzido para o português. Abaixo dessas camadas de tradução, temos também Amós 9:11,12, traduzido do hebraico para o grego, um texto que conhecemos como Septuaginta, produzido por volta de 200 a.C.

Embora semelhante na maioria dos aspectos, a citação que Tiago faz de Amós 9:11,12 difere ligeiramente de nossas traduções modernas em português do Antigo Testamento hebraico, mas concorda com a tradução grega antiga conhecida como Septuaginta. Lá, as palavras "homens", "humanidade" e "humanos" pressupõem a palavra hebraica *'adam* [H120]. Em nossas traduções modernas do texto hebraico de Amós 9:12, "Edom" pressupõe a palavra hebraica *'Edom* [H123]. Na época da Septuaginta e no primeiro século, a escrita hebraica não fazia uso consistente de vogais, de modo que as palavras hebraicas para "Edom" e "humanidade" teriam aparecido da mesma forma. Dependia do leitor determinar se o autor original pretendia se referir à região de Edom ou à humanidade em geral. Alguns escribas antigos que forneciam marcações vocálicas para o texto hebraico tradicional sobre o qual nossas traduções em português se baseiam aparentemente entendiam o texto como "remanescente de Edom", enquanto outros, incluindo os tradutores da Septuaginta e Tiago, o entendiam como "remanescente da humanidade".

A citação de Tiago também concorda com a Septuaginta em outro ponto que difere do texto hebraico tradicional: em vez de ler "eles podem possuir", lê-se "[eles] podem buscar", o que reflete uma diferença de apenas uma letra em hebraico (um *daleth* na Septuaginta no lugar de um *yod*). Assim, o remanescente "buscaria" o Senhor.

Tiago compartilhou a opinião acadêmica dos tradutores da Septuaginta de que o texto deveria ser lido como "o resto da humanidade pode buscar" em vez de "eles podem possuir o remanescente de Edom". O texto, então, mostraria que Deus pretende usar Israel como um meio para alcançar os gentios. Tiago, no entanto, não quis insinuar que a igreja estava cumprindo tudo o que Amós havia profetizado. O oráculo de Amós descreve a restauração de Israel, que ainda não aconteceu. Tiago simplesmente usou a profecia para demonstrar que o Senhor sempre teve a intenção de trazer gentios eleitos para seu reino.

15:19-21

Tiago propôs que o concílio emitisse uma proclamação oficial afirmando a graça (somente a bondade de Deus, sem obras) como o único meio de salvação. A frase "não devemos criar dificuldades para os gentios que estão se convertendo a Deus" é fundamental (15:19). Ela identifica qualquer adição de obras (circuncisão, batismo, cumprimento da Lei — qualquer atividade humana que não seja a simples crença, confiança como a de uma criança ou fé genuína) como um obstáculo criado pelo homem à agenda de Deus. Ele, no entanto, acrescentou alguns princípios práticos para tornar a relação entre judeus e gentios na igreja mais fácil de ser mantida e para evitar obstáculos desnecessários para judeus fora da fé. Esses mandamentos especiais dados nesta situação histórica particular não implicam necessariamente que tais regras precisem ser seguidas perpetuamente. Eles abordaram uma questão específica em um determinado momento.

Tiago observou que a Lei de Moisés era amplamente lida nas sinagogas de todo o Império Romano (15:21). Muitos judeus nesses locais se tornariam cristãos. Mesmo que não tentassem mais obedecer à Lei como um meio de ganhar o favor de Deus, eles ainda achariam repulsiva qualquer coisa associada à adoração de ídolos e à impureza sexual. Esses crentes judeus também estremeciam com a perspectiva de comer carne de um animal estrangulado que não havia sido devidamente sangrado (15:20). Por uma questão de unidade, os crentes gentios devem voluntariamente condescender às sensibilidades alimentares de seus irmãos e irmãs judeus. Além disso, isso removeria os escrúpulos alimentares como um obstáculo à apresentação do evangelho aos judeus não crentes.

15:22-27

A decisão obteve o acordo unânime dos "os apóstolos e os presbíteros, com toda a igreja" (15:22). O concílio defendeu a doutrina da graça apenas, ao mesmo tempo em que abordou algumas das preocupações válidas apresentadas pelos fariseus crentes. A verdade teológica prevaleceu, mas não à custa do amor. Com efeito, a graça deixa o crente livre para pôr de lado a liberdade pessoal em prol da unidade no corpo. Como diz o grande lema protestante: "Nas coisas essenciais, unidade; nas não essenciais, liberdade; em todas as coisas, caridade". Como um corpo unificado, a igreja em Jerusalém redigiu uma carta e entregou-a aos cuidados de quatro homens: Paulo, Barnabé, Judas (também chamado de Barsabás) e Silas.

Paulo e Barnabé eram, é claro, defensores muito públicos da graça neste assunto, de modo que o concílio enviou junto com eles duas testemunhas para confirmar que a resolução era autêntica e unânime. Os nomes Judas e Barsabás são os equivalentes gregos dos claramente judaicos "Judá, o filho do sábado". Ele pode ter sido irmão de José (também chamado Barsabás ou Justo), que foi um dos dois apresentados como candidatos a serem o décimo segundo apóstolo (cf. 1:23). Silas, como cidadão romano (cf. 16:37), podia falar a partir da perspectiva helenística.

Embora a carta se aplicasse a todas as igrejas, o concílio dirigiu a resolução especificamente às igrejas do noroeste do Mediterrâneo: a igreja principal em Antioquia e as igrejas nos arredores da Síria, bem como na região da Cilícia, onde ficava Tarso, a cidade natal de Paulo. Parece que, nessa época, as igrejas na Galácia, onde Paulo e Barnabé haviam ministrado na primeira viagem missionária, também enfrentavam dificuldade com essa questão (Gl 1:6; 2:3,4), mas Paulo já havia escrito uma carta dura defendendo a doutrina da graça. Além disso, não tinham sido traçados planos para uma visita à Galácia, pelo menos não num futuro imediato.

15:28,29

O concílio não apresentou uma longa defesa para a doutrina da salvação pela graça através da fé, não relatou suas deliberações sobre a questão da circuncisão e não elaborou um credo para defender a mensagem original da graça. O concílio reconheceu que os gentios chegaram ao cristianismo pelo verdadeiro evangelho da graça, e citou mestres não autorizados que ensinavam de outra forma perturbadora e criaram transtorno (15:24). Em outras palavras, o concílio efetivamente fez com que a mensagem original do evangelho permanecesse.

Os líderes da igreja, no entanto, sentiram-se compelidos pelo Espírito Santo a "impor" duas exigências aos crentes gentios: não ofender as sensibilidades judaicas — que consideravam os ídolos e a carne contaminada com sangue especialmente repugnantes — e abster-se da imoralidade sexual (15:28,29). A expressão "imoralidade sexual" (*porneia* [4202]) é um termo guarda-chuva para uma gama de pecados sexuais, não apenas adultério. O termo, originalmente associado à prostituição, por fim passou a abranger uma diversidade de atividades sexuais ilícitas, entre elas adultério, homossexualidade, incesto, bestialidade e abuso infantil.

Notavelmente, os líderes da igreja caracterizaram esses pedidos como "exigências necessárias". A palavra grega para "encargo" (*baros* [922], ARC, ARA) retrata alguém perpetuamente carregando um peso adicional.

Qualquer decisão de abrir mão de uma liberdade para o bem maior de todos é um fardo. No entanto, o concílio, sob a inspiração do Espírito Santo, considerou esses fardos "necessários" (*epanagkes* [1876]), algo obrigatório. O concílio sentiu-se compelido pelo Espírito Santo e, portanto, sentiu-se levado a exercer sua autoridade para igualmente compelir os crentes gentios. As provisões, porém, não eram essenciais para a salvação, mas para a unidade; se vocês seguirem essas diretrizes, "vocês farão bem" (15:29) — e não "vocês serão salvos". A graça é, de fato, a libertação das exigências da Lei em termos de salvação, mas a graça não declara padrões morais errados ou mesmo inferiores. Como observa Timothy Keller, "Lutero tão persistentemente expôs: 'Somos salvos só pela fé, mas não pela fé que está só'. Ou seja, somos salvos não por nada que fazemos, mas pela graça. No entanto, se realmente entendermos e crermos no evangelho, ele mudará o que fazemos e a maneira como vivemos".[145] Uma das principais mudanças será um ódio crescente aos ídolos e um amor cada vez maior pelos outros.

15:30-35

Em grego, a expressão traduzida como "despedidos" (15:30; *apolyō* [630]) não carrega a mesma conotação de rejeição que temos em português ; aqui, significa "comissionado" ou "enviado com autoridade e bênção". O concílio enviou a delegação para relatar às igrejas afetadas a resolução que tomara. A igreja em Antioquia da Síria era o centro da comunicação e atividade cristãs, e quando ouviram a carta, "se alegraram". Notavelmente, eles receberam o "encargo" com não menos entusiasmo do que a afirmação da graça; na verdade, eles consideraram a mensagem "animadora" (15:31). Judas e Silas, enviados como testemunhas da autenticidade da carta e da unanimidade do concílio, pregaram mensagens que "encorajaram" (*parakaleō* [3870]) e "fortaleceram" (*epistērizō* [1991]) a congregação (15:32). Quanto ao encorajamento, o Senhor usou o termo relacionado "Ajudador" (*paraklētos* [3875]) para descrever o Espírito Santo em seu ministério de treinamento, encorajando, corrigindo, consolando, animando e desafiando os crentes (Jo 14:16, 26; 15:26; 16:7; ver 1Jo 2:1). E Lucas usa *epistērizō* várias vezes para descrever o trabalho dos apóstolos de fortalecer tanto seus convertidos quanto as igrejas que plantaram (At 14:22; 15:32, 41; 18:23).

Depois de ler a carta em Antioquia, a delegação foi enviada às outras igrejas na Síria e na Cilícia, a quem o comunicado havia sido endereçado (15:33).[146] Atos 15:35 é outro dos versículos sumários de Lucas, neste caso nos dizendo que Paulo e Barnabé voltaram a ministrar em Antioquia depois de completar sua tarefa como emissários. O termo grego traduzido como "permaneceram" (*diatribō* [1304]) significa "esfregar". A ideia é que alguém permaneça em um lugar tempo suficiente para deixar uma marca ou causar uma impressão. Mais do que simplesmente descrever o ato de ficar, a palavra implica atividade.

Paulo e Barnabé continuaram seu ministério de "ensinar" e "pregar". O último termo é *euangelizō* [2097], "anunciar boas-novas" ou, no contexto cristão, "pregar o evangelho". Eles não fizeram isso sozinhos; "muitos outros" trabalharam ao lado deles.

APLICAÇÃO

Atos 15:13-35

LIBERDADE E AMOR

Quando os dois grupos opostos se reuniram em Jerusalém para discutir a questão da circuncisão, não poderia haver engano: a graça estava sendo julgada. A questão da circuncisão era apenas um símbolo de obediência à Lei; o procedimento em si produzia um sinal exterior de um compromisso interior de obediência a Deus. Os defensores da circuncisão fizeram uma pergunta razoável: "Por que não insistir que os gentios se comprometam com a obediência?". Lucas os chama de crentes, de modo que, sem dúvida, eles entenderam a doutrina da graça. No entanto, sucumbiram a um medo razoável. A graça, se for genuína, deixa em aberto a possibilidade de abuso. A libertação das exigências da Lei pode se transformar em uma licença para pecar. O que pode evitar que as pessoas condescendam moralmente em vez de desenvolverem uma consciência ética mais forte?

A carta escrita pelo concílio para abordar essa questão do que Deus espera dos cristãos sob a nova aliança aplicou três princípios relativos à graça.

Primeiro, *o legalismo resulta em uma ênfase nas obras*. O concílio reconheceu que qualquer adição à graça, por menor ou mais insignificante que seja, não apenas polui o evangelho, mas também abre a porta para o mesmo tipo de legalismo que caracterizava os fariseus no templo. Vemos isso hoje em denominações que insistem: "Se você não for batizado, não pode ser salvo" (cf. 15:1). Essa pequena estipulação, além da simples crença, leva a um foco obsessivo no comportamento externo, de modo que todo o corpo passa a ser definido pelo que devemos e o que não devemos fazer.

O foco na Lei invariavelmente leva à culpa. Uma vez que a culpa tenha cumprido seu propósito de levar o indivíduo ao arrependimento pelo pecado e à fé em Cristo, ela terá servido ao seu propósito. Nesse ponto, outra dinâmica toma conta. O Espírito Santo inicia um processo de transformação. Enquanto o legalismo prospera na culpa e cria medo e desesperança no indivíduo, a graça prospera no amor, que expulsa o medo e inspira esperança — uma expectativa confiante de vitória futura sobre o pecado e a morte.

Em segundo lugar, *a licenciosidade resulta em uma ênfase em si mesmo*. Licenciosidade é a atitude que diz: "Por causa da graça, posso fazer o que quiser, sem consequências". Uma atitude de licenciosidade revela o verdadeiro objeto do amor. As pessoas que realmente entendem o significado da graça, no entanto, não podem deixar de amar o Deus que as salvou (Lc 7:41-47). As pessoas que veem a graça como uma licença para pecar apenas revelam seu profundo amor pelo pecado, em vez de por Deus e pelo próximo. Como o Senhor declarou: "Nenhum servo pode servir a dois senhores, pois odiará um e amará o outro, ou se dedicará a um e desprezará o outro. Vocês não podem servir a Deus e ao dinheiro" (Lc 16:13). O mesmo acontece com o pecado.

O impacto da licenciosidade é ofensa, não só contra Deus, mas contra os outros também. O resultado inevitável da licenciosidade é a divisão. Feridas interpessoais. Relacionamentos que não podem ser reparados até que a pessoa culpada se arrependa do pecado e busque graça de seus pares.

Terceiro, *a graça resulta em uma ênfase em Cristo*. Se a licenciosidade revela um amor pelo pecado e por si mesmo, uma verdadeira compreensão da graça leva a um amor cada vez maior pelo Senhor e a um compromisso cada vez mais profundo com os seus caminhos. O impacto inevitável da graça é o amor ao próximo. Felizmente, a graça não nos deixa sozinhos para amar e obedecer por nossas próprias forças. A graça de Deus nos leva além do momento da salvação para nos equipar para o amor sobrenatural e a obediência. Carregamos o "encargo" de restringir nossa própria liberdade por causa de Cristo e dos outros, mas não o suportamos sem seu Espírito Santo.

Quando colegas de trabalho discordam

LEIA ATOS 15:36-41

Um desacordo é uma colisão, um choque ideológico que ocorre quando duas personalidades diferentes conduzem suas agendas ao longo da mesma questão a partir de direções opostas. Isso não quer dizer que todas as desavenças ocorram porque uma pessoa está errada e a outra, certa. Às vezes, ambas as partes de um conflito estão corretas, mas não conseguem concordar. Consequentemente, uma resolução torna-se especialmente difícil porque ambas as pessoas veem a questão corretamente, apenas de pontos de vista diferentes.

A solução requer uma comunicação clara, objetiva, respeitosa e paciente, e pode resultar em compromisso ou separação amigável. No entanto, por sermos criaturas caídas, as divergências podem ser ocasiões para os cristãos maltratarem e machucarem uns aos outros, mesmo para pilares da fé cristã como Paulo e Barnabé. Embora haja evidências de que esses dois missionários se reconciliaram mais tarde, e os objetivos e métodos de ambos foram justificados na história da igreja, Lucas indica que o confronto deles foi doloroso na época.

15:36

Este versículo deve ser lido em estreita conexão com o que vem antes dele. Depois de sua grande vitória no Concílio em Jerusalém, e depois de proclamar o triunfo da graça em toda a Síria e na Cilícia, Paulo e Barnabé voltaram à Antioquia, onde retomaram seu ministério de ensino e evangelismo. Esses dois homens eram mais do que parceiros no ministério; eram amigos próximos há muitos anos, antes mesmo de compartilhar as dificuldades da primeira viagem missionária. Barnabé tornou-se advogado de Paulo durante uma época em que nenhum outro cristão se sentia seguro com o antigo perseguidor. Ele declarou que Paulo era um verdadeiro irmão na fé e, em seguida, ficou ao seu lado diante dos líderes da igreja em Jerusalém (9:26,27). Por causa de Barnabé, os crentes abraçaram Paulo e até o protegeram de seus antigos colegas no templo.

Ameaças e atentados contra sua vida forçaram Paulo a voltar para sua terra natal, em Tarso, onde permaneceu por quase uma década. Quando precisou de um parceiro para ajudar a organizar e fortalecer a igreja em Antioquia da Síria, Barnabé viajou para Tarso para recrutar Paulo, que talvez estivesse ansioso para se envolver em um ministério mais amplo entre os gentios depois de muitos anos em sua cidade natal. Barnabé, "o Encorajador", viu valor em Paulo, apesar de suas lutas anteriores, e o engajou no difícil trabalho de ensinar e orientar os gentios (11:25,26). Por causa de Barnabé, pelo menos em parte, Paulo se tornou apóstolo. Barnabé o tirou da obscuridade para ajudá-lo a cumprir a palavra que Deus havia dito anteriormente: "Este homem é o instrumento que escolhi para levar o meu nome diante dos gentios e dos seus reis, bem como diante do povo de Israel" (9:15).

Enquanto os homens ministravam em Antioquia, Paulo sugeriu que eles seguissem seu plano de visita inicial para verificar o progresso das igrejas que haviam plantado na primeira viagem.

15:37,38

Quando chegou a hora de montar sua equipe, Barnabé sugeriu que eles adicionassem João Marcos, seu primo (15:37; Cl 4:10), o mesmo jovem que se juntou à primeira jornada como "auxiliar" (At 13:5) e depois abandonou Paulo e Barnabé justamente quando as coisas ficaram difíceis. Ele havia deixado o grupo logo após desembarcarem em Perge (13:13), o histórico reduto de piratas na Panfília, enquanto a equipe se preparava para atravessar as montanhas infestadas de bandidos rumo ao interior desconhecido. O clima era opressivamente quente e úmido, de tal forma que alguns historiadores acreditam que Paulo contraiu malária lá (Gl 4:13).

Tendo sofrido provações ainda maiores mais tarde — expulso de duas cidades (At 13:50; 14:5,6), apedrejado e deixado para morrer em uma terceira (14:19), adorado como deus em um dia e condenado

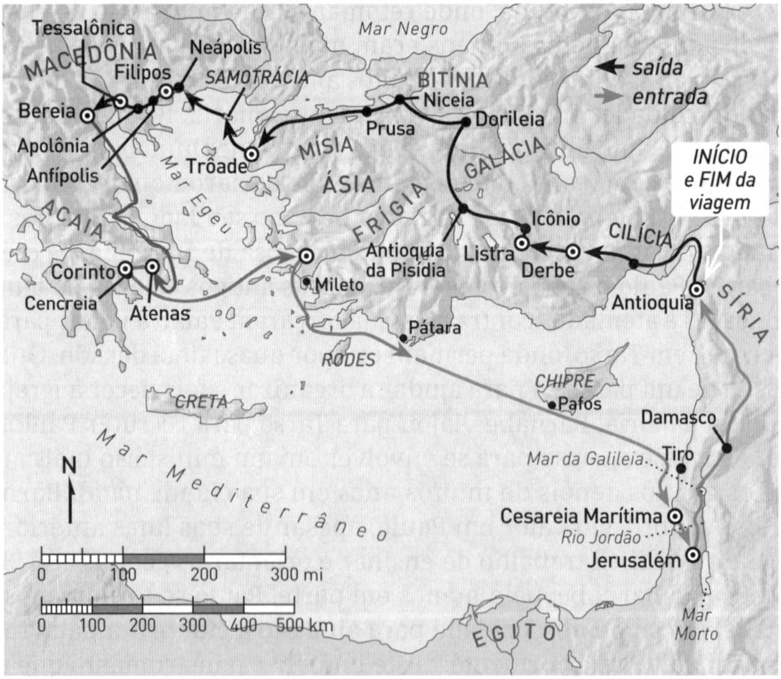

Segunda Viagem Missionária de Paulo. Paulo e Silas partiram de Antioquia para retornar a várias das cidades onde Paulo havia plantado igrejas em sua primeira viagem missionária. Seguiram pela Ásia até a Grécia, chegando até Corinto. Voltaram passando por Éfeso e pelo outro lado do mar para a Judeia. Por fim, retornaram a Antioquia.

como herege no outro (14:12-19), certamente retido por ladrões mais de uma vez —, Paulo sabia mais do que nunca que a sobrevivência e o sucesso dependiam da solidariedade de cada membro da equipe (15:38). Retornar às igrejas da Licaônia e da Pisídia faria com que enfrentassem as mesmas multidões hostis das quais anteriormente haviam escapado por pouco. Maturidade e estabilidade eram essenciais.

Paulo e Barnabé consideraram a mesma questão: um homem que abandonou a missão ao primeiro sinal de problemas deve ter uma segunda chance? Infelizmente, eles chegaram a respostas antagônicas sobre o assunto. Enquanto Paulo disse que havia muita coisa em risco para apostar em um ex-desertor, Barnabé acreditava em dar uma segunda chance a João Marcos. Afinal, eles estavam na estrada pregando um evangelho da graça, chamando as pessoas ao arrependimento diante do Deus das segundas chances. O próprio Paulo foi um exemplo de alguém que havia falhado duas vezes antes em seu ministério aos judeus; em vez de levá-los à fé, ele os incitou ao assassinato (9:23,24, 29). No entanto, Barnabé procurou Paulo para se tornar seu parceiro em Antioquia.

Enquanto Paulo disse que a missão era importante demais para arriscá-la com pessoas não confiáveis, Barnabé disse que a missão tinha a ver com redimir pessoas após o fracasso. Paulo: "É a missão!". Barnabé: "São as pessoas!". Ambos tinham preocupações válidas, mas suas prioridades e métodos diferiam.

15:39-41

Em Atos 15:37,38, as frases "queria levar" e "não achava" usam verbos no tempo imperfeito, o que indica ação contínua ou repetitiva. Barnabé queria levar João Marcos e não deixava a questão de lado. Paulo sentia-se igualmente determinado e recusava-se a ceder. Nenhum dos dois recuou, o que fez com que a discussão se intensificasse ao ponto de um "desentendimento tão sério" (*paroxismos* [3948]). Derivamos nossa palavra "paroxismo" desse termo grego, que a Septuaginta usa no contexto da ira de Deus (Dt 29:27) e "indignação" (Jr 32:37). Os escritores médicos gregos clássicos usam a palavra para descrever um espasmo súbito e violento, como uma tosse ou uma crise epiléptica. O ar ficou pesado de paixão à medida que cada homem convulsionava de emoção ardente em resposta ao outro.

Ambos estavam certos. Cada um poderia apoiar sua posição com versículos bíblicos. Nenhum dos dois se comportou como os pilares da igreja que haviam se tornado. Tinham chegado a um completo impasse.

No final, os dois formaram equipes independentes e partiram em direções diferentes. Barnabé levou João Marcos consigo e "navegou a Chipre"

(At 15:39). Ou Barnabé partiu para casa, levando Marcos consigo, ou pretendia seguir o mesmo itinerário da primeira viagem missionária. Não sabemos ao certo. Lucas não inclui mais nada sobre Barnabé ou suas viagens depois disso. Mais tarde, Paulo escreveu sobre Barnabé em termos positivos no tempo verbal presente, sugerindo que ele continuou a conduzir um ministério suficientemente bem conhecido para o apóstolo usá-lo como ilustração na igreja de Corinto (1Co 9:6).

Paulo escolheu Silas, que ele conhecia do Concílio de Jerusalém (At 15:40).[147] Silas foi um dos "líderes entre os irmãos" em Jerusalém (15:22), um judeu helenista antes de sua conversão e um cidadão romano como Paulo (16:37). Lucas afirma que Paulo e Silas partiram de Antioquia depois de terem sido "[encomendados] (*paradidōmi* [3860]) pelos irmãos à graça do Senhor" (15:40). O termo *paradidōmi* é aquele usado quando Paulo e Barnabé haviam sido comissionados anteriormente (14:26). Embora o registro inspirado permaneça silencioso sobre o assunto, não temos razão para supor que os presbíteros não fizeram o mesmo com Barnabé. Ainda assim, a despedida desses dois amigos certamente gerou decepção em cada um e causou uma dor incalculável em sua igreja.

Paulo queria saber sobre as igrejas em Derbe, Listra, Icônio e Antioquia da Pisídia, especialmente depois da confusão com a circuncisão. Para chegar lá, ele viajou para o norte através da Síria e da Cilícia até Tarso, "fortalecendo as igrejas" ao longo do caminho (15:41). Ele então passou pelos montes Tauro através das Portas da Cilícia, uma passagem projetada para Derbe, no planalto da Anatólia.

A equipe de Paulo partiu de Antioquia na direção oposta de Barnabé por razões puramente práticas; no entanto, a imagem é forte. Como escreve A. T. Robertson:

> [...] ninguém pode culpar Barnabé por dar uma segunda chance a seu primo João Marcos, nem Paulo por temer arriscar novamente. O julgamento de alguém pode ir com Paulo, mas o coração vai com Barnabé [...]. Paulo e Barnabé se separaram com raiva e com tristeza. Paulo devia mais a Barnabé do que a qualquer outro homem. Barnabé deixava o maior espírito da época e de todos os tempos.[148]

Essa é a tragédia de uma discussão a partir da qual não houve reconciliação ou de um conflito não resolvido. Mesmo quando ambos os lados estão certos, ambos os lados perdem! Paulo, é claro, reuniu uma equipe estelar de missionários e conduziu um ministério tão profundo que mudou o mundo. Suas cartas compreendem um terço das Escrituras do Novo Testamento. Barnabé, no entanto, estava certo sobre João Marcos. O jovem finalmente ganhou a confiança de Pedro (1Pe 5:13) e escreveu o Evangelho que leva seu nome. Mais tarde, Paulo acrescentou Marcos à sua equipe evangelística (Cl 4:10) e até o reconheceu como alguém "útil para o ministério" (2Tm 4:11), um grande elogio do apóstolo exigente.

APLICAÇÃO

Atos 15:36-41

RESGATE DE UM RELACIONAMENTO

Minha observação da amizade compartilhada por Paulo e Barnabé e da disputa que encerrou sua associação sugere três diretrizes para quem espera evitar um destino semelhante.

Primeiro, *quando estiver envolvido em uma disputa, ore pela capacidade de enxergar os dois lados, em vez de apenas o seu.* O bom senso comum diz que ver o ponto de vista do outro em uma disputa vai ajudar muito. Infelizmente, no calor da batalha, o bom senso se torna muito menos comum. O que queremos ofusca o que sabemos ser certo. Nossos direitos foram violados e queremos justiça, ou nosso ponto de vista foi ignorado e queremos ser ouvidos, ou nossos padrões foram comprometidos e queremos excelência. Quando nosso próprio bem-estar é ameaçado, pensar no bem-estar do outro — especialmente no do nosso oponente — parece autodestruição. Como nossa resposta natural é a autopreservação, precisamos de ajuda sobrenatural para dizer: "Eu realmente quero enxergar seu ponto de vista". Ore por isso você mesmo e peça aos outros que orem em seu favor.

Anos depois de sua parceria com Barnabé ter terminado, Paulo escreveu à igreja em Filipos: "Nada façam por ambição egoísta ou por vaidade, mas humildemente considerem os outros superiores a vocês mesmos, cuidando, cada um, não somente dos próprios interesses, mas também dos interesses dos outros" (Fp 2:3,4). Não posso deixar de pensar que Paulo relembrou como havia reagido ao conflito e se arrependeu de sua conduta.

Em segundo lugar, *quando ambos os lados de uma questão tiverem uma base razoável, busque uma concessão sábia.* Houve uma época, em meu próprio ministério, que a palavra "concessão" beirava à heresia. À medida que fui ficando mais velho e mais sábio, comecei a ver mais tons do que o preto breu e o branco imaculado. Aprendi a fazer a distinção entre assuntos essenciais, pelos quais daria minha vida, e não essenciais, que deixam espaço para negociação. Hoje, vejo essa passagem de forma muito diferente do que via quando era mais jovem. Ao examinar as questões envolvidas na disputa entre Paulo e Barnabé, não vejo nenhum ponto doutrinário em jogo. Paulo e Barnabé poderiam ter chegado a um meio-termo razoável, ou mesmo decidido se separar sem um pingo de amargura ou ressentimentos, mas nenhum dos dois quis ceder.

Terceiro, *se um conflito persistir, não desista, vivencie-o*. Vivemos em um mundo de luta ou fuga. Uma gama de escolhas, o aumento da mobilidade e a diminuição do valor dos relacionamentos contribuíram para uma sociedade que diz: "Se você não conseguir o que quer, caia fora". Em vez de fazermos o difícil trabalho de enxergar o ponto de vista do outro, em vez de suportarmos o desconforto do compromisso, em vez de buscarmos o bem maior de todos, partimos, esperando encontrar o que queremos em outro lugar. Não gosta da forma como as coisas são feitas na igreja? Vá para outra. Não gostou de como seu casamento ficou? Peça o divórcio e recomece. Tragicamente, a escolha de partir muitas vezes ocorre pouco antes que a solução preparada por Deus possa se apresentar.

Fique. Não desista de uma resolução quando o conflito durar mais do que você esperava. Não sacrifique o relacionamento quando ficar sem opções. É nesse momento que você precisa confiar que o Senhor vai resolver o problema em seu favor. Manter o relacionamento em meio à dificuldade, então, torna-se uma questão de fé. Se você permanecer nele e confiar que Deus pode realizar o que você não pode, Ele será fiel. Ainda que a outra parte impossibilite a reconciliação, Deus honrará sua fidelidade.

Dito tudo isto, admito que haverá ocasiões em que um conflito será simplesmente insolúvel, sem que nenhuma solução possível possa ser encontrada e acordada. Em ocasiões assim tão raras, a melhor resposta é uma despedida amigável.

O que se abre quando as portas se fecham?

LEIA ATOS 16:1-10

É difícil imaginar como uma porta fechada pode ser um presente de Deus. Não estou me referindo a tragédias pessoais, como falência, divórcio, morte de um ente querido, doença terminal ou qualquer outra forma de maldade. Deus usará esses eventos a seu favor se você pertencer a Ele (Rm 8:28), mas não é isso que quero dizer com uma "porta fechada". Deus nunca causa o mal. Ele, no entanto, abre e fecha oportunidades para realizar seu propósito em vidas individuais e no grande esquema da história. Jesus se descreve como "o Santo e o Verdadeiro, o que tem a chave de Davi; aquele que abre e ninguém fecha, que fecha e ninguém abre" (Ap

3:7). Uma vez que as oportunidades fechadas nos impedem de alcançar o que desejamos, a atividade do Senhor pode parecer uma maldição. A vida parece estéril, desperdiçada, sem esperança. Emocionalmente, nos sentimos deixados de lado, abandonados, negligenciados e até abusados. Mesmo assim, uma porta fechada pode ser uma expressão maravilhosa do amor de Deus.

A primeira parte da segunda viagem missionária de Paulo é uma história de portas abertas. Ele havia passado os últimos meses contando às igrejas da Samaria, da Fenícia e da Síria sobre como o Senhor "abrira a porta da fé aos gentios" (At 14:27; cf. 15:3) em sua primeira viagem. O Concílio em Jerusalém havia apoiado seu ministério e lhe dado a confirmação por escrito do evangelho da graça. Sua igreja natal na Antioquia da Síria o encomendou entusiasticamente para outra viagem. A primeira etapa de sua viagem o levou pelo território familiar da Síria e da Cilícia, onde as pessoas o conheciam e acolhiam seus ensinamentos. Depois de passar pelos montes Tauro, ele desfrutou da reconexão com as igrejas que ele e Barnabé haviam plantado anteriormente em Derbe, Listra e Icônio. Ele até encontrou um jovem estudante promissor, Timóteo, que estava ansioso para aprender sobre ministério. Em seguida, as portas se fecharam.

De todos os desafios que Paulo havia superado — ladrões, inimigos, doenças, rejeição, apedrejamento, idolatria —, as dificuldades das portas fechadas seriam suas maiores até então.

16:1-3

A rota de Paulo levou-o a um território familiar. Ele estivera em Derbe e Listra com Barnabé e sua equipe anteriormente; havia sofrido especialmente em Listra, quando um grupo de judeus furiosos de Icônio chegou, atiçou uma multidão, apedrejou-o nas ruas, arrastou-o para a periferia da cidade e o deixou à beira da morte (14:19). Mesmo assim, Paulo e Barnabé voltaram para encorajar os crentes atordoados.

Neste ponto, Lucas apresenta um homem que se tornaria aluno de Paulo no ministério. Paulo, o apóstolo, tinha e continuaria a recrutar e treinar vários homens, mas considerava Timóteo como um filho (1Tm 1:2). O jovem pode ter chegado à fé através do ministério de Paulo e Barnabé — se não foi assim, certamente foi como resultado das igrejas que eles plantaram. Ele pode ter testemunhado as consequências do apedrejamento de Paulo; se não foi assim, certamente ouvira as histórias. Lucas afirma que o pai de Timóteo, que nunca é mencionado em outro lugar, talvez por já estar morto nessa época, era grego (At 16:1). Na condição de colônia romana, Listra tinha uma população significativa de soldados aposentados. A cidade também serviu como guarnição para as tropas ativas que defendiam a Galácia das tribos montanhesas circundantes. Portanto, é razoável supor que o pai de Timóteo serviu no exército romano como soldado, casou-se com uma judia e fixou residência permanente em Listra antes de morrer.

O sangue judeu corria pelas veias de Timóteo, graças à sua mãe, mas ele não recebeu uma educação judaica na sinagoga. Ele recebeu treinamento bíblico e teológico desde a infância (2Tm 3:14,15), mas nunca se tornou um verdadeiro "filho da aliança" através da circuncisão, provavelmente porque seu pai se opôs ao rito. Paulo menciona a educação piedosa de Timóteo recebida de sua mãe, Eunice, e de sua avó Loide, cuja influência ajudou a preparar o jovem para o rápido crescimento espiritual depois de ouvir o evangelho (2Tm 1:5). Quando Paulo e Silas chegaram, Timóteo já havia conquistado uma sólida reputação entre as igrejas de Listra e Icônio (At 16:2).

Quando Paulo recrutou Timóteo para o ministério, ele circuncidou o jovem (16:3). Isso não foi em obediência à Lei, e não apenas porque Timóteo era judeu, mas provavelmente para lhe permitir maior acesso às sinagogas que Paulo e Silas planejavam visitar em um futuro próximo.

16:4,5

A declaração resumida de Lucas descreve o ministério de Paulo na região, antes e depois de incluir Timóteo, o que ocorreu logo após sua visita a Derbe. Ele leu a proclamação oficial dos apóstolos e presbíteros em Jerusalém, calando assim imediatamente qualquer aspirante a mestre do grupo da circuncisão (16:4). As igrejas haviam recebido doutrina autêntica dos homens que conheciam Jesus desde o início e haviam sido treinados por Ele. Por causa da carta e através do ensinamento de Paulo, as igrejas foram "fortalecidas" (16:5). Uma boa imagem mental para o termo *stepeoō* [4732] seria um menino pré-adolescente crescendo conforme músculos substituem a gordura de bebê. À medida que as igrejas se fortaleciam, elas também cresciam.

O uso repetido do tempo imperfeito por Lucas — "passavam", "transmitiam", "eram fortalecidas", "cresciam" — não apenas sinaliza uma passagem resumida, mas o tempo verbal também implica que os efeitos do ministério de Paulo continuaram depois que ele seguiu em frente. A equipe de Paulo, que agora incluía Timóteo, solidificou o cristianismo no sul da Galácia e na Frígia à medida que se movia de leste para oeste em direção a um novo território promissor na província romana da Ásia.

Continuar na Ásia fazia todo o sentido. Em 6 a.C., os romanos haviam estabelecido uma série de colônias na atual Turquia e as ligaram a um impressionante sistema de rodovias. De Icônio e Antioquia da Pisídia,

Paulo poderia seguir a via Sebaste até Comama, onde poderia então seguir a "Estrada Comum" até Éfeso. Essas estradas eram largas (cerca de 12 metros de largura) e muito frequentadas, tornando-as relativamente seguras.[149] O mais importante, no entanto, era conseguir o melhor acesso ao maior número de pessoas no interior daquelas terras.

No entanto, o Senhor tinha outros planos para Paulo e Silas. A Ásia teria que esperar.

16:6-8

A equipe de Paulo viajou mais para o norte, para Frígia e Galácia, porque o Senhor a havia impedido que avançasse para o oeste na Ásia. Mais portas fechadas. Ao norte, eles continuaram tentando entrar em Bitínia, na costa sul do mar Negro, mas novamente o Senhor barrou sua entrada, mantendo-os ao sul de Bitínia e ao norte da Ásia enquanto se voltavam para o oeste, passando ao longo da parte norte da Mísia. O uso dos tempos verbais por Lucas implica tentativas consistentes e repetidas de entrar em Bitínia; eles tentaram reiteradamente, até que seu avanço para o oeste terminou. Por fim, desceramna cidade costeira de Trôade.

Lucas descreve sua experiência como "tendo sido impedidos pelo Espírito Santo" de tentar entrar na Ásia (16:6) e, prestes a voltarem-se para o norte, para a Bitínia, ele escreve que "o Espírito de Jesus os impediu" (16:7). "Impedido" vem de um termo grego (*kōlyō* [2967]) que significa "suprimido", "cortado" ou "retalhado". Figurativamente, é um termo pitoresco que significa "evitar ou atrapalhar". Lucas não explica como os homens perceberam a resistência de Deus. Durante o período de Atos, eles poderiam ter ouvido instruções audíveis, mas Lucas não indica isso. Talvez, em vez disso, certas circunstâncias — sob o controle soberano de Deus — mantiveram Paulo e Silas fora das áreas proibidas. Em vez de descartar suas situações infelizes como coincidência, eles reconheceram a mão soberana de Cristo guiando-os para onde Ele quisesse.

É preciso um espírito sensível à liderança do Senhor para manter esse tipo de perspectiva. Naturalmente, tendemos a nos perguntar o que fizemos de errado ou, se sabemos que não fizemos nada de errado, nos fazer de vítimas. Comparamo-nos a outros para quem as portas parecem abrir-se à esquerda e à direita. Nós nos esforçamos mais para ir aonde o Senhor proibiu, ou desistimos e vamos para casa depois que algumas portas se fecham. Paulo e Silas não fizeram nada disso. Eles persistiram, nunca duvidando de seu chamado. Dito de forma simples, submeteram-se à direção soberana de Deus. Eles entenderam que o Senhor tem todo o direito de abrir e fechar oportunidades, de dar e de tirar. Em meio a tudo isso, no entanto, eles não duvidaram da bondade ou do cuidado do Senhor.

16:9,10

Trôade não era uma cidade notável, a não ser por sua função como a porta de entrada para a Ásia a partir da Macedônia. Paulo, Silas e sua equipe acabaram lá sem ter para onde ir. Da Frígia, eles simplesmente seguiram o único curso aberto para eles, que os levaria ao norte da Ásia, ao sul da Bitínia e para o oeste até que o mar Egeu os detivesse. Algum tempo depois de chegar — Lucas não diz se levou uma questão de dias, semanas ou meses —, Paulo recebeu uma visão em seus sonhos, que ele imediatamente reconheceu como de origem divina (16:9). Nessa visão, um homem que Paulo reconheceu como macedônio "suplicava" (*parakaleō* [3870]), pedindo: "ajude-nos" (*boētheō* [997]). De repente, as últimas semanas fizeram sentido. Paulo havia considerado a Ásia a próxima escolha lógica para a expansão do evangelho, mas Deus tinha seu coração voltado para a Europa. O Senhor terminaria por trazer a Ásia para o reino, mas seu tempo era diferente do de Paulo.

Quando você está seguindo o plano de Deus, becos sem saída nunca são erros. O Senhor manobrou Paulo e Silas para onde Ele os queria em um momento específico. Enquanto estava em Trôade, Paulo encontrou Lucas, que parece ter vivido em Filipos. Esta é a primeira de três passagens do "nós" em que o escritor muda os pronomes da terceira pessoa para a primeira pessoa. Em outras palavras, é aqui que o próprio Lucas se torna parte da história, porque se junta à equipe.

Como descobriremos em breve, a cidade era uma grande colônia romana, mas não tinha uma sinagoga. Ou os líderes da cidade não queriam uma casa de oração judaica ou, mais provavelmente, a população não reunia dez homens judeus, o requisito mínimo para estabelecer uma. Paulo preferia pregar na sinagoga local de uma nova cidade, não apenas por razões teológicas, mas também para encontrar uma maneira de quebrar o gelo com os gentios. Paulo e Barnabé haviam pregado aos pagãos no mercado sem o benefício de uma sinagoga antes, e os resultados não poderiam ter sido piores. Sua experiência em Listra demonstrou os benefícios claros de ter um contato dentro de uma comunidade. Pelo desígnio de Deus, Lucas se encaixava no perfil.

Todas as portas fechadas faziam sentido agora. O período de confusão vaga de repente entrou em foco para mostrar que o Senhor os tinha em uma trajetória clara. As longas semanas de ministério frustrado haviam preparado Paulo, Silas, Timóteo e os outros para novas ordens de marcha. Sem hesitar, partiram para a Macedônia (16:10).

APLICAÇÃO

Atos 16:1-10

PARADAS JUNTO À PORTA

Portas fechadas não parecem tão frustrantes com a perspectiva certa. Quando você confia no plano de Deus, ciente de que Ele está no controle e sempre faz o que é certo, a ansiedade se derrete em confiança serena, a irritação cede à entrega, o medo dá lugar à confiança. A experiência de portas fechadas de Paulo oferece algumas verdades úteis para ter em mente quando chegarmos a um beco sem saída.

Número um: *Antes que o Senhor possa nos transformar, Ele muitas vezes tem que nos parar*. Alguns de nós estão mais acelerados do que nunca em nossas vidas. Mas você sabe como é quando é parado, quando se encontra em um beco sem saída. Todas as portas estão fechadas. Você tenta o norte; não abre. Sul? Não é melhor. Leste? Oeste? Igualmente fechados. Ele o impediu. Esse é o momento de fazer uma pausa em vez de entrar em pânico. Encontre tempo para ficar sozinho para que você possa prestar atenção no que está acontecendo dentro de você e ao seu redor. Deus quer que você veja algo antes de seguir em frente; há alguma perspectiva de que você precisa ou informações cruciais que lhe faltam.

Número dois: *Deus nunca fecha uma porta sem um plano para abrir outra*. Isso soa como uma banalidade projetada para inspirar otimismo, mas há mais nessa verdade do que dizer "tudo vai dar certo". Esta é uma afirmação ousada da soberania de Deus. Nenhum cristão tem o direito de se sentir sem esperança. Muito pelo contrário: não existe um caso irremediável para um cristão. Onde o descrente se preocupa que um erro ou um desvio o tenha levado a um beco sem saída, o filho de Deus sabe que até mesmo seus becos sem saída fazem parte do desígnio de Deus. No caso de Paulo, o Senhor usou as circunstâncias para guiar o apóstolo e sua equipe, direcionando-os como água por uma calha, para Trôade. No final desse beco sem saída, eles tiveram pouca escolha a não ser esperar no Senhor por direção. Em vez de se desesperarem, esperaram por orientação, confiantes em sua missão.

Ao enfrentar uma situação semelhante, resista ao impulso de lutar para sair do beco sem saída. Em vez disso, recue e aguarde. Em vez de procurar escapar, busque a direção do Senhor.

Número três: *As portas se abrem e se fecham de acordo com o tempo de Deus, que é perfeito*. Parece que o Senhor não apenas fechou a porta para a Ásia e abriu a porta para a Europa, mas também providenciou o tempo para que Paulo pudesse encontrar o doutor Lucas, que seria útil em Filipos. Se ele era, de fato, um morador daquela cidade, seus contatos pessoais teriam sido inestimáveis na ausência de uma sinagoga. Tendemos a pensar em sucesso em termos de destino e progresso, mas pessoas sábias aprenderam que também tem a ver com momento. Paulo esperou no Senhor e não prosseguiu até ter uma direção clara. Ele entendeu que esperar às vezes é a melhor maneira de progredir.

Um ponto de apoio na Europa

LEIA ATOS 16:11-40

Uma antiga bênção celta evoca este agradável desejo: "E que o vento esteja sempre às suas costas". Nos dias de viagens movidas a vento, os navegantes não podiam esperar maior ventura do que uma brisa forte enchendo suas velas. Independentemente de qualquer outra coisa que pudesse dar errado, um forte vento de cauda sempre parecia um favor divino. Quem ama velejar consegue apreciar a metáfora. Não há nada mais emocionante do que ter a vela completamente inflada e um vento forte e predominante empurrando o navio com facilidade. Na navegação suave, a proa desliza pela água sem ruído ou resistência. Os corações de Paulo e de seus homens devem ter batido forte de expectativa. Perdoem a mistura de metáforas, mas ter o vento nas costas é exatamente o oposto de ter que parar diante de portas fechadas.

Assim, Paulo, Silas, Timóteo, Lucas e outros ajudantes não identificados embarcaram em um navio em Trôade com destino a Neápolis, o principal porto marítimo que serve Filipos, uma importante cidade da Macedônia (16:10-12). Imagine seu sentimento depois de várias semanas de tentativas frustrantes e confusas de progresso. Lucas descreve sua viagem como navegar "diretamente" (16:11), o que significa que os ventos favoreceram sua rota, não os tirando do curso nem exigindo que a tripulação enfrentasse um vento contrário. Navegavam, por assim dizer, com o vento nas costas. À sua frente: a Europa. Território desconhecido, repleto de potencial. Mas, mesmo com um novo impulso, estabelecer uma igreja na Europa exigiria tenacidade e sacrifício diante de novas dificuldades.

16:11,12

A comitiva de Paulo partiu de Trôade e foi "diretamente" (16:11) até Neápolis através da ilha de Samotrácia. Desenhe uma linha em um mapa de Trôade a Neápolis, e você verá que Samotrácia está fora do caminho. O termo "diretamente" era uma expressão náutica que significava que o navio navegava para o destino planejado sem ter que se virar (traçar um curso em zigue-zague) contra o vento. Lucas afirma que a viagem durou dois dias, contra cinco para a viagem de volta (cf. 20:6). Os navios não navegavam à noite e, assim, o capitão lançou âncora ao largo de Samotrácia.

Embora Neápolis signifique "nova cidade", ela foi fundada mais de quinhentos anos antes da visita de Paulo, que ocorreu por volta do ano 50 d.C. Hoje, a moderna cidade de Cavala cobre o local. Esse belo porto servia a Filipos, que ficava a apenas 15 quilômetros a noroeste, pouco além de uma pequena cordilheira de montanhas ao redor do porto.[150] Depois de desembarcar em Neápolis, a equipe foi imediatamente para a cidade que Lucas descreve como "Filipos, na Macedônia, que é colônia romana e a principal cidade daquele distrito" (16:12).

Filipos tinha sido uma pequena aldeia, mas foi transformada em uma fortaleza militar por volta de 357 a.C. por Filipe II da Macedônia (o pai de Alexandre, o Grande), que a usou para controlar minas de ouro próximas. Os romanos posteriores fizeram dela uma colônia, cuja cultura e economia eram semelhantes às de Roma, em um esforço para atrair cidadãos romanos e veteranos militares. A sede do governo romano ficava em Anfípolis, pouco mais de 55 quilômetros a sudoeste, de modo que Filipos tornou-se conhecida como uma cidade importante por causa de sua economia e influência.[151] A sua localização era estratégica para o comércio terrestre e marítimo. Além da robusta agricultura e das indústrias de mineração de ouro, a cidade foi sede de uma famosa escola de medicina.[152]

16:13

Na ausência de uma sinagoga, os judeus normalmente se reuniam informalmente para ensinar e orar no sábado. Filipos não tinha uma sinagoga, seja por causa da hostilidade em relação aos judeus[153] ou porque pouquíssimos judeus viviam na área. Seja como for, a equipe saiu do portão da cidade para um local na margem do rio costumeiramente usado como "um lugar de oração", uma sinagoga informal.

"Esperávamos" reflete o verbo *nomizō* [3543] e dá a impressão de que Paulo e seus homens fizeram uma estimativa abalizada sobre o local, como se seguissem uma suposição. *Nomizō* significa basicamente "pensar", "acreditar" ou "considerar", e pode ser mais ou menos definido, mas é frequentemente usado no sentido de "conhecimento comum". Por exemplo, é de conhecimento geral que as salas de cinema servem pipoca. Não é uma regra, mas todo mundo sabe. Da mesma forma, todos sabiam onde os judeus de Filipos se reuniam para orar a cada sábado. Claro, "todos" incluía Lucas, que conhecia bem a cidade.

Os homens se juntaram à reunião e começaram a falar com "as mulheres que haviam se reunido ali", uma frase que implicava a ausência geral dos homens. Elas teriam dado boas-vindas a um rabino da estatura de Paulo; Timóteo deve ter enxergado vislumbres de sua mãe refletidos em cada rosto na reunião, mulheres judias devotas sem maridos crentes.

16:14,15

É possível que o povo de Filipos conhecesse essa mulher proeminente não por seu nome próprio, mas por um apelido, Lídia, porque ela viera de Tiatira, uma cidade fundada pelo reino lídio na região ainda conhecida como Lídia. Se assim fosse, ela estava usando a designação a seu favor como comerciante importadora da especialidade comercial de sua cidade natal: tecido púrpura. Curiosamente, Tiatira fica no coração da província romana da Ásia. O reino lídio em seu auge cobria o próprio território em que Paulo não pôde entrar.

Uma dica da narrativa, "os da sua casa" (16:15), sugere que Lídia era solteira ou viúva, mas era rica em Filipos. Um pouco de história sobre seu ofício também a mostra como uma comerciante brilhante e sagaz. Os romanos incorporavam tecido de púrpura em roupas e tapeçarias para demonstrar posição, de modo que a demanda por seu produto lhe proporcionara rapidamente um negócio. Originalmente, o corante necessário para criar o tecido vinha de Tiro, na Fenícia, onde pequenas quantidades de corante murex eram meticulosamente extraídas de grandes quantidades de moluscos.[154] O tecido resultante valia seu peso em ouro. Lydia importava o corante ou o tecido, e depois o vendia por muito menos do que seus concorrentes fenícios.

Lucas a descreve como "uma mulher temente a Deus" (16:14), uma designação comum para um gentio que havia formalmente abraçado o judaísmo. Ela e sua família chegaram à fé em Cristo como resultado do ensinamento de Paulo, e foram batizados. Lucas dá a Deus o crédito por abrir o coração dela para responder ao evangelho. Sua resposta incluiu um derramamento de generosidade, e ela insistiu em hospedar Paulo e sua comitiva. A palavra traduzida como "rogou" (*parakaleō* [3870], ARC, ARA) é um termo potente por si só, que significa "exortar, apelar ou encorajar". A isso Lucas acrescenta "nos constrangeu" (*parabiazomai* [3849], ARC, ARA), uma palavra grega quase violenta que sugere o uso da força. Leve em consideração seu argumento — "Se os senhores me consideram crente no Senhor" (16:15, NVI) — e pode-se ver por que Lídia havia se tornado uma rica comerciante. Ninguém dizia não a Lídia!

16:16-18

Paulo e seus companheiros continuaram a ministrar em Filipos, frequentando o "lugar de oração" à beira do rio fora dos portões da cidade (16:13).

Por algum motivo, uma escrava (*paidiskē* [3814]) possuída por demônios começou a endossar o ministério de Paulo. O termo *paidiskē* refere-se a uma empregada ou uma escrava, mas seus senhores faziam uso lucrativo dela como cartomante (16:16).

Lucas descreve a fonte de sua habilidade de "adivinhações" (*manteuomai* [3132]) como um "espírito de adivinhação" (*pneuma* [4151] de *pythōn* [4436]), referindo-se a Píton, a serpente ou dragão mítico que guardava o oráculo de Delfos, o famoso templo de sacerdotisas que supostamente proferiam profecias enquanto estavam em transe. A palavra passou a incluir qualquer pessoa que se pensava ter uma capacidade sobrenatural de ver o futuro. Os generais pagãos ao longo da história confiaram fortemente nos serviços de xamãs e cartomantes para indicar o melhor momento para a batalha e inspirar suas tropas com previsões favoráveis. Alguém com suas habilidades teria uma base de clientes gigante entre os romanos supersticiosos em Filipos.

Seja qual for a designação, o texto deixa claro que ela estava possuída por um demônio. Talvez como meio de melhorar os negócios, o espírito recorreu à bajulação (Lc 4:34; 8:28), endossando os homens como profetas. Confrontado por um rival que o demônio não conseguia derrotar, ele inteligentemente exaltou a posição da garota ao fazê-la assumir o papel de conselheira da comunidade: "Eu, a sua vidente de confiança, dou minha aprovação a esses homens". O demônio provavelmente esperava garantir boa vontade suficiente para evitar um confronto e talvez cavalgar nas costas do cristianismo: "Eles oferecem um caminho de salvação; eu ofereço um caminho de salvação; estamos juntos no negócio da salvação".

Depois de vários dias, a paciência de Paulo chegou ao limite. Sem se intimidar, ele assumiu o controle da situação. Falando ao demônio, não à menina, ele ordenou que o espírito saísse (At 16:18). Ele não confiava em sua própria autoridade; deu a ordem ao demônio "em nome de Jesus Cristo", que significava "pela *autoridade* de Jesus Cristo". Imediatamente, o demônio liberou o controle da garota e saiu, levando consigo a capacidade de fazer predições — e angariar dinheiro. Naturalmente, seus mestres se ressentiram profundamente da perda de renda (16:19). Eles obviamente não viam a possessão por um espírito maligno como uma desvantagem, desde que trouxesse dinheiro para casa.

16:19-24

Na maioria das cidades antigas, o mercado (*ágora* [58]) era um espaço público não muito diferente de um mercado a céu aberto. Esta grande praça ao ar livre, delimitada por alguns edifícios permanentes de varejo e barracas, dava a qualquer vendedor pagante a oportunidade de expor seus produtos. O mercado também se tornou o lugar natural para conduzir assuntos públicos e resolver disputas. Em uma colônia romana, o mercado geralmente incluía um "assento de julgamento" (*bēma* [968]), uma plataforma de pedra elevada a partir da qual os funcionários do governo julgavam casos e emitiam proclamações.

Os senhores da escrava prenderam Paulo e Silas, arrastaram-nos perante os funcionários da prefeitura e emitiram uma acusação que achavam que seria aceita. Claramente, eles não podiam dizer a verdade: "Esses homens ordenaram que um espírito partisse e agora temos que trabalhar para viver". Isso faria seus mestres parecerem mesquinhos e tolos, mas não era um crime. Se o espírito fosse mau, Paulo deveria ser elogiado. Se o espírito fosse benéfico, como alegariam os mestres da moça, sua acusação violava suas próprias crenças a respeito de espíritos e deuses. Na religião greco-romana, os espíritos muitas vezes davam o comando, não obedeciam. Magia e práticas ocultas tentavam afastar ou apaziguar os espíritos ou manipulá-los, mas todos sabiam que essas práticas supersticiosas nem sempre eram eficazes. No final, apenas os deuses podiam comandar espíritos com qualquer grau de autoridade. Uma denúncia verídica contra Paulo e Silas teria validado seu ministério publicamente, enquanto colocaria em descrédito as crenças religiosas romanas.

Embora o judaísmo fosse uma religião legalmente tolerada, os romanos geralmente se ressentiam dos judeus como antissociais e consideravam sua crença em um Deus como antagônica aos valores romanos, usando termos como "supersticiosas" e "ímpias" para descrever suas práticas.[155] Assim, incapazes de dizer a verdade sobre sua queixa real, os proprietários da escrava, em vez disso, rotularam Paulo e Silas como judeus particularmente radicais empenhados em minar o tecido moral de Filipos (16:20,21). Para encerrar o caso, eles acusaram os homens de estar "perturbando a nossa cidade" (*ektarassō* [1613]), um verbo que se refere a causar um tumulto, perturbação, agitação ou desordem. E isso afetava a preocupação de fundo de qualquer romano amante do império. Orgulhavam-se da ordem que traziam para as terras que conquistavam, por mais brutais que fossem seus métodos.

Essa, claro, não era apenas uma acusação falsa, mas também hipócrita. Os senhores da escrava conseguiram transformar os funcionários da cidade e os espectadores da corte em uma multidão irada. Considerando os recentes acontecimentos em Roma, eles desfrutavam de uma tranquilidade notável. Em 49-50 d.C., o imperador Cláudio emitiu um expulsando todos os judeus de Roma (18:2), embora não tenhamos certeza do porquê. Alguns sugeriram que a intrusão do cristianismo entre a comunidade judaica em Roma estava causando agitação entre judeus, cristãos e gentios tementes a Deus que estavam se convertendo ao cristianismo.[156]

De qualquer forma, como os romanos ainda não distinguiam o judaísmo tradicional da considerada "seita" dos cristãos, as atitudes negativas de Roma em relação aos judeus na época teriam adicionado combustível ao fogo.

Um juiz certamente dispunha de bastante liberdade para decidir um caso, mas ele tinha a obrigação de buscar justiça, o que os romanos valorizavam como uma virtude. Neste caso, os acusados não tiveram oportunidade de contestar as acusações, não foram apresentadas testemunhas para fundamentar a acusação e não foi dado tempo para interrogatório. Na verdade, eles nunca descobriram que Paulo e Silas eram cidadãos romanos — o que teria mudado tudo.

Em vez disso, os magistrados ordenaram sumariamente que Paulo e Silas fossem despidos, açoitados e lançados na prisão (16:22-24). Sua punição ordenada revela raiva e medo intensos. Ser espancado com varas, trancado na parte mais segura da prisão e colocado no tronco foi uma reação extrema, mesmo para os padrões romanos. Obviamente, Paulo e Silas haviam se tornado válvulas de escape para um crescente antissemitismo em Filipos. A ordem de guardá-los com segurança também revela a paranoia da cidade.

16:25-28

Por volta da meia-noite, Paulo e Silas estavam ensanguentados e machucados, com os pés presos ao tronco, acorrentados a uma parede no "cárcere interior", a parte mais profunda da prisão (16:24). Isso teria tirado o vento das velas da maioria das pessoas, mas Paulo e Silas oravam e cantavam hinos de louvor a Deus.

Lucas destaca a oportunidade evangelística da circunstância. Paulo e Silas levaram a surra sem revelar a cidadania romana (cf. 22:25). Poderiam ter proclamado sua inocência aos outros prisioneiros; em vez disso, realizaram um culto de adoração (16:25). Eles não amaldiçoaram a Deus pela injustiça nem temiam que Ele os tivesse abandonado; eles oraram e louvaram. Os demais presos presenciaram tudo e observaram sua conduta. Então, para seu benefício, o Senhor sacudiu a prisão até seus alicerces e libertou a todos (16:26). Não só Paulo e Silas. Todos. Paulo, Silas e toda a população carcerária poderiam ter escapado, o que seria uma vingança apropriada contra a cidade de Filipos! Mesmo assim, os evangelistas optaram por permanecer em sua cela e, aparentemente, influenciaram todos os outros a ficarem também. (Algo significativo para minar a ordem romana!)

Então, Paulo teve que impedir o carcereiro de se matar (16:27,28). O carcereiro sabia que, se os prisioneiros tivessem escapado, uma morte excruciante o esperava depois de um julgamento apressado.

16:29-34

O carcereiro iluminou sua prisão arruinada e perguntou a dois de seus prisioneiros: "Que devo fazer para ser salvo?" (16:29,30). O que ele quis dizer com ser "salvo" (*sōzō* [4982]) é discutível. Talvez ele já tivesse pelo menos algum conhecimento prévio da mensagem de Paulo e Silas, o suficiente para entender que sua alma estava em algum tipo de perigo. Alguns expositores afirmam que ele quis dizer "como posso ser salvo por ter ofendido dois magos poderosos?" ou algo semelhante, que provavelmente está mais próximo da verdade. Independentemente disso, Paulo e Silas lhes deram uma resposta concisa. Não suficiente para alguém totalmente desprovido de conhecimento de Deus, de seu Filho ou dos conceitos de pecado, céu, inferno e expiação, mas clara o suficiente para que soubesse que precisava ouvir sobre Jesus Cristo.

O carcereiro dirigiu-se a Paulo e Silas usando *kyrios* [2962], que muitas vezes significa "senhor", um título de respeito. Mas a palavra *Kyrios* também é usada em referência a Deus na tradução grega do Antigo Testamento e é um título comum para Jesus Cristo, indicando seu senhorio absoluto. Se o carcereiro reconhecia Paulo e Silas como representantes de Deus, a resposta deles direcionou a atenção do carcereiro para o objeto adequado de temor e respeito: "Creia no Senhor — o verdadeiro *Kyrios* — Jesus".

Às vezes, Lucas comprime eventos de dias ou até semanas em uma breve descrição. Pistas sutis, como o uso do tempo imperfeito, sinalizam quando ele está resumindo ou comprimindo um espaço de tempo. Nenhuma dessas pistas aparece neste caso. O fato é que muita coisa aconteceu em poucas horas! A resposta concisa deles — "creia no Senhor Jesus e serão salvos, você e os da sua casa" (16:31) — desencadeou uma série notável de acontecimentos. Paulo e Silas — ainda ensanguentados, machucados e com o mal cheiro da prisão — pregaram à casa do homem (16:32). Depois que falaram, o carcereiro lavou e curou as feridas deles. Em resposta à sua fé e à de sua família, Paulo e Silas batizaram os novos crentes (16:33). Então, todo o grupo se sentou para compartilhar uma refeição como irmãos e irmãs (16:34)!

16:35-39

Aparentemente, o sol nasceu em um novo dia para os funcionários da cidade. Lucas não explica o motivo de sua súbita mudança de coração, mas eles disseram: "Solte estes homens" (16:35). Talvez tenham recebido mais informações. Lídia pode ter intercedido por Paulo e Silas. Os oficiais podem simplesmente ter decidido que uma boa surra e uma noite na prisão iriam moderar a agitação dos missionários. Sabe-se lá?

O termo grego traduzido como "soldados" (16:38; *rhabdouchos* [4465]) significa literalmente "homens de pau" — isto é, homens que empunham bastões. Provavelmente foram os mesmos homens que espancaram Paulo e Silas com varas no julgamento. Quando vieram com a ordem de libertação, Paulo transformou a situação em uma oportunidade para realizar dois objetivos (16:37). Primeiro, ele confrontou seus agressores. Ele poderia ter deixado para lá. Na verdade, é assim que muitos cristãos respondem à injustiça pessoal, confundindo passividade com perdão. Em vez disso, Paulo escolheu confrontar seus infratores em razão de seus maus-tratos ultrajantes e sua flagrante violação de suas próprias leis. Ao exigir que os magistrados viessem libertá-lo pessoalmente, ele obrigou os homens a reconhecerem a ofensa. Isso também enviou uma mensagem clara aos magistrados, forçando-os a reconhecer seus erros, pelo menos para si mesmos.

Como segundo objetivo, Paulo queria dar a si mesmo e à igreja influência política suficiente em Filipos para desencorajar a perseguição. Filipos era uma colônia romana, e os magistrados eram agentes do direito romano. Quando souberam que haviam violado os direitos e privilégios de dois cidadãos romanos, temiam, com razão, represálias de Roma (16:38). Eles também temiam que a presença contínua de Paulo e Silas em Filipos pudesse desencadear uma severa reação pública quando a notícia de seus maus-tratos se espalhasse (16:39). A conduta dos magistrados da cidade foi um escândalo político que eles queriam desesperadamente encobrir. Paulo deixou-os escapar ao não levar sua queixa a Roma, mas não sem antes avisar aos magistrados que ele não era nenhum fracote.

Paulo talvez tivesse um terceiro objetivo em mente. Sem dúvida, a demonstração de força de Paulo cultivou respeito entre os governantes da cidade. Além disso, ele perdoou a ofensa deles, e a gratidão tende a suavizar os corações duros. Talvez o reconhecimento de que haviam escapado por um triz tornasse os magistrados mais abertos ao evangelho.

16:40

Lucas encerra o evento de forma concisa. O retorno de Paulo e Silas à casa de Lídia para encorajar os crentes — que sem dúvida estavam reunidos para oração — lembra a libertação de Pedro da prisão (12:10-17). Lucas demonstra novamente que o ministério de Paulo para os gentios não era de forma alguma inferior ao ministério de Pedro para os judeus.

APLICAÇÃO

Atos 16:11-40

PRINCÍPIOS PARA O SUCESSO

Depois de um longo período de frustração tentando levar o evangelho à Ásia enquanto uma porta após a outra se fechava, Paulo e sua equipe finalmente encontraram uma abertura na Europa. Sem hesitar, o grupo partiu para a Macedônia. Seu ministério inovador, em uma área totalmente nova, entre pessoas de uma mentalidade muito diferente destaca três princípios práticos em relação ao ministério — ou a qualquer esforço que valha a pena.

Primeiro princípio: *Começar qualquer esforço que valha a pena requer flexibilidade* (16:11-15). Se você está cimentado no chão, com uma lista de regras e regulamentos rígidos, então está preparando as bases para o fracasso. Uma das coisas bonitas sobre o Espírito de Deus é que Ele nos mantém flexíveis. A visão de Paulo mostrava um homem da Macedônia pedindo ajuda. E quem foi seu primeiro convertido? Uma mulher da Ásia, região não qual ele não conseguiu entrar. Imagine se Paulo tivesse se concentrado apenas nos homens macedônios! Quando achou o lugar habitual onde os judeus se reuniam para orar, encontrou um grupo de mulheres. Elas se tornaram o foco de seu ministério.

Manter-se flexível é um sinal de maturidade. Faça o seu melhor como um cristão em crescimento para ser flexível de acordo com a cena. A mensagem nunca muda, mas temos uma grande variedade de métodos disponíveis para atender a um número infinito de oportunidades. O que funciona no testemunho a uma pessoa pode alienar outra. Portanto, seja sensível. Mantenha-se flexível.

Segundo princípio: *Todo grande avanço é confrontado com uma resistência correspondente* (16:16-18). Quando você está envolvido em um ministério único, em um novo tipo de empreendimento ou se seus esforços fiéis produzem um avanço repentino, o diabo acha um jeito de trazer um tipo único de resistência. E ele vai encontrar você no meio do caminho. Você vai tentar uma estratégia e ele virá com um contra-ataque. Você tentará uma abordagem e ele estará pronto com outra. E a resistência é sempre avassaladora em comparação com a alegria do progresso.

Isso é normal. Espere o contra-ataque de Satanás. É um elogio do inimigo, pois demonstra que o que você fez é eficaz. Quando você aprende a ver a resistência do mal nesses termos, a perseverança se torna mais fácil. A última coisa que você quer fazer neste momento é desistir. Até você jogar a toalha, Satanás não venceu. Nas já famosas palavras de Winston Churchill, que mobilizou seu país para combater a Alemanha nazista, "esta é a lição: nunca ceda, nunca ceda, nunca, nunca, nunca — em nada, grande ou pequeno, amplo ou simples — nunca ceda, exceto a convicções de honra e bom senso. Nunca ceda à força; nunca ceda ao poder aparentemente avassalador do inimigo".[157]

Terceiro princípio: *Semear louvor em tempos difíceis gerará uma colheita de alegria* (16:19-34). É tão fácil louvar a Deus quando o dinheiro está entrando, a organização está funcionando bem, o vento está nas suas costas e as decisões são fáceis. É natural louvar a Deus depois que o terremoto abriu os portões da prisão. Mas é extremamente difícil louvar a Deus enquanto você ainda está na masmorra, de costas para a parede, e não vê nenhuma razão natural para ter esperança. Quando recebe maus-tratos e incompreensão por seus melhores esforços, é fácil se perguntar: *Toda essa dor que estou sofrendo vale a pena?*

Quanto mais vivo, mais acredito que a alegria é uma escolha. Além disso, Deus usa a alegria de seus servos para realizar seus planos. Não porque Ele precise de nosso poder de pensamento positivo para fazer coisas boas acontecerem, mas para nos encorajar a optar por encontrar satisfação nele em vez de em nossas circunstâncias. Afinal, ele é permanente; as circunstâncias mudam com o tempo. Louvá-lo nos tempos difíceis fará com que você tenha uma colheita de alegria, não apenas no futuro, mas no presente, onde você está.

Entrando a fundo na Grécia

LEIA ATOS 17:1-15

É possível viver sem estar plenamente vivo. É possível existir como ser humano sem ser plenamente humano. Todos nós passamos periodicamente por temporadas de morte; na verdade, esses invernos são uma parte necessária do crescimento saudável. Mas não fomos criados apenas para existir; Deus moldou a humanidade para *viver* (Jo 10:10). John Powell descreve esse tipo de vitalidade completa em seu livro *Fully Human, Fully Alive* [Plenamente humano, plenamente vivo].

> A título de uma descrição geral, pessoas plenamente vivas são aquelas que estão usando todas as suas faculdades, poderes e talentos humanos. Elas os estão usando ao máximo. Esses indivíduos estão funcionando plenamente em seus sentidos externos e internos. [...] Tais pessoas estão vibrantemente vivas na mente, no coração e na vontade [...].

> Os seres humanos plenamente vivos estão vivos em seus *sentidos* externos e internos. Eles veem um mundo lindo. Ouvem sua música e poesia. Eles sentem o cheiro de cada novo dia e saboreiam a delícia de cada momento [...].
>
> Pessoas plenamente vivas também estão vivas em suas *mentes*. Têm plena consciência da sabedoria da afirmação de Sócrates de que "a vida irrefletida não vale a pena ser vivida". Pessoas plenamente vivas são sempre atenciosas e reflexivas. São capazes de fazer as perguntas certas da vida e flexíveis o suficiente para deixar a vida questioná-las. Elas não viverão uma vida irrefletida em um mundo não examinado. Acima de tudo, talvez, essas pessoas estejam vivas na *vontade* e no *coração*. Elas amam muito. Elas realmente se amam e se respeitam sinceramente. Todo amor começa aqui e se constrói sobre isso. Pessoas plenamente vivas se alegram por estarem vivas e por serem quem são.[158]

Como escreveu certa vez Irineu, o pai da igreja primitiva: "A glória de Deus é um homem vivo; e a vida do homem consiste em contemplar a Deus".[159] Paulo, em sua segunda viagem missionária, era um homem plenamente vivo. Ele se aceitou com todas as suas forças e fraquezas próprias, sabia seu lugar no plano de Deus, viu as necessidades diante de si e se entregou à missão para a qual Deus o havia designado. Ele estava "contemplando a Deus" enquanto vivia seu propósito divino. Então, quando partiu de Filipos, estava profundamente empenhado no trabalho do ministério. As provações e desafios que ele havia enfrentado não diminuíram em nada sua determinação e confiança, nem moderaram seu entusiasmo. Deixando uma cidade para trás, o resto da Grécia estava diante dele como um campo pronto para a colheita.

17:1

No século II a.C., os romanos construíram uma rodovia chamada via Egnácia, que ia de Dirráquio, no mar Adriático, para Bizâncio (agora chamada Constantinopla), perto do mar Negro, uma distância de quase 1.100 quilômetros. Com quase 20 metros de largura e pavimentada com lajes de pedra colocadas à mão, levava tropas romanas para a batalha, impostos para a capital e mercadorias para todos os lugares.[160] E agora levava o evangelho para a Grécia. Paulo seguiu a via Egnácia por um pouco mais de 55 quilômetros, de Filipos até Anfípolis, onde a sede do governo romano administrava seus assuntos na Macedônia. De lá, ele continuou mais 48 quilômetros até Apolônia, e depois para Tessalônica, a 53 quilômetros de distância. Cada etapa de sua jornada exigia um longo dia de caminhada, mas o colocava em uma grande cidade ao cair da noite.

Ofereço este detalhe para fazer uma observação. Pouco depois de seu calvário — uma surra pública com varas e uma noite na prisão — Paulo caminhou quase 150 quilômetros em três dias! Emerson escreveu: "Nada de grande foi alcançado sem entusiasmo".[161] Sir Edward Appleton, físico escocês e ganhador do Prêmio Nobel, disse: "Coloco o entusiasmo até mesmo acima da habilidade profissional". O entusiasmo de Paulo o levou além de suas próprias limitações físicas para realizar o que Deus havia colocado diante dele. Não me refiro ao entusiasmo de uma líder de torcida; refiro-me a uma pulsão latejante, convincente e positiva que não pode ser silenciada até que seja satisfeita.

Notavelmente, os pronomes de Lucas mudam de volta para a terceira pessoa. Ele se juntou a Paulo em Trôade e o acompanhou até Filipos (At 16). Quando a equipe seguiu, Lucas permaneceu, porque talvez vivesse lá. Ele não veria Paulo novamente até que o apóstolo retornasse em sua terceira viagem (20:2, 6).

Tessalônica era uma cidade incomum em termos de política. Cassandro, um general de Alexandre, o Grande, fundou a cidade em 315 a.C. sobre a cidade de Terma, que recebeu esse nome devido às fontes termais próximas. Mais tarde, em 42 a.C., quando Antônio e Otaviano lutaram contra Bruto e Cássio (dois dos principais conspiradores contra Júlio César) pelo controle de Roma, Tessalônica ficou do lado de Otaviano. Como recompensa, a cidade foi declarada livre, ou seja, isenta de impostos, e autônoma, o que significa que eles tinham o direito de nomear seus próprios magistrados, cinco homens que ostentavam o incomum título de "poliarca", pois o povo havia escolhido democraticamente os governantes de sua própria cidade. Quando a província da Macedônia foi dividida em quatro distritos, Tessalônica tornou-se a capital do segundo.[162]

17:2-4

De acordo com seu procedimento operacional padrão, Paulo entrou na sinagoga e "discutiu" (17:2; *dialegomai* [1256]) com seus irmãos judeus. Esta é a primeira vez que Lucas usa esse termo, mas não a última. Paulo "discutiria" em Tessalônica (17:2), Atenas (17:17), Corinto (18:4), Éfeso (18:19; 19:8, 9), Trôade (20:7, 9) e, finalmente, diante do governador romano Félix, em Cesareia Marítima (24:25). Em grego clássico, *dialegomai* significava "conversar, discutir ou debater" ou, ao proferir uma palestra, "instruir". Paulo não "discutia" nesse sentido técnico usado pelos filósofos gregos, mas reconhecia isso como um estilo de comunicação que ele precisava dominar. Paulo havia entrado em uma cultura diferente, que ele reconhecia a partir de seu estudo na academia de Tarso, e adaptou-se de acordo com ela.

Do meu diário

Clareza

ATOS 17:2,3

Paulo argumentou com os judeus na sinagoga em Tessalônica "explicando" (dianoigō [1272]) as Escrituras do Antigo Testamento. A palavra grega dianoigō significa "abrir completamente o que antes estava fechado". Obviamente, os judeus na sinagoga tinham as Escrituras, mas seu verdadeiro significado permaneceu fechado até que Paulo "abriu" essas passagens familiares, apresentando Jesus como o Cristo. De repente, para quem estava disposto, o significado ficou claro pela primeira vez.

Levo a sério o exemplo de Paulo. Por conseguinte, dou uma prioridade muito elevada ao esclarecimento do meu ensino. Quero ter a certeza de que qualquer pessoa que venha da rua pode se sentar em qualquer culto de adoração ou qualquer outra reunião e entender a maior parte, se não tudo, do que eu digo. De fato, a clareza é uma das três prioridades que tento manter, junto com a precisão e a praticidade.

Muitos anos atrás, bem no início do meu ministério, um grupo de crianças na Escola Bíblica de Férias me ensinou uma lição valiosa que nunca esqueci. Eu estava ensinando sobre a morte de Cristo e disse: "Agora, crianças, entendam: quando Cristo morreu na cruz, Ele derramou seu sangue por nossos pecados". Uma garotinha no fundo da sala inocentemente perguntou: "Jesus deixou o sangue dele cair da mesa?". Para ela, o ato de derramar estava associado ao leite ou ao refrigerante que alguém acidentalmente derrubava na toalha de mesa ou no chão. Foi quando algo despertou em mim. Eu não uso a expressão "derramar sangue" em nenhum outro contexto além da igreja. É um jargão que pode ser inacessível para muitas pessoas.

Se você jogar a palavra "justificação" numa conversa com pessoas perdidas, elas não conseguirão acompanhar você. Ou "resgatar". Eles vão pensar em sequestro. "Propiciação?" Esqueça! Elas não conhecem esse vocabulário, de modo que é nossa responsabilidade usar termos que elas conheçam se esperamos nos comunicar com clareza. Aqueles que não o fazem não são eficazes — e geralmente são os que reclamam que ninguém está interessado em Cristo. Aqueles que trabalham duro para falar claramente evitar jargões têm pouca dificuldade em encontrar pessoas dispostas a ouvir.

Seja claro!

Durante três sábados, ele "discutiu" a partir das Escrituras do Antigo Testamento, provando que o Messias tinha que morrer e ressuscitar para cumprir as profecias. No século anterior a Cristo e durante o tempo de Paulo, teólogos judeus lutaram para entender como o Messias poderia sofrer a morte em nome de seu povo (Is 53) e reinar para sempre como seu rei (Dn 7:13,14). Eles achavam inconcebível que um verdadeiro Messias pudesse morrer nas mãos de seus inimigos. Assim, postularam que talvez o Messias fosse realmente dois indivíduos, um que morreria como o Servo Sofredor e outro que ressuscitaria o primeiro e depois reinaria como Rei supremo. Mas Paulo arrazoou que Cristo é realmente um homem que também é Deus, que morreu para expiar o pecado e depois ressuscitou do túmulo para estabelecer seu reino. Esta é provavelmente a mesma linha de raciocínio que Jesus usou com os dois discípulos no caminho para Emaús (Lc 24). Para encerrar sua argumentação, Paulo passava um tempo "provando", validando a razoabilidade dessa teologia ao compartilhar seu encontro pessoal com Jesus ressuscitado (At 17:3).

Como na maioria das cidades, vários judeus e prosélitos gentios acreditaram nas boas-novas e então formaram o núcleo de uma igreja em Tessalônica (17:4).

17:5

Como de costume, nem todos gostaram da mensagem de Paulo. Lucas descreve a oposição judaica com uma palavra grega que significa "estar intensamente interessado em algo" (*zēloō* [2206]), positiva ou negativamente. Derivamos nossa palavra "zeloso" desse verbo. Neste caso, os judeus opositores eram zelosos, mas não por pensar a partir das Escrituras. Encontrando pouco apoio na sinagoga, eles reuniram alguns malandros do mercado e atiçaram a cidade em um frenesi contra Paulo. Ao contrário da multidão em Filipos, que fora alimentada pelo antissemitismo, em Tessalônica os judeus lideraram o ataque.

17:6-9

A multidão cercou a casa de Jasom, que hospedou Paulo e seus homens como Lídia tinha feito em Filipos. Aparentemente, os evangelistas estavam ocupados em outro lugar. Assim, levaram seu vizinho diante dos "oficiais da cidade" (17:6; *politarchēs* [4173]), os magistrados democraticamente eleitos da cidade. Não conseguiram apresentar sua verdadeira queixa: "Esses homens ensinam uma teologia da qual não gostamos; então, queremos que sejam espancados e, se não for muito problemático, mortos". Em vez disso, tentaram caracterizar os cristãos como traidores e, portanto, uma ameaça à ordem da cidade.

Lucas destaca a ironia de sua acusação, que eles exageraram ao ponto do absurdo. A turba desgovernada acusou Paulo, Silas, Timóteo e os outros de já terem desestabilizado o mundo. Compare isso com a significativa ameaça anterior à estabilidade, que foi a revolta de Espártaco, que não conseguiu "alvoroçar o mundo" com seu exército de talvez setenta mil homens antes de sua derrota em 71 a.C.[163] Os acusadores judeus de Paulo encerraram sua acusação com uma inesperada preocupação política com Roma. Eles acusaram os homens de minar os decretos de César e apoiar um rei rival (17:7). É claro que suas acusações eram absolutamente verdadeiras no sentido mais estrito. Paulo e seus homens estavam no processo de alvoroçar o mundo, embora não no sentido de inspirar revolta. E eles realmente proclamavam fidelidade a Jesus como Rei.

Mais uma vez, os magistrados deixaram de fazer a devida diligência sobre o assunto. Se tivessem simplesmente perguntado "quem é esse rei rival, Jesus?", todo o caso teria sido desvendado. Os romanos não se importavam se as pessoas apoiavam um rei morto, e se afirmassem que Jesus estava vivo, teriam que confirmar sua ressurreição. Mesmo assim, a discussão terminou quando as autoridades municipais determinaram qual decisão agradaria seus eleitores.

Como os acusados não estavam presentes no julgamento, os magistrados obrigaram Jasom, seu anfitrião, a pagar uma fiança (17:9). Muito provavelmente, esse vínculo assegurava que Paulo não causaria nenhum problema para a cidade; se o fizesse, cobrariam uma multa de Jasom.

17:10-12

Paulo havia completado seu trabalho em Tessalônica. Não via nada a ganhar e muito a perder permanecendo ali. Mais antagonismo só tornaria as coisas mais difíceis para a igreja. Além disso, os crentes haviam formado uma igreja e podiam levar a obra adiante. Portanto, Paulo levou seus homens para fora da cidade naquela noite para começar sua caminhada de cerca de 70 quilômetros até Bereia. Só que, agora, eles não tinham o benefício de uma rodovia. Cícero, que havia sido banido para Tessalônica por um tempo, chamou Bereia de "cidade fora da estrada".[164]

A narrativa de Lucas traça uma comparação próxima entre Tessalônica e Bereia. Como em Tessalônica, Paulo ensinou na "sinagoga judaica" (17:10), mas em Bereia encontrou um público "mais nobre" (17:11; *eugenēs* [2104]). O termo *eugenēs* significa "bem nascido, culto e de alta classe". A aristocracia usava essa palavra como uma descrição de si mesma em comparação com o que eles percebiam como a ralé ignorante e mentalmente fraca. Lucas pretendia que isso fosse um elogio aos bereanos, que cuidadosamente verificaram o testemunho de Paulo com as Escrituras. Como antes, muitos judeus e prosélitos gentios creram e depois formaram uma igreja considerável (17:12).

17:13-15

Infelizmente, os opositores judeus de Paulo de Tessalônica o rastrearam e provocaram problemas em Bereia também (17:13), talvez esperando prendê-lo e trazê-lo de volta para julgamento. O apóstolo novamente entendeu que havia pouco a ganhar permanecendo ali; a nova igreja estava suficientemente equipada para prosperar sem ele. Para proteger seu mestre, os novos crentes propuseram um plano brilhante. Enquanto Silas e Timóteo permaneceriam na cidade, aparentemente para dar a impressão de que Paulo não havia saído, enviaram o apóstolo "ao litoral" (17:14). Se as pessoas soubessem que Paulo tinha ido para o leste em direção à costa, não saberiam se ele havia pego um navio ou seguido pela estrada costeira para o sul em direção a Atenas. Infelizmente, Lucas também não nos conta!

A preposição traduzida como "até" (ARC) denota o fim de algo. Lucas usa a mesma preposição para afirmar que as escoltas levaram Paulo "até Atenas" (17:15), e sabemos que ele realmente entrou na cidade (17:16) e ficou lá. Por essas razões, e pela necessidade prática de afastar Paulo rapidamente, inclino-me a ficar com a ideia de que ele tomou um navio. Quando chegou a Atenas com a ajuda de alguns crentes bereanos, Paulo enviou seus acompanhantes de volta com instruções para que Silas e Timóteo (e outros?) se juntassem a ele "tão logo fosse possível" (17:15).

APLICAÇÃO

Atos 17:1-15

ANÁLISE DA REALIDADE PARA UMA VIDA PLENA

Quando chegou a Tessalônica (17:1), Paulo já havia alcançado sua posição como evangelista e plantador de igrejas. Ele estava em seu ambiente; as dificuldades simplesmente faziam parte da paisagem. Suas experiências nesses primeiros meses na Grécia ilustram pelo menos três princípios que qualquer pessoa no ministério faria bem em lembrar.

Em primeiro lugar, *a determinação está no centro de qualquer grande conquista*. Não há nada de mágico em Paulo ou em qualquer outro personagem bíblico. Eram pessoas que conheciam seus chamados e perseguiam seus propósitos divinos com determinação. Paulo foi espancado e preso em Filipos, foi perseguido e forçado a sair de Tessalônica, seus passos foram acompanhados em Bereia, onde ele foi levado às pressas para fora da cidade e, então, foi largado e deixado em Atenas sozinho — mas ele permaneceu forte. Ele via cada dificuldade como um pequeno preço a pagar pelo impacto que causaria em cada cidade. Essas coisas continuaram seguindo o apóstolo, mas ele continuou deixando igrejas em seu rastro, comunidades inteiras de cristãos multiplicadores.

Em segundo lugar, *a rejeição é esperada quando você compartilha a verdade*. Não se surpreenda quando as pessoas rejeitam a verdade. Sei que não faz sentido. Por que rejeitar o que é verdadeiro? Mas as pessoas regularmente rejeitam a verdade. Elas vão contar mentiras sobre você e depois chamá-lo de mentiroso. Infelizmente, a verdade raramente atrai um grande número de pessoas. A proclamação da verdade atrai um remanescente que dará sua vida pelo Senhor enquanto atrai inimigos como uma matilha de cães furiosos. É por isso que a liderança piedosa requer coragem, tenacidade, resiliência e, acima de tudo, humildade. Um proclamador da verdade de Deus não é um político e não pode se preocupar com imagem ou aplausos, pesquisas ou popularidade; em vez disso, o proclamador deve contentar-se em apresentar a verdade, reconhecendo que a rejeição pessoal é o resultado mais provável.

Se Paulo foi rejeitado ao compartilhar a verdade, tenha certeza de que não será diferente com você. Quando aceita esse fato do ministério, a rejeição pessoal perde seu aguilhão.

Em terceiro lugar, *a apreciação raramente é expressa no momento certo*. Você nunca encontrará Paulo encurralado por um grupo de pessoas de Tessalônica, Filipos ou Bereia dizendo: "Ei, cara. O que você disse lá atrás foi ótimo. E obrigado por levar essa surra. Obrigado por defender o evangelho. Obrigado por permanecer firme quando todo mundo estava indo embora". Se você está esperando por isso, então esqueça a ideia de se tornar um bom líder. Você vai fracassar. Sua recompensa raramente virá na forma de apreciação. Em vez disso, você sentirá uma conexão mais próxima com seu Mestre, que sofreu e sabe tudo sobre seu sofrimento. Você também experimentará a vida mais plenamente porque estará vivendo seu propósito. E quando perseverar e permanecer diante do seu Criador, grande será a recompensa pela sua fidelidade.

Os intelectuais do Areópago *versus* um catador de sementes

LEIA ATOS 17:16-34

Nunca tive tanta facilidade em dizer não como quando recebi a primeira ligação em 1995 de Jack Turpin, então diretor do Conselho do Seminário de Dallas, e do dr. Don Campbell, o presidente. Eles estavam me pedindo para considerar ser o próximo presidente daquela instituição de ensino, e nunca me senti tão desqualificado para um cargo. Eu conhecia o ministério. Já havia pastoreado uma igreja. Liderar um conjunto de acadêmicos em teologia de primeira linha, por outro lado, não era algo que eu enxergava em meu futuro. Depois de uma série de eventos encorajadores e muito apoio de familiares e conselheiros de confiança, no entanto, comecei a aceitar a possibilidade de que talvez eu tivesse algo a oferecer a esses teólogos brilhantes, a maioria dos quais tinha uma lista de qualificações acompanhando seus nomes. Mudei-me para Dallas com um objetivo simples: continuar sendo quem eu era, dar a eles o melhor que eu tinha e deixar que Deus o fizesse bom o suficiente. Naqueles primeiros dias, nunca me senti tão deslocado em um território que me era familiar!

Então, posso facilmente imaginar o que Paulo deve ter sentido quando viu pela primeira vez Atenas, espalhada pela planície da Ática. Desde quando alguém conseguia se lembrar, esta cidade era o epicentro de uma cultura que cobria grande parte do mundo conhecido e moldava

Barry Beitzel

A Acrópole de Atenas é o ponto mais elevado desta antiga cidade. O edifício mais famoso ainda em pé é o Partenon, visto no centro desta foto.

seu pensamento. A maioria das pessoas no Império Romano falava pelo menos duas línguas: sua própria língua nativa e o grego coiné. Eles adoravam deuses gregos, apreciavam a arte grega, liam literatura grega e assistiam a dramas gregos. Eles até mudaram a maneira como olhavam para o universo por causa dessa cidade extraordinária. Enquanto Paulo olhava da planície para a Acrópole que presidia a capital do pensamento ocidental, ele viu edifícios já com quinhentos anos, testemunhando a genialidade de um povo que havia ensinado o mundo a pensar. Paulo adaptaria sua mensagem a essa nova multidão sem comprometer o evangelho de forma alguma e, como resultado, encontraria três respostas comuns: rejeição, aceitação e contemplação hesitante.

Em uma projeção rochosa menor de uma enorme rocha a apenas 100 metros a noroeste da Acrópole, filósofos se reuniam para debater, discutir e descobrir a verdade. O Areópago tinha uma longa história de oratória e debate. Desde 500 a.C. — e talvez até antes — era o local da administração política e dos processos judiciais. A democracia ateniense nasceu e cresceu ali. Nos séculos anteriores a Paulo, alguns dos nomes mais venerados da história grega podem ter ocupado esse mesmo lugar para discursar. Temístocles, Aristides, Péricles, Sócrates, talvez até Aristóteles e Platão poderiam ter se dirigido aos eminentes políticos de sua época naquela rocha. Quantos discursos foram proferidos? Quanta história foi moldada? Quantos luminares tiveram o privilégio de discursar no conselho histórico do Areópago? Milhares. Conhecemos alguns deles como as maiores figuras da história ocidental. No entanto, hoje, quando ouvimos o nome "colina de Marte" (outro nome para o Areópago), pensamos imediatamente nas palavras de um rabino de Tarso, um judeu de Jerusalém que trazia boas-novas do oriente.

17:16,17

Lucas não diz se Paulo chegou por terra ou por mar. Se foi por mar, ele teria desembarcado no porto vizinho de Pireu, a cerca de 8 quilômetros de distância. Em tempos mais antigos, os atenienses fortificaram o Pireu e depois fecharam a estrada para sua própria cidade com duas enormes muralhas de 15 metros de altura. Ele teria percorrido uma estrada bem movimentada que passava pelo Portão Dípilom ocidental e continuava direto até o mercado (*ágora* [58]).[165] Ele certamente encontrou alojamento primeiro, com a ajuda de seus companheiros ou por conta própria. Naturalmente, Paulo explorou a cidade antiga, mas não com o olhar de um turista admirador; o que viu o enjoou. O que hoje consideramos relíquias eram, na época de Paulo, ativamente usado para adoração pagã. Os turistas hoje visitam Atenas para apreciar as obras de arte, mas esses edifícios foram os implementos da idolatria no primeiro século. Portanto, Atenas representava uma cultura oposta à de Paulo.

Por um lado, "dizia-se que havia mais estátuas dos deuses em Atenas do que em todo o resto da Grécia, e que em Atenas era mais fácil encontrar um deus do que outra pessoa".[166] Os deuses gregos tornaram-se as principais divindades de mil culturas, incluindo a de Roma. A superstição mantinha o homem e a mulher comuns no escuro e governava suas vidas através do medo; enquanto isso, o incontável povo de Roma considerava seu culto sinônimo de virtude civil e lealdade ao Estado.

Por outro lado, os grandes filósofos da Grécia vinham argumentando contra a existência de deuses havia séculos. Eles favoreciam uma cosmologia governada por alguma outra força orientadora. Não podiam concordar sobre a natureza exata daquela entidade espiritual — pessoal ou não pessoal, singular ou plural, material ou espiritual, boa ou ambígua —, mas concordavam que ela impunha ao mundo um conjunto de leis e princípios que poderiam ser estudados, compreendidos, previstos e explorados. Eles rejeitaram a superstição, a mitologia e a magia atraente em favor de um modelo científico racional. Para evitar a perseguição, no entanto, eles faziam um certo agrado aos deuses, dizendo que eles existiam e deveriam ser venerados, mas que não participavam dos assuntos humanos.

A tensão entre os pagãos tradicionais e os acadêmicos de pensamento livre estava presente na época de Paulo. A nível popular, eles se reuniam na ágora, onde pessoas comuns comercializavam mercadorias e trocavam ideias. Foi lá que Paulo passou muitos de seus dias enquanto esperava que Silas e Timóteo se juntassem a ele. Em outros momentos, ele podia ser encontrado na sinagoga argumentando com os judeus e prosélitos gentios.

17:18

Duas grandes escolas da filosofia grega, a epicurista e a estoica, usavam vocabulário semelhante, mas viam o universo de forma muito diferente. Cada uma derivava seus ensinamentos das duas grandes divisões do pensamento grego concebidas primeiramente por Platão e Aristóteles. Os epicureus, que tendiam a seguir as ideias de Aristóteles, acreditavam que o universo consistia de átomos e que toda a realidade é essencialmente material, incluindo o chamado reino espiritual. A vida começa quando os átomos se juntam e termina quando eles se separam; portanto, não existe vida após a morte. Como a vida é uma colisão aleatória, desordenada e caótica de átomos, os humanos devem usar seu livre-arbítrio para moldar o mundo para que se amolde a eles mesmos. Embora os epicureus não defendessem a vida licenciosa, acreditavam que o prazer deveria substituir o sofrimento, porque a existência humana termina com a sepultura.

Os estoicos, que tendiam a seguir as ideias de Platão, também acreditavam que o universo consistia de átomos, mas não achavam que isso constituía toda a realidade. Como Platão, eles apontaram para a realidade do amor, da lógica, da verdade e da beleza para mostrar que algumas coisas poderiam existir além dos átomos e, de fato, transcender o reino material. Para os estoicos, o simples fato de a lógica existir provava a existência de uma lógica abrangente que dava ordem ao universo. Este *logos* era uma mente cósmica, sobrenatural, não pessoal, que fazia com que o universo operasse de acordo com leis previsíveis. Os espíritos humanos eram pedaços dessa mente divina, presos, por assim dizer, em corpos materiais. A morte reunia a mente de um indivíduo com o *logos* cósmico. Enquanto isso, os humanos podiam comungar com essa mente divina através de lógica e meditação, bem como livrando-se de paixões perturbadoras e emoções distrativas.

Essas duas facções debatiam sem parar, presas em um impasse filosófico; ambas continuavam atraindo novos seguidores, mas nenhuma ganhava terreno em relação à outra. Ouviram Paulo pregar na ágora (*ágora* [58]) e o envolveram no debate; foi assim que começaram a conversar com ele. A palavra grega traduzida como "conversar" (*symballō* [4820]) carrega uma ideia de vai e vem — não exatamente contenciosa, mas também sem olhar olho no olho. Em seu estilo de diálogo socrático de perguntas e respostas, eles mostraram uma certa curiosidade por sua teologia.

Barry Beitzel

O Areópago em Atenas era o local onde um conselho de poetas e filósofos atenienses se reunia para discutir questões importantes.

Alguns o chamaram de "tagarela" (*spermologos* [4691]), um composto de dois termos gregos, *sperma* ("semente" [4690]) e *logos* ("palavra", "matéria", "ideia" [3056]). O termo retratava um catador de sementes andando de um lugar para outro pegando sementes para plantá-las em outro lugar. Essa pessoa reunia ideias de várias fontes durante suas viagens e, em seguida, as juntava para formar uma nova escola de pensamento.

Outros viam o ensinamento de Paulo como perigoso para a ordem social porque ele anunciava "deuses estrangeiros". A maioria dos filósofos descartou as divindades como sagradas demais para serem manchadas pela interação humana, efetivamente marginalizando os deuses sem de fato negar sua existência. Paulo, por outro lado, ensinava "ideias estranhas" (*xenos* [3581]), algo "a respeito de Jesus e da ressurreição", que negava os deuses gregos e romanos enquanto defendia Deus Pai, Deus Filho e Deus Espírito Santo como o único Deus verdadeiro.

17:19-21

Assim, levaram-no para o Areópago, a "colina (*pagos* [697]) de Ares", o deus grego da guerra. O deus romano equivalente é Marte, por isso o local também é chamado de colina de Marte.

O convite para se dirigir ao concílio do Areópago não surgiu apenas por uma curiosidade benigna. Lucas comenta que o povo de Atenas passava grande parte de seu tempo buscando algo novo para ocupar suas conversas (17:21). Ainda assim, pelo menos uma função desse concílio nos tempos antigos era julgar um ensinamento para ter certeza de que ele não prejudicava a virtude e a segurança do Estado. Sob o controle romano, no entanto, é improvável que este conselho tenha cumprido essa função oficialmente; em vez disso, exerceu influência popular como a voz dos especialistas oficiais em todas as coisas religiosas e filosóficas.

17:22,23

O trabalho de um filósofo é apresentar um conceito simples de forma incompreensível e depois convencer você de que a culpa é sua por não entender. Paulo não desempenhou o papel de filósofo diante desse augusto grupo de filósofos. Fez uma apresentação clara, simples e ordenada da cosmovisão judaico-cristã, e então os levou diretamente para o julgamento final e nossa necessidade de salvação por meio do Cristo ressuscitado. Mesmo assim, não devemos ver isso como uma transcrição completa de sua mensagem real. A transcrição de Lucas aqui abrange apenas dez versos e leva menos de três minutos para ser lida — ou cinco, se você falar devagar e fizer pausas longas e dramáticas.

O discurso de Paulo, condensado como está aqui, emprega quatro características significativas que devemos estudar, memorizar e duplicar ao apresentar o evangelho a qualquer grupo.

Primeiro, *Paulo abordou seu assunto da perspectiva do público*. A declaração inicial de Paulo (17:22) não é um elogio; é uma declaração de fato. Ele sabia que não precisava usar a bajulação, que não o levaria a lugar nenhum, especialmente com os estoicos intensamente lógicos. Ele disse, com efeito: "Vocês, atenienses, são muito dedicados em sua busca pelo conhecimento espiritual". Existe ambiguidade no termo *deisidaimōnia* [1175], que pode ser bom ou ruim. Dependendo do contexto, pode significar "devoto" ou "supersticioso".

Em segundo lugar, *Paulo usou o familiar para introduzir o desconhecido*. Ele apoiou essa declaração inicial com outra observação de fato. Entre os "seus objetos de culto" (note o pronome), ele havia encontrado um altar com a inscrição *agnōstō theō*, "Ao Deus Desconhecido" (17:23). Obviamente, a frase tem como base as palavras *agnōstos* ([57], "não conhecido") e *theos* ([2316], "deus"). Os atenienses tinham uma cultura inclusiva, aceitando todo e qualquer deus. Por medo de incorrer na ira de qualquer deus que ignorassem, ergueram um abrangente santuário multiuso. Paulo usou isso para construir uma ponte. Ele disse, em outras palavras: "Deixe-me falar sobre o único Deus que vocês ignoraram em sua busca pela verdade espiritual".

17:24-29

Em terceiro lugar, *Paulo desenvolveu seu tema com tato, mas com ousadia e clareza*. Ele revelou o Deus Criador da Bíblia estabelecendo quatro pontos, cada um deles baseado no anterior.

1. *Como o Criador, Deus não pode ser contido* (17:24). Muitos gregos e romanos tinham dificuldades com a ideia de um deus que não pode ser visto ou pelo menos representado. O Deus hebreu transcende a criação, de modo que nada material pode representá-lo. Além disso, Ele é infinito, enquanto todos os deuses gregos da mitologia popular eram finitos. Deus é onipresente; os deuses gregos eram mais parecidos com super-humanos — imensamente poderosos, mas sofrendo as mesmas limitações que as criaturas da terra. Paulo estabeleceu a vasta superioridade de Deus em relação a todas as divindades gregas combinadas.

2. *Como o Originador, Deus não tem necessidades* (17:25). Os deuses gregos eram mesquinhos e vaidosos; eles poderiam ser subornados com bajulação ou sacrifícios suficientes. A adoração consistia em dar aos deuses o suficiente do que eles queriam para liberar suas bênçãos particulares e especializadas. Isso os tornava mercadores ou contratantes da

humanidade. O truque para o adorador era descobrir a fraqueza material de um deus e explorá-la para vantagem pessoal. Mas Deus não tem necessidades; Ele não pode ser subornado ou manipulado; Ele, em vez disso, supre as necessidades das pessoas por sua própria escolha.

3. *Como o Soberano do universo, Ele tem um propósito e é acessível* (17:26,27). Mesmo que seu poder supremo e completa transcendência tornem Deus imune à bajulação, suborno ou manipulação, Ele não é indiferente nem distante. Os sofisticados epicureus e estoicos consideravam seus deuses santos e dignos demais para sujar as mãos com os assuntos da humanidade. O Deus hebreu, no entanto, permanece intimamente envolvido com sua criação, participando diariamente de sua administração. De certa forma, essa divindade pessoal é como o conceito estoico do *logos*, que orienta a criação com leis da natureza de acordo com um plano definido em direção a um destino específico. Mas, ao contrário dessa força impessoal, Deus anseia por ser conhecido. O fim para o qual Ele conduz o universo é Ele mesmo. No cristianismo, o destino final do universo é reconhecer Deus como Rei.

4. *Como a Fonte da vida, Deus não depende de nós; nós dependemos dele* (17:28,29). Os epicureus acreditavam que os humanos não foram criados por um *logos* ou qualquer outro criador superior e que certamente não temos um propósito. Cada vida é o resultado de átomos se juntando, talvez aleatoriamente, e se tivermos algum propósito, é aquele que criamos para nós mesmos.[167] Contra essa noção, Paulo insistiu que nossa existência vem da existência de Deus. Nós existimos porque Ele disse que deveríamos existir; portanto, cada vida tem dignidade, propósito e valor. No final da vida física, não deixamos de existir, porque somos mais do que átomos e o Criador é mais poderoso do que a simples matéria. Continuaremos a existir após a morte porque o Criador assim o quer.

Para sustentar a razoabilidade deste último ponto, Paulo citou um lendário (literalmente) poeta e filósofo que os atenienses reverenciavam, assim como os hebreus veneravam Moisés. Epimênides escreveu um poema sobre Zeus depois de supostamente receber o dom da profecia. Em resposta aos críticos que afirmavam que Zeus era um mero mortal, o poema declara: “Nele vivemos, nos movemos e existimos”.[168] Paulo citou esse verso, não para afirmar a existência de Zeus ou para equiparar Deus a Zeus, mas para demonstrar a razoabilidade de crer em um Deus pessoal, ao contrário dos estoicos e epicureus, cuja lógica os levou a concluir que os deuses gregos permaneciam distantes. Ele também citou as palavras do poeta Arato de Solos, do século III a.C. (na Cilícia, província natal de Paulo), que escreveu sobre Zeus: “Nós também somos sua descendência”.[169]

17:30

Quarto, *Paulo aplicou seus princípios às necessidades de seu público.* Enquanto os deuses pagãos de Atenas egoisticamente queriam ser servidos e concederiam bênçãos em troca de bajulação ou suborno, o Deus do Antigo Testamento quer que as pessoas se arrependam para que Ele possa conceder-lhes favores imerecidos. Ele quer salvar todas as pessoas do terrível calvário do julgamento final. Esse conceito, é claro, se afastava dos ensinamentos tanto dos epicureus quanto dos estoicos. Os epicureus não acreditavam em uma vida após a morte, então a questão do julgamento era um absurdo. Os estoicos acreditavam que voltar ao *logos* após a morte era sua própria recompensa; nenhum julgamento aguardava ninguém.

17:31

O próximo ponto de Paulo não só se afastou da visão de mundo da filosofia grega, como a destruiu. Paulo lançou uma bomba no conceito do universo deles: a ressurreição. Os epicureus e os estoicos não concordavam em muitos pontos, mas ambos consideravam a ideia de ressurreição absurda.

Para os epicureus, que acreditavam que a morte era a desintegração e disseminação dos átomos — que se tornariam partes de um bilhão de outras coisas — a ressurreição exigia a destruição dessas outras coisas para que houvesse uma reintegração. Para os estoicos, que abraçavam a morte como a reunificação com o *logos*, a ressurreição recriava o problema que a morte havia resolvido. Paulo não falou mais.

17:32-34

O conceito de ressurreição dividiu o grupo e levou o encontro a um encerramento abrupto e espontâneo. Embora o sermão de Paulo não tenha convencido a maioria, Lucas nomeia dois convertidos entre os “outros” (17:32) que se tornaram discípulos naquele dia. O homem designado como “o areopagita” (17:34, ARA, ARC) era membro do conselho do Areópago, o corpo governante encarregado da colina de Marte e responsável por julgar as ideias religiosas. Uma mulher chamada Dâmaris, que havia comparecido, e talvez participado ativamente da reunião, também se tornou uma crente. O encerramento abreviado do episódio narrado por Lucas sugere que Paulo permaneceu em Atenas por tempo suficiente para fortalecer os novos discípulos e estabelecer uma comunidade para sustentá-los a longo prazo. Esse era, afinal, o procedimento de Paulo por onde passava.

APLICAÇÃO

Atos 17:16-34

PÚBLICOS MISTOS

A mensagem de Paulo havia cumprido seu propósito. Ele não esperava mudar seiscentos anos de filosofia em um discurso. Ele nunca estabeleceu como objetivo suplantar essa visão de mundo antiga com o evangelho por meio de um único sermão. Em vez disso, ele colocaria mudanças inevitáveis em movimento enquanto reunia um punhado de eleitos de Deus no processo. A resposta ao sermão de Paulo é típica, por isso devemos prestar atenção. Sua apresentação suscitou três respostas comuns (17:18, 32-34).

Primeira, *a rejeição instantânea* (17:18). Paulo não se surpreendeu ao ver que alguns o dispensarem imediatamente por considerá-lo um maluco; a visão de mundo deles não deixava espaço para a verdade. Ele já tinha testemunhado essa resposta várias vezes antes, muitas delas nas sinagogas. Ele pregava o evangelho, argumentando com judeus e prosélitos gentios a partir das Escrituras do Antigo Testamento, e simplesmente via sua lógica irrefutável provocar uma resposta violenta de um segmento relativamente pequeno, mas volátil. Nem todos os presentes nos cultos religiosos e nas salas de aula têm anseio pela verdade. Se isso pode acontecer com um apóstolo cheio do Espírito com uma mente brilhante e pregação impecável, isso acontecerá conosco.

Segunda, *aceitação imediata* (17:34). Lucas afirma que alguns se juntaram a ele e acreditaram. Considero que eles fizeram algumas perguntas complementares, ouviram o restante do evangelho e confiaram em Cristo para sua salvação. Sem resistência. Sem hesitação. Como esponjas secas, absorviam a verdade que Paulo oferecia e acreditavam com pouca ou nenhuma resistência. Esta foi uma resposta que os apóstolos também encontraram muitas vezes. No início de seu ministério entre os gentios em Antioquia, Paulo havia aprendido que proclamar o evangelho é um processo de eliminação. Portanto, ele não pregou para convencer os céticos, mas para peneirar as multidões em busca dos eleitos de Deus e estabelecê-los em comunidades autossustentáveis.

Terceira, *reflexão hesitante* (17:32). Outros ainda permaneceram abertos à nova ideia radical que Paulo chamou de ressurreição. Eles nem aceitaram imediatamente nem rejeitaram instantaneamente, mas pretendiam se aprofundar e aprender mais. Esta talvez seja a resposta mais comum de todas. Algumas pessoas usam a reflexão como um meio de rejeição educada, mas muitas desejam sinceramente saber mais enquanto lutam para superar uma ou outra questão. Como aconteceu com o homem cuja visão voltou lentamente (Mc 8:23-25), a verdade entra em foco gradualmente, às vezes após repetida exposição ao evangelho.

O dr. Mark Bailey, presidente do Seminário Teológico de Dallas, costumava conduzir um experimento informal com grandes turmas de alunos. Ele pedia a todos na sala que levantassem a mão e a mantivessem assim. Então ele dizia: "Se você respondeu ao evangelho na primeira vez que o ouviu, abaixe a mão". Normalmente, pouquíssimas mãos desciam. "Se você respondeu ao evangelho pela segunda vez, abaixe a mão." Mais algumas caíam. "Na terceira vez." E assim por diante.

Muitas vezes, ele chegava a cinco ou mais vezes antes que metade das pessoas abaixasse as mãos. Isso acontece porque a reflexão hesitante é muitas vezes a resposta mais comum ao evangelho.

Jesus nos ordenou: "Serão minhas testemunhas" (At 1:8). Ele nos chama apenas para testemunhar o que sabemos, não para sermos bem-sucedidos fechadores de negócios. Isso não está em nosso poder. Temos o dever de oferecer o nosso melhor, conhecer nosso público, nos preparar bem quando possível, entregar as boas-novas com convicção e comunicar com clareza — mas o sucesso é responsabilidade de Deus. Se formos fiéis, o Senhor cuidará do sucesso.

Impacto em Corinto

LEIA ATOS 18:1-22

O choque cultural pode dificultar o ajuste numa mudança para um novo ambiente. Tudo o que você dá como certo deve ser reexaminado e reavaliado, e as tarefas mais simples se tornam trabalhosas porque tudo funciona de forma diferente. A eletricidade vai fritar seus eletrodomésticos, placas de rua trazem imagens que você não consegue decifrar, veículos viajam na direção oposta e, antes de cada refeição, você tem que perguntar: "O que é isto?".

Em janeiro de 1958, preparei-me para um choque cultural enquanto nosso navio de transporte de tropas seguia para Yokohama, no Japão. Depois de uma viagem de dezessete dias em um navio militar, nosso destacamento de fuzileiros navais receberia alguns dias de liberdade. Eu estava ansioso para ver uma parte do mundo que poucos puderam ver naqueles dias. Com base na leitura e no que outros me disseram, eu tinha uma noção do que esperar: uma língua e uma escrita nem remotamente semelhantes ao inglês, culinária quase inteiramente baseada em frutos do mar e arroz, leis decorrentes de uma tradição completamente diferente e formas de entretenimento que um garoto do interior da cidade de El Campo, Texas, não poderia imaginar — teatro Kabuki? Música Gagaku?

Quando desci daquele navio e saí do complexo naval, descobri uma dimensão de choque cultural que eu não esperava: encontrei um choque de moralidade. A pornografia e a prostituição aberta estavam em todos os lugares para onde eu me voltava. O primeiro meio quilômetro em todas as direções fora do complexo naval era uma teia de aranha moral projetada para capturar jovens militares. Nunca tinha visto uma demonstração de depravação tão barata, carnal e implacável como vi naquele porto japonês. Como eu estava firmemente comprometido com minha esposa e tinha uma forte educação cristã, pude ver a cena com um pouco mais de objetividade do que muitos dos companheiros mais jovens e solteiros. Quando voltei para o navio, senti que tinha vivido dez anos em dois dias.

Quando Paulo deixou Atenas e chegou a Corinto, ele acrescentaria ao choque cultural o choque doentio do choque moral. Em Atenas, ele havia passado um tempo no auge da devoção religiosa e do aprendizado filosófico. Cheio de vaidade como tudo era, pelo menos as pessoas na ágora e no Areópago aspiravam à nobreza de pensamento e ação. Em Corinto, no entanto, o comércio alimentava a vida da cidade, e a sensualidade dominava a religião. Para um judeu monoteísta e fariseu treinado no templo, Paulo talvez não estivesse pronto para o que encontraria. Mesmo assim, ele estava envolvido nisso tudo para ficar. Enquanto houvesse ouvidos para ouvir, Paulo pregava e ensinava.

18:1

Corinto tinha uma posição central no istmo entre o golfo de Corinto e o golfo Sarônico, o que dava a esta colônia romana uma incrível importância estratégica. Em vez de enfrentar a perigosa jornada ao redor do cabo Maleia, no extremo sul da Acaia, os armadores preferiam que seus navios fossem arrastados por essa estreita faixa de terra. A cidade também controlava as viagens terrestres entre o continente da Grécia e a massa semianexada de terra conhecida como Peloponeso, por isso os viajantes antigos a chamavam de “a ponte da Grécia”.[170] Portanto, quem controlava Corinto também controlava o fluxo de comércio entre o leste e o oeste por mar e todo o tráfego norte-sul por terra. Quando Roma varreu o mundo para dentro de seu império, um general romano destruiu a cidade, exterminou os homens e vendeu as mulheres e crianças como escravas. A cidade permaneceu em ruínas por quase um século até que, em 46 a.C., Júlio César ressuscitou Corinto como colônia de romanos libertos e como meio de preservar o istmo para os interesses romanos.[171]

Na época de Paulo, essa colônia romana de aproximadamente oitenta mil habitantes batia no mesmo compasso do coração de Roma e se assemelhava fortemente à capital. Corinto adorava o imperador, defendia a lei romana, pulsava com o comércio internacional, organizava jogos esportivos, atraía adoradores pagãos e prosperava com a escravidão. A cidade tornou-se um refúgio popular para os judeus que fugiam da expulsão de Cláudio em 49 d.C., de modo que uma sinagoga de tamanho desconhecido se formou em meio à expansão de colonos pagãos em busca de uma fortuna imediata e prazer desenfreado.[172]

A cidade também ficava à sombra do templo de Afrodite, que pairava a 1.900 metros de altura no cume do Acrocorinto e onde mil prostitutas do templo seduziam adoradores dos confins mais distantes do Império Romano. Tão infame era a reputação desregrada desta cidade que Aristófanes cunhou a palavra "corintianizar" como sinônimo de "praticar a imoralidade".[173] Talvez nenhuma cidade na terra tenha apresentado a Paulo um desafio maior do que a cidade de Corinto, a Las Vegas daquela época.

Eric Dugdale/Wikimedia

O Acrocorinto de Corinto é o ponto mais alto da cidade e local de um templo dedicado a Afrodite.

18:2-4

Enquanto ministravam em Atenas, Silas e Timóteo se juntaram a Paulo por um tempo, mas aparentemente ouviram relatos perturbadores sobre a perseguição da incipiente igreja em Tessalônica. Para verificar seu progresso e oferecer assistência, Paulo e Silas enviaram Timóteo (1Ts 3:1-2, 5). Durante sua ausência, Paulo decidiu seguir para Corinto, deixando Silas em Atenas para concluir o trabalho e esperar por Timóteo. Levaria algum tempo até que Paulo visse qualquer um deles novamente.

Uma vez que enxergamos Paulo como um herói da fé, podemos pensar que ele entrou confiante em Corinto, avaliou a situação e começou a trabalhar. Mas esse não é o quadro que Paulo pinta ao descrever seu primeiro encontro com o povo de Corinto:

> Amigos, vocês devem estar lembrados da primeira vez em que os visitei, para deixá-los a par da grande jogada de Deus. Na ocasião, não tentei impressionar ninguém com discursos sofisticados ou com argumentos filosóficos. Decidi apresentar primeiro Jesus e quem ele é, de maneira pura e simples. Depois, falei de Jesus e do que ele fez — o Jesus crucificado. Não estava certo sobre como apresentar o tema. Sentia-me despreparado. Se querem saber a verdade, eu estava morrendo de medo. Assim, nada do que eu disse deve ter impressionado vocês. Mas, mesmo assim, a Mensagem cumpriu seu propósito. O Espírito e o poder de Deus fizeram isso, o que deixa claro que a vida de fé que possuem é uma resposta ao poder de Deus, não o resultado de técnicas de manipulação mental ou emocional. (1Co 2:1-5, MSG)

Quando chegou, Paulo não conhecia ninguém. A Macedônia não tinha sido gentil com ele. As igrejas que ele plantara em Filipos, Tessalônica e Bereia tiveram um grande custo pessoal para ele, física e emocionalmente. Ele se apresentou brilhantemente em Atenas, mas colheu poucos frutos — apenas um punhado de crentes como resultado de seu tempo lá. Problemas na Macedônia pesavam em sua mente. Agora, enquanto o apóstolo entrava em outro circo cultural e sentia os primeiros tremores do choque de moralidade, o estresse sem dúvida o alcançou. Ele precisava de apoio. Felizmente, o Senhor havia preparado um casal em posição única para ajudar a atender às suas necessidades mais urgentes. Ele precisava de parceiros de prestação de contas e de companheirismo; Áquila e Priscila eram judeus, expulsos de Roma e novos em Corinto como ele. Ele precisava de renda; praticavam o mesmo ofício, dividiram seus negócios com ele e lhe ofereceram um lugar para morar. Lucas não menciona nada sobre como, quando ou onde o casal creu pela primeira vez; talvez já fossem cristãos ou chegaram a Cristo através da pregação de Paulo. Independentemente disso, enquanto esperava a chegada de Silas e Timóteo, Paulo se recuperou por meio do cuidado e do carinho desses novos amigos.

Paulo não passava todo o seu tempo ganhando a vida; ele guardava o sábado e, naqueles dias, "debatia" (ver comentários sobre At 17:2-4) na sinagoga com os judeus locais, de acordo com seu procedimento normal (18:4).

18:5,6

A chegada de Silas e Timóteo da Macedônia deve ter sido um alívio avassalador para Paulo. Além de seu conforto como parceiros no ministério, eles trouxeram boas-novas dos crentes tessalonicenses. Paulo escreveu-lhes de Corinto:

> Agora, porém, Timóteo acaba de chegar da parte de vocês, dando-nos boas notícias a respeito da fé e do amor que vocês têm. Ele nos falou que vocês sempre guardam boas recordações de nós, desejando ver-nos, tanto quanto queremos ver vocês. Por isso, irmãos, em toda a nossa necessidade e tribulação ficamos encorajados por causa da fé que têm. Pois agora vivemos, uma vez que estão firmes no Senhor. (1Ts 3:6-8)

Timóteo também trouxe apoio financeiro dos crentes em Filipos. Ele lembrou em uma carta posterior: "Como vocês sabem, filipenses, nos seus primeiros dias no evangelho, quando parti da Macedônia, nenhuma igreja participou comigo no que se refere a dar e receber, exceto vocês; pois, quando tive necessidade em Tessalônica, vocês me mandaram ajuda não apenas uma vez, mas duas" (Fp 4:15,16). Paulo não deu continuidade ao seu ofício, mas dedicou-se exclusivamente ao ministério na sinagoga, tentando persuadir os judeus e prosélitos gentios. Lucas afirma que eles se opuseram e lançaram maldições ou blasfêmias, rejeitando sua mensagem de maneiras passivas e agressivas (At 18:6). Hoje em dia, reservamos a palavra "blasfêmia" para aqueles que injuriam a Deus, mas o termo grego se aplica de maneira mais geral para significar qualquer discurso que avilta alguém. De fato, eles não blasfemaram contra Deus (pelo menos não diretamente) — eles blasfemaram contra Paulo. Como aprendemos anteriormente, blasfemar é amaldiçoar, caluniar ou tratar alguém com desprezo. Blasfêmia é qualquer tipo de discurso que desconsidere ou desrespeite o valor do outro.

O gesto de Paulo de sacudir suas roupas é altamente simbólico e extremamente ofensivo. As pessoas sacudiam suas roupas para se livrar de migalhas após uma refeição ou de poeira depois terem se sentado por um período de tempo. Sem palavras, ele disse: "Vocês agora são como migalhas para mim; estou sacudindo vocês e deixando-os para trás". Neemias usou o gesto ao cobrar que um grupo de homens honrasse suas promessas: "Também sacudi a dobra do meu manto e disse: 'Deus assim sacuda da sua casa e dos seus bens todo aquele que não mantiver a sua promessa. Tal homem seja sacudido e esvaziado!'" (Ne 5:13). Paulo acompanhou o gesto com uma advertência de que o julgamento seguiria a rejeição do evangelho por parte deles. E, com isso, comprometeu-se a levar a Palavra de Deus aos gentios (At 13:46).

18:7-11

Paulo não foi muito longe quando deixou os judeus para pregar aos gentios! Tício Justo era um prosélito gentio na sinagoga que se tornara crente, presumivelmente através do ministério de Paulo (18:7). Alguns estudiosos acreditam que ele é o mesmo Gaio, mencionado em outro lugar (Rm 16:23; 1Co 1:14), argumentando que Gaio é um nome próprio e Tício Justo é um nome de família. Mas as evidências são muito escassas para fazer uma afirmação categórica. Independentemente disso, ele permitiu a Paulo o uso de sua casa, que por acaso ficava ao lado da sinagoga e era grande o suficiente para servir de base para o ministério. A menção de Lucas aos muitos coríntios ouvindo, crendo e sendo batizados parece incluir um número de judeus. Deve ter sido uma visão embaraçosa ter a sinagoga silenciosa e vazia enquanto multidões enchiam a casa ao lado para adorar. Tornou-se ainda mais constrangedor quando o líder da sinagoga, Crispo, também levou sua família à casa ao lado (At 18:8)!

A essa altura, Paulo deve ter começado a se preocupar com uma repetição das experiências dolorosas que havia sofrido em Filipos, Tessalônica e Bereia. Afinal, ele era apenas um ser humano comum. Extraordinário em muitos aspectos, mas não menos afetado pela indignação das falsas acusações e pelo trauma físico e emocional dos espancamentos e prisões. Qualquer pessoa normal começaria a tremer diante da perspectiva de mais sofrimento. Mas o Senhor o tranquilizou, prometendo que, desta vez, proclamar corajosamente o evangelho *não* resultaria em sofrimento. A diferença? "Tenho muita gente nesta cidade" (18:9,10).

A expressão "muita gente" tem dois significados possíveis. A primeira é "tenho pessoas suficientes em posições elevadas para protegê-lo". A segunda é "tenho muitos eleitos nesta cidade, de modo que a conversão deles em grande número servirá para protegê-lo". Esta última é a mais provável. Mesmo que Gálio, um romano de alto escalão, passasse a ficar do lado de Paulo, ele não era um crente. Como se vê, a igreja em Corinto cresceria muito rapidamente e acrescentaria ao seu rol vários cristãos em posições de poder.

Lucas afirma que Paulo ministrou em Corinto por um total de dezoito meses — muito mais do que em qualquer outro local até então (18:11). Isso provavelmente ocorreu porque o tamanho da cidade exigiu essa quantidade de tempo e porque ele encontrou relativamente pouca oposição.

18:12,13

Gálio nasceu Marcus Annaeus Novatus, filho do retórico Sêneca, o Velho, mas tomou o nome de seu pai adotivo, Lucius Junius Gálio. O irmão de Gálio era o filósofo Sêneca, o Jovem. Entre 51 e 53, Gálio ocupou o posto de procônsul na Acaia, um cargo subordinado diretamente ao senado e dotado de poder militar e judicial absoluto sobre a província. Ele finalmente retornou a Roma para servir como cônsul durante a administração de Nero. Sua participação em um complô para matar o imperador desvairado custou-lhe a vida em 65 d.C.[174]

Os judeus incrédulos que mantiveram o controle da sinagoga responderam como seus confrades apóstatas na Macedônia, Pisídia e Galácia. Apelaram aos funcionários pagãos do governo para destruir Paulo porque não podiam refutar o evangelho. Pedir aos romanos que interviessem demonstrou sua falta de lealdade à sua herança judaica, apesar de sua suposta devoção à sinagoga. Arrastaram Paulo diante da *bēma* [968], o "assento do julgamento" na ágora , e apresentaram uma queixa ao procônsul (18:12). Observe sua acusação contra Paulo: "Este homem está persuadindo o povo a adorar a Deus de maneira contrária à lei" (18:13; cf. 16:21; 17:6,7, 13).

Barry Beitzel

A *Bēma* em Corinto.

Lei de quem? O líder judeu deve ter apelado ao procônsul tendo em vista o direito romano. Embora, sob o ponto de vista romano, o movimento cristão nascente provavelmente teria sido visto como uma seita do judaísmo e, portanto, uma religião legal sob o direito romano, os líderes religiosos judeus já estavam tomando medidas para expulsar os seguidores de Jesus da sinagoga. Ao afirmar que os cristãos adoravam a Deus contrariamente à lei, eles estavam dizendo, com efeito, que Paulo e os primeiros crentes não faziam parte da ortodoxia judaica permitida por Roma. Se os líderes judeus conseguissem que um procônsul romano reconhecesse as diferenças entre o cristianismo e o judaísmo, entre a igreja e a sinagoga, talvez pudessem expulsar os discípulos de Jesus através do édito romano!

18:14-17

Paulo já estivera nessa posição antes. Esta não foi sua primeira *bēma*. E raramente correu tudo bem para ele. Nessas outras ocasiões, ele nunca recebeu a oportunidade de montar uma defesa, chamar testemunhas ou mesmo contar seu lado da história. Então, quando abriu a boca para falar e Gálio o interrompeu, tenho certeza que sentiu um leve nó no estômago. Para sua alegria, no entanto, Gálio reconheceu a insensatez da situação. Ironicamente, ele apontou os judeus para sua própria lei, como se dissesse: "Não se preocupem com a lei romana; eu vou cuidar disso. Lembrem-se da sua própria lei, na qual não tenho interesse" (18:14-16). Como as decisões de um procônsul eram vinculantes para seus sucessores, a decisão de Gálio estabeleceu um precedente jurídico crucial em Corinto.

Esse duro e humilhante tapa não caiu bem perante a facção incrédula dos judeus. Depois que Crispo abandonou sua posição como "líder da sinagoga" (18:8), um homem chamado Sóstenes aparentemente tomou seu lugar e pode ter liderado a acusação posterior contra Paulo. Quando Gálio rejeitou a queixa dos judeus com algum desdém, o público predominantemente gentio começou a bater no líder judeu (18:17).

Na carta de Paulo a Corinto, ele inclui um Sóstenes na saudação (1Co 1:1). É possível que seja o mesmo homem; se assim for, este incidente pode ter sido um catalisador em sua conversão.

18:18

Enfim, havia chegado a hora de voltar para casa, apresentar um relatório, descansar e depois decidir o que deveria acontecer na sequência. "Síria" refere-se à Antioquia da Síria, a igreja que enviou Paulo. Ele deixou a movimentada metrópole de Corinto e foi para Cencreia, o porto marítimo para viajantes com destino ao leste, localizado a apenas 11 quilômetros a sudeste. Áquila e Priscila, os novos amigos leais de Paulo, o acompanharam, embora o motivo não esteja claro. Parece que eles planejavam se mudar para Éfeso, seja por razões pessoais ou como parte do plano final de Paulo de penetrar na província da Ásia com o evangelho.

A referência de Lucas ao fato de Paulo rapar a cabeça indica que ele havia feito um voto de nazireu (Nm 6:1-21). Por esse voto especial, um judeu, homem ou mulher, comprometia-se ao uso exclusivo do Senhor para realizar um objetivo específico. Durante esse tempo, o indivíduo concordava em abster-se de qualquer produto da videira — vinho, bebida forte, uvas, passas, suco —, evitar o contato com os mortos e não cortar o cabelo. Quando os judeus viam um judeu com cabelos longos, especialmente um homem, imediatamente reconheciam o sinal de um voto. De acordo com o costume, Paulo deveria entregar um sacrifício especial no templo após a conclusão de seu voto (Nm 6:13-21). Como um animal era queimado no altar nesse ritual elaborado, ele deveria apresentar seu cabelo cortado ao sacerdote, que o queimaria no altar como uma oferta de paz. Após este ritual, os nazireus podiam novamente desfrutar do fruto da videira.

18:19-21

No caminho para a Síria, o navio de Paulo desembarcou perto de Éfeso, onde Áquila e Priscila desembarcaram. Ele aproveitou a oportunidade para visitar a sinagoga e "começou a debater" (18:19; cf. 17:2-4) com os judeus e prosélitos gentios. Ao contrário de outros locais, as pessoas na sinagoga de Éfeso receberam sua mensagem abertamente, convidando-o até mesmo a ficar mais tempo (18:20). Paulo deve ter se angustiado diante das tarefas que tinha que executar; quantas vezes ele esperou ver seus parentes judeus responderem ao evangelho tão abertamente. Ele saiu com a promessa de voltar "se for da vontade de Deus" (18:21).

18:22

Lucas conclui seu relato da segunda viagem de Paulo com um breve resumo de seu itinerário. Desembarcou em Cesareia, o principal porto marítimo de Jerusalém. A palavra "subiu" identifica a cidade montanhosa de Jerusalém como seu destino, onde ele se conectou com os apóstolos e presbíteros e, presumivelmente, completou seu ritual nazireu no templo. Por fim, sua jornada o levou de volta "para baixo", para a Antioquia da Síria, a igreja que o enviou.

APLICAÇÃO

Atos 18:1-22

UMA VIDA CORRETA EM UM MUNDO SEM DEUS

Paulo havia ministrado em algumas das culturas mais diversas e extremas do mundo antigo. Muitas eram como sua cidade natal,

Tarso, oferecendo o melhor em termos de educação e cultura ao lado das piores oportunidades de cobiça e sensualidade. À medida que ele se aventurava mais longe de casa e mais perto de Roma, a balança inclinava-se fortemente para a dissipação pagã, já que as comunidades judaicas constituíam uma fração diminuta da população. Em Atenas, Paulo praticamente não encontrou influência judaica. E em Corinto? Foi como encontrar uma igreja no distrito da luz vermelha de Amsterdã.

Lucas nunca explica por que Paulo fez seu voto de nazireu. Como um jovem fuzileiro naval saindo de um navio em Yokohama, posso imaginar. Chegou a Corinto sozinho. Ele era um homem viril, e os apóstolos não estavam imunes à tentação; na verdade, eles, sem dúvida, eram ainda mais tentados nessa área por causa de seu trabalho. Quando jovem, longe de casa, sozinho pela primeira vez, vi-me cercado por oportunidades de pecado anônimo e tive uma decisão a tomar. Olhar para a minha aliança de casamento tornou essa escolha mais fácil. Eu tinha feito um voto. Alguém em casa estava confiando em mim. Eu teria que olhá-la nos olhos um dia e dizer a verdade sobre onde eu tinha ido e o que eu tinha feito. Talvez Paulo, sozinho e sem ninguém a prestar contas, no meio da fossa de Corinto, também tenha feito seu voto.

Como o apóstolo em Corinto, lutamos para manter altos padrões cristãos em um mundo que se preocupa cada vez menos com a moralidade. A experiência de Paulo destaca três princípios que nos ajudarão a sobreviver e prosperar apesar do declínio moral.

Primeiro, *quanto mais escura a cena, maior o desafio*. Se você se encontra em uma área dominada por não-cristãos, isso pode lhe ser favorável. É fácil tornar-se letárgico e complacente em ambientes exclusivamente cristãos. Portanto, use o desafio de suas circunstâncias sombrias para impulsioná-lo, em vez de arrastá-lo para baixo. Você faz isso declarando sua identidade logo de início. Faça-o com ousadia, mas sem ser desagradável. Se você é um estudante universitário, use uma camiseta cristã com design de bom gosto que o identifique como um crente. Se você está em um novo emprego, discretamente coloque uma pequena Bíblia em sua mesa. Basta mantê-la à mão e à vista de todos; não agite bandeiras ou erga um santuário em seu escritório. Estabelecer sua identidade cristã desde o início lhe dá algo a defender quando a oportunidade para o pecado anônimo se apresenta.

Em segundo lugar, *quanto mais fraco o porta-voz, mais forte é a mensagem*. Sinto-me encorajado por saber que Paulo lutou contra a insegurança, sentindo-se intimidado e incerto. Ele não considerava suas limitações pessoais uma desvantagem para o evangelho; pelo contrário, ele destacou suas fraquezas para validar a mensagem do evangelho como Deus ordenou (1Co 2:1-5). Tornou-se um instrumento divino bem-sucedido porque permaneceu fiel; manteve-se afastado do pecado.

O mesmo pode ser verdade para nós. Cercados por todas as influências erradas, nos sentimos inadequados para enfrentá-las. Na verdade, nós *somos* inadequados! Felizmente, Deus não nos chamou para consertar o mundo sozinhos, apenas para permanecermos fiéis a Ele — para seguir suas orientações e fazermos o que pudermos. Ao obedecermos, Ele falará através de nós. Nossa fraqueza exibirá sua força.

Terceiro, *quanto maior a resistência, menor o medo*. Qualquer um pode lutar contra um adversário fraco. Qualquer um pode continuar quando a coisa é fácil. Isso não requer determinação nem fé, e não resulta em nenhum crescimento pessoal. No entanto, quando pessoas e influências contrárias a Cristo nos rodeiam, a oportunidade de proximidade com o Senhor cresce exponencialmente. É quando você descobre o imenso poder do Espírito Santo. Quando decide permanecer firme, reconhecendo sua própria fraqueza, sua coragem assume o controle. Aos poucos, e ainda de forma sobrenatural, você perde o medo do ridículo e da rejeição. Você descobre o Espírito dentro de você, falando através de você sem hesitação ou intimidação.

O evangelho pleno

LEIA ATOS 18:23—19:7

Na década de 1970, o termo "evangelho pleno" — um termo controverso e irônico — tornou-se popular entre alguns cristãos pentecostais. De acordo com essa corrente particular de pentecostais, alguém poderia tornar-se um crente e viver por anos sem receber o dom do Espírito Santo. Alguns modificaram essa teologia herética, dizendo que alguém poderia se tornar um cristão e receber o Espírito Santo, mas não ser "preenchido" a ponto de exibir habilidades sobrenaturais, como cura, profecia, falar em línguas ou expulsar demônios. Muitos cristãos não pentecostais se ofenderam — e com razão — porque a designação "evangelho pleno" implica que aqueles que não exibem esses dons sobrenaturais são incompletos, ou "cristãos parciais".

Esses teólogos do "evangelho pleno" reforçaram seus ensinamentos utilizando-se de Atos 19:1-7. Como veremos, no entanto, eles convenientemente não entenderam Lucas. A atenção ao contexto próximo, começando com 18:23, mostra que o autor inseriu esse interlúdio entre a segunda e a terceira viagens missionárias de Paulo para mostrar que não é possível se tornar um "crente parcial" assim como uma mulher não pode ficar "parcialmente grávida". Ou há outra vida no interior ou não há. Lucas ilustra essa verdade fornecendo dois retratos de antes e depois, ambos ocorrendo em Éfeso ou em seus arredores.

18:23

No final de sua segunda viagem missionária, Paulo retornou a Antioquia da Síria, onde provavelmente passou o inverno de 51/52 d.C. Logo após o degelo da primavera, ele partiu novamente, seguindo o mesmo curso da segunda viagem, através da Síria e para a Cilícia, onde provavelmente parou em sua cidade natal, Tarso, para uma breve visita. Assim que o tempo permitiu, ele teria usado as Portas da Cilícia para atravessar os montes Tauro até a Galácia, depois a Frígia. As igrejas que ele plantou em Derbe, Listra, Icônio e Antioquia da Pisídia devem ter se emocionado ao vê-lo. Lucas afirma que Paulo fortaleceu os crentes ao longo do caminho. Provavelmente não ficou muito tempo em cada local; ele queria voltar a Éfeso em breve. Ele não só queria cumprir sua palavra, mas também mal podia esperar para ministrar na região que Deus havia fechado para ele mais cedo.

18:24-26

Lucas aproveita para mudar a cena para Éfeso, que estava adiante de Paulo. Duas vinhetas se concentram em pessoas que ouviram parte das boas-novas, mas ainda precisavam de instrução para uma compreensão mais completa da fé.

Apolo era um judeu de Alexandria, Egito, influenciado pelo ministério de João, o Batizador (talvez pessoalmente, porém mais provavelmente pela reputação). O ministério de João teve implicações profundas e de longo alcance por si só, mesmo antes da chegada do Messias. Ele ficou conhecido por dar uma nova aplicação ao rito judaico do batismo na água. Normalmente, os prosélitos gentios eram batizados como o estágio final de sua conversão ao judaísmo, após intenso treinamento na língua hebraica e na Lei de Moisés, um exame rigoroso e, em seguida, a circuncisão.

Muitos desejavam estar bem com Deus, por isso vieram a João para serem batizados. Mas João ensinou a essas pessoas que o Messias viria com um batismo maior. João prometeu: "Eu os batizo com água, mas virá aquele que é mais poderoso do que eu, de quem não sou digno de desamarrar as correias das sandálias. Ele os batizará com o Espírito Santo e com fogo" (Lc 3:16).

JOÃO, O BATIZADOR

ATOS 18:25; 19:1-7

João, o Batizador, é uma figura sombria na mente de muitos cristãos. A maioria poderia encaixar tudo o que sabe sobre ele em um lado de um cartão de dez por quinze com muito espaço de sobra. Está bem claro que ele batizou as pessoas. Alguns sabem que ele vivia no deserto e subsistia com uma dieta estranha de gafanhotos e mel. Os interessados em teologia o conhecem como o precursor do Messias. Mas isso é tudo o que a maioria das pessoas sabe. No entanto, Jesus disse a respeito dele: "Entre os que nasceram de mulher, não surgiu ninguém maior do que João Batista" (Mateus 11:11).

O doutor Lucas, médico de formação, interessava-se pela humanidade dos homens e mulheres que cercavam Jesus. Com ele aprendemos que João foi filho único de um sacerdote idoso, Zacarias, e de sua esposa já na pós-menopausa, Isabel. Seu nascimento atraiu a atenção de todos na região montanhosa da Judeia, não só porque foi cercado por ocorrências milagrosas, mas também porque João seria reservado desde o primeiro dia para viver um estilo de vida ascético semelhante ao de um nazireu. Ele não deveria cortar o cabelo, tocar em nada morto ou consumir qualquer produto da videira — nem vinho, nem uvas, nem passas (Lc 1:15; Nm 6:2-6). Deus o havia escolhido, antes mesmo de sua concepção, para ser o precursor profetizado do Messias (Is 40:3-5; Lc 1:76).

Ele não viveu até a vida adulta na corte de um palácio. Lucas diz: "O menino crescia e se fortalecia em espírito; ele viveu no deserto até aparecer publicamente a Israel" (Lc 1:80). Não entenda mal, mas esse não era um deserto como Palm Springs.[1] João cresceu entre poeira, rochas e arbustos, em meio a um calor intenso e escassez de tudo, incluindo comida e água. No entanto, no silêncio, na solidão e na simplicidade daqueles dias difíceis, comungou com o Autor da verdade. O Espírito Santo o encheu desde seus primeiros anos (Lc 1:15), e ele viveu de acordo com o princípio fundamental do reino de Deus — um padrão que Israel havia deixado de atender séculos antes: "Nem só de pão viverá o homem, mas de toda palavra que procede da boca do Senhor" (Dt 8:3).

[1] Palm Springs é uma famosa cidade resort situada no deserto de Sonora, na Califórnia, EUA. É conhecida por suas fontes termais, hotéis elegantes, campos de golfe e spas. A região é caracterizada por um clima desértico, com temperaturas quentes durante o dia e mais frias à noite. O deserto em torno de Palm Springs também oferece muitas oportunidades para atividades ao ar livre, como caminhadas, ciclismo e passeios de jipe. [Nota do editor.]

Quando João saiu do deserto para confrontar e condenar a nação de Israel, quão diferente ele era dos líderes religiosos que as pessoas estavam acostumadas a ouvir! O Evangelho de Marcos nos diz que "João vestia roupas feitas de pelos de camelo, usava um cinto de couro na cintura e comia gafanhotos e mel silvestre" (Mc 1:6). Enquanto os saduceus, fariseus, os principais sacerdotes, os escribas e os herodianos vestiam roupas finas e se alimentavam com carne e muito vinho, João estava abatido em razão da vida ascética e tinha a pele maltratada pelo sol. E sua mensagem era tão sem enfeite e inflexível quanto sua aparência. Quando saduceus e fariseus, praticantes da religião hipócrita, o procuraram para um vistoso batismo de falso arrependimento, ele não consentiu— e deixou isso muito claro a todos! "Raça de víboras! Quem deu a vocês a ideia de fugir da ira que virá? Deem fruto que mostre arrependimento. Não pensem dizer a vocês mesmos: 'Temos Abraão como pai', pois eu digo que destas pedras Deus pode fazer surgir filhos a Abraão" (Mt 3:7-9). Ah, como a elite religiosa o odiava! E eles o teriam matado se ele não estivesse protegido pelo deserto e cercado por multidões cada vez maiores de pessoas que genuinamente se arrependeram de seus pecados.

O profeta Malaquias havia previsto que uma figura semelhante a Elias anunciaria a chegada iminente do Messias (Ml 3:1; 4:5,6). Muitos entenderam as palavras do profeta de forma literal e esperavam o retorno do Elias real — especialmente porque Elias havia sido levado ao céu antes da morte (2Rs 2:9-12). Embora João, o Batizador, fosse de fato o cumprimento da profecia de Malaquias, ele não era o reverenciado vidente de antigamente.

João começou a pregar arrependimento e a batizar pessoas no deserto. O batismo judaico era um rito no qual um novo convertido ao judaísmo era cerimonialmente imerso na água como um símbolo de purificação definitiva do pecado antes de entrar na comunidade hebraica da aliança. Destinava-se a prosélitos gentios, não a judeus já nascidos na aliança de Deus com Abraão. Assim, João deu ao rito do batismo de prosélito uma nova aplicação quando chamou os judeus para um batismo de arrependimento. Com efeito, ele estava dizendo: "Por causa de seus pecados, vocês estão fora da aliança de Abraão com Deus. Vocês devem se arrepender como um gentio e vir a Deus como se fosse a primeira vez". Como resultado, judeus fervorosos vieram em massa! No entanto, João admitiu que seu batismo era meramente simbólico, e rapidamente desviou a discussão do batismo na água — que por si só apontava para o Messias — na direção daquele que ele viera anunciar. Afinal, ele era apenas uma testemunha da verdade, não a fonte da verdade. Ele era apenas o candelabro, não a luz.[175]

Em Éfeso, Priscila e Áquila, os companheiros de Paulo, encontraram Apolo, um judeu fervoroso que proclamava o Messias enquanto estendia o ministério de João. Lucas o descreve como um "homem culto" que "tinha grande conhecimento das Escrituras" (At 18:24). As "Escrituras", neste caso, provavelmente teriam incluído o Antigo Testamento traduzido para o grego, uma obra hoje conhecida como Septuaginta. A palavra traduzida como "culto" (*logios* [3052]) significa "instruído", "letrado" ou "capaz de articular o que aprendeu" — qualidades que o mundo esperava de Alexandria, a capital política e intelectual do Egito e, à parte de Roma, a cidade mais importante do mundo antigo. Junto com suas outras características principais, Alexandria foi um centro de aprendizado e hospedou a maior biblioteca do mundo, onde setecentos mil textos gregos foram armazenados antes da destruição parcial da biblioteca pelo exército de Júlio César. Os livros da Septuaginta de Gênesis a Deuteronômio foram traduzidos em Alexandria durante o século III a.C. Consequentemente, um professor de Alexandria teria uma influência considerável, não muito diferente de um PhD de Harvard, Yale, Stanford ou Oxford.

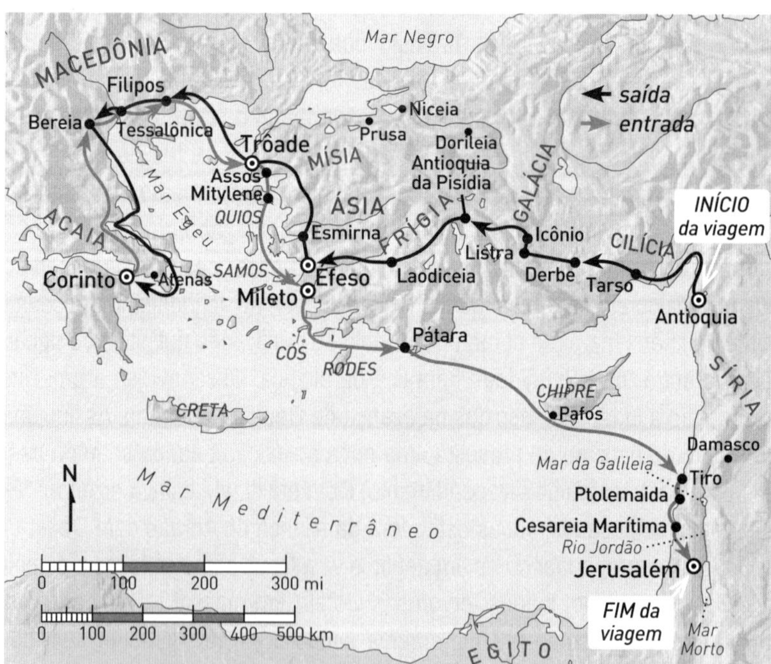

Terceira Viagem Missionária de Paulo. Paulo e seus companheiros partiram mais uma vez de Antioquia e viajaram pela Ásia e Grécia até Corinto. O apóstolo voltou pelas mesmas cidades da Grécia; em seguida, seguiu de barco pela costa ocidental da Ásia e navegou pelo Mediterrâneo para retornar a Jerusalém.

Apolo tinha ouvido falar de Jesus e da chegada do Espírito Santo de judeus que voltavam do Pentecoste, mas não tinha a história completa; ele havia aprendido sobre o "caminho do Senhor [...], embora conhecesse apenas o batismo de João" (18:25). Seu ensinamento era bom e correto uma vez que provava a partir do Antigo Testamento que Jesus é o Cristo, mas elementos-chave estavam ausentes. O batismo cristão difere do batismo de João porque simboliza a união do crente com Cristo em sua morte, sepultamento, ressurreição, vida nova e unidade no reino de Deus (Rm 6:3-10; 1Co 12:13; Gl 3:27; Cl 2:12). Essa deficiência levou Áquila e Priscila a instruir Apolo em particular, para dar-lhe uma imagem mais completa e precisa do "caminho de Deus" (At 18:26).

18:27,28

Notavelmente, Lucas não descreve a experiência de conversão de Apolo (cf. 9:1-7), muito provavelmente porque ele já havia crido e já teria recebido o Espírito Santo, mas não demonstrava habilidades milagrosas. Ele recebeu uma explicação mais completa da teologia cristã dos amigos de Paulo, o que o tornou um professor e evangelista mais eficaz, mas ele não experimentou uma mudança radical. Suas credenciais como um crente genuíno e um professor culto impressionaram os irmãos em Éfeso o suficiente para que eles escrevessem cartas de apresentação em seu nome, de modo que pudesse ministrar efetivamente em Corinto com o endosso deles.

19:1,2

Lucas justapõe a experiência de Apolo com a de doze homens perto de Éfeso.

Paulo estava ministrando às igrejas que ele e Barnabé haviam estabelecido na Galácia e na Pisídia, nas cidades de Derbe, Listra, Icônio e Antioquia, enquanto viajava para o leste na via Sebaste. De Antioquia, Paulo passou pelas "regiões altas", uma típica expressão grega. Os antigos não pensavam em "para cima" e "para baixo" como norte e sul, como fazemos, mas sim em termos de elevação. Alguém "subia" para Jerusalém, uma cidade no topo de uma montanha, e "descia" ao sair de lá. Assim, ele provavelmente não visitou Colossos e Laodiceia (cf. Cl 2:1), mas tomou uma rota mais direta através da Filadélfia, talvez Sardes, e depois através do vale do rio Caístro até Éfeso.

A gramática de Lucas pode indicar que Paulo "encontrou alguns discípulos" ao longo do caminho para Éfeso ou em Éfeso. Uma tradução literal seria: "Paulo viajou pelas partes superiores para chegar a Éfeso e descobriu alguns discípulos". Isso poderia explicar por que o ministério de Apolo, Áquila e Priscila na sinagoga de Éfeso não havia afetado essas pessoas. A transição para Atos 19:8, no entanto, favorece a ideia de que Paulo encontrou os discípulos em sua chegada a Éfeso; o versículo diz que ele entrou na sinagoga após seu encontro com os discípulos, dando a entender que já havia chegado à cidade de Éfeso.

Lucas normalmente usa o termo grego para "discípulo" (*mathētēs* [3101]) para se referir aos crentes, mas neste caso denota "cristãos em espera" — judeus que haviam respondido positivamente ao ministério de João Batista, mas que ainda não haviam recebido uma articulação completa da pessoa e obra de Jesus Cristo. Eles tinham apenas informações parciais e não haviam recebido o Espírito Santo. Paulo sondou o entendimento deles para diagnosticar sua necessidade — determinar se eles eram ignorantes ou rebeldes. Ele não questionou nem negou a sinceridade deles. Ele não sondou sua teologia, examinou seus atos ou mediu sua piedade. Em vez disso, perguntou se eles haviam recebido o Espírito Santo. Deus, o Pai, responde à confiança genuína em Jesus Cristo dando o dom de seu Espírito — sempre. Neste caso, Ele adiou esse dom apenas para conceder aos apóstolos em Jerusalém a oportunidade de testemunhar o evento; Ele queria assegurar aos cristãos judeus que os crentes samaritanos e gentios eram plenamente aceitos por Ele (8:14-17).

19:3-7

Quando os discípulos revelaram sua ignorância sobre o Espírito Santo, Paulo reconheceu que eles nem sequer tinham ouvido falar sobre os eventos de Pentecoste (19:2; ver 2:1-12). Como Apolo, eles haviam respondido ao convite de arrependimento de João, o Batizador (19:3), e aguardavam o Messias como João havia indicado; mas, enquanto Apolo fora instruído no "caminho" (18:25; cf. 9:2), essas pessoas nada sabiam sobre Jesus Cristo. Muito embora Apolo "fala[sse] e ensina[sse] com exatidão acerca de Jesus" (18:25) e depois foi instruído "com mais exatidão" (18:26), Paulo apresentou Cristo a esses discípulos pela primeira vez. Ele começou com o ensinamento do Batizador, que apontava para o Messias, e depois declarou Jesus como sendo o Cristo (19:4). Em resposta, os discípulos creram e então receberam o batismo cristão (19:5).

Em um ato incomum, Paulo impôs as mãos sobre os novos crentes e eles receberam o Espírito Santo. Isso faz um paralelo com um episódio anterior em que Pedro e João (o apóstolo, não o Batizador) fizeram algo semelhante. Eles tinham ouvido falar sobre o sucesso do evangelho entre os samaritanos, que eram desprezados pelos judeus como mestiços e comprometidos com gentios. A possibilidade de que os samaritanos pudessem se tornar crentes genuínos forçava os limites da credibilidade para os crentes judeus. Assim, os dois apóstolos viajaram para Samaria para ver por si mesmos. Quando chegaram, impuseram as mãos sobre os novos crentes e o Espírito Santo encheu os samaritanos (8:14-17). Isso provou conclusivamente, para os judeus e para os samaritanos, que Deus havia aceitado esses novos crentes como cidadãos de pleno direito de seu reino. O gesto de Paulo em 19:6 cumpriu um propósito semelhante. Deus autenticou esses discípulos dando-lhes provas sobrenaturais de seu Espírito.

A evidência milagrosa do Espírito Santo também replica o efeito no Pentecoste. Deus permitiu que os crentes judeus recém-capacitados falassem em línguas e profetizassem a fim de validar a promessa do Antigo Testamento a respeito do Espírito de Deus (Jl 2:28-32). Da mesma forma, esses crentes judeus em Éfeso receberam habilidades milagrosas para autenticar a realidade do Espírito Santo, sobre o qual não tinham ouvido falar, e para validar o evangelho dentro da comunidade judaica (cf. 1Co 14:22). O tempo imperfeito de "falar" e "profetizar" é o que os gramáticos chamam de "ingressivo", o que significa que os novos crentes começaram e depois continuaram a exibir essas habilidades milagrosas. O número doze (At 19:7) seria altamente significativo para os judeus por causa de sua correspondência com as doze tribos de Israel.

Deus permitiu que os crentes demonstrassem o poder milagroso do Espírito Santo por uma razão: autenticar sua aceitação como representantes de Deus. Como o dr. Stanley Toussaint aponta, nem toda instância de salvação é acompanhada por uma exibição milagrosa, e "a recepção do Espírito Santo em Atos não segue nenhum padrão definido. Ele entrou nos crentes antes do batismo (10:44), no momento do batismo ou após (8:12-16; 19:6) e pela imposição de mãos apostólicas (8:17; 19:6)".[176]

SITUAÇÕES DE EVIDÊNCIA MIRACULOSA DO ESPÍRITO SANTO

Passagem	Sujeitos	Observadores	Propósito
2:1-4	Crentes judeus	Descrentes judeus	Autenticar o cumprimento da profecia do Antigo Testamento relativa ao Espírito Santo (Jl 2:28-32)
8:14-17	Crentes samaritanos	Crentes judeus	Autenticar a aceitação dos samaritanos por Deus como cristãos
10:44-47	Crentes gentios	Crentes judeus	Autenticar a aceitação dos gentios por Deus como cristãos
19:1-7	Discípulos judeus de João Batista	Crentes judeus	Autenticar o evangelho entre os judeus em Éfeso

APLICAÇÃO

Atos 18:23—19:7

O ESPÍRITO DE SALVAÇÃO

Apolo e os outros "discípulos incompletos" compartilhavam uma semelhança: eles sabiam apenas sobre o batismo associado ao ministério de João, o Batizador. Antes de Jesus emergir como o Messias, João preparou Israel para a chegada dele enquanto oferecia um batismo de arrependimento. O batismo cristão se baseia no de João, mas simboliza muito mais. O batismo cristão ilustra a identificação do crente com Cristo em sua morte, sepultamento, ressurreição (Rm 6:3-5), nova vida e unidade com todos os outros crentes (1Co 12:13). Nem Apolo nem os discípulos incompletos sabiam do batismo cristão.

Além dessa semelhança, no entanto, Apolo e os discípulos incompletos exibem alguns contrastes úteis.

- Apolo tinha ouvido falar de Jesus (At 18:25);
- Apolo sem dúvida ouvira falar de Pentecoste e da chegada do Espírito Santo; os discípulos "nem sequer [ouviram] que existe o Espírito Santo" (19:2).
- O ministério de Apolo foi aprimorado, mas não mudou; os discípulos experimentaram uma mudança radical.

Lucas não menciona nada sobre evidências milagrosas do Espírito Santo em Apolo; os discípulos não ouviram falar do Espírito Santo e, então, ao crer, começaram a falar em línguas e profetizar. Essas importantes diferenças destacam quatro conclusões importantes.

Primeiro, *o arrependimento não é suficiente sem a confiança em Cristo*. O arrependimento é um começo necessário, mas o arrependimento, por si só, não salva um indivíduo das consequências eternas do pecado. É preciso crer no sacrifício expiatório de Jesus Cristo e aceitar o perdão de Deus como um dom gratuito à parte das boas obras.

Em segundo lugar, *a presença do Espírito Santo indica crença genuína, ou o que pode ser chamado de "fé salvadora"*. Os cristãos recebem o Espírito Santo como dom no momento da salvação; aqueles que não têm o Espírito não são salvos.

Terceiro, *o Espírito Santo pode ou não se revelar por meio de habilidades milagrosas*. Os crentes falarão em outras línguas ou profetizarão por meio do Espírito Santo a seu critério para atender às necessidades da época. Os crentes não decidem. A habilidade milagrosa não é aprendida nem adquirida, mas apenas uma obra de Deus.

Quarto, *embora a habilidade milagrosa valide a presença do Espírito Santo, não podemos interpretar a ausência de milagres como a ausência do Espírito.* No Antigo e no Novo Testamentos, os efeitos da obra do Espírito na vida do povo de Deus assumem uma variedade de formas. A presença do Espírito resulta, por exemplo, em sabedoria, compreensão, força e temor a Deus (ver Is 11:2). E sua obra santificadora no crente produz frutos de amor, alegria, paz, paciência, amabilidade, bondade, fidelidade, mansidão e domínio próprio (Gl 5:22,23).

O extraordinário poder de Deus

LEIA ATOS 19:8-20

Na fronteira entre os estados norte-americanos de Arizona e Nevada, um enorme muro de concreto vigia silenciosamente pouco mais de um trilhão de galões de água.[177] Há água suficiente atrás da Represa Hoover para transformar todo o estado da Pensilvânia em uma piscina de uns trinta centímetros de profundidade. No coração deste enorme muro de concreto, com setenta andares de altura e mais de trezentos metros no topo, dezessete turbinas transformam o fluxo de água de alta pressão do lago Mead em 2.080 megawatts de eletricidade. Estar no topo é ver um poder potencial incrível; ver o maquinário transformando o fluxo de água em energia é impressionante. Mas ainda é difícil apreciar o poder dessa maravilha da engenharia. Talvez a melhor maneira de medir o poder da represa Hoover seja olhar para baixo, a partir de uma estação espacial em órbita à noite para ver mais de dois milhões de minúsculos pontos espalhados por Nevada, Arizona e sul da Califórnia, cada luz representando uma casa toda iluminada. E, no entanto, a represa Hoover representa mais do que apenas a energia para acender luzes e operar eletrodomésticos. Seu poder real pode ser mais bem medido em termos de mudança. Desde sua conclusão em 1936, o projeto forneceu energia e água para oito milhões de pessoas em vastas extensões de terra inabitável.[178]

É claro que o poder da represa Hoover não é nada comparado ao poder de Deus, que é onipotente, “todo-poderoso”. Não podemos medir seu poder; só podemos apreciar sua capacidade de realizar mudanças onde e quando Ele quiser. Enquanto o universo, em toda a sua enormidade e complexidade, testemunha o imenso poder do Criador, o cosmos é vasto demais para ser compreendido. Podemos obter uma melhor apreciação de sua onipotência observando as mudanças que Ele traz para vidas sem esperança.

Quando Paulo chegou a Éfeso, grande parte do mundo conhecido havia sido mudado pela rápida disseminação do poder do Espírito Santo, seguindo os caminhos do evangelho enquanto ele irradiava para fora de Pentecoste. Mas muitos lugares, como a província da Ásia, ainda não tinham sido libertados das garras mortais do mal. Agora, durante a estadia de dois anos de Paulo em Éfeso, o poder do Senhor seria especialmente manifesto, acompanhando o evangelho por meio de sinais milagrosos e confrontos bem-sucedidos com a atividade demoníaca de modo a transformar corações endurecidos em toda a Ásia.

19:8-10

Lucas introduz o ministério de Paulo em Éfeso com um resumo, usando o tempo imperfeito (indicando ação contínua, repetitiva ou costumeira) e pintando a cena em pinceladas largas. Como sempre, Paulo começou seu trabalho em Éfeso falando na sinagoga (19:8), que devia ser de um tamanho considerável para uma cidade de 250 mil habitantes ou mais.[179] Durante três meses, Paulo continuou "argumentando" com os judeus, baseando-se no sólido ensinamento de Apolo (18:24-26) e tendo o testemunho de doze novos discípulos na área (19:1-7). Ele havia desfrutado do sucesso inicial durante sua primeira visita, recebendo um convite entusiasmado para ficar (18:19-21). Agora, no entanto, o padrão passou a seguir o de outras cidades. Alguns líderes judeus e várias pessoas da congregação creram, mas a maioria se voltou contra Paulo e se opôs resolutamente à sua mensagem, recorrendo até mesmo à calúnia. Assim, tal como em outras cidades, o apóstolo se afastou dos judeus para se concentrar nos gentios.

Quando Paulo se afastou e levou os discípulos para longe da sinagoga, mudou-se para a "escola de Tirano" (19:9). A palavra grega para "escola" ou "salão de palestras" (*scholē* [4981]) originalmente se referia a "lazer", porque esse era o luxo considerado necessário para as atividades acadêmicas de discussão, estudo e contemplação. Tipicamente localizado dentro da cidade, o projeto arquitetônico de um salão de palestras levava em consideração a função de ensino, aproveitando ao máximo tanto a palestra quanto o método socrático de diálogo. Esta instalação em particular pertencia a Tirano. Infelizmente, o significado de seu nome foi perdido para a história. Tirano era um nome muito comum entre os romanos, de modo que ele pode ter sido um discípulo rico que permitiu que Paulo usasse suas instalações, ou o líder de uma escola de filosofia que alugou o espaço para Paulo, ou um empresário que cedia o espaço a qualquer cliente pagante. Independentemente disso, Paulo usou o *scholē* efetivamente por dois anos (19:10). Éfeso tornou-se a base de operações de Paulo, e a sala de conferências de Tirano, seu quartel-general, onde ele ensinava diariamente quando não estava em uma viagem pelo interior da Ásia.

ÉFESO, A MÃE DO COMÉRCIO NA ÁSIA

ATOS 19:1-41

Éfeso era uma cidade construída sobre mármore. O mármore pavimentava as ruas, forrava as fundações, sustentava os monumentos e canalizava a água da chuva para o mar. Até os banheiros públicos foram construídos em mármore polido. A cidade brilhava de iridescência branca, como se dissesse ao mundo: "Esta cidade brilhará para sempre". E, de todas as cidades do Império Romano, Éfeso teria sido um dos lugares mais difíceis para estabelecer uma igreja ordenada. A cidade de Corinto lutava contra a imoralidade desenfreada, e esse inimigo era fácil de detectar. Mas uma igreja em Éfeso também tinha que estar em guarda contra dois assassinos insidiosos de congregações: prosperidade sedutora e filosofia distrativa.

Esta cidade portuária ficava ao lado do mar Egeu, na foz do rio Caístro e perto da interseção de duas importantes passagens de montanha. Éfeso, portanto, possuía uma posição estratégica, oferecendo acesso em todas as direções a partir do mar, tornando a cidade um centro econômico extraordinariamente movimentado e rico para a província romana da Ásia. Materiais e conhecimento fluíam para a cidade vindos de todo o mundo, alimentando seu apetite voraz por mais riqueza e novas ideias.

Éfeso era conhecida por seu paganismo — até cinquenta deuses e deusas diferentes eram adorados lá.[180] Nenhum, no entanto, desafiou o poder econômico e místico do imponente templo de Ártemis, uma das sete maravilhas do mundo antigo. O culto à "mãe terra" havia se tornado uma grande atração, combinando turismo e idolatria sensual com tanto sucesso que alimentava a economia central da cidade, mesmo sem seu já florescente comércio de importação e exportação. As autoridades municipais reservavam um mês de cada ano para homenagear a deusa com uma grande celebração, durante a qual todo o trabalho cessava. O estádio sediava jogos esportivos, o teatro apresentava peças, o odeão exibia concertos, e pessoas de todos os cantos da Ásia e além vinham para fazer oferendas no bosque sagrado, o mítico local de nascimento de Ártemis. A adoração à deusa trouxe quantias tão enormes de dinheiro para o templo que ele se tornou uma importante instituição bancária, talvez a primeira de seu tipo no continente. Além disso, a cidade de Éfeso tornou-se um santuário para devedores, [181] um lugar de refúgio para qualquer um que procurasse evitar as exigências de um credor.

Se a atração do dinheiro e da magia já não criava caos suficiente, a cidade de Éfeso também atraiu escolas de filosofia. Por volta de 500 a.C., Heráclito, um nobre grego de Éfeso, ensinou que o universo opera de acordo com um princípio ordenador unificado, que ele chamou de *logos*, ou seja, "a palavra".[182] Filósofos posteriores discorreram sobre essa teoria, afirmando que todas as leis da física, matemática, razão e até mesmo a moral podem ser rastreadas até uma mente divina impessoal. Na época de Paulo, Éfeso havia se tornado um verdadeiro caldeirão de filosofias concorrentes e um célebre repositório de textos sobre a filosofia grega.

Apesar de todas as suas tentações e desafios, Éfeso era um local perfeito para a base de operações de Paulo na Ásia, porque "as estradas de Éfeso irradiavam em todas as direções ao longo da costa e através do interior da província".[183] Para garantir que a igreja permanecesse moralmente limpa, doutrinariamente pura e espiritualmente vibrante, Paulo passou mais tempo em Éfeso do que em qualquer outra cidade gentia. Além disso, ele alimentou a congregação de longe, enviando emissários para verificar o bem-estar de seus membros, escrevendo pelo menos uma carta e, talvez a coisa mais significativa de todas, colocando-as nas mãos de seu amado discípulo Timóteo.

19:11,12

Ao longo de Atos, Lucas destaca o fato de que Deus realizou coisas semelhantes por meio de Pedro e Paulo. Ambos curaram um homem deficiente (3:2-12; 14:8-18). Ambos expulsaram demônios (5:16; 16:16-18). Ambos enfrentaram magos (8:18-24; 13:6-11). Ambos ressuscitaram mortos (9:36-40; 20:9,10). Ambos foram dramática e milagrosamente libertados da prisão (12:7-10; 16:25,26). Lucas não escreveu isso com o propósito de encorajar facções — o ministério do evangelho não é uma competição —, mas para cumprir pelo menos um propósito implícito de sua narrativa: validar a expansão da igreja entre os gentios enquanto explicava a relativa falta de cristãos judeus. A esse respeito, Lucas forneceu os dados enquanto Paulo articulava a teologia (ver Rm 9—11).

Enquanto estava em Éfeso, Paulo serviu como canal do poder de Deus, assim como Pedro o foi em Jerusalém (At 5:15,16). A frase traduzida como "fazia milagres extraordinários" (19:11) é especialmente curiosa em grego. Em tradução literal, quer dizer "obras de poder, não as comuns". Por definição, *todos* os milagres estão além do normal; o fato de que qualquer coisa milagrosa ocorra já é extraordinário. Lucas quer dizer que os milagres que Deus "fazia" diferiam do que Timóteo e outros discípulos tinham visto antes. Nas palavras de A. T. Robertson, "em Samaria, Filipe operou milagres para libertar o povo da influência de Simão, o Mago. Em Éfeso, exorcistas e outros magos fomentaram enormemente a popularidade de um falso espiritualismo e Paulo enfrenta forças invisíveis do mal"[184] G. Campbell Morgan descreveu Éfeso desta maneira: "A atmosfera da cidade era elétrica, com feitiçaria e encantamentos, com exorcistas, com todos os tipos de impostores mágicos".[185] Em outras palavras, o mal dominou a cidade de Éfeso e a região da Ásia com tanta força que o Senhor teve que exercer um poder divino ainda maior e mais incomum para quebrar seu controle.

Agora, quando olhamos para trás, fica claro por que o Senhor enviou Paulo para a Europa primeiro. Ele colocou o evangelho em movimento lá antes de devolver Paulo a Éfeso para começar uma longa e difícil batalha contra os poderes das trevas. Paulo pensava em termos de geografia; Deus sabia que o sucesso dependia do tempo. Antes que o apóstolo chegasse para começar seu trabalho seriamente, Áquila e Priscila começaram a estabelecer uma base para o ministério e Apolo habilmente ensinou na sinagoga, usando as Escrituras do Antigo Testamento para estabelecer Jesus como o Cristo.

Lucas afirma que o poder de Deus operou tão extraordinária e tão frequentemente que as pessoas começaram a associar o poder a Paulo. Elas usavam os tecidos que ele tocava como talismãs para afastar o mal ou curar doenças (19:12). Embora Lucas não registre que Paulo tenha sancionado seu uso dessa maneira, e ele provavelmente desencorajava a prática, o Senhor, no entanto, usou a superstição do povo para validar a mensagem de Paulo (cf. Lc 8:44; At 5:15). Contudo, essa é uma prerrogativa do Senhor, e de mais ninguém. Os charlatães modernos deveriam tremer diante das consequências de suas fraudes.

19:13-16

Alguns na época de Paulo realmente tentaram lucrar. Lucas registra um incidente que serve a três propósitos em sua narrativa. Primeiro, para demonstrar que até mesmo esforços sérios para combater o mal, fora do Espírito de Deus, são perigosos. Segundo, para mostrar que o poder que flui através de Paulo veio diretamente de Deus; Paulo não controlava nem dirigia a atividade milagrosa. Terceiro, alívio cômico. Embora o episódio trate de um assunto sério e mortal, é bem-humorado!

Lucas observa que sete filhos de um sumo sacerdote tentaram realizar um exorcismo. O número sete (19:14) deveria ter sido um bom presságio; a numerologia hebraica associava o sete à perfeição de Deus. O fato de serem filhos de um sumo sacerdote (se isso era verdade ou não, está aberto ao debate) deveria ter lhes dado alguma influência no plano espiritual. Além disso, eles tinham um encantamento infalível contra espíritos malignos. No mundo antigo, invocava-se a autoridade de um poder superior para comandar seres espirituais inferiores. Neste caso, os homens invocaram o nome de Jesus, que eles sabiam ser um produtor de maravilhas, e adicionaram o nome de Paulo por precaução (19:13).

Eles se mudavam de cidade em cidade, aplicando seus golpes onde quer que pudessem encontrar pessoas com medo suficiente para abrir mão de seu dinheiro. Depois, vieram para Éfeso, onde o mal não estava para brincadeira. Em resposta aos sete maquinadores, o demônio reconheceu Jesus (19:15). O segundo verbo, traduzido como "sei quem é" (*epistamai* [1987]), denota um conhecimento superficial que é ainda menos formal do que o primeiro "conheço" (*ginōskō* [1097]). Independentemente disso, o demônio não esperou por uma resposta; ele atacou os homens e quase os despedaçou (19:16). (A visão dos sete vigaristas fugindo nus pela porta deve ter sido hilária.) Lucas ainda descreve seu estado usando uma palavra grega que transliteramos para obter o termo em português "traumatizado".

19:17-19

A derrota desses sete falsos representantes de Deus enviou ondas de choque pela região, levando o povo a reverenciar o Senhor, e a reputação de Jesus Cristo se espalhava cada vez mais rápido. Pessoas que estavam praticando magia ou se interessando pelo reino espiritual confessaram seus pecados e se arrependeram.

O resultado dessa virada do ocultismo foi uma fogueira no valor de "cinquenta mil dracmas" (19:19). Cada dracma representava um dia de salário para um trabalhador comum (Lc 15:8). Cinquenta mil peças representavam mais de 136 anos de trabalho contínuo sem folgas! Para uma estimativa conservadora do valor hoje, use esta fórmula:

50.000 dias × 8 horas/dia = 400.000 horas de trabalho
400.000 horas × [salário por hora] = ____________

Lucas oferece essa medida tangível para ajudar seus leitores a avaliar o impacto do Espírito Santo em Éfeso, no território circundante e na província romana da Ásia em geral. Este número representa uma mudança dramática nos valores das pessoas; elas haviam investido pesadamente em volumes escritos contendo encantamentos. Magos e médiuns voluntariamente desistiram de suas fontes de renda, o que significava que as pessoas gastavam menos dinheiro e tempo buscando ajuda dos poderes das trevas, voltando-se para a luz. Esta cifra monetária também fala a língua de Éfeso. Talvez mais do que em qualquer outro lugar do mundo, o dinheiro e os poderes das trevas desfrutavam de uma relação simbiótica que mantinha a Ásia sob o domínio de Satanás.

19:20

Dois anos de ministério resultaram em um sucesso crescente. À medida que as pessoas se libertaram de seu medo e escravidão, até mesmo a economia de Éfeso começou a mudar. Lucas conclui este resumo da obra de Paulo com uma frase grega que, literalmente, poderia ser proferida assim: "Desta forma, de acordo com as poderosas obras do Senhor, a Palavra foi crescendo e prevalecendo". A maré começara a virar. Grande notícia para a igreja, grande notícia para o povo de Éfeso. Mas não era hora de descansar. Quando o poder pende da escuridão para a luz, Satanás luta mais do que nunca.

APLICAÇÃO

Atos 19:8-20

LIBERTO

Quando Paulo chegou a Éfeso, a província da Ásia havia se tornado uma casca difícil de quebrar. Seus esforços de plantio de igrejas em outros lugares vieram à custa de sofrimento, mas a resposta sempre foi bastante rápida. Em cada caso, algumas semanas de ensino e organização estabeleceram uma pequena, mas próspera, comunidade que inevitavelmente floresceu por muitos anos após a partida de Paulo. Mas Éfeso era diferente. A escravidão ao ocultismo e a opressão do demonismo tornaram o povo tão espiritualmente endurecido que poucos puderam responder às boas-novas quando as ouviram. Isso exigiu milagres mais intensos, ensinamentos mais consistentes, persistência mais resoluta e otimismo mais paciente do que em qualquer outro lugar. Depois de dois anos, Paulo finalmente viu sinais de esperança.

O que ocorreu em Éfeso pode acontecer com um indivíduo, e o oculto não precisa estar envolvido. O endurecimento de um coração ocorre de forma gradual e silenciosa, geralmente de maneira sutil e imperceptível. Às vezes começa quando somos crianças; sem orientação espiritual, desenvolvemos métodos de lidar com a culpa e a vergonha de maneiras que nos distanciam de Deus. Se o padrão continuar durante a adolescência e nos primeiros anos da vida adulta, podemos desenvolver um estilo de vida de enfrentamento que aprofunda o endurecimento e pode até cultivar hábitos destrutivos. Enquanto isso, o Espírito de Deus continua a apontar falhas secretas enquanto resistimos firmemente. O resultado é um endurecimento do coração e todo um estilo de vida de futilidade. A verdade pode confrontar-nos diariamente, mas se depara com nossos corações duros como uma pederneira. Toca a superfície, mas não penetra.

Tornar-se maleável exige uma disposição para se entregar, uma disposição para abandonar tudo o que usamos como substituto de um relacionamento autêntico e pessoal com Jesus Cristo. É diferente para cada pessoa. Dinheiro. Possessões. Autossuficiência. Poder. Relações. Álcool. Drogas. Sexo. Realização. Religião. Reconhecimento. A lista poderia continuar por páginas. Você conhece o seu. É o que você mais teme perder se o Senhor se sentar com você para uma conversa de coração para coração. Enquanto olhar para esse deus substituto para sua segurança, realização, felicidade, alívio — seja lá o que for que você almeje —, você continuará empedernecendo-se. O primeiro passo é a entrega. Então, de braços vazios e abertos, volte-se para o seu Criador.

Liderança em meio a conflitos

LEIA ATOS 19:21—20:2

Grandes líderes nunca param de planejar o futuro. Sonham em grande escala, olham mais para o futuro do que seus pares e imaginam possibilidades que ninguém mais acha razoáveis. Eles nunca deixam os outros mancharem seus planos com muito realismo, e nunca reduzem seus objetivos por causa de circunstâncias difíceis. Afinal, as condições mudam de um dia para outro, mas um grande sonho pode sustentar um líder por décadas. Mesmo assim, os visionários aprendem a manter muito de seu pensamento de longo alcance para si mesmos, porque se cansam de explicar o que não pode ser visto. Consequentemente, eles compartilham apenas o que pode ser justificado para aqueles fora de seu círculo íntimo, mas nunca o suficiente para dar alimento aos opositores para promover a dissidência.

Paulo tinha um sonho. Era uma visão tão grandiosa que teria surpreendido a maioria de seus companheiros. Depois de plantar igrejas ao redor da metade oriental do Império Romano e garantir sua sustentabilidade a longo prazo, ele imaginou-se levando o evangelho para as vastas extensões de fronteira a oeste de Roma, até mesmo para a Espanha (Rm 15:24). Era uma ambição ultrajante. Ele havia suportado fome, sede, exposição, calúnia, rejeição, espancamentos, prisões e apedrejamentos em seu esforço para evangelizar a atual Turquia e Grécia, mas a massa de terra que ele imaginou no oeste era mais do que três vezes a área que ele cobrira até aquele ponto. Então, ele sabiamente guardou isso para si mesmo, revelando apenas o que planejava fazer nos próximos meses.

Ao mesmo tempo em que os grandes líderes traçam seus rumos com muita antecedência, eles também ficam de olho no chão à sua frente. Paulo viu que seu trabalho em Éfeso estava concluído; ele logo entregaria o ministério a alguém capaz e confiável. Antes de partir para sua próxima jornada, enviou assistentes à sua frente. Lucas não especifica por que o apóstolo ficou, mas suspeito que o Espírito Santo guiou sua escolha de permanecer um pouco mais na Ásia. Ao que parece, ele precisaria acompanhar a igreja incipiente em meio a uma crise que vinha se construindo havia meses.

19:21,22

Embora a revelação dos objetivos de longo prazo de Paulo pudesse sobrecarregar seus companheiros, ele poderia revelar seus planos imediatos. Ele pretendia seguir o curso que havia tomado em sua segunda viagem para poder fortalecer as igrejas em Filipos, Tessalônica e Bereia (a província da Macedônia) antes de voltar para o sul, para Corinto (na Acaia). Ele também queria visitar Jerusalém, muito provavelmente pela última vez, antes de partir para Roma.

Para dar início ao ministério para a Macedônia, Paulo enviou dois assistentes de confiança, Timóteo e Erasto. Timóteo, é claro, havia se juntado a Paulo no início de sua segunda jornada. Erasto era um apelido muito comum entre os escravos libertos que não queriam mais ser chamados por um número (por exemplo, Tércio, "terceiro", ou Quarto, "quarto"). Erasto significa "amado". Ele pode ter sido o mesmo Erasto que serviu como administrador da cidade em Corinto (Rm 16:23), porém existe uma grande probabilidade de que não se trate da mesma pessoa. Independentemente disso, esses dois homens se tornaram a escolha de Paulo para ir à frente dele.

Por algum motivo, Lucas nunca menciona outro assistente-chave para Paulo senão Tito. A segunda carta de Paulo aos Coríntios indica que ele enviou Tito — que sem dúvida estava com o apóstolo desde o início — para ministrar à igreja problemática. Ele provavelmente partiu de Éfeso (2Co 12:18), completou sua missão e, em seguida, se reencontrou com Paulo em algum lugar da Macedônia (2Co 2:13; 7:6, 13).

O povo de Éfeso adorava **Ártemis** (também conhecida como Diana), a deusa-mãe, retratada aqui com vários seios, remetendo à fertilidade. Seu valor para a cidade era mais do que religioso. Grande parte da economia dependia do afluxo de dinheiro dos fiéis.

19:23-27

O ministério de Paulo havia minado a economia ocultista de Éfeso, e isso provocou "um grande tumulto" (19:23). A comoção resultante foi grande o suficiente para potencialmente causar uma resposta de fora da cidade (19:40), talvez até mesmo tão longe quanto Roma. A última coisa que alguém queria era que Roma se envolvesse; eles geralmente respondiam a distúrbios com uma quantidade não pequena de força! A desordem dizia respeito ao movimento cristão, que os crentes do primeiro século chamavam de "Caminho" (19:23). Efésios estava se afastando do ocultismo com intensidade suficiente para afetar a economia local. Lucas observou anteriormente que os textos queimados excediam o valor de cinquenta mil dracmas (19:19). Além disso, as pessoas pararam de comprar bugigangas nas lojas de talismãs, de buscar a ajuda de médiuns, de pedir a ajuda de sacerdotes no templo de Ártemis, de trazer dinheiro para subornar os deuses. Pior do que isso, elas também disseram a vizinhos e turistas que Ártemis não tinha poder e não existia, de fato.

Demétrio, um artesão local cuja fonte de sustento começou a secar quando Paulo chegou à cidade, organizou os comerciantes em protesto contra a nova religião (19:24). Um rápido exame de seu raciocínio mostra que ele está absolutamente correto em sua acusação (19:25-27). A questão era o dinheiro, em primeiro lugar. Ele não se opôs ao "Caminho" por motivos religiosos. Ele não contestou a existência de Deus e nem mesmo defendeu a realidade de Ártemis. Na verdade, ele provavelmente não teria se oposto a nenhuma religião que quisesse mudar sua sede para Éfeso, porque as muitas escolas de filosofia fizeram a economia crescer. Como bom empresário, fez uma previsão de vendas e viu o desastre se aproximando, não só para os comércios, mas para a própria cidade. As pessoas que param de comprar bugigangas e encantos também param de adorar Ártemis. Seu magnífico templo, uma das sete maravilhas do mundo antigo, atraía muitos milhares de peregrinos de todo o império, os quais traziam dinheiro para Éfeso — muito. Tanto dinheiro que o templo havia se tornado uma das maiores instituições bancárias do mundo.[186]

Demétrio não iniciou um motim religioso; ele provocou um pânico econômico.

19:28-31

"Grande é a Ártemis dos efésios!" tornou-se o grito de guerra para o motim (19:28). Isso soava melhor do que "Grande é a renda dos turistas!". A palavra "confusão" (*synchysis* [4799]) significa simplesmente "tumulto". Em outras palavras, Demétrio provocou um alvoroço furioso. Não houve confusão sobre o assunto ou o que os instigadores do motim queriam. Eles agiram com unidade de espírito quando procuraram Paulo na escola de Tirano, mas encontraram apenas dois de seus companheiros de viagem, Gaio e Aristarco (19:29). Eles arrastaram os dois homens para o teatro, embora o objetivo não esteja claro. Talvez tivessem a intenção de levá-los a julgamento.

Barry Beitzel

O teatro de Éfeso podia acomodar confortavelmente 25 mil pessoas sentadas.

Quando os instigadores arrastaram Gaio e Aristarco pelas ruas, atraíram um grande número de seguidores. Em pouco tempo, o teatro estava cheio de pessoas que protestavam. Paulo quis dirigir-se à multidão; ele, sem dúvida, já tinha previsto isso havia muito tempo. Mas dois grupos o instaram a ficar longe (19:30,31). "Os discípulos" não queriam ver seu líder despedaçado. Ele também recebeu a notícia dos "asiarcas", autoridades provinciais que cuidavam dos interesses de Roma na Ásia Menor. Lucas os chama de "amigos de Paulo", o que não é um detalhe pequeno. Se alguma queixa sobre o motim chegasse a Roma, os asiarcas sabiam a verdade do assunto e quem deveria assumir a responsabilidade pelos distúrbios.

19:32-34

Embora os instigadores originais do motim compreendessem seu propósito, "a maior parte do povo nem sabia por que estava ali" (19:32). Lucas destaca a ironia da multidão que usa o teatro para sua manifestação. Como observa um comentarista, "a comédia grega frequentemente parodiava a estupidez das pessoas; os leitores de Lucas ririam da multidão que não sabia qual era o propósito de seus tumultos."[187] A frase traduzida como "por que estava ali" poderia ser traduzida como "por conta de quem". Talvez eles estivessem reunidos por causa de Demétrio, ou talvez fosse por causa de Alexandre, já que os judeus em Éfeso o colocaram para oferecer sua "defesa", provavelmente para distanciar a sinagoga de Paulo (19:33). A multidão, no entanto, não via uma distinção entre judeus e cristãos; eles sabiam que ambos os grupos se opunham à idolatria. Assim, Alexandre não conseguiu nada mais do que instigar a multidão a um frenesi prolongado. A multidão gritou "a uma só voz durante cerca de duas horas: 'Grande é Ártemis dos Efésios!'" (19:34). É claro que a maioria deles não entendia por que estava gritando o nome de sua divindade; as pessoas simplesmente se moviam com a multidão, alimentadas pela excitação da turba.

19:35-40

Finalmente, o "escrivão da cidade" (*grammateus* [1122]) os acalmou (19:35). O título soa inferior quando comparado à verdadeira posição do homem na vida política de Éfeso. Ele era essencialmente o presidente da cidade, um funcionário eleito localmente, responsável pela gestão da cidade, incluindo seus negócios. Não há nada que sugira que ele era cristão ou mesmo simpático a Paulo. Ele só queria poder relatar a Roma que tinha as coisas sob seu controle. Ele apenas analisou o assunto com uma disposição fria e racional e, em seguida, instou os efésios a fazerem o mesmo. Seu discurso elenca quatro motivos por que deveriam voltar tranquilamente para suas casas.

Primeiro, ele rebateu a afirmação de que Ártemis foi feita “por mãos humanas” (19:26), uma expressão que identifica algo como feito pelo homem em vez de ter origens sobrenaturais. O escrivão da cidade alegou que a estátua de Ártemis tinha de fato origens sobrenaturais. A frase traduzida como a “imagem que caiu do céu” vem de um único termo que pode ser traduzido literalmente como “o que caiu de Zeus” (*diopetēs* [1356]).

Em segundo lugar, Roma reconheceu Éfeso com a designação oficial de “guardiã do templo”, uma grande honra da capital imperial. Enquanto Roma favorecesse Éfeso com a manutenção e proteção do magnífico templo, as pessoas ainda viriam vê-lo — e continuariam a gastar seu dinheiro. Se irritassem Roma com um motim sem sentido, no entanto, a economia certamente sofreria (19:40).

Terceiro, se você está confiante na verdade de suas crenças, então você não precisa de violência para defendê-las (19:36). O escrivão da cidade sabiamente entendeu que a raiva violenta é o último refúgio do patético.

Quarto, Gaio e Aristarco não eram culpados de um crime (19:37); eles simplesmente eram convenientes para a multidão, que na verdade queria Paulo de qualquer maneira. Independentemente disso, eles não haviam roubado, profanado, danificado ou blasfemado. Se eles eram culpados de um crime, o julgamento pela multidão não era o caminho a seguir; a cidade tinha procônsules fornecidos por Roma para tal ocasião (19:38,39).

19:41

Lucas conclui sua narrativa do episódio com uma declaração apropriadamente sucinta. Quase dá para sentir a energia se dissipar no teatro enquanto as palavras sábias e calmas do escrivão da cidade trazem razão e ordem para a multidão frenética. Ele havia abordado cada uma de suas preocupações, mostrando que o medo das pessoas era injustificado e demonstrando que uma resposta violenta seria contraproducente. Depois que ele “encerrou a assembleia”, quase dá para sentir o humor da multidão mudar de indignação agitada para contentamento encabulado, como uma criança que de repente descobre que pedir educadamente funciona melhor do que fazer birra.

20:1,2

A crise e a ameaça de violência e perseguição haviam passado. A igreja estaria a salvo de uma oposição significativa. Outros perigos espreitavam na escuridão em torno de Éfeso, e viriam de diferentes formas, mas o povo já não enfrentava perseguição sistemática ou generalizada.

Como resultado, parece que Paulo se sentiu confiante o suficiente na sustentabilidade da igreja para retomar seus planos de viagem e deixá-los por conta própria. Ele convocou os crentes em Éfeso, encorajou-os (*parakaleō* [3870]) a permanecerem fiéis e expressou sua confiança de que o Espírito os nutriria. Em seguida, embarcou em um navio com destino à Macedônia.

Na Macedônia, Paulo seguiu o itinerário da segunda viagem missionária, esperando encontrar-se com Timóteo e Erasto em algum lugar ao longo da rota. Ele passou seu tempo "encorajando" (*parakaleō*) as igrejas em Filipos, Tessalônica e Bereia antes de ir para o sul para Corinto. Embora ele provavelmente tivesse viajado pelo mar anteriormente enquanto escapava da multidão em Bereia, ele pode ter escolhido uma rota terrestre para essa jornada, aproveitando a oportunidade para visitar comunidades ao longo do caminho. Independentemente disso, ele pretendia concluir sua jornada em Corinto, de onde voltaria para casa, assim como fizera antes.

Isso efetivamente encerra o relato de Lucas sobre a terceira viagem missionária de Paulo. O apóstolo havia concluído a obra que planejara. Ele passaria três meses em Corinto, talvez esperando a primavera, antes de começar sua jornada para casa. Ele planejava visitar Jerusalém e talvez sua igreja natal na Antioquia da Síria, e então embarcar para Roma em seu caminho para a fronteira ocidental do império.

APLICAÇÃO

Atos 19:21—20:2

PAZ EM LUGAR DO PÂNICO

Depois de uma longa e frutífera estadia em Éfeso, durante a qual "a palavra do Senhor se difundia e se fortalecia poderosamente" (19:20), uma perturbação eclodiu, fazendo com que as coisas se complicassem para o ministério de Paulo (19:23). Durante todo esse alvoroço e reviravolta, ele não perdeu a cabeça, conseguindo manter a calma apesar do pânico das circunstâncias difíceis. Vale a pena refletir sobre sua atitude e ações de paz e calma em meio ao pânico e à confusão ao considerarmos como devemos reagir a eventos perturbadores em nossa vida que ameaçam nos destruir.

Se você está enfrentando um futuro incerto ou uma situação incontrolável, lembre-se de que Deus conhece o futuro e está sempre no controle. Nem por um segundo Paulo se perguntou se o mundo de alguma forma escapara das mãos soberanas de Deus. Embora ele desejasse entrar no teatro lotado para socorrer seus companheiros e talvez proclamar o evangelho a uma multidão tão grande, ficou claro que essa não era a linha de ação mais sábia (19:30,31). Em vez de entrar em pânico e forçar sua própria vontade, Paulo recuou e deixou as circunstâncias se desenrolarem.

Tenho certeza de que alguns se perguntaram o que havia de errado com Paulo. Por que ele não estava desesperado? Por que não tentou manipular a situação nos bastidores? Como ele poderia estar em paz em vez de em pânico? Em vez de perguntarmos o que havia de *errado* com Paulo por se desinteressar pela situação, talvez devêssemos perguntar o que estava *certo* com ele para que pudesse encontrar tal paz em meio a esse transe.

O fato é que Paulo tinha seus pés espirituais plantados firmemente na rocha de Cristo. Ele sabia o que o Senhor teria dito naquela situação, quando as tempestades de controvérsia estavam soltas pela cidade de Éfeso, onde seus amigos próximos estavam à beira de sofrer severamente pela causa de Cristo nas mãos de idólatras ciumentos. O Senhor teria dito: "Você não consegue ficar em pé sozinho? Apoie-se em mim. Não dá para controlar a situação? Dependa de mim. Não consegue manipular as coisas? Espere em mim. Eu tenho isso sob controle".

E Ele de fato tinha. Em vez de abrir caminho para Paulo entrar e ser o salvador da pátria, Deus orquestrou as circunstâncias para que um funcionário da cidade sem nome acalmasse sozinho a multidão e a dispensasse (19:35-41). Claramente, Deus é maior do que uma multidão de milhares, e Ele é maior do que um idólatra rico. Aprenda a se concentrar nas pessoas e nas circunstâncias através dos olhos de Deus. Nenhuma multidão está fora de seu controle. Mesmo que você não consiga lidar com a situação, Ele pode.

É por isso que Paulo podia ter paz em lugar do pânico.

E você também pode.

OS DESAFIOS DA IGREJA (ATOS 20:3—28:31)

A igreja havia experimentado mais do que sua parcela de dificuldades e contratempos, mas tudo ocorreu de acordo com o plano de Deus. A terceira etapa desse plano, a de levar o evangelho “até os confins da terra” (1:8), começou nas viagens missionárias relatadas na seção anterior e continua nesta parte de Atos — mas com novos obstáculos e tensões, criando oportunidades não desejadas, mas valiosas, para as testemunhas do Senhor. De fato, os desafios já haviam se mostrado oportunos para a igreja, e estes não seriam diferentes. Pouco depois de sua ressurreição, o Senhor encontrou-se com seus seguidores — nada menos que 120 deles — e fez uma promessa solene: “receberão poder quando o Espírito Santo descer sobre vocês, e serão minhas testemunhas tanto em Jerusalém como em toda a Judeia e Samaria e até os confins da terra” (1:8). Ele não só prometeu poder, mas também previu a vitória. Durante seu ministério terreno, Jesus disse aos Doze: “edificarei a minha igreja, e as portas do Hades não poderão vencê-la” (Mt 16:18). Poucos dias após sua ascensão, os crentes receberam a primeira parte de sua promessa: o Espírito Santo encheu cada crente, concedendo a cada indivíduo o poder de cumprir seu papel no plano redentor de Deus. A perseguição inicial fez pouco para conter o crescimento da igreja, até que o martírio de Estêvão deu à comunidade de crentes seu primeiro golpe significativo.

Em vez de reduzir a expansão da igreja, esse desafio tornou-se — sob o poder do Senhor — um catalisador para o crescimento explosivo. Os crentes se espalharam pelos territórios circundantes, levando o evangelho consigo para samaritanos e gentios, assim como Jesus dissera: “Serão minhas testemunhas tanto em Jerusalém como em toda a Judeia e Samaria” (At 1:8).

O desafio da perseguição deu lugar ao desafio do preconceito. Paulo havia sido chamado para proclamar o evangelho entre os gentios e estava no cadinho de Deus, preparando-se para o ministério, mas não pôde avançar até que a igreja tivesse superado seu preconceito. Então Pedro tornou-se o projeto antipreconceito do Senhor.

Depois de uma visão profunda e da experiência de ver o Espírito Santo encher os crentes gentios em um lar essencialmente “imundo”, Pedro e a igreja de Jerusalém não podiam negar a irmandade dos gentios no reino de Deus.

Com essa mudança de perspectiva, o ministério de Paulo aos gentios em todo o Império Romano poderia começar de fato. O desafio do preconceito afirmara a graça (cf. 15:11) e impulsionara a igreja para uma nova era. Jesus disse: "serão minhas testemunhas [...] até os confins da terra" (1:8), e isso também aconteceu.

Quando a terceira viagem missionária de Paulo terminou em Corinto, o plano de Deus progrediu de forma notavelmente rápida. Ainda assim, o apóstolo encontrou poucos motivos para descansar ou até mesmo para desacelerar. Mesmo que igrejas prósperas pontilhassem o império oriental e inevitavelmente se replicassem, pouco ou nada havia sido feito pela província da Gália e pela fronteira da Hispânia, os territórios hoje conhecidos como França e Espanha. Paulo sonhava em levar o evangelho para onde poucos no oriente ousavam ir. Ele visitaria Jerusalém (20:22) para entregar uma oferta das igrejas gentias (Rm 15:25-28; cf. At 24:17), talvez se despedisse em Antioquia e, em seguida, navegasse para Roma, de onde empreenderia uma quarta viagem missionária. Ele não tinha como saber, é claro, que o plano de Deus prosseguiria nas asas de mais um desafio. Humanamente falando, parece que o restante da vida de Paulo foi gasto na frustração contínua de um sonho. Hoje já sabemos que foi diferente. Deus tem sua própria agenda, Ele está sempre certo e os obstáculos se tornam catapultas divinas para o sucesso.

Em vez de proclamar o evangelho às pessoas em sinagogas e mercados distantes a oeste, o itinerário divinamente designado para Paulo o levaria a testemunhar em lugares de poder, diante de líderes sociais e políticos, começando novamente de Jerusalém e seguindo para Roma, a própria capital do império. À medida que Paulo e as pessoas ao seu redor enfrentavam mudanças turbulentas e desafios imprevistos, eles aprenderiam a se adaptar, aceitar o plano de Deus e confiar no Senhor mais do que nunca. Assim também os crentes de hoje devem confiar em Deus em meio aos desafios na história contínua do crescimento do evangelho sem impedimento algum.

TERMOS-CHAVE EM ATOS 13:1—20:2

■ ***diōkō*** (*διώκω*) [1377] "perseguir", "buscar", "apressar", "lutar por"

Este termo grego carrega a ideia de "forçar", "pressionar", "impulsionar", "perseguir" ou "engajar zelosamente", geralmente em prol de uma causa específica. Ao contrário do termo "perseguir", suas conotações nem sempre são negativas e não implicam necessariamente uma violação dos direitos humanos. Por exemplo, a Septuaginta usa esta palavra para traduzir Oseias 6:3: "Prossigamos (*diōkō*, traduzindo o hebraico *radap* [H7291]) em conhecer ao SENHOR". Em Atos, a maioria dos casos refere-se à perseguição à igreja e, portanto, tem uma conotação negativa, mas, em pontos-chave que destacarei, Lucas faz uso das nuances neutras do termo grego.

■ ***diamartyromai*** (*διαμαρτύρομαι*) [1263] "testemunhar solenemente", "testemunhar", "exortar"

Baseado no verbo *martyreō* [3140], "testemunhar" ou "testificar", este verbo enfático carrega a ideia de declarar algo com firmeza ou com absoluta segurança. Fora da Bíblia, esse tipo de testemunho geralmente acompanhava um juramento ou a invocação de maldições divinas dos deuses. Esse verbo também descreve o ato de se levantar em juízo para apresentar a verdade absoluta, sabendo que o perjúrio resultaria em penas severas.

■ ***eutheōs*** (*εὐθέως*) [2112] "imediatamente", "de uma vez", "assim que", "então"

O adjetivo *euthys* ("direto" [2117]) passou a ser usado como um advérbio tanto em sua forma adjetiva quanto, mais tarde, na forma adverbial regular *eutheōs*. O uso desta última forma por Lucas marca seu estilo no grego como diferente do de Marcos, por exemplo, que usa *euthys*. Além disso, autores antigos usavam esses advérbios para conectar pontos e eventos de várias maneiras. Enquanto João usa *eutheōs* para denotar um curto lapso de tempo entre os eventos, Lucas usa *eutheōs* para estabelecer uma sequência de certos eventos enquanto narra outros não relacionados ou incidentais à história.

■ ***katēgoreō*** (*κατηγορέω*) [2723] "acusar", "levantar acusações contra", "denunciar"

Este termo quase sempre aparece em um contexto jurídico em que uma parte leva outra perante uma autoridade mútua com o objetivo de obter justiça por meio de restituição, censura ou punição. Esse termo é usado como fonte de ironia em Atos. Começando com a prisão de Paulo, os inimigos do evangelho continuamente apresentam acusações contra Paulo que criam um dilema legal para os romanos, que não podem libertar o apóstolo, mas não conseguem encontrar uma acusação. Assim, Paulo se torna prisioneiro da verdade divina.

■ ***keleuō*** (*κελεύω*) [2753] "comandar", "emitir uma ordem jurídica"

A voz da autoridade oficial tinha grande peso no Império Romano. A capacidade de dar um comando e fazer o mundo responder era a definição de poder e *status*. Outros assuntos, como verdade, justiça, bondade e inteligência, seriam de interesse apenas para os historiadores que julgariam uma pessoa na posteridade. Na Roma retratada por Lucas, nada disso importava sem poder. Em Atos, a questão do poder torna-se fonte de ironia. A partir das viagens de Paulo, os mandamentos e ordens dos governantes seculares parecem controlar o apóstolo; no entanto, Lucas mostra que o Senhor permanece no comando durante todo o tempo.

Adaptação

LEIA ATOS 20:3-12

Embora Lucas não tenha se proposto a escrever uma biografia de Paulo, o Espírito Santo o orientou a usar as experiências do apóstolo para contar essa parte da história eclesiástica. Ao observar as três viagens missionárias de Paulo, aprendemos sobre o extraordinário período de expansão da igreja. Ao proclamar o evangelho, estabelecer novos crentes em comunidades e, em seguida, fortalecer essas igrejas, descobrimos como o mundo foi mudado rapidamente por tão poucos. No final de sua terceira viagem, Paulo havia aperfeiçoado seu método de ministério e planejado aplicá-lo no ocidente; no entanto, seu tempo na Acaia, a região onde se situava Corinto, marca uma transição. Não é óbvio no início, mas sua saída de Corinto dá início a uma nova fase na vida da igreja, à medida que o Senhor iniciava uma nova estratégia.

Paulo não percorreria mais as estradas e caminhos do império; o Senhor havia preparado outras pessoas para fazer isso agora. Em vez disso, o apóstolo escalaria as alturas do poder para pregar Cristo entre reis e imperadores. A narrativa de Lucas reflete essa mudança, concentrando-se mais em Paulo, o homem, e menos em seu trabalho.

Ao escrever sobre a maioria dos eventos até este ponto, Lucas agiu como um historiador típico. Ele pesquisou, reuniu fatos, entrevistou testemunhas, verificou suas fontes e, em seguida, compilou um relato preciso de como a igreja se formou, cresceu, sobreviveu e se expandiu. Em seguida, o Senhor trouxe cada vez mais o contador de histórias para a história; o médico/evangelista/historiador tornou-se companheiro constante de Paulo. Assim como nos eventos de Atos 16:11-17, Lucas observaria pessoalmente os eventos históricos que Paulo moldou e, mais importante, testemunharia em primeira mão seus pensamentos e escolhas diretamente dele. Consequentemente, o livro de Atos agora começa a ser lido como um registro de viagem ou um diário, especialmente nas passagens "nós" de 20:5—21:18 e 27:1—28:16. Detalhes aparentemente sem importância servem ao importante propósito de quase nos incluir na história com Lucas para observar por dentro como Deus começou a mudar o mundo nos mais altos níveis de governo.

20:3-5

Paulo passou três meses em Corinto, provavelmente no inverno de 56/57 d.C. Durante este tempo, viveu na casa de um homem chamado Gaio (Rm 16:23), onde escreveu sua carta à igreja de Roma (Rm 15:23—16:2). Se Gaio e Tício Justo eram a mesma pessoa (At 18:7), o que é possível, Paulo vivia ao lado da sinagoga e continuou a liderar os cultos da igreja ali. Antes, no ministério de Paulo em Éfeso, Crispo havia se convertido, juntamente com boa parte dos membros da sinagoga da qual era líder. Mais tarde, parece que o sucessor de Crispo, um homem chamado Sóstenes, também se converteu (cf. 18:17; 1Co 1:1). Como resultado, havia judeus incrédulos em Corinto que odiavam Paulo. Incapazes de derrotar Paulo e a igreja politicamente, eles apelaram para a violência, arquitetando um plano para matá-lo. Ele planejava embarcar em um navio para a Síria e depois visitar o templo na Páscoa (At 20:6), uma viagem que muitos judeus fariam naquela época. Seus inimigos podiam facilmente se misturar com os outros peregrinos e garantir que o apóstolo desaparecesse em algum lugar do Mediterrâneo.

As más intenções de seus inimigos forçaram uma decisão difícil. Paulo esperava chegar a Jerusalém a tempo de celebrar a Páscoa no templo uma última vez, mas não poderia zarpar de Corinto ou de qualquer outro porto próximo sem ser descoberto. O único outro grande porto que ele poderia alcançar por terra ficava a pelo menos uma semana de caminhada. O apóstolo havia aprendido a diferença crucial entre confiar em Deus e tomar decisões tolas, de modo que adaptou seu plano para se encaixar às novas circunstâncias. Este seria apenas o primeiro ajuste de muitos.

Lucas descreve uma comitiva considerável, mencionando várias pessoas pela primeira vez. Na verdade, ele nunca havia mencionado outros indivíduos viajando com Paulo, a menos que eles desempenhassem um papel direto na narrativa. Mas parece que o grupo vinha crescendo constantemente ao longo das viagens do apóstolo. Timóteo havia se juntado a Paulo em Listra durante sua segunda viagem. Gaio, de Derbe, veio da região de Timóteo, talvez se juntando antes, na terceira viagem missionária. Tíquico e Trófimo foram acrescentados à equipe de Paulo enquanto ele ministrava em Éfeso, na Ásia Menor. Quando passou por Tessalônica, Aristarco e Secundo o seguiram. O mesmo aconteceria com Sópatro de Bereia, no meio do caminho.

Essa comitiva incluía representantes de cada uma das províncias romanas tocadas pelo evangelho através do ministério de Paulo: Galácia, Ásia e Macedônia. As igrejas nessas províncias contribuíram com somas consideráveis para ajudar os crentes empobrecidos na Judeia, o que foi uma preocupação significativa da terceira expedição de Paulo. Embora originalmente esperasse chegar a Jerusalém a tempo da Páscoa, e ele sem dúvida esperava fazer uma última visita antes de evangelizar a fronteira ocidental, seu objetivo principal era entregar as ofertas. Sua coleta foi tanto simbólica quanto prática. Como apóstolo judeu aos gentios, ele desejava ver a igreja unificada, e sabia que a graça é a cola que une o povo de Cristo. Que maneira maior de demonstrar o vínculo comum que judeus e gentios compartilham do que ter representantes das igrejas gentias apresentando sinais de seu amor em Jerusalém?

Claramente, no entanto, esses homens não se juntaram a Paulo apenas para entregar as ofertas pessoalmente; todos permaneceram com ele muitos anos depois dessa saída de Corinto. Aristarco acompanhou Paulo a Roma e lá permaneceu com ele, até mesmo como companheiro de prisão (27:2; Cl 4:10). Sópatro (também chamado de Sosípatro) também auxiliou Paulo em Roma (Rm 16:21). Tíquico tornou-se um enviado frequentemente usado por Paulo e pode ter levado alívio a Tito depois da organização das igrejas em Creta (Ef 6:21; Cl 4:7; 2Tm 4:12; Tt 3:12). Trófimo viajou com Paulo após sua libertação de Roma (At 21:29), mas adoeceu e permaneceu em Mileto para se recuperar (2Tm 4:20).

Quando chegou a hora de Paulo embarcar em seu navio para a Síria, parece que sua comitiva pôs em prática a distração. Se os inimigos de Paulo vissem esses sete companheiros nas docas em Cencreia, não suspeitariam de nada enquanto ele tomava uma rota terrestre de volta pela Macedônia. Em vez de navegar para casa, no entanto, eles cruzaram para Trôade e esperaram para se encontrar (At 20:5) antes de retomar sua jornada para a Síria.

Paulo sabiamente passou por Bereia, Tessalônica, Apolônia, Anfípolis e, em seguida, Filipos, onde celebrou a festa da Páscoa. A "Festa dos Pães sem Fermento" (20:6) refere-se à semana seguinte à refeição da Páscoa, que ocorreu no final de março ou início de abril. Enquanto estava em Filipos, Paulo acrescentou Lucas à equipe. A partir daí, o médico usa o pronome "nós".

Pergunta-se como a história da igreja teria se desenrolado de forma diferente se Paulo tivesse seguido seu itinerário original e navegado diretamente para a Síria a partir de Corinto. Ele não teria esbarrado em Lucas em Filipos; Lucas não teria viajado com Paulo para Jerusalém e nem tido a oportunidade de entrevistar Pedro, João, Maria, João Marcos e outras testemunhas oculares; talvez ele nem tivesse escrito o Evangelho com seu nome ou este relato da igreja. É inútil especular como Deus teria feito para nos dar esses tesouros por algum outro meio; como sempre, seu plano se desenrolou como Ele queria! O mal pretendido pelos inimigos de Paulo apenas fez avançar a agenda do Senhor.

Paulo se adaptou; Deus prevaleceu.

20:6,7

Na segunda viagem missionária, Paulo e seus companheiros tinham o vento nas costas e fizeram o trajeto de Trôade a Neápolis em dois dias (16:11). O curso inverso levou cinco dias (20:6). (Paulo estava começando a navegar contra o vento de mais de uma maneira.) Ele alcançou seus companheiros e eles permaneceram em Trôade mais uma semana. Ou não encontraram transporte adequado ou viram a necessidade de fortalecer a igreja antes de partir. Lucas nunca menciona o estabelecimento de uma igreja em Trôade, mas é concebível que Paulo, Silas e Timóteo tenham evangelizado a cidade enquanto esperavam as instruções do Senhor (16:8-11).

Em Trôade, a igreja reuniu-se "no primeiro dia da semana" (20:7). Esta é a primeira indicação nas Escrituras de que o domingo havia se tornado o dia habitual para o culto cristão. É muito provável que a prática remonte aos primeiros crentes em Jerusalém, que observavam o sábado e depois se reuniam para comunhão e ensino cristão no dia seguinte, que, para os judeus, começava ao pôr do sol de sábado. Paulo pode ter participado da exportação da tradição de Jerusalém para outras comunidades, especialmente onde existiam grandes sinagogas. De acordo com o novo costume, os crentes de Trôade se reuniam "para partir o pão". A expressão idiomática pode significar "compartilhar uma refeição" ou "observar a comunhão". No início, os dois significados foram combinados. Os cristãos se reuniam para um banquete semanal que chamavam de "festa do amor" (Jd 1:12), durante o qual usavam pão e vinho para celebrar a Ceia do Senhor.

Após a refeição e a comunhão, as igrejas cantavam hinos, liam as Escrituras e ouviam ensinamentos (Ef 5:19; Cl 3:16, cf. Mt 26:30). Como Paulo não esperava visitar Trôade novamente, estendeu seus ensinamentos até tarde da noite.

20:8,9

Vários fatores conspiraram para que o público de Paulo dormisse, mesmo com um orador envolvente. O estômago cheio, a sala quente e a hora tardia eram motivos suficientes para cochilar. Adicione a esses fatores um teor de oxigênio reduzido por causa das muitas lâmpadas queimando, e "adormecer profundamente" se torna algo inevitável. O termo grego "jovem" indica um menino com idade variando de dez a dezessete anos. Os escritores frequentemente usam a palavra para descrever aqueles que exibem comportamento característico de um adolescente: impetuoso, ativo, espirituoso, voluntarioso.

O encontro se deu na sala superior de uma casa, três andares acima, o que significa que ele caiu de aproximadamente seis metros, talvez mais. O doutor Lucas o declarou morto no local, mas o nome do jovem, Êutico, se revelaria profético. Significa "boa sorte" ou "sortudo".

20:10,11

Paulo saiu e "inclinou-se" sobre o jovem (20:10). A descrição que Lucas faz do comportamento de Paulo ecoa deliberadamente o de Elias e Eliseu (1Rs 17:21,22; 2Rs 4:34,35). Elias estendeu-se sobre o filho de sua anfitriã três vezes, implorando ao Senhor que o levantasse. Quando a vida do menino voltou, o profeta apresentou-o à mãe: "Veja! O seu filho está vivo!" (1Rs 17:23). Ela respondeu: "Agora sei que tu és um homem de Deus e que a palavra do SENHOR que vem da tua boca é verdade" (1Rs 17:24). Da mesma forma, Eliseu se estendeu sobre o filho morto de uma mulher de Suném que lhe mostrara extraordinária hospitalidade. Quando o menino acordou, o profeta o devolveu à mãe (2Rs 4:36). Em ambos os casos, o milagre validou o homem como um profeta autêntico e afirmou a palavra de Deus dita por meio dele.

O incidente com Êutico colocou Paulo no mesmo plano de autoridade que Elias e Eliseu, dois dos profetas mais reverenciados de Israel. Teologicamente, isso estabeleceu uma continuidade do Antigo Testamento para com o Novo Testamento, afirmando a igreja como um instrumento de Deus tão poderoso quanto Israel. Em termos narrativos, essa demonstração milagrosa do poder divino por meio de Paulo antecipou sua visita ao templo, onde seria acusado de pregar contra a Lei de Moisés (At 21:20,21).

Depois que a vida do menino foi restaurada, Paulo e os crentes reunidos voltaram ao cenáculo e retomaram o encontro. "Partiu o pão e comeu" (20:11), neste caso, refere-se a uma refeição regular. Eles desfrutaram de mais conversas durante um café da manhã ao nascer do sol antes que Paulo saísse, esperando nunca mais vê-los novamente.

20:12

Lucas conclui o episódio com a garantia de que o garoto não sofreu efeitos duradouros de sua provação. Ele não teve apenas "sorte" de estar vivo; o poder de Deus o restaurara à saúde completa. A igreja em Trôade tinha em sua congregação uma lembrança viva da misericórdia divina. E se alguém duvidasse da autenticidade de Paulo como porta-voz de Deus, bastava falar com o menino que adormeceu na igreja.

APLICAÇÃO

ATOS 20:3-12

SEM "PLANO B"

Os relatos de Lucas sobre a viagem atravancada de Paulo a Trôade e sua milagrosa restauração da vida de Êutico servem a um propósito literário e teológico. O restante da vida de Paulo veria uma série de adaptações aos desafios apresentados por circunstâncias infelizes, e sua flexibilidade se tornaria o meio pelo qual Deus avançaria seus planos. Embora Paulo tenha sido impedido de passar a Páscoa em Jerusalém, temos o Evangelho de Lucas e o livro de Atos porque ele adaptou seu itinerário para evitar o perigo e encontrou-se com Lucas em Filipos. Embora um menino tenha morrido durante o ensino de Paulo em Trôade, a resposta compassiva de Paulo deu ao Senhor a oportunidade de milagrosamente afirmar a autoridade do apóstolo, validando seu ministério.

O Senhor não parou de trabalhar no primeiro século. Ele ainda tem um plano e o verá se realizar. Portanto, seria sábio observar a experiência de Paulo para encontrar princípios que podemos aplicar hoje.

Primeiro, *não se apegue demasiadamente aos planos pessoais*. Se alguém no mundo podia reivindicar uma linha direta com o céu, era Paulo. Ele estava cumprindo seu chamado e realizando seu propósito divino. Deus usou o apóstolo como seu porta-voz e canalizou seu poder através desse servo para curar doenças, expulsar demônios e até mesmo ressuscitar os mortos. No entanto, Paulo encontrou circunstâncias que não podia mudar. Ele estabeleceu planos nobres para cumprir sua missão com entrega altruísta, mas os inimigos o forçaram a se adaptar. Se Paulo teve de permanecer flexível e adaptável, não deveríamos nos surpreender quando nossos planos forem desfeitos. Faça planos detalhados e siga-os quando puder. Mas não se apegue em demasia. Espere por mudanças.

Segundo, *não perca tempo lamentando um plano arruinado*. Servi no ministério por tempo suficiente para me lembrar de várias ocasiões em que um plano frustrado acabou se tornando um presente disfarçado.

Olho para trás nesses episódios e me arrepio ao pensar no que poderia ter acontecido se meus planos — tão bons e tão bem pensados — não tivessem sido encurtados por alguma dificuldade imprevista. Lembro-me também de como fiquei chateado quando meus planos foram frustrados. Em uma ocasião, recordo-me de sentir que minha vida havia sido completamente arruinada. Hoje, ao refletir sobre o passado, vejo a mão amorosa e graciosa de Deus me guiando em direção a um futuro que eu não poderia imaginar. Tendo tantas dessas dádivas de planos quebrados no meu passado, hoje aceito muito mais facilmente o que não posso mudar.

Em terceiro lugar, *esteja preparado para adaptar seus planos quando as circunstâncias mudarem*. Os fuzileiros navais nunca enfrentam o inimigo sem um objetivo claro e um plano detalhado. Mais de 235 anos de experiência em combate ensinaram-lhes que os primeiros momentos de batalha podem mudar tudo, menos o *objetivo*. Então, eles imprimem um mantra em cada guerreiro pronto para o combate, desde novos recrutas até o comandante: "Improvise. Adapte. Supere".

Fique de olho no objetivo, mas aprenda a ser flexível diante das mudanças para que possa realizar o trabalho.

Quarto, *nunca se esqueça de que sua adaptação sempre foi o "Plano A" de Deus*. Do ponto de vista de Paulo, o plano para matá-lo exigiu uma mudança para o "Plano B". De nossa perspectiva — graciosamente fornecida pela Providência — podemos ver que Deus sempre quis que Paulo encontrasse Lucas em Filipos. O mesmo pode ser dito de cada caso em que a igreja teve que se adaptar em resposta a uma dificuldade. O tempo finalmente revelou que cada "adaptação" resultava em seguir o caminho que Deus havia colocado diante deles.

Deus não tem um "Plano B". Quando os planos desmoronarem, identifique como o Senhor pode usar a situação para avançar em seu plano redentor e, em seguida, una-se a Ele.

Uma despedida tocante

LEIA ATOS 20:13-38

Em 11 de março de 1942, as forças imperiais japonesas invadiram a ilha Corregidor, nas Filipinas. O presidente Roosevelt reconhecia o brilhantismo do general Douglas MacArthur e a necessidade absoluta de tê-lo como comandante do Teatro de Operações do Pacífico, de modo que ordenou que o general renunciasse ao comando de Corregidor, deixasse suas tropas e se mudasse para a Austrália. Em seu livro *Reminiscences*, MacArthur descreve sua difícil despedida:

> Eram 7h15 da noite de 11 de março [de 1942] quando atravessei a varanda na direção de minha esposa. "Jean", disse eu gentilmente, "é hora de ir". Dirigimos em silêncio até a Doca Sul, onde Bulkeley e PT-41 estavam esperando; o resto da comitiva já estava a bordo. Os bombardeios na orla continuaram de forma intermitente durante todo o dia. Coloquei Jean, [nosso filho] Arthur e Ah Cheu a bordo, e depois virei devagar para olhar para trás.
>
> Na doca, pude ver os homens olhando para mim. Eu tinha perdido 11 quilos alimentando-me da mesma dieta que os soldados, e devia ter uma aparência abatida e medonha parado ali com minhas velhas roupas manchadas de guerra — não era um comandante de presença inspiradora...
>
> A escuridão já havia caído, e as águas começavam a ondular com a fraca brisa noturna. Os disparos inimigos cessaram e um silêncio murmurante caiu. Era como se os mortos estivessem passando pelo mal cheiro da destruição. O cheiro de sujeira engrossava o ar noturno. Levantei meu boné em saudação de despedida, e pude sentir meu rosto ficar branco, sentir uma contração súbita e convulsiva nos músculos do meu rosto. Ouvi alguém perguntar: "Qual é a chance dele, Sarge, de sair-se bem?", e uma voz rouca respondeu: "Sei lá. Ele tem sorte. Talvez uma em cinco".
>
> Entrei a bordo do PT-41. "Você pode decolar, Buck", eu disse, "quando estiver pronto".[188]

Quando os repórteres insistiram numa declaração, ele explicou o raciocínio do presidente e, em seguida, prometeu: "Eu me dei bem e vou voltar".[189]As despedidas nunca são fáceis, especialmente em circunstâncias difíceis, e nunca são mais difíceis do que quando a despedida provavelmente será a última. Quando voltou para a Síria, Paulo não poderia contornar Éfeso sem dizer um último adeus. Ao contrário do general MacArthur, no entanto, ele não pretendia voltar. Um rápido relatório para a igreja que o enviou em Antioquia da Síria, uma visita final ao templo em Jerusalém e, em seguida, viajou para a fronteira ocidental, onde ele planejava servir durante todos os anos que lhe restavam.

20:13-15

Depois de se encontrarem com a igreja de Trôade durante a noite, Paulo e sua equipe partiram da cidade. Naquela época, os navios geralmente mantinham a terra à vista por uma questão de navegação e normalmente navegavam apenas durante o dia, buscando porto seguro todas as noites. Por razões que Lucas não declara, Paulo decidiu percorrer a viagem de mais de 30 quilômetros pela península até Assôs, enquanto os demais homens embarcavam no navio que os levaria para a Síria. Naquela noite,

Paulo veio a bordo e eles foram para Mitilene, uma cidade no lado do sotavento da ilha de Lesbos (20:13,14).

Nos três dias seguintes, o navio atravessou as ilhas da costa oeste da Ásia até chegar a Mileto, um porto outrora importante na foz do rio Meandro (20:15). Embora ainda fosse impressionante na época de Paulo, os dias de glória de Mileto estavam principalmente no passado. Era um local ideal para ele se encontrar com os presbíteros da igreja de Éfeso: grande o suficiente para conforto e conveniência, mas isolado da agitação e do fluxo de pessoas da cidade grande.

20:16,17

Paulo havia perdido sua oportunidade de chegar a Jerusalém na Páscoa (20:6). Ele ainda poderia participar do Pentecoste, outra grande festa para os judeus, se não se demorasse. O encontro em Mileto apresentava menos risco de embaraços locais. A descrição que Lucas faz de seu itinerário sugere que Paulo poderia determinar a rota e os portos de escala, o que não seria o caso se eles tivessem contratado o transporte em um navio mercante. Aparentemente, eles haviam fretado uma embarcação para seu uso exclusivo.

Quando chegaram a Mileto, Paulo enviou um dos estagiários a Éfeso para convocar os presbíteros da igreja. Quando os presbíteros chegaram, Paulo os reuniu para o que poderíamos chamar de uma "conferência de pastores" de um dia. De todas as suas cartas e declarações registradas por Lucas, nenhuma é mais íntima ou emocionante do que esta despedida final. Ele olhou para os rostos de alguns de seus amigos mais próximos, percebendo que tinha que deixá-los para que se levantassem ou caíssem por conta própria; ele não estaria mais disponível para ajudá-los.

É claro que Lucas não forneceu uma transcrição da mensagem de Paulo, que provavelmente tomou a forma de vários discursos ao longo do dia. Em vez disso, ele resumiu as palavras de despedida do apóstolo, que podem ser divididas em três seções principais:

1. O ministério de Paulo em Éfeso (20:18-21).
2. O futuro imediato de Paulo (20:22-27).
3. O futuro da igreja em Éfeso (20:28-35).

20:18-21

Paulo começou seu discurso lembrando sua própria história pessoal com o povo de Éfeso, especialmente sua fidelidade em relação a várias provas. Observo em suas palavras cinco armadilhas que ele evitou.

1. *Superou a prova da preguiça:* "Vocês sabem como vivi todo o tempo em que estive com vocês, desde o primeiro dia em que cheguei à província da Ásia" (20:18). Dedicou-se a proclamar o evangelho e, então, nutrir aqueles que creram. Ele não os deixou à própria sorte; ele os ensinava diligentemente todos os dias, usando o *scholē* de Tirano como um ponto de encontro.

2. *Ele venceu a prova do orgulho:* "Servi ao Senhor com toda a humildade e com muitas lágrimas" (20:19). Ele não estava se gabando; estava apenas se lembrando. Não disse isso para se orgulhar, mas para inspirar os mais velhos. A palavra grega traduzida como "humildade" (*tapeinophrosunē* [5012a]) carrega a ideia de humildade de espírito. Isso significa que ele não falou com os efésios como se eles fossem ignorantes ou estúpidos. Ele falava de igual para igual, simplesmente compartilhando informações que lhes faltavam.

3. *Ele venceu a prova do desânimo:* "Sendo severamente provado pelas conspirações dos judeus" (20:19). Ministros que evitam a imoralidade sexual, a ganância e o orgulho ainda precisam lutar contra críticas injustas. Os efésios não responderam ao evangelho tão rapidamente quanto outros grupos aos quais Paulo havia pregado; a escuridão espiritual que cobria a Ásia foi difícil de penetrar. Se isso já não fosse suficientemente difícil, Paulo suportou uma rejeição pessoal muita aguda, uma vez que seus inimigos queriam vê-lo morto. É difícil não levar isso para o lado pessoal, mas ele não sucumbiu ao desânimo.

4. *Ele venceu a prova do medo:* "Não deixei de pregar a vocês" (20:20). A palavra grega traduzida como "não deixei" (*hypostellō* [5288]) significa "segurar-se" ou "afastar-se". Os ministros muitas vezes lutam contra a intimidação. Certas pessoas — na maioria das vezes, aquelas que são vistas como sucessos na arena secular — podem facilmente intimidar os servos de Deus que deixaram tudo para servir a Deus em tempo integral. Francamente, quase sempre somos pegos de surpresa porque achamos isso confuso. É uma perda de tempo e energia desconcertante e exasperante que não tem lugar no trabalho cristão. Ministros eficazes aprendem a não recuar.

5. *Ele venceu a prova da ineficiência:* "Não deixei de pregar a vocês nada que fosse proveitoso, mas ensinei tudo publicamente e de casa em casa" (20:20). A palavra traduzida como "proveitoso" (*sympherō* [4851]) refere-se a qualquer coisa que ajude, que crie uma vantagem ou confira um benefício. Paulo mediu cada decisão e ação de acordo com a forma como isso ajudaria os efésios. Ele estava disposto a tentar qualquer coisa que os ajudasse a aprender e crescer: ensinar em grupos, em casas, um a um, publicamente, em particular — ele não ignorava nenhum método promissor.

Enquanto ministrava de forma eficaz e eficiente, evitando qualquer indício de favoritismo, Paulo sempre dava prioridade a um sólido ensino doutrinário. A fórmula básica "que se arrependam diante de Deus e creiam em nosso Senhor Jesus" é a mensagem fundamental sobre a qual tudo o mais na teologia e na prática cristãs se constrói (20:21).

20:22-27

Paulo passou da descrição de sua história pessoal com a igreja, contando como havia se entregado tão pessoalmente aos efésios, para a discussão dos seus planos imediatos. Ele se tornou muito transparente com os presbíteros. Já não lhes falava como alunos; considerava-os parceiros iguais. Tendo ministrado a eles, tornou-se vulnerável e deu-lhes a oportunidade de oferecer conforto e encorajamento.

Descobrimos anteriormente que Paulo queria estar em Jerusalém para a Páscoa; então, depois de uma mudança de planos, esperava chegar à cidade a tempo do Pentecoste. Em algum lugar ao longo de sua jornada, Paulo descobriu que seu próprio desejo era, na verdade, uma inspiração do Espírito Santo (20:22). O desejo tornou-se uma necessidade; a necessidade transformou-se em paixão; agora, a paixão tornara-se uma obsessão. (Quero dizer "obsessão" da melhor maneira. As pessoas que experimentaram um chamado claro do Espírito experimentam sua liderança como uma compulsão obstinada de fazer o que Ele ordena.) Ele discutiu abertamente o dilema que a orientação do Senhor lhe apresentava. Em cada cidade ao longo do caminho, Paulo recebeu a mesma mensagem: "O Espírito Santo me adverte de que me esperam prisões e sofrimentos" (20:23). Paulo geralmente evitava o perigo. Ele não se furtava às ameaças, mas evitou sabiamente o sofrimento quando possível. Nesse caso, porém, o Espírito o orientou a caminhar em direção à aflição em vez de se afastar dela.

Paulo havia sido informado anteriormente que seu ministério incluiria sofrimento. Jesus disse: "Este homem é o instrumento que escolhi para levar o meu nome diante dos gentios e dos seus reis, bem como diante do povo de Israel. Mostrarei a ele quanto deve sofrer pelo meu nome" (9:15,16). Talvez Paulo tenha pensado que havia sofrido o suficiente durante suas três viagens missionárias! À medida que se aproximava de Jerusalém, tornava-se claro que mais aflições o aguardavam, embora ele não pudesse prever especificamente o que aconteceria. Mesmo assim, ele não podia se furtar ao seu dever.

Embora não soubesse o que lhe aconteceria em Jerusalém, Paulo seguiu duas convicções que o acompanharam desde o início. Primeiro, ele merecia ter morrido no caminho de Damasco, mas o Senhor estendeu misericórdia; cada dia que ele viveu depois daquilo era um dom de graça. Em segundo lugar, ele tinha que pregar a Cristo a cada dia dado a ele. Muito pouco importava para Paulo além dessas duas convicções. Se o caminho diante dele levasse à sua morte, ele não poderia segui-lo com menos entusiasmo.

Paulo reconheceu que, muito provavelmente, eles não o veriam novamente, ou porque ele morreria ou porque ele estaria em algum lugar na Gália ou na Hispânia.

A declaração de inocência de Paulo é curiosa, tal como a confissão de um moribundo (20:26). Ele era, é claro, culpado de perseguir os cristãos inocentes, que levou à prisão e, às vezes, à execução, antes de seu encontro com Cristo (7:58; 8:1, 3; 9:1; 1Co 15:9). No entanto, ele era "inocente do sangue de todos" em dois aspectos. Primeiro, seus crimes haviam sido apagados de seu relato pela morte sacrificial de Jesus Cristo. Em segundo lugar, onde quer que fosse, proclamava a mesma oportunidade a todos os presentes diante dele; qualquer um que morresse em seus pecados não poderia culpar Paulo. Ninguém nas cidades que visitou podia alegar ignorância como desculpa, e isso incluía Éfeso. Mesmo diante de certo perigo, Paulo não deixou de pregar.

20:28-30

Na última seção de seu discurso (20:28-35), Paulo olhou para o futuro da igreja em Éfeso, advertindo-os sobre três perigos específicos (20:28-30) que formam uma base para sua admoestação final a eles (20:31-35).

Primeiro, ele os alertou sobre o *perigo do comprometimento pessoal* (20:28). Paulo admoestou os líderes a "ficarem em guarda". A palavra grega para isso, *prosechō* [4337], poderia ser usada para dar um encargo semelhante a um soldado ou sentinela, cuja primeira responsabilidade era ficar acordado; se ele falhasse nisso, tudo estaria perdido. Se permanecesse acordado, tinha que varrer continuamente sua área em busca de intrusos, a fim de proteger a si mesmo e aos outros. Se um invasor sobrepujasse a guarda, toda a fortaleza ficaria comprometida. Paulo lembrou-lhes que, como líderes, Deus lhes havia confiado um tesouro inestimável e, como sentinelas em seus postos, eles deveriam ser vigilantes e diligentes.

A palavra grega traduzida como "bispos" (*episkopos* [1985]) significa literalmente "supervisores", ou seja, "vigilantes" protetores. Os atenienses usavam o termo em referência a funcionários do Estado, aqueles que vigiavam uma instituição ou um território. Atenas chamava seus funcionários estatais de *episkopoi*, a forma plural da palavra. Na Septuaginta (a tradução grega do Antigo Testamento), um *episkopos* era aquele que servia como juiz, como tesoureiro ou como supervisor dos sacerdotes e dos levitas que serviam no templo. Em outra parte do Novo Testamento, Pedro chama Jesus de *episkopos* de nossas vidas (1Pe 2:25). Nesse sentido, o oficial da igreja designado por este termo é alguém encarregado de "pastorear" (*poimainō* [4165]) a igreja, para servir como um subpastor para o Senhor, liderando seu rebanho em seu nome e sob sua autoridade. Paulo listou as qualificações de um "supervisor" em sua carta a Timóteo, que estava servindo em Éfeso na época (1Tm 3:2-7).

Em segundo lugar, *Paulo os preparou para o perigo de ataques externos de falsos mestres* (20:29). Ele advertiu os presbíteros com uma imagem palpável de lobos entre ovelhas. Éfeso tornou-se famosa por suas escolas de filosofia, algumas das quais terminariam misturando suas ideias com o cristianismo e até adotariam vocabulário cristão e, em seguida, corromperiam o evangelho enquanto soavam ortodoxas. Mestres chamados de outras cidades chegavam a Éfeso, anunciando-se como emissários dos apóstolos, procurando ocasiões para se dirigir aos membros da igreja. Paulo os via como lobos esgueirando-se entre as ovelhas, procurando oportunidades para levar as mais fracas à morte.

Em terceiro lugar, ele advertiu a igreja de Éfeso sobre *o perigo da corrupção interna pela apostasia* (20:30). A corrupção teológica poderia se insinuar vindo do exterior na forma de falsos mestres, ou poderia surgir de dentro à medida que os líderes se afastassem do ensino dos apóstolos e das Escrituras. O termo empregado no original (*diastrephō* [1294]) significa "deformado", "distorcido", "pervertido" ou "corrompido". Os líderes da igreja devem prestar contas uns aos outros para que, quando alguém começar a ensinar doutrinas que não estão em conformidade com a Bíblia, seus amigos possam corrigir gentilmente os erros (ver Gl 6:1,2).

20:31-35

"Por isso" introduz esses versículos e marca a admoestação de Paulo para que "vigiem" como a resposta necessária aos três perigos que ele destacou. Para tornar o conceito mais concreto, Paulo usou a si mesmo como um exemplo de como os presbíteros deveriam proteger suas igrejas de comprometimentos pessoais, falsos mestres e apostasia. Ele observou sua devoção incansável ao ensino, usando todas as oportunidades — "noite e dia" — por três anos para ajudar os cristãos de Éfeso a se tornarem crentes maduros (20:31). Ele havia carregado o fardo fielmente e agora transferia a responsabilidade da liderança para os presbíteros (20:32).

Paulo também destacou a natureza altruísta de seu serviço, que ele considerava um fator importante para permanecer alerta. Ele trabalhou em torno de muitas pessoas ricas em Éfeso; algumas ocupavam cargos de alto escalão e teriam prazer em dar a Paulo dinheiro, roupas, uma casa grande — qualquer coisa que ele desejasse. Mas ele não aceitou subornos, nem regalias, nada (20:33). Sua referência a "estas minhas mãos" sugere que ele usou seu comércio ou algum outro meio de obter renda para pagar suas próprias despesas (20:34). Paulo novamente transformou seu exemplo em um encargo solene de cuidar das ovelhas em vez de esperar que o rebanho sustentasse o pastor (20:35).

Para resumir seu argumento, ele citou Jesus, embora essas palavras não apareçam em nenhum dos Evangelhos. Obviamente, os apóstolos — os homens que estavam com Jesus e o seguiram desde o início — viram e ouviram muito mais do que poderia ser documentado nos relatos do Evangelho (Jo 21:25). Paulo havia passado algum tempo com mais de um apóstolo e lembrou-se dessa declaração, que ele aplicou desta maneira: as bênçãos do ministério nunca devem ser tiradas do rebanho; o Senhor recompensará o doador com uma medida maior de bênção do que ele ou ela entrega.

20:36-38

Paulo, sem dúvida, passou o dia inteiro com os presbíteros de Éfeso, desenvolvendo e aplicando cada ponto, respondendo a perguntas, discutindo situações específicas e antecipando cenários futuros e como lidar com eles. Então, no final de seu tempo ali, ele se ajoelhou e orou por eles (20:36). Imagine o impacto de ouvir esse apóstolo fiel intercedendo por você pouco antes de partir pela última vez. "Todos choraram muito e, abraçando-o, o beijavam" (20:37). Eles estavam entristecidos (20:38; *odunaō* [3600]), sofrendo dor mental e angústia, por causa de seu mentor — o homem que os havia guiado para fora das trevas e para uma vida de liberdade e esperança — que estava partindo para sofrimento certo e morte potencial. Isso lhes causou profunda angústia, e não tentaram escondê-la.

Esta cena segue Paulo até o navio, onde ele e sua comitiva zarpam.

APLICAÇÃO

ATOS 20:13-38

COMO OLHAR PARA TRÁS ANTES DE SEGUIR ADIANTE

Quando parou em Mileto, Paulo poderia ter usado o tempo para relaxar, organizar seus pensamentos e desfrutar de alguma solidão tão necessária. Ele poderia ter considerado a ausência de uma igreja ali como uma oportunidade de se preparar para o que estava por vir. Em vez disso, decidiu chamar os líderes da igreja de Éfeso para envolvê-los em um exercício que pode beneficiar qualquer pessoa no limiar de uma transição significativa. Ele sabia que muitas vezes é útil olhar para trás antes de seguir em frente. Isso os prepararia para a transição para continuar o trabalho do ministério sem a ajuda dele.

O longo discurso de Paulo oferece dois princípios que valem a pena lembrar quando nos preparamos para deixar um ministério e começar outro.

Primeiro, *refletir sobre o passado exige honestidade*. Poucas mentiras fazem mais mal do que as que contamos a nós mesmos. Ignorar falhas passadas não as tornará menos embaraçosas, apenas mais propensas a ocorrerem novamente. Então, para eliminar a ameaça de repetir nossos fracassos, devemos abraçá-los como professores, aprender com eles o que pudermos, torná-los nossos amigos e mantê-los próximos. Mas não precisamos nos deter exclusivamente em falhas e fraquezas. Uma avaliação honesta do passado inclui não apenas lembrar nossos arrependimentos, mas também celebrar sucessos e analisar o que fizemos certo para que possamos determinar como estabelecer um padrão de triunfos.

Em segundo lugar, *desfrutar do sucesso exige uma consciência constante do perigo*. Todos nós faríamos bem em lembrar que o sucesso hoje não oferece nenhuma garantia de sucesso amanhã. As bênçãos que desfrutamos agora só podem ser mantidas à medida que permanecemos cientes de ameaças potenciais e, em seguida, nos preparamos para enfrentá-las. Isso não significa que deixamos a paranoia roubar nossa alegria. Na verdade, devemos tomar cuidado para não nos fixarmos em perigos que podem nunca ocorrer; nosso foco deve permanecer em Cristo e em sua promessa de que nada — nem mesmo os temíveis poderes do inferno — derrotará sua igreja. No entanto, manter uma consciência realista dos perigos que se aproximam na escuridão ajudará a proteger o rebanho.

Conselho humanos *versus* direção divina

LEIA ATOS 21:1-17

Quanto mais eu vivo, mais eu gostaria que fosse mais fácil entender a vontade de Deus. De modo geral, tenho menos dificuldade em seguir as instruções de Deus do que em compreender exatamente o que Ele quer. Para ser sincero, descobri que receber conselhos de outras pessoas muitas vezes cria mais confusão do que clareza. Paulo também enfrentou essa tensão ao seguir a direção do Espírito.

Às vezes, anseio que Deus fale como Ele falava antes que a Bíblia estivesse completa. Josué estava diante dos muros de Jericó, sabendo que tinha que invadir e que Deus havia garantido o sucesso. Ele sabia exatamente o que fazer, porque o relato histórico diz especificamente:

"O Senhor disse a Josué [...]" (Js 6:2). Josué seguiu as instruções do Senhor sem hesitar e, claro, deu tudo certo!

Elias estava diante do rei Acabe, o governante de Israel fraco e sem iniciativa que tinha o hábito de emitir decretos imprudentes e violentos. Depois de proferir a condenação do Senhor, o profeta recebeu instruções claras: "Saia daqui, vá para o leste e esconda-se perto do riacho de Querite, a leste do Jordão" (1Rs 17:3). Seria possível ser mais específico? Não há necessidade de ponderar seu próximo movimento; Elias foi aonde lhe foi dito, fez o que lhe foi instruído, e seu ministério continuou como Deus pretendia.

Na era do Novo Testamento, que continua até hoje, Deus normalmente não se comunica dessa maneira. Mesmo durante o período apostólico, quando Deus falou milagrosamente por meio de apóstolos e profetas, Ele raramente emitiu instruções específicas. No dia de Pentecoste, Ele começou a administrar seu reino de forma diferente. Jesus insinuou isso no cenáculo, na véspera de sua crucificação, dizendo: "Já não os chamo servos, porque o servo não sabe o que faz o senhor. Em vez disso, eu os tenho chamado amigos, porque tudo o que ouvi do meu Pai tornei conhecido a vocês" (Jo 15:15). Um pouco mais tarde, Jesus continuou: "Quando, porém, o Espírito da verdade vier, ele os guiará a toda a verdade. Não falará de si mesmo; falará apenas o que ouvir e anunciará a vocês o que está por vir. Ele me glorificará, porque receberá do que é meu e o anunciará a vocês. Tudo o que pertence ao Pai é meu. Por isso, eu disse que o Espírito receberá do que é meu e o anunciará a vocês" (Jo 16:13-15).

Na era do Antigo Testamento, Deus administrou seu reino dando suas instruções de forma audível e emitindo seus mandamentos por escrito. Infelizmente, isso só revelou as profundezas de nossa depravação; mesmo quando a humanidade conhece a vontade de Deus com certeza, ainda lutamos para obedecê-la. O Senhor usou a antiga aliança para provar que *ouvir* a palavra de Deus não é nosso principal problema; *dar ouvidos* à palavra de Deus é o nosso desafio constante. Com a inauguração da nova aliança (Jr 31:31-34; At 1:8), nosso Mestre adotou uma abordagem diferente. Em vez de estar diante de nós para emitir ordens, Ele agora vive dentro de nós para transformar nossas mentes (Rm 12:1,2) para que comecemos a pensar seus pensamentos. À medida que o Espírito gradualmente assume o controle, derrotando nosso modo de vida velho, egoísta, vaidoso e tolo, começamos a valorizar o que Deus estima, a tomar decisões de acordo com seus valores e a ver a vida de sua perspectiva eterna.

À medida que Paulo continuava sua jornada, diminuindo progressivamente a distância entre ele e Jerusalém, essa dinâmica da nova aliança tornou-se cada vez mais evidente. Ele começou a experimentar uma tensão crescente entre a condução do Espírito e os conselhos oferecidos por pessoas piedosas que se preocupavam profundamente com ele. Sua experiência, portanto, merece um exame minucioso.

21:1,2

Depois de sua partida emocionada de Mileto, Paulo e sua equipe navegaram "diretamente" para a ilha de Cós (21:1), o que significa que o vento estava em suas costas e eles fizeram o trajeto em pouco tempo. No dia seguinte, seu navio percorreu as ilhas ao largo da costa sudoeste da atual Turquia para chegar a Pátara no final de seu terceiro dia no mar. Esse porto marítimo na província romana da Lícia (na costa sul do continente turco) era um dos maiores e mais prósperos da região.[190] Os ventos favoreciam os navios que partiam rumo ao lado oriental do Mediterrâneo. Aqui, Paulo e seus homens trocaram de navio.

A região conhecida como Fenícia era uma estreita faixa de terra ao longo da costa noroeste da Galileia, cercada pela província da Síria. Paulo tinha originalmente a intenção de visitar a Síria, especificamente sua cidade natal adotiva, Antioquia (20:3), mas o tempo estava se esgotando. Esperava estar em Jerusalém a tempo de celebrar o Pentecoste. Ele também carregava uma grande soma de dinheiro doada pelas igrejas gentias que ele havia visitado na Macedônia e na Acaia (Rm 15:26). Tendo encontrado um navio com destino a Tiro, os homens zarparam.

21:3-6

Lucas explica que seu navio evitou a perigosa faixa entre Chipre e Panfília, seguindo um curso ao sul da ilha direto para Tiro. A embarcação teve que descarregar sua carga antes de levar Paulo para o sul até seu desembarque em Cesareia Marítima. Aparentemente, o descarregamento do navio levou sete dias. Paulo usou esse tempo para convocar os crentes próximos para uma conferência e, sem dúvida, fortaleceu as igrejas, como tinha feito em Mileto.

Durante todo o seu tempo com eles, no entanto, os cristãos continuaram dizendo-lhe para evitar Jerusalém. A expressão "pelo Espírito" (21:4) é problemática, porque parece que Paulo recebeu instruções conflitantes do Espírito Santo. Atos 20:22 e 21:14 sugerem que Paulo foi a Jerusalém em obediência ao mandamento de Deus. A gramática de Lucas aqui não resolve o problema; ao longo de sua narrativa, ele usa esta expressão[191] para indicar uma comunicação autêntica de Deus (cf. 1:2; 4:25; 11:28).

Embora alguns possam contestar essa interpretação, não acho que Paulo cometeu um erro ao ir a Jerusalém; as passagens de Atos 20:22 e 21:14 não podem ser desconsideradas. Paulo já havia demonstrado sua disposição de evitar sofrimento desnecessário e escapar do perigo iminente, especialmente quando via pouco a ser ganho. Em algumas ocasiões, enfrentou diretamente certas aflições quando pensou que seu sofrimento poderia realizar um bem maior do que a autopreservação. Em outras palavras, ele demonstrou uma bravura incomum diante das dificuldades, mas não era tolo. Aquela era uma situação inusitada. Pela revelação do Espírito, Paulo sabia que o sofrimento o esperava em Jerusalém (20:23), mas não podia negar a inspiração do Espírito para sair e enfrentar o perigo.

Sendo assim, como devemos interpretar a advertência dos crentes em Tiro? Como as muitas vozes preocupadas antes deles (20:23), eles viram com precisão o futuro de Paulo como revelado pelo Espírito — perseguição e sofrimento em Jerusalém —, mas então lhe deram conselhos com base em seus próprios desejos. Eles predisseram fielmente o sofrimento de Paulo, mas o aconselharam a "que não fosse a Jerusalém" (21:4), aonde Paulo, pelo Espírito, sentia-se compelido a ir. Acho que nunca tomei uma decisão importante na minha vida adulta em que algumas pessoas não tenham dito que era errada. Isso torna as decisões difíceis ainda mais difíceis, mas aprendi a esperar alguns maus conselhos dados em amor; nossos familiares e amigos mais próximos são bem-intencionados e querem o melhor para nós. Ainda assim, precisamos de pessoas que cuidem do bem de *Deus*, pessoas que nos digam "que Deus seja Deus".

Paulo ouviu as advertências dos crentes, mas continuou sua jornada para Jerusalém sem se intimidar. Tal como em Mileto, os crentes em Tiro acompanharam Paulo ao seu navio, oraram com ele e se despediram, esperando nunca mais vê-lo.

21:7-9

Ptolemaida, também conhecida como Acre (ou Acco), ficava a uma curta viagem de 40 quilômetros pela costa fenícia. Paulo e seus homens não precisaram parar, mas optaram por passar um dia com cristãos na região. No dia seguinte, eles navegaram mais 48 quilômetros ao sul até o porto de Cesareia Marítima, onde Pedro havia aprendido a aceitar os crentes gentios como irmãos. É apropriado que a última etapa das viagens missionárias de Paulo o leve de Cesareia a Jerusalém.

Algum tempo depois do Concílio de Jerusalém, Filipe, o evangelista, um dos primeiros sete diáconos (6:5) e o primeiro a levar o evangelho para Samaria (8:5), mudou-se para a fortaleza romana de Cesareia e fez dali o seu lar. Lucas afirma que ele "tinha quatro filhas virgens que profetizavam" (21:9). O fato de ainda não terem se casado nada tem a ver com

Do meu diário

Disciplina com carinho

ATOS 21:4

Lembro-me de quando o Senhor me chamou para mudar de um pastorado no Texas para um na Califórnia. Quando chegou o dia de partirmos de Irving e dirigirmos para Fullerton, algumas pessoas vieram dar uma despedida final. Trocamos lágrimas e abraços e prometemos manter contato enquanto Cynthia, as crianças e eu ocupávamos nossos lugares no carro. Pouco antes de sairmos da garagem, uma mulher se abaixou, olhou pela janela de Cynthia para as quatro crianças, depois para Cynthia e então para mim. "Você continua dizendo que o Senhor está nisso", disse ela. "Mas o Senhor é culpado por muitas coisas com as quais não tem nada a ver." Ela aguardou meu olhar confuso por um momento e depois se afastou. Palavras difíceis de ouvir.

Quando saí da garagem, disse: "Essa é uma lembrança final difícil". Cynthia não disse nada; ela apenas chorou enquanto seguimos pela Finley Road. Uma das crianças perguntou: "O que isso significa?". Eu respondi: "Ah, não importa". Mas as palavras da mulher soaram em meus ouvidos até Abilene. Não porque eu duvidasse da nossa decisão. Eu havia pedido ao Senhor que concedesse alguns outros pedidos em nome da igreja e Ele os cumpriu de maneira notável. Quaisquer dúvidas que eu tivesse foram eliminadas por essas garantias tangíveis de que o Senhor cuidaria da Igreja Bíblica de Irving. As palavras da mulher cutucaram porque eu não queria sair com ninguém pensando nada além do melhor. Mas isso é irreal. Aprendi que, quando as pessoas perdem um pastor, muitas vezes dizem coisas das quais se arrependem depois. Recusei-me a permitir que essas palavras obscurecessem os quatro grandes anos de ministério em Irving.[247]

seus dons proféticos; Lucas apenas indica que elas estavam presentes na casa de Filipe, enquanto Paulo e seus companheiros ficaram em Cesareia. É provável que tenham dado a Paulo mais das mesmas advertências que ele havia recebido desde que deixou Corinto.

21:10-12

Em algum momento durante a estada de Paulo, o profeta Ágabo chegou, vindo da Judeia (21:10). Ele já havia previsto a fome que ocorrera por volta de 46 d.C. durante o reinado do imperador Cláudio (11:28), e teve ampla oportunidade de observar o clima político em Jerusalém; ninguém poderia oferecer informações mais claras sobre a segurança de Paulo do que este homem. Em um gesto dramático que lembra os grandes profetas do Antigo Testamento (por exemplo, 1Rs 11:29-31), ele amarrou suas próprias mãos e pés com o cinto de Paulo, que não era uma pulseira de couro com uma fivela como os cintos modernos, mas uma longa faixa de pano que era enrolada várias vezes ao redor da cintura e amarrada em um nó para manter a vestimenta externa no lugar.

Durante sua demonstração, o profeta deixou claro que falava em nome de Deus. A frase "assim diz o Espírito Santo..." (At 21:11) deixa pouco espaço para mal-entendidos. Ele afirmou inequivocamente que Paulo seria preso e entregue aos gentios. Sua escolha de palavras se assemelha muito à predição do Senhor de sua própria prisão (Lc 18:31,32).

Uma resposta natural a todos os avisos poderia ter sido Paulo embarcar em um navio e navegar para a Espanha imediatamente. De um ponto de vista puramente humano, esta seria a mensagem implícita de Deus: "O perigo o espera em Jerusalém; não vá para lá!". Mas Paulo não podia ignorar a compulsão divina interior, mesmo quando o próprio Lucas e outros em sua companhia uniram-se para exortá-lo a evitar Jerusalém (At 21:12). Paulo sabia que tinha sido chamado a Jerusalém para cumprir um propósito divino ainda desconhecido. As advertências apenas lhe deram a oportunidade de calcular o custo da obediência antes que seu calvário começasse e de se preparar mentalmente para o que enfrentaria. Se ele tivesse ido a Jerusalém e sua prisão o pegasse de surpresa, ele poderia ter respondido de forma diferente à injustiça e não ter enxergado oportunidades de ministério.

Lucas tinha pelo menos três razões para documentar as muitas advertências sobre a visita de Paulo a Jerusalém: (1) estabelecer o calvário de Paulo como uma grave injustiça, (2) ratificar que o ministério de Paulo seguia os passos do Senhor, e (3) mostrar que Deus estava no controle de seu plano. Lucas já havia afirmado a inocência de Paulo de qualquer irregularidade (20:26) e mais tarde refutaria as alegações contra ele (21:29).

As falsas acusações foram simplesmente o ápice de um longo complô de judeus incrédulos para silenciar seu ex-colega.

21:13,14

A resposta dos amigos de Paulo fez com que ele se sentisse magoado e incompreendido. Sem dúvida, sentiu-se isolado, até mesmo traído, pelas mesmas pessoas que deveriam ter apreciado melhor do que ninguém por que ele precisava ir a Jerusalém. Ele tinha um destino a cumprir que exigia que caminhasse por certo perigo. Assim como Jesus, ele percorreu seu caminho sem que seus companheiros compreendessem seu propósito (cf. Lc 18:34). Ele não foi o último a fazer uma coisa dessas!

Como em todas as ocasiões em que Paulo sofreu, o Senhor usaria a situação para realizar seu plano. De fato, a narrativa de Lucas demonstra que todas as circunstâncias, desde a ascensão de Cristo até a prisão de Paulo em Roma, se desenrolaram de acordo com o desígnio de Deus.

A declaração final das pessoas em Atos 21:14 mostra que elas se submetem à agenda do Senhor, assim como seu líder, Paulo.

21:15-17

Com todos em sintonia com o plano do Senhor, Paulo e seus ajudantes começaram sua marcha em direção a Jerusalém, acompanhados por alguns dos crentes que viviam em Cesareia. A procissão, portanto, deve ter sido considerável, não muito diferente da subida final do Senhor de Jericó a Jerusalém. Após sua chegada, eles se estabeleceram na casa de Mnasom, um cristão de Chipre, e se encontraram com os líderes da igreja de Jerusalém.

APLICAÇÃO

ATOS 21:1-17

OFERECER E RECEBER CONSELHOS SÁBIOS

Embora algumas instruções do Novo Testamento para os crentes sejam tão diretas quanto os Dez Mandamentos (por exemplo, Rm 12:19; 1Ts 5:14), em muitos assuntos não há instruções específicas. Em vez disso, temos o Espírito de Deus vivendo dentro de nós, transformando-nos de modo a pensarmos e nos comportarmos como Cristo. Ele nos deu um grande privilégio que vem com uma imensa responsabilidade. Como sabemos a diferença entre a inspiração do Espírito e nosso próprio modo de pensar tendencioso? Obviamente, precisamos verificar tudo de acordo com as Escrituras, mas nossa própria leitura pode se tornar distorcida por ilusões, pontos cegos pessoais, implicâncias ou medos ocultos. Portanto, precisamos de conselhos sábios de conselheiros piedosos.

A experiência de Paulo sugere três diretrizes para buscar e dar conselhos.

Diretriz 1: *Quando você procurar conselhos, seja criterioso.* Se você está buscando a mente de Deus, escolha seus conselheiros com sabedoria. Você precisa da perspectiva de cristãos maduros que já demonstraram um padrão de boa tomada de decisão. Devem ser pessoas que você admira, que mostram sinais de ter suas prioridades corretas e que sempre colocam a vontade de Deus acima da sua. Esses conselheiros devem ser experientes na vida espiritual, conhecer bem a Bíblia e ter uma boa reputação dentro de suas comunidades cristãs, bem como entre os não crentes.

Procure vários conselheiros para obter uma perspectiva completa e encontre-os logo, para que você tenha o máximo de tempo possível para pensar, discutir, orar e ponderar opções. Tire um tempo de sua rotina normal para passar um período na solidão, orar e discutir a decisão várias vezes com seus conselheiros.

Diretriz 2: *Se você der conselhos, seja contido.* Deus lhe deu dois ouvidos e uma boca. Isso sugere uma boa proporção ao aconselhar alguém que toma uma decisão significativa! Ouça o dobro do que você fala. Nunca aprendemos enquanto falamos, mas sempre aprendemos enquanto ouvimos. Mas não leve simplesmente em conta os fatos; faça o esforço de colocar-se no lugar da pessoa para que você possa entender a questão a partir da perspectiva dela. Então, antes de oferecer uma resposta, peça um tempo para pensar, se isso for possível. Use esse tempo para pensar sobre a questão do ponto de vista de Deus, pensando no que Ele valoriza. Extraia alguns princípios de seu conselho das Escrituras. Isso nunca vai desviar você. Deus nunca contradiz sua Palavra. Então, quando procurar aconselhar um amigo, baseie tudo em visões bíblicas. Em *Knowing God's Will and Doing It!* [Conhecer a vontade de Deus e pô-la em prática], J. Grant Howard escreve: "Quando dermos conselhos baseados na Palavra, eles serão instrutivos. Quando damos conselhos centrados na experiência, talvez isso não seja nada mais do que opinião".[192]

Diretriz 3: *Se você der ou receber conselhos, lembre-se de que os seres humanos são falíveis.* Isso é óbvio, eu sei. Mesmo assim, quando o desejo de uma direção clara se torna intenso, parece que esperamos que, se encontrarmos a pessoa certa ou ouvirmos conselhos suficientes, uma mensagem de Deus será transmitida. Infelizmente, raramente temos o tipo de certeza que mais queremos. É possível que pessoas sábias deem maus conselhos com os melhores motivos. (Eu sei; eu já fiz isso.) E é possível tomar uma decisão com base em um amplo consenso de conselheiros sábios, apenas para descobrir que eles estavam errados. (Eu também já estive nessa ponta do dilema.) O fato é que as pessoas são falíveis; então, esperar 100% de precisão não é realista. No final, temos simplesmente de tomar as melhores decisões que pudermos com a informação que tivermos disponível, aceitando a possibilidade de fazermos um movimento errado.

Em vez de ficar paralisado pela indecisão, use o tempo que você tem disponível para determinar o melhor curso de ação, entregue-o ao Senhor e, em seguida, siga em frente. Se você fizer um movimento ruim de boa-fé, o Senhor honrará sua confiança nele e, como sempre, usará a circunstância para o seu bem. Independentemente disso, lembre-se de que não existe uma decisão sem uma desvantagem e, às vezes, a compensação é significativa, não importa o que você faça.

Quando o mal-entendido toma conta

LEIA ATOS 21:18-39

Ralph Waldo Emerson declarou: “Ser grande é ser incompreendido”.[193] O escritor, artista, e filósofo Elbert Hubbard expressou esse pensamento de forma mais eloquente em seu livro *Love, Life and Work* [Amor, vida e trabalho]: “O homem que é qualquer um e que faz qualquer coisa certamente será criticado, vilipendiado e incompreendido. Esta é uma parte da penalidade para a grandeza, e todo grande homem a compreende; e entende também que não é prova de grandeza. A prova final de grandeza está em ser capaz de suportar [o escárnio] sem ressentimento”.[194]

A grande dificuldade ao ser incompreendido é que quanto mais você trabalha para revelar fatos a seu favor, mais culpado você parece. No entanto, não fazer nada parece uma admissão da derrota. Aceitar esse cenário de não vitória sem sofrer angústias pessoais requer autoconfiança quase sobrenatural — ou pelo menos confiança na aprovação de Deus contra um coro de críticas.

Ninguém trabalhou mais do que Paulo na arte da comunicação. Ele descreveu da seguinte maneira seu compromisso total em fazer com que o evangelho fosse compreendido:

> Porque, embora seja livre de todos, fiz-me escravo de todos, a fim de ganhar o maior número possível de pessoas. Para os judeus, tornei-me judeu, a fim de ganhar os judeus. Para os que estão debaixo da lei, tornei-me alguém como se estivesse sujeito à lei — embora eu mesmo não esteja debaixo da lei —, a fim de ganhar os que estão debaixo da lei. Para os que estão sem lei, tornei-me sem lei — embora não esteja livre da lei de Deus, mas sim sob a lei de Cristo —, a fim de ganhar os que não têm a lei. Para com os fracos, tornei-me fraco, a fim de ganhar

os fracos. Tornei-me tudo para com todos, a fim de, por algum meio, salvar alguns. Faço tudo isso por causa do evangelho, para ser coparticipante dele. (1Co 9:19-23)

Então, imagine a frustração de Paulo quando seus companheiros judeus distorceram sua mensagem para caracterizá-lo como um

CIRCUNCISÃO: UM DIREITO OU UM RITO?

ATOS 21:21

Quando o Senhor confirmou sua aliança com Abraão pela terceira e última vez (Gn 17), Ele ordenou que cada homem que vivia na comunidade da aliança fosse circuncidado como símbolo de sua participação (Lv 12:3; Lc 1:59). Recusar a circuncisão (para si mesmo ou, mais frequentemente, para os filhos do sexo masculino) equivalia a divorciar-se da comunidade e rejeitar a Deus. Portanto, tal rebelde e sua família deveriam ser removidos da sociedade hebraica e considerados como forasteiros. Tal rejeição a Deus e à sua aliança era uma marca de condenação. A fiel observância da circuncisão, por outro lado, permitia que a prole masculina tivesse acesso a todos os direitos e privilégios da sociedade hebraica quando atingisse a maioridade.

Com tanta ênfase colocada nesse rito íntimo de participação na aliança de Deus, é fácil ver por que muitos judeus ampliaram seu significado. Muitos raciocinavam que, se recusar a circuncisão condenava um homem, então a circuncisão deveria salvá-lo. A participação na aliança e a obediência à Lei passaram a ser vistas como o caminho exclusivo para a salvação, uma atitude que alguns cristãos judeus tentaram levar para a igreja (At 15:1; Gl 2:3,4).

Tratava-se, é claro, de uma perversão do rito como Deus o havia estabelecido. A justificação pela fé sempre foi a pedra angular da doutrina hebraica. Como Paulo observou, "Abraão [...] creu em Deus, e isso lhe foi atribuído como justiça" (Gl 3:6; cf. Gn 15:6). O rito da circuncisão não fez nada para salvar um homem do pecado ou creditá-lo com justiça. Paulo o chamou de "selo" (Rm 4:11), um carimbo de cartório autenticando a participação do hebreu, pela fé, na aliança de Abraão com Deus. Embora essa aliança com Abraão fosse unilateral e incondicional — Deus fez um juramento de cumprir o que prometeu, independentemente da resposta do povo —, o Senhor pretendia que a participação hebraica incluísse tanto esse sinal físico privado quanto um caráter piedoso claramente visível.

blasfemador e um inimigo da Lei Mosaica. Paulo havia impactado a comunidade dos gentios de uma maneira inesquecível ao longo de três grandes viagens. Mas, em casa, entre os guardiões mesquinhos, tacanhos e estrábicos de uma sociedade fechada, alguns poucos vingativos se aproveitaram de um simples mal-entendido para inflamar uma multidão. A resposta de Paulo se tornaria seu teste de grandeza mais desafiador.

21:18-21

A narrativa de Lucas deixa de usar os pronomes "nós" e "nos" depois de 21:18, mas não há razão para acreditar que Lucas tenha partido. Neste ponto, a comitiva desaparece em segundo plano à medida que os eventos da história centram-se em Paulo. Como gentio, Lucas podia mover-se livremente em Jerusalém, mas sabiamente mantinha um perfil discreto no templo e em torno de judeus incrédulos. Enquanto isso, as experiências de Paulo o isolariam do grupo, deixando pouquíssimos contextos em que o uso de "nós" seria relevante. Lucas poderia testemunhar pessoalmente as experiências de Paulo, até mesmo visitar o apóstolo durante os eventos, mas ele não participaria deles.

A visita de Paulo a Jerusalém começou de forma bastante agradável. Ele se reuniu com os presbíteros da igreja de Jerusalém e com Tiago, o irmão de Jesus, que havia se tornado seu líder funcional. Em deferência à autoridade deles, Paulo deu um relato completo de suas três viagens missionárias e dos resultados obtidos. Dezenas de igrejas prosperaram nas principais cidades da metade oriental do império, e já estavam começando a crescer e a se replicar. Notavelmente, ele deu a Deus o crédito pela rápida propagação do evangelho entre os gentios. Os presbíteros glorificaram a Deus apropriadamente à medida que Paulo contou sobre cada sucesso (21:19,20). Eles avisaram, no entanto, que nem todos em Jerusalém ficariam tão satisfeitos com seus esforços. Rumores circulavam entre as *myrias* [3461], os "milhares" de judeus cristãos, a respeito dos ensinamentos de Paulo.

Esses milhares de judeus crentes estavam entusiasmados em guardar a Lei de Moisés (21:20). De fato, parece que os judeus crentes, salvos somente pela graça através da fé somente em Cristo, tiveram uma alegria renovada na Lei — não como um meio de salvação, mas como um meio de demonstrar seu amor por Deus e pelos outros dentro de seu contexto cultural e religioso judaico único. Isso não os identifica necessariamente como legalistas. Sua decisão de guardar a Lei foi um autêntico ato de adoração e devoção, não uma maneira de agradar a Deus, e não algo para forçar sobre os conversos gentios, como seus colegas legalistas e judaizantes estavam ansiosos para fazer.

Infelizmente, rumores fluíram em Jerusalém afirmando que Paulo criticava os judeus que queriam guardar a Lei, até o ponto de abandonar o rito da circuncisão (21:21). Embora a igreja concordasse que os gentios não deveriam ser obrigados a se submeter à circuncisão, eles nunca proibiram os judeus de continuar a cerimônia antiga, que até mesmo antecedeu a entrega da Lei.

Claro, os rumores eram falsos. Paulo não se opunha à circuncisão, a menos que alguém atribuísse valor ao ritual como meio de salvação. De fato, ele circuncidou Timóteo por conveniência (16:3). Os presbíteros provavelmente sabiam disso antes da chegada de Paulo. Após sua visita, toda e qualquer dúvida foi dissipada.

21:22-24

Os presbíteros da igreja acreditaram em Paulo imediatamente. Depois de terem confirmado ele e seu ministério, eles se voltaram para a questão de defender seu trabalho entre aqueles que não tiveram a oportunidade de entrevistar o apóstolo pessoalmente. Em nome da unidade e da ordem, eles precisavam tranquilizar dezenas de milhares de judeus crentes sem a ajuda dos meios de comunicação de massa. Então, decidiram usar o mesmo "passarinho" que havia espalhado os rumores.

O "voto" (21:23) refere-se ao voto de nazireu, um dos costumes mais antigos de Israel (Nm 6:1-21). Este juramento especial diferenciava um judeu da vida normal, muitas vezes para ser usado por Deus para realizar um objetivo específico. Enquanto se dedicava a essa tarefa, o indivíduo concordava com três estipulações: abster-se de qualquer produto da videira (vinho, bebida forte, uvas, vinagre, passas, suco), evitar qualquer contato com os mortos e permitir que seu cabelo crescesse sem cortes. Na história hebraica registrada, conhecemos apenas dois homens que fizeram o juramento do nazireu por toda a vida: Sansão (Jz 13:7; 16:17) e João, o Batizador (Lc 1:15). Na maioria dos casos, durante o tempo de Paulo, o voto era temporário. No final desta temporada especial, os nazireus entregariam um sacrifício especial ao templo:

> Ali apresentará a sua oferta ao SENHOR: um cordeiro de um ano e sem defeito como holocausto, uma cordeira de um ano e sem defeito como oferta pelo pecado, um carneiro sem defeito como oferta de comunhão. Além disso, apresentará um cesto de pães sem fermento, roscas feitas da melhor farinha amassada com azeite e pães finos untados com azeite, oferta de cereal e oferta derramada. (Nm 6:14,15)

Durante a cerimônia, o nazireu rapava a cabeça e apresentava o cabelo cortado ao sacerdote, que o queimava no altar. Após esse ritual, os nazireus recebiam uma porção da refeição sacrificial para comer e podiam novamente desfrutar do fruto da videira.

Naturalmente, o fim de um voto custava ao nazireu uma grande soma; só os animais podiam servir cem pessoas num banquete. Como os judeus tinham enorme consideração pelos nazireus, a comunidade considerava qualquer assistência dada a eles uma grande honra. Além disso, o voto fornecia a oportunidade ideal para Paulo ilustrar sua disposição em relação à Lei do Antigo Testamento. Ao contrário da circuncisão, que os judeus confundiam com os meios de obter a salvação, as pessoas se colocavam sob o voto de nazireu voluntariamente. Paulo poderia mostrar seu apoio à lei judaica sem comprometer sua posição sobre a graça. Então, os presbíteros sugeriram que ele patrocinasse esses quatro judeus cristãos enquanto eles consumavam seus votos. Como patrono, ele passava pelo ritual de purificação com eles e pagava suas oferendas. O financiamento de um ritual nazireu demonstrava uma grande consideração pela tradição judaica; financiar quatro teria virado notícia de primeira página.

Esse gesto não só teria acalmado os cristãos judeus, mas também ajudado muito a pacificar os raivosos judeus não crentes. Quando Agripa I recebeu de Cláudio a coroa da Judeia, "ele também veio a Jerusalém e ofereceu todos os sacrifícios que lhe pertenciam, e não omitiu nada que a lei exigisse; por conta disso, ele ordenou que muitos dos nazireus tivessem suas cabeças rapadas",[195] o que significa que ele patrocinou seus sacrifícios. Paulo era muito mais judeu do que Agripa em termos de etnia, cultura, educação e costumes. Nenhum judeu consciente poderia acusar Paulo de manchar o judaísmo. Ou assim pensavam os presbíteros.

21:25,26

Embora os presbíteros esperassem tranquilizar os cristãos judeus de que Paulo não havia blasfemado ou declarado a Lei obsoleta, eles ainda assim afirmaram sua resolução anterior sobre os gentios e a antiga aliança (cf. 15:20, 29). Embora a Lei seja boa, Deus nunca quis que ela se tornasse um meio de salvação; embora a Lei beneficie qualquer um que a siga, Deus escreveu sua lei no coração dos crentes e cuidará pessoalmente de sua conduta de vida. Por uma questão de unidade, no entanto, o Concílio de Jerusalém havia solicitado que os gentios limitassem sua liberdade em deferência a seus irmãos judeus que detestavam carne contaminada com sangue ou profanada por associação com ídolos. E eles devem evitar toda *porneia* [4202], a palavra grega para todas as formas de pecado sexual.

Paulo seguiu com o gesto (21:26). Àquela época, o templo havia embelezado o ritual descrito em Números 6:13-21 — como haviam feito com todos os pontos da Lei — fazendo um grande show de purificação, que levava sete dias para ser concluído. É claro que os presbíteros da igreja esperavam que o amor dos judeus pela piedade conspícua funcionasse a favor de Paulo. Durante um período de vários dias, Paulo entrou e saiu do templo com cada um dos quatro nazireus, seguindo meticulosamente o protocolo e desembolsando uma pequena fortuna para os sacrifícios.

21:27-29

Lamentavelmente, embora sem nenhuma surpresa, o gesto de Paulo não foi suficiente para compensar o ódio de seus inimigos de Éfeso. Vários o reconheceram e "agitaram toda a multidão e o agarraram" (21:27), o que significa que o prenderam de forma coletiva, da mesma forma que uma multidão em um *shopping center* poderia subjugar um criminoso infame.

Eles acusaram publicamente Paulo de pregar contra os judeus e a Lei de Moisés e de profanar o templo. Em uma reviravolta de ironia histórica, eles acusaram Paulo dos mesmos crimes pelos quais eles — com sua afirmação — haviam apedrejado Estêvão (6:11-14). Sua acusação imediatamente deveria ter sido vista como uma mentira descarada. Paulo tinha ido ao templo em apoio a quatro judeus sob o voto de nazireu, em honra à Lei, para sacrificar no altar do templo! Os mentirosos de Éfeso completaram sua calúnia com a alegação de que Paulo havia contaminado o templo escoltando gentios incircuncisos além do muro que separava

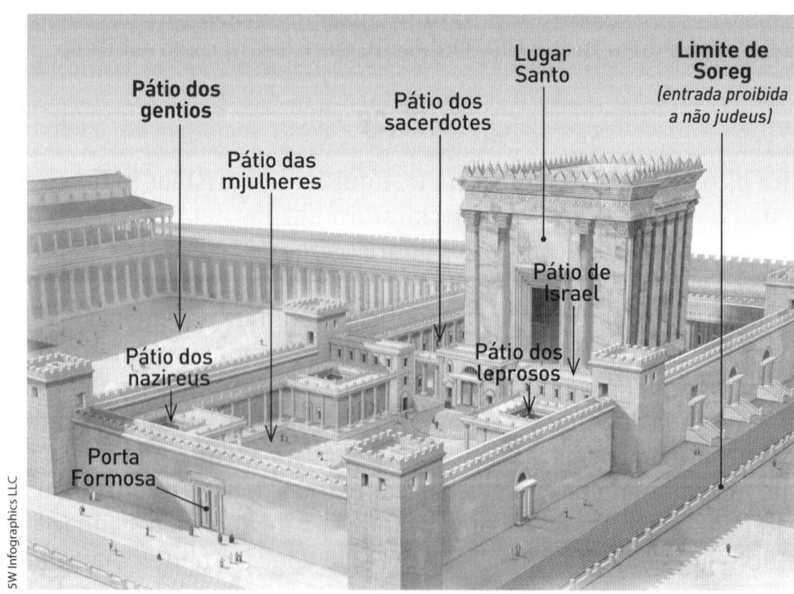

Esta ilustração do **complexo do templo de Herodes** apresenta os pátios que cercavam o lugar sagrado (ou lugar santíssimo). O portão baixo, ou limite de Soreg, marcava o perímetro que os gentios não podiam atravessar.

o pátio dos gentios do pátio de Israel, onde nenhum gentio era permitido. Este portal foi citado em hebraico como soreg (Mishná *Middot* 2:3).

Arqueólogos descobriram inscrições alertando os gentios para não passarem pelo portal. Os judeus de Éfeso reconheceram Paulo e o viram ao redor de Jerusalém com um gentio, Trófimo, que eles conheciam de Éfeso (21:29). Lucas afirma que eles não viram de fato Trófimo do lado de dentro da balaustrada; eles apenas "julgaram" (*nomizō* [3543]), o que significa que eles fizeram uma suposição com base no que eles pensavam saber sobre Paulo.

De repente, a suposição foi tratada como um fato, que eles usaram para incitar uma multidão no templo. Esses homens aparentemente haviam estudado na escola de Demétrio, o ourives (19:24-27), e se tornaram especialistas na arte de agitar multidões em um frenesi com pouco ou nenhum apoio factual. Como em Éfeso, a turba não sabia por que havia se formado.

21:30-32

A multidão arrastou Paulo do pátio de Israel para o pátio dos gentios, e os oficiais do templo fecharam as portas para garantir que nenhum outro gentio entrasse durante a confusão. Eles pretendiam matar Paulo, o que infringiria uma prerrogativa romana; os romanos reservaram o uso da pena de morte para si. Além disso, a justiça feita com as próprias mãos minava a autoridade romana e poderia se transformar em uma insurreição total. De repente, uma questão religiosa sectária tornou-se uma questão política.

Quando Herodes, o Grande, construiu a enorme estrutura do templo, é provável que algumas pessoas em Roma temessem que ele pudesse funcionar como uma fortaleza dos judeus. Para aliviar as tensões, ele reformou uma guarnição diretamente adjacente ao templo, que os romanos usavam para abrigar uma coorte de soldados.[196] Após a conclusão, ele deu-lhe o nome de Antônia, em homenagem a seu patrono, Marco Antônio. A Fortaleza Antônia ficava do lado de fora do canto noroeste da muralha, e tinha altura suficiente para que as sentinelas vigiassem o pátio.

As "notícias" (21:31) provavelmente vieram de um dos guardas. O comandante, mais tarde identificado como Cláudio Lísias (23:26), levou até duzentos homens combatentes ao pátio do templo para restaurar a ordem. (Um centurião comandava cem soldados; o comandante reuniu "oficiais e soldados", o que significa que havia pelo menos dois centuriões.) Os romanos geralmente davam aos judeus amplo espaço, mas não faziam nenhuma concessão à desordem civil. No meio do caos, os soldados se concentrariam em qualquer pessoa envolvida em violência e a impediria fazendo uso de qualquer meio que considerassem apropriado, incluindo a morte. Naturalmente, a multidão se afastou de Paulo assim que os soldados chegaram.

21:33-36

O comandante prendeu Paulo não porque considerasse o apóstolo culpado, mas para salvaguardar o objeto da ira da multidão. Suas prioridades eram restaurar a ordem primeiro, depois resolver os detalhes. O fato de prender Paulo "com duas correntes" provavelmente significa que cada um de seus braços foi preso a um soldado. Ele tentou obter algumas respostas de Paulo, mas o tumulto começou a aumentar novamente. A descrição de Lucas aqui se assemelha à sua descrição da turba de mercadores pagãos no teatro de Éfeso (19:32). Quando o comandante finalmente decidiu remover Paulo para a guarnição, o grupo de pessoas seguiu atrás dele, gritando "acaba com ele!" (21:36), assim como os inimigos de Cristo haviam feito (Lc 23:18).

As "escadas" (At 21:35) provavelmente levavam a um caminho pavimentado entre a saída do templo e a Fortaleza Antônia.

21:37-39

Quando Paulo foi levado para um local suficientemente longe do tumulto no pátio do templo, ele respeitosamente pediu para falar com o comandante. Os judeus em Jerusalém, como a maioria das pessoas ao redor do império, falavam pelo menos duas línguas, a sua própria e o grego. Muitos até falavam latim. Portanto, provavelmente não foi surpresa para aquele homem que Paulo falasse grego fluentemente (21:37). O comandante revelou o motivo de sua confusão: ele havia confundido o apóstolo com um falso profeta egípcio que retornava, que havia reunido um pequeno exército no monte das Oliveiras, prometendo dominar a Fortaleza Antônia e então governar Jerusalém (21:38). Josefo situa esse fato durante o governo do procurador romano Marco Antônio Félix (52-60 d.C.), que "o encontrou com seus soldados romanos, enquanto todo o povo o ajudava em seu ataque contra eles, tanto que, quando teve início uma batalha, o egípcio fugiu, com alguns outros, enquanto a maior parte dos que estavam com ele eram destruídos ou levados vivos".[197] Aparentemente, isso havia ocorrido em um passado recente, tornando plausível a suposição do comandante.

Paulo corrigiu o comandante, fornecendo um currículo impressionante da civilidade romana. Ele era judeu, não egípcio. Ele veio de Tarso, uma grande cidade conhecida por sua educação e cultura. Ele era um cidadão romano, não um bandido. Com base nessas qualificações, ele pediu permissão para se dirigir à multidão, esperando que uma resposta racional às falsas alegações apresentadas pelos judeus de Éfeso deixasse tudo em ordem (21:39). Ele tinha sido extremamente incompreendido e tinha certeza de que, uma vez apresentados os fatos, o caso contra ele se desenrolaria e a cidade de Jerusalém chegaria a seu juízo. No entanto, as pessoas que instigavam a multidão contra ele não se importavam com os fatos ou com a verdade; sua motivação vinha de um lugar escuro da alma humana. Eles eram movidos por ciúmes e uma necessidade obsessiva de destruir qualquer um que não pudessem dominar.

Apesar de toda a sua sabedoria, Paulo sofria da mesma ingenuidade comum à maioria das pessoas decentes e racionais: não podia imaginar ninguém que não quisesse conhecer a verdade e depois viver de acordo com ela. Paulo havia enfrentado um mal-entendido dentro da igreja, mas seu confronto com a liderança do templo era uma guerra de ideias e motivações que não podia ser amenizada.

APLICAÇÃO

ATOS 21:18-39

ENTENDER OS MAL-ENTENDIDOS

Ninguém gosta de ser mal interpretado. É solitário. É frustrante. Isso nos deixa desamparados e, se não tivermos cuidado, ressentidos com os outros. A amargura pode facilmente se instalar. Ao observar a experiência de Paulo com o mal-entendido, três verdades emergem.

Primeira, *a realidade do mal-entendido é inescapável.* Se quiser causar qualquer tipo de impacto profundo ou cultivar relacionamentos significativos, você será mal interpretado. Se quer simplesmente passar por esta vida, fazer o que todo mundo faz, concordar com a opinião da maioria e evitar dizer ou fazer qualquer coisa de importância, então você nunca terá que se preocupar em ser mal interpretado. Se, no entanto, você espera ser diferente da multidão habitual, se espera alcançar algo que não foi tentado, se tenta melhorar o *status quo*, repito: você será mal interpretado. Conte com isso.

Noé? Toda aquela cena da arca deve ter sido inacreditável. Moisés? Ele esperava que seu povo entendesse o propósito de Deus para sua vida, mas não compreendeu. José? Ele manteve o mais alto nível de integridade e pureza, mas Potifar ficou do lado de sua esposa, que acusou José de tentativa de estupro. Apesar de sua honestidade, ele foi preso. E os profetas do Antigo Testamento? Ignorados, marginalizados, acusados de deslealdade, impiedosamente criticados, abertamente odiados, muitas vezes mortos como inimigos de Israel. João, o Batizador? Aclamado como profeta, ignorado como louco. Os reformadores protestantes? Tratados como hereges, amaldiçoados como demônios e caçados como animais. Quem já fez alguma coisa que valesse a pena foi mal interpretado.

Em segundo lugar, *as razões para o mal-entendido são imprevisíveis.* Os mal-entendidos ocorrem por muitas razões, por isso não podemos antever como ou quando ocorrerão. Além disso, a maioria deles está além do nosso controle. Julgamentos precipitados, orgulho, medo, preconceito, calúnia, mesquinhez, ambição, vanglória — as causas são muito numerosas e diversas para contar. E, quando ocorrem mal-entendidos, podemos fazer muito pouco para resolvê-los. A maioria poderia ser resolvida em questão de minutos com uma simples conversa, mas apenas se a outra parte quiser ouvir. Você pode ser responsável apenas por se comunicar claramente; a resposta dos outros não depende de você.

Reconhecer sua impotência nessas situações pode ser incrivelmente libertador, dando-lhe permissão para se afastar e deixar o assunto nas mãos de Deus.

Em terceiro lugar, *a reação ao mal-entendido é uma decisão sua.* Normalmente, as pessoas respondem a mal-entendidos de três maneiras. Alguns trabalham freneticamente, tentando fazer com que a outra parte ouça e reconheça a verdade. Gritam, suplicam, repetem-se sem parar, vivem desesperadamente angustiados para serem ouvidos. Outros voltam-se para dentro, decididos a fazer o papel do mártir e permitir que o ácido da amargura os corroa. Não recomendo nenhuma dessas duas respostas. A melhor resposta ao mal-entendido é estender um convite para discutir o assunto e, em seguida, seguir com a vida. Aceite sua impotência, ore pedindo forças para continuar, permita que Deus lide com a dificuldade, não gaste mais energia para resolvê-la e, em seguida, dedique-se a cumprir seu propósito de vida. Essas são verdadeiras marcas de grandeza.

Um argumento irrefutável

LEIA ATOS 21:40—22:30

Por volta do ano 57 d.C., Paulo entrou no templo para participar de uma das tradições mais estimadas e reverenciadas de Israel. Quatro homens estavam concluindo um voto de nazireu, um ritual complicado e caro envolvendo sacrifícios. O apóstolo havia concluído um voto durante sua segunda viagem missionária (18:18), e agora estava com quatro crentes judeus para se submeter a ritos de purificação junto com eles e financiar seus sacrifícios. Nenhum gesto poderia ter provado melhor sua lealdade às tradições judaicas ou mostrado maior consideração pelo templo. No entanto, seus inimigos, judeus não crentes de Éfeso, aproveitaram a oportunidade para acusá-lo de blasfêmia, de pregar contra os judeus e de profanar o templo trazendo um gentio para o pátio de Israel.

Naquele momento, Paulo viu uma oportunidade de apresentar seu argumento irrefutável — a história de sua vida e seu encontro milagroso com o Senhor Jesus ressuscitado. Tais eventos e os testemunhos pessoais sobre eles formam argumentos irrefutáveis para o evangelho. Um exemplo dos Evangelhos é visto em João 9: quando Jesus curou um cego no sábado, os fariseus não podiam argumentar contra os fatos da vida do homem — ele tinha sido cego e agora podia ver. Em vez disso, caluniaram Jesus e excomungaram o homem que havia sido curado.

Agora, era a vez de Paulo. Ele fora cegado quando perseguia a igreja e depois recebeu sua visão quando creu em Jesus Cristo (At 9). Agora, ele testificava diante de seus irmãos no templo, como que dizendo: "Embora fosse cego, agora eu vejo". Restava saber se os autonomeados guardiões do templo escolheriam a cegueira contínua ou encontrariam a luz e a verdade por meio de seu argumento irrefutável.

21:40

O motim provocado pelos inimigos de Paulo escalou de forma tão dramática que o comandante das tropas romanas na Fortaleza Antônia teve que restaurar a ordem com a ajuda de pelo menos duzentos combatentes. Ele acorrentou Paulo e os soldados levaram o apóstolo para fora do complexo do templo, em direção à fortaleza. Na entrada, ele pediu permissão ao comandante para se dirigir às pessoas, a maioria das quais agiu com base em informações falsas. Sentia-se seguro de que, diante dos fatos, responderiam razoavelmente.

De pé nas escadas acima do pátio externo do templo, Paulo silenciou a multidão e dirigiu-se a eles em um dialeto do povo hebreu, que provavelmente era o aramaico. Sua defesa pode ser dividida em três seções:

- A vida de Paulo antes de Cristo (22:1-5).
- O encontro de Paulo com Cristo (22:6-16).
- O ministério de Paulo em Cristo (22:17-21).

22:1-3

A declaração inicial de Paulo o identificou como um judeu como os demais. Claro, a maioria o conhecia por reputação, se não pessoalmente. No passado, ele já havia sido uma estrela em ascensão na esfera religiosa e política do judaísmo e um dos principais opositores da igreja. Alguns no Sinédrio podem ter reconhecido suas primeiras palavras, "irmãos e pais" (22:1), da defesa de Estêvão (7:2).

Ele havia sido acusado de profanar o templo, pregar contra a Lei de Moisés e desencorajar a circuncisão entre os judeus, de modo que declarou seu impecável *pedigree* hebreu imediatamente. "Sou judeu" (22:3) foi suficientemente direto, mas alguns podem tê-lo identificado como um judeu helenista porque ele vinha de Tarso, uma cidade gentia na Cilícia. Ele se apressou em declarar que havia sido criado em Jerusalém e fora ensinado na renomada escola de Gamaliel, que uma vez se sentou no Sinédrio como um de seus membros mais respeitados (5:34). O professor de Paulo era neto do lendário rabino Hilel, um fariseu de primeira ordem. Os fariseus interpretavam as Escrituras vagamente e amplificaram a instrução de Deus com uma série de tradições. Eles se tornaram teologicamente inovadores para melhorar sua aparência de piedade e santificar sua separação estrita de qualquer coisa que não fosse judaica. Os ensinamentos de Hilel praticamente definiram o farisaísmo durante o tempo de Jesus e de Paulo.

Paulo declarou que havia sido "instruído rigorosamente por Gamaliel na lei dos nossos antepassados" (22:3). A palavra traduzida como "rigorosamente" vem de uma palavra grega (*akribeia* [195]) que descreve a conformidade precisa a um padrão autorizado, como no caso da precisão matemática. Paulo acrescentou que era tão zeloso pela Lei quanto seu público, e depois provou isso com um breve relato de sua própria carreira como fariseu.

22:4,5

Paulo contou como havia perseguido "os seguidores deste Caminho até a morte" (22:4). Embora a referência de Saulo à "perseguição" possa soar para nós como uma admissão implícita de irregularidades, ele a apresentou aos líderes judeus como um ponto positivo de associação. Ele ilustrou seu zelo genuíno pela Lei lembrando seus métodos, que incluíam jogar cristãos na prisão e até matar alguns. Se alguém duvidasse de sua dedicação à Lei, poderia consultar o sumo sacerdote e o Sinédrio para corroboração. Afinal, eles o haviam comissionado para acabar com "o Caminho" e até autorizaram sua viagem a Damasco para prender cristãos em fuga.

O termo traduzido como "perseguir" (*diōkō* [1377], possivelmente refletindo *radap* [H7291]), refere-se à perseguição, mas não necessariamente com intenção hostil. Isso contrasta com a nossa palavra "perseguir", que tem uma conotação totalmente negativa. O texto de Romanos 12:13,14, por exemplo, usa o termo tanto de forma positiva ("procurem ser hospitaleiros") quanto negativa ("abençoem aqueles que os perseguem").

22:6-10

Paulo relatou seu encontro dramático com o Cristo ressuscitado, destacando fatos que teriam interessado seu público, ao mesmo tempo que cumpriam seu objetivo. Jesus, por exemplo, era "o Nazareno" (22:8), um detalhe com conotações negativas entre os fariseus. Eles negavam que o Messias pudesse vir da Galileia, muito menos da desprezada cidade de Nazaré. Paulo chamou a atenção para seu nome hebraico, Saulo, o que fortaleceu sua alegação de ser um judeu leal. E ressaltou que Deus havia iniciado o encontro para impedi-lo de completar sua missão. Ele lembrou àqueles que o conheciam de anos passados que testemunhas — algumas, sem dúvida, ainda vivas — poderiam corroborar detalhes de sua história. Eles viram a luz e, embora não tenham entendido o que Jesus dizia, escutaram a voz. Eles também viram a transformação imediata de Paulo.

A descrição de Paulo de seu encontro com Cristo claramente atribuiu a Deus a responsabilidade por suas ações subsequentes. Ele incluiu uma parte crucial de seu diálogo: "Que devo fazer, Senhor?" (22:10). A resposta de Cristo lançaria um chamado divino: "O Deus dos nossos antepassados o escolheu" (22:14). Esse encontro sobrenatural deveria ter lembrado a audiência judaica de Paulo de vários profetas do Antigo Testamento que haviam recebido visões e foram obrigados a atender ao chamado divino. Isso sutilmente implicava: "Se você não gosta do que estou fazendo, então acerte-se com Deus!".

22:11-16

O testemunho de Paulo inclui um extenso relato de seu tempo com Ananias, "fiel seguidor da lei e muito respeitado por todos os judeus que ali viviam" em Damasco (22:12). Este judeu altamente respeitado também recebeu uma mensagem divina sobre o ministério de Paulo. Se alguém duvidasse da sinceridade ou sanidade do apóstolo, poderia entrar em contato com Ananias para obter confirmação. Esse profeta deu a Paulo instruções específicas sobre seu ministério entre os gentios. Observe que Paulo identificou a presença que havia encontrado como "Jesus, o Nazareno" (22:8), e Ananias ouviu do "Deus de nossos antepassados" (22:14), uma descrição caracteristicamente judaica de Deus. Tudo isso trabalha em conjunto para reivindicar o ministério de Paulo conforme ordenado por Deus e totalmente consistente com a maneira como Ele havia trabalhado por meio de profetas no passado.

22:17-21

Se Paulo quisesse apenas limpar seu nome e reivindicar seu ministério entre os gentios, ele poderia ter concluído sua defesa com 22:16. Isso teria enviado a mensagem: "Deus disse para fazer algo e eu fiz. Caso encerrado. A defesa encerra". Mas Paulo tinha outra agenda. Ele reconheceu esta ocasião como uma oportunidade para confrontar os pecados de seus compatriotas. Embora não politicamente inteligente, a seção final de sua mensagem permaneceu fiel ao seu chamado.

Paulo voltou a Jerusalém e descobriu que a cidade e seus antigos pares haviam se voltado contra ele. De acordo com o relato anterior de Lucas (9:29,30), os líderes da igreja de Jerusalém o haviam enviado a Tarso para sua segurança; Paulo declarou que o Senhor havia confirmado o plano em uma visão. Deus declarou que a razão de sua partida era que os líderes do templo não aceitariam o testemunho de Paulo sobre Ele (22:18). E, com essa declaração, Paulo perdeu toda a simpatia de seu público. Essa declaração os colocou do lado errado da revelação de Deus. Enquanto Paulo havia obedecido a Deus em seu ministério aos gentios, os judeus incrédulos haviam desobedecido, opondo-se a ele. Além disso, em seu testemunho "antes e depois", ele declarou que sua perseguição aos cristãos era pecaminosa, o que implicava que sua audiência continuava no pecado do qual ele havia se arrependido.

A "aprovação" de Paulo recorda seu papel no assassinato deste primeiro mártir cristão (22:20). Os líderes do templo haviam liderado uma multidão de judeus zelosos enquanto arrastavam Estêvão para os arredores da cidade e o apedrejavam. Paulo insinuou que o povo havia pecado junto com ele e que deveria se arrepender. Isso também trazia a sugestão sutil de que eles estavam procurando fazer o mesmo com ele, forçando sua fuga de Jerusalém. As instruções de Deus a Paulo continham uma crítica aos judeus. A mensagem implícita era: "Eles continuam em seu pecado e não darão ouvidos ao seu testemunho; por isso, estou enviando a Minha Palavra aos gentios por meio de vocês" (ver 22:18, 21).

A noção de que Israel não era mais a luz de Deus para os gentios irritou a multidão. A alegação de Paulo de que, em vez disso, Deus usaria a igreja — liderada por seu próprio ministério — fez com que os líderes religiosos fervessem de raiva assassina.

22:22-24

A plateia enfurecida pediu a execução de Paulo (22:22). Eles não se opuseram à sua evangelização dos gentios; os judeus atraíram prosélitos durante séculos. Até mesmo os fariseus viajaram pelo império pregando aos gentios (Mt 23:15). O método de Paulo, no entanto, os ofendeu por dois motivos. Primeiro, ele se recusou a trazer gentios para o reino de Deus pela porta do judaísmo, implicando que gentios e judeus estavam em um plano idêntico diante de Deus. Em segundo lugar, seu aviso de que ele havia se voltado para os gentios enviou a mensagem de que Deus havia deixado de lado os judeus.

O ato de a multidão jogar suas capas e lançar poeira ao ar não tem significado simbólico ou cultural. Eles simplesmente se sentiram tão enfurecidos que literalmente não sabiam o que fazer com eles mesmos. Eles não poderiam chegar até Paulo, caso contrário o teriam despedaçado.

A frase "gritar contra ele" (At 22:24) é mais bem traduzida "gritar para ele". O verbo *epiphōneō* [2019] significa simplesmente "gritar alto" ou "berrar". A preposição "contra" é uma interpretação dos tradutores. O comandante não sabia o que o povo gritava ou o que os motivava, porque Paulo e os judeus tinham falado "em língua hebraica" (provavelmente aramaico) durante todo o incidente (21:40). Ele simplesmente ouviu Paulo se dirigindo ao povo e observou a resposta furiosa dele. Até onde ele sabia, o apóstolo acabara de reunir a multidão no templo para uma insurreição. Ele precisava discernir o que acabara de acontecer, mas as únicas testemunhas bilíngues eram todas judias. Todos a quem ele poderia perguntar tinham um motivo para mentir se Paulo e a turba tivessem formado uma conspiração contra Roma. Então, ele decidiu usar um método familiar aos romanos: a tortura.

Paulo estava pronto para ser "açoitado e interrogado" (22:24), ou seja, torturado até que confessasse algo. O comandante tinha total autoridade para arrancar a verdade de Paulo se isso servisse aos interesses do imperador. O substantivo traduzido como "açoite" (ARA, ARC; *mastix* [3148]) indica o uso de um instrumento diferente daquele que os soldados usaram em Jesus antes de sua crucificação. Uma tradução mais precisa seria "examinado pelo chicote". Paulo perguntou: "Vocês têm o direito de açoitar [*mastizō* (3147)] um cidadão romano?" (22:25). Esse termo é diferente do "flagelo" (*mastigoō* [3146]) que Jesus sofreu. Os verbos são semelhantes, mas *mastigoō* infligiu a "quase morte" que Jesus suportou, que envolveu o uso de um *flagrum*, uma tira de couro com pedaços de metal e osso de ovelha trançados ao longo de seu comprimento. Os romanos não usavam esse tipo de flagelo para obter informações, porque as vítimas desse procedimento entravam em choque e lutavam para permanecer conscientes. *Mastizō*, usar um *mastix*, por outro lado, poderia infligir dor intensa por horas, deixando a vítima lúcida o suficiente para sentir cada chicotada e ainda se comunicar claramente.

22:25-29

Os cidadãos romanos desfrutavam de privilégios extraordinários em comparação com outros súditos do império. Eles recebiam o tipo de proteção civil que a maioria das pessoas nos países ocidentais hoje dá como certa. Um romano não poderia ser punido sem o devido processo legal, e Paulo não fora "condenado" (22:25). Foi-lhe dado o benefício da dúvida até prova em contrário. Os castigos para os cidadãos romanos nunca eram humilhantes; mesmo quando condenados à morte, a forma de execução era rápida e privada. E eles poderiam apelar de uma acusação a uma autoridade superior, até ao próprio imperador.

Paulo esperou até ser levado para a masmorra, amarrado a tiras de couro e esticado para o chicote antes de anunciar sua condição de cidadão romano. Ele fez isso pela mesma razão de Filipos (16:37), por uma questão de estratégia jurídica. Ele levou seus captores à beira de cometer um crime, a fim de alavancar o medo deles em benefício próprio. Quando o comandante descobriu o quão perto ele tinha chegado de bater em um cidadão, sentiu-se grato e provavelmente mais cortês com Paulo. Além disso, sua entrevista com o apóstolo revelou que Paulo tinha um *status* social mais elevado. Um cidadão nascido livre era um aristocrata comparado a alguém que obtinha o privilégio por meio de subornos. A prática de vender cidadania tornou-se uma forma comum de corrupção durante o reinado do imperador Cláudio.

22:30

O comandante ainda tinha o dever de determinar o que havia ocorrido no templo. Ele aparentemente compreendeu — provavelmente durante sua conversa com o apóstolo — que os judeus haviam acusado Paulo de algo. Ele se recusou a deixar que uma multidão manipulasse o governo romano ou ele próprio, mas para encorajar a ordem, ele convocou uma audiência com os principais sacerdotes e o Sinédrio para que tivessem a oportunidade de apresentar, de maneira civilizada, quaisquer queixas que pudessem ter.

Com base nas conclusões do conselho, ele determinaria se acusaria Paulo de um crime. Se suas acusações não afetassem os interesses romanos, ele deixaria o assunto nas mãos dos líderes judeus. Se concluísse que Paulo havia violado um estatuto romano, então encaminharia o caso ao procurador.

APLICAÇÃO

ATOS 21:40—22:30

UMA TESTEMUNHA DIGNA DE SER OUVIDA

Paulo acreditava que o evangelismo era seu único propósito de vida; assim, via cada circunstância como uma oportunidade de ser testemunha ou de criar mais oportunidades de testemunhar. Quando uma multidão tentou matá-lo e um contingente de soldados romanos o levou para um local seguro, ele viu outra oportunidade de testemunhar. Seu exemplo destaca três princípios que merecem ser lembrados.

Primeiro, *um testemunho pessoal baseado em fatos é irrefutável; a experiência interna sozinha é questionável.* O argumento mais convincente para o cristianismo é um testemunho pessoal. Veja um esboço simples:

1. Antes de Cristo
2. Encontro com Cristo
3. Depois de Cristo

Ninguém pode discutir sua experiência pessoal. A experiência subjetiva por si só, no entanto, não convence os outros a acreditar. Paulo relacionou seu testemunho pessoal com fatos verificáveis. Ele destacou as partes de sua vida que muitos observaram antes de sua salvação, durante sua experiência com Cristo no caminho de Damasco e depois. E referiu-se a testemunhas objetivas que o público poderia respeitar e confiar.

Então, se você vai preparar um testemunho, pense nas palavras que usará. Na verdade, escreva-o e limite-o a duas páginas. Inclua apenas detalhes relevantes que outros observaram e poderiam confirmar. Leia-o algumas vezes, não para memorizá-lo, mas para se sentir confortável com o que você gostaria de dizer. Em seguida, deixe que as oportunidades e o Espírito Santo sejam seu guia enquanto testifica de coração.

Em segundo lugar, *humildade é uma coisa; indignidade é algo completamente diferente.* Quando os soldados estenderam Paulo para uma chicotada injusta, ele olhou para o rosto do oficial e declarou sua cidadania a fim de evitar sofrimento desnecessário. Em Filipos, Paulo havia levado uma surra imerecida porque ela servia ao seu propósito. Ele usou a punição ilegal como alavanca para garantir maior segurança para a igreja em Filipos. Em Jerusalém, no entanto, seu sofrimento não serviria a nenhum propósito construtivo, de modo que pôs fim a ele.

Uma estranha tendência no ensino cristão transformou a doutrina da submissão em algo grotesco e tragicamente diferente de tudo o que Jesus ensinou. É a ideia de que os cristãos devem se submeter a qualquer tipo de abuso que aconteça em seu caminho. Consequentemente, as esposas sofrem espancamentos enquanto as igrejas gritam: "Sejam submissas!". As crianças sofrem formas bizarras de negligência e maus-tratos em nome da submissão e da disciplina. Os cristãos de toda parte parecem acreditar que aceitar o abuso e a humilhação é parte integrante da vida cristã e, portanto, que eles devem ser surrados quando poderiam evitar a injustiça. Mas isso não é ensino bíblico.

Paulo sofreu quando viu algo maior a ser conquistado. Ele aceitou — submeteu-se, se preferir — à vontade inalterável de Deus quando esta exigia sofrimento. Quando a fuga não era uma opção, suportava os maus-tratos com dignidade. *Isso* é essencialmente cristão. O voluntariado para maus-tratos e injustiças é uma perversão da doutrina da submissão. Deus criou os seres humanos para a dignidade. O mal vem destruindo a criação de Deus desde o momento do primeiro pecado. Nós, como cristãos, somos chamados a sofrer com Cristo na guerra contra Satanás e o pecado, mas Deus nunca nos chama a entregar a dignidade humana quando temos a opção de ver a justiça prevalecer.

Terceiro, *um testemunho honesto é nossa responsabilidade; uma resposta positiva não é.* Em termos de resposta positiva, o testemunho de Paulo foi um enorme fracasso. Sua defesa do evangelho e seu ministério aos gentios não convenceram o público a mudar de opinião nem a decidir financiar uma quarta viagem missionária. Ele apenas contou a verdade de sua própria experiência com Jesus Cristo: sua vida de pecado antes, sua conversão e seu ministério depois. O público se viu em sua foto "antes" e não gostou do que viu. O público se viu em contraste com a foto "depois" de Paulo e gostou ainda menos da imagem. O apóstolo não se propôs a convencer os judeus a se converterem; ele apenas resolveu dizer a verdade. O que fariam com a verdade, ele deixou para o Espírito Santo.

As pessoas não vão gostar do que temos a dizer. Nosso trabalho não é mudar a ideia delas; nossa responsabilidade é proclamar a verdade. Nada mais. Nada menos.

Quando a pressão se acumula

LEIA ATOS 23:1-22

Em 1865, ano em que os Estados Unidos encontraram a paz após quatro anos de guerra civil, um menino nasceu do outro lado do mundo, em Bombaim (atualmente Mumbai), na Índia — apenas um entre milhares, em uma região que poucas pessoas conheciam ou se importavam em conhecer. Nascido para a riqueza e privilégios, ele nunca sofreu a pobreza, exceto vicariamente por viver ao lado dos milhões que habitavam Punjab, para onde seu pai havia se mudado com a família quando ele aceitou um emprego como curador do eminente Museu Lahore. A posição privilegiada de sua família na sociedade britânica o cercava de elegância e nobreza

Seu pai, um artista nato, reconheceu cedo o gênio artístico do garoto e garantiu que ele recebesse a melhor educação que a Inglaterra poderia fornecer, tanto nas Ilhas Britânicas quanto na Índia. Aos poucos, o mundo começou a reconhecer o gênio literário desse menino, Rudyard Kipling, e lhe concederia o Prêmio Nobel de Literatura aos quarenta e um anos de idade. Apesar de sua aclamação entre os sofisticados, ele nunca perdeu sua conexão terrena com as pessoas comuns. Se ele foi criticado por alguma coisa, foi por seu carinho pelos menos afortunados que ele; muitos de seus pares ricos o menosprezavam e se deleitavam em criticá-lo com sarcasmo. No entanto, suportou com dignidade e nunca se afastou de suas convicções.

Talvez enquanto suportava um ataque particularmente pungente, ele escreveu estas palavras para seu filho:

> Se você puder manter sua cabeça quando todos ao seu redor
> estão perdendo a deles e colocando a culpa em você;
> Se puder confiar em si mesmo quando todos duvidarem de você,
> mas levando em consideração as dúvidas deles também:
> Se você puder aguardar e não se cansar de esperar,
> Ou ser enganado, sem se envolver com mentiras,
> Ou ser odiado, sem dar lugar ao ódio,
> e, mesmo assim, não parecer bom demais, nem exibir muita
> sabedoria.
>
> Se você puder sonhar — e não fazer dos sonhos seu mestre;
> Se você puder pensar — e não fazer dos pensamentos a sua meta,
> Se você puder se encontrar com Triunfo e Desastre
> e tratar esses dois impostores da mesma forma:
> Se suportar ouvir a verdade que você disse
> torcida por patifes para fazer dela uma armadilha para tolos,
> Ou vir as coisas pelas quais deu sua vida quebradas,
> e se abaixar e reerguê-las com ferramentas desgastadas.
>
> Se você puder fazer uma montanha com todas as suas vitórias
> E apostá-la em um jogo de azar,
> E perder, e começar de novo do zero
> E nunca sussurrar uma palavra sobre sua perda:
> Se você puder forçar seu coração, seus nervos e tendões
> para que lhe continuem agindo mesmo depois de terem
> perdido a esperança,

e, assim, aguentar quando não houver nada em você
exceto a Vontade que lhes diz: "Aguente!"

Se você puder conversar com multidões e preservar sua
virtude,
Ou andar com Reis — sem perder a afinidade com pessoas,
Se nem inimigos nem amigos amorosos puderem machucá-lo,
Se todos os homens contarem com você, mas nunca demais:
Se você puder preencher o minuto implacável
com sessenta segundos de uma corrida de distância,
sua é a Terra e tudo o que nela há,
e — o mais importante — você será um Homem, meu filho![198]

Dezoito séculos e meio antes de Kipling pronunciar essas palavras pungentes, viveu um homem que também era incompreendido. Ele também era um gênio. Ele também foi homenageado. Até onde podemos dizer, ele foi saudado entre a elite do templo como uma estrela em ascensão na cultura judaica e no governo. Então, sua teologia mudou. Ele não mais pregava a Lei como caminho para a salvação; ele agora proclamava um evangelho da graça, autenticado pela ressurreição de Jesus, a quem aceitou como o Messias de Israel e de sua própria vida. O grande Saulo de Tarso tornou-se Paulo, o Pequeno, apóstolo de Jesus Cristo. Quando odiado, ele não odiava. Quando viu as verdades que pregava torcidas contra ele, manteve-se firme e entregou-se resolutamente a elas ainda mais. Mas até Paulo teve seus dias difíceis. Tendo sobrevivido a um motim no templo e à prisão pela guarda romana, ele enfrentou seus antigos colegas no Sinédrio, agora grisalho por causa da idade e enrugado pelo tempo depois de cerca de vinte anos, mas ainda mais poderoso no campo da religião e da política.

O comandante da guarda romana providenciou essa audiência, mas Paulo não viu isso como um julgamento para determinar o curso futuro de sua vida; ele deixou isso para Deus. Em vez disso, ele enxergou mais uma oportunidade de confrontar seus compatriotas pelos seus pecados e, cheio de esperança, chamá-los ao arrependimento.

23:1

Atos 23:10 deixa implícito que o comandante observou a audiência junto com várias tropas. Por outro lado, se Paulo estava em pé na sala, ele saberia que o sumo sacerdote se dirigia a ele (23:5), se não pela vista, então pela localização da voz. Portanto, estou inclinado a acreditar que o Sinédrio se reuniu em algum lugar na área comum do templo para aquiescer ao pedido do comandante sem comprometer a tradição sagrada.

Paulo começou seu discurso com uma declaração corajosa que tanto os saduceus quanto os fariseus deveriam ter apreciado. Ele vivia com uma "boa consciência" (23:1), não porque nunca tivesse pecado, mas porque se dedicara fervorosamente a agradar a Deus e porque Cristo o justificara pela graça através da fé em sua expiação sacrificial pelo pecado na cruz.

23:2,3

A alegação de Paulo de ter "toda a boa consciência" (23:1) não agradou ao sumo sacerdote, que rompeu com o protocolo do Sinédrio para que alguém próximo desse um soco na boca do apóstolo. Notavelmente, Jesus experimentou o mesmo tratamento durante sua audiência diante de Anás (Jo 18:22). Enquanto o Senhor havia repreendido o sumo sacerdote gentilmente, Paulo condenou o homem severamente, chamando-o de "parede branqueada" (At 23:3). A metáfora poderia ter duas referências. A primeira mostra a frente caiada de branco de uma caverna funerária, com a implicação de que o sumo sacerdote só parecia puro por fora, mas estava cheio de ossos de homens mortos por dentro (ver Mt 23:27). A outra referência faz alusão a uma imagem usada por Ezequiel na qual o Senhor condenou os falsos profetas por falarem mentiras em seu nome (Ez 13:10-16). A hipocrisia do sumo sacerdote enfureceu Paulo. Eles haviam se reunido para examinar a acusação contra o apóstolo de que ele havia escoltado um gentio até o pátio de Israel, entre outras acusações, mas o sumo sacerdote violou as regras do Sinédrio na frente de todos.

23:4,5

O comentário de pessoas que observam a audiência ilustra a lógica distorcida em ação no Sinédrio. Paulo se opôs à violação da Lei pelo sumo sacerdote, e foi repreendido por ser desrespeitoso com o ofício! A resposta do apóstolo é difícil de interpretar. Alguns veem isso como evidência, junto com Gálatas 6:11, de que ele sofria de visão deficiente, mas a frase "fixando os olhos no Sinédrio" em Atos 23:1 argumenta contra isso. Há duas explicações razoáveis: (1) Ele de fato não reconheceu o sumo sacerdote porque não estava usando suas vestes tradicionais para esta audiência e o cargo havia sido ocupado por vários homens desde que Paulo visitou Jerusalém pela última vez; ou (2) Ele respondeu sarcasticamente, dizendo, com efeito: "Ele não estava agindo como o sumo sacerdote de Deus, então eu não o reconheci".

A citação que Paulo faz de Êxodo 22:28 (At 23:5) favorece a última explicação. Ele destacou a ironia de sua situação: compareceu ao concílio voluntariamente, em deferência à sua autoridade, para ouvir a queixa sobre sua suposta difamação do templo e desrespeito à Lei de Deus. Enquanto isso, o sumo sacerdote de Deus quebrou a lei nos primeiros momentos de sua aparição. Ou, como afirma um comentarista, "a citação de Êxodo 22:28 feita por Paulo mostrou que ele estava em sujeição à vontade revelada de Deus, a qual ele estava sendo julgado por desconhecer".[199]

23:6-8

Paulo havia comparecido perante o Sinédrio como uma cortesia ao comandante romano, para ouvir e depois responder a quaisquer queixas que os oficiais do templo tivessem contra si. Ele imediatamente viu que nunca conseguiria uma audiência com o concílio e, então, decidiu mostrar ao seu público romano que os oficiais religiosos eram pateticamente irracionais e irremediavelmente corruptos. Ocorreu a Paulo que ele poderia usar as visões polarizadas dos saduceus e fariseus para expor seu ponto. Provavelmente olhando para a maioria farisaica, ele de repente gritou, com efeito: "Não estou sendo julgado por desprezar a Lei. Sou fariseu. Estou sendo julgado porque os saduceus não gostam da nossa teologia, irmãos!" (ver 23:6). E, com isso, o julgamento terminou. O concílio voltou-se contra si mesmo, alguns defendendo Paulo como um companheiro fariseu, todos eles compulsivamente atraídos para seu interminável debate teológico (23:7,8).

23:9,10

Mais uma vez, sustento que a audiência ocorreu informalmente na área comum do complexo do templo, onde o comandante e suas tropas puderam observar. Se assim foi, a audiência se estendia além do concílio: os adoradores judeus comuns ouviam a grande "discussão" (*stasis* [4714b]) se desenvolvendo, e discussões perigosas repercutiam entre o público em geral. Tal alvoroço muitas vezes degenerava em perigoso caos público, portanto o comandante começou a se preocupar que "Paulo fosse despedaçado" (23:10). Para restaurar a ordem e resgatar um cidadão romano do perigo, ordenou que ele fosse levado para a Fortaleza Antônia, e as tropas entraram para retirar Paulo e devolvê-lo à guarnição.

Josefo não se referiu a esse incidente em sua crônica, mas ele descreve o tom político em Jerusalém que antecedeu o fim do mandato de Félix, um período que coincide com o julgamento de Paulo e sua prisão subsequente em Cesareia:

> E agora surgiu uma sublevação entre os sumos sacerdotes e os principais homens da multidão de Jerusalém; cada um dos quais na

> companhia do tipo mais ousado de homens, e daqueles que amavam as inovações, sobre eles, e se tornaram líderes para eles; e quando lutaram juntos, o fizeram lançando palavras reprováveis uns contra os outros, e atirando pedras também. E não havia ninguém para repreendê-los; mas essas desordens aconteceram depois de uma conduta licenciosa na cidade, como se ela não tivesse governo sobre si.[200]

Evidentemente, a discussão entre os saduceus ("os sumos sacerdotes") e os fariseus (que representavam "os principais homens da multidão") piorou progressivamente após a audiência de Paulo.

23:11

Quando o comandante percebeu que Paulo era um cidadão romano, ele o libertou da custódia (22:30); assim, Paulo não ficou no quartel contra sua vontade. Ele provavelmente havia passado as noites anteriores sob a proteção do comandante, e nesta noite não seria diferente. Ironicamente, Pedro passara a noite nessa mesma estrutura em circunstâncias muito diferentes. Agripa I o havia trancado com a intenção de executá-lo após o término da Páscoa. Na véspera de sua execução, um anjo visitou Pedro, libertou-o de suas correntes e o levou para fora da fortaleza (12:1-11).

Desta vez, Paulo teve uma experiência muito diferente. Quando a escuridão caiu sobre a guarnição e os soldados dormiram, Jesus apareceu ao apóstolo para lhe dar conforto e segurança. Ele lhe disse que Paulo não sairia da prisão naquela noite e, em seguida, revelou o propósito de sua prisão e o que o futuro lhe reservava. Paulo esperava visitar Roma; Jesus assegurou-lhe que o faria, em circunstâncias diferentes das que havia planejado. Notavelmente, Jesus colocou-se junto de Paulo como se dissesse: "Estou ao seu lado durante todo o caminho".

23:12-15

Josefo relata que, sob o procurador Félix, as pessoas rotineiramente contratavam os sicários, "homens do punhal", para assassinar seus inimigos. Originalmente, os sicários eram uma facção extremista de fanáticos que usavam métodos violentos para livrar Israel daqueles que consideravam inimigos de um Estado independente: gentios, simpatizantes romanos, judeus helenistas, herodianos e assim por diante. Eles degeneraram em nada mais do que punhais de aluguel. Josefo registra:

> Os ladrões subiam com a maior segurança nas festas depois desse tempo; tendo armas escondidas da mesma maneira que antes, e

> misturando-se entre a multidão, mataram alguns de seus próprios inimigos, e foram subservientes a outros homens por dinheiro; e mataram outros, não só em partes remotas da cidade, mas também no próprio templo; pois tiveram a ousadia de assassinar homens ali, sem pensar na impiedade de que eram culpados.[201]

Um grupo de mais de quarenta homens, provavelmente alinhados com os saduceus, aproximou-se do sumo sacerdote e de seus comparsas com um plano. Os principais sacerdotes convocariam outra reunião do Sinédrio a pretexto de dar a Paulo uma audiência justa, só que eles garantiriam que ele nunca atravessasse o pátio do templo (23:15). Eles se vincularam ao complô com um juramento extraordinariamente severo (*anathematizō* [332]), ainda mais extremo do que o voto de nazireu (23:12, 14). O *anathematizō* descreve um voto pagão que invoca maldições divinas sobre si mesmo caso renegue ou deixe de cumprir o compromisso. Eles prometeram não comer nem beber até que tivessem assassinado Paulo. Claro, o apóstolo viveu por mais alguns anos depois disso. Ou os inimigos assassinos morreram de fome — não é provável! — ou encontraram advogados espertos para abrir caminho através de uma brecha.

23:16-22

O sobrinho de Paulo e sua irmã descobriram o plano. Paulo referiu-se a ele como um *neanias* [3494] (23:17), o mesmo termo usado em relação a Êutico em Trôade (20:9), indicando que ele era um adolescente, talvez de dez a dezessete anos de idade. O centurião o chamou de *neaniskos* [3495], que Filo relata que Hipócrates descrevia como "um menino até que sua barba comece a crescer, e que esse tempo é o fim de um terceiro período de sete anos"[202] – entre quatorze e vinte e um anos. Ele pode ter sido dedicado ao serviço do templo, não muito diferente de um coroinha da Igreja Católica, e ouviu conversas entre os líderes do recinto.

Paulo não era um "prisioneiro" (23:18) no sentido de estar detido; em vez disso, ele permanecia sob custódia protetiva. Ademais, como cidadão, ele poderia solicitar a cooperação de um comandante romano. No lugar de entregar o aviso sozinho, ele fez com que o comandante soubesse da trama diretamente de seu sobrinho. A maneira como Lucas descreve a cena sugere que ele estava lá no quartel com Paulo na época — visitantes eram comumente permitidos, especialmente em circunstâncias como a de Paulo.

O comandante levou a sério o relato do rapaz. Ele sabia exatamente o que fazer. Esta era sua área de conhecimento.

APLICAÇÃO

ATOS 23:1-22

ENFRENTAR O PASSADO, PLANEJAR O FUTURO

Ao observar essa passagem com um pouco de imaginação, duas verdades emergem.

Primeiro, *a graça de Deus pode ofuscar qualquer culpa dentro de nós*. Quando se levantou para enfrentar o Sinédrio, Paulo havia completado todo o circuito. Ele não interagia com esses homens, seus ex-colegas, desde que partira para Damasco em sua missão mortal, mais de vinte anos antes. Na última vez que falou com um sumo sacerdote, ele havia recebido cartas que o autorizavam a ser representante de judeus perante a sinagoga de Damasco, prender judeus cristãos e devolvê-los a Jerusalém para enfrentar julgamento. Neste dia, ele era o réu. À época de sua partida original, ele havia acumulado um impressionante histórico de prisões e condenações, resultando na morte de muitas pessoas inocentes. Mesmo assim, ele se apresentou diante do concílio de Israel e declarou: "Meus irmãos, tenho cumprido o meu dever para com Deus com toda a boa consciência até hoje" (23:1).

A graça de Deus lhe deu permissão para fazer essa afirmação. Essa mesma graça nos liberta para dizer o mesmo. Talvez você precise parar de ouvir a condenação de outras pessoas e assumir sua posição sobre a graça com Paulo. É impressionante como os cristãos ouvem as vozes que continuamente sublinham a culpa e o erro, o fracasso, a inadequação e a incompetência! Mas é notável a maneira como a garantia de Deus vem em graça e diz a você: "Tudo está perdoado. Tenho Roma na mira. Se eu não tivesse um plano para você", diz o Pai, "eu o tiraria deste mundo. Uma vez que você está vivo, eu ainda estou trabalhando, no quartel ou não, com maus-tratos ou não. Eu sei o que estou fazendo". Veja, Deus é especialista em pessoas imperfeitas. A graça de Deus pode ofuscar qualquer culpa dentro de nós.

A segunda verdade que encontrei aqui é que *o poder de Deus pode vencer qualquer plano contra nós*. Se você depositou sua confiança em Jesus Cristo, você está diante de Deus como seu filho, justificado, declarado justo, destinado a um propósito maior do que qualquer pessoa — incluindo você — pode imaginar. É um plano invencível, inalterável, irrefutável! E Deus vai levar você até lá! Ele está *comprometido* com isso, apesar do fracasso, dos erros e do pecado. Ele conhece você, sabe o que quer realizar, vê de antemão o que ameaça minar seu plano e nada pode se colocar em seu caminho.

Mantenha o foco naquilo que o Senhor quer realizar por meio de você e deixe que Ele cuide dos perigos potenciais. O poder de Deus pode vencer qualquer complô contra nós, mesmo aqueles arquitetados pelo próprio Satanás.

Entre a frigideira e o fogo

LEIA ATOS 23:23—24:9

Convenhamos; sentimo-nos mais seguros quando estamos no controle. Os pesquisadores confirmaram isso como um fato ao estudar pacientes médicos. Aqueles que conhecem sua doença e entendem as razões das terapias prescritas respondem melhor ao tratamento, cooperam mais com as ordens, sofrem menos depressão e se recuperam de forma mais consistente. Pacientes que sabem menos sobre suas condições ou por que devem fazer isso ou aquilo experimentam os mais altos níveis de estresse e lutam para se curar. Como resultado, os melhores médicos mudaram sua maneira de lidar com os pacientes. Foi-se o tempo em que um médico dizia simplesmente: “Faça isso porque eu sou o profissional médico e sei o que é melhor para você”. Os melhores médicos agora veem a educação do paciente como uma ferramenta crítica no curso do tratamento. Eles reservam tempo para explicar a doença, as opções e as consequências de um possível tratamento, como cada procedimento ou terapia funciona, o que o paciente provavelmente experimentará e os resultados prováveis. Eles recrutam o paciente como um aliado na derrota do problema físico porque as pessoas que se sentem no controle de seus próprios destinos se saem melhor na vida.

Todos nós temos momentos em que nos sentimos totalmente impotentes. Lembro-me de uma tarde horrível de quinta-feira, quando uma voz ao telefone disse: “Pastor Swindoll, sua filha Charissa se machucou e os paramédicos estão aqui. Precisamos saber qual hospital o senhor prefere”. Ela estava treinando com as líderes de torcida, caiu do topo da pirâmide humana e bateu a cabeça. Quando cheguei na escola dela, ela estava deitada em uma maca, amarrada a uma prancha com a cabeça imobilizada. Com lágrimas escorrendo dos olhos, ela disse: “Papai, não consigo sentir nada”. Enquanto a equipe de trauma do hospital examinava raios X e realizava exames neurológicos, o tempo parou para a mãe dela e para mim na sala de espera. Sem informações dos médicos, o medo consumia nossas mentes. Lutamos contra as imagens de nossa boa amiga Joni Eareckson Tada, cujo trágico acidente de mergulho a deixou paralisada dos ombros para baixo. Choramos, nos abraçamos e oramos os gemidos desesperados de pais desesperados:

"Oh, Deus, não... não, não, não... por favor, Senhor, não... por favor, nos ajude, por favor...".

Os médicos que a atenderam finalmente nos chamaram de volta tarde da noite. Um deles apontou para as imagens de raio X — que eu nunca consegui entender — e confirmou que Charissa não apresentava sinais de danos permanentes. Minha cabeça girou e senti meus joelhos fraquejarem. Ondas de alívio e gratidão tomaram conta de Cynthia e de mim enquanto chorávamos.

Em tempos como estes, faríamos qualquer coisa para obter pelo menos alguma medida de controle. É nesse momento que não temos escolha a não ser confiar nos outros e, em um grau muito maior, confiar em nosso Salvador. Quando nos sentimos totalmente impotentes — completamente incapazes de alterar o menor detalhe do futuro —, na verdade experimentamos a vida como ela é. Na verdade, somos impotentes. Sempre fomos impotentes. Nosso bem-estar é como um grão de poeira em um turbilhão. Para evitar viver em constante terror, construímos uma elaborada ilusão que diz que controlamos nossos próprios destinos — até que alguma circunstância nos traga de volta à realidade. Deus tem um caminho melhor. Ele quer substituir nossos delírios de autonomia pela verdade de seu cuidado soberano por seu povo.

O julgamento de Paulo (22:30—23:10) havia terminado mal, de uma perspectiva puramente humana. Ele não teve chance de ir à audiência, mas não percebeu isso no início. Ele tinha alimentado uma pequena esperança de que os líderes de Israel pudessem ouvir, aceitar a verdade, arrepender-se de sua rebelião e abraçar o Messias. Pouco antes de deixar Corinto em sua viagem para Jerusalém, ele confessou à igreja em Roma:

> Digo a verdade em Cristo, não minto; a minha consciência o confirma no Espírito Santo: tenho grande tristeza e constante angústia no coração. Pois eu mesmo desejaria ser amaldiçoado, separado de Cristo, por amor dos meus irmãos, os do meu povo, o povo de Israel. Deles é a adoção de filhos, bem como a glória, as alianças, a concessão da lei, a adoração e as promessas. Deles são os patriarcas e deles o Cristo é descendente humano, o qual é Deus acima de todos, bendito para sempre! Amém. (Rm 9:1-5)

Depois que sua declaração inicial lhe rendeu um soco na boca (At 23:2), no entanto, Paulo percebeu que o coração de Israel havia se transformado em pedra. Ele não podia dizer nada que afastasse o povo de sua rebelião. O templo deveria ter sido um santuário para este judeu fiel; daquele dia em diante, no entanto, o Senhor usaria os gentios para proteger seu apóstolo, preservar sua Palavra e levar seu evangelho ao resto da humanidade. Ironicamente, a nação que Ele havia ordenado para ser uma luz para as nações se tornaria o pano de fundo escuro contra o qual os gentios veriam a resplandecente esperança do evangelho. Paulo passaria os cinco anos seguintes apresentando seu caso (At 24—28) — o caso das boas-novas — diante de gentios poderosos em resposta às falsas acusações de Israel.

Começando com uma partida noturna de Jerusalém para Cesareia (23:23), o destino de Paulo estava nas mãos de outros. Não podendo mais viajar livremente ou determinar o que deveria ser feito a seguir para fazer avançar o evangelho, ele tinha que esperar que os outros agissem e então responder, momento a momento, às oportunidades que surgiam. Ele estava impotente e indefeso, mas sereno como nunca. Enquanto outros pareciam controlar seu destino, ele confiava no Salvador que havia dirigido seus passos a partir de Damasco, três vezes ao redor do império, e agora em direção a Roma.

23:23,24

Quando o comandante soube do complô judaico para atrair Paulo para o templo a pretexto de ter uma audiência justa e depois esfaqueá-lo até a morte, ele convocou dois centuriões e montou um destacamento de transporte. Cada centurião possuía o posto equivalente ao de um capitão ou major hoje, e comandava aproximadamente cem homens, o que incluía pessoal de apoio, como oficiais subalternos e soldados com armaduras. Os centuriões de nível superior também preenchiam cargos de pessoal em apoio a oficiais mais graduados ou comandavam destacamentos especiais, como para guardar dignitários, administrar prisões ou executar punições, incluindo crucificação.

O comandante acreditava claramente na "doutrina da força esmagadora". Para garantir a segurança de seus próprios homens, ele cercou Paulo com uma demonstração tão dominante de poder militar que ninguém ousou tentar um assassinato. Ele pediu que duzentos soldados estivessem prontos até às nove horas daquela noite. E o número total de homens poderia ter subido para 270 ou 470, dependendo de como se interpreta a ordem do comandante para "setenta cavaleiros e duzentos lanceiros" (23:23). A conjunção traduzida "e" (*kai* [2532]) normalmente significa "além de" em um contexto como este. Junto com os duzentos soldados a pé, ele acrescentou setenta cavaleiros e duzentos lanceiros (*dexiolabos* [1187]), que de forma alternativa pode ser traduzido como "estilingue", "arqueiro" ou "lançador". Todos eles têm em comum seu papel de lançar projéteis, sejam pedras de fundas, flechas de arcos ou lanças arremessadas à mão.

Eles colocaram Paulo sobre um animal, provavelmente um cavalo, e o enviaram para Cesareia, a sede romana na Judeia. O comandante reconheceu que o caso de Paulo ultrapassava suas responsabilidades e que tinha o dever de salvaguardar os direitos de um cidadão romano contra os justiceiros locais. Permitir que uma multidão matasse um cidadão mancharia Roma, e quanto mais tempo ele mantivesse Paulo em Jerusalém, maior a probabilidade de seus inimigos serem bem-sucedidos.

23:25-30

O comandante enviou a Paulo uma carta a Félix, um procurador romano nomeado para atuar como governador. Sua carta destaca três pontos cruciais. Primeiro, Paulo era um cidadão romano, o que obrigava Félix a cumprir seu dever como representante de Roma. Em segundo lugar, Paulo não era culpado de violar qualquer lei romana (18:14,15; 23:9); caso contrário, Lísias poderia ter tratado do assunto por conta própria. Em terceiro lugar, os súditos judeus sentiam raiva suficiente para assassinar Paulo, o que tornava sua disputa uma questão de Estado com implicações políticas significativas.

Lísias elaborou cuidadosamente a carta de modo a parecer valente e sábio. O ato de colocar Paulo sob custódia e longe da turba violenta (21:30-32) teve o efeito de "resgatá-lo" (ver 23:27), mas essa não tinha sido sua intenção, e ele não sabia que Paulo era um cidadão romano. Ele apenas se aproveitou e removeu o foco do motim, com a intenção de resolver a verdade depois, por meio de tortura, se necessário.

O comandante tomou uma decisão sábia ao enviar Paulo a Cesareia. Ele não tinha autoridade para decidir em uma disputa entre um cidadão e o governo local. Depois de sua tentativa de ajudá-los a resolver o assunto localmente, ele enviou Paulo à autoridade apropriada e convidou os líderes do templo a apresentarem sua queixa legalmente perante o procurador.

23:31-35

Antipátride era uma cidade a cerca de 65 quilômetros de Jerusalém, na planície costeira de Samaria. A escolta militar permaneceu ali durante a noite, após o que os centuriões decidiram que a parte mais perigosa da jornada estava para trás e, assim, enviaram os soldados a pé de volta a Jerusalém. A cavalaria poderia cobrir os 40 quilômetros restantes até Cesareia antes do meio-dia. Félix recebeu o apóstolo, leu a carta e começou a avaliar a situação. Se Paulo fosse judeu, a jurisdição teria permanecido inteiramente sob Félix. Mas como Paulo viera da Cilícia, na época parte da província síria, o caso afetou sua relação com Quadrado, o governador da Síria responsável por depor Cumano, o antecessor de Félix.

FÉLIX

ATOS 23:24

Por volta de 50 d.C., o antecessor de Félix, Cumano, tornou-se inimigo dos judeus. Sua disputa com o sumo sacerdote Ananias, filho de Nebedeus, levou a uma audiência em Roma, onde cada um acusou o outro de sedição contra o império. Enquanto isso, de volta à Judeia, Jônatas, filho de Anás, serviu como sumo sacerdote interino. Quando Cláudio considerou Cumano culpado e o baniu, Jônatas solicitou a nomeação de Marco Antônio Félix como procurador.[203]

Félix era um liberto, originalmente escravo com seu irmão, Palas, sob a filha de Marco Antônio. Ambos ganharam destaque depois de conquistarem sua liberdade, com Palas tornando-se secretário do tesouro tanto de Cláudio quanto de Nero.[204] Félix usou suas conexões familiares e a política astuta para remover os escândalos sem realmente se sujar. Ele de alguma forma conseguiu causar uma impressão em Jônatas, que agora liderava a família criminosa de Anás em Jerusalém. Como resultado, ele se tornou o único governador registrado a ter sido um ex-escravo.

No início, Félix trabalhou duro para controlar o crescente número de bandidos na região, bandidos que usavam roubos e assassinatos como ferramentas contra a ocupação romana. Ele capturou e executou muitos deles, mas não todos. Alguns ele guardava para uso próprio. Depois de dois anos ouvindo as constantes críticas de Jônatas, ele conseguiu que o sumo sacerdote interino fosse assassinado pelos sicários,[205] os "homens dos punhais", uma facção extremista de zelotes. Logo, no entanto, o tiro saiu pela culatra. Feito o ato, os ladrões usaram seus laços com o procurador para tomar a cidade. Um de seus líderes era um certo falso profeta egípcio que "iniciou uma revolta e [...] levou quatro mil assassinos para o deserto" (21:38). Félix habilmente usou essa revolta como uma oportunidade para limpar a cidade, tornar-se um herói para os romanos e eliminar as testemunhas de seu crime anterior. Enquanto o egípcio escapava para nunca mais ser visto, Félix matou quatrocentos dos ladrões.

Félix era um oportunista sem consciência. Tácito o descreveu como alguém que "praticava todo tipo de crueldade e luxúria, exercendo o poder de [um] rei com todos os instintos de um escravo".[206] Ele usava pessoas e circunstâncias para realizar sua própria agenda, que era ganhar maior poder e acumular mais riqueza. Usou Jônatas para conseguir sua nomeação na Judeia, vindo a assassiná-lo depois. Contratava bandidos para realizar seu trabalho sujo e depois os processava para se vingar. Recebia propina e decidia disputas com base na conveniência política, não na justiça. Permitia que o sumo sacerdote, Ananias, filho de Nebedeus, levasse adiante sua corrupção e extorsão sem interferência, e então usou sua corrupção para alimentar a disputa dos judeus com a Síria para seu próprio ganho político.

Por razões desconhecidas, Félix retornou a Roma por volta do ano 59, onde representantes judeus apresentaram uma queixa contra ele no tribunal. Ele teria sido condenado se não fosse por outra conexão oportuna. Seu irmão, Palas, gozava do favor de Nero na época e pleiteou com sucesso sua absolvição.[207]

Félix decidiu aceitar o caso, prometendo ouvir Paulo quando seus acusadores chegassem de Jerusalém. Paulo era cidadão e ainda não havia sido acusado de nenhum crime. Além disso, Lísias havia deixado claro que Paulo estava sob custódia protetiva. Portanto, o apóstolo permaneceu sob guarda no palácio de Herodes em relativo conforto. (O verbo traduzido como “mantido” é *phylassō* [5442], que significa “vigiar”, “vigiar de perto” ou “proteger”, mas não necessariamente colocar em uma cela a sete chaves.)

24:1

Cinco dias depois, Ananias chegou com vários líderes dos judeus — escolhidos a dedo entre os saduceus, sem dúvida — e um “advogado” (*rhētōr* [4489]), alguém que estava mais para um orador profissional do que para um especialista em direito romano. Naqueles dias, a precedência jurídica e o conhecimento dos pontos mais delicados do código legal não significavam tanto quanto convencer um governante a agir a seu favor. Nesse caso, a lei era apenas um fator entre muitos, e nenhum era mais importante do que o que Félix considerava melhor para si mesmo. Assim, um retórico hábil saberia bajular sem ser óbvio e sugerir sutilmente uma resolução que favorecesse os oficiais do templo enquanto promovia os interesses de Félix — poder e dinheiro.

24:2-4

Tértulo era um nome comum entre os romanos, mas este homem pode ter sido um judeu. Ele abriu seu caso com algumas bajulações cuidadosamente elaboradas, comuns para a época. O conteúdo de seus elogios afirmava Félix como guardião da paz e defensor da justiça. As "reformas" (24:2) se referiam à repressão de Félix contra bandidos e sicários. Ananias, ele próprio um notório extorsionário, sem dúvida sabia que Félix operava dos dois lados da cerca em relação a ladrões e assassinos. Na verdade, Ananias pode ter desempenhado um papel tangencial na morte do sumo sacerdote interino.

24:5,6

A declaração de Tértulo sobre as acusações contra Paulo envolveu três denúncias:

1. *Paulo era um encrenqueiro de renome mundial* (24:5a). Os romanos odiavam a agitação e cobravam dos governadores a responsabilidade de manter a ordem civil. O imperador apreciaria qualquer ação tomada para cumprir essa ordem; mesmo que envolvesse um erro judiciário, a ofensa seria perdoada à luz do motivo. Tértulo sugeriu sutilmente que o descarte de Paulo, mesmo com sua cidadania, poderia ser justificado como um meio de manter a paz. Afinal, os judeus de pelo menos três grandes cidades — Corinto, Éfeso e Jerusalém — o apoiariam com testemunhos.

2. *Paulo era um líder de um perigoso culto antirromano* (24:5b). Os romanos toleravam outras religiões, mas também esperavam que todos os súditos do império adotassem os deuses de Roma. Adorar um deus romano era como saudar uma bandeira; deixar de fazê-lo expressava desprezo pelo Estado. Paulo não só levou outros a rejeitar a religião romana, mas também proclamou um rei diferente de César.

3. *Paulo até tentou profanar o templo judaico* (24:6). Tértulo mal tocou nessa questão, não porque Félix, um romano, não a achasse relevante, mas porque ele entenderia imediatamente as implicações políticas. Seu antecessor esteve em Roma em uma disputa com Ananias — que naquele momento estava ao lado do advogado — e perdeu. Além disso, Félix devia sua posição atual ao sumo sacerdote interino. A declaração implícita era: "Paulo profanou o templo, e o templo tem o poder de mudar seu futuro, Félix".

24:7-9

Tértulo encerrou seu resumo legal com a implicação de que Lísias havia se comportado de forma inadequada ao intervir naquilo que o templo considerava um assunto interno entre os judeus. Desta forma, ele aludiu às indiscrições do antecessor de Félix, Cumano. Em certa Páscoa, o ex-procurador colocou tropas romanas no telhado ao redor do perímetro do complexo do templo. De acordo com Josefo, "um dos soldados puxou para trás sua vestimenta e, agachando-se depois de um comportamento indecente, virou sua nádega para os judeus e disse palavras que você poderia esperar diante de tal postura".[208] O ato provocou um tumulto que levou à morte de muitos adoradores e deu início a uma longa rixa entre os judeus e o antecessor de Félix. Isso acabou levando à condenação e ao banimento do ex-procurador.[209]

Nesse ponto, os outros oficiais do templo — provavelmente todos saduceus — juntaram-se à denúncia. Félix viu muitas vozes influentes instando-o a governar a seu favor, todas elas potenciais testemunhas em Roma, seja a favor ou contra ele.

Na conclusão de sua declaração inicial, Paulo deve ter entendido o que estava enfrentando. Sua audiência em Jerusalém havia terminado antes de começar; agora, em Cesareia, enfrentava um julgamento diante de um governante corrupto. Ele também sabia que esse caminho levava a Roma, não à liberdade. Ele não estava no controle de seu futuro, mas, felizmente, esses homens poderosos também não.

APLICAÇÃO

ATOS 23:23—24:9

COMO EXTRAIR O MÁXIMO DA SUA IMPOTÊNCIA

Desde o tempo de Paulo sob custódia protetora em Jerusalém durante todo o seu transporte para Cesareia e durante sua estada no Pretório, ele se rendeu à sua posição impotente, premido entre duas circunstâncias imutáveis. Sua resposta à sua impotência oferece duas lições que merecem ser lembradas.

Primeira, *recuse-se a lutar e aprenda a descansar*. Quando luta, você não pensa claramente. Quando luta, você fala muito e ora pouco. Quando luta, você entra em pânico em vez de confiar. Quando luta, você pensa apenas no seu caminho, nos seus direitos, no seu plano, no seu bem-estar. Não estou dizendo que nunca há um momento para lutar. Quando lutar pode alcançar um objetivo claro sem cometer um pecado, então lute por tudo o que valer a pena. Se lutar contra suas circunstâncias for piorar as coisas, ou quando qualquer escolha causar mais problemas do que resolver, então é hora de assumir o controle de si mesmo e deixar que Deus tenha o controle de seu futuro.

Em segundo lugar, *libere sua pressão e reivindique a paz de Deus*. No livro *Your Churning Place* [Seu lugar agitado], Robert Wise diz que todos nós chegamos a um ponto em que sentimos os efeitos físicos da pressão, tensão, ansiedade e frustração.

> Você descobre [o lugar agitado] nos primeiros anos de sua vida. Parece estar localizado perto da boca do estômago ou na base do pescoço, onde cada músculo se retesa. Quando ele começa a girar e bombear como uma velha máquina de lavar, você descobre que todas as outras áreas de sua vida marcham para sua batida pesada, maçante e paralisante...
>
> Nada nos isenta do processo implacável criado por memórias assombrosas e expectativas falidas. Tão universal quanto o coração e a cabeça humanos, não se pode negar a existência do lugar agitado.
>
> E não é um lugar construtivo. Pensamentos positivos levam à ação e aos resultados, mas o lugar agitado é um tanque que se enche de ansiedades que simplesmente se instalam em uma infecção estagnada.[210]

Deus nunca nos pediu para atender às pressões e exigências da vida em nossos próprios termos ou confiando em nossas próprias forças. Essa autossuficiência produz apenas uma existência ansiosa e turbulenta, na qual nos tornamos cada vez mais endurecidos e insensíveis à liderança de Deus. No início de seu ministério, Paulo havia aprendido o segredo da impotência — a rendição. Quando Paulo parou de lutar contra uma questão sobre a qual não tinha controle, ele aprendeu a encontrar forças na paz de Deus.

> Ele, porém, me disse: "A minha graça é suficiente para você, pois o meu poder se aperfeiçoa na fraqueza". Portanto, eu me gloriarei ainda mais alegremente nas minhas fraquezas, para que o poder de Cristo repouse em mim. Por isso, por Cristo, alegro-me nas fraquezas, nos insultos, nas privações, nas perseguições, nas angústias; pois, quando sou fraco, então é que sou forte. (2Co 12:9,10)

Ao entregar o controle nas mãos de Deus, Paulo encontrou uma força maior do que jamais imaginou.

O perigo da procrastinação

LEIA ATOS 24:10-27

Certa vez viveu um homem que foi transportado para o abismo escuro dentro da terra, cercado pelos espíritos malignos e seu governante, o próprio Satanás. Ele assistiu ao desenrolar de uma discussão entre Satanás e seus espíritos. Viu que o governante tinha um cetro de maldade na mão, e o ouviu enquanto dizia em alta voz: "Quem irá à terra por mim e persuadirá as pessoas para que eu possa realizar a ruína de suas almas? Que mensagem você vai usar? O que você vai dizer para que homens e mulheres, meninos e meninas, se afastem das coisas de Deus?".

Um espírito respondeu: "Eu irei por você, e direi às pessoas que o céu não existe". O governante franziu a testa e respondeu: "Não, isso não vai adiantar. Durante demasiados séculos foi dito à humanidade que existe um céu. E nosso inimigo, Deus, deu aos cristãos um livro que fala sobre o céu e promete que é um lugar onde não haverá mais morte, lágrimas, tristeza, dor, aflição e tragédia".

Um segundo espírito deslizou para a frente e disse: "Eu irei, e direi aos homens e mulheres que não há inferno". Mais uma vez, o governante respondeu negativamente: "Isso também não vai adiantar. A consciência, além de outras coisas, convence as pessoas de que em algum momento deve haver um dia de acerto de contas e um lugar onde homens e mulheres chegarão a um acordo com suas vidas. Na verdade, esse livro que mencionei, o manual do cristão, tem mais a dizer sobre o inferno do que sobre o céu. Você nunca poderia convencê-los de que não há inferno".

Houve uma pausa. O governante acrescentou: "Preciso de alguém que faça um apelo a todas as classes, todas as idades e todas as culturas em todos os países ao redor do planeta onde homens e mulheres vivem".

Um espírito sombrio se levantou e disse: "Eu tenho a resposta. Eu irei por você. Não vou dizer às pessoas que não há inferno. Não lhes direi que não há céu. Vou simplesmente dizer-lhes que não há pressa."

Eles o enviaram.[211]

A palavra usada por aquele destruidor de almas é "procrastinação".

24:10

Paulo havia aceitado seu papel no plano de Deus. Várias noites antes, Jesus havia se colocado ao seu lado para tranquilizá-lo: "Tenha coragem! Pois, como você testemunhou a meu respeito em Jerusalém, assim deverá testemunhar também em Roma" (23:11). Assim, Paulo sabia que não estava diante de Marco Antônio Félix para conseguir uma absolvição. Seu propósito não havia mudado desde o dia em que Jesus o chamou para ser "servo e testemunha do que viu a [seu] respeito e do que mostr[ou] a [ele]" (26:16). Ele tinha apenas um dever: dizer a verdade de forma simples e clara.

O orador dos oficiais do templo que buscavam sua execução havia terminado seu resumo legal depois de apresentar três acusações. Paulo abordou cada acusação — e muito mais. Teria começado com a bajulação habitual, mas achou poucas coisas que pudesse elogiar em sã consciência. Ele não chamou Félix de "excelentíssimo" (cf. 24:3). Não o elogiou por ser um grande reformador. Ele nem usou a abertura para posicionar sua resposta. A frase "[tu] tens sido juiz nesta nação" foi como dizer à mãe de um bebê feio: "Meu Deus, não é que é um bebê!".

24:11-13

Paulo ofereceu três fatos em resposta à primeira acusação, a de que ele era um encrenqueiro de renome mundial (24:5a). Primeiro, ele não estava em Jerusalém há muito mais de uma semana quando foi preso. Os últimos dias foram passados sob custódia (24:11).

Paulo foi capturado no templo "quando já estavam para terminar os sete dias" (21:27). Ele estava diante do Sinédrio no dia seguinte (22:30). Passou aquela noite na fortaleza (23:10). Às nove horas da noite seguinte (23:23) foi levado para Antipátride, onde passou a noite (23:31,32), e chegou a Cesareia no dia seguinte (23:33). Depois de uma breve entrevista, esperou cinco dias para que seus acusadores aparecessem (24:1). Ele não poderia ter feito muito para "promover tumultos" em Jerusalém em cerca de uma semana!

Em segundo lugar, ele não foi encontrado "discutindo com [literalmente, "arrazoando com"] ninguém no templo nem incitando uma multidão nas sinagogas" (24:12). Ele não havia tentado fazer proselitismo, muito menos incitar os outros a se rebelarem. Na verdade, sua única atividade no templo tinha sido apoiar quatro homens na conclusão de seus votos de nazireus (21:23-26).

Em terceiro lugar, seus acusadores não tinham absolutamente nenhuma evidência para apoiar sua afirmação. Ele poderia produzir uma dúzia de testemunhas para combater cada testemunha falsa que eles pudessem pagar para mentir no tribunal (24:13).

24:14-16

Ele então respondeu à segunda acusação, a de que ele era um líder de um perigoso culto antirromano (24:5b). Ele disse, com efeito: "Sou inocente de liderar uma seita, mas sou devoto da verdade espiritual". Ele apoiou isso com quatro pontos:

- Eu adoro ao Deus dos hebreus.
- Creio em tudo que está nas Escrituras hebraicas.
- Espero no Deus dos hebreus.
- Aguardo uma ressurreição e um julgamento final diante deste Deus.

Sobre os três primeiros pontos, ele e seus acusadores (os saduceus) concordavam completamente. Os saduceus, no entanto, não partilhavam da sua opinião sobre o quarto ponto. Mesmo assim, a maioria dos teólogos judeus eram fariseus, que mantinham esse ponto de vista. Portanto, essa acusação dificilmente o tornava o promotor de uma seita perigosa.

Paulo não tentou pregar Cristo nessa audiência. Ele apenas lançou as bases para demonstrar a razoabilidade do cristianismo. Não era nenhuma bizarra religião de mistério ou uma seita antigoverno. Se Roma não tinha objeção aos judeus, Roma não deveria ter objeção aos cristãos. Enquanto Tértulo havia tentado afirmar que suas diferenças eram políticas, Paulo demonstrou que a verdadeira questão era teológica.

Ele concluiu esta parte de sua defesa com uma declaração que toda pessoa razoável deveria apoiar, não importando a filosofia ou religião que afirmasse: "Por isso, procuro sempre conservar limpa a minha consciência diante de Deus e dos homens" (24:16). Infelizmente, nem Félix nem Ananias puderam dizer isso juntamente com Paulo. Nem de longe!

24:17-21

Paulo voltou-se para a terceira acusação, a de que ele havia tentado profanar o templo judaico (24:6). Uma pessoa que quer profanar um templo não doa dinheiro para ele primeiro. Ele havia entrado no templo para pagar grandes somas de dinheiro em apoio aos quatro nazireus (24:17). Além disso, Paulo havia chegado a Jerusalém com uma carga de dinheiro dada pelos crentes em Corinto e Filipos para aliviar o sofrimento dos cristãos judeus (Rm 15:25,26; 1Co 16:1-4; 2Co 8:1-4). Além disso, quando foi capturado, Paulo havia passado por um rito de purificação junto com os quatro homens devotos — não realizado atos de um profanador (At 21:26; 24:18).

Ele então se voltou para o grupo de acusadores de Jerusalém e observou que os homens que realmente haviam iniciado a comoção, os judeus incrédulos de Éfeso (21:27), não estavam presentes para testemunhar para a acusação (24:19). A carta de Lísias a Félix indicava que os verdadeiros queixosos apresentariam pessoalmente as suas acusações (23:30). Onde estavam? Eles não apareceram, de modo que Paulo desafiou os oficiais do templo a acusá-lo de qualquer coisa que tivessem testemunhado pessoalmente (24:20).

Paulo encerrou seu discurso com uma admissão franca. Quando estava diante do Sinédrio, ele declarou sua crença na ressurreição de toda a humanidade para enfrentar um julgamento final diante de Deus, e foi por essa convicção que ele foi julgado (24:21). Ele cumpriu dois objetivos com esta declaração final. Primeiro, ele reforçou a verdadeira natureza da disputa do sumo sacerdote com ele, que era inteiramente teológica e não uma questão de interferência romana. Em segundo lugar, ele queria que Félix pensasse sobre sua vida e as consequências eternas de seu pecado. Ele esperava estabelecer o contexto para uma discussão futura sobre a salvação.

24:22,23

Lucas afirma que Félix "tinha bom conhecimento do Caminho" (24:22). Há duas maneiras principais de interpretar esse comentário editorial de Lucas: (1) Félix já tinha um conhecimento mais exato sobre o Caminho, e por isso os desprezava; ou (2) tendo agora um conhecimento mais exato sobre o Caminho, Félix o desprezou.

A primeira opção é possível. A esposa de Félix, Drusila, era filha de Herodes Agripa I e, segundo Lucas, "era judia" (24:24). Ela pode ter tido contato prolongado com cristãos, especialmente em Cesareia, onde viviam muitos crentes judeus e gentios. Félix não poderia ter sido procurador por muito tempo na Judeia sem pelo menos algum contato com os cristãos. A intenção de Lucas pode ter sido a de que isso significava que Félix não foi enganado pelos líderes do templo, mas não podia ignorar suas ameaças políticas veladas. No entanto, creio que a segunda opção é mais provável. Como resultado do testemunho de Paulo, Félix ganhou uma melhor compreensão das questões, que diziam respeito à teologia judaica, não ao direito romano. No entanto, a delegação vinda de Jerusalém tinha-o entre a cruz e a espada.

De qualquer forma, Félix não estava prestes a decidir o caso por seus próprios méritos ou tomar uma decisão baseada na justiça. Talvez sem saber exatamente o que fazer, ele procrastinou. Adiou uma decisão a pretexto de obter mais informações do comandante em Jerusalém, Cláudio Lísias. É claro que ele nunca teve a intenção de fazer mais nada com o caso, pelo menos no futuro imediato. Isso pode ser visto nas ordens que ele deu ao centurião que serviu como seu chefe de segurança.

A expressão "sob custódia" (24:23) traduz uma palavra grega que significa simplesmente "vigiar ou guardar". O termo traduzido como "liberdade" significa "libertação" ou "alívio". Eu traduziria a ordem como "guarde-o para que ele tenha liberdade".[212] Paulo ainda estava sob custódia protetiva e ainda não havia sido acusado de qualquer delito. A audiência com os oficiais do templo tinha sido uma acusação sobre a qual Félix ainda não havia se pronunciado. Ele realmente não se importava se Paulo escapasse; na verdade, isso poderia ter resolvido seu problema político.

24:24,25

"Alguns dias depois" (24:24) não oferece nenhuma pista sobre a duração do tempo. Outras ocorrências de "alguns dias" em Atos parecem designar um período de tempo menor que um mês (9:19; 10:48; 16:12). Félix aparentemente fez uma viagem, talvez para onde sua esposa, Drusila, estava hospedada, e depois voltou para Cesareia com ela. Ela era sua segunda esposa. De acordo com Tácito, Félix havia se casado pela primeira vez com a bisneta de Marco Antônio e Cleópatra (também chamada Drusila).[213] Pouco depois de assumir o poder na Judeia (52 d.C.), ele conheceu Drusila, filha de Agripa I e irmã de Agripa II. Ela teria cerca de quatorze anos na época. Divorciou-se de sua primeira esposa e partiu para o casamento com a jovem Drusila.[214] Segundo Josefo:

> ele enviou a ela uma pessoa cujo nome era Simão, um de seus amigos; um judeu ele era, e, por nascimento, um cipriota, alguém que fingia ser mágico, e esforçou-se para persuadi-la a abandonar seu atual marido, e se casar com ele; e prometeu que, se ela não o recusasse, ele a faria uma mulher feliz. Assim, ela agiu mal e, por desejar evitar a inveja de sua irmã Berenice, por ser muito maltratada por ela por causa de sua beleza, foi obrigada a transgredir as leis de seus antepassados e a se casar com Félix.[215]

Seja como for, o casal ilícito chamou Paulo para ouvi-lo pregar. Parece que Félix era sério o suficiente para dar ao apóstolo uma audição de mente aberta; não acho que ele usou Paulo para entretenimento. Se sim, não gostou do que ouviu. A mensagem de Paulo discutia assuntos delicados com o casal; nenhum dos dois havia sido paradigma de retidão e autocontrole. Quando começou a falar sobre o juízo final, Félix recuou e voltou atrás em sua resposta padrão: a procrastinação (24:25). Ele mandou Paulo embora, assim como havia mandado os oficiais do templo para casa com a promessa de revisitar a questão mais tarde.

Observe a frase-chave de Félix, o grito de guerra do procrastinador: “quando achar conveniente”.

24:26,27

Costumamos nos referir a esse período como “prisão de Paulo em Cesareia”, mas há lugares piores para serem mantidos em cativeiro do que o palácio do governador. Paulo tinha passe livre dentro dos espaços pretorianos. Ele podia receber visitas e circular livremente entre a guarda do palácio. Sem dúvida, ele aproveitou a oportunidade para interagir com os visitantes de alto nível de Félix. Isso durou dois anos, durante os quais o procurador conversava com Paulo, na esperança de receber um suborno dos amigos ricos do apóstolo. Embora estivesse curioso sobre a fé proclamada por ele, não mostrou sinais de tomar uma decisão ou de confiar em Cristo. Acabou por regressar a Roma, embora a história não nos diga por quê. Tácito e outros relatam que ele escapou por pouco da punição por saquear os judeus durante seu governo. Isso explica por que deteve Paulo por tanto tempo: ele precisava da boa vontade de seus súditos para equilibrar sua crueldade.

Depois de dois anos à espera de uma decisão de Félix sobre o processo contra ele ou o caso de Cristo que ele defendia, *nada*. Félix partiu para Roma e Festo tomou o seu lugar. Como bem afirma o dr. Tom Constable, "o apóstolo tornou-se um peão político na vontade de Deus".[216]

APLICAÇÃO

ATOS 24:10-27

NÃO ESPERE MAIS

Muito embora Félix tenha dado uma audiência a Paulo, ele não agiu de acordo com a mensagem que estava cutucando sua consciência. A história mostra que sua atitude em relação a Paulo e às coisas espirituais continuou a endurecer. Até onde podemos dizer, Félix morreu em seus pecados.

A procrastinação nunca compensa. Quanto mais você acredita que não há pressa, menos preocupação você tem com as consequências da inação. Deus enviou seu Espírito Santo, em parte, para trazer temor, para tornar as pessoas perdidas conscientes de sua culpa diante de seu Criador. A experiência de Félix — e de inúmeros procrastinadores ao longo da história — destaca algumas lições persistentes.

Primeira, *o atraso endurece o coração contra o gume da espada do Espírito*. A verdade de Deus nunca embota, nunca perde seu gume; ainda assim, o coração pode ficar insensível para que a espada não cause mais desconforto. É possível tornar-se uma autoridade acadêmica nas Escrituras e perder a capacidade de ser afetado pela Palavra de Deus. Deixar de atender aos seus avisos e atrasar as respostas necessárias criam essa insensibilidade. E é mortal! Aspirantes a santos vão para seus túmulos sem se preocupar com o que vem depois. Mesmo aqueles que creem podem endurecer seus corações, às vezes tornando-se brilhantes exemplos de cristianismo por fora, mas completamente corrompidos por dentro.

Não adie decisões importantes, especialmente quando confrontado pelas Escrituras e convencido pelo Espírito Santo. Preste atenção às suas preocupações quando elas perturbarem sua consciência pela primeira vez. Leve-as a Deus e deixe-o fazer o que for necessário para resolver a questão.

Em segundo lugar, *o atraso distrai a mente com questões menos importantes*. Félix ficou cara a cara com seu pecado e sua necessidade de Cristo, mas recuou e adiou a decisão necessária. Ele então se interessou em fazer avançar sua agenda pessoal, aumentar seu poder e ganhar dinheiro.

De repente, havia uma motivação materialista para toda essa discussão religiosa. Ele se encontrou com Paulo por dois anos. Ele interagiu pessoalmente com o porta-voz mais articulado de Jesus Cristo no primeiro século — por dois anos! Imagine os diálogos que eles devem ter tido. No entanto, manteve uma preocupação consistente com o plano horizontal.

Isso é inacreditavelmente comum nos círculos religiosos: discussões intelectuais, motivação materialista, preocupação horizontal. As pessoas se sentem bem em arrecadar dinheiro para boas causas, discutir assuntos profundos e agradar as pessoas, mas nunca planejam dizer: "Diante de Deus, sou culpado. Abro minha vida. Eu me curvo diante dele. Peço a Ele que faça coisas radicais na minha vida, na minha casa, nos meus negócios e nos meus contatos sociais, porque quero ser discípulo de Jesus Cristo".

Haverá um dia que será seu último dia para dar ouvidos ao evangelho de Jesus Cristo. Se ainda não fez isso, não demore. Há um céu. Há um inferno. E há pressa.

Disciplinas que cultivam a maturidade

LEIA ATOS 25:1-22

Qualquer jornada espiritual que valha a pena deve incluir disciplina. Na vida cristã, muitas vezes pensamos em disciplinas espirituais em termos de oração, leitura das Escrituras, autocontrole, sacrifício, adoração — atividades que nos ajudam a "conhecer Cristo, o poder da sua ressurreição e a participação nos seus sofrimentos" (Fp 3:10). Esses comportamentos podem ser chamados de "disciplinas ativas" porque voluntariamente escolhemos nos engajar neles. O Senhor não nos deixou sozinhos em nossa jornada espiritual; na verdade, Ele assumiu a responsabilidade de nos transformar quando não pudermos ou não fizermos isso sozinhos. Isso é sua graça contínua. Paulo declarou aos seus discípulos em Filipos: "Estou convencido de que aquele que começou a boa obra em vocês há de completá-la até o dia de Cristo Jesus" (Fp 1:6). Consequentemente, Deus inicia algumas disciplinas da vida espiritual sem nossa permissão, e Ele usará esses tempos de treinamento para nos moldar à semelhança de seu Filho.

Essas disciplinas muitas vezes vêm em formas inesperadas. Enquanto Paulo esperou dois anos para que Félix tomasse uma decisão — qualquer decisão! —, Nero fez uma mudança. De repente, outro homem passou a residir no Pretório, e isso prometia alterar o curso da vida de Paulo. As quatro situações a seguir, relatadas durante esse período, foram oportunidades de disciplina na vida de Paulo:

1. Atraso prolongado (24:27).
2. Falsas acusações (25:6-8).
3. Exploração injusta (25:9-12).
4. Incerteza contínua (25:13-22).

Deus inicia algumas disciplinas, e Ele será fiel para cumprir seu propósito divino na vida dos crentes; no entanto, temos uma participação no processo de transformação. Podemos escolher como responder: podemos resistir à sua disciplina lutando contra nossas circunstâncias, podemos ignorar suas lições por meio de enfrentamento destrutivo ou podemos nos submeter à sua liderança confiando nele. A escolha é nossa, mas Ele cumprirá seu propósito independentemente disso. As respostas de Paulo fornecem um exemplo digno de ser seguido.

25:1-5

Pórcio Festo chegou à Judeia e encontrou a província completamente bagunçada, intrigas políticas nos altos níveis do governo e as ruas infestadas de bandidos e gangues errantes de sicários que atacavam aldeias com o objetivo de promover sua agenda política. Quase nada se sabe sobre Festo, exceto que ele astutamente lidou com o problema dos ladrões fazendo uso de um impostor. Essa pessoa se apresentava como um líder de bandidos, prometendo organizá-los e liderá-los se fossem se encontrar com ele no deserto. Festo tinha forças à espera e matou todos os ladrões à espada. De uma só vez, resolveu o problema dos sicários.[217]

O emaranhado político, no entanto, mostrou-se infinitamente mais difícil. Três dias depois de chegar, viajou a Jerusalém para se encontrar com os líderes políticos e religiosos da Judeia. Na ausência de um rei, esse era o papel do sumo sacerdote e dos principais sacerdotes, todos saduceus. A essa altura, Agripa II havia removido Ananias e instalado Ismael, filho de Fabi, em seu lugar;[218] no entanto, Ananias reteve grande parte do poder nos bastidores, assim como Anás durante os julgamentos de Jesus.[219]

Festo descobriu que, depois de dois anos, os líderes religiosos não tinham, de fato, perdido o interesse no caso de Paulo. Eles estavam secretamente esperando criar uma oportunidade para matar Paulo. Entre as muitas questões que haviam discutido naquela primeira reunião, eles renovaram suas acusações contra Paulo. Fizeram o que parecia ser um pedido razoável (25:3). O termo "favor" é *charis* [5485], que frequentemente traduzimos como "graça", "favor" ou "ato de boa vontade". Educadamente, pediram a Festo uma pequena indulgência como gesto de boa vontade: "transferir Paulo para Jerusalém" para ser julgado.

Do meu diário

Deixado de lado

ATOS 24:27

Félix permitiu que a disputa entre os líderes do templo e Paulo ficasse sem solução por dois anos, talvez esperando que os principais sacerdotes perdessem o interesse, que Paulo escapasse ou que eles consertassem as coisas por conta própria — qualquer coisa que o livrasse de ter que tomar uma posição. Paulo passou esses dois anos em um limbo jurídico frustrante, nem cativo nem livre, podia receber visitas, mas estava impedido de ministrar em todo o seu potencial. Em dois anos na Macedônia e na Acaia ele havia estabelecido meia dúzia de igrejas prósperas — talvez mais. Em dois anos na Ásia ele havia lançado as bases para uma igreja que lideraria a região na teologia cristã. Quem sabe o que ele poderia ter realizado em dois anos na fronteira ocidental? Em vez disso, Paulo permaneceu prisioneiro do desígnio soberano de Deus. Notavelmente, o apóstolo não tentou uma fuga de sua cela divinamente construída. Ele pacientemente permitiu que o plano do Senhor se desenrolasse. Deus havia prometido Roma; Paulo esperou no Senhor.

Quando deixei o ministério quase ideal e emocionante de nossa igreja em Fullerton, Califórnia, para a cultura desconhecida da academia no Seminário de Dallas, comecei uma jornada espiritual de dois anos pela qual eu não esperava. Essa mudança exigiu não apenas uma mudança de nosso endereço de residência, mas também que realocássemos todo o ministério Insight for Living [Visão para viver], o que provou ser um empreendimento longo, monumental e financeiramente extenso que equivalia a recomeçar praticamente do zero. Durante esse tempo, Cynthia e eu tivemos que passar muitas de nossas semanas separados. Ela gerenciou a transição da Califórnia enquanto eu cumpria minhas responsabilidades em Dallas. Manter duas casas, portanto, estava fora de cogitação. Então, passei a residir em um apartamento na garagem da casa de um membro da diretoria pelos dois anos seguintes.

Depois de me instalar, a realidade começou a se impor. Eu tinha deixado o clima agradável da Califórnia em troca de verões escaldantes, invernos sombrios e céus turbulentos do Texas. Deixei uma casa cheia de vinte e três anos de nossas melhores lembranças, onde todos os nossos quatro filhos tinham crescido até a idade adulta, para um espaço do mesmo tamanho daquele no qual eu me espremi durante os anos em que frequentei o Seminário de Dallas como aluno. O mais difícil de tudo, porém, é que eu era um pastor sem igreja — um pastor sem rebanho. No entanto, em termos de ministério, eu estava exatamente onde Deus me queria, e aqueles vinte e quatro meses se tornaram um cadinho particular, um tempo de refinamento pessoal que só poderia ter acontecido na solidão daquele pequeno apartamento de garagem.

Durante esse tempo, lembrei-me de um período da vida de Hudson Taylor que tendemos a esquecer. Ele estava no campo há seis anos e havia realizado muito como missionário pioneiro no interior da China. Mas ele ficou doente e teve que voltar para casa por cinco anos. Um escritor descreve esse tempo comovente:

> Inválido, em casa aos vinte e nove anos, depois de seis anos de serviço intensivo na China, estabeleceu-se com sua pequena família no extremo leste de Londres. Os interesses externos diminuíram; os amigos começaram a se esquecer; e cinco longos anos escondidos foram passados na rua sombria de uma parte pobre de Londres, onde os membros da família Taylor estavam "fechados para oração e paciência". Do registro desses anos está escrito: "No entanto, sem aqueles anos escondidos, com todo o seu crescimento e provas, como a visão e o entusiasmo da juventude poderiam ter sido amadurecidos para a liderança que viria a acontecer?"[220]

Eu posso me identificar. Meus dois anos naquele cadinho de garagem me transformaram. Vejo o ministério de forma diferente como resultado da obra do Senhor em meu coração. Eu não gostaria de suportar essa experiência novamente, mas o que ganhei vale mais do que todo o ouro da terra.

Festo precisava de um pouco de boa vontade dos líderes do templo. Vimos anteriormente que seus dois predecessores imediatos, Cumano (48-52 d.C.) e Félix (52-59 d.C.), não haviam administrado bem suas relações com os judeus e, como resultado, sofreram. Festo teria reconhecido a necessidade de ter um relacionamento muito melhor com os judeus caso desejasse sobreviver politicamente como procurador. Assim, em suas interações com os sacerdotes, ele precisava pisar levemente. Em vez de deferir o pedido, lembrou-lhes sutilmente que Paulo permanecia sob custódia protetora por um motivo; além disso, ele não planejava ficar muito tempo em Jerusalém. Como concessão, devolveu o convite para se juntar a ele em Cesareia e realizar o julgamento lá.

Foi uma jogada sagaz da parte dele; evitou dar aos sacerdotes o que eles queriam sem dar um motivo para que se ofendessem.

25:6-8

Depois de sua conferência introdutória com o sumo sacerdote e o Sinédrio, Festo retornou a Cesareia e convocou um tribunal para lidar com Paulo. Enquanto Félix havia realizado uma audiência informal para determinar se as acusações deveriam ser oficializadas, Festo se mostrou mais decisivo. Ele tomou seu lugar no "tribunal" (*bēma* [968]), que era o equivalente antigo a colocar as vestes do juiz e sentar-se no banco com o martelo na mão. Comprometeu-se a resolver a questão oficialmente. As acusações apresentadas foram numerosas e graves, vindas da instituição mais respeitada da nação judaica, presumivelmente de homens merecedores de tão altos cargos de autoridade religiosa. Festo sentou-se no *bēma* formulando opiniões sobre o homem que Félix havia detido à medida que uma mentira após a outra vinha do grupo de homens em torno do apóstolo solitário.

A aflição das falsas acusações pode ser outra experiência de refinamento da alma. Elas forçam o acusado a fazer um balanço honesto de seus atos, a separar pepitas de verdade da ficção, a assumir a responsabilidade por irregularidades e a descartar o resto. Os falsamente acusados aprendem quem são em Cristo, independentemente das opiniões de seus pares, e então emergem daquela chama particular purificada de grandiosidade e autorrecriminação.

Os oficiais do templo tiveram dois anos para desenvolver uma estratégia. Mesmo assim, não conseguiram oferecer nenhuma prova de suas alegações. Festo respeitava o poder dos judeus, mas tinha o destino de um cidadão em suas mãos, o que também gerava implicações de longo alcance. Paulo ofereceu uma defesa sucinta, reconhecendo que, sem um caso sólido contra si, não tinha nada a refutar. Suas três negativas (25:8) o isentaram de julgamento em Jerusalém ("contra a lei dos judeus") ou em um tribunal romano ("contra César"). Ele ofereceu uma resposta simples, comedida, factual, do tipo que só um réu confiante e inocente pode dar.

25:9-12

Lucas declarou anteriormente a razão pela qual o caso de Paulo não havia sido resolvido por dois anos: "Como desejava manter a simpatia dos judeus, Félix deixou Paulo na prisão" (24:27). O procurador havia mudado, mas o motivo para usar o apóstolo como peão continuava o mesmo. Festo também esperava obter a boa vontade dos líderes do templo (25:9), mas não podia deixar de lado a justiça e não podia obrigar Paulo a ser julgado em Jerusalém; portanto, esperava que ele fosse ingênuo o suficiente para concordar com uma mudança de local. Claramente, ele subestimou Paulo, que esclareceu a situação oficialmente. Ele ainda não havia sido acusado de nenhum crime contra Roma, de modo que o tribunal não tinha jurisdição para obrigá-lo a fazer nada. Além disso, os crimes alegados pelos judeus não tinham provas que os sustentassem, de modo que o império tinha o dever de proteger seu cidadão.

Tomando emprestado o comentário anterior do dr. Tom Constable, o apóstolo havia se tornado um peão político dos homens em um jogo de xadrez dirigido por Deus.[221] A exploração injusta refina a alma ao esclarecer a questão da submissão. Não submissão às pessoas — submissão a Deus. Paulo deve ter sentido um corte até o âmago quando todos no tribunal o trataram como uma *coisa*. Mesmo assim, ele reconheceu que Deus poderia ter parado o processo; Ele poderia ter agido para ajudar Paulo. Ele se submeteu à vontade de Deus, mas recusou-se a ser tratado injustamente pelos inimigos de Deus. Isso lhe deu a coragem de afirmar a verdade com ousadia e sem desculpas, pronto para aceitar as consequências de sua posição.

Paulo reconheceu a armadilha que começava a se formar à sua frente. Em vez de arriscar uma decisão a favor do sumo sacerdote por conveniência, antecipou o próximo movimento do procurador solicitando um privilégio disponível a todos os cidadãos. Pediu para que seu caso fosse ouvido pelo próprio imperador (25:11). Alguns discutem se ele tinha esse direito automático; Festo pode não ter sido compelido pelo direito romano a atender ao pedido de Paulo. Consultou o seu *consilium*, o grupo de assessores jurídicos mantido à disposição para procuradores que podem não ter experiência em direito. Embora Festo talvez não fosse legalmente obrigado a obedecer, o recurso resolveu seu problema. Passar o apóstolo para um tribunal superior o tirou do meio de um cenário de não-vitória (25:12).

25:13

A incerteza tem um jeito próprio de desgastar até as personalidades mais fortes. Paulo havia suportado mais de dois anos de ambiguidade. Humanamente falando, seu futuro estava nas mãos de pessoas que não jogavam de acordo com nenhum conjunto de regras, exceto as suas, que o viam como não mais valioso do que um peão para empurrar de acordo com interesses pessoais. Terminado o julgamento em Cesareia, Paulo esperou ser transferido para Roma, assim como Jesus havia prometido (23:11). Mesmo assim, o futuro imediato do apóstolo permanecia incerto. Muito tempo e muitos quilômetros estavam entre Cesareia e Roma, e o conforto do Senhor não revelou o resultado de seu testemunho em Roma, apenas que ele testemunharia lá. Mesmo assim, Paulo se submeteu ao plano de Deus. Quando sua certeza nas pessoas e nas circunstâncias falhava, ele procurava tranquilidade em seu Mestre.

Ainda bem que Paulo manteve os olhos em Cristo durante esse tempo; os personagens prestes a entrar nesse teatro do absurdo superariam todos os que vieram antes. E isso diz muito! Ananias era um sumo sacerdote vorazmente maligno cujo talento para o crime rivalizava com o lendário Anás. Félix, o procurador de Teflon, tinha a estranha capacidade de mergulhar na corrupção, incluindo roubo de esposas, suborno, extorsão, política de duplicidade e assassinato, mas mesmo assim ascendia cada vez mais alto na sociedade sem nenhuma mancha. Festo, o personagem menos disfuncional de todos, ainda navegava sem leme pela vida, mais do que disposto a sacrificar a justiça para ganho egoísta e servir a um homem inocente por conveniência. Agora, entram em cena Agripa II e Berenice.

Se você lesse Atos 25:13—26:32 e saísse com a impressão de que Agripa e Berenice eram marido e mulher, você os teria visto como os outros os viam no primeiro século. Muitos que não os conheciam bem achavam que eram um casal. Eles viajavam juntos, apareciam juntos em funções públicas e nenhum deles passava muito tempo com um cônjuge. Os historiadores não mencionam uma esposa de Agripa; Berenice ficou casada pouco tempo com seu tio, Herodes de Cálcis, antes de ele morrer. Ela não ficou muito tempo com seu segundo marido antes de deixá-lo para ficar com Agripa.[222] De acordo com a maioria dos relatos, os dois estavam muito apaixonados, mas não podiam se casar legalmente. Mesmo na cultura pagã dos romanos, *um irmão não podia se casar com sua irmã!*

25:14-22

Lucas registra essa visita de Agripa e Berenice por dois motivos. Seu primeiro propósito pode ser encontrado na explicação fornecida por Festo, na qual ele resumiu e esclareceu as questões jurídicas envolvidas. Antes de levar a história adiante, o público leitor precisa entender a situação.

Em segundo lugar, Lucas pretende vingar Paulo de qualquer crime. O rei acabaria por declará-lo inocente (26:31,32), o que é significativo. Apesar de sua total imoralidade, nenhuma outra figura poderia falar de forma mais objetiva. Agripa não tinha nenhuma desavença nem com Festo nem com o sumo sacerdote. De fato, após a morte do marido de Berenice, ele recebeu a autoridade para nomear o sumo sacerdote de acordo com seu capricho, e ele já o havia feito à época dessa reunião. Além disso, como judeu (Lucas chamou sua outra irmã, Drusila, de judia; 24:24), ele estava familiarizado com a lei hebraica e, como rei vassalo, entendia a política e o direito romanos. Portanto, ele poderia falar de forma objetiva e com conhecimento.

Festo contou a Agripa sobre o caso de Paulo, mas ele não estava procurando nenhum conselho real; ele fingiu precisar da ajuda de Agripa para conquistá-lo como um aliado — alguém com o poder de nomear o sumo sacerdote. Mais uma vez, "o apóstolo tornara-se um peão político na vontade de Deus".[223]

APLICAÇÃO

ATOS 25:1-22

DEVEMOS CRESCER, NÃO APENAS ENVELHECER

A maturidade é uma daquelas qualidades que todos desejamos. Não é simplesmente uma questão de tornar-se adulto no Senhor, mas de crescer nele. Temos um exemplo maravilhoso na vida do apóstolo Paulo, especialmente quando o vemos sob o estresse de uma provação após outra em nosso estudo do livro de Atos. À medida que o Senhor continua seu processo de transformação, aplicando a disciplina divina conforme necessário, sinto-me tranquilizado por três verdades.

Primeira, *as disciplinas que Deus aplica nos asseguram de seu amor* (ver Hb 12:5-11). Um atleta sabe que quando um treinador deixa de pegar no seu pé, não é um bom sinal. Isso significa que o treinador considera outros jogadores mais promissores e, portanto, um melhor investimento de tempo. Temos a certeza de Deus de que Ele nunca desistirá de nós; Ele sempre investirá em nosso crescimento e maturidade contínuos. Lamentavelmente, poucas oportunidades de crescimento são fáceis, breves ou agradáveis. No entanto, elas oferecem evidências tangíveis de que o Espírito Santo permanece comprometido e envolvido.

Em segundo lugar, *as repreensões que as disciplinas trazem carregam a mensagem de Deus*. Na conclusão de uma experiência de cadinho, algo surpreendente acontece. Uma parte do nosso espírito foi transformada. Um lugar profundo dentro de nós — que antes respondia à tentação — agora ressoa em perfeita sintonia com uma verdade das Escrituras. Uma verdade bíblica que antes aceitamos intelectualmente, mas nunca assimilamos completamente, agora ilumina todos os aspectos de nossas vidas. Vemos o mundo com mais clareza. Vivenciamos os relacionamentos de forma mais plena. Tomamos decisões com mais sabedoria. Trabalhamos, amamos, servimos, criamos, aprendemos e discernimos de forma mais eficaz. A cada repreensão, pensamos e nos comportamos mais como Cristo.

Terceira, *os resultados tanto das disciplinas como das repreensões nos tornam inestimáveis para uso de Deus*. O Senhor não tira os crentes do mundo quando eles começam a confiar nele. Ele nos tem aqui por um motivo. Quando Jesus orou em nosso favor, Ele disse: "Como me enviaste ao mundo, assim eu os enviei ao mundo. Em favor deles, eu me santifico, para que também eles sejam santificados pela verdade" (Jo 17:18,19). Pouco antes de partir fisicamente, Ele disse a seus seguidores: "Receberão poder quando o Espírito Santo descer sobre vocês, e serão minhas testemunhas tanto em Jerusalém como em toda a Judeia e Samaria e até os confins da terra" (At 1:8). Ele nos encoraja e nos equipa por meio de disciplinas externas e por seu Espírito em nosso interiro para que possamos cumprir nossos propósitos de forma mais eficaz.

Deus tem um plano para você. Ele o criou com um propósito específico em mente, não porque Ele precisa de você — Ele pode alcançar todas as coisas por conta própria —, mas para permitir que você se junte a Ele para realizar algo maravilhoso e, em seguida, compartilhar a alegria da vitória com Ele. As disciplinas de Deus ajudam a preparar você para cumprir seu papel único no plano divino de redimir o mundo do mal.

Quase convencido

LEIA ATOS 25:23—26:32

Nos primeiros anos da igreja, muitos governantes romanos não pensavam em exterminar os cristãos. Por volta de 100 d.C., Plínio, o Jovem, escreveu ao imperador Trajano explicando seu processo para identificar e massacrar os cristãos na Bitínia-Ponto, onde havia sido nomeado governador:

> O método que observei em relação àqueles que foram trazidos diante de mim como cristãos é este: perguntava-lhes se eram cristãos; se admitissem, repetia a pergunta duas vezes e os ameaçava de castigo; se eles persistissem, ordenava que fossem imediatamente punidos: pois

> estava convencido, qualquer que fosse a natureza de suas opiniões, de que uma obstinação contumaz e inflexível certamente merecia correção. Havia outros também trazidos diante de mim possuídos com a mesma paixão, mas, sendo cidadãos romanos, eu os ordenava a serem enviados a Roma. Mas esse crime se espalhou (como geralmente acontece) enquanto estava sendo processado, várias instâncias da mesma natureza. Uma informação anônima foi apresentada a mim contendo uma acusação contra várias pessoas, as quais, ao serem examinadas, negaram que fossem cristãs, ou que alguma vez o tivessem sido. Repetiram depois de mim uma invocação aos deuses, e ofereceram ritos religiosos com vinho e incenso diante de sua estátua (que para isso eu havia ordenado que fosse trazida, juntamente com as dos deuses), e até mesmo injuriaram o nome de Cristo: enquanto não há como forçar, diz-se, aqueles que são realmente cristãos a qualquer uma dessas conformidades: considerei, portanto, adequado dispensá-los. Alguns entre os que foram acusados por uma testemunha pessoalmente a princípio se confessaram cristãos, mas, imediatamente depois, negaram; os demais admitiram de fato que tinham sido desse grupo anteriormente, mas agora (alguns depois de três, outros mais, e alguns acima de vinte anos atrás) renunciaram a esse erro. Todos adoravam sua estátua e as imagens dos deuses, proferindo imprecações ao mesmo tempo contra o nome de Cristo. Eles afirmaram que toda a sua culpa, ou seu erro, era que eles se encontraram em um dia determinado antes do nascer do sol, e dirigiram uma forma de oração a Cristo, como a uma divindade, vinculando-se por um juramento solene, não para os propósitos de qualquer desígnio perverso, mas para nunca cometer qualquer fraude, roubo ou adultério, nunca falsificar sua palavra, nem negar uma confiança quando fossem chamados a demonstrá-la; depois disso, era seu costume se separar, e depois se reunir, para comer em comum uma refeição inofensiva.[224]

Os tempos mudaram para os cristãos nos últimos vinte séculos, e de forma intensa nos países ocidentais, onde a cultura repousa sobre uma longa herança da cristandade. Mesmo que a maré tenha começado a se voltar contra o cristianismo no Ocidente nos últimos anos, não sofremos o tipo de massacre por atacado que muitos de nossos antepassados passaram a aceitar como o preço do discipulado. (Deus me livre de que isso ocorra novamente.) Consequentemente, é difícil para nós imaginar o que Paulo enfrentou quando estava diante dos homens mais poderosos do mundo. Sua jornada começou com um julgamento simulado em Jerusalém, onde o sumo sacerdote e os oficiais do templo exigiram sua execução por nenhuma outra razão além de seu próprio ciúme e ódio. Isso levou à sua custódia protetiva em Cesareia e a mais dois julgamentos em que homens ímpios usaram Paulo como um peão em sua tentativa de alcançar mais poder e dinheiro. Cada aparição diante do *bēma* [968] aumentava as apostas, pois cada juiz exercia mais autoridade do que o anterior.

A perseguição romana aos cristãos ainda não havia começado, mas Paulo não sabia se não poderia começar com ele. Ele provavelmente viu a igreja e Roma em rota de colisão, por dois motivos. Primeiro, a igreja vinha crescendo exponencialmente em torno do império e logo se tornaria uma força que os romanos não poderiam ignorar. Em segundo lugar, a cosmovisão cristã não poderia ter sido mais antitética a tudo o que Roma estimava — Jesus, não o imperador, era o Senhor; o cristianismo era a única religião verdadeira, não uma das muitas opções em uma sociedade pluralista; e as leis de Deus, não as leis de Roma, tinham a palavra final na vida do seguidor de Cristo. Assim, cada julgamento aumentava a probabilidade da morte de Paulo.

A próxima parada de Paulo na estrada para Roma foi Agripa II, cuja influência em Roma se elevava acima de Festo e do sumo sacerdote. Somente a cidadania romana de Paulo poderia protegê-lo da execução instantânea ao capricho de um irritado Agripa II, mas, com um aceno de mão ou de cabeça, ele ainda poderia tornar a vida de Paulo miserável. Mesmo assim, Paulo tinha de declarar a verdade e deixar seu destino nas mãos de Deus.

Embora a verdade da inocência de Paulo estivesse clara para Agripa (26:32), e o raciocínio de Paulo em apoio ao evangelho recebesse atenção, o rei não seria persuadido a agir de forma alguma. Mesmo assim, as ações de Paulo estabeleceriam o padrão para que todos os crentes fiéis diante dos poderes terrenos prestassem contas de suas crenças.

25:23-27

Lucas destaca a grande diferença entre Agripa e Paulo ao descrever a entrada de Agripa com grande "pompa" (25:23; *phantasia* [5325]), um termo que enfatiza o conceito de aparência. Um léxico observa que o termo implica "uma exibição barata de alto status".[225] Agripa entrou no salão com atenção à pompa; Paulo entrou acorrentado (26:29). Uma companhia de comandantes de alto escalão[226] e influentes líderes da cidade cercaram Agripa; Paulo ficou sozinho. Agripa exercia grande poder humano; Paulo carregava a verdade divina. Este encontro, com todos os seus contrastes, se tornaria o primeiro de muitos entre Roma e a cristandade.

Festo havia marcado a reunião, que poderia ter sido realizada em privado. Em vez disso, ele convidou todos os que tinham ligação com Roma para que ele pudesse torná-los testemunhas de seu dilema político e talvez criar cúmplices em sua decisão. Com apoio suficiente entre a elite de

Cesareia, ele poderia silenciar quaisquer objeções levantadas pelo templo. Para isso, transformou seu dilema político em um jogo de salão. Ele disse, com efeito: "Preciso da sua ajuda para resolver um quebra-cabeça. Esses judeus irracionais em Jerusalém me colocaram em uma posição ruim, exigindo que eu entregasse um cidadão romano para execução, embora eles nem sequer tenham um processo contra ele. Ele apelou para Roma, que é um direito dele, mas é ridículo enviá-lo sem uma acusação crível. Então, aqui está sua atribuição: ajudem-me a redigir uma acusação razoável para a carta a César".

Politicamente, foi uma jogada brilhante. Ele levou toda Cesareia, incluindo Agripa, a se colocar em seu lugar para que pudessem apreciar seu dilema, e os tornou aliados contra os oficiais do templo.

26:1-3

Paulo ouviu o discurso de Festo. O apóstolo tinha uma excelente visão do cenário político; entendia as interações complexas, sabia exatamente o que cada parte queria e via o que o procurador estava fazendo. Mesmo tendo pouco tempo para organizar sua apresentação — Lucas não oferece nenhuma indicação de preparação prévia — a vida de Paulo, repleta de experiências, o preparou para esse momento. Ele havia falado longamente diante de audiências de todos os tipos: judeus e gentios, supersticiosos e filosóficos, helenizados e primitivos, ignorantes e acadêmicos — toda a gama da humanidade. E teve dois anos para avaliar sua situação.

O gesto de fazer sinal com a mão (26:1) o colocou em uma classe de orador que as pessoas cultas estavam acostumadas a ouvir. Seus comentários iniciais incluíram elogios, que também seguiram as convenções do bom discurso. Ele não disse nada falso, mas encontrou uma maneira de apoiar Agripa. O rei não havia se distinguido como judeu praticante como seu pai, mesmo assim compreendia os "bem familiarizado com todos os costumes e controvérsias" dos judeus (26:3). O termo traduzido "controvérsias" (*zētēma* [2213]) refere-se a assuntos complexos ou questões de disputa. O rei tinha um conhecimento prático das questões teológicas que criavam tensão entre as diferentes facções do judaísmo.

26:4-7

O corpo principal de seu discurso começou com a expressão "assim" (outras versões trazem "pois", *men* [3303] + *oun* [3767]), que conectava o que ele estava prestes a dizer com o que acabara de afirmar. Ele afirmou que Agripa conhecia as disputas teológicas que mantinham os judeus lutando continuamente entre si, "assim", ele deveria apreciar por que os oponentes de Paulo o odiavam tão apaixonadamente. Paulo posicionou a disputa como apenas mais uma "controvérsia" entre muitas (cf. 26:3).

Paulo admitiu que a história de seu desentendimento remonta a muitos anos, a uma época em que ele tinha sido um exemplo brilhante de sua posição teológica, que incluía uma grande ansiedade pela vinda do Messias. O problema começou quando ele rompeu com o passado e aceitou Jesus Cristo como a "esperança" que todos os hebreus ansiavam desde Moisés (26:6). Os homens do templo tentaram acusá-lo de outras infrações, como blasfemar contra a Lei e profanar o templo, mas Paulo expôs as intenções ocultas deles. Haviam matado seu Messias, e queriam matar qualquer um que acreditasse em Jesus Cristo (26:7).

26:8

A pergunta retórica de Paulo parece atrapalhar o fluxo de seu argumento. Os fariseus, que representavam a maioria dos judeus, acreditavam na ressurreição. Os saduceus, que haviam liderado a campanha para matar Jesus, o rejeitaram antes que seus seguidores alegassem que Ele havia ressuscitado. Além disso, crenças judaicas à parte, a questão da ressurreição só alienaria seu público. Acreditar na ressurreição era um desafio à visão de mundo predominante no império, e a afirmação de Paulo não foi diferente de pregar um globo redondo para um público terraplanista. Em termos de montar uma defesa jurídica, a questão da ressurreição não cabia aqui. Serviu, no entanto, ao seu propósito maior. Em vez de usar a ocasião para obter a absolvição, ele olhou ao redor da sala e viu o cumprimento de uma profecia dada sobre ele há muito tempo. Jesus dissera: "Este homem é o instrumento que escolhi para levar o meu nome diante dos gentios e dos seus reis, bem como diante do povo de Israel" (9:15).

A ressurreição não tinha nada a ver com a defesa de Paulo, mas é central para o evangelho. Toda a teologia cristã pende dessa questão central.

26:9-11

Seu argumento foi retomado com outro "assim" no original grego (*men* [3303] + *oun* [3767]), ligando sua declaração seguinte ao seu pensamento inicial e dizendo, em essência, "eu estava em pleno acordo com os fariseus, então fiz muitas coisas hostis ao nome de Jesus" (ver 26:9). Paulo confessou ter estado ao lado das autoridades do templo contra aqueles que creram em Jesus como o Cristo e proclamaram sua ressurreição (26:10,11). Seu ódio pelos cristãos também o colocou em boa companhia com o pai de Herodes, Agripa I, que havia matado o apóstolo Tiago e tentado matar Pedro. Paulo havia liderado a perseguição que matou a seita de judeus seguidores de Jesus e partiu para Damasco como seu representante em uma missão para recolher os cristãos (26:12). Ele fez essa confissão para explicar como e por que fez uma guinada teológica de 180 graus.

Paulo creu e se comportou como fizera porque pensava que entendia Deus e seu plano. Ele não mudou para desmerecer seus ex-colegas, nem para avançar uma agenda política ou para aumentar seu próprio poder ou riqueza. Suas circunstâncias naquele momento deveriam ter sido prova disso! Se tivesse algum motivo egoísta para romper com o templo, ele poderia ter resolvido seu problema há muito tempo, abjurando sua crença em Jesus. Ele mudou sua teologia porque um encontro direto com Cristo ressuscitado havia revelado a verdade sobre Deus e seu plano.

26:12-18

Paulo relatou os detalhes de sua experiência de conversão para explicar como seria possível fazer uma mudança tão dramática e tão repentina com tanta certeza. Um confronto pessoal e direto com Cristo ressuscitado provou que as histórias da ressurreição eram verdadeiras e que Deus tinha um plano que Paulo não havia compreendido. Nesta narrativa do evento, ele revelou alguns novos detalhes. Jesus havia falado com ele "em língua hebraica" (possivelmente um dialeto judeu do aramaico) para remover qualquer dúvida sobre a identidade da voz (26:14). Ele também revelou que o Senhor o havia castigado por resistir ao plano de Deus. A expressão "resistir ao aguilhão" retrata um animal de rebanho chutando a vara do pastor. Como a imagem moderna de "bater a cabeça contra uma parede" transmite as ideias de futilidade e de machucar a si mesmo enquanto resiste ao inevitável. O público de Paulo teria reconhecido isso da literatura grega como uma metáfora comum para se opor a um deus.

Paulo também comprimiu a mensagem que recebeu ao longo de vários dias em uma longa conversa. Os historiadores ocidentais do século XXI podem se opor ao que entendem como uma imprecisão, mas os contadores de histórias orientais faziam isso com frequência, e seu público não interpretava o momento como necessariamente literal. Eles se preocupavam mais com relacionamentos e conversas; quando as pessoas falavam, e por quanto tempo, eram preocupações secundárias. Alguns membros dessa audiência teriam ficado encantados ao ouvir que o Deus hebreu havia repudiado o que consideravam arrogância judaica e aprovado o ministério de Paulo aos gentios. Eles podem ter pensado: "Ah, não é surpresa que os judeus em Jerusalém odeiem tanto este homem".

Paulo concluiu sua citação de Jesus com uma declaração clara do evangelho (26:18). Os "gentios", "seus reis" e o "povo de Israel" reunidos (9:15) ouviram a oferta de salvação dos lábios de Cristo, conforme relatado por seu apóstolo.

26:19-23

Paulo contou a história de seu encontro com Jesus para estabelecer um ponto importante. Sua devoção e obediência era a uma pessoa, não a uma ideia sectária. Ele não arriscou sua vida apenas por causa de um ponto de vista teológico; Deus havia estabelecido um relacionamento com ele e o havia chamado para fazer parte de um plano anunciado por todos os profetas, que estava em ação desde Moisés. Ele tinha recebido um papel crucial no plano de redenção, no qual falaria a judeus e gentios sobre o sacrifício expiatório de Cristo e a destruição do mal (26:18).

A descrição que Paulo faz de seu ministério não deve ser vista estritamente em termos de cronologia, mas sim como uma descrição de prioridade. Nesse discurso, ele literalmente disse: "Aos que estavam em Damasco primeiro, a Jerusalém e ao distrito da Judeia e aos gentios, eu estava declarando arrependimento e voltando-me para Deus" (tradução minha). Alguns veem uma aparente discrepância em sua carta aos Gálatas, onde ele afirmou que, depois de seu tempo em Tarso e Antioquia da Síria, "não era pessoalmente conhecido pelas igrejas da Judeia que estão em Cristo" (Gl 1:22). Mas não vejo discrepância. Depois que Paulo voltou da Arábia (Gl 1:17) e teve que escapar de Damasco (At 9:23-25), ele veio a Jerusalém e estava "pregando corajosamente em nome do Senhor" (9:28) antes que outro complô se formasse contra ele. Para preservar sua vida, os discípulos o transferiram para Tarso. Assim, Paulo realmente tentou evangelizar a Judeia, embora não por muito tempo. Mesmo assim, a cronologia de seu ministério não era seu ponto. Ele pretendia mostrar que seu próprio povo sempre foi uma prioridade para ele durante todo o seu ministério aos gentios. Ele se voltou para os gentios por necessidade, porque os judeus, em sua maioria, rejeitaram o evangelho. Em todas as cidades que visitou, falava primeiro nas sinagogas e depois, quando rejeitado, voltava-se para os gentios.

A prioridade de Paulo no ministério aos judeus invalidou ainda mais as acusações contra ele. Ele não havia abandonado seu próprio povo; eles o haviam abandonado, rejeitando a verdade de suas próprias Escrituras a respeito da morte e ressurreição de seu Messias. Contida nesta última declaração em 26:23 estava uma contra-acusação. O templo tinha abandonado o seu dever de proclamar a "luz" que Deus lhes dera para cuidar (cf. Is 42:6; 49:6).

26:24-29

Se estes versículos representassem o discurso literal do apóstolo, esse discurso teria levado menos de cinco minutos para ser proferido; no entanto, devemos lembrar que Lucas registrou um resumo do discurso de Paulo, não uma transcrição. Isso fica implícito quando Festo expressa sua admiração pela extensão do conhecimento de Paulo, comentando sobre "as muitas letras" (26:24). Isso sugere que Paulo apoiou todas as suas declarações com lógica e Escritura. De fato, Paulo afirmou: "Declarei palavras de verdade e racionalidade" (26:25; tradução literal).

Festo sugeriu que o grande conhecimento do apóstolo o estava deixando "louco" (*mania* [3130]) porque, na cosmovisão grega, a ressurreição era uma impossibilidade lógica. A resposta de Paulo sugeriu que Agripa tinha uma perspectiva mais ampla do que os gregos. Paulo também presumiu o conhecimento das Escrituras por parte de Agripa, sugerindo que ele tinha conhecimento prévio das inclinações teológicas do rei. O apóstolo pressionou Agripa a afirmar em público o que ele talvez acreditasse em particular a respeito dos "profetas" (26:26,27). Se o rei afirmasse os Profetas do Antigo Testamento como Escritura, ele teria se alinhado com os fariseus — enquanto seus pares aristocráticos eram em sua maioria saduceus – e sua crença na ressurreição o teria tornado motivo de chacota entre seus colegas gentios. Além disso, se Agripa apoiasse os escritos do Antigo Testamento, ele apoiaria a base para o raciocínio de Paulo, e apoiar o raciocínio de Paulo seria apoiar a crença no evangelho.

Paulo usou o insulto de Festo para conduzir Agripa por um caminho teológico que ele não queria percorrer. Ele aparentemente sustentava a possibilidade de ressurreição e tinha pelo menos algum respeito pelos profetas do Antigo Testamento, mas não gostava de onde a trilha lógica levava. Então, ele respondeu com uma piada. Os manuscritos gregos originais não continham pontuação correspondente ao ponto de interrogação moderno, mas é melhor entender a resposta de Agripa como sarcasmo: "Então, em pouco tempo você me convencerá a me tornar um cristão?". De qualquer modo, Agripa encerrou sua participação na audiência.

O apóstolo respondeu com uma reafirmação de seu compromisso com o evangelho, com seu Deus e com seu ministério. Sua menção a "algemas" é provavelmente literal, o que indica que seu *status* havia mudado. Quando chegou pela primeira vez a Cesareia sob o comando de Félix, vivia com relativo conforto no Pretório, capaz de receber convidados, com pouca vigilância, talvez até capaz de se movimentar livremente pelo complexo. Em algum momento do caminho, no entanto, seu status havia mudado. Depois que ouviu as acusações contra Paulo, Festo pode ter temido a fuga do apóstolo. Além disso, quando Paulo apelou para César, ele efetivamente transformou seu caso em uma questão criminal (ainda sem acusações formais, daí a audiência perante Agripa). Consequentemente, sua custódia não era mais uma questão de sua própria proteção; Festo tinha o dever de entregá-lo a Roma.

26:30-32

Lucas inclui esta conversa final entre Festo e Agripa para eximir Paulo de qualquer irregularidade. Os fariseus (23:9), o comandante em Jerusalém (23:29), o procurador Félix (24:27; por sua inação) e Festo (25:25) concordaram que o apóstolo não havia cometido nenhum crime e não merecia aquela situação. Agora, Agripa acrescenta sua opinião ao resto, afirmando que Paulo poderia ter sido libertado se não tivesse apelado a Roma. É claro que o rei falava puramente em termos jurídicos. Félix e Festo lutaram contra um problema político que os impediu de ignorar o templo. Além disso, a libertação de Paulo quase certamente resultaria em sua morte, a menos que ele passasse o resto de sua vida em fuga no deserto.

APLICAÇÃO

ATOS 25:23—26:32

OS LIMITES DO EVANGELHO

A poderosa defesa da verdade cristã feita por Paulo diante dos líderes sociais e políticos de Cesareia suscita duas observações sobre as boas-novas e o que ela *não* realizará para a humanidade.

Primeiro, *ouvir sobre Cristo não promove mudanças internas automaticamente*. Alguns ouvem as boas-novas de Cristo por toda a vida, mas nunca respondem com crença. Eles vão de domingo a domingo, de estudo bíblico a estudo bíblico sem tomar uma decisão sobre seu destino eterno. A cada vez, eles fecham a Bíblia e dizem: "Bem, vamos nos encontrar novamente". Aparentemente pensam que, se passarem tempo suficiente na igreja, se tornarão cristãos o suficiente para merecer o céu. É verdade que o despertar espiritual pode ser uma jornada. Mas para aqueles que morrem no caminho – isto é, antes de tomar a decisão de confiar em Cristo — o inferno é que os espera, não o céu. A graça de Deus nos apresenta uma oportunidade de salvação do pecado, e Ele não requer nada mais do que confiar em seu Filho; mas, sem uma resposta, a verdade nada realiza no incrédulo.

Em segundo lugar, *responder a Cristo não remove instantaneamente as algemas externas*. Apesar do que muitos religiosos podem dizer, tornar-se um filho de Deus não libera os poderes da boa sorte do céu para nos isentar dos males da terra. Alguns querem que você acredite que é a vontade de Deus que seu povo viva vidas saudáveis, ricas e livres de problemas, e se você enfrenta dificuldades, é porque não tem fé suficiente. Uma breve revisão da vida de Paulo deve ser suficiente para dissipar esse traço de heresia. Em Cesareia, ele ficou acorrentado, sozinho e pobre como pó porque acreditava em Jesus como o Messias e seguia fielmente o plano de Deus para sua vida. Por mais difícil que seja entender, o plano de Deus para seu povo pode *não* nos levar a vivermos em conforto e privilégio, mas a suportarmos dificuldades como seu próprio Filho e os apóstolos que o seguiram.

Responder a Cristo não remove nossas algemas de aflição — *nesta* vida. Nossa saúde, riqueza e liberdade de problemas virão na vida futura, quando nossas vidas no reino caído do mal e do pecado tiverem terminado. Ele prometeu vitória no final da nossa luta. Ele prometeu nos carregar através de nossas dificuldades no aqui e agora para nos dar uma esperança e um futuro além de qualquer coisa que possamos imaginar. *Essa* é a promessa das boas-novas.

Como tirar proveito de um naufrágio

LEIA ATOS 27:1-44

Já vi um monte de adesivos que diziam: "Preferia estar navegando". Isso é compreensível. Os amantes do mar não resistem à emoção de cortar a água em um belo veleiro empurrado pelo poder silencioso do vento. Os capitães me dizem que amam o desafio de aproveitar a energia da natureza e igualmente desfrutar do isolamento calmo e pacífico das águas abertas. Para ouvi-los falar, quero comprar um iate à vela de trinta e seis pés, ter aulas e traçar um curso de lazer no mar. Lembro-me então da minha primeira viagem marítima, que começou em San Diego a bordo de um navio de tropas militares. As primeiras horas pareciam um cruzeiro de prazer, mas dois dias depois, ondas de 12 metros jogavam nosso navio como um palito de dente, e nosso comandante ordenou que cada homem se amarrasse em seu beliche.

Nunca vejo adesivos que dizem: "Prefiro naufragar". Ninguém navega com a esperança de encalhar em algum lugar, mas marinheiros experientes aprenderam a aceitar certos riscos em troca de seu amor pelo mar. Você tem que levar o ruim junto com o bom. Da mesma forma, Paulo aprendeu a aceitar o sofrimento e as dificuldades como parte natural da vida notável que Deus havia planejado para ele. Esse extraordinário homem de Deus descreveu assim o lado negativo da grandeza:

> Cinco vezes recebi dos judeus quarenta açoites menos um. Três vezes fui golpeado com varas, uma vez apedrejado, três vezes sofri naufrágio,

> passei uma noite e um dia como náufrago em alto-mar. Estive continuamente viajando de uma parte a outra, enfrentando perigos nos rios, perigos de assaltantes, perigos entre os meus compatriotas, perigos entre gentios, perigos na cidade, perigos no deserto, perigos no mar e perigos entre falsos irmãos. Trabalhei arduamente; muitas vezes fiquei sem dormir, passei fome e sede, e muitas vezes fiquei em jejum; suportei frio e nudez. Além disso, enfrento diariamente uma pressão interior, preocupando-me com todas as igrejas. (2Co 11:24-28)

Devo admitir que às vezes gostaria de ser um homem como Paulo; então, penso em algumas de suas experiências, e me sinto mais contente com quem eu sou e o que Deus tem para mim. Se esse é o preço da grandeza, sinto-me tentado a contentar-me com a mediocridade!

É claro que Paulo não via o futuro colocado diante dele como um caminho para a glória. Seu ministério o levara longe; agora, a vontade de Deus o levava para cima. Se alguma ambição o atraía, era a oportunidade de levar as boas-novas de Jesus Cristo ao auge do poder romano, na esperança de que ela pudesse escorrer. Com o decreto de Festo, a promessa do Senhor (At 23:11) começou a ser cumprida. Paulo finalmente levaria o evangelho a Roma — cortesia do governo. Mas sua viagem não seria um cruzeiro de prazer. Como Deus tantas vezes faz, Ele levou seu seguidor através de dificuldades no caminho para o seu destino. Felizmente, Paulo já havia aprendido a aproveitar cada circunstância como uma oportunidade de apontar outras pessoas para Jesus Cristo. O terrível calvário à sua frente não seria exceção.

27:1,2

Ninguém sabe ao certo a identificação da unidade na qual Júlio serviu. O identificador "Regimento Imperial" (27:1) era um título honorário, de modo que a unidade pode ter sido uma estacionada na Síria que se distinguiu em batalha. Paulo juntou-se a um número desconhecido de outros prisioneiros para serem levados para Roma por um navio baseado em Adramítio, uma cidade na costa da Mísia, a sudeste de Trôade. Pode ter sido em sua última viagem da temporada antes de retornar ao seu porto de origem, quando recebeu a sorte de uma comissão do governo. Os piratas não atacariam uma embarcação que transportasse soldados romanos, de modo que a viagem pela Panfília a caminho da costa sul da Ásia seria menos perigosa.

Lucas retoma o uso dos pronomes em primeira pessoa "nós" e "nos". Ele provavelmente atendeu às necessidades de Paulo durante sua espera de dois anos em Cesareia e não saiu de seu lado até a morte do apóstolo.

Lucas permaneceu com Paulo nessa jornada e enquanto ele esperava o julgamento em Roma. Paulo também menciona Lucas durante sua segunda prisão em Roma, pouco antes de sua execução (2Tm 4:11).

Lucas menciona apenas um dos muitos companheiros de viagem de Paulo que vieram com ele a Jerusalém após a terceira viagem missionária (At 20:4,5). Parece que vários homens acompanharam Paulo ao longo de suas jornadas, mas Lucas raramente ou nunca os menciona. Timóteo se juntou a Paulo no início de sua segunda viagem missionária (16:1-5), mas quase nunca aparece na narrativa de Lucas, mesmo quando outros são citados. Tito esteve com Paulo e Barnabé no Concílio de Jerusalém (Gl 2:1), e serviu na segunda viagem missionária (2Co 2:13), mas seu nome nunca aparece em Atos. Portanto, outros podem ter estado — e eu diria que provavelmente estiveram — a bordo do navio com Paulo, mas eles não são mencionados. Sabemos pelas cartas escritas por Paulo em Roma que João Marcos (Cl 4:10) e Demas (Fp 1:24) estavam com ele lá, embora talvez tenham se juntado a ele mais tarde. Independentemente disso, a razão pela qual Lucas cita Aristarco de Tessalônica é um mistério.

27:3-5

Antes de partir para a Ásia, o navio mercante parou em Sidom para pegar carga. O processo de descarga em Tiro levou sete dias (21:3,4) e, portanto, eles podem ter estado em Sidom por uma semana ou mais. Paulo não era um prisioneiro típico — sua viagem a Roma servia a seus próprios interesses, e a fuga não era uma preocupação. O centurião pode ter conhecido Paulo do período de vinte e quatro meses em Cesareia e tê-lo em alta consideração o suficiente para tratá-lo com "bondade" (27:3; *philanthrōpōs* [5364]) e conceder-lhe uma liberdade incomum.

Os ventos sopravam de oeste para leste no outono; assim, ao deixar Sidom, o navio navegou no lado do sotavento de Chipre (27:4). As melhores condições de navegação vieram sob o risco de pirataria no perigoso corredor entre Chipre e Panfília, mas, com um centurião a bordo, o capitão do navio pôde respirar um pouco mais aliviado. Eles chegaram a Mirra sem incidentes (27:5). Os vestígios antigos neste porto indicam um comércio significativo do corante roxo feito de conchas de múrex, um dos principais produtos de exportação de Tiro.

27:6-12

O centurião colocou Paulo, seus companheiros de viagem e os outros prisioneiros a bordo de um grande navio alexandrino capaz de transportar grãos (27:38) e pelo menos 276 passageiros (27:37). Documentos antigos do período mencionam galés mercantes de médio porte que tinham 70 pés de comprimento,[227] com a maior alcançando 150 pés.[228] Os navios raramente navegavam em águas abertas longe da terra; os capitães geralmente navegavam de vista. Neste caso, o capitão tentou virar para o norte depois de passar por Rodes, provavelmente tentando chegar a Éfeso. De lá, ele poderia seguir um curso reto leste-oeste através do Egeu até o Pireu usando ilhas para navegação. O navio seria transportado através do istmo de Corinto através do Diolcos e, em seguida, através do Mar Jônico para a Itália.

Os ventos de outono não cooperaram com a rota planejada. Incapazes de navegar para o norte, seguiram para Creta, na esperança de correr ao longo do lado do sota-vento, e então talvez virar para o norte em direção à Acaia. Eles se instalaram no porto de Bons Portos, onde passaram "muito tempo" (27:7-9). Sem dúvida, Paulo usou esse tempo para verificar a situação da igreja em Creta e encontrou as comunidades de cristãos desorganizadas e em dificuldade. Ele acabaria retornando à ilha e delegaria a responsabilidade de fortalecer e organizar a igreja a seu assistente, Tito (Tt 1:5).

O "jejum" (ARA, ARC, A21) a que Lucas se refere é o Dia da Expiação, que ocorre em setembro ou outubro, época tardia do ano para estar no mar. Paulo aconselhou passar o inverno em Bons Portos; a tripulação do navio preferia um porto próximo do extremo oeste da ilha (27:9-12). O centurião teve a palavra final e ficou do lado do capitão, o que se revelou um erro.

27:13-20

Enquanto desciam a ilha, um vento sul os empurrou em direção à ilha, de modo que não tiveram de se preocupar em ser levados para o mar. Então, puxaram a âncora para permitir que o navio navegasse mais rápido. Então um vento Nordeste (*Eurakylōn* [2146b]) soprou e os levou para o mar. Esperavam que uma pequena ilha a cerca de 40 quilômetros da costa sul de Creta fornecesse refúgio, mas o vento se mostrou muito forte. A tripulação teve que realizar vários procedimentos de emergência para salvar o navio. O "barco salva-vidas" ("bote", ARA; "batel", ARC; 27:16) era uma embarcação menor mantida a reboque e que era usada para transportar pessoas de navio para terra quando não havia porto disponível. Essa embarcação ou ficou encharcada ou foi castigada pelo vento, de modo que tiveram que puxá-lo a bordo. Usaram cordas puxadas sob o casco para reforçar a estrutura. Lançaram a âncora para desacelerar sua deriva para o sul, temendo que pudessem encalhar perto da costa do norte da África. Jogaram carga para que o navio navegasse mais alto e recebesse menos água. Começaram até mesmo a jogar o equipamento do navio ao mar. Nem sol nem estrelas podiam ser vistos, de modo que a navegação tornou-se impossível; eles podem ter usado sondagens e mapas para determinar o quão perto da África eles haviam chegado.

27:21-26

A tripulação não comia há algum tempo, talvez por uma série de razões. Talvez eles não soubessem quanto tempo teriam que esticar seu suprimento de alimentos, o estresse matou seus apetites, o enjoo os dominou ou jejuaram para agradar aos deuses. Independentemente de qual tenha sido a razão, eles começaram a perder todas as esperanças de chegar vivos à costa. Foi quando Paulo assumiu o comando da situação. Ele lembrou-os de sua advertência anterior e os repreendeu por não darem ouvidos a seus conselhos — não estava dizendo algo como "eu avisei", mas para encorajá-los a ouvi-lo agora (27:21). Ele aproveitou a ocasião para encorajá-los com uma visão que recebera, garantindo-lhes que todos sobreviveriam à provação. Paulo disse: "Tenham coragem" (*euthymeō* [2114]) — essencialmente, "animem-se e sejam valentes!".

O apóstolo havia recebido sua própria segurança sobrenatural antes (18:9,10; 23:11), mas desta vez o Senhor lhe deu uma mensagem para o benefício de seus companheiros de navio. Deus prometeu preservar todos a bordo por causa de seu mensageiro, o que deu a Paulo maior credibilidade ao falar com os outros sobre Jesus Cristo. Ele expressou sua crença na palavra de Deus e encorajou os outros a crerem com ele (27:22-25).

Paulo concluiu seu discurso com um conselho prático: eles precisavam encalhar na próxima ilha adequada que vissem (27:26). A palavra grega traduzida como "alguma" (*tis* [5100]) também significa "qualquer". O Senhor havia prometido que todos seriam preservados durante a crise, mas precisavam agir com sabedoria. Precisavam esquecer seu destino ou a preservação do navio, e fazer da sobrevivência sua primeira prioridade. A garantia de sobrevivência de Deus não era uma licença para fazer escolhas tolas; a promessa de salvação do mar lhes dava maiores razões para usar a sabedoria.

27:27-32

Lucas identifica sua localização como em algum lugar no "mar Adriático" (27:27), que é a antiga designação. Hoje, conhecemos o Adriático como o mar entre a "bota" da Itália e a costa da Croácia. Em termos modernos, eles estavam em algum lugar no sul do Mar Jônico entre Creta e Malta.

Depois de duas semanas inteiras à deriva, irremediavelmente perdidos e desamparados contra os ventos e correntes, a tripulação supôs que eles estavam perto da terra. O termo “imaginar” (*uponoeō* [5282]) significa “conjecturar” ou “formar uma opinião baseada em evidências escassas”. À noite, não conseguiam ver pássaros ou nuvens indicando terra e, assim, devem ter ouvido ondas batendo ao longe ou até mesmo sentiram cheiro de terra, o que costuma ser feito por marinheiros experientes. Eles também poderiam fazer sondagens (medindo a profundidade por meio de um peso de chumbo) e comparar os resultados com mapas de profundidade. No século IV a.C., Heródoto observou: “Esta é a natureza da terra do Egito: em primeiro lugar, quando você se aproxima dela pelo mar e ainda está a um dia de vela da terra, se soltar uma linha de sondagem, trará lama de uma profundidade de onze braças”.[229] Quando fizeram sondagens, descobriram que a profundidade havia mudado de vinte braças para quinze (27:28). A braça (*orguia* [3712]) media o comprimento dos braços estendidos de um homem, de modo que, com aproximadamente dois metros por braça, eles estavam sobre cerca de 30 metros de água.

Para manter o navio sob controle, “lançaram quatro âncoras” (27:29). Vários dos tripulantes acharam que tinham mais chances de chegar à costa vivos no bote do navio do que bater nas rochas na embarcação principal (27:30). Eles baixaram o barco menor sob o pretexto de usá-lo para lançar âncoras, mas Paulo sabia de seu plano. Ele havia passado por três naufrágios anteriores e, portanto, sabia todos os truques e como as pessoas se comportariam. Eles não podiam se dar ao luxo de deixar nenhum dos tripulantes abandonar o navio; os outros passageiros não tinham a experiência de navegação necessária para guiar a embarcação perto da terra sem se chocar (27:31).

O centurião já havia aprendido a confiar no conselho de Paulo, de modo que ordenou que o bote fosse abandonado (27:32).

27:33-38

Depois de tudo o que sofreram, Paulo emergiu como o líder evidente do grupo. O som da arrebentação e as sondagens confirmaram que estavam perto da terra, pelo que as próximas horas seriam fisicamente exigentes para todos, especialmente para a tripulação. Paulo falou com autoridade divina para tranquilizar cada pessoa de que sobreviveria ao encalhe. Como a maioria das pessoas a bordo não havia comido nos últimos dias, Paulo as conduziu a fazerem uma refeição (27:33-36). Ele aproveitou a oportunidade para agradecer a Deus pela segurança contínua.

Na expectativa do encalhe, jogaram o trigo ao mar (27:38). O capitão tinha guardado o grão por razões financeiras, claro, mas também por lastro durante a tempestade. Neste ponto, no entanto, cada quilo de carga se traduzia em centímetros preciosos entre o casco e o fundo do mar. Quanto mais leve o navio, mais perto de terra eles poderiam chegar antes de encalhar.

27:39-44

Ninguém a bordo reconheceu a terra à vista, mas não tiveram outra escolha senão conduzir o navio para o mais perto possível (27:39,40). Quando a proa atingiu um banco de areia, as ondas começaram a bater na popa, ameaçando quebrar o navio (27:41). Os soldados não podiam se dar ao luxo de deixar seus prisioneiros escaparem no caos do abandono do navio, de modo que planejaram matá-los em vez disso, que era o procedimento padrão. O centurião, no entanto, tinha aprendido a confiar na palavra de Paulo e, assim, decidiu fazer com que todos desembarcassem vivos (27:42,43).

Alguns nadaram, outros se apegaram a qualquer coisa que flutuasse, e todos chegaram à terra firme, assim como o Senhor havia prometido por meio de Paulo (27:44).

APLICAÇÃO

ATOS 27:1-44

TRÊS ÂNCORAS ESPIRITUAIS

Quando 276 pessoas embarcaram no navio de grãos para deixar Bons Portos, esperavam navegar não mais do que 70 quilômetros pela costa de Creta até Fenice, um porto mais adequado para passar o inverno. Mas, como muitas vezes acontece, a natureza transformou seu plano simples em uma terrível provação. Uma viagem de meio dia se transformou em duas semanas no mar, forçando-os a lutar pela sobrevivência através de uma longa série de eventos com risco de vida. À medida que sua situação piorava, cada líder a bordo ficava em silêncio e sumia da narrativa, deixando Paulo como o líder de destaque. Enquanto a tripulação lançava âncoras para recuperar o controle do navio, Paulo lançou três âncoras espirituais para ajudar as pessoas a se agarrarem à esperança.

Âncora Espiritual número 1: *Certeza da Presença de Deus* (27:22-26). O Senhor assegurou a Paulo que ele e todos a bordo sobreviveriam à sua aflição no mar. Paulo passou para as pessoas, dizendo-lhes que Deus tinha visto seus problemas e não os abandonaria. De fato, exortou-os a celebrar como se já tivessem sido resgatados, porque o Senhor os salvou, de fato. Era apenas uma questão de tempo até que seu plano de resgate se concretizasse. Paulo confiou na palavra de Deus e encorajou outras pessoas a fazerem o mesmo.

Imagine-se viajando no tempo para ficar no convés deste navio como um dos passageiros, sabendo o final da história como você sabe agora. Como seu comportamento seria diferente dos outros a bordo? As condições desagradáveis não o afetariam menos, o vento e a chuva o resfriariam da mesma forma, mas a ansiedade não teria efeito sobre sua perspectiva. Assim é com suas circunstâncias agora. Lutas e dificuldades sempre farão parte da vida deste lado do túmulo, e sua vida neste reino um dia terminará, mas temos a certeza da presença de Deus na pessoa de seu Espírito Santo dentro de nós. E Ele prometeu salvar todos os que confiam nele. Além disso, todas as experiências – cruzeiros de lazer e naufrágios – serão usadas para o nosso bem.

Âncora Espiritual número 2: *Encorajamento Prático* (27:33-38). Depois de muitos dias no mar, o povo havia esquecido a promessa de Deus de que preservaria todos vivos. Parte da tripulação tentou entrar no bote e abandonar o navio e seus passageiros, mas Paulo interveio. Como pareciam estar perto da terra, Paulo pediu às pessoas que comessem. Deu graças a Deus pelo alimento e pela certeza de sua segurança, e repartiu o pão. Eles ainda não haviam avistado terra, mas jogaram a carga ao mar para se preparar para uma corrida em direção a uma costa.

O encorajamento de Paulo assumiu forma física, tangível. Palavras eram boas duas semanas antes; as ações concretizaram a promessa de Deus. Seu comportamento refletia sua crença de que eles pisariam em terra firme em breve.

Âncora Espiritual número 3: *Fé Absoluta* (27:39-44). Durante toda a provação, Paulo demonstrou uma crença calma e segura na promessa de Deus, e sua fé tornou-se contagiosa. Quando os soldados se prepararam para matar os prisioneiros, o centurião os deteve. Sua principal motivação era preservar a vida de Paulo, mas ele tomou sua decisão com confiança. O povo seguiu o exemplo de Paulo e nunca perdeu a esperança de sobrevivência.

A maneira como você enfrenta as provações afeta como os outros consideram a Palavra de Deus. Seu testemunho verbal ajudará a revelar as promessas de Deus, mas é sua demonstração pessoal de confiança que adiciona validação à mensagem. As pessoas precisam ouvir o evangelho, mas ver as boas-novas terem seu efeito fará mais para encorajar sua fé do que qualquer coisa que você diga.

Tempo de curar

LEIA ATOS 28:1-11

Por volta de 400 a.C., um médico grego se elevou acima de seus pares para se tornar o que muitos consideram ser "o pai da medicina moderna". Hipócrates tornou-se o primeiro médico a declarar publicamente que as doenças ocorrem de causas naturais, não por causa de espíritos malignos ou castigo dos deuses, e passou vinte anos na prisão por separar a medicina da religião. Ele também resistiu à filosofia de seus contemporâneos, que diagnosticavam e tratavam agressivamente doenças, muitas vezes causando mais mal do que bem. Ele acreditava na capacidade do corpo de se curar e, por isso, prescrevia imobilização, limpeza, bálsamos calmantes e muito descanso. Ele abre sua obra *Preceitos* com esta simples dose de sabedoria: "A cura é uma questão de tempo, mas às vezes também é uma questão de oportunidade".[230] Portanto, ele acreditava em dar ao corpo tempo e oportunidade para curar.

Quatro séculos depois da morte de Hipócrates, outro médico acompanhou Paulo em sua angustiante jornada pelo Mediterrâneo. Como sucessor intelectual de Hipócrates, Lucas sem dúvida aprovou o tempo que seu paciente passaria naquele refúgio insular. Como o rei Salomão escreveu mil anos antes: "Para tudo há uma ocasião certa; há um tempo certo para cada propósito debaixo do céu" (Ec 3:1). Entre esses tempos determinados está um "tempo de curar" (Ec 3:3).

Acho estranho que, em nossa era moderna, "iluminada", quando a medicina avançou anos-luz além do conhecimento de Lucas e Hipócrates, tenhamos tão pouco espaço em nossa teologia para o descanso ou o conceito bíblico de "tempo de curar". Queremos que as pessoas "superem isso". Se você passou muito tempo tentando se recuperar de uma doença que não podia ser explicada por um raio-X, se você ficou preso na escória da depressão, se você sofreu profundamente a perda de um ente querido e você não consegue se recuperar, então você sem dúvida já ouviu de alguém algo como "saia dessa!" ou "pare com isso!". Hipócrates tinha razão. A cura *é* uma questão de tempo. É, de fato, uma questão de oportunidade, que poucos hoje querem oferecer.

Depois de uma longa provação em Cesareia e desta crise de duas semanas no mar, Paulo sem dúvida desfrutou deste descanso de três meses antes de seguir para Roma. Mas outras coisas além do seu descanso pessoal e sua saúde seriam afetados em Malta: Deus daria testemunho através do apóstolo, curando muitos na ilha. Tempos de cura física, mental e emocional, sejam milagrosos ou como resultados de processos normais, oferecem uma oportunidade de expressar e refletir sobre o poder compassivo e redentor do evangelho na vida espiritual. Esse mesmo poder prepararia Paulo para a próxima etapa de sua jornada.

28:1-2

Logo depois de chegar, Lucas soube que a ilha se chamava *Melitē* [3194] (agora conhecida como Malta). O termo traduzido como "habitantes da ilha" (28:2; *barbaros* [915]) é uma referência aos estrangeiros que deriva do som da fala estrangeira, que parece um balbuciar. Gregos e romanos consideravam cultural e intelectualmente inferior qualquer um que não falasse sua língua "civilizada".

O povo de Malta descendia dos fenícios, que haviam colonizado a ilha em 500 a.C. e, apesar da ocupação pelos romanos em 218 a.C., permaneceram fixos na ilha. Os habitantes de Malta mostraram "extraordinária bondade" (*philanthrōpia* [5363]) aos viajantes náufragos, aquecendo-os com uma fogueira e estendendo-lhes hospitalidade.

28:3-6

Lucas ilustra o caráter dos nativos com uma narrativa sobre Paulo ser picado por uma cobra. Paulo jogou um feixe de gravetos no fogo e uma víbora prendeu-se na mão dele (28:3). Os nativos estavam familiarizados com sua vida selvagem e sabiam que a serpente era venenosa, de modo que esperavam que o apóstolo inchasse e morresse. Sua superstição os levou a acreditar que a justiça havia alcançado Paulo, supondo que ele era um assassino, já que obviamente estava entre os vários prisioneiros (28:4). As palavras deles personificam a justiça (*dikē* [1349]) como uma deusa grega, "a própria Justiça" (NET; grafada em maiúscula nas versões em português). Os habitantes, embora fenícios em cultura e descendência, provavelmente ligavam suas superstições às divindades gregas. Eles pensavam que forças invisíveis estavam punindo Paulo, mas ao verem que ele não sofreu nenhum efeito maléfico, imaginaram que ele fosse um deus (28:5,6)!

Àquela altura de sua vida, o apóstolo já tinha visto muita coisa e já havia sido adorado como um deus antes (14:11). Lucas não conclui a história para mostrar a reação de Paulo. A essa altura, seus leitores já podiam adivinhar. Em vez disso, ele faz a transição para outro incidente que o apóstolo usou para evangelismo.

28:7-10

Uma inscrição encontrada na ilha refere-se ao magistrado chefe como tendo o título de *prōtos*.[231] Lucas refere-se a um "principal da ilha" (*prōtos*

[4413]) chamado Públio, que era um nome popular entre os romanos; isso sugere que ele era um romano que possuía uma propriedade em Malta. Ele estendeu a hospitalidade ao grupo por um período de três dias (28:7). O pai de Públio estava “acamado, sofrendo de febre e disenteria” (28:8; *dysenterion* [1420]). Alguns descreviam a doença como “fluxo sangrento” porque a diarreia intensa continha sangue e muco. Hoje, sabemos que a causa é uma bactéria parasita ou uma ameba; na época de Paulo, a superstição ainda atribuía muitas doenças a espíritos malignos ou deuses raivosos. Os pacientes geralmente contraíam essa doença entrando em contato com os fluidos de pessoas infectadas, o que fazia com que epidemias não fossem incomuns. Aqueles que não se recuperavam geralmente morriam de desidratação. O dr. Lucas observa a presença de febre também, o que sugere uma forma bacteriana conhecida como síndrome de Marlow, que pode ser particularmente difícil de tratar.

Paulo orou pelo homem, e Deus o curou. O contexto sugere uma cura instantânea, o que explica por que tantos outros vieram ver Paulo. Outros em Malta que sofriam de várias doenças também vieram a ser curados (28:9). Lucas não afirma como Paulo usou essa oportunidade para proclamar o evangelho, mas, com base em seu caráter ao longo de Atos, podemos supor que ele o fez. Depois de uma generosa e graciosa despedida dos habitantes locais, Paulo e seus homens embarcaram em um navio alexandrino com destino a Roma.

28:11

Neste versículo, Lucas oferece algumas pistas que, combinadas com outros registros históricos, ajudam a estabelecer uma data bastante confiável para sua partida. Segundo Plínio, o Velho, a temporada de navegação a vela começava “no sexto dia antes do Ides de fevereiro”, [232] o que corresponde ao dia 8 de fevereiro em nosso calendário. Se eles permaneceram em Malta por três meses, significa que eles chegaram às suas praias no início de novembro, significando que eles já haviam deixado Creta após o jejum do Yom Kipur no final de outubro. Portanto, isso sugeriria uma data tardia para o jejum daquele ano. Em 59 d.C., “o Jejum caiu em ou por volta de 5 de outubro, muito mais tarde do que em qualquer ano vizinho”.[233]

Eles embarcaram em um navio alexandrino que apresentava os filhos gêmeos de Zeus (*Dioskouroi* [1359]), Cástor e Pólux, os deuses patronos dos marinheiros. Quando Paulo e seus homens embarcaram no navio, alguém poderia perguntar se eles sentiram uma certa ironia. Quem era a divindade que salvou a tripulação e os passageiros da morte quase certa três meses antes?

Paulo poderia ter tido a oportunidade de se recuperar em Creta durante a espera de três meses pela passagem do inverno se o capitão do navio e o centurião tivessem dado ouvidos ao seu conselho (27:10,11). O apóstolo havia passado por muita coisa nos últimos dois anos, e seu tempo em Roma seria igualmente intenso. Lamentavelmente, o conselho de Paulo não foi atendido, o que terminou fazendo com que suportassem uma angustiante odisseia de duas semanas no mar que resultou na perda do navio do capitão e sua valiosa carga. Somente pela graça de Deus todas as 276 pessoas foram para as costas de Malta. Apesar da má decisão do centurião, o Senhor prevaleceria. Ele garantiria que Paulo tivesse seu descanso tão necessário — se não em Creta, então em Malta, com seus meses de inverno ameno e sol abundante.

APLICAÇÃO

ATOS 28:1-11

PARA AQUELES EM PROCESSO DE CURA

Muito poucas pessoas no mundo experimentaram o tipo de cura instantânea que o povo de Malta recebeu de Deus através de Paulo. Um toque e, um momento depois, seus sintomas haviam desaparecido e toda a força havia retornado. Geralmente, no entanto, a cura é um processo. Leva tempo. Contratempos ocasionais pontuam o progresso do paciente em direção a uma recuperação completa. Às vezes, durante longos períodos, nada acontece — nenhum progresso, nenhuma regressão. Então, de repente, uma melhora dramática surpreende a todos. Hipócrates tinha razão: "A cura é uma questão de tempo, mas às vezes também é uma questão de oportunidade".

Com isso em mente, deixe-me oferecer dois princípios que podem encorajar aqueles que estão se curando. Eles se aplicam à recuperação física, mas valem igualmente para quem está em processo de cura de outros tipos de feridas: tragédia, divórcio, desemprego, infertilidade, falência, depressão, morte de um ente querido.

Aqui está o primeiro princípio: *Aquele que separa um tempo para curar deve ser respeitado, não magoado*. Aqueles que estão em processo de cura muitas vezes apresentam dificuldade para se expressar porque não têm energia para se comunicar. Lá dentro, gritam por compaixão: "Estou tentando me encontrar. Estou tentando me reagrupar. Fique comigo. Ame-me durante o processo. Aceite-me. Não me descarte". Muitos se sentem culpados por serem um fardo para os outros durante sua recuperação, e sofrem mais quando a família ou os amigos ficam impacientes com sua dor. Ninguém odeia mais o processo de cura do que aquele que está passando por ele. Portanto, dê muita graça àqueles que estão se curando. E diga a eles o quanto você os respeita por continuar o processo de cura sem desistir.

O segundo princípio: *Aquele que é curado estará mais bem equipado para ajudar os outros*. Enquanto sofria a privação total de Auschwitz durante a Segunda Guerra Mundial, o psicólogo Victor Frankl encontrou alívio ao pensar em como seu sofrimento presente poderia ser usado no futuro. Ele escreveu:

> De repente, vi-me de pé na plataforma de uma sala de aula bem iluminada, quente e agradável. À minha frente sentava-se uma plateia atenta em confortáveis assentos estofados. Eu estava dando uma palestra sobre a psicologia do campo de concentração! Tudo o que me oprimia naquele momento tornou-se objetivo, visto e descrito do ponto de vista remoto da ciência. Por esse método, consegui de alguma forma superar a situação, superar os sofrimentos do momento, e observá-los como se já fossem do passado.[234]

Ninguém entenderá a perda de um bebê como um pai que sofreu a morte de um filho. Quem mais, senão um ex-paciente psiquiátrico, entenderá o que significa passar pela terapia intensiva, emergir inteiro e depois recuperar o autorrespeito? O auxílio a pessoas divorciadas é gerido por pessoas divorciadas. Os viciados em recuperação sabem como tirar os outros do vício. As dificuldades e tragédias às quais sobrevivemos nos tornam reais para as pessoas que sofrem o que um dia sofremos. Descobri que esse princípio é incrivelmente valioso quando estou no processo de cura. Isso ajuda a pensar em como podemos usar as experiências dolorosas de hoje para ajudar os outros no futuro.

O fim do começo

LEIA ATOS 28:12-31

O dia 10 de novembro de 1942 era sombrio em Londres. Talvez nunca tivesse sido tão sombrio. Destroços estavam em pilhas ao longo das ruas após dois anos de bombardeios implacáveis da *Luftwaffe*. Os prédios que restavam estavam cobertos com a poeira dos que haviam caído. Os sinos da igreja já não tocavam em festa; a cidade os reservou para avisar os cidadãos cada vez que bombardeiros alemães escureciam seus céus. Ainda assim, os britânicos se mantiveram firmes contra a ameaça do Terceiro Reich. Durante anos, enquanto o resto da Europa apaziguava os nazistas, a Inglaterra desafiava o pequeno cabo desatinado da Alemanha e pagava caro com a vida de seus cidadãos. Naqueles últimos tempos, no entanto, as notícias das várias frentes de batalha pareciam promissoras. Os Estados Unidos finalmente se juntaram ao conflito, e outros começaram a se reunir contra a Alemanha.

Em 9 de novembro, dignitários da cidade se reuniram como fizeram por mais de setecentos anos para apresentar o Prefeito de Londres (chamado de "Lord Mayor") ao Ministro Chefe do Judiciário ("Lord Chief Justice") para aprovação formal. Naturalmente, o longo conflito com a Alemanha temperou a ocasião normalmente festiva. Ainda assim, as autoridades municipais continuaram com a tradição e, no dia seguinte, reuniram-se vindas de toda a cidade — talvez pisando sobre os escombros da guerra em seu caminho — para participar do almoço do Lord Mayor na Mansion House, onde o primeiro-ministro Winston Churchill deveria discursar.

Apesar das vitórias recentes e da adição de vários aliados, a luta pela liberdade tinha um longo caminho a percorrer. Os bombardeios continuavam e o moral oscilava à beira do desespero, mas Churchill declarou: "Queremos manter o que é nosso. Não me tornei Primeiro-ministro do Rei para presidir a liquidação do Império Britânico".[235] Sua própria determinação tornou-se um símbolo da determinação britânica durante os anos mais sombrios da guerra — que ainda estavam por vir. Temendo que a complacência pudesse enfraquecer seus compatriotas, o buldogue britânico advertiu: "Ora, este não é o fim. Não é nem o começo do fim. Mas é, talvez, o fim do começo."[236]

As palavras de Churchill soam em meus ouvidos quando chegamos ao fim da história dos primeiros cristãos contada por Lucas. A igreja infante começou forte e quase imediatamente se tornou alvo de abusos sistemáticos — espancada com violência antes de sair do berço, por assim dizer. Chutada, lutando e sangrando, a comunidade de crentes sobreviveu àqueles primeiros dias alimentada por homens como Pedro, Barnabé, João e Tiago (o irmão de Jesus), homens bons que dedicaram suas vidas a ajudar a igreja a amadurecer e se transformar numa força de mudança do mundo. A perseguição empurrou o povo de Deus para fora de Jerusalém para levar as boas-novas por toda a Judeia e Samaria. Então, Deus transformou um inimigo da igreja no apóstolo que causaria o maior impacto. Através do ministério de Paulo, o reino de Deus atingiu o império entre Jerusalém e Roma. Ele havia conseguido vitórias cruciais na guerra contra o mal, mas a luta havia apenas começado. Ele agora levaria a luta para a sede do poder mundial.

Paulo originalmente pretendia usar Roma como uma rampa de lançamento para a fronteira ocidental, onde ele esperava continuar o ministério que havia conduzido no Oriente. Mas o Senhor tinha outros planos. O apóstolo levara o evangelho para longe; agora, chegara a hora de levá-la para o alto, subindo a escada política até o ápice do poder, onde as boas-novas poderiam influenciar regiões inteiras à medida que governantes se submetessem ao Rei Jesus. Se Paulo tivesse chegado a Roma como um homem livre, nenhum político, com qualquer tipo de poder, lhe daria uma audiência. Contudo, graças ao ciúme dos oficiais do templo e às manobras mesquinhas dos procuradores locais, Paulo teve uma audiência com o próprio imperador.

28:12-14

Depois de um descanso de três meses em Malta, Paulo e seus homens embarcaram em outro transportador de grãos alexandrino com destino a Siracusa, capital da província romana da Sicília. Cícero chamou Siracusa de "a mais bela e bem decorada de todas".[237] Depois de uma escala de três dias, o navio navegou contra o vento, dirigindo-se para Régio, onde seus passageiros esperaram por um vento sul. Três dias depois, chegaram a Potéoli, um porto marítimo na Baía de Nápoles, famoso por suas fontes odoríferas de enxofre.[238] Apesar do odor, o porto havia se tornado o principal porto de Roma e um resort popular para os romanos ricos.

O centurião permitiu que Paulo visitasse cristãos na área antes de partir uma semana depois para a capital do império. Os missionários provavelmente caminharam até Cápua e depois seguiram a famosa via Ápia, 230 quilômetros até Roma.

28:15,16

A notícia da chegada de Paulo alcançou os crentes em Roma com bastante antecedência. Ele não tinha estado em Roma antes, mas vários cristãos o conheciam de suas viagens pela Grécia e em Éfeso, incluindo Áquila e Priscila (Rm 16:3-15), e eles, é claro, reverenciaram seus ensinamentos em sua carta aos crentes de Roma. Alguns foram ao seu encontro (At 28:15). A palavra grega para "encontrar" aqui, *apantēsis* [529], descreve o costume de uma comitiva sair de uma cidade para encontrar um dignitário e depois escoltá-lo de volta, geralmente em celebração.

O Mercado de Ápio ou Fórum de Ápio era um mercado e posto de representação ao longo da via Ápia, cerca de 65 quilômetros ao sul de Roma, famoso por sua aparência rude. O satirista romano Horácio escreveu que a estação estava "recheada de marinheiros e senhores de terras".[239] E continuou: "Aqui eu, por causa da água, que era muito vil, proclamo guerra contra o meu ventre [...]. Os malditos roedores, e os sapos dos mangues, impedem o repouso. Enquanto o homem da água e um passageiro, bem encharcados de muito vinho grosso, disputam entre si cantando os louvores de suas amantes ausentes"[240] Paulo e sua crescente comitiva viajaram mais longe, para outro posto chamado Três Vendas, a cerca de 50 quilômetros de Roma. Vários outros crentes de Roma o encontraram, e isso o encheu de confiança. O termo grego traduzido como "encorajado" em 28:15 é frequentemente usado na Septuaginta para descrever a coragem dada às pessoas em sofrimento (cf. Is 41:10-14; 43:1; 44:2).

A narrativa de Lucas atinge um clímax com a chegada de Paulo a Roma. Jesus previu que seus discípulos seriam suas "testemunhas tanto em Jerusalém como em toda a Judeia e Samaria e até os confins da terra" (At 1:8). Para os propósitos de Lucas, Roma era suficientemente "remota" para cumprir a promessa de Cristo.

Paulo ainda não havia sido formalmente acusado de um crime. (Só podemos especular sobre o que Festo finalmente escreveu em sua carta ao imperador.) No entanto, ele também não era um homem livre. Em vez de esperar pelo julgamento em uma prisão como os suspeitos de um crime, ele encontrou quartos alugados e esperou em prisão domiciliar com apenas um soldado para guardá-lo (28:16). Poderia, claro, tentar fugir, mas não teria mais a proteção da cidadania. Essa proteção legal seria ainda mais valiosa nas cidades menos estáveis a oeste de Roma.

28:17-20

Embora desfrutasse de acomodações muito melhores do que o sistema prisional imperial, Paulo não tinha permissão para se movimentar livremente. Aparentemente confinado em seu apartamento, recebia visitantes e seus assistentes realizavam tarefas. Ele não podia ir à sinagoga, de modo que convidou os líderes judeus para virem à sua casa (28:17). Ele tinha dois motivos para falar com eles. Primeiro, queria avaliar a hostilidade deles no caso de notícias dos oficiais do templo terem chegado a Roma. Surpreendentemente, eles não sabiam nada sobre sua disputa (28:21). Em segundo lugar, ele sempre pregou aos judeus antes de se voltar para os gentios.

Seu discurso começou com um breve resumo de sua história jurídica para explicar por que tinha vindo a Roma e por que ele foi forçado a se apresentar diante dos gentios para julgamento. Paulo queria que eles soubessem que o templo o odiava, e não o contrário, e que ele não havia feito nada de imoral para ganhar sua hostilidade. Sua inocência havia sido afirmada por todos na Judeia, exceto pelos líderes do templo (28:18,19). Concluiu com uma declaração claramente destinada a despertar o interesse deles. Ele continuava acorrentado não por causa de qualquer coisa que tivesse feito, mas por proclamar a 'esperança de Israel", uma referência inequívoca ao Messias hebreu, que prometeu cumprir todas as profecias a respeito de Israel (28:20).

28:21,22

Os líderes judeus não queriam que uma disputa chegasse a Roma. De acordo com Suetônio, Cláudio "baniu de Roma todos os judeus, que estavam continuamente fazendo distúrbios por instigação de um Cresto".[241] A datação externa aponta que isso pode ter ocorrido dez anos antes, por volta de 49 ou 50 d.C. (cf. 18:2).[242] Nesse intervalo, Nero havia se tornado imperador e os judeus haviam retornado. Os líderes judeus alegaram não ter recebido nenhuma comunicação sobre as acusações de Paulo ou qualquer coisa que o retratasse debaixo de uma luz pobre (28:21).

Por um lado, isso é surpreendente. Os judeus na Judeia foram incansáveis na tentativa de assassinar ou executar Paulo; a razão de não terem tentado envolver as sinagogas de Roma é um mistério. É claro que os judeus em Roma provavelmente permaneceram ignorantes de forma proposital e alegre, em vez de correr o risco de perturbar os romanos novamente. Por outro lado, os judeus na Judeia podem ter reconhecido a inutilidade de pressionar um caso contra Paulo em uma cidade onde não tinham influência política. Poderiam intimidar um procurador; ninguém intimida o imperador.

Os judeus romanos expressaram interesse em ouvir os pontos de vista de Paulo (28:22). Eles sabiam o suficiente sobre o cristianismo para reconhecer sua referência à "esperança de Israel" (28:20) como relacionada a Jesus. Mais uma vez, alegaram desconhecimento de detalhes específicos, talvez como forma de evitar conflitos.

28:23,24

No dia marcado, os líderes das sinagogas judaicas em Roma chegaram à residência de Paulo, que aparentemente era grande o suficiente para acomodar um grande número de visitantes ao mesmo tempo (28:23). Estes eram os "líderes dos judeus" (28:17), e um grande número de judeus vivia em Roma na época. A história sugere que, no início da era cristã, até sessenta mil judeus viviam em Roma e arredores.[243] Cada um desses líderes tinha a capacidade de influenciar centenas, se não milhares, de judeus mediante seus ensinamentos.

Paulo se concentrou no reino de Deus, evocando o próprio núcleo da identidade hebraica, abrangendo sua história, cultura, cosmologia e governo. O reino de Deus é onde as alianças de Deus com Abraão (Gn 12:1-3; 15:1-21; 17:1-27), Israel (Dt 28) e Davi (2Sm 7:8-17) se cruzam com as promessas do Messias. E, durante séculos, os teólogos judeus pensaram que tinham tudo resolvido; pensavam que entendiam a mente de Deus e como Ele realizaria seu plano. Paulo "deu explicações", "testemunhou" e procurou convencer os líderes judeus a abandonar seu paradigma defeituoso e enxergar o reino de Deus como o Pai o havia revelado por meio de seu Filho.

Para Lucas, o reino de Deus é central para o evangelho, o que afeta o mundo inteiro em um nível cósmico e sobrenatural que transcende o reino do mundo físico. Os teólogos chamam sua ênfase de "escatológica" porque diz respeito às "últimas coisas" — o fim dos tempos, os dias em que Cristo voltará fisicamente para acabar com o mundo como o conhecemos. Sua morte, sepultamento e ressurreição foram precursores essenciais para seu retorno, quando Ele acabará com o reino do mal e o substituirá por seu próprio reino. Consequentemente, vemos Lucas fazer referência ao reino de Deus tanto em seu Evangelho quanto em Atos.[244] De fato, Lucas destaca a conexão entre o reino de Deus e a igreja na própria abertura do livro (At 1:6-8).

O verbo traduzido como "dar explicações" (*ektithēmi* [1620]) significa "elaborar, explicar ou expor". Hoje podemos dizer: "Deixe-me esmiuçar isso até sua essência".

O verbo "testemunhar" (*diamartyromai* [1263]) é uma forma intensiva de *martyromai* [3143], que significa "declarar solenemente a verdade", como se poderia fazer sob juramento. Em geral, uma testemunha só pode testemunhar o que viu pessoalmente, de modo que Paulo deve ter dado testemunho de seu encontro pessoal com Cristo. Ele não chegou à sua teologia por conta própria através da razão; ele a recebeu diretamente de Deus, da mesma maneira que os profetas do Antigo Testamento receberam revelação divina para transmitir ao povo de Deus.

"Convencer" (*peithō* [3982]) retrata alguém usando todos os meios possíveis para fazer com que a outra parte faça algo. No sentido negativo, significa "seduzir ou enganar". No sentido positivo, significa "conquistar". Nesse caso, Paulo queria que os homens acreditassem no que ele via como claramente óbvio.

Paulo usou a razão e seu próprio encontro pessoal com Jesus, mas baseou tudo em uma exposição clara das Escrituras do Antigo Testamento. Dedicou-se a esses líderes judeus durante todo o dia — com sucesso parcial. Alguns se permitiram considerar as evidências de Paulo; outros recusaram completamente (28:24).

28:25-28

Ao longo do livro de Atos, Lucas estabeleceu um padrão consistente (13:46; 18:6; cf. Rm 11:7-10):

- Alguém prega o evangelho aos judeus.
- Um remanescente acredita, enquanto a maioria rejeita as boas-novas.
- O Senhor se afasta dos judeus para se concentrar nos gentios.
- Os judeus incrédulos perseguem a igreja.

Em Roma, Paulo viu o padrão começando a se repetir. Os líderes judeus começaram a discutir uns com os outros, muito poucos ou ninguém professando crença. Quando começaram a sair, Paulo citou Isaías 6:9,10 (At 28:26,27). Ele provavelmente citou o texto hebraico para seus irmãos judeus; Lucas insere os versos textuais da Septuaginta. Paulo atribuiu as palavras ao Espírito Santo para que não houvesse engano (28:25). Esta não era a estimativa de Isaías em relação a seus irmãos hebreus; estas foram as palavras de Deus. Da mesma forma, a citação de Paulo aos versículos não refletia sua própria opinião; ele apenas observou a profecia do Senhor se realizando.

O apóstolo advertiu que os gentios receberiam de bom grado o que o povo da aliança de Deus havia rejeitado (28:28). Foi um repúdio da pior espécie. Essa afirmação leva a narrativa de Lucas a um clímax. A era da igreja tinha começado. Os judeus foram deixados de lado por um tempo e permanecerão marginalizados até um dia no futuro, quando mais uma vez Deus os trouxer para a frente e para o centro (Rm 11:11-29).

28:29

Os primeiros manuscritos não contêm este versículo, e ele provavelmente não faz parte da obra original. Embora isso pareça descrever com precisão a reação dos líderes da sinagoga em Roma, Lucas provavelmente pretendia que sua narrativa terminasse abruptamente com a advertência de Paulo e, em seguida, passasse para um breve posfácio.

28:30,31

Lucas encerra o segundo volume de sua história com outra declaração resumida. Paulo ministrou a partir da "casa que havia alugado", que aparentemente era mais ampla do que os pequenos quartos de apartamento comuns na Roma do século I (28:23). A partir desse local, o apóstolo escreveu o que os estudiosos chamam de "epístolas da prisão", que incluem Efésios, Colossenses, Filemom e Filipenses. Ele interagia livremente com a igreja em Roma, recebendo visitas, ensinando durante a semana como fazia no *scholē* [4981] em Éfeso, e pregando a qualquer um que aparecesse em sua porta, judeu ou gentio (28:30). Sem dúvida, Paulo teve a oportunidade de conhecer mais de um dignitário romano que ouviu falar sobre o famoso judeu que não conseguia parar de falar sobre um homem ressuscitado chamado Jesus.

Assim como Jesus prometeu, nada poderia sobrepujar ou dominar sua igreja (Mt 16:18). Da casa alugada de Paulo na capital de um império mundial, o evangelho continuou a avançar "sem impedimento algum" (At 28:31).

Quase todos os estudiosos concordam que Paulo finalmente conseguiu sua audiência e que a não-questão exagerada resultou numa libertação anticlimática. Não acho que seja implausível sugerir que todo o assunto irritou o imperador Nero e só contribuiu para seu crescente antissemitismo. Neste ponto, uma hipótese é tão boa quanto outra. Alguns acreditam que Paulo lançou uma missão para a fronteira ocidental e realmente chegou à Espanha e voltou. Gosto de pensar que Paulo embarcou em uma última viagem de despedida das igrejas ao redor do mar Egeu: Creta, Mileto, Trôade, Filipos, Tessalônica, Bereia, Éfeso e Corinto. (Ver minha extensa discussão na introdução de 1Timóteo no comentário sobre 1 e 2Timóteo e Tito.[245]) Depois desta última visita, Paulo finalmente pretendia lançar sua missão a oeste de Roma. Àquela altura, porém, a perseguição de Nero havia tomado conta. Paulo não poderia deixar a igreja durante seu momento mais desesperador, e se tornou um dos muitos milhares de mártires antes da morte do louco.

A última carta de Paulo da prisão, escrita apenas alguns meses antes de sua execução, menciona Lucas ao seu lado (2Tm 4:11). O médico, sem dúvida, viajou com Paulo após sua libertação da prisão domiciliar e permaneceu com ele até sua morte. Ele poderia ter escrito um brilhante e precioso relato em primeira pessoa de todo esse período — mas não o fez. O Espírito Santo não o inspirou a escrever. A história que Deus queria escrever estava completa. Mas não porque era o fim da história — ou mesmo o começo do fim. Pelo contrário, a história continua hoje com você e eu e um evangelho que precisa ser compartilhado. Quando Lucas deitou a caneta, foi apenas o fim do começo.

APLICAÇÃO

ATOS 28:12-31

ORIENTAÇÕES PARA O EVANGELISMO

Aqueles primeiros apóstolos, profetas e evangelistas como Pedro, Paulo, Barnabé, Silas e Timóteo foram verdadeiros pioneiros. Chamados por Deus, equipados pelo Espírito e motivados pelo evangelho de Jesus Cristo, eles se propuseram a fazer o que ninguém havia tentado antes. Deixaram o conforto do familiar para levar o evangelho a pessoas desconhecidas em terras estrangeiras com culturas alienígenas — de Jerusalém a Judeia e Samaria e até os confins da terra (1:8). Sem saber o que esperar ou como se preparar, trilharam com esforço o caminho nas primeiras viagens missionárias. No final, estabeleceram um paradigma para o evangelismo e as missões que muitos seguem hoje.

A partir de seu exemplo de evangelismo e missões ao longo do livro de Atos, quero concluir este estudo com três diretrizes para o ministério de fazer discípulos.

Primeira diretriz: *Comece com as pessoas mais familiares para você*. Ao entrar em uma nova área, os apóstolos geralmente se aproximavam primeiro de seus companheiros judeus nas sinagogas. Isto não foi simplesmente por razões teológicas — "primeiro, do judeu e, depois, do grego" (Rm 1:16; cf. At 3:26; 13:46) —, mas também por razões práticas. Seu vínculo de parentesco em Abraão estabelecia uma confiança imediata. Sua cultura hebraica compartilhada facilitava a comunicação. Sua visão de mundo compartilhada lhes dava menos obstáculos teológicos a serem superados. Mais importante ainda, os convertidos desse grupo familiar poderiam facilitar a comunicação com os grupos menos familiares de sua comunidade e ajudar Paulo e Barnabé a estabelecer confiança de forma mais eficaz.

Hoje, todos nós temos círculos de familiares, amigos, colegas ou vizinhos que são como nós em muitos aspectos. Compartilhamos língua, cultura, valores e até rotinas diárias semelhantes. Quando se trata de evangelismo e missões — realizando a grande comissão — podemos não ser capazes de atravessar o mundo, mas todos nós podemos atravessar a rua. Comece em sua própria "Jerusalém e Judeia". Compartilhe o amor de Cristo e a mensagem do evangelho com aqueles que você conhece e com aqueles que conhecem você.

Segunda diretriz: *Aprenda tudo o que puder sobre as pessoas que você pretende alcançar*. Quando os apóstolos eram expulsos das sinagogas, ou entravam em um lugar onde não havia população judaica, eles tentavam se comunicar com a população gentia da melhor forma possível. Para isso, recorriam ao conhecimento aprendido por meio da interação aberta com pessoas que normalmente não entenderiam, superando preconceitos e deixando de lado obstáculos culturais.

O sermão de Paulo na colina de Marte durante sua segunda viagem missionária mostra como ele poderia usar esse conhecimento de muitas culturas, religiões e valores a seu favor (17:22-34). Ele conheceu seu público para entender melhor sua visão de mundo. Começou seu discurso estabelecendo relacionamento, elogiando-os por seu interesse em assuntos espirituais e afirmando pontos de concordância. Ele, então, conduziu sua mensagem diretamente para o evangelho. Muitos ainda rejeitavam sua pregação, mas não porque ele não estivesse preparado ou não fosse claro.

Quando saímos para além de nossa própria "Jerusalém e Judeia", entramos em território desconfortável. Mas ele não precisa ser intransponível ou inalcançável. Como Pedro e Paulo, nós também podemos aprender a ministrar de forma transcultural. Para isso, precisamos aprender como os outros pensam, o que pensam e por quê. Precisamos encontrar pontos de contato, conexões que nos deem uma plataforma para compartilhar nossa história e apresentá-los à grande história — a obra salvadora de Jesus Cristo. Só quando aprendermos a ouvir bem é que conseguiremos falar bem.

Terceira diretriz: *Vá até onde Deus levar você.* Costuma-se dizer que "onde o Senhor guia, Ele providencia". Pode parecer clichê, mas é verdade. Vimos a orientação e a provisão de Deus nos ministérios de Pedro e Paulo, Barnabé e Silvano — de Jerusalém e Judeia, por toda Samaria, até Roma e além. Essa provisão divina nem sempre vinha como apoio material na forma de dinheiro ou suprimentos. Na verdade, Paulo muitas vezes teve que trabalhar para seu próprio sustento como fabricante de tendas. No entanto, Deus sempre proporcionou oportunidades, abrindo portas para o evangelismo diante de multidões e reis. Ele conduziu os missionários para lugares aos quais eles nunca teriam ido por conta própria. E Ele lhes forneceu os parceiros de ministério certos, nas horas certas e nos lugares certos.

Ao buscarmos servir ao Senhor além de nossa própria Jerusalém, Judeia e Samaria, e mesmo nas partes mais remotas da Terra, devemos sair com fé à medida que Deus conduz, confiando que Ele nunca nos levará para fora da rota e sabendo que, como aqueles primeiros missionários no livro de Atos, onde Ele guia, Ele também providencia. Quer você seja quem vai ou quem envia, nunca perca de vista a visão de Deus para alcançar aqueles que estão nos confins da terra.

NOTAS

INTRODUÇÃO

[1] William A. Sunday, "Billy Sunday's Bible", *The Christian Advocate*, vol. 91 (New York: Hunt & Eaton, 1916), p. 890.

[2] F. F. Bruce, *The Book of the Acts*, ed. rev., The New International Commentary on the New Testament, ed. Gordon D. Fee (Grand Rapids: Eerdmans, 1988), p. 13.

[3] William Barclay, *The Acts of the Apostles* (Philadelphia: Westminster John Knox Press, 1966), p. xvii.

[4] Muito embora nem o Evangelho nem o livro de Atos identifiquem explicitamente Lucas como o autor, ele é identificado dessa maneira em uma descrição do cânon do Novo Testamento feita no século II. Ver Bruce M. Metzger, "The Muratorian Fragment", in *The Canon of the New Testament: Its Origin, Development, and Significance* (Oxford: Clarendon Press, 1987), p. 305.

[5] Charles R. Swindoll, *Insights on Luke* (Grand Rapids: Zondervan, 2012).

[6] Lucas incluiu a si mesmo em três seções de Atos, nas quais ele usa a primeira pessoa "nós" em lugar da terceira pessoa "eles".

O NASCIMENTO DA IGREJA (ATOS 1:1—7:60)

[7] Gerhard Kittel e Gerhard Friedrich, eds., *Theological Dictionary of the New Testament: Abridged in One Volume*, trad. e ed. Geoffrey W. Bromiley (Grand Rapids: Eerdmans, 1985), p. 316.

[8] William Arndt, Frederick W. Danker e Walter Bauer, eds., *A Greek-English Lexicon of the New Testament and Other Early Christian Literature*, 3a ed. (Chicago: University of Chicago Press, 2000), s.v. μαρτυρία.

[9] Carmine Gallo, *The Innovation Secrets of Steve Jobs: Insanely Different Principles for Breakthrough Success* (New York: McGraw-Hill, 2010), p. 1.

[10] Ver Everett Ferguson, *Baptism in the Early Church: History, Theology, and Liturgy in the First Five Centuries* (Grand Rapids: Eerdmans, 2009), p. 33.

[11] Existe certa controvérsia sobre se as fontes rabínicas que descrevem o "batismo prosélito" refletem um desenvolvimento tardio pós-cristão ou uma prática que era comum no tempo de Cristo e da fundação da igreja. Ver uma discussão sobre isso em ibid., p. 76-82.

[12] Harry A. Ironside, *Acts*, Ironside Expository Commentaries (Grand Rapids: Kregel Publications, 2007), p. 18.

[13] Cf. Josefo, *Guerras dos judeus* 1.621; 2.171; *Antiguidades* 18.59; 19.349; *Vida* 138; Eurípedes, *Rhesus*, verso 797; Hesíodo, *O Escudo de Héracles*, verso 365; Homero, *Ilíada* 2.418; 4.544; 5.58; Fílon, *Sobre a criação* 157; *Sobre a agricultura* 113; *Sobre os sonhos* 2.269.

[14] Esta história é encontrada em 1Macabeus 2, um capítulo de um livro deuterocanônico que registra a histórica judaica do período intertestamentário.

[15] Robert L. Wise, *Your Churning Place* (Glendale, CA: Regal Books, 1977), p. 66.

[16] Kittel e Friedrich, eds., *Dictionary: Abridged*, p. 75.

[17] Richard N. Longenecker, "The Acts of the Apostles", in *The Expositor's Bible Commentary*, ed. Frank E. Gaebelein e J. D. Douglas, vol. 9, *John—Acts* (Grand Rapids: Zondervan, 1981), p. 272.

[18] Alguns adicionariam Atos 19:2-7, mas, nesse caso, os homens não haviam escutado o evangelho completo; eles simplesmente se submeteram ao batismo de João, o Batizador – um batismo de arrependimento em expectativa pela chegada do Messias.

[19] W. E. Vine, Merrill F. Unger e William White Jr., *Vine's Complete Expository Dictionary of Old and New Testament Words* (Nashville: Thomas Nelson, 1996), 2:636.

[20] Henry Jacobsen, *The Acts: Then and Now* (Wheaton, IL: Victor Books, 1973), p. 20.

[21] E. M. Blaiklock, *The Acts of the Apostles: An Historical Commentary*, ed. reimpr., Tyndale New Testament Commentaries 5 (Grand Rapids: Eerdmans, 1979), p. 58.

[22] Lázaro não se qualifica; ele ressuscitou em seu corpo corruptível, de modo que terminou morrendo outra vez. Jesus ressuscitou para um novo tipo de vida, a qual não pode sofrer doença, dano, privação ou morte.

[23] Kittel e Friedrich, eds., *Dictionary: Abridged*, p. 641-642.

[24] Daniel B. Wallace, *Greek Grammar Beyond the Basics: An Exegetical Syntax of the New Testament* (Grand Rapids: Zondervan, 1996), p. 369-371.

[25] A. T. Robertson, *Word Pictures in the New Testament* (Oak Harbor, WA: Logos Research Systems, 1997), Acts 2:38.

[26] Arndt, Danker e Bauer, eds., *Lexicon*, 552.

[27] Geoffrey W. Bromiley, ed., *The International Standard Bible Encyclopedia*, ed. rev. (Grand Rapids: Eerdmans, 1979), 1:66.

[28] Millard J. Erickson, *Christian Theology* (Grand Rapids: Baker, 1985), p. 1057. Ênfase minha.

[29] Meir Ben-Dov, *In the Shadow of the Temple: The Discovery of Ancient Jerusalem*, trad. I. Friedman (Jerusalem: Keter, 1982), p. 77; citado em *The Anchor Bible Dictionary*, 6:365.

[30] Os oficiais do templo só permitiam que as pessoas mendigassem se não tivessem nenhum outro meio de obter dinheiro. A reabilitação vocacional não existia de fato nos tempos antigos.

[31] Karl Marx, *Critique of Hegel's "Philosophy of Right"*, ed. Joseph O'Malley (Cambridge: Cambridge University Press, 1970), p. 131.

[32] Josefo, *Guerras dos judeus* 2.162-166.

[33] Bromiley, *International Standard Bible Encyclopedia*, 1:128.

[34] Johannes Weiss, *Earliest Christianity: A History of the Period A.D. 30–150* (Gloucester, MA: Peter Smith, 1970), 1:42–43.

[35] Em grego, "filho de paraklēsis" [3874].

[36] Adaptado de Charles R. Swindoll, *Jesus: The Greatest Life of All* (Nashville: Thomas Nelson, 2007), p. 80-81.

[37] Elton Trueblood, *The Incendiary Fellowship* (New York: Harper & Row, 1967).

[38] F. F. Bruce, *The Spreading Flame* (Grand Rapids: Eerdmans, 1953).

[39] Você poderá encontrar outras passagens sumárias em Atos 2:42, 47; 4:4; 5:14; 6:1; 9:31; 12:24; 16:5; 19:20 e 28:31.

[40] Talmude de Jerusalém, *Megillah* 3 [*Daf* 23a].

[41] L. L. Grabbe, "Synagogues in Pre-70 Palestine: A Re-Assessment", in *Ancient Synagogues: Historical Analysis and Archaeological Discovery*, ed. Dan Urman e Paul V. M. Flesher, vol. 1 (Leiden: Brill, 1995), p. 22.

[42] James D. G. Dunn, *Christianity in the Making*, vol. 2, *Beginning from Jerusalem* (Grand Rapids: Eerdmans, 2009), p. 247.

[43] Z. Safrai, "The Communal Functions of the Synagogue in the Land of Israel in the Rabbinic Period", in *Ancient Synagogues*, ed. Urman and Flesher, vol. 1, p. 200.

[44] Michael William Holmes, *The Apostolic Fathers in English* (Grand Rapids: Baker, 2006), p. 151.

[45] Laurna L. Berg, "The Illegalities of Jesus' Religious and Civil Trials", *Bibliotheca Sacra*, 161, no. 643 (July–September, 2004), p. 330-342; citando o Mishnah *Sanhedrin* 3:3-4.

[46] Darrell L. Bock, "Jesus v. Sanhedrin: Why Jesus 'Lost' His Trial", *Christianity Today* 42, no. 4 (April 6, 1998): 49.

[47] Ver At 7:2, 11, 12, 15, 19, 32, 38, 39, 44, 45 (duas vezes).

[48] Ver Êx 32:9; 33:3, 5; Lv 26:41; Dt 30:6; Jr 4:4; 9:25-26 e Ez. 44:7-9.

[49] Estêvão vinha usando "nossos antepassados" (At 7:11-12, 15, 19, 38-39, 44-45), mas mudou para "seus antepassados" para denunciar seus oponentes (7:51-52).

[50] Berg, "Illegalities", p. 330-342.

[51] Tertuliano, *The Apology, in The Ante-Nicene Fathers: Translations of the Writings of the Fathers down to A.D. 325*, ed. Alexander Roberts, James Donaldson e A. Cleveland Coxe, vol. 3 (Grand Rapids: Eerdmans, 1997), 3:55.

O CRESCIMENTO DA IGREJA (ATOS 8:1—12:25)

[52] Thomas Kuhn, *The Structure of Scientific Revolutions*, 3rd ed. (Chicago: University of Chicago Press, 1996).

[53] J. Goetzmann, "Conversion, Penitence, Repentance, Proselyte", in *The New International Dictionary of New Testament Theology*, ed. Colin Brown (Grand Rapids: Zondervan, 1986), 1.357.

[54] Josefo, *Antiquities* 13.254-256.

[55] Ibid.

[56] Fritz Graf, *Magic in the Ancient World*, trad. Franklin Philip, Revealing Antiquity10 (Cambridge, MA: Harvard University Press, 1999), p. 1.

[57] Ibid., p. 2.

[58] Em nenhum outro momento o Novo Testamento deixa implícito que o Espírito Santo vem por meio da ação do homem.

[59] Irineu, *Against Heresies* 1.23.2, in *The Ante-Nicene Fathers*, ed. Roberts, Donaldson, e Coxe, 1:348.

[60] Ibid., 1.27.1-2, 1:352.

[61] Bromiley, *International Standard Bible Encyclopedia*, 1:591.

[62] No século VI d.C., alguns manuscritos adicionaram "Filipe disse: — Você pode, se crê de todo o coração. / O eunuco respondeu: — Creio que Jesus é o Filho de Deus'" (At 8:37, NVI).

[63] A mais antiga evidência manuscrita do Novo Testamento para essa leitura é do século VI d.C.; no entanto, está claro que a igreja primitiva conhecia uma tradição dessa confissão. Irineu (130—202 d.C.) escreveu: "O eunuco crente (...) disse: 'Creio que Jesus Cristo é o Filho de Deus'" (*Contra as Heresias* 3.12.8).

[64] O termo "arebatou" (*harpazō* [726]) pode descrever a ação de roubar por meio de pilhagem (Mt 12:29; 13:19), levar como presa (Jo 10:12, 28, 29), levar como prisioneiro (Jo 6:15; At 23:10), ser "arrebatado" em um estado de visão (2Co 12:2), ou ser levado ao céu (1Ts 4:17; Ap 12:5).

[65] D. James Kennedy, *Evangelism Explosion*, 4th ed. (Carol Stream, IL: Tyndale, 1996), p. 56.

[66] Everard Meynell, *The Life of Francis Thompson* (New York: Charles Scribner's Sons, 1913), p. 58.

[67] Francis Thompson, *The Hound of Heaven* (New York: Dodd, Mead, 1934), p. 43-44.

[68] Johannes P. Louw e Eugene Albert Nida, eds., *Greek-English Lexicon of the New Testament: Based on Semantic Domains*, ed. eletrônica da 2a ed. (New York: United Bible Societies, 1996), 1:360.

[69] John F. Walvoord, Roy B. Zuck e Dallas Theological Seminary, *The Bible Knowledge Commentary: An Exposition of the Scriptures* (Wheaton, IL: Victor Books, 1983), p. 377-378.

[70] Obviamente, este não é Judas Iscariotes, que já havia cometido suicídio a essa altura. Judas (a tradução grega de Judá), era um nome extremamente popular no século I por ser uma referência ao patriarca que deu nome à tribo de Judá. Gênesis 29:35 conecta seu nome à ideia de louvor (cf. Gn 49:8).

[71] Kenneth S. Wuest, *Wuest's Word Studies from the Greek New Testament: For the English Reader* (Grand Rapids: Eerdmans, 1997), Gl 1:18.

[72] A. W. Tozer, *The Root of the Righteous* (Camp Hill, PA: Christian Publications, 1986), p. 137.

[73] Alan Redpath, em um sermão proferido na Chafer Chapel do Seminário Teológico de Dallas em 1959.

[74] I. Howard Marshall, *The Acts of the Apostles: An Introduction and Commentary*, ed. reimpr., Tyndale New Testament Commentaries 5 (Grand Rapids: Eerdmans, 1980), p. 179.

[75] Um terceiro pode ser 2Reis 4:18-37, que fala sobre uma mulher que deitou seu filho morto na cama de Eliseu no quarto superior da casa da família, o quarto de hóspedes do profeta. Ela tinha total confiança de que o menino seria devolvido à vida porque Deus havia-lhe prometido um filho. Assim, mandou chamar Eliseu. Por meio da oração, Eliseu ressuscitou o menino.

[76] John Walvoord, *The Holy Spirit* (Grand Rapids: Zondervan, 1991), p. 174.

[77] Walter A. Elwell e Philip W. Comfort, *Tyndale Bible Dictionary*, Tyndale Reference Library (Wheaton, IL: Tyndale, 2001), p. 243-244.

[78] Ver Darrell L. Bock, *Acts*, Baker Exegetical Commentary on the New Testament (Grand Rapids: Baker, 2007), p. 385-387.

[79] Ver a discussão em Alexander Kyrychenko, *The Roman Army and the Expansion of the Gospel* (Berlin: Walter de Gruyter, 2014), p. 38-39.

[80] Alexander Whyte, *Bible Characters*, vol. 5, *Stephen to Timothy* (Edinburgh: Oliphant, Anderson & Ferrier, 1901), p. 36-37.

[81] Ver a perspectiva de Paulo sobre alimentos puros e impuros em Romanos 14:14; 1Coríntios 10:19; Efésios 2:11-22; e 1Timóteo 4:3,4.

[82] I. Howard Marshall, *Acts*, p. 186.

[83] Robertson, *Word Pictures*, Acts 10:17.

[84] Muitos templos pagãos contratavam homens das ciências e lhes pagavam grandes somas em dinheiro para engendrar ilusões.

[85] A preposição é *pros* [4314] com um objeto acusativo, que é uma marca de oposição.

[86] Jack Finegan, *The Archaeology of the New Testament: The Mediterranean World of the Early Christian Apostles* (New York: Routledge, 1981), p. 52.

[87] Richard Wallace e Wynne Williams, *The Three Worlds of Paul of Tarsus* (New York: Routledge, 1998), p. 181-182.

[88] C. J. Hemer, "Tarsus", in *International Standard Bible Encyclopedia*, ed. Bromiley, 4:736.

[89] Ver Finegan, *Archaeology of the New Testament*, p. 51-52.

[90] Walter A. Elwell e Barry J. Beitzel, *Baker Encyclopedia of the Bible* (Grand Rapids: Baker, 1988), p. 2038.

[91] Ver Edward Gibbon, *The History of the Decline and Fall of the Roman Empire* (New York: Harper & Brothers, 1898), 2:638-639.

[92] Na verdade, ele morreu em outubro de 54 como vítima de assassinato: "Ora, Cláudio César morreu depois de reinar treze anos, oito meses e

vinte dias; e foi relatado que ele foi envenenado por sua esposa Agripina" (Josefo, *Antiguidades* 20.148).

93 Cássio Dio, *História Romana* 11.11; Suetônio, Divo Cláudio 18.2; e Tácito, *Anais* 12.43.

94 Josefo, *Antiguidades* 20.51-53.

95 Herodes Agripa I (9 a.C.—44 d.C.) ganhou poder sobre a Galileia em 39 e sobre Judá e Samaria em 40 d.C., governando até sua morte em 44 d.C. Cláudio serviu como imperador romano de 41 a 54 d.C. Eles tiveram que lidar com uma série de períodos de fome durante seus reinados, o que explica o fato de Lucas usar a expressao "naqueles dias" para se referir a eventos que se relacionavam com os reinados de Herodes e Cláudio.

96 Ibid., p. 105-109.

97 Ver Harold W. Hoehner, "Herodian Dynasty", in Bruce M. Metzger e Michael D. Coogan, eds., *The Oxford Companion to the Bible* (Oxford: Oxford University Press, 1993), p. 283.

98 Para um relato detalhado da vida e do legado de Herodes Antipas e a dinastia herodiana, ver a obra magistral de Harold W. Hoehner, *Herod Antipas*, Society for New Testament Studies Monograph Series 17 (Cambridge: Cambridge University Press, 1972).

99 Na verdade, Agripa I era judeu por uma margem bem estreita. Sua avó paterna era judia; seus outros três avós eram idumeus, descendentes de Esaú.

100 Hoehner, "Herodian Dynasty", p. 283.

101 Mishnah *Sanhedrin* 4:1; ver também Berg, "Illegalities", p. 330-342.

102 Muitas vezes, famílias ricas adotavam órfãos, dando-lhes um lugar para morar em troca de ajuda na manutenção do lar. Tecnicamente "servos", eles eram na verdade membros não oficiais da família.

103 Tremper Longman III, ed. *The Baker Illustrated Bible Dictionary* (Grand Rapids: Baker, 2013), p. 69.

104 Bock, *Acts*, p. 428-429.

105 Esta parte específica do Talmude não foi concluída até o ano 500, no mínimo. No entanto, reflete um corpo bastante estável de ensino tradicional.

106 Josefo, *Antiguidades* 19.8.1 (338).

107 Ibid., 19.8.2 (343).

108 Robyn Tracy, "Syria", in *Graeco-Roman Setting*, ed. David W. J. Gill e Conrad Gempf, The Book of Acts in Its First Century Setting 2 (Grand Rapids: Eerdmans, 1994), p. 246.

[109] Babylonian Talmud, Tractate *Sotah*, Folio 41a, trad. Rev. A. Cohen, ed. Rabbi Dr. I. Epstein.

[110] Ibid.

[111] Josefo, *Antiguidades* 19.8.2 (343-346).

[112] Ibid., 19.8.2 (346).

A EXPANSÃO DA IGREJA (ATOS 13:1—20:2)

[113] Gerhard Kittel, Geoffrey W. Bromiley e Gerhard Friedrich, eds., *Theological Dictionary of the New Testament* (Grand Rapids: Eerdmans, 1964), 2:93.

[114] Ver Atos 17:2, 17; 18:4, 19; 19:8, 9; 20:7, 9; 24:12, 25.

[115] F. B. Meyer, *Christ in Isaiah* (London: Morgan & Scott, 1917), p. 9.

[116] Magnus Zetterholm, *The Formation of Christianity in Antioch: A Social-Scientific Approach to the Separation between Judaism and Christianity*, Routledge Early Church Monographs (New York: Routledge, 2003), p. 41.

[117] Ibid., p. 42.

[118] Glanville Downey, *A History of Antioch in Syria: From Seleucus to the Arab Conquest* (Princeton: Princeton University Press, 1961), p. 61.

[119] Ibid., p. 19, 105.

[120] Adam Kolman Marshak, *The Many Faces of Herod the Great* (Grand Rapids: Eerdmans, 2015), p. 145-146.

[121] Trevor Bryce, *The Routledge Handbook of the Peoples and Places of Ancient Western Asia* (New York: Routledge, 2009), p. 524.

[122] Vassos Karageorghis, *Cyprus: From the Stone Age to the Romans*, Ancient Peoples and Places 101 (New York: Thames & Hudson, 1982), p. 172.

[123] William Smith, *A Concise Dictionary of Greek and Roman Antiquities*, ed. F. Warre Cornish (London: John Murray, 1898), p. 517.

[124] Arndt, Danker e Bauer, eds., *Lexicon*, p. 902.

[125] Philip de Souza, *Piracy in the Graeco-Roman World* (Cambridge: Cambridge University Press, 1999), p. 97.

[126] Mal Couch, ed., *A Bible Handbook to the Acts of the Apostles* (Grand Rapids: Kregel Publications, 1999), p. 307.

[127] David Livingstone, citado em *The Contagion of Character*, Newell Dwight Hillis (New York: Fleming H. Revell, 1911), p. 229.

[128] G. Walter Hansen, "Galatia", in *Graeco-Roman Setting*, ed. Gill e Gempf, p. 384.

[129] John B. Polhill, *Paul and His Letters* (Nashville: Broadman & Holman, 1999), p. 88.

[130] Stephen Mitchell e Marc Waelkens, *Pisidian Antioch: The Site and Its Monuments* (London: Duckworth, 1998), p. 3, 15.

[131] Alfred Hoerth e John McRay, *Bible Archaeology: An Exploration of the History and Culture of Early Civilizations* (Grand Rapids: Baker, 2005), p. 243.

[132] Ver Charles R. Swindoll, *Hand Me Another Brick* (New York: Random House, 1983), p. 93.

[133] Clyde E. Fant e Mitchell G. Reddish, *A Guide to Biblical Sites in Greece and Turkey* (Oxford: Oxford University Press, 2003), p. 228-229.

[134] William J. Larkin Jr., *Acts*, The IVP New Testament Commentary Series, ed. Grant R. Osborne, vol. 5 (Downers Grove, IL: InterVarsity Press, 1995), p. 208.

[135] Paul A. Hartog, "Lystra", in *Eerdmans Dictionary of the Bible*, ed. David Noel Freedman (Grand Rapids: Eerdmans, 2000), p. 834.

[136] Elwell e Beitzel, *Encyclopedia*, p. 1370.

[137] Ovídio, *Metamorfoses* 8.970-1122.

[138] Tom Constable, *Tom Constable's Expository Notes on the Bible* (Galaxie Software, 2003), Acts 14:11.

[139] Ver Gn 37:29, 34; Nm 14:6; Js 7:6; Jz 11:35; 2Sm 1:2, 11. O judaísmo do Segundo Templo fazia isso para sinalizar rejeição de blasfêmia (Mt 26:65; Mc 14:63-64; Mishnah *Sanhedrin* 7.5; 1Macabeus 2:14; 3:47).

[140] Craig S. Keener, *The IVP Bible Background Commentary: New Testament*, 2a ed. (Downers Grove, IL: InterVarsity Press, 2014), p. 364.

[141] Para uma discussão sobre a prática judaica do batismo prosélito, ver Ferguson, *Baptism in the Early Church*, p. 76-82.

[142] Ver Yohanan Aharoni, *The Land of the Bible: A Historical Geography*, ed. rev. e expand., trad. A. F. Rainey (Philadelphia: Westminster John Knox Press, 1979), p. 45-54.

[143] Michael Lewis, *Moneyball: The Art of Winning an Unfair Game* (New York: W. W. Norton, 2003).

[144] Albert Pietersma e Benjamin Wright, eds., *A New English Translation of the Septuagint*, trad. George E. Howard (New York: Oxford University Press, 2009), Amós 9:11-12.

145 Timothy J. Keller, prefácio a *Bonhoeffer: Pastor, Martyr, Prophet, Spy*, de Eric Metaxas (Nashville: Thomas Nelson, 2010), p. xv-xvi.

146 Manuscritos antigos não trazem as palavras "Mas Silas decidiu ficar" (15:34); é possível que copistas posteriores tenham inserido essas palavras para explicar a presença posterior de Silas em Antioquia (15:40).

147 Silas também era conhecido como Silvano (2Co 1:19; 1Ts 1:1; 2Ts 1:1).

148 Robertson, *Word Pictures*, Atos 15:39.

149 Jerome Murphy-O'Connor, *St. Paul's Ephesus: Texts and Archaeology* (Collegeville, MN: Liturgical Press, 2008), p. 36-37; David French, "Acts and the Roman Roads of Asia Minor", in *Graeco-Roman Setting*, ed. Gill e Gempf, p. 52.

150 Konstantinos P. Moustakas, "Kavalla", in *Encyclopedia of Ancient Greece*, ed. Nigel Wilson (New York: Routledge, 2006), p. 403-404.

151 James S. Jeffers, *The Greco-Roman World of the New Testament Era: Exploring the Background of Early Christianity* (Downers Grove, IL: InterVarsity Press, 1999), p. 281-282.

152 Robert B. Hughes e J. Carl Laney, *Tyndale Concise Bible Commentary* (Wheaton, IL: Tyndale, 1990), p. 599.

153 Isso é bastante provável, à luz da expulsão dos judeus de Roma que aconteceu por volta dessa época (c. 49 d.C.) sob Cláudio (cf. At 18:2).

154 Ver Mark J. Olson, "Lydia", in Watson E. Mills et al., eds., *Mercer Dictionary of the Bible* (Macon, GA: Mercer University Press, 1990), p. 531-532.

155 Leonard Victor Rutgers, "Roman Policy toward the Jews: Expulsions from the City of Rome during the First Century C.E.", in *Judaism and Christianity in First-Century Rome*, ed. Karl P. Donfried e Peter Richardson (Grand Rapids: Eerdmans, 1998), p. 94, 107-108.

156 Ibid., p. 105-107.

157 Winston Churchill, em seu discurso para a Harrow School, 29 de outubro de 1941.

158 John Powell, *Fully Human, Fully Alive: A New Life through a New Vision* (Thomas More Association, 1989), p. 11-12.

159 Roberts, Donaldson e Coxe, eds., *The Ante-Nicene Fathers*, 1:490.

160 Yannis Lolos, "Via Egnatia after Egnatius: Imperial Policy and Inter-regional Contacts", in *Greek and Roman Networks in the Mediterranean*, ed. Irad Malkin, Christy Constantakopoulou e Katerina Panagopoulou (New York: Routledge, 2009), p. 267-269.

[161] Ralph Waldo Emerson, "Circles", in *Essays: First Series* (1841).

[162] Ver Leon Morris, *The First and Second Epistles to the Thessalonians*, ed. rev. (Grand Rapids: Eerdmans, 1991), p. 2.

[163] William E. Dunstan, *Ancient Rome* (Lanham, MD: Rowman & Littlefield, 2011), p. 159.

[164] Cícero, *In Pisonem* 89.

[165] David H. Conwell, *Connecting a City to the Sea: The History of the Athenian Long Walls* (Leiden: Brill, 2008), p. 13.

[166] Barclay, *Acts*, p. 152.

[167] Richard Wallace, "Epicurus 341–270 BC", in *Encyclopedia of Ancient Greece*, ed. Wilson, p. 263.

[168] Isso também faz alusão a um poema intitulado "Hino a Zeus", que foi escrito por Cleantes, um discípulo de Zenão, o pai do estoicismo. Paulo demonstrou que os estoicos de Atenas haviam se afastado de seu fundador ao afirmar que não era razoável acreditar que um deus pudesse interagir com a criação.

[169] Arato, *Phaenomena* 5.

[170] William Barclay, *A Beginner's Guide to the New Testament* (Louisville: Westminster John Knox Press, 1995), p. 30.

[171] William Smith, ed., *Dictionary of Greek and Roman Geography* (Boston: Little, Brown, 1854), 1:678.

[172] Ver uma descrição detalhada de Corinto no primeiro século em "The Scholarly Quest for Paul's Church at Corinth: A Critical Survey", in *Christianity at Corinth: The Quest for the Pauline Church*, ed. Edward Adams e David G. Horrell (Louisville: Westminster John Knox Press, 2004), p. 2-8.

[173] Bromiley, *International Standard Bible Encyclopedia*, 1:773.

[174] Ver Bruce, *The Book of the Acts*, p. 352.

[175] Adaptado de Charles R. Swindoll, *Insights on John* (Carol Stream, IL: Tyndale, 2014), p. 32-34.

[176] Stanley D. Toussaint, "Acts", in *Bible Knowledge Commentary*, ed. Walvoord, Zuck e Dallas, p. 409.

[177] 1.127.332.800.000 galões, ou 4.270.200.000.000 de litros.

[178] Para uma descrição detalhada da Represa Hoover, ver Joseph E. Stevens, *Hoover Dam: An American Adventure* (Norman, OK: University of Oklahoma Press, 1988).

[179] Craig S. Keener, *Acts: An Exegetical Commentary* (Grand Rapids: Baker Academic, 2014), 3:597.

[180] Ralph P. Martin e Peter H. Davids, eds., *Dictionary of the Later New Testament and Its Developments*, The IVP Bible Dictionary Series 7 (Downers Grove, IL: InterVarsity Press, 1997), s.v. *Ephesus*.

[181] Plutarco, *Plutarch's Morals*, trad. William W. Goodwin (Boston: Little, Brown, 1878), 5:414.

[182] Daniel W. Graham, "Heraclitus", in *Encyclopedia of Ancient Greece*, ed. Wilson, 346-347.

[183] Martin e Davids, *Dictionary*, s.v. "Ephesus".

[184] Robertson, *Word Pictures*, Acts 19:11.

[185] G. Campbell Morgan, *The Acts of the Apostles*, ed. reimpr. (London: Pickering & Inglis, 1965), p. 350.

[186] Everett Ferguson, *Backgrounds of Early Christianity*, 3a ed. (Grand Rapids: Eerdmans, 2003), p. 198.

[187] Keener, *IVP Bible Background Commentary*, Acts 19:32.

OS DESAFIOS DA IGREJA (ATOS 20:3—28:31)

[188] Douglas MacArthur, *Reminiscences* (New York: Ishi Press, 2010), p. 142-143.

[189] Ibid., p. 145.

[190] Fant e Reddish, *A Guide to Biblical Sites in Greece and Turkey*, p. 259-260.

[191] A preposição *dia* [1223] com a forma genitiva de *pneuma* [4151].

[192] J. Grant Howard Jr., *Knowing God's Will and Doing It!* (Grand Rapids: Zondervan, 1976), p. 66.

[193] Ralph Waldo Emerson, "Self-Reliance", in *Self-Reliance and Other Essays* (Nashville: American Renaissance, 2010), p. 36.

[194] Elbert Hubbard, *Love, Life and Work: Being a Book of Opinions Reasonably Good- Natured Concerning How to Attain the Highest Happiness for One's Self with the Least Possible Harm to Others* (autopublicação, 1906), p. 54.

[195] Josefo, *Antiguidades* 19.6.1 (293-294).

[196] Lee I. Levine, *Jerusalem: Portrait of a City in the Second Temple Period (538 B.C.E.-70 C.E.)* (Philadelphia: The Jewish Publication Society, 2002), p. 194-196.

[197] Josefo, *Guerras dos judeus*, 2.13.5 (263).

[198] Rudyard Kipling, "If—," in *Rewards and Fairies* (New York: Doubleday, Page & Company, 1911), p. 181-182.

[199] Constable, *Expository Notes*, Acts 23:4-5.

[200] Josefo, *Antiguidades* 20.180.

[201] Ibid., 20.165.

[202] Filo de Alexandria, *Sobre a criação* 105, in *The Works of Philo: Complete and Unabridged*, trad. Charles Duke Yonge (Peabody, MA: Hendrickson, 1996), p. 16.

[203] Emil Schürer, *A History of the Jewish People in the Age of Jesus Christ*, rev. e ed. Geza Vermes, Fergus Millar e Matthew Black (London: Bloomsbury, 2014), 1:459-460.

[204] Rainer Riesner, *Paul's Early Period: Chronology, Mission Strategy, Theology*, trad. Doug Stott (Grand Rapids: Eerdmans, 1998), p. 104-105; Gerhard A. Krodel, *Acts*, Augsburg Commentary on the New Testament (Minneapolis: Augsburg, 1986), p. 434-435.

[205] Josefo, *Antiguidades* 20.162-164, 179.

[206] Tácito, *Histórias* 5.9.

[207] Josefo, *Antiguidades* 20.182.

[208] Josefo, *Guerras dos Judeus* 2.224.

[209] Daniel R. Schwartz, *Studies in the Jewish Background of Christianity*, WUNT 60 (Tübingen: Mohr Siebeck, 1992), p. 226-227.

[210] Wise, *Your Churning Place*, p. 9-10.

[211] Adaptado de "Origin of Procrastination", *New Cyclopaedia of Prose Illustrations*, ed. Elon Foster (New York: Thomas Y. Crowell, 1870), 1:527.

[212] O infinitivo *echō* [2192], "ter", age como advérbio para modificar "vigiar a guarda". Considero que seja uma advérbio de resultado (Wallace, Grammar, p. 592).

[213] Tácito, *Histórias* 5.9.

[214] Ironside, *Acts*, Ironside Expository Commentaries (Grand Rapids: Kregel, 2007), p. 323.

[215] Josefo, *Antiguidades* 20.142-143.

[216] Constable, *Expository Notes*, Acts 24:27.

[217] Josefo, *Antiguidades* 20.185-188.

[218] Ibid., 20.179.

[219] Ibid., 20.205-207.

[220] V. Raymond Edman, *The Disciplines of Life* (Eugene, OR: Harvest House Publishers, 1982), p. 82.

221 Constable, *Expository Notes*, Acts 24:27.

222 Josefo, *Antiguidades* 20.145-147. Josefo tornou-se amigo íntimo de Agripa II, que forneceu informações privilegiadas para *Antiguidades* e *Guerras dos Judeus*, elogiou-o por sua precisão e encomendou cópias para si mesmo.

223 Constable, *Expository Notes*, Acts 24:27.

224 Plínio, o Jovem, "Carta 97", in *The Selected Letters of Pliny: Pliny the Younger*, trad. William Melmoth, rev. F. C. T. Bosanquet (Lawrence, KS: Digireads Publishing, 2010), p. 136.

225 Louw e Nida, eds., *Lexicon*, p. 738.

226 A palavra grega *chiliarchos* [5506] significa "comandante de um milhar".

227 Lionel Casson, *Ships and Seamanship in the Ancient World* (Baltimore: Johns Hopkins University Press, 1995), p. 164.

228 Ibid., p. 166.

229 Heródoto, *Histórias* 2.5.2, in *Herodotus. With an English Translation by A. D. Godley*, ed. A. D. Godley (Medford, MA: Harvard University Press, 1920).

230 Hipócrates, *Preceitos* 1, in *Hippocrates Collected Works I*, ed. W. H. S. Jones (Cambridge, MA: Harvard University Press, 1923), p. 313.

231 Larkin, *Acts*, 381.

232 Plínio, o Velho, *A história natural* 2.47, ed. John Bostock (Medford, MA: Taylor e Francis, Red Lion Court, Fleet Street, 1855), p. 1075.

233 Colin J. Hemer, "First Person Narrative in Acts 27—28", *Tyndale Bulletin* 36 (1985): 79-109.

234 Victor E. Frankl, *Man's Search for Meaning* (New York: Simon & Schuster, 1962), p. 73-74.

235 Winston S. Churchill, "A Speech at the Lord Mayor's Day Luncheon at the Mansion House, London, 10 November 1942", in *The End of the Beginning* (London: Cassell, 1943), p. 265-266.

236 Ibid.

237 Cícero, *In Verrem* 4.52, in *The Orations of M. Tullius Cicero*, trad. C. D. Yonge (London: George Bell & Sons, 1903).

238 H. F. Helmolt, *The World's History: A Survey of Man's Record*, vol. 4, *The Mediterranean Nations* (London: William Heinemann, 1902), p. 331.

239 Horácio, *Sátiras* 1.5, in *The Works of Horace*, trad. C. Smart (Medford, MA: Harper & Brothers, 1863).

[240] Ibid.

[241] Caio Suetônio Tranquilo, *Cláudio Divo* 25, in *Suetonius: The Lives of the Twelve Caesars: An English Translation, Augmented with the Biographies of Contemporary Statesmen, Orators, Poets, and Other Associates*, ed. Alexander Thomson (Medford, MA: Gebbie, 1889). Alguns acadêmicos consideram que "Chrestus" ou "Cresto" seja uma referência a "Christos" erradamente grafada.

[242] Brian Rapske, *Paul in Roman Custody*, The Book of Acts in Its First Century Setting 3 (Grand Rapids: Eerdmans, 1994), p. 161.

[243] F. F. Bruce, *Paul: Apostle of the Heart Set Free* (Grand Rapids: Eerdmans, 1977), p. 30.

[244] Lucas 1:33; 4:43; 6:20; 7:28; 8:1, 10; 9:2, 11, 27, 60, 62; 10:9, 11; 11:2, 20; 12:31,32; 13:18, 20, 28,29; 14:15; 16:16; 17:20,21; 18:16,17, 24,25, 29,30; 19:11; 21:31; 22:16, 18, 29; 23:42, 51; Atos 1:3-6; 8:12; 14:22; 19:8; 20:25; 28:23, 31.

[245] Charles R. Swindoll, *Insights on 1 & 2 Timothy, Titus* (Carol Stream, IL: Tyndale, 2014).

[246] Flávio Josefo, *Wars of the Jews, in The Works of Josephus: Complete and Unabridged*, trad. William Whiston (Peabody, MA: Hendrickson, 1996), 5:201.

[247] Adaptado de Charles R. Swindoll, *Saying It Well: Touching Others with Your Words* (New York: Faith Words, 2012), p. 75.

O QUE APRENDI NESTE LIVRO SOBRE ATOS